U0920924

མེ་ཏོག་གི་ལོ་རིམ་མེ་ལོང་། ༢༠༡༧

墨脱年鉴 2017

（总第1卷）

中共墨脱县委员会
墨脱县人民政府 主办
中共墨脱县委办公室 编

方志出版社
Publishing House of Local Records

数字墨脱 2016

辖区面积：3.4万平方千米

全县总人口：13075人

地区生产总值：4.59亿元

第一产业：0.37亿元

第二产业：2.32亿元

第三产业：1.9亿元

全社会固定资产总额：14.44亿元

全社会消费品零售总额：3811万元

地方公共财政预算收入：4253万元

工业增加值：0.02亿元

招商引资到位资金：2.93亿元

农牧民人均可支配收入：7989元

中共墨脱县委书记　邓江陵（8月离任）

中共墨脱县委书记　旺　东（8月任职）

中共墨脱县委副书记、人民政府县长　扎　西（5月离任）

中共墨脱县委副书记、人民政府县长　魏长旗（5月任职）

县人大常委会主任　遵　珠

县政协主席　丹　增（4月离任）

县政协主席　平措多吉（4月任职）

2016年9月14日，十届全国人大常委会副委员长热地（前排右二），自治区党委副书记、政府主席洛桑江村（前排右一）在“藏博会”期间在墨脱县非遗展位前参观指导

2016年8月9日，国务院扶贫办主任刘永富（前排左三）在自治区政府副主席其美仁增（左一），自治区扶贫办党组书记江白（前排左四），市委副书记、市长旺堆（左二），县委副书记、县长魏长旗（右一）的陪同下在墨脱县检查指导精准扶贫工作

2016年8月9日，国务院扶贫办主任刘永富（前排右三）一行在墨脱县进行精准扶贫调研时到墨脱镇拉贡茶场实地考察茶场经营管理情况

2016年7月10日，中国科学院院士、中国科学院副院长、中国科学院大学校长丁仲礼（二排右一）一行工作组在墨脱县德兴乡指导检查工作。林芝市副市长肖鹤（前排中）、县委常务副书记旺东（二排左一）等陪同调研

2016年7月30日，国家开发银行党委副书记、副董事长郑之杰（前排右一）在自治区党委常委、常务副主席丁业现（前排中）的陪同下在墨脱县德兴乡检查指导扶贫工作

2016年11月29日，自治区政府副主席汪海洲（左二）莅临墨脱县调研指导工作

2016年4月25日，自治区工信厅厅长徐飞（右排右二）、副厅长江明涛（右排右三）在墨脱县调研工作并召开座谈会

2016年11月4日，自治区食药监局党组书记王东升（右一）一行工作组在墨脱县开展食品药品监管工作调研

2016年10月29日，市委书记马升昌（左排左三）在墨脱县达木珞巴民族乡慰问干部职工

2016年10月29日，市委书记马升昌（左二）在墨脱县达木珞巴民族乡检查指导工作

2016年10月28日，市委书记马升昌（右一）在墨脱县委书记旺东（右二）的陪同下在墨脱镇玛迪村调研精准扶贫工作

2016年11月13日，广东省佛山市委副书记、市长朱伟（右一）在墨脱县背崩乡檫曲卡茶园考察调研

2016年5月9日，自治区交通运输厅副厅长陈朝（右三）在墨脱县考察公路建设情况

2016年5月15日，县委书记邓江陵（左一）在县人民检察院调研

2016年6月3日，县委书记邓江陵（左一）、县委常务副书记旺东（右二）在县公安局执法办案区检查指导工作

2016年9月2日，县委书记旺东（前排右二）一行工作组在德兴乡检查指导工作

2016年8月1日，县委书记旺东在县公安边防大队开展慰问活动

2016年12月24日，县委副书记、政府县长魏长旗（右三）带领相关部门在仁青崩寺调研扶贫商住楼前期选址工作

2016年7月1日，墨脱县热烈庆祝中国共产党建党95周年。图为墨脱县党政干部集体对党旗宣誓

2016年8月25日，墨脱县召开全县干部大会

墨脱县第十一届人民代表大会第一次会议（第一次大会）

中国人民政治协商会议第九届墨脱县委员会第一次会议

2016年7月15日，墨脱县欢送第七批援藏工作队

2016年7月20日，墨脱县举办欢迎广东省第八批援藏工作队见面会。图为县委常务副书记旺东（右五），县委副书记、政府县长魏长旗（左四）与第八批援藏干部合影留念

2016年8月22日，县纪委组织党代表180余人参观县反腐倡廉警示教育基地

2016年3月23日，墨脱县举行廉政教育基地揭牌仪式。县委副书记、政府县长扎西（右六）出席揭牌仪式并致辞

2016年12月16日，墨脱县举办不动产登记机构揭牌暨不动产权证书首发仪式。出席领导有：县委常委、政府副县长高功强（后排左一）；县政协主席平措多吉（后排左三）；市国土资源局党委书记、副局长王泽敏（左四）；县委书记旺东（左六）；林芝市副市长肖鹤（后排右五）；县委副书记、政府县长魏长旗（后排右四）；县人大常委会主任遵珠（后排右二）

2016年8月4日，自治区级非遗传承人姑姆制作门巴服装

墨脱石锅

墨脱县委、政府办公楼外景

莲花圣地公园一角

门巴族、珞巴族是墨脱天生的舞者

珞巴族男女装

门巴族男女装

西藏嘎隆拉雪山

墨脱县城

墨脱县棚户区改造——80K片区

雅鲁藏布蛇形大拐弯

大美墨脱

徒步墨脱沿途风光

墨脱山林

俯瞰墨脱梯田

墨脱夕阳

墨脱仁青崩寺

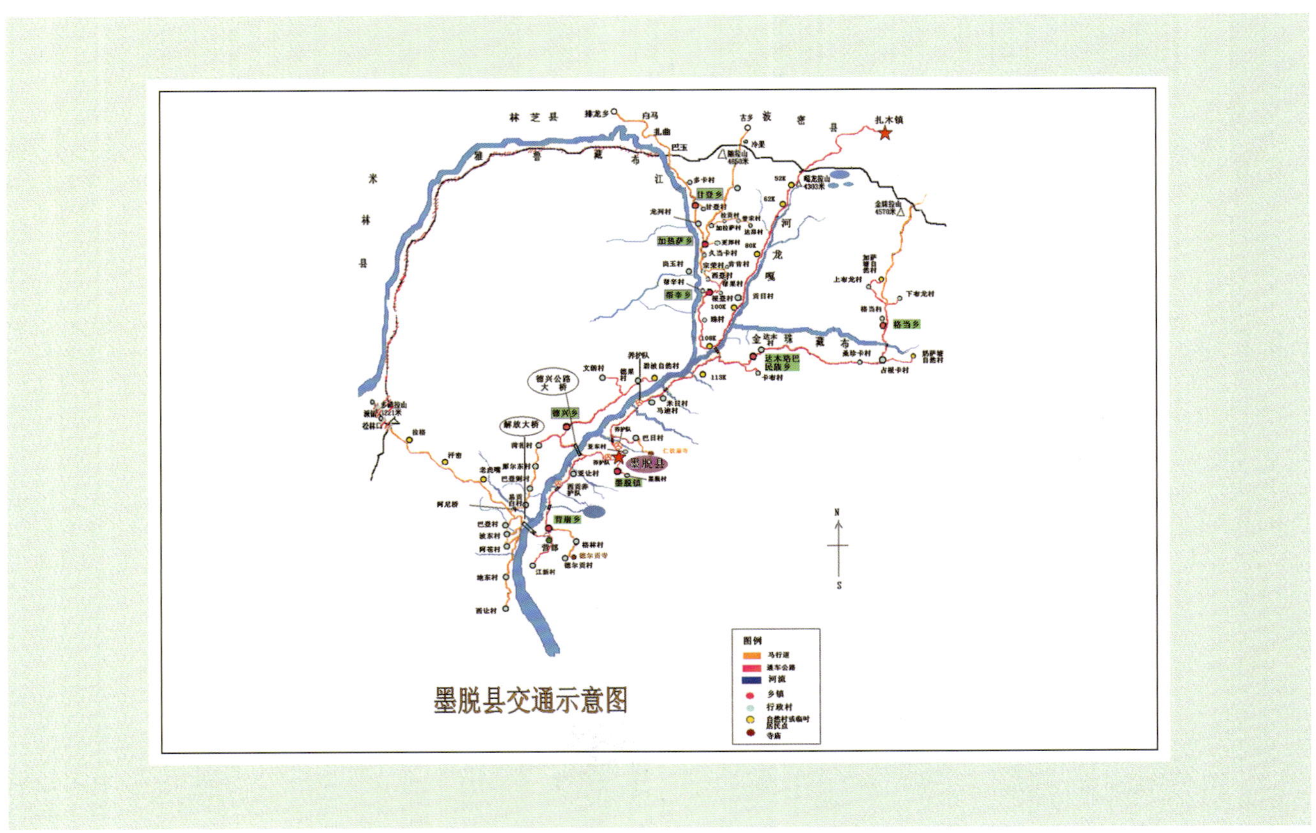

墨脱县交通示意图

编辑说明

一、《墨脱年鉴》自2016年开始编纂，每年出版1卷，2017年卷为第1卷。

二、《墨脱年鉴》以马克思列宁主义、毛泽东思想、邓小平理论、“三个代表”重要思想、科学发展观和习近平新时代中国特色社会主义思想为指导，始终坚持“实事求是、质量第一、存史资政、服务大众”的办鉴宗旨，全面、系统、翔实地记述墨脱县上一年度政治、经济、文化、社会等各项事业的基本情况，为社会各界与国内外人士了解和研究当今墨脱县提供翔实资料。

三、《墨脱年鉴》分为正文与彩页两部分。正文采取分类编辑法，以类目、分目、条目为主要框架结构，个别包含多方面资料的条目，则在段落间加插楷体标题提示，方便读者查阅全书。

四、《墨脱年鉴（2017）》载录墨脱县2016年经济社会发展的基本资料，设有特载、综述、大事记、政治、武装、法治、经济管理、社会事业、城市建设·环保、交通·通信、金融、乡（镇）概况、附录等内容，通过这些内容，可以为人们了解墨脱县、认识墨脱县提供一个全新的窗口。

五、《墨脱年鉴》的编辑宗旨，在于求真务实，力求真实生动地反映墨脱县在改革开放和现代化建设中取得的崭新成就。

六、《墨脱年鉴》所提供的内容和数据，分别来自于墨脱县各乡（镇）、街道办和各单位，经各级领导审核，但由于口径与统计方法不同，如有不一致之处，使用时应以县统计局提供的数据为准。

《墨脱年鉴》编辑部

2017年11月1日

《墨脱年鉴》编纂委员会

《墨脱年鉴》编辑部

图书在版编目（CIP）数据

墨脱年鉴. 2017 / 中共墨脱县委办公室编. --北京：方志出版社，2017. 11

ISBN 978-7-5144-2753-0

Ⅰ. ①墨… Ⅱ. ①中… Ⅲ. ①墨脱县－2017－年鉴 Ⅳ. ①Z527.54

中国版本图书馆CIP数据核字(2017)第296537号

墨脱年鉴（2017）

编　　者：中共墨脱县委办公室

责任编辑：刘方圆

出 版 人：冀祥德

出 版 者：方志出版社

地址　北京市朝阳区潘家园东里 9 号（国家方志馆 4 层）

邮编　100021

网址　http://www.fzph.org

发　　行：方志出版社图书经销中心

电话（010）67110500

经　　销：各地新华书店

印　　刷：河南匠心印刷有限公司

开　　本：889×1194　　1/16

印　　张：26.5

字　　数：519千字

版　　次：2017年11月第 1 版　　2017年11月第 1 次印刷

印　　数：001～500册

ISBN 978-7-5144-2753-0　　定价：350.00元

目 录

特 载

综 述

墨脱县概况

大事记

政 治

中共墨脱县委员会

墨脱县人民政府

墨脱县人民代表大会常务委员会

中国人民政治协商会议墨脱县委员会

中共墨脱县纪律检查委员会（监察局）

中共墨脱县委组织部（编办、老干部局）

中共墨脱县委宣传部

中共墨脱县委统战部

中共墨脱县委政法委员会（墨脱县社会治安综合治理委员会办公室）

墨脱县创先争优强基础惠民生活动领导小组办公室

法　　治

墨脱县公安局

墨脱县人民检察院

墨脱县人民法院

墨脱县司法局

经济管理

墨脱县发展和改革委员会

墨脱县财政局

墨脱县国土资源局

墨脱县安全生产监督管理局

墨脱县国家税务局

墨脱县工商行政管理局

墨脱县商务局

墨脱县旅游局

社会事业

墨脱民政局

墨脱县人力资源和社会保障局

墨脱县民族宗教事务局

墨脱县卫生局

墨脱县藏医院

墨脱县卫生服务中心

墨脱县食品药品监督管理局

墨脱县文化广播电影电视局

墨脱县农牧（科技）局

墨脱县扶贫（开发）办公室

墨脱县林业局

交通·通信

墨脱县交通运输局

中国电信集团公司墨脱县电信局

中国移动通信集团西藏有限公司林芝公司墨脱县分公司

金　融

中国农业银行股份有限公司墨脱县支行

中国邮政集团公司林芝市墨脱县分公司

乡（镇）概况

墨脱镇

德兴乡

背崩乡

达木珞巴民族乡

格当乡

帮辛乡

加热萨乡

甘登乡

附　录

彩页目录

特 载

凝心聚力谋发展 攻坚克难谱新篇 合力推动墨脱全面实现跨越式发展

——旺东在全县经济工作会上的讲话

县委书记 旺 东

（2017年2月23日）

今天我们召开经济工作会议，会议的主要任务是深入贯彻自治区第九次党代会精神，落实中央、区、市经济工作会议决策部署，回顾总结2016年全县经济工作，深入分析墨脱当前面临的新形势，安排部署今年发展改革稳定各项任务，动员全县各级党政干部以更加实干的精神，更加务实的作风，携手奋进，合力攻坚，全面推动墨脱跨越式发展。会前，已将中央、区、市经济工作会议精神以书面印发给各位同志，最后县委副书记、政府县长魏长旗同志将作总结讲话和安排近期工作，大家一定要结合本部门、本系统工作实际，以受表彰的先进集体为榜样，在学习宣传、领会会议精神和落实措施上下功夫。下面，我讲三点意见。

一、总结成绩，分析形势，坚定推进墨脱跨越式发展的信心和决心

发展始终是我们党执政兴国的第一要务，也是解决一切经济和社会问题的关键所在。当前，我们站在实现全面小康和打赢脱贫攻坚战的重要时期，要赢得更好更快的发展，需要以战略的眼光观大势，坚持既定的发展目标和工作思路，总结发展成就，把准时代脉搏，在认清形势中推进科学发展；需要以创新的思维谋全局，把握好中央和区、市政策导向，搞清楚墨脱自身发展特征，确保经济发展始终沿着正确的方向和轨道运行；需要以精准的举措干工作，深入研判面临的机遇挑战，紧盯发展重点难点，科学确定务实管用的工作思路和保证措施，全力以赴保持墨脱县经济转型发展、社会和谐稳定的良好势头。

（一）在总结成绩中坚定发展信心。2016年，面对全县改革发展稳定任务繁重的新形势，县委、县政府团结带领各级各部门和广大干部群众，认真贯彻落实区党委和市委各项决策部署，坚持“123456”县域发展战略，统筹做好稳增长、调结构、促改革、惠民生、防风险各项工作，实现了“十三五”开门红。

2016年墨脱县经济形势呈现出“快进向好”的态势。一是经济增速稳。全县生产总值完成4.59亿元，同比增长14%；全社会固定资产投资达18.01亿元，同比增长10%；全社会消费品零售总额达3811万元，同比增长11.2%；一般公共预算收入达4253万元，其中税收3019万元。二是改革力度大。政府职能改革稳步推进，全县29家单位共梳理行政职权3726项，行政效能进一步提升；不动产统一登记制度有序推进；农村土地确权登记、永久基本农田划定和耕地保护工作稳步开展；制定了《墨脱县砂石资源管理办法（试行）》规范全县砂石资源管理和指导砂石价格，保障了砂石市场平稳运行；积极落实“营改增”“五证合一”“两证整合”“一照一码”等改革措施，市场主体和注册资本同比分别增长24.3%、18.9%。三是产业发展稳。依托墨脱良好的气候条件、生态环境、自然风光和民俗文化等优势，大力发展旅游业和有机茶产业。全年共接待游客75912人次，实现旅游总收入7405.87万元，其中农牧民收入4937.24万元；销售门票19717张，实现门票收入281.42万元。高山有机茶园规模达到5108亩，可采摘面积2848亩，2016年实现产值71.5万元，群众出售茶青增收83.4万元，发放茶园后期管理资金721.1万元；墨脱茶亮相上海国际茶叶博览会，获得“中国好茶叶”银奖，墨脱茶叶经自治区出入境检验检疫局专家审核，成为自治区首个省级出口食品农产品（茶叶）质量安全示范区，实现了零突破，品牌价值不断提升。四是发展基础实。2016年墨脱县新增通公路的行政村9个，派墨公路、加热萨乡和甘登乡公路建设稳步推进；亚让电站线路延伸改造工程进展顺利；2014—2015年涉及德兴乡、背崩乡和达木珞巴民族乡3乡16个行政村的小型农田水利专项县项目建成投入使用，德兴乡等5个乡镇供排水工程进展顺利；乡镇通邮率（其中加热萨乡、甘登乡为季节性通邮），电信信号、移动信号、电视信号覆盖率均达到100%，广播综合覆盖率86.96%。五是生态环境优。绿水青山就是金山银山的发展理念深入人心，“三高”项目零进入，墨脱镇被评为自治区级生态乡（镇），德兴乡文朗村等10个村被评为自治区级生态村；采取环境整治与网格化管理相结合的工作机制，“清洁家园 美丽墨脱 我们在行动”百日会战城乡环境卫生综合整治活动顺利开展，城乡面貌焕然一新。六是民生改善好。2016年，墨脱县通过建档立卡精准识别贫困群众668户2615人，贫困发生率为25.08%，2016年脱贫攻坚首战告捷，全县137户676人的脱贫目标圆满完成。易地扶贫搬迁工作全面铺开，特别是率先启动的达木乡珠村57户232人（含贫困户22户93人）、加热萨乡久当卡村34户153人（含贫困户13户61人）易地扶贫搬迁和格当乡桑珍卡村下那巴回迁安置（均为贫困户64户295人）各项工作稳步推进；2016年末启动甘登乡多卡村29户139人（含贫困户18户97人）、加热萨乡龙列村28户110人（含贫困户10户36人）、帮辛乡岗玉村30户124人（含贫困户14户60人）易地扶贫搬迁工作。县卫生服务中心成功创建“二乙医院”，农牧区医疗制度参合率100%，大病统筹报销2221人、811.79万元，现有县、乡医疗机构从业人员120人，每个行政村配备2名村医，全县西医门诊接收诊治患者26690人次、住院694人次，开展大、中、小手术共134例，藏医门诊接收诊治患者2482人次，住院26人次；墨脱县分别与中国人民解放军第115医院、佛山市中医院签订了对口帮扶协议，10名帮扶专家对接妇产等10个科室，大幅提升了墨脱县医务工作者医疗技术水平，“小病不出村、中病不出乡、大病不出县”的医疗体系逐渐形成。小学、初中升学率均保持在99%以上，达木乡、德兴乡五人制足球场投入使用，全面实施“大学生激励办法”“营养改善计划”和幸福莲花奖学金等教育资助项目。自实施第二轮安居房工程以来，已有1547户群众住上了干净、舒适的安居房。

（二）*在研判形势中把握发展主动*。综合研判当前宏观经济形势，机遇与挑战同在；科学分析墨脱县发展现状，优势与短板共存。但总体上看，我们仍处于大有可为的战略机遇期、发展加速期。一是把握政策机遇。当前和今后一个时期，全国经济仍将保持“三期叠加、稳中有进”的鲜明特征，经济保持中高速发展、产业转型升级持续深化，特别是随着“脱贫攻坚战”的深入实施，国家支持贫困地区、边境地区、少数民族地区的各项利好政策将加快释放，各类项目资金将重点倾斜；自治区第九次党代会为全区经济社会发展深化细化实化多项新举措；广东省第八批援藏工作队墨脱工作组制定了三年援墨投入1.59亿元建设基础设施、特色产业、医疗、教育、小康示范村等5个大类11个大项目；全市经济工作会议上提出墨脱要用足用好气候条件、生态环境、自然风光、民俗文化等优势，大力发展全域旅游，加快发展高原有机茶产业，不断增强自我发展能力。这些都为墨脱县在破解发展瓶颈、增强发展动力、厚植发展优势方面争资金、上项目带来了机遇、搭建了平台、创造了条件。二是把握发展基础。近年来，在县委、县政府的正确领导下，全县广大干部群众奋力攻坚、务实苦干，在经济社会发展的许多方面已经奠定了厚积薄发、弯道超车的坚实基础。特别是去年以来，我们通过优化思路、挖潜优势、调优结构、重点突破，打造了特色农牧业、水电和旅游文化“三大发展平台”，统筹推进项目支撑，全县产业结构趋于合理，后发优势初步显现，综合实力不断提升，产业开发、民生改善、城乡发展等领域初步具备了由量变到质变、由转型促升级的条件。三是把握干群基础。乐于吃苦、善于忍耐、勇于战斗、敢于创业的“老墨脱”精神，是我们干事创业的宝贵财富和精神动力，特别是在全面建成小康社会进入决胜阶段的关键时期，全县上下盼发展、谋发展、抓发展的氛围越来越浓，干部群众想干事、善干事、能干事的劲头越来越足，凝聚了创业实干的共识，形成了创新突破的合力，必将为我们进一步加快发展步伐提供充足的动力和坚强的保障。

（三）在发展探索中认清前行障碍。我们既要肯定成绩，把握发展机遇，更要正视前行道路上存在的困难和问题，只有这样，我们才能牢牢掌握经济工作的主动权，墨脱的发展才会充满生命力，墨脱的群众才能过上幸福的生活。一是基础设施建设严重滞后。墨脱县仍有2乡14个行政村没有实现道路通车，现运行的道路也多是低等级的砂石公路，加上安全防护设施严重不足，严重威胁着广大干部群众的生命财产安全；电力供需矛盾突出，小型水电支撑着墨脱县农牧民的生产生活，枯水期电力无法满足负荷需求；耕地面积少且多是坡度大于15°的坡地，水土流失严重，粮食产量低。二是财税增收压力大。财政收入以投资带动为主，产业结构不合理，呈现出“一产弱、二产散、三产层次低”的特点，产业多依赖于传统种养殖业，规模小、关联性差、投产比低、市场竞争力弱、税收能力低。三是内生动力增长不足。墨脱县经济社会的发展主要依赖于国家投资拉动，且多向基础设施、民生等领域倾斜，投资回报周期长、有效性低；企业小少弱，创新能力不足，产品品种单一、科技含量低，市场竞争力弱。四是干部群众“干”的意识缺失。少数干部“慵懒散拖”等问题依然不同程度的存在，对新时期干部作风建设认识不透彻，存在“为官不为”和本领恐慌现象；一些群众存在小富即安、小富即满和“等靠要”思想，满足于现状。五是脱贫攻坚难度大。按照墨脱县2016年精准识别的贫困对象668户2615人、完成脱贫137户676人计算，墨脱县仍有531户1939人生活在贫困线以下，且多是难啃的硬骨头，我们要在2018年率先全面实现小康，可以说是时间紧、任务重。六是维护社会稳定依然任重道远。我们处于反分裂斗争一线，面临着“后达赖”向“达赖后”转变的重大挑战，反分裂斗争形势依然尖锐复杂，社会治理任重道远，稳边固边艰巨繁重。

二、坚定方向，明确目标，落实推进墨脱跨越式发展的各项措施

今年是实施“十三五”规划和脱贫攻坚全面突破的重要之年，也是我们全面落实自治区第九次党代会精神开局之年。做好今年经济工作的总体要求是：高举中国特色社会主义伟大旗帜，全面贯彻落实党的十八大和十八届三中、四中、五中、六中全会精神，坚持以邓小平理论、“三个代表”重要思想、科学发展观为指导，坚持以“五位一体”总体布局和“四个全面”战略布局为统领，深入贯彻落实习近平总书记系列重要讲话精神，特别是“治国必治边、治边先稳藏”重要战略思想和“加强民族团结、建设美丽西藏”重要指示，深入贯彻落实自治区第九次党代会和市一届五次全委会及市人大一届三次会议精神，按照县委、县政府制定的“123456”县域发展战略，以加快转变经济发展方式为主线，着力调整优化经济结构，破解发展难题，确保经济平稳快速增长；着力发展社会各项事业，切实保障和改善民生，确保经济持续快速发展，确保社会大局和谐稳定，为打赢脱贫攻坚战、与林芝市一道率先全面建成小康社会打下决定性基础。

经济发展总体预期目标是：全县生产总值增长14%，一般公共预算收入增长10%，全社会固定资产投资增长21.8%，全社会消费品零售总额增长15%，农牧民人均可支配收入增长14%、人均现金收入增长14%。实现今年经济发展目标，重点推进5个方面工作。

（一）着力推进项目建设。项目是拉动经济增长的“火车头”，是改善经济发展环境的“千斤顶”，是推动产业升级的“发动机”，是增加发展后劲的“聚合器”，要实现加快发展、跨越发展，必须始终牢牢抓住项目建设这个“牛鼻子”。一要加快项目推进。在项目推进过程中，要进行分类指导，有针对性地搞好相关服务。对续建项目要努力抓好矛盾协调、环境优化工作，重点推进2016年先行启动的6个小康示范村、自治区支持墨脱2016年民生项目建设等工作，相关部门要明确建设节点，倒排工期、挂图作战，确保尽快建成投产；对新建项目，相关部门要加强配合、协调联动，要全力抓好项目建设中规划选址、土地、资金等问题，落实好项目开工条件；预备项目要加强同区、市有关部门的衔接，争取最大政策支持，力争项目早日开工。二要优化项目服务。严格落实重点工程联席会议决策机制、领导小组协调机制、职能部门负责机制和乡镇管理机制，不断提高推进项目建设的合力；要大力优化项目建设环境，依法依规，重拳出击，对强揽工程、强行阻工、强供地材等“三强”现象进行打击，特别是对村党员干部巧立名目、带头参与阻工闹事的要严肃处理，切实为项目建设保驾护航。三要加强项目建设监理和检查。项目监理单位要强化责任意识、严格履行职责，切实加强工程监理、严把质量关，严防偷工减料、不按设计施工；负责项目的单位在工程建设中要严守“三同时”制度，加强督查，发现问题、及时责令整改，确保每一个项目建设质量都合格，经得起时间和人民的检验。四是抓项目要分季节。雨季时期要及时开展项目前期工作，施工期要紧锣密鼓的开工建设。

（二）着力推进产业发展。产业发展是促进资源优势向经济优势转变、培育经济增长点、增强经济发展后劲、拓宽群众增收渠道的重要途径和最有效的举措。

统筹发展特色农牧业，坚持用工业化思维谋划发展农业，持续推进有机茶主导产业和蜜柚、柠檬为主的热带（亚热带）水果等特色产业扩量、提质、创牌、增效，走出一条符合墨脱实际的现代化农业发展道路。一要优化升级有机茶产业，新建高山有机茶园1000亩，茶叶苗圃繁育基地200亩，推进茶叶加工厂建设，完善产业链，实现茶叶批量生产、加工和销售；扎实推进标准化管理，严格实施《墨脱县茶叶后期管理实施办法》规范茶园管理，全面提升有机茶产业的质量和效益；加快有机茶品牌化步伐，积极申报国家地理标志保护产品，在拉萨、林芝等地建办茶叶专卖店，切实提高墨脱茶品牌知名度和市场竞争力。二要做大做强水果产业，充分利用墨脱县独特的气候条件，发展热带（亚热带）水果种植，扩大香蕉、蜜柚、蜜橘、柠檬、枇杷、木瓜、咖啡等水果种植面积，统筹资源，建立“单一部门主抓，多部门协调”发展机制，强化后期管理，推动水果产业快速发展，为派墨公路通车后的对外贸易开展前瞻性建设，使派墨公路价值最大化。三要加快发展畜牧业，突出畜牧养殖业在现代农业中的基础地位，坚持走种养结合、循环发展的路子，鼓励和支持农牧民大力发展规模养殖，推进养殖业快速壮大，特别要做好具有地方特色的巴麦牛保护繁育工作。

加快发展全域旅游业，依托墨脱县独特的门珞文化和丰富的旅游资源，加快全域旅游发展步伐，切实做好旅游强县和文化名县文章，加快旅游、文化深度融合发展，把旅游业打造成墨脱县现代服务业一张闪亮的名片。一要加快推进景区建设和宣传，紧紧围绕“一个景区、一套办法、一个规划、分片建设、全面提升”的发展思路，一手抓景区配套设施建设，加快完善景区“吃、住、行、游、购、娱”等旅游要素和功能配套，特别是要全力打造县城、背崩乡小集镇、K80小集镇和扎墨、派墨公路沿线为“三点两线”旅游景观格局；一手抓宣传推介，充分利用“藏博会”“雅江节”和援藏省市平台，以“雪域圣地、秘境墨脱”为主题，主打“高原醉氧、门珞风情、四季墨脱”特色牌，全面提升墨脱景区的知名度和影响力。二要积极发展乡村旅游，在扎墨公路、派墨公路沿线建设一批旅游要素和功能配套齐全的特色民俗乡村、农家庄园、农家乐、门珞部落乡村旅游示范点，立足气候优势，开发以候鸟式旅游度假与养生结合的基地，因地制宜开展特色“乡村游”体验活动，真正让游客能够吃上农家饭、住上农家屋、体验生态游，充分体验门珞民俗文化和异域风情。三要深入推进融合发展，创新旅游与特色农业、民族手工业、门珞文化产业深度融合的方式方法，依托墨脱景区和茶叶、水果、石锅、竹编等优势产业，加快发展商贸物流电子商务等产业，培育网购和直销等主流消费模式，促进第三产业快速发展。

全力发展文化、水电、藏医药产业。五大产业对于墨脱犹如五个手指对应人的手，只有五大产业均衡协调发展，打好产业发展组合拳，才能形成推动墨脱发展的合力。全力发展文化产业。立足门珞优秀传统文化，进一步做好文化载体的普查工作，充分体现文化价值，深入挖掘门珞歌舞、饮食、服饰、婚丧嫁娶、农耕等生产生活文化资源，重点推进非遗项目向商业化转型，实现开发与保护并存；要立足墨脱县文化实际，加快实施墨脱县文化中长期规划工作，理清发展思路，切实解决墨脱县文化产业发展问题。全力发展水电产业。要进一步强化政企协商机制，加快推进墨脱县农村电网升级改造和白玛西路河水电开发，同时尽快启动墨脱县水电（能源）产业中长期发展规划，为墨脱县水电开发和生态环境保护提供依据；要保障维护好亚让水电站等大、小水电站的安全运行工作，确保安全生产运行。全力发展藏医药产业。加快墨脱县藏药材普查工作，形成墨脱县藏药材产品名录，为藏药产业发展奠定基础；要开发与保护并存，适当引进制药企业，借助企业的技术优势和人才优势，加快铁皮石斛、鸡血藤、七叶一枝花等市场前景好的藏药材人工培育、种植工作，实现商业化运行；早日启动制定墨脱县藏医药业中长期发展规划，为全县藏药开发与保护奠定基础；进一步加强县、乡两级藏医门诊、药房和理疗建设工作，加强人才引进和培训，切实提高藏医服务水平。

（三）着力强化基础设施。着眼制约发展的瓶颈问题和群众生产生活难题，统筹推进全县基础条件和人居环境改善。要加快改善城乡基础条件。一是持续完善交通道路网络，全力配合好派墨公路、G559达果桥至加热萨至甘登公路建设工作，力争“中国最后一个通公路的乡”年底实现通车，加快推进在建的14个未通公路的农村公路建设，确保县内交通网络尽早完善；继续加大通乡、通村公路保通养护力度，在畅通墨脱县对外通道上取得实质性突破，有效提高乡村公路通达率、通畅率，改善群众出行条件，助推产业发展，活跃城乡经济。二是持续推进民生水利建设，抓好中小河流治理工程，继续实施嘎弄曲K62防洪堤、地东山洪灾害治理等工程，改造5个乡供排水、2016年农村饮水安全巩固提升工程，争取落实小型农田水利专项县工程，加快灌区农田水利配套设施的更新建设，为全县粮食安全生产和防洪减灾提供有效保障。三是加快农村电网、信息网络基础设施建设，协调推进墨脱电网2016-

2017年10千伏及以下改造升级工程，全覆盖未通电村庄，加快提升行政村宽带网络覆盖面、移动通讯设备信号强度。要加快推进城镇化建设步伐。一是城乡规划工作，严格贯彻执行《墨脱县县城总体规划》《墨脱县城市设计》和《墨脱县控制性详细规划》要求，统筹空间、规模、产业三大结构和规划、建设、管理三大环节，统筹推进德兴乡等7个乡的规划设计工作，协调推进城乡一体化发展。二是城乡建设工作，坚持把以人为本作为新型城镇化的核心内容，统筹考虑农牧民生活习惯、城镇综合承载能力，积极稳妥推进人口向城镇适度聚集，让进入城镇的农牧民进得来、回得去、留得住、过得好，逐步融入城镇，公平享受社会公共服务。按照“规划一次到位、逐年分期建设、地上地下结合、注重工程质量”的原则，紧扣给排水管网、路网、电网、绿化等重点，积极推进德兴乡、背崩乡、达木乡、格当乡、K80小集镇建设，切实增强城镇的集聚和带动功能。三是市政基础设施建设工作，以建设宜居宜游型城市为目标，兼顾游客、本地居民的多方需求，积极做好亚东市政道路、县城供水项目的续建工作，积极推进三叠泉市政道路、县城排水防涝和湿地公园项目前期工作。

（四）着力改善民生福祉。要集中力量解决好群众最关心、最直接、最现实的利益问题，让广大群众共享更多更好的发展成果。

深入推进精准扶贫。加快实施珠村、久当卡村等6个村易地搬迁和回迁安置工作，协调推进搬迁点的路网、电网、给排水、农田水利等基础设施建设，要群众真正感受到“搬前搬后不一样、生活大变样”；大力实施安居工程及边境小康示范村工程，加强村庄环境整治，引导群众转变落后的生产生活方式；扶贫先扶志、扶贫必扶智，充分发挥驻村驻寺、“双联户”、“四对一”结对帮扶的优势作用，通过引导、培训、学习等方式，转变群众落后思想观念，调动群众积极性，发挥主体作用，参与到脱贫攻坚战中，实现群众脱贫致富的强烈愿望与政府扶贫措施紧密结合，形成扶贫开发的巨大合力；发挥企业、农牧民专业合作社等组织机构的带动作用，提高贫困户组织化程度，支持贫困对象自主创业。

千方百计扩大就业。认真落实职业技能培训、小额担保贷款、公益性岗位补贴等就业、创业优惠政策，统筹抓好高校毕业生、城镇就业困难人员、农村富余劳动力、退伍军人等重点群体就业、创业；以“就业再就业经费”为主，多方筹集培训资金，大力开展农牧民实用技能培训，提高劳动技能，促进农村富余劳动力和城镇失业人员转移就业；继续实施50万元以下技术要求不高的项目交由群众施工，引导群众参与到城乡建设中，不仅掌握了技术，提高了收入，更是转变了思想。

优先发展教育事业。全力实施“一师一优课、一课一名师”工程，定期组织开展说课、公开课、课件制作等比赛，加强教研教改力度，提升教育教学质量；加快县、乡幼儿园的改扩建工作，破解教育机构不均衡难题，推动墨脱县义务教育均衡发展；发挥援藏优势，选派一定数量的教师进墨支教、组织教师到内地培训；积极实施“县级职教中心建设计划”，加快职业教育发展。

大力发展健康事业。坚持“走出去、请进来”的方式，加大县、乡、村三级医疗卫生人员培训力度，建成一批乡镇卫生院业务用房和标准化村卫生室，优化软硬件支撑，持续推进城乡基本公共卫生服务均等化；继续深化医疗卫生体制改革和做好县卫生服务中心“二乙医院”后续工作，创新医院管理，不断提高医院服务能力、服务质量、服务水平和群众满意度；认真做好结核病、疟疾等传染病疫情突发公共事件应急演练和监测。

强化社会保障力度。切实抓好城乡低保、五保、城乡医疗救助和临时救助工作，健全动态管理和民主监督机制，确保惠民政策不缩水走样；统筹做好“五险一金”工作，重点做好新型农村社会养老保险工作，实现参保率较2016年递增1%，努力实现全民参保；更加关注农村低收入群众、五保户、残疾人等特殊困难群体，切实抓好帮扶解困工作；继续抓好困难学子结对帮扶工作，不让贫困家庭的孩子输在起跑线上；大力支持社会慈善公益事业发展，加强慈善组织和志愿者队伍建设，树立团结互助、扶贫济困的良好道德风尚。

（五）着力抓好受援工作。2017年是广东省第八批援墨工作组在完成基层调研和选定援藏项目的基础上全面铺开工作的关键一年，也是援藏项目全面实施的开局之年。要做好配合工作。各级各部门要积极配合广东省第八批援墨工作组开展好各项工作，帮助工作组开展实地调研、加快项目建设监督、解决工作和生活上遇到的各种困难，同时要加强同工作组的沟通协调，充分发挥对口援墨省市在资金、人才、技术等方面的优势，争取更多的智力援助。要加快项目建设。坚持“民生为重、富民优先”的原则，加快5个大类11个大援藏项目建设步伐，加强援藏项目监管，推动援藏项目实现建设效益、建设质量和建设速度的完美结合，将援藏项目打造成民心工程、精品工程。要拓宽援藏渠道。充分发挥广东省经济社会各领域的发展优势，切实抓好教育、医疗、文化等领域的资金、人才和技术援助，创新“以工作组为主体，佛–墨两地全面对口联系”的全方位、多层次援墨新机制，拓宽援藏渠道，为墨脱经济社会各项事业快速发展注入新鲜血液。

三、作风优良，狠抓落实，强化推进墨脱跨越式发展的各项保障

办好墨脱的事，关键在党领导经济社会发展的能力和水平。全县各级党组织，特别是广大党员领导干部，要深刻认识加强和改善党领导经济工作的重要性，切实负起责任，进一步提升党建引领发展的科学化、制度化和专业化水平，在科学谋划中驾驭全局，在抢抓机遇中攻坚克难，在勇于担当中真抓实干，在创新推动中服务发展，确保中央和区党委、市委、县委的各项决策部署全面落实到位。

（一）强化党风廉政保障。良好的政治生态，是确保全县各项工作有力推进、经济社会健康持续发展的重要条件。各级党组织要从严抓好本级本单位的党风廉政建设，全面优化发展环境和干事环境，切实为全县改革发展稳定提供正能量。要始终抓牢责任主体。各级党组织要牢固树立抓党建就是最大政绩的理念，在党的建设各领域、各环节、各方面都要贯穿和体现全面从严的要求；党组织书记要做管党治党的书记，当好第一责任人，对党负责，对本级本单位、本部门本行业的政治生态负责，对干部健康成长负责；班子成员要牢记自己的党员身份和党内职务，认真履行“一岗双责”，无论是抓业务还是抓党建，都要首先想到对党忠诚、为党尽责、对岗负责。要层层传导责任压力。要健全完善落实主体责任的制度机制，细化实化责任落实的具体措施，严格执行“三述”制度、报告制度、约谈制度，逐级敲警钟、严防范，逐人交责任、压担子，切实加强督促指导，定期开展检查考核，把责任压力传导给班子每一名成员，传递给每一级党组织负责同志，确保责任压力有效传导、工作扎实到位；要继续把问责作为全面从严治党的重要抓手，坚持“一案双查”，对执行党的路线方针政策不力，管党治党主体责任缺失、监督责任缺位，给党的事业造成严重损害的单位、乡镇和部门要严肃追究责任，既追究主体责任、监督责任，又追究领导责任、党组织的责任，以问责的常态倒逼全面从严治党主体责任的落实。要全面促进勤政廉政。各级党组织和全体党员干部要聚焦责任传导、问题整改、重要节点、问责倒逼“四个关键”，从细节入手，驰而不息地纠改“四风”问题；要严格落实中央“八项规定”、区党委“约法十章”“九项要求”和市委“十二个不准”的最新要求，进一步强化执纪问责，对违反规定的人和事，发现一起、查处一起、通报一起、追责一起，以铁面问责防止干部违纪违规，切实发挥惩戒震慑作用，努力为实现今年各项目标任务提供坚强有力的党风廉政保证。

（二）强化干部作风保障。优良的作风、严明的纪律是事业成功的保证。各级各部门都要高度重视作风纪律建设，着力打造风正劲足的干事创业环境。要守住党纪党规的基本底线。各级党组织要坚持把纪律建设摆在更加突出的位置，做到纪严于法、纪在法前，切实以严明的纪律、严格的标准、严格的措施约束党员领导干部；要深入开展“两学一做”学习教育，引导和督促广大党员干部增强纪律意识、养成纪律自觉，真正把党章党规党纪刻在心上，始终绷紧尊崇党章、遵守党纪的思想之弦；要时刻关注党员干部思想动态、工作表现和作风状况，发现问题及时开展思想引导、及时进行提醒教育、及时依纪给予纠正，督促他们严格按照党章党规党纪的要求来约束自己的言行举止，真正做知规知纪的明白人、遵规守纪的践行者，特别是要充分发挥系列会议精神宣讲团的作用，有针对性地对基层干部进行思想教育和引导；要始终把严明政治纪律和政治规矩摆在首位，严格执行“两准则、三条例”，切实强化权力运行制约和监督，用执纪的严肃性保障党纪党规的权威性，让广大党员干部在思想上行动上始终敬畏纪律的底线。要保持清正廉洁的为政本色。各级党组织和全体党员干部，都要切实强化廉政学习，牢固树立党章意识、自信意识、纪律意识和基层意识，严格自我要求，时刻严守党的政治纪律和政治规矩；牢记做人的根本和底线，培养健康向上的生活情趣，始终保持高尚的品德和廉洁的操守，做忠诚、干净、担当的好党员、好干部；要坚持以正立身、以正束行，切实增强公信力和号召力，不断赢得民心支持，凝聚干事创业的正能量；坚持依法用权、廉洁用权、公正用权，做到不以私情废公事；自觉接受监督，把自己置于组织和群众监督之下，真心诚意地听取各方面的意见建议，切实养成习惯在约束和监督下干事的新常态。要具备务实担当的干事魄力。今年是全面实施“十三五”规划和脱贫攻坚的重要之年，是贯彻落实自治区第九次党代会精神的开局之年。希望大家牢固树立有权必有责、有责必担当的意识，分清楚什么是组织要求的、什么是组织禁止的、什么是人民期盼的、什么是该干而且应该干好的，始终保持一种强烈的事业心和责任感，面对矛盾和问题要敢抓敢管、敢于碰硬，面对重大原则问题要立场坚定、旗帜鲜明，面对改革发展深层次矛盾问题要迎难而上、攻坚克难，深刻领会吴英杰书记在全区经济工作会议中提出的鼓励干部担当干事的“三个区分开来”和旺堆市长在政府工作报告中提到强化担当意识，正确处理鼓励干部担当干事和容错纠错的关系，真正做一名大气有为、敢于担当的党员干部，切实在全县营造崇尚实干、敬业肯干、埋头苦干、大胆敢干的良好氛围。

（三）强化基层组织保障。领导班子有凝聚力，干部队伍有战斗力，是确保各项工作有力推进、取得实效的先决条件。各级各部门要结合开展“两学一做”学习教育，围绕市委“233”党建工作思路，抓好基层组织建设，不断提高基层党建工作规范化、精细化、务实化水平。要坚持民主集中制。各级班子的主要负责人，要带头维护班子团结，认真落实党的地方委员会《工作条例》，健全党委议事决策机制，推进党内民主，坚持重大问题集体讨论决定，重大决策部署广泛听取各方面的意见建议，切实提高决策的科学性和权威性。要鲜明选人用人导向。严格执行《党政领导干部选拔任用工作条例》和《建立领导干部能上能下机制的意见》，坚持“凭实绩用人，靠实干进步”的选人用人导向，进一步完善干部政绩考核评价体系和奖惩机制，着力在脱贫攻坚、项目建设、产业发展、保障民生、维护稳定、守土固边的工作一线锻炼识别干部，大力选拔政治强、业务精、实绩好、敢担当、作风正的优秀干部，切实增强领导班子的整体功能。要夯实基层组织建设。创新基层党组织设置办法，建立健全网络化组织体系，抓好基层党组织带头人队伍建设，特别是要抓好村级班子队伍建设，统筹做好2017年村（居）“两委”换届工作，选优配强村“两委”班子，完善培养选拔、教育培训、实践锻炼、工作生活待遇等制度，持续整顿软弱涣散班子，切实发挥农村党建助推精准脱贫、企业党建助推生产经营、非公党建助推“双创”、机关党建服务发展的作用。要深入推进群团工作改革。坚持以“党建带群建”的工作方针，将群团组织向基层拓展，向非公组织和一线群众拓展，充分发挥工会、共青团、妇联、残联、科协在群众中的桥梁纽带作用，建立健全“人人在组织中”的网格化组织体系。要形成团结干事合力。各级领导干部要亲力亲为，切实把指导、推动和示范作用体现在研究谋划、任务落实、督促检查各个环节，进一步靠实责任，做到心中有数，肩上有责，形成全县一盘棋、上下一个音、同心抓发展、合力求突破的良好氛围。

（四）强化安全生产保障。安全发展才是科学发展。各级各部门必须如履薄冰地抓好安全生产，千万不能麻痹大意，千万不能失职缺位。要认真开展经常性安全生产大检查。坚持党政同责、一岗双责，对本辖区本领域安全生产监督管理的重点和难点网格化、具体化，努力解决潜在的隐患查不出、查出的隐患长期得不到整改等问题；要采取直奔基层、直接进入现场等方式，对非法生产经营行为和安全隐患适时开展突击性检查。要不断强化安全隐患排查治理。全面开展安全生产隐患排查整治，完善企业自查、自报、自改，行业部门专门监督管理、跟踪落实，政府挂牌督办、追究问责的安全隐患排查治理长效机制。要深化重点行业领域专项整治。坚持标本兼治、重在治本的原则，突出重点行业领域，紧紧抓住源头管理和过程监管两个关键环节，严格执行现场检查，督促责任单位、企业认真落实各项规定，开展集中整治，坚决遏制各类重特大事故发生；切实做好重大事故灾难的监测、预测、防治、应急救援演练等工作，不断提高城乡安全保障和应急处突能力。要深入推进打非治违专项行动。强化联合执法机制，定期组织专项行动，坚决惩处打击各类非法违法行为，严格实行停产整顿、关闭取缔、上限处罚、追究法律责任的打击治理措施，始终对非法违法行为保持高压态势，对相关责任人一查到底，绝不姑息，确保全县安全生产形势持续稳定，经济发展和群众生产生活平安有序。要加快构建防抗灾体系建设。加强防抗灾物资储备及海事卫星电话管理工作，做到第一时间掌握灾情和形成防抗灾合力；创新开展“5·12”全国防灾减灾日宣传教育活动，提高墨脱县干部群众的防灾减灾意识和互救、自救能力；积极争取落实救灾物资储备库等防抗灾体系硬件设施建设和物资储备，加快完善县、乡、村三级防抗灾体系。

（五）强化社会稳定保障。全县干部群众要牢固树立稳定压倒一切的思想，继续把深入开展对达赖集团斗争作为硬任务，抓重点、抓关键、抓薄弱环节，确保社会大局持续稳定、长期稳定、全面稳定。要深入开展反分裂斗争。要坚决贯彻中央对达赖集团的斗争方针，教育引导各族干部群众自觉与达赖集团划清界限；积极应对“后达赖”向“达赖后”转变的重大挑战，严密防范和依法打击各类分裂破坏、反动宣传、聚集闹事、暴力恐怖等活动，坚持专群结合，高度警惕和密切关注西方反华势力、达赖集团对我渗透破坏活动的新动向新方法。要创新完善社会治理。全面落实依法治县各项措施，加强社会管理创新，推动社会治理关口前移，深化干部驻村驻寺、城镇网格化管理、矛盾纠纷排查化解、“先进双联户”创建评选，认真做好新形势下群众工作，有效防范突发性公共安全事件，尤其要密切关注新形势下的网络舆情监管，正确引导和严肃查处两手抓，严厉打击各类违法犯罪，切实做到依法治理、舆论引导和社会面管控“三同步”，为全县经济社会发展创优环境、汇聚力量。要深入推进信访工作。围绕全县工作大局，强化目标导向和问题导向，加强干部作风建设，加大排查力度和部门工作联动，狠抓信访工作制度落实，严肃信访工作责任追究，着力强化源头预防和解决信访“老、大、难”问题，重点做好拖欠民工工资等信访工作，切实维护群众合法权益，有效促进社会和谐稳定。同时，要做好群众工作，坚决防止乱圈乱占、哄抬物价，阻碍重点项目建设，垄断市场等违规行为。要加强和创新寺庙管理。坚持寺管会和特派员工作制度，加强驻寺干部队伍建设，发挥驻寺干部优势作用，深化落实关爱僧尼的政策措施，改善僧尼修行条件，开展好和谐模范寺庙暨爱国守法先进僧尼、先进寺管会（特派员机构）及优秀驻寺干部表彰大会，使广大僧尼和信教群众切身感受到党和政府的关怀和温暖。要全面深入推进创先争优强基惠民活动。各驻村工作队要健全工作制度，在加强自身管理和提升自身工作能力的基础上，创新“5+2+3”工作思路，坚持抓宣传，确保思想统一和民心稳定；抓培训，确保农牧民群众致富本领得到不断增强；抓调研，确保短平快等项目切合实际、产生实效；抓制度，确保基层党组织发挥服务管理作用；抓协调，确保各项惠民政策和法律法规宣传教育成效最大化。

（六）强化生态环境保障。墨脱作为国家级自然保护区，保护好这里的一山一水、一草一木是我们义不容辞的责任。要做好迎接中央环保督察组工作。4月，中央环保督察组将到我区开展环境保护督察工作，各乡（镇）、各部门要严格按照墨脱县做好迎接中央环保督察组工作会议精神和部署安排，按照问题清单，认真整改落实，结合实际，扎实做好自查自纠，全面完成自查工作，重点做好派墨公路等重大项目建设的环境监管工作，扎实推进农村环境整治，着力解决农村污染问题。要加强生态文明建设。积极倡导和宣传生态文明，要充分发挥驻村驻寺、双联户的作用，引导群众处理好生产生活垃圾，提高爱护环境意识；加快推进背崩乡、帮辛乡2乡10个行政村的农村水源地保护工作；积极申报格当乡、背崩乡、帮辛乡三乡共计20个行政村为自治区级生态村，德兴乡、达木珞巴民族乡为自治区级生态乡（镇）。要开展好环境质量监测和环境影响评价监管工作。按照《墨脱县环境质量监测方案》，对县城每季度开展1次空气、地表水、水源地质量监测和墨脱村、德兴村农村环境质量监测；严格执行《环境影响评价法》新要求，强化日常监管，充分发挥公众监督作用。要加快文明有序环境建设。优化城市管理，提升软件服务，理顺管理体制，创新管理方式，加大综合执法和拆违治乱力度，坚决杜绝城乡乱搭乱建、乱挖乱圈行为；加强路网管网、美化绿化、健身娱乐等公共设施的建设及管护；巩固深化“清洁家园 美丽墨脱 我们在行动”城乡环境卫生综合整治活动，实施专项行动，切实解决僵尸车、生产生活垃圾、占道经营、垃圾围村等突出问题，重点做好县城停车场、农贸市场、背街小巷、建筑工地、乡镇村庄及扎墨公路沿线、景区景点环境卫生整治工作，努力营造文明有序的城乡人居环境，让墨脱天更蓝、地更绿、水更清、空气更洁净、环境更优美、社会更和谐。

稍后，我们将表彰2016年度先进乡镇和先进单位，在这里进行大会表彰。对于乡镇最后1名，我将进行约谈；对于没有达标的8个单位由分管领导进行约谈，帮助他们找准问题、理清思路，督促整改提高，分管领导再向我汇报情况；相关单位一定要端正态度、深入思考，摸清找准问题存在的根源，主动调整工作方法和思路，拿出具体整改办法，切实改进提高工作。

同志们，做好今年各项工作，任务艰巨，责任重大，使命光荣。让我们紧密地团结在以习近平同志为核心的党中央周围，在区、市坚强领导下，深入贯彻落实党的十八届六中全会、中央、区、市经济工作会议精神，按照这次会议的部署和要求，团结带领全县广大干部群众，坚定信心，迎难而上，以更加饱满的热情、更加务实的作风、更加扎实的工作，为全面建成小康社会做出新的更大贡献，以优异成绩向党的十九大献礼！

墨脱县人民政府工作报告

——在墨脱县第十一届人民代表大会第二次会议上

墨脱县委副书记、县长 魏长旗

（2017年3月22日）

2016年工作回顾

2016年是“十三五”开局之年。在上级党委、政府和县委的坚强领导下，在县人大、政协的监督支持下，在广东特别是佛山人民的无私援助下，我们全面贯彻落实习近平总书记系列重要讲话精神，特别是“治国必治边、治边先稳藏”重要战略思想和“加强民族团结、建设美丽西藏”重要指示，全面贯彻落实党的十八大和十八届五中、六中全会及中央第六次西藏工作座谈会精神，全面贯彻落实区党委、市委系列会议精神，特别是自治区第九次党代会精神，团结依靠全县各族人民，紧紧围绕率先全面建成小康社会目标要求，拓展深化“123456”发展思路，以建设“五型政府”为目标，坚持稳中求进工作总基调，主动适应经济发展新常态，在应对挑战中砥砺前行，抢抓机遇，乘势而上，经济社会平稳快速发展，实现了“十三五”良好开局。

一、经济健康平稳发展，综合实力明显增强

2016年，全县生产总值预计达4.74亿元，同比增长14%；全社会固定资产投资预计达18.01亿元，同比增长10%（其中：国家投资预计达12.9亿元，同比增长14%；援藏投资预计达5000万元；招商引资预计达3.57亿元，同比增长19%；民间投资预计达1.04亿元，同比增长15%）。全社会消费品零售总额预计达3811万元，同比增长11.2%；财政收入预计达7634万元，其中：公共财政预算收入达4253万元（税收3019万元，非税收入1234万元），政府性基金收入3381万元。农牧民人均可支配收入预计达8348元，同比增长15%。农牧民人均现金收入预计达7066元，同比增长15%。粮油产量预计达5214吨，同比增长3%。主要经济指标增速趋于平稳，为全面建成小康社会奠定了基础。

二、基础设施日臻完善，发展环境不断改善

墨脱县牢牢把握自治区、林芝市大力扶持墨脱发展的大好机遇，积极争取国家、社会和援藏资金。2016年墨脱县新建、续建项目共167项，投资40.31亿元。全县固定资产完成投资14.44亿元，同比增长8.5%，其中：新建项目79个，投资21.8亿元，累计完成投资9.84亿元；续建项目88项，投资18.51亿元，累计完成投资4.6亿元。

（一）交通基础设施逐步改善。总投资为9.78亿元的地东边防公路、格林边防公路等15个续建项目，已完工6个；总投资3.31亿元的德尔贡村、西让村公路等10个新建项目，有序推进。截至2016年底，全县公路总里程338.22公里，其中，通县道117公里、通乡道101.6公里、通村道119.62公里，乡镇公路通达率为75%、通畅率为25%，行政村公路通达率为65.22%、通畅率为6.5%，行政村公路通达率和通畅率比2015年底分别提高19.57%和4.3%。通乡、通村公路总里程再创新高，交通“瓶颈”有效缓解。

（二）水利基础设施逐渐完善。根据社会发展需要，兼顾水土资源条件和财力，逐步完善水利基础设施建设。一是农村饮用水条件逐渐改善。农村饮水安全工程、乡镇供水工程等项目建设，逐步提升农村用水品质，农牧民用水安全问题得到保障。二是中小河流治理有序推进。背崩乡地东村山洪灾害治理、嘎弄曲K62防洪工程等项目建设，将有效防止山洪、洪水等自然灾害的发生，切实保障人民群众生命财产安全。三是农业生产有效灌溉面积快速增长。进一步完善水利工程基础设施，改善水渠灌排条件，提高供水能力，扩大灌溉面积。2016年，全县共改善灌溉面积6573亩。

（三）城乡建设成效显著。一是特色小集镇建设稳步推进。背崩乡特色小集镇建设项目，已于2016年11月开工建设。德兴乡、达木乡建设项目目前正在编制实施方案。截至2016年底，投资2694.8万元的K80旅游小集镇第一期工程已完成70%；投资1000万元的背崩乡基础设施建设已完成95%；投资700.06万元的达木小康示范村三期工程已完成64%。二是新农村建设有序开展。截至2016年底，投资615万元的重点生态功能区转移支付资金已全部落实到位。投资3894.9万元的6个边境小康示范村（格当村、布龙村、桑珍卡村、占根卡村、荷扎村、格林村）、投资2944万元的帮辛乡（帮辛村、宗荣村、帮果村、肯肯村）基础设施建设等项目已开工建设。投资240万元的2015年6个村级组织活动场所建设已完成工程量的80%，其中格林村、文朗村、根登村、江新村村公房项目已竣工验收。

（四）市政基础设施建设逐渐完善。坚持把以人为本作为新型城镇化的核心内容，严格按照《墨脱县县城总体规划》《墨脱县城市设计》和《墨脱县控制性详细规划》要求，积极推进亚东市政道路、县城供水工程项目等市政项目建设，完善城市公共设施建设。深入开展“清洁家园 美丽墨脱 我们在行动”百日会战城乡环境综合整治活动，面向社会招聘城市协管员，扩大城市管理队伍，加大城乡环境“脏、乱、差”整治力度，实行环卫工包段打扫制和绩效考核制，城市管理水平不断提高。

（五）通讯设施建设逐渐完善。2016年，邮政业务收入达78.6万元，乡镇通邮率达100%（其中加热萨乡、甘登乡季节性通邮）；电信业务收入达630万元，电信信号覆盖率达100%；移动业务收入达640万元，移动信号覆盖率达100%。截至年底，46个行政村广播电视覆盖率达100%，全县有线闭路电视节目增加至51套，有线闭路电视用户达1891户。

三、特色产业初具规模，产业结构不断优化

一年来，墨脱县立足特有自然资源、基本县情，调结构、转方式、强举措，通过引进龙头企业，以“企业+基地+农户”等发展模式，推动“五大特色产业”快速发展。

（一）特色农牧业取得新突破。一年来，多渠道筹集资金，加大投入力度，集中精力推进农牧业产业结构调整，着力推动“特色农牧业”规模化、专业化、产业化发展，不断提升特色农牧业经济效益。一是粮食产量稳步提升。2016年全县粮食总产量达5167.4吨，同比增长3%。二是茶产业发展步伐明显加快。截至2016年底，墨脱县共建成茶园5108亩，其中可采摘茶园2848亩。全年共采摘茶青1.8万余斤，为农牧民增收72万余元。墨脱县茶叶成型佳、品质好，制成红茶、绿茶3600余斤，在四川、上海、福建茶叶博览会上受到与会者一致好评，并获得“中国好茶”银奖。2016年12月，墨脱茶叶通过西藏出入境检验检疫局审核，墨脱县成为西藏首个省级出口食品农产品质量安全示范区，为墨脱茶叶走出西藏，走向全国，走向世界迈出了坚实的一步。

（二）特色旅游业取得新进展。紧紧围绕“一个景区、一部规划、一套办法、分片建设、全面提升”发展战略，以线串点，以点带面，逐步实现旅游业全面发展。一是创“4A”工作深入推进。通过召开旅游工作专题会议，精心安排，扎实推进创建工作。2016年，完成了《西藏自治区林芝市墨脱县旅游发展中长期规划（2016—2030年）》《墨脱县旅游景区建设性、控制性详细规划》和《墨脱县旅游景区创4A提升方案》等规划编制工作。为旅游业发展明确了方向。二是旅游硬件设施逐渐完善。果果塘蛇形大拐弯景区、K52

游客服务中心、K80游客服务中心、德兴景区、达木景区、拉贡景区等项目建设正在有序推进。三是旅游收入再创新高。2016年，墨脱县共接待游客75912人次，同比增长7.2%；实现旅游总收入7405.87万元（其中农牧民收入4937.24万元），同比增长59%；全年共售出门票19717张，总收入281.42万元，与去年相比分别增长20%、19%。

（三）水电、文化、藏医药业发展取得新成就。针对墨脱县水电能源业、门珞文化业和藏医药业起步晚的实际情况，我们在打牢基础、规划发展、培育资源的前期筹备阶段狠下功夫，水电、文化、藏医药产业发展程度低的状况逐渐得到改善。一是水电能源业取得新成效。全县年发电量达1007.27万千瓦时，其中：亚让电站2016年初正式投入运行，可发电总装机容量达6000千瓦，全年发电量达998.72万千瓦时；为了满足用电需求，提高供电质量，建设安全可靠、经济高效，环境友好的现代配电网，投资9285万元，全面启动电网升级改造工程。二是门珞文化业取得新成果。门珞文化历史博物馆、民间艺术团等成为保护门珞历史文化的重要载体；46个农家书屋、7个寺庙书屋运营良好，总藏书量达10万余册，已成为农牧民学习文化知识的重要场所。传承门珞文化之精髓推动文化产业多元化发展，将门珞美食、门珞服饰等门珞文化发扬光大。三是藏医药业发展基础得到巩固。完成墨脱县藏药材补查工作，共采集药材标本1540种9240份，其中包括七叶一枝花等14种珍贵药材；有序开展石斛等藏药材试种工作，为墨脱县藏医药产业的发展奠定了坚实基础。

四、社会事业稳步推进，人民生活水平不断提高

一年来，在加快发展的同时，我们始终将改善民生作为各项事业发展的出发点和落脚点，通过落实各项惠民政策、完善社会保障体系等措施，让农牧民群众在参与改革发展的同时共享发展红利。

（一）医疗卫生服务工作成效显著。加大农牧区医疗制度政策宣传，稳步推进医疗卫生工作。农牧区医疗制度总基金到账856.02万元（其中政府解决400万元），参合率达100%。大病统筹报销人数2221人次，811.79万元；建立城乡居民健康体检档案10472人，在编僧尼健康体检档案27人，体检率分别为98%和100%；全年享受县孕产妇住院分娩补助90人，兑现补助金9.8万元；免费孕前检查56人，完成率56%，发放免费计生药具900余人次；成功创建二级乙等医院，医疗服务水平进一步提升；消除疟疾工作成效显著，全年未发生一例本地病例；全县门诊诊治患者达28222人次，住院694人次，急诊542人次，转院94人次，开展各类手术共134例。

（二）教育事业发展迈出新步伐。墨脱县始终坚持把教育摆在优先发展的战略地位，严格执行《墨脱县教育教学工作奖惩制度（试行）》。加快县、乡幼儿园的改扩建工作，达木乡、德兴乡小学五人制足球场等建成并投入使用，有效破解教育基础设施不均衡难题，推动墨脱县义务教育均衡发展。2016年底，全县共有在职教师248名，基本满足教育教学需求。通过开展“一师一优课、一课一名师”等教研活动，教学水平有效提升。“三包”经费和“营养改善计划”全面落实，幸福莲花奖学金、重视家庭教育奖学金等教育资助项目广泛开展，确保了适龄学生顺利完成义务教育。2016年，墨脱县有2人考取内地西藏初中班，2人考取区外高中，16人考取区内重点高中。

（三）社会保障工作成效显著。顺利推进各项保险的统筹和保险费的收缴工作，参保人数达10795人次，共征缴保险费1887.81万元，参保率、征缴率均达100%；全年城镇新增就业635人；实现就业再就业培训人数681人，其中农牧区转移就业培训527人（贫困户参与人数为235人）。投入100.22万元，开展农牧民促进就业培训24期，培训人数827人；农牧民转移就业达2100人次，转移就业收入达502万元。全年为295户1017人发放城乡居民最低生活保障资金共计153.3万元；扎实做好“双集中”工作，42名五保户老人入住县集中供养中心，19名孤儿移交至市儿童福利院集中收养，真正做到了特殊群体“老有所养，少有所依”；农牧区特困群众医疗救助金救助172人次，救助金额为68.23万元。

（四）精准扶贫稳步推进。2016年初，墨脱县实有建档立卡贫困人口668户2615人，贫困发生率为25.08%，贫困人口遍布全县46个行政村。通过科学制定扶贫规划，积极有效推进产业扶贫、易地扶贫搬迁安置、“点对点”帮扶工作，截至2016年底，圆满完成137户676人的脱贫目标。一是产业脱贫。2016年共实施脱贫攻坚产业项目28个，总投资1.1亿元，实现脱贫32户150人。二是易地搬迁脱贫。2016年投资1.89亿元实施3个易地扶贫搬迁项目，涉及建档立卡贫困户99户449人（由于搬迁群众未搬入新居，暂不计入2016年脱贫人数）。三是生态补偿脱贫。2016年共落实生态补偿岗位2810个，实现脱贫8户54人。四是教育脱贫。通过藏餐烹调、挖机装载机、温室大棚蔬菜种植等培训，实现转移就业脱贫93户452人。五是社会保障兜底脱贫。投入538.47万元设立建档立卡贫困群众重大疾病救助基金；根据《林芝市精准扶贫大病医疗救助专项行动工作方案》要求，共筛查确定患病贫困户107人，其中需要转院治疗11人，门诊治疗92人，家庭随访4人。2016年共兑现社会保障资金94.78万元，实现脱贫4户20人。

（五）生态保护取得新进展。一年来，为走好环境保护与经济发展双赢之路，墨脱县大力开展退耕还林工作，严惩非法狩猎、乱砍滥伐行为，扎实推动林业管护工作。制定了《墨脱县砂石管理办法》，砂石市场乱采乱挖、强买强卖现象得到有效遏制。编制《墨脱生态文明建设示范县规划》，德兴乡文朗村、德果村等10个行政村顺利通过国家环保部评审，被命名为自治区级生态村，墨脱镇被命名为自治区级生态乡（镇）；完成2017年国家重点生态功能区县域生态环境质量考核及自治区环境保护考核资料汇编工作。经季度监测，全县各项自然生态指标保持良好。

五、安全生产落实到位，综治维稳开创新局面

（一）安全生产、防灾减灾工作落实到位。始终贯彻“党政同责、一岗双责、齐抓共管”责任体系，有序开展安全生产宣传和“专项整治行动”，以零容忍的态度做好食药安全等重点领域、重点行业、重点部位隐患排查治理工作。一是制定并完善了《墨脱县烟花爆竹安全管理方案》、《墨脱县安全生产检查实施方案》等安全生产领域实施方案，有效预防了生产事故的发生。二是全年各部门开展安全生产检查800余次，出动工作人员4000余人次，共发放宣传单1000余册、宣传海报200余张，安全生产工作取得较好成绩。三是制定“明厨亮灶”工作方案，明确工作目标。截至2016年底，全县实施“明厨亮灶”42家，完成全县餐饮总数的85.7%，完成项目任务的107%。四是深入各乡（镇）开展地震灾害防御检查督导工作，并在背崩、德兴、达木小学组织地震演练，学生的防震避灾意识进一步加强。2016年，墨脱县共发生各类事故1起（火灾1起），死亡0人，受伤0人，与上年同期相比，事故起数增加1起。

（二）综治维稳工作开创新局面。墨脱县牢固树立“守土有责，保一方平安”的思想，保持了社会局势的持续稳定。一是抓专项行动，促工作成效。组织相关部门开展“安全检查”“扫黄打非”等专项整治行动，消除社会不稳定因素。二是抓矛盾化解，促大局稳定。在维稳和综治工作中，切实抓好矛盾纠纷排查调处工作，并将其作为综治维稳工作的着力点，做到预防为主，及时化解。2016年，全年办理来信来访40批（件）157人次，信访批次同比下降35.5%，人次同比下降59.5%。调处解决39批（件），兑现资金380余万元，结案率达97.5%。受理治安调解10起，成功调处10起，矛盾纠纷调处率达100%。三是加强寺庙管理。深入实施“六建”“九有”等一系列利寺惠僧政策，全面加强和创新寺庙治理，确保宗教活动正常开展。2016年，墨脱县共接警324起，有效接警131起，受理行政案件13起，查处13起，查处率达100%，行政拘留16人次；受理各类刑事案件20起，立案17（含去年一起积案）起，破案16起，破案率为94%，同比提高9%。一年来，墨脱县没有发生过任何影响民族团结和社会稳定的矛盾纠纷。

六、改革开放和对口援藏工作实现新突破

（一）改革开放向纵深发展。坚持全面深化改

革，扩大开放，引导公平竞争的市场秩序。积极落实“营改增”“两证整合”“五证合一”“一照一码”等改革措施，市场主体达635户，注册资本（金）8.24亿元，与去年相比分别增长24.3%，18.9%。2016年税收收入5014.68万元，同比增长25%。落实招商项目24个，预计到位资金2.93亿元，完成市级目标任务（2.42亿元）的120.98%；民间投资新建项目78个，累计到位资金1.04亿元，完成市级目标任务（9500万元）的109.47%，招商引资效果显著。组团参加厦洽会、藏博会等，对外交流合作进一步深化。

（二）援藏事业结出新硕果。一是切实做好由第七批援藏工作队投资建设的项目收尾工作。主要是做好援藏项目（包括：民俗文化古街项目，6个小康示范村建设项目等）的竣工验收，项目资料收集、整理和移交工作。二是第八批援藏工作顺利开展。第八批援藏工作队进驻墨脱县以来，我们积极参与到援藏项目谋划、跑办的各个环节。截至2016年底，第八批援藏工作队投资400万元建设的达木乡卫生院建设项目已完成总工程量的20%，投资350万元的德兴乡德兴村村级组织活动场所建设项目已完成总工程量的20%。

七、强化政府自身建设，施政能力和服务水平显著提高

（一）民主法制建设扎实推进。选派政府县级领导深入各乡（镇）开展调研，听取人大代表、政协委员、离退休老干部以及专家学者的意见建议，自觉接受宪法监督、民主监督和社会舆论监督，提高决策水平。认真办理各类建议、议案、提案，一年来，共办理人大意见建议187件，政协提案96件，答复率均达100%。

（二）勤政廉洁建设不断加强。围绕建设廉洁政府目标，加快政府职能转变，强化行政监察、审计监督和工作督查，全面落实廉政建设责任制；从严控制三公经费，大力压缩一般性支出，集中财力办民生实事；进一步健全管理机制和问责机制，党风政风建设得到加强，政府执行力进一步提高。

（三）坚持勤勉履职，提高执行力和公信力。深入践行“两学一做”，增强政治意识、大局意识、核心意识、看齐意识，加强作风和能力建设，打造高素质专业化的公务员队伍。健全并严格执行工作责任制，确保各项政策和任务不折不扣落到实处。健全督查问责机制，坚决整肃庸政懒政怠政行为，决不允许占着位子不干事。健全激励机制和容错纠错机制，给改革创新者撑腰鼓劲，让广大干部愿干事、敢干事、能干成事。

各位代表：过去的一年里，在全县各族人民共同努力下，墨脱县经济社会发展取得显著成效，实现了“十三五”开门红。这些成绩的取得离不开党中央、自治区的殷切关怀，离不开市委、市政府和县委的坚强领导，离不开广东省特别是佛山人民的无私援助，更离不开全县广大干部群众的努力奋斗。在此，我代表县人民政府，向全县1.4万各族干部群众的辛勤付出和全体援墨干部的无私奉献，表示衷心感谢！向给予政府工作大力支持的人大代表、政协委员和离退休干部，表示衷心感谢！向驻县解放军指战员、武警官兵、政法干警，表示衷心感谢！向关心支持墨脱发展的社会各界人士，表示衷心感谢！

各位代表：在总结成绩的同时，我们也要清醒地看到，墨脱县经济社会发展还存在一些亟待解决的困难和问题，主要表现为：交通“瓶颈”依然存在；经济总量小，发展质量不高；经济创收方式单一，产业化水平较低；城乡区域发展不均衡，城镇化建设较为缓慢；脱贫攻坚任务依然艰巨，群众脱贫主体意识不强，持续增收能力有待提高；个别部门和干部责任意识淡化，担当精神不够，行政效能有待进一步提升。对此，我们必须在思想上高度重视、行动上主动作为、作风上求真务实，乘风破浪、激流勇进，克服前进道路上的重重险关，绝不辜负全县人民的期望。

2017年工作安排

今年政府工作的总体要求是：高举中国特色社会主义伟大旗帜，全面贯彻落实党的十八大和十八届五中、六中全会精神，坚持以邓小平理论、“三个代表”重要思想、科学发展观为指导，坚持“五位一体”总体布局和“四个全面”战略布局为统领，深入贯彻落实习近平总书记系列重要讲话精神，特别是“治国必治边、治边先稳藏”重要战略思想和“加强民族团结、建设美丽西藏”重要指示，深入贯彻落实自治区第九次党代会和市一届五次全委会及市人大一届三次会议精神，按照县委、县政府制定的“123456”县域发展思路及“五型政府”建设目标，以加快转变经济发展方式为主线，着力调整优化经济结构，破解发展难题，着力发展社会各项事业，切实保障和改善民生，确保经济持续快速发展，确保社会大局和谐稳定，为打赢脱贫攻坚战，与林芝市其他兄弟县一道率先全面建成小康社会打下坚实基础。

今年政府工作的总体目标是：全县生产总值增长14%；地方公共财政预算收入增长10%；全社会固定资产投资增长21.8%；全社会消费品零售总额增长15%；农牧民人均可支配收入和现金收入均增长14%。

为了实现这一目标，2017年我们要重点抓好以下几方面的工作：

一、强化特色产业攻坚，着力增强内生动力

根据市政府工作部署，按照“123456”工作思路及“五型政府”建设目标，扬长避短，做大做强做精五大产业，不断提高产业对经济增长和财政增收的贡献率。

（一）全力发展特色农牧业。继续加大对主打产业“茶产业”的投入力度，完善“茶”产业链各环节，重点在扩大种植面积、后期管理等方面下功夫。2017年我们将继续扩大茶叶种植面积，新建茶叶基地2000亩；继续做好茶叶新品种引进工作；完成茶叶加工厂的建设，实现茶叶批量生产、加工、销售。充分发挥墨脱县气候优势，积极发展特色种植业，建设特色农产品基地、热带和亚热带水果生产基地、反季节蔬菜种植基地；适度发展特色养殖业，以巴米牛为核心，发展循环畜牧业，推行规模化养殖。

（二）全力发展旅游业。严格按照墨脱县旅游业发展思路，围绕“旅游强县”这一目标，加强旅游软硬件设施建设，优化旅游发展环境。一是以基础设施建设为重点，全面推进AAAA级景区创建工作。墨脱县将严格按照国家AAAA级旅游景区标准，对全县景区（点）、观景台进行全面升级改造，开发建设新景区，进一步提升旅游基础设施和服务设施建设，确保创4A成功。二是完善运营管理机制，逐步实现公司“独立化”运营。规范各项规章制度，培养公司经营管理人才，争取早日实现公司独立化运营。三是积极发展乡村旅游，在扎墨公路、派墨公路沿线建设一批旅游要素和功能配套齐全的特色民俗乡村、农家庄园、农家乐乡村旅游示范点，因地制宜开展特色“乡村游”体验活动，真正让游客吃上农家饭、住上农家屋，体验门珞民俗文化和异域风情。

（三）全力发展水电能源业。立足当前，着眼长远，做好县域电网升级改造工作；因地制宜，合理布局，科学编制墨脱县水电能源开发利用规划，加快水能资源优势向经济发展优势的转化；突破思想限制，用“打基础、管长远”的眼光，科学谋划，建立高人力资本含量、高技术含量和高附加值的现代服务体系，合理配置适应水电开发的生产和服务市场。

（四）全力发展特色文化业。大力推进文化产业基础设施建设，建立健全门珞文化传播载体，重点做好墨脱县电视台建设项目、墨脱县民间艺术团排练演出场所等建设工作。挖掘门珞本土文化彰显地域特色，切实做好仁青崩寺维修项目、做好门珞文化展示厅的维护管理工作，基本形成较为完善的文化体系，进一步提升文化对经济的贡献率。

（五）全力发展藏医药业。加强墨脱县藏医院、乡（镇）卫生院藏医科室及建制村的卫生室基础设施建设，力争实现县有标准化医院、重点乡镇有标准化卫生院的目标。扶持和发展藏医药业，挖掘发展潜力，加大藏医医疗设备投入力度，完善功能科室建设，加强人才队伍建设，不断促进藏医药业发展壮大。加强藏医师和在职专业技术人员的培养工作，提高医疗卫生服务能力和水平。进一步提高基层卫生队伍的整体素质和诊疗水平，大力培养一批门巴、珞巴族乡村医生。重点实施藏医院标准化建设工程、乡镇卫生院藏医科室基础设施建设工程等。

二、强化公共设施建设，切实保障改善民生

人民群众对美好生活的向往，就是我们的奋斗目标。要集中力量解决好群众最关心、最直接、最现实的利益问题，让广大群众共享更多更好的发展成果。

（一）聚焦基础设施建设，增强项目带动作用。加快推进2016年先行启动的6个小康示范村及自治区支持墨脱2016年民生项目建设，使其尽早发挥效益，让项目区域群众尽快享受小康社会建设成果。稳步推进剩余边境村小康示范村建设项目前期工作，确保2018年底前完成小康示范村建设目标。扎实做好扎墨公路道路硬化项目，切实化解交通“瓶颈”。大力实施兴边富民项目，改善农牧民生产、生活环境，强化边境群众守土有责、守土尽责的国土意识，引导鼓励边境干部群众为捍卫国家主权、领土完整和维护边境稳定做出贡献。

（二）聚焦民生改善，提高农牧民生产生活水平。1. 千方百计扩大就业。认真落实职业技能培训、小额担保贷款、公益性岗位补贴等就业、创业优惠政策，统筹抓好高校毕业生、城镇就业困难人员、农村富余劳动力、退伍军人等重点群体就业、创业；以“就业再就业经费”为主，多方筹集培训资金，大力开展农牧民实用技能培训，提高劳动技能，促进农村富余劳动力和城镇失业人员转移就业。

2. 优先发展教育。一是充实教研队伍，引导教育教学。针对性补充教研员，努力建设一支人员较为齐全、分工基本明确的教研队伍。二是出台相关政策，激励教育教学。以健全教研队伍为契机，开展实地调研，完善教学工作考核和教师考核机制。三是全面调研检查，督导教育教学。定期组织开展公开课、课件制作等比赛，加大教研教改力度，制定工作计划，明确工作任务和升学目标。

3. 完善医疗卫生体系。一是加大政策宣传力度，深化医疗卫生体制改革，狠抓医改各项任务落实。二是坚持“走出去、请进来”的方式，加大医护人员、村医培训力度。三是认真开展传染病疫情网络直报；确保无误、无遗漏。进行卫生突发事件应急演练，做好结核病、疟疾、包虫病、性爱病的宣传与监测工作。四是做好县卫生服务中心创建“二乙医院”评审后续工作，加强医院创新管理。

（三）聚焦脱贫攻坚，激发实干新状态。严格落实扶贫工作要求，多方联动，形成工作合力，完成2017年脱贫工作目标。一是做好多卡村、岗玉村、龙列村易地搬迁工作，协调推进搬迁点的路网、电网、给排水、农田水利等基础设施建设，让群众真正感受到“搬前搬后不一样、生活大变样”。二是大力实施安居工程及边境小康示范村工程，加强村庄环境整治，引导群众转变落后的生产生活方式。三是扶贫先扶志，充分发挥驻村驻寺工作队、先进“双联户”的优势作用，通过引导、培训、学习等方式，转变群众落后思想观念，调动群众积极性，发挥主体作用，参与到脱贫攻坚战中。四是发挥企业、农牧民专业合作社等组织机构的带动作用，提高贫困户组织化程度，支持贫困对象自主创业。

（四）聚焦人才队伍建设，强化社会管理。一是强化科技支撑服务体系建设，开展农牧民专业技能培训，大力培养管理人员、科技人员、农民专业合作组织带头人和农村经纪人。二是加强边境管控，建立和完善应急指挥体系，严密防范和严厉打击敌对势力、民族分裂势力、恐怖势力和邪教组织等各类暴力、“非暴力”分裂破坏活动，牢牢把握反分裂斗争的主动权。三是积极预防和妥善处置群体性事件，严防达赖分裂集团进行渗透、策反和利用人民内部矛盾制造事端。四是规范行政执法行为，建立健全行政权力的制约机制和责任约束机制，完善行政执法责任制和评议考核制度。

（五）聚焦生态文明建设，提升农牧民环保意识。加强自然保护区建设，强化森林防火及病虫害防治工作，建设监测站，开展科研与监测工程；禁止在雅鲁藏布大峡谷国家级自然保护区内滥捕乱猎野生动物、滥采乱挖野生植物的违法行为，停止一切林木采伐；推进城乡环境综合治理，建设城镇绿化体系，提高城镇绿化覆盖率；加强饮用水源地水质有机污染监测工作，确保人民群众饮水安全，在全县范围逐步建立全方位、多层次的生态保护网络体系。

（六）聚焦援藏受援工作，狠抓项目贯彻落实。2017年是广东省第八批援墨工作队在完成基层调研和选定援藏项目的基础上全面铺开工作的关键一年，也是援藏项目全面实施的开局之年。要加快项目建设，坚持“民生为重、富民优先”的原则，加快5大类11大援藏项目建设步伐，加强援藏项目监管，推动援藏项目实现建设速度、建设质量和建设效益的完美结合，将援藏项目打造成民心工程、精品工程。要拓宽援藏渠道。充分发挥广东省佛山市经济社会各领域的发展优势，切实抓好教育、医疗、文化等领域的资金、人才和技术援助，创新“以工作队为主体，佛—墨两地全面对口联系”的全方位、多层次援墨新机制，进一步拓宽援藏渠道，为墨脱经济社会各项事业快速发展注入新鲜血液。

（七）聚焦安全生产，实现社会稳定。1. 加强安全生产管理，提升防灾减灾能力。严格执行安全生产许可制度，有效遏制重特大安全事故，健全公共安全预警和处置机制；完善气象、水利、国土、民政等部门信息共享机制，建设覆盖全县的暴雨预警信息发布系统；建立“政府主导、部门联动、社会参与”的农村应急减灾组织体系和气象灾害应急体系，提高农牧区灾害自救能力；实施地质灾害防治工程，勘查治理县城后山泥石流、格当乡桑珍卡村泥石流等自然灾害点，实现全县人民居无险地的目标。

2. 高度重视社会治安，维护社会安全稳定。坚持打防结合、预防为主，建立健全社会治安综合治理机制。一是深入开展严打整治工作，优化社会治安环境。对所有储存、运输、使用危爆物品的单位、仓库、人员进行逐一排查，全面堵塞管理漏洞，坚决消除安全隐患。对容易滋生“黄赌毒”的歌舞娱乐、洗浴按摩等重点场所，集中开展专项整治行动。二是积极预防、妥善处置群体性事件。集中力量着力解决影响社会和谐稳定的源头性、根本性、基础性问题，对不稳定群体进行深入摸底排查。坚持“预防为主、调解为先”的原则，认真对待每一起纠纷问题，及时调查、核实、处置。三是加大道路交通安全整治力度，净化道路交通秩序。加强机动车辆超速、疲劳驾驶等交通违法行为的整治力度，深入排查道路交通安全隐患，对事故多发路段、危险路段进行排查，研究整治方案和具体措施，进一步改善道路安全通行条件。

三、强化基层党建工作，加强党对经济工作的领导

充分发挥党对经济社会发展统筹抓总的领导作用，推动党领导经济工作的观念、体制、方式方法与时俱进，牢牢掌握经济工作主动权。实施以财政投入为主、党费支持为辅、援藏资金为补的经费保障制度，继续落实好扶持村集体经济发展专项资金，保证每个基层党组织都有基本运转经费和服务群众、服务党员专项经费。落实好村干部养老保险和离任补助制度，逐步提高村干部待遇，调动其干事创业的积极性。严格执行党风廉洁建设和反腐败工作责任追究制，以零容忍态度加大整风肃纪和腐败案件查办力度，做到有腐必反、有贪必肃，着力营造政治上的绿水青山。

同志们，宏伟目标召唤着我们，人民期待鞭策着我们。让我们更加紧密地团结在以习近平总书记为核心的党中央周围，在自治区党委、政府、市委、市政府和县委的坚强领导下，紧紧围绕“123456”总体发展思路和“五型政府”建设目标，敢于担当、主动作为，加快建设和谐墨脱，为到2018年和其他兄弟县一起率先全面建成小康社会而努力奋斗，以优异成绩迎接党的十九大胜利召开。

名词解释：

一、“123456”县域发展思路

（一）围绕一个主题。“高举旗帜、务实创新、艰苦创业、奋发有为，努力把墨脱建设成为社会稳定、城乡优美、人民幸福的著名边境县”

（二）把握两个机遇。1.把握中央、自治区、地区政策倾斜，央企、国企、援墨工作队关心帮助及资金支持的机遇；2.把握门珞民族艰苦奋斗、埋头苦干、自力更生的拼搏精神、致富意愿强烈的机遇。

（三）面对三个现实（实际）。1.墨脱是国定贫困县之一；2.墨脱是边境县之一；3.墨脱是门珞较少民族聚居地

（四）抓住四个优势。1.政策优势；2.自然资源优势；3.气候优势；4.门珞民族特色文化的优势

（五）做大、做强优势特色五大产业。1.特色农牧业；2.高端定制旅游业；3.水电能源业；4.门珞民俗特色文化业；5.藏医藏药产业。

（六）做好、做快“六县”文章。“农业稳县、生态立县、交通兴县、旅游强县、文化名县、能源富县”

二、“五型政府”

五型政府即团结型政府、学习型政府、务实型政府、为民型政府、廉洁型政府。

三、创“AAAA景区”

AAAA级景区是依照《旅游景区质量等级的划分与评定》国家标准与《旅游景区质量等级评定管理办法》，经省旅游景区质量等级评定委员会初评和推荐，由全国旅游景区质量等级评定委员会评定的。从景区的旅游交通、游览、旅游安全、卫生、邮电服务、旅游购物、经营管理、资源和环境的保护、旅游资源吸引力、市场吸引力等方面，将旅游区（点）质量等级划分为五级，从高到低依次为AAAAA、AAAA、AAA、AA、A级旅游区（点），旨在加强对旅游区（点）的管理，提高旅游区（点）服务质量，维护旅游区（点）和旅游者的合法权益，促进我国旅游资源开发、利用和环境保护。

四、双集中

“双集中”项目是对有意愿的五保对象实现集中供养，对孤儿实现集中收养的一项民生举措。

墨脱县人民代表大会常务委员会工作报告

——在墨脱县第十一届人民代表大会第二次会议上

墨脱县人大常委会主任 遵 珠

（2017年3月23日）

2016年工作回顾

2016年以来，在县委的正确领导下，县人大常委会以邓小平理论、“三个代表”重要思想、科学发展观为指导，深入贯彻落实党的十八大，十八届三中、四中、五中、六中全会和中央第六次西藏工作座谈会精神，深入贯彻落实习近平总书记系列重要讲话精神和治国理政新理念新思想新战略，特别是治边稳藏重要战略思想，深入贯彻落实自治区第九次党代会和市委一届五次全委（扩大）会议精神，按照墨脱县第八次党代会的决策部署，依法行使职权，扎实开展工作，使全县人大工作取得新进展、新成效。

一、依法开好“三会”，审议决定重大事项

一是2016年8月26日至28日成功组织召开了县第十一届人民代表大会第一次会议，大会依法选举产生了人大常委会委员20名、主任1名、副主任4名，县人民政府县长1名、副县长9名，县人民法院院长1名，县人民检察院检察长1名。在本次会议上共收到代表建议和意见187件，已提交政府办理。二是先后组织召开了十一届人大常委会主任会议7次、十一届人大常委会议4次，常委会议主要听取审议了《民宗局关于“十二五”期间“兴边富民”项目使用情况的报告》《扶贫办关于“十二五”期间扶贫专项资金使用情况的报告》《教育局关于贯彻实施<中华人民共和国义务教育法>情况的报告》以及发改委、环保局、卫生局、交通局2016年工作开展情况的报告。三是审议通过了有关人事任免事项，常委会根据“一府两院”的提请，先后依法对29名同志进行了任免，颁发了任命书，并根据《全国人民代表大会常务委员会关于实行宪法宣誓制度的决定》的要求，安排新任职同志向宪法宣誓64人次。

二、加强代表工作，充分发挥代表作用

一是加快县、乡两级“人大代表之家”的建设。2016年墨脱县人大常委会在县委、县政府和第七批援藏工作队的支持下，吸取兄弟县、乡“人大代表之家”的创建经验，根据“六有标准”，结合墨脱县实际，分类指导，因地制宜地完成了墨脱县县、乡两级九个“人大代表之家”的创建工作，“人大代表之家”的创建，为县、乡人大代表在人代会闭会期间提供了重要活动场所，促进代表活动的经常化、制度化、规范化，充分发挥人大代表在基层民主法治和政治建设中的主体作用。二是认真做好代表建议、批评和意见的督办工作。人大常委会及时向县政府交办了371件建议、批评和意见，分别是在县十届七次会议、十一届一次会议上以及县内视察期间由代表提出的，并在政府办理过程中，把群众关心的热点、难点问题作为督办重点，着力督促落实。三是根据县人大年初工作安排，经县委批准，县人大常委会安排2名常委会副主任于8月31日至9月12日带领墨脱县甘登乡、加热萨乡人大代表至米林县、工布江达县、朗县，就特色农牧产业建设、旅游景点（区）建设、环境保护与生态文明建设、扶贫攻坚工作、“人大代表之家”活动开展情况以及代表建议意见受理和办理情况等方面进行考察学习，并就考察学习情况向县委提交了考察工作报告。通过学习考察，极大地提高了墨脱县基层人大代表依法履行职责、正确行使职权的能力，对于当前和今后一段时期内墨脱县经济社会发展有一定的促进作用。

三、加强指导检查，确保乡（镇）人大工作有序开展

县人大常委会始终把加强乡镇人大建设，发挥乡镇人大作用，巩固基层政权，加强基层民主法治建设作为一项重要工作来抓，并取得了显著成效。一是进一步健全完善人大常委会领导联系乡镇人大工作制度，为进一步加强对乡镇基层人大工作的开展，常委会在职责分工中，安排4名常委会副主任分别联系指导两个乡（镇）人大，并要求包乡领导要不定期到所包乡（镇）开展调研和指导工作，切实做到制度上墙、责任到人，为加强基层人大建设和政权建设奠定了坚强的制度保障；二是指导各乡（镇）人大做好县、乡人大代表的组织和服务工作，督促乡（镇）人大积极发挥“人大代表之家”的平台作用，组织代表学习法律和人大工作业务知识，及时传达有关文件精神，交流相关工作经验等。三是组织开展乡镇人大系统业务知识培训。为了提升乡（镇）人大工作者、人大代表的履职能力，切实推动基层人大工作有序开展，8月28日，县人大举办了乡（镇）人大干部、人大代表培训。通过此次培训，乡（镇）人大干部、人大代表牢固树立了责任意识、大局意识、宗旨意识，切实提高了依法履职的能力，有效推进了基层民主法治建设。

四、增强大局意识，全力维护社会稳定

县人大常委会始终坚持把维护稳定工作作为一项重要的日常工作来抓。一是积极贯彻中央、区党委、市委、县委的决策部署，指导并要求各乡（镇）人大干部和“两级”人大代表支持乡（镇）党委做好维稳和边境管控工作，确保社会局势稳定；二是常委会领导坚决服从县委和县维稳指挥部的安排部署，在县维稳指挥中心带班累计80余人次；三是要求办公室做好机关大院值班带班工作。

五、依法履职尽责，推动依法治县建设进程

一是按照常委会工作安排，加大了对政府办理、答复人大代表所提建议、意见的督办力度，特别是对群众关心的热点、难点问题，督促政府加快落实。二是加强执法检查和工作检查。分别对法院宣判案件执行情况以及检察院开展法律监督情况进行了检查。三是开展工作评议，听取教育局关于贯彻实施《中华人民共和国义务教育法》工作开展情况的汇报，并对发改委、环保局、卫生局、交通局开展工作评议，为促增长、惠民生、保稳定提供保障。四是按照人大常委会2016年工作安排，县人大常委会安排5名常委会领导及县乡人大代表组成的视察组于11月14日至11月24日历时11天，分至7乡1镇，就“十二五”期间扶贫、民宗项目建设及效益发挥情况、安居工程建设情况、支农惠农政策落实情况开展视察调研，并形成了视察报告。视察组走村入户，与群众面对面交谈，就群众生产生活中遇到的问题及建议意见进行了整理，并提交政府办理。五是积极配合并圆满完成了市人大常委会交办的其他各项工作。

六、加强自身建设，不断开创人大工作新局面

2016年以来，常委会不断加强自身建设，努力提高常委会工作水平和依法履职能力。一是充分发挥人大理论中心组平台作用，进一步完善人大办党支部学习制度，确定每周四为人大常委会及办公室的集体学习日，确保学习有计划、有时间、有内容、有笔记。二是为切实提高人大干部的服务能力，2016年以来，常委会共派出人大机关干部7人次，参加全国和自治区人大组织的专业培训。三是严格落实墨脱县委《关于建立健全党风廉政建设宣传教育体系的实施意见》，着力创建人大机关荣廉尚廉的政治生态氛围，不断增强党风廉政建设责任的主体责任意识，认真履行工作职责，采取集中学习、观看警示教育片、重温入党誓词、走访调研等多种形式，切实将党风廉政建设各项工作落到实处。四是2016年人大常委会党组、人大办党支部紧紧围绕自治区、市、县各级党委中心工作，以“两学一做”教育活动为契机，认真落实年初与机关党委签订的党建责任书，进一步加强机关党组织建设，先后增（补、改）选人大办党支部支委会成员4人次，认真贯彻落实党员的经常教育和管理、“三会一课”等各项规章制度，2016年以来，累计召开党员集中学习、专题讲座等会议50余次，专题组织生活会2次，基层党建取得了显著成效。五是加强了规范性文件的备案审查工作。人大常委会认真界定规范性文件备案审查范围，进一步规范备案审查启动、接受、撤销程序，推动地方国家行政机关依法办事，切实保障了宪法和法律的正确实施。六是以“两学一做”教育活动为契机，推进人大机关思想政治建设常态化、制度化。常委会紧密结合人大机关实际，突出人大党组、人大办党支部的关键作用，积极引导党员、干部从自身做起，从本职做起，从具体实事做起，使思想和行动符合合格党员标准、符合好干部标准、符合人民群众期盼、符合墨脱县经济社会发展要求，实现学习教育与中心工作有机结合、相互促进，让群众感受到党员的新变化。七是加强人大机关内部管理整顿，提高机关服务能力。常委会结合县委印发的《关于在全县开展以“规范、简化、实效”为主题的内部管理整顿活动实施方案》，制定了《墨脱县人大机关内部管理整顿活动实施方案》，并加以认真的贯彻落实，活动中常委会始终坚持正确导向、标本兼治，从治理不作为、慢作为、乱作为入手，着力解决单位管理、干部作风存在的突出矛盾和问题，实现单位管理和办事程序的规范化、制度化、精简化，形成单位主动作为、干部履职尽责的良好氛围，为开创人大工作新局面提供坚强保障。

七、围绕中心，做好县委交办的各项工作

一是扎实开展驻村工作，人大常委会先后投入资金两万余元，为驻村工作队维修了伙房，添置了电脑、打印机、文件柜等办公用品，极大程度上改善了驻村工作队的工作生活条件。按照县委要求，选派第六批驻村工作队队员，并与第五批驻村工作队及时做好工作交接，确保驻村工作持续稳定。二是积极开展走访慰问活动。常委会领导按照县委安排部署，在人大视察调研期间，走访慰问各乡（镇）县乡两级人大代表、老党员、贫困户、驻村（寺）工作队；在“三大节日”期间走访慰问村两委班子、驻村（寺）工作队、困难党员，不定期看望慰问贫困户、帮扶对象，2016年以来，常委会累计走访慰问30余次，送去慰问资金及物资12万余元。三是认真开展县级领导包乡（镇）工作，坚持维稳敏感节点县级干部到所包乡（镇）蹲点和日常调研指导工作，确保城乡局势稳定，经济社会发展。四是常委会领导带头，组织人大干部积极参与县委、县政府提出的“清洁家园，美丽墨脱，我们在行动”百日会战活动，牢固树立干职环境保护意识。

2016年以来，县人大常委会恪尽职守，依法履职，各项工作取得了一定的成绩，这些成绩的取得，离不开县委的坚强领导，离不开全体人大代表和人大工作者的共同努力，也离不开“一府两院”、政协委员和全县人民的大力支持。在此，我代表县人大常委会向大家表示衷心的感谢。

在肯定成绩的同时，我们也清醒地认识到，我们的工作与人民群众的期盼和形势发展的要求相比，还有一定差距，主要是：监督实效力度有待进一步增强；联系代表、服务代表的工作还需要进一步完善；督导政府和各部门按程序、按时间要求，及时答复代表建议、意见力度还不到位。对此，在今后的工作中，我们将认真正视不足，采取有效措施，切实加以改进，做到敢于担当、敢于较真，努力使人大工作更加与时俱进，更加贴近民意，更加富有实效。

2017年主要任务

2017年，县人大常委会工作的总体要求是：以邓小平理论、“三个代表”重要思想、科学发展观为指导，深入贯彻落实党的十八大，十八届三中、四中、五中、六中全会精神和中央第六次西藏工作座谈会精神，深入贯彻落实习近平总书记系列重要讲话精神，深入贯彻落实自治区第九次党代会、市委一届五次全委（扩大）会议和墨脱县第八次党代会精神，坚持党的领导、人民当家作主和依法治国的有机统一，积极适应人大工作新常态，不断开创人大工作新局面，紧紧围绕县委提出的“123456”发展思路，求真务实，真抓实干，切实履行宪法和法律赋予的各项职权，加快民主法治建设进程，维护社会和谐稳定，促进社会公平正义，为推动墨脱县经济社会又好又快发展而努力奋斗。

一、加强自身建设，不断提高履职水平

一是以建设“五型机关”（学习型、调研型、创新型、效率型、廉洁型）为重点，落实中心组及机关集体学习制度，认真学习党的十八大，十八届三中、四中、五中、六中全会精神及习近平总书记系列重要讲话精神，认真贯彻落实自治区第九次党代会精神、市委一届五次全委（扩大）会议精神和县委第八次党代会精神，学习宪法、地方组织法、监督法等有关法律法规和人大业务知识，努力提高常委会组成人员及机关工作人员的履职能力和水平。二是加强制度建设，继续深入贯彻落实《全国人民代表大会常务委员会关于实行宪法宣誓制度的决定》《西藏自治区人大常委会人事任免办法》《墨脱县人大常委会议事规则》等制度、办法，进一步完善和落实“人大代表之家”管理、学习、考勤、述职、联系选民等各项制度，通过完善制度建设，建立长效机制，不断提高人大机关整体管理水平，促进人大工作的制度化、法制化、规范化，更好地发挥国家权力机关的作用。三是组织部分代表至县内外考察学习，开阔视野，认识不足，找出差距，启发思路，创新举措，不断提高代表“依法履职、行权为民、服务大局、促进发展”的能力。

二、加强监督检查，认真履行宪法和法律赋予的职责

一是加大代表建议意见的督办力度。强化落实办理建议意见“面对面”沟通、跟踪监督“回头看”、追究“不落实”责任等举措，不断提高“办理质量”和“问题解决率”，对有条件办理而没有得到有效落实的建议，实行二次督办。二是深入贯彻实施《监督法》，依法加强对“一府两院”的法律监督和工作监督，不断提高监督实效，组织听取政府及相关部门专项工作报告，并对部分政府部门开展工作评议，促使政府扎实有效地开展工作。三是对《食品安全法》《道路交通安全法》和青少年“两法一规”在墨脱县的贯彻落实情况进行执法检查，推动墨脱县食品安全管理、公共交通安全和预防青少年犯罪工作再上新台阶。四是加大对重点项目的视察力度，计划于11月下旬开展对“十三五”期间项目建设情况、旅游项目建设情况的视察，切实督促政府落实好“十三五”项目和旅游开发工作。五是不定期对环境卫生、生态保护、村容村貌、重点工程施工现场及“人大代表之家”活动情况开展检查。六是重点开展“精准扶贫、精准脱贫”和全面建设小康社会各项工作情况检查。七是组织代表视察，组织政府相关部门和部分县乡人大代表对各乡（镇）支农惠农政策宣传落实、项目建设等方面情况进行视察。

三、加强乡（镇）人大建设，巩固基层人民政权

一是组织开展人大系统业务知识培训。通过培训，不断提高乡（镇）人大工作者依法履职的能力，切实推动基层人大工作有序开展，有效推进基层民主法治和政治建设。二是加大对乡镇（镇）人大指导力度。县人大常委会要加强与乡（镇）人大的联系和对乡（镇）人大工作的指导，帮助乡（镇）人大干部增强法律意识和责任意识，提高工作水平；督促乡（镇）人大建立和完善各项规章制度，不断规范乡（镇）人大的工作。三是加强对乡（镇）“人大代表之家”开展工作的指导，不断完善“代表之家”软件、硬件建设，充分利用“人大代表之家”平台，不断加强代表工作，切实将“人大代表之家”建成人大代表在人代会闭会期间的学习培训之家、联系选民之家、参政议政之家、履职交流之家。

四、按照党风廉政建设要求，继续抓好廉洁从政工作

在下一步工作中我们将继续认真贯彻落实党

风廉政建设责任制。一是加强学习，组织人大机关党员干部学习“两准则三条例”（《关于新形势下党内政治生活的若干准则》《中国共产党廉洁自律准则》《中国共产党纪律处分条例》《中国共产党党内监督条例》《中国共产党问责条例》），并把贯彻落实《准则》和《条例》作为讲政治、讲党性的重要任务，通过自学、集中学习、讨论交流等形式学深、学透，切实唤醒党员干部党规党纪意识。二是加强作风建设，抓好廉洁从政工作。把作风建设融入各项工作和日常生活中，完善工作措施、狠抓检查落实，以作风建设促进廉洁从政，努力把廉政建设工作推上新的台阶。

五、积极做好县委交办的各项工作

一是根据县委维稳指挥部的安排部署继续做好维护稳定工作；二是继续开展好“两学一做”教育活动及以“规范、简化、实效”为主题的人大机关内部管理整顿活动；三是继续开展好第六批驻村工作；四是按照县委安排部署，在“三大节日”“七一”“国庆”期间走访慰问基层人大代表、驻村（寺）工作队，并不定期看望和慰问贫困户、帮扶对象；五是继续深入开展“清洁家园，美丽墨脱，我们在行动”百日会战活动；六是进一步做好机关党员到村报到工作。

各位代表，我们坚信在县委的坚强领导下，全县上下同心同德、团结奋斗、攻坚克难，以时不我待的责任意识、勇于担当的为民情怀和奋发有为的工作激情，不忘初心、继续前进，用忠诚和担当，智慧和奉献，为墨脱长足发展和长治久安做出积极贡献，以优异成绩迎接党的十九大胜利召开！

中国人民政治协商会议第九届墨脱县委员会常务委员会工作报告

——在政协第九届墨脱县委员会第二次会议上

县政协党组书记、主席 平措多吉

（2017年3月21日）

2016年工作回顾

2016年，政协第九届墨脱县委员会常务委员会在市政协的具体指导和县委的正确领导下，在县人大、县政府的大力支持下，牢牢把握团结、民主两大主题，围绕中心、服务大局，履职尽责、发挥作用，在维护墨脱社会局势稳定，推动经济社会全面发展和民生改善等方面作出了积极贡献。在此，我谨代表政协墨脱县第九届委员会向关心、支持墨脱政协事业发展的县委、人大、政府班子及全县各族人民群众表示衷心的感谢！向为推动墨脱政协事业不断发展而付出辛勤劳动的全体政协委员和社会各界人士表示亲切的慰问和衷心的感谢！

一、加强政治理论学习，切实筑牢思想防线

一年来，常委会始终把思想政治建设摆在政协工作的首位，坚持用中国特色社会主义理论体系武装头脑、统一思想、指导实践。组织常委、委员和干部职工深入学习习近平总书记系列重要讲话精神，学习党的十八大和十八届三中、四中、五中、六中全会精神以及中央第六次西藏工作座谈会、自治区第九次党代会精神，深入贯彻落实俞正声主席“一个平台、两个共同、三个更好”指示要求，进一步增强道路自信、理论自信、制度自信，深刻理解和把握人民政协工作的基本经验和重要原则，深刻理解和把握社会主义协商民主是党的群众路线在政治领域的重要体现这一基本定性，深刻理解和把握切实推进社会主义协商民主广泛多层制度化发展这一战略任务的重大意义。认真学习贯彻区党委八届九次全委会精神和马升昌书记重要讲话精神，统一思想，凝聚共识。在理论学习中，能发扬理论联系实际的学风，推动研究解决一些实践问题，有效提升了履职能力和水平。

二、认真做好换届选举工作

2016年8月25日—27日，政协第九届墨脱县委员会换届工作会议顺利召开，会议在县委的正确领导和人大、政府的大力关心支持下和政协机关全体工作人员的共同努力下，顺利召开。会上，选举产生新一届政协领导班子，主席1名、副主席4名，选举产生政协常务委员11名。

三、深入开展“两学一做”学习教育

按照县委的统一安排部署，严格落实政协机关制定的“两学一做”实施方案，政协党组、党支部全面落实从严治党要求，强化基层党风廉政建设工作，深入开展以“学习党章党规、学习系列讲话、争做合格党员”为主要内容的“两学一做”学习教育，深入查找党员干部自身存在问题，一项一项地进行整改，切实增强了政协机关党员干部的思想自觉性和行动自觉性，达到了较好的效果。常委会及其组成人员先后看望慰问了“四对一”帮扶对象、贫困大学生等，切实帮助协调解决群众存在的一些实际困难和问题，增进与群众的感情，拉近了群众距离，在转变作风上取得了明显成效。

四、站在讲政治的高度，全力维护社会稳定

确保社会局势稳定，是做好一切工作的前提和基础，也是一项非常重要的政治任务。一年来，常委会始终把维护稳定工作放在重要位置。一是高度重视维护社会稳定工作，积极贯彻中央领导的指示精神和区党委、市委的决策部署，要求各乡（镇）政协委员支持乡（镇）党委、政府加强寺庙的管理，做好寺庙僧尼的思想工作，并要求边境乡（镇）的政协委员支持乡人武部做好边境管控工作，确保社会局势稳定；要求政协委员在反对分裂，维护民族团结这个重大问题上确保旗帜鲜明，立场坚定。二是为确保节假日期间的社会局势稳定，安排人员值班、带班，并根据上级要求每天上报维稳工作信息。三是县政协机关干部能够时刻保持头脑清醒，坚决反对分裂，及时学习与维稳有关的各类文件和会议精神并落到实处。

五、深入开展视察调研活动，切实当好县委、县政府的参谋助手

根据政协常委会学习考察工作安排，经报市政协同意、县委批准，政协墨脱县委员会于2016年9月12日至9月21日组织15名四级政协委员，前往波密县、察隅县进行了学习考察，11月21日—12月7日，政协常委会陆续至各乡（镇）进行视察调研，视察调研组通过听取乡（镇）党委、政府，驻村、驻寺工作队，“村两委”班子的工作汇报，走村入户与群众促膝长谈、了解民意、掌握情况、督促工作，采取实地调查等方式就七乡一镇精准扶贫基本情况、农牧民安居工程补贴兑现情况、边境补贴兑现情况、扶贫搬迁工作基本情况为重点的十六项内容进行了综合视察调研，形成了有广度、有深度的调研报告，以书面报告形式报送县委、县政府。

各位委员：回顾一年来常委会的工作，我们深切体会到：政协只有在县委的坚强领导下，高举爱国主义、社会主义伟大旗帜，牢牢把握团结、民主两大主题，始终把坚决贯彻执行中央、区党委、市委和县委的决策部署作为根本指针，始终把促进科学发展作为履行职能的第一政治责任，始终把坚持科学的工作方法作为重要手段，才能实现政协工作科学发展。

在肯定成绩的同时，我们也清醒地看到，政协工作中还存在一些有待加强和改进的问题。主要表现在：协商议政实效性不够强，质量有待提高，民主监督还比较薄弱等等。真诚希望广大政协委员对常委会工作提出批评和建议，以便我们把今后的工作做得更好。

2017年工作要点

2017年，将召开党的十九大，也是我们全面落实自治区第九次党代会精神的开局之年。今年县政协的工作思路是：全面贯彻落实党的十八大和十八届三中、四中、五中、六中全会精神以及中央第六次西藏工作座谈会精神，深入贯彻落实习近平总书记系列重要讲话精神和治国理政新理念新战略、特别是治边先稳藏重要战略思想，坚持团结、民主两大主题，坚持党的治藏方略，坚持依法治藏、富民兴藏、长期建藏、凝聚人心、夯实基础的重要原则，以“五位一体”总体布局和“四个全面”战略布局为统领，突出问题导向，强化短板意识，不断增强协商议政实效，强化民主监督职能，做好团结联谊工作，提高调查研究水平，为助推墨脱县发展和稳定做出新贡献。

一、加强学习新理论、把牢政协工作方向

要大力发扬自愿学习，自觉实践的优良传统，继续把加强思想政治建设、提高政治把握能力摆在首位，通过专题学习、研讨交流等多种形式，把深入学习贯彻党的十八大、十八届历次全会精神、西藏自治区第九次党代会精神和学习宣传党的十九大精神，特别是习近平总书记系列重要讲话精神，作为当前和今后一个时期的重要政治任务，深刻理解中央关于人民政协工作的新观点、新论断，做到“懂政协、会协商、善议政”，毫不动摇的坚持党的领导，坚定不移的同党中央保持高度一致，对习近平同志为核心的党中央绝对忠诚、党的核心绝对忠诚的坚定决心，办好墨脱事情，做好政协工作，努力开创政协工作新局面。

二、加强提案工作质量

政协提案是人民政协履行职能最广泛、最直接、最有效的形式，是协助县委、县政府实现决策民主化、科学化的重要渠道，为推进提案工作，提高提案质量，充分发挥提案在推进墨脱经济社会科学发展中的积极作用，牢固树立“四个意识”，紧紧围绕县委、县政府中心工作和人民群众普遍关心的问题，按照 “十三五”的指导思想和奋斗目标，针对当前热点、难点问题选好题目，确保提交的提案对墨脱县工作大局或需要解决的问题提供具有针对性的意见。在精心选题的基础上，通过深入调研，科学分析问题存在的原因和解决问题的办法，要时时关心国家大事，熟悉大政方针政策，处处留心身边小事，高度关注民生。反映问题要事实准确，文字精炼，简明扼要、分析问题要条理清楚、符合逻辑、提出建议要具体明确、切实可行，做到前瞻性与现实性相结合，必要性与可行性相统一。

三、加大视察调研力度

常委会和政协委员必须把最广大人民群众的根本利益放在第一位，必须把最广大人民群众谋利益作为履行职能的出发点，必须把关注民生、促进和谐贯穿于履行职能的全过程，时刻关注群众利益，真情体察群众疾苦，积极反映群众意愿，竭力为群众办实事做好事，努力争做构建社会主义和谐社会的忠实“践行者”。要充分利用人民政协民主监督的有效形式，推动社会热点、难点问题的解决、民生政策的落实和部门工作的改进，要本着支持、维护和帮助县委、县政府更好地执政、共同致力于构建社会主义和谐社会的原则，鼓励政协委员“在参与中支持、在支持中服务、在服务中监督”，围绕广大人民群众关心的上学、看病、就业、住房等民生问题广泛开展视察调研活动。

四、下大力做好墨脱民俗文化和政协文史资料编撰工作

针对墨脱县民俗文化和政协文史资料缺失的这一现状，经政协主席会议研究决定：县政协分别成立了墨脱民俗文化工作抢救小组和文史资料收集工作领导小组。并分别指派由政协副主席边巴扎西、嘎玛欧珠、扎西措姆、郑明专门负责上述两项工作。编撰工作得到了县委、县政府的大力支持，政府批准专项资金30万元，用于工作开展相关的经费。截至年底，两项工作已经进入全面收集资料阶段。

五、全力做好维护稳定工作

维护稳定是西藏压倒一切的首要政治任务。常委会要始终把维护社会稳定作为履行职能的首要政治责任和第一要务。要充分发挥政协优势和作用，全力维护墨脱社会局势的持续稳定、长期稳定、全面稳定。常委会组成人员和全体委员要认真学习贯彻习近平总书记“治国必治边、治边先稳藏”的重要战略思想和俞正声主席“依法治藏、长期建藏”的指示精神，始终做到旗帜鲜明、立场坚定、认识统一、表里如一、态度坚决、步调一致。要牢记宗旨，不辱使命，敢于担当，团结一切可以团结的力量，坚决与十四世达赖集团作斗争。要充分发挥宗教界委员的作用，协助党委和政府做好民族宗教工作，促进民族团结、宗教和睦、佛事和顺、寺庙和谐。切实保障人民群众的知情权、参与权、发言权、监督权，让全县各族群众有序参与政治，维护广大人民群众的根本利益，努力协调关系、化解矛盾、理顺情绪，增进社会各阶层和不同利益群体的和谐，使县委、县政府的决策成为社会各界的思想共识和自觉行动。

六、围绕中心，认真履行职能

发展是硬道理，是解决墨脱县所有问题的关键，这既是县委、县政府的工作重心，也是政协履行职能的首要任务和根本大事。政协机关要继续按照“围绕中心、服务大局、发挥优势、共谋大事”的要求，紧紧围绕县委、县政府的工作部署，进一步强化中心意识、大局意识和责任意识。要大兴调查研究之风，为加快墨脱县经济社会事业的发展贡献智慧和力量。按照县委、县政府工作思路和目标任务，多提建设性的意见和建议，争取对全局工作有更大的支持和帮助。要进一步发挥政协联系广泛的优势，深入调查分析改革发展中的深层次热点、难点问题，提出体现时代性、把握规律性、富有创造性、具有操作性的对策建议，为县委科学决策当好参谋，为县政府组织落实决策当好帮手。同时，要充分调动全体委员的积极性，进一步发挥委员们的主体作用，从不同侧面、不同领域、不同角度建言献策，真正发挥各界别的作用，与县委、县政府合心、合力、合拍，为实现墨脱县经济社会发展做出新的贡献。

各位委员：过去的成绩，凝聚着广大政协委员的心血和智慧，未来的发展，更呼唤政协委员的责任和担当。让我们更加紧密地团结在以习近平同志为核心的党中央周围，在县委的坚强领导下，自觉肩负起时代赋予的光荣使命，按照县委、县政府的工作思路，高举旗帜、务实创新、艰苦创业、奋发有为、努力把墨脱建设成为社会稳定、城乡优美、人民幸福的著名边境县而努力奋斗！以优异的成绩喜迎党的十九大胜利召开！

谢谢大家！

名词解释：

一、“五位一体”总体布局：经济建设、政治建设、文化建设、社会建设、生态文明建设五位一体。

二、“四个全面”战略布局：全面建成小康社会、全面深化改革、全面依法治国、全面从严治党。

三、“四个意识”：政治意识、大局意识、核心意识、看齐意识。

四、“两学一做”：学党章党规、学系列讲话、做合格党员。

五、“一个平台、两个共同、三个更好”：把政协作为一个平台，大家共同商量、共同讨论、使民族团结搞得更好、藏传佛教发展得更好、老百姓的生活改善得更好。

全面从严治党 不断取得党风廉政建设和反腐败工作新成效

——中共墨脱县纪律检查委员会在墨脱县县第七届第八次党代表大会的工作报告

县委常委、纪委书记 朱宇峰

（2016年6月）

一、 过去五年工作回顾

五年来，县纪委在县委和上级纪委的正确领导下，以落实“三转”聚焦主业、“围绕中心、服务大局”为契机；围绕全县中心工作，以维护群众利益为根本，坚决纠正损害群众利益的不正之风；以监督检查为依托，确保中央和自治区党委、市委、县委各项重大决策部署的贯彻落实；以实现全县经济跨越式发展为政治目标，着力解决党员干部党性、党风、党纪方面存在制约发展的突出问题，取得了党风廉政建设和反腐败工作的新成效。

（一）多措并举扎实推进 “两个责任”有效落实。五年来，县纪委认真履行职责，当好县委党风廉政建设的参谋助手，坚持对党风廉政建设和经济建设，研究、部署落实情况进行督查，随时掌握各单位各部门党风廉政建设工作开展情况。一是围绕党风廉政建设责任制新特点、新要求协助县委制定了党风廉政建设两个责任“清单”，把任务细化分解，并逐项落实到具体事项，提出工作要求，纳入目标管理，坚持与各乡镇纪委签订《党风廉政建设监督责任书》，将工作任务落实到部门、单位和责任人，进一步强化了全县各级领导干部以及各部门领导的党风廉政建设工作责任意识，基本形成了“党委统一领导、党政齐抓共管、纪委组织协调、部门各负其责、依靠群众支持和参与”的党风廉政建设和反腐败斗争领导体制、工作机制。强化了对党风廉政建设工作的目标量化考核，充分发挥了激励约束作用，有力地推动了全县党风廉政建设工作的开展；二是明确党政一把手为“第一责任人”的职责。始终坚持各级党政一把手对反腐倡廉工作负总责、亲自抓，党政领导班子成员共同抓的责任。三是先后多次牵头相关部门进行专项检查，组织召开办案、执法监察、源头治理等工作推进会议，及时解决工作中的疑难问题，督促有关部门和单位认真整改，确保责任制落实到位，五年来共开展了12次专项检查，组织全县43个县直单位和8个乡镇召开了工作推进会、吹风会；四是协助县委制定下发《墨脱县党风廉政建设责任制工作实施细则》《关于墨脱县落实党风廉政建设党委主体责任和纪委监督责任的实施意见》《墨脱县党风廉政建设责任制考核实施细则》《墨脱县落实党风廉政建设党委主体责任、纪委监督责任量化考核评估办法（试行）》等一系列细则办法，强化了党委和纪委党风廉政建设主体责任和监督责任，规范了领导干部廉洁从政行为。建立党风廉政建设责任制“一岗双责”和“一案双查”机制，通过监督检查、年终考核的方式，确保了反腐倡廉工作任务的全面完成，对不履行主体责任，违反责任制规定的党委领导班子和领导干部，予以责任追究。五年来，共有2个部门的5名党政负责人受到了组织处理；6个单位因落实“两个责任”不利，在党风廉政年终考评中受到了“一票否决”处理。

（二）以思想教育为先导，增强党员干部廉洁自律意识。不断丰富教育内容，创新教育方法，增强了教育的针对性和实效性。一是注重理论教育。组织墨脱县党员干部认真学习反腐倡廉理论知识，充分认识反腐倡廉的长期性、复杂性、艰巨性。深入开展了《党员领导干部廉洁从政若干准则》的学习教育活动，增强了领导干部廉洁从政的意识。重点学习了《中国共产党纪律处分条例》《行政监察法》等党纪法规，提高了广大干部的法纪意识和责任意识。二是注重主题教育。以深入开展“党的群众路线教育实践活动”“三严三实专题教育活动”等主题学习实践活动为契机，在党员干部中开展干事创业的作风教育。各级党组织结合主题教育活动召开了民主生活会和组织生活会。三是注重警示教育。五年来，通过参观廉政警示教育基地、观看警示教育宣传片、通报查办案件情况、剖析典型案件、编制印发廉政学习读本等方式，用身边的人和事开展丰富的警示教育活动，开展警示教育活动共200余场次。四是注重廉政文化教育。全面实施廉政“七进”活动。以打造廉政文化进社区、企业等为抓手，扎实推进廉政文化的整体建设，五年来，通过利用驻村工作、在县委大院设立宣传栏、制作宣传标语、廉政宣传教育月、重要节点向县级（处）领导干部编发廉政短信等，以点带面，点面结合，营造了浓厚的廉政文化氛围；五年来，共开展了30余场次的宣传教育，制作了1000余条宣传标语和廉政短信，组织了52场专题警示教育活动，共45家单位和党支部的500余人对廉政警示教育基地进行了参观学习，达到了以法纪警人、以情感人，启迪和镜鉴的作用，收到了良好的效果。

（三）坚持不懈抓协调、强推进，惩防体系建设进一步完善。充分发挥县纪委在惩防体系建设中的组织协调作用，明确任务，落实责任，健全机制，强力推进廉洁高效墨脱建设。一是成立了领导小组，制定了《墨脱县建立健全惩治和预防腐败体系2013—2017年工作规划》，将惩防体系建设目标任务细化分解为36项，落实到县直35个牵头和协办单位。每年下发《全县党风廉政建设和反腐败工作实施意见》，与各乡镇、各部门单位签订《党风廉政建设责任书》，明确责任内容和责任考核、责任追究办法，对党风廉政建设不过关的实行“一票否决”。把各级党组织和领导干部落实党风廉政建设责任制、完成惩防体系建设任务情况，纳入年度目标考核，考核结果与领导干部业绩评定、奖惩和选拔任用挂钩，促进了各项任务的进一步落实。二是出台了《墨脱县关于加强廉政风险防控工作的实施方案》《关于建立廉政风险预警机制的实施意见（试行）》等，制定和完善了廉政风险防范管理教育制度、局长办公会议制度、谈心谈话制度等11项规章制度；按照“对照岗位职责——梳理岗位职权——找准廉政风险——公示接受建议”的步骤，在个人和部门自查的同时，经过上级为下级查、下级为上级查、班子成员和科室之间相互查三个层次，查廉政风险的共性和个性问题；重点查找环境、体制、权力、管理、人员素质、政策六大领域风险。全县共查找廉政风险点162个，建立职权目录和流程图232个，有效推进了各部门业务工作和廉政建设，增强了服务经济发展的能力；三是督促全县8个乡镇和34个县直部门对各自的工作中存在的可能发生腐败的环节和个人进行了查找，做到了以制度管人、管事、管权的有效机制，提高了党员干部的廉政、勤政意识，有效遏制了个别领导干部执政不廉的行为。

（四）加强作风建设，严查“四风”问题，不折不扣落实中央八项规定精神。自中央八项规定出台以来，始终以钉钉子的韧劲抓作风，着力查处群众身边的“四风”和腐败问题，以优良的党风政风凝聚党心民心、带动民风社风。一是围绕日常监督和重要节点、假期开展监督检查，对党员干部违规公款吃喝、公车私用等陋习开展专项治理；采取宣传教育、短信提醒、通报曝光等举措，对顶风违纪行为严查快处，强化党员干部纪律规矩意识，确保节日风清气正。二是督促各级纪检监察机关把违反中央八项规定、区党委“约法十章”“九项要求”精神问题作为纪律审查重点，把握运用执纪监督“四种形态”，坚持抓早抓小、动辄则咎。抓住县属企业等薄弱环节，对不收手不知止、顶风违纪者，一律从严查处。三是对违反作风建设规定典型案例，加大了通报力度，提高通报频次，持续释放影响，建立和完善了月报制度，定期汇总上报月报数据，选取其中的典型问题进行了通报曝光。四是坚持对“四风”和腐败问题多发频发的地方和单位进行问责的同时，强化对执行党的路线方针政策不力、严重违反政治纪律和政治规矩，管党治党主体责任缺失、监督责任缺位、监督检查整改不落实等问题的严肃问责。加大了问题线索来源的拓展，在认真办理上级督办、转办、转送件的同时，对领导批示、各部门移交、媒体曝光、信访反映和重点抽查中发现的典型问题进行重点督办。推进“一案双查”，落实“上追一级”要求，分清直接责任和领导责任、集体责任和个人责任，综合运用批评教育、诫勉谈话、通报批评、组织处理、纪律处分等方式开展责任追究，让失责必问成为常态。五是适时组织开展督导调研工作，强化约谈问责，巩固和深化各乡（镇）和县直各部门落实主体责任和“一岗双责”成果，督促各级党委、纪委（纪检组）一级抓一级、层层传导压力，把党要管党、从严治党方针落到党的建设各个方面和全过程。六是加强了县乡村换届工作纪律的监督检查，坚决纠正和查处拉帮结派、拉票贿选、跑官要官、造谣诬告等行为，确保换届纪律不折不扣执行。对拟提拔或重用县管干部，把好干部选拔任用廉政关，防止带病提拔、带病上岗。七是对中央和自治区党委、市委、县委重大决策部署执行情况开展监督检查，坚决纠正和查处上有政策、下有对策和敷衍塞责导致政策“睡觉”、措施落空等行为，确保了各级各部门坚决贯彻落实“十二五”规划、乡镇区划调整和并村改革、搬迁以及经济社会发展等重大决策部署的贯彻落实。八是在纠正超标准超范围向群众筹资筹劳、摊派费用，违规收缴群众款物或处罚群众，克扣群众财务，拖欠群众钱款等方面开展了查处和专项治理。重点对“三资”管理、土地征收和惠农等领域强占掠夺、贪污挪用进行了专项治理。九是对扶贫政策执行、项目安排、资金落实等扶贫工作环节中存在的不正之风和腐败现象，进行了集中筛选和重点督办。对主体责任缺失、监督责任缺位、监管责任不落实、侵害群众利益的不正之风和腐败问题多发频发的，严肃追究有关单位和职能部门的责任。五年来，共组织开展各类明察暗访300余次，查处违反中央八项规定精神的问题15起；其中给予行政告诫25人次，并在全县范围内进行了点名通报曝光，给予立案调查3人（给予党内警告1人、行政警告2人、调离原岗位2人）；对查处公车私用的12家单位进行了处理；其中，对10家单位存在公车私用和违规停放车辆行为进行了全县通报，对存在顶风违纪的1家单位的驾驶人员做出了责令辞职的处理；在专项检查和专项治理中，针对43家单位的100余项问题进行了督促整改。

（五）加强和改进执纪审查工作，严肃执纪形成新特色。始终保持高压态势，从严惩处各种违纪违法行为。在案件查处上，不断加大对重点部门，特别是与群众利益密切相关部门、实权单位、执法执纪机关的违纪违法情况的监督和检查，使一些危害群众利益、失职渎职等案件得到了及时查处；加强与司法机关、行政执法机关的协调和配合，攻克了多起重特大疑难案件；实施了办案责任制、领导包案制、办案责任追究制等制度，加大了案件查办力度。五年来，县纪检监察机关共受理信访举报23件（次），实名举报办结率100%，立案8件，了解12件、暂存1件；处分党员干部12人，正在办理的2件，移送司法部门1件，为党和国家挽回经济损失80余万元。三是运用监督执纪“四种形态”，与43家县直单位主要领导谈心谈话，让教育提醒成为常态。健全问题线索统一管理、集体研究制度，函询谈话40余人次，党纪轻处分和组织处理2人，党纪重处分和作出重大职务调整8人。

（六）聚焦中心任务，深化纪律检查体制机制改革。一是继续深化转职能、转方式、转作风。全面落实党的纪律检查体制改革要求，根据上级部署，完成县纪委监察局内设机构调整。认真落实党的纪律检查工作双重领导体制，全面落实“纪委书记、副书记提名和考察以上级纪委会同组织部门为主”和“查办腐败案件以上级纪委为主、线索处置和案件查办在向同级党委报告的同时必须向上级纪委报告”的相关制度。二是根据自治区安排，墨脱县纪委（监察局）积极协调组织、人事、财政等部门全面落实基层纪检组织建设相关要求，着力选优配强和规范乡镇纪检人员。截至年底，每个乡镇都有1名纪委书记、1名纪委副书记和1名纪检专干；实现了乡镇纪委挂牌和硬件设施 “十个一”工程；建立和完善乡镇纪委目标管理、组织内部管理和业务管理等相关制度，保障和规范乡镇纪检监察工作；严格落实了乡镇纪检组织经费保障和专款专用制度，落实了纪检人员的办案津贴补贴；通过主题实践活动、参加市、县纪委业务培训等形式，强化对乡镇纪检监察干部的学习培训。三是在全县开展会员卡专项清退活动。全县40余个单位、人民团体的782名在职干部无人持有会员卡，切实做到“零持有、零报告、零容忍”。四是聚焦中心任务，聚力主业主责，强化监督执纪问责，实现从“过程监督”向“结果监督”的转变；五是带头做到“忠诚干净担当”。坚持把“忠诚干净担当”作为纪检监察干部的立身之本，始终坚持政治清醒、立场坚定、是非分明，带头严守党的纪律和政治规矩，带头落实中央八项规定、“约法十章”、“九项要求”精神；六是2014年县纪委监察局对参与的43个议事机构进行了清理调整，共清理调整继续参与的议事机构14个，不再参与的议事协调机构25个，撤销县纪委监察局办公室参与的议事机构4个；2015年对纪委参与议事机构进行了进一步清理，从去年保留的14个议事机构中再次精简1个，进一步梳理了纪委“事事牵头、样样参与”、越位错位等现象。同时，县纪委在工程招投标、政府采购、项目验收等过程中不再承担直接监督事宜；七是大力提升业务能力。十八大以来，县纪委先后选派7名纪检干部到自治区、市纪委和福建漳州市、浙江杭州、北戴河培训中心、井冈山等地进行培训及跟班学习，同时每周五下午，组织干部重点学习《中国共产党纪律处分条例》等党纪政纪，业务能力得到较大提升。

二、今后五年的工作

今后五年，根据墨脱县第八次党代会安排部署，本届纪律检查委员会工作的总体要求是：全面贯彻党的十八大、十八届三中、四中全会精神，高举中国特色社会主义伟大旗帜，坚持以邓小平理论、“三个代表”重要思想、科学发展观为指导，贯彻落实十八届中央纪委五次全会、八届区纪委六次全会精神和县第八次党代会精神，在自治区纪委、市委和县委的坚强领导下，深入推进纪律检查体制改革，落实“两个责任”、“两个为主”；强化监督执纪问责，持之以恒落实中央八项规定、区党委“约法十章”“九项要求”，横下一条心纠正“四风”；加大纪律审查力度，持续保持高压态势，坚决遏制腐败现象发生；加快全县纪律检查机关“三转”步伐，坚定不移推进全县党风廉政建设和反腐败斗争，为墨脱实现率先全面建成小康社会，争当科学发展、和谐稳定排头兵营造风清气正的政治生态环境。

（一）加强纪律建设，坚决维护党规党纪的严肃性。严明党的政治纪律和政治规矩，将纪律建设作为反腐败治本之策，摆在更加重要的地位。要严明党的政治纪律和政治规矩，决不容忍结党营私、培植亲信、拉帮结派；决不允许自行其是、阳奉阴违。要加强纪律监督和教育，增强党员干部的组织纪律性，坚决纠正组织涣散、纪律松弛问题，严肃查处欺骗组织、对抗组织行为。各级党委要切实履行主体责任，各级纪委要加大监督执纪问责力度，强化纪律刚性约束，维护党规党纪的严肃性和权威性。加强纪律教育，把纪律教育列入党员干部教育培训规划和中心组学习内容，深入开展党的政治纪律和政治规矩专题教育，引导各级党员领导干部明纪律、守纪律，懂规矩、讲规矩，把握角色定位，做清醒人和明白人，着力营造守纪律、讲规矩的良好氛围。全县纪律检查机关要加强对党员干部遵守政治纪律和政治规矩情况的监督检查，严肃查处违反政治纪律、政治规矩的行为；严肃查处党员信仰宗教，党员干部追随十四世达赖集团分裂国家、破坏民族团结、参与非法组织活动、散布反动言论的案件；严肃查处违反区党委“五个必须、五个决不允许”行为，谁拿政治纪律和政治规矩当儿戏，谁就要付出代价。

（二）强化责任追究，推动“两个责任”层层落实。要强化落实党风廉政建设主体责任，各级党委要切实担负起主体责任，把党风廉政建设和反腐败工作纳入到经济社会发展和党的建设总体工作之中，统一部署落实、统一检查考核。各级党委主要领导要树立不抓党风廉政建设就是严重失职的意识，主要领导是第一责任人，领导班子成员根据分工对职责范围内的党风廉政建设负领导责任。党委要定期向上级纪委报告党风廉政建设责任制落实情况。各级纪委要承担监督责任，按照党章规定，履行协助党委加强党风廉政建设和组织协调反腐败工作的职责。要分清党委和纪委的责任，制定切实可行的责任追究制度，加大问责力度，健全责任分解、检查监督、倒查追究的完整链条，有错必究，有责必问。动员千遍，不如问责一次。今后，要突出问责，坚持“一案双查”，对违反政治纪律、政治规矩、组织纪律和“四风”问题的部门和单位，既要严肃追究主体责任、监督责任，又要严肃追究相关领导责任。对发生严重违纪违法案件的部门和单位，要追究相关单位领导失职失察的责任，建立完善责任追究典型问题通报制度，通过问责，把责任落实下去。强化党风廉政建设责任制落实情况的检查考核，明确考核重点，细化、量化考核项目、评分标准等，强化结果运用，将检查考核结果报本级纪律检查机关、组织人事部门备案，作为对领导班子总体评价和领导干部业绩评定、奖励惩处、选拔任用和晋职晋级的重要依据。强化纪委监督责任，积极协助党委加强党风建设和组织协调反腐败工作；建立健全纪委对同级党委特别是领导班子成员进行监督的有效机制，加强上级纪委对下级党委的监督，加强对下级纪委履职情况的监督检查。

（三）持续整治“四风”，深入落实中央八项规定精神。把落实中央八项规定精神作为全面从严治党的一项经常性工作来抓，关注“四风”新动向，对不收手不知止，规避组织监督，出入私人会所，组织隐秘聚会的一律从严查处，对参加的要找本人谈话，令其在民主生活会或组织生活会上作出深刻检查，形成真管严管的新常态。坚持问题导向，以领导干部为重点，紧盯酒局、牌局，紧盯高消费娱乐餐饮等重点场所，坚决查处公款吃喝送礼、公款旅游、违规发放津贴补贴等突出问题，一抓到底。注重创新监督方式，充分发挥群众和媒体的监督作用。积极探索“八小时以外”监督的制约机制，形成合力，重点督查。加强廉政文化建设和从政道德教育，内化于心，外化于行。

（四）持续惩治腐败，进一步强化震慑作用。各级党委要紧紧围绕遏制腐败蔓延势头这个目标，切实加强对反腐败工作的领导，发挥反腐败工作协调小组作用，认真开展理想信念教育和廉洁从政教育，组织党员领导干部认真学习廉政准则，开展反腐倡廉宣传教育和廉政文化“七进”活动，筑牢拒腐防变的思想道德防线。加强对重点问题线索移送、办案力量调配和疑难问题解决的组织协调，建立完善纪律检查机关与政法、检察、公安、司法等部门在查办违纪违法案件中协作配合机制，加强对下级纪委纪律审查工作的领导和指导，集中力量突破大案要案。突出审查重点，按照“纪法分开、纪在法前、纪比法严”的要求，把握运用好监督执纪“四种形态”。加强教育，让红脸出汗成为常态；严格管理、严格监督，让党纪轻处分和组织处理成为大多数；加强执纪审查工作，有腐必反，有贪必惩。坚决查处严重违反党的政治纪律、组织纪律、保密纪律的行为；重点查办发生在领导机关和重要岗位领导干部中插手工程建设、土地出让、资源开发，侵吞国有资产、买官卖官、以权谋私、钱权色交易、腐化堕落、失职渎职案件；坚决惩治“小官贪腐”问题，加大对群众身边不正之风和腐败问题的查处力度，重点查办发生在乡镇街道和基层党员干部在征地拆迁、工程建设、农村“三资”管理、惠民惠农资金管理等重点领域以及违法用地、违法建设中的腐败案件；严肃查处吃拿卡要以及乱收费、乱罚款、乱摊派等侵害群众利益问题。对阻挠办案，对抗组织调查的，要从快从严从重查处，切实形成震慑；改进执纪审查方式。按照“纪法分开、纪在法前、纪比法严”的要求，把握运用好监督执纪“四种形态”。

（五）落实监督责任，建设忠诚、干净、担当、尽责的纪检监察干部队伍。全县纪律检查机关和纪检监察干部都必须坚持原则、恪尽职守、敢抓敢管、动真碰硬，坚决克服不想监督、不敢监督、不会监督的问题，切实把监督责任落到实处。对党风廉政建设方面的问题，该发现没有发现是失职，发现问题匿情不报、不处理就是渎职，失职渎职的都要严肃问责。对政治性、原则性、纪律性不强，碌碌无为、不敢抓、不敢管的纪检监察干部，该调整的要调整、该撤换的要撤换、该问责的要问责，决不允许占着位置而让监督责任缺失。继续大力实施干部能力素质提升工程，着力提高纪检监察干部开展纪律审查的能力、监督执纪问责的能力、依纪依法推进党风廉政建设和反腐败斗争的能力。全县纪律检查机关领导班子成员特别是纪委书记要带头行得正、立得稳、过得硬，发挥表率作用；要抓班子、带队伍、管系统，对干部严格要求、严格教育、严格管理、严格监督，把管人管权管事结合起来，形成健全的内部监督制约机制，充分发挥纪检监察干部监督机构的作用，自觉接受党内和群众监督。要以零容忍的态度查处纪检监察系统内部违纪违法问题，“清理门户”、纯洁队伍，努力打造忠诚、干净、担当、尽责的纪检监察干部队伍。

（六）建立改革容错纠错机制。全面从严治党关键在担当。建立健全鼓励创新、宽容失败、允许试错、责任豁免的机制，旗帜鲜明地支持敢于担当。对改革创新未能实现预期目标，但依照上级和市委规定精神进行决策和实施，且勤勉尽责、没有牟取私利的，不作负面评价，依纪依法免除相关责任。

同志们，“乘风破浪会有时，直挂云帆济沧海”。让我们在市纪委和县委的坚强领导下，扎实工作，锐意进取，不断开创墨脱县党风廉政建设和反腐败工作新局面。

墨脱县人民法院工作报告

——在墨脱县十一届人民代表大会第二次会议上

墨脱县人民法院院长　云　登

（2017年3月23日）

2016年依法履职情况

2016年，墨脱县人民法院在县委坚强领导、县人大及其常委会有力监督、上级法院的正确指导和县政府、政协、社会各界的关心支持下，贯彻落实党的十八大和十八届三中、四中、五中、六中全会和中央第六次西藏工作座谈会精神，深入学习贯彻习近平总书记系列重要讲话精神，治边稳藏重要战略思想，深入学习贯彻自治区第九次党代会精神，紧紧围绕“努力让人民群众在每一个司法案件中感受到公平正义”的目标，牢牢把握司法为民、公正司法的工作主线，忠实履行宪法法律赋予的司法审判职责，各项工作取得了新的进展。全年共受理各类案件43件，审执结42件，综合结案率为97.67%，在林芝市两级法院中位列第二名，并在2016年度两级法院目标管理责任考评中荣获“先进集体”。

一、切实履行第一要务，着力抓好审判执行工作

我院以维护稳定、促进发展、构建和谐、服务大局为己任，有效履行审判职责，全力化解各类矛盾与纠纷，全年共受理各类案件43件（旧存1件），结案42件，综合结案率为97.67%。其中，刑事案件12件（旧存1件），审结12件；民商事案件31件，结案30件；审限内未结案件1件。

（一）发挥刑事审判职能，维护社会和谐稳定。全年共受理刑事案件12件，结案12件（旧存1件），结案率为100%，判处有期徒刑以上刑罚17人，其中缓刑9人。在刑事审判工作中始终把维护社会稳定作为首要任务，坚持“严打”方针，强化打击职能，始终以确保国家安全和社会稳定为己任，讲政治顾大局，妥善处置墨脱县加热萨乡寻衅滋事一案，通过向案件当事人的回访、判后答疑、法律政策宣讲等工作，既震慑了犯罪，又教育了群众，较好地维护了社会稳定。同时，把司法建议工作纳入我院整体工作部署，加大司法建议力度，共发出司法建议书5份，收到回复5份，避免了有关单位在涉法工作中存在的瑕疵。

（二）依法审理民商案件，促进社会公平正义。在民事案件的审理过程中，我院从构建和谐社会的高度出发，始终坚持因人因案制宜，以诚心赢公信，以耐心促调解，坚持“调解优先、调判结合、案结事了”的原则，承担处理社会矛盾的重任，发挥化解社会矛盾调解器的作用。全年共受理民商事案件31件，立案标的1247382.00元，结案30件，结案标的622367.00元，结案率为96.8%。其中，调解结案25件，调解撤诉1件，撤诉2件，诉前调解1件，调撤率为96.7%，有效地维护了社会主义市场经济秩序。

（三）加大执行力度，维护司法权威。为进一步提高案件执行水平，我院实行分管领导亲自抓，执行部门具体抓，做到一级抓一级，层层抓落实。具体工作中，在注重执行和解的同时，充分利用执行查控和失信人员黑名单录入系统，使被执行人积极主动履行生效裁判文书确定的给付义务。并积极争取上级法院、县委、人大、政府和政协的支持，借助外部力量缓解“执行难”问题，改善执行环境，使执行工作进入到无积案、程序规范、机制健全、执结率不断提高的良性轨道。

二、深化司法改革，加强审判体系和审判能力现代化

（一）继续实施立案登记制改革。围绕当事人对法院的新期待、新要求，对诉讼服务中心进行升级改造，建立一站式诉讼服务体系，全面完善“八大”诉讼服务功能。立案登记制度实行后，有效杜绝了有案不立、有诉不理、拖延立案、不立不裁等现象，切实保障当事人合法权益。2016年度，共接待来访群众400余人，提供法律咨询60余人次，依法为3个案件的困难当事人缓、减、免交诉讼费共计6582.5元。

（二）攻坚克难推进信息化建设。积极配合上级法院实施“天平工程”，顺利完成三级法院信息网络联通，建成涵盖审判业务、队伍建设、司法政务管理等信息化体系，实现了审判工作全程留痕、全程监督。

（三）深入推进司法公开化建设。坚持“以公开为原则，不公开为例外”，积极开展三大平台建设（审判流程公开、裁判文书公开、执行信息公开），全年公开裁判文书13篇。按照上级法院的统一安排，实现了网上同步立、审、执，使审判工作步入规范化、科学化管理轨道。

（四）落实人民陪审员制度。自人民陪审员倍增计划实施以来，本院结合实际，吸收社会不同行业、民族的人员参加陪审员工作，提高了人民陪审员的广泛性和代表性。全年组织人民陪审员参训1人次，参审7人次，参审案件28件，做到了让人民参与司法，让人民监督司法，促进阳光司法的法治轨道。

三、狠抓队伍建设，提升法院队伍战斗力

（一）加强政治理论学习，提升干警党性觉悟。以“两学一做”学习教育、规范司法行为年活动为契机，全面系统学习了党章党规、习近平总书记系列重要讲话精神、党的十八大及十八届三中、四中、五中、六中全会精神、西藏自治区第九次党代会议精神。深入开展“两准则、三条例”专题学习活动，全年共组织全院党员干警学习40余次，严肃认真地开展党内政治生活，不断把管党治党要求落到实处，提升了全院党员干警的政治素质和党性觉悟。2016年，我院根据工作需要调整充实2名党组成员，发展2名预备党员，吸收积极分子2人，提任副科级干部4人。以上工作开展，对发挥审判职能、服务墨脱经济发展、维护社会稳定提供了人才保障。

（二）深化党风廉洁建设，确保干警司法廉洁。坚持不懈地加强党风廉洁建设，落实主体责任，严格贯彻执行“八项规定”“约法十章”和“九项要求”，层层签订党风廉洁建设责任书，不断加强对干警的监督、管理，有力的维护法院队伍的纯洁性和先进性。不折不扣的贯彻落实《法官行为规范》，构筑符合本院工作实际的惩防体系。按照教育、制度、监督并重的要求，从规范司法行为入手，制定和落实反腐败的相关规章制度，建立健全自查自纠、述责述廉和民主生活会等多种形式的自律机制，努力使廉洁自律的各项规定转化为干警的自身修养，为完成各项工作任务提供了有力的政治保障。

（三）加强业务培训力度，提升干警司法水平。一是加大干警培训力度，选派干警11人（次）在国家法官学院西藏分院、四川等地参加培训学习，并积极参加高院组织的各类远程视频培训，做到全院参训；二是制定业务学习计划，每周五上午进行业务学习，由各庭室业务骨干向全院干警进行业务培训，提高干警司法能力，着力培养专业化、职业化、规范化业务骨干。三是鼓励干警参加国家司法考试，通过专题集中学习和自学方式提升学习效果。通过培训，2016年1名干警通过了国家司法考试，获得了法律职业资格证书；2名干警在两级法院中表现突出，被林芝市中级人民法院评为“办案标兵”和“优秀法警”。

四、践行司法为民，服务改革发展稳定大局

（一）承担维稳职责，全力服务中心工作。牢固树立“稳定是根本大局”意识，以实现“三不出”为工作目标，以“五个严防”为重点，落实自治区十项维稳措施为保障，严格属地管理、严明维稳责任，充分发挥法院在维稳工作中的职能作用，坚决维护墨脱县局势持续稳定、全面稳定、长期稳定。妥善处理各类社会矛盾，及时向县委领导做好请示、汇报工作，做到“大事化小、小事化了”，努力把矛盾纠纷解决在萌芽状态。按照县委、县政府的部署要求，积极参与综治维稳工作，把“先进双联户”创建活动摆上重要位置，进一步打牢社会和谐稳定基础。完善维稳应急预案、强化24小时值班带班制度，全力参与“三大节日”、“3·14”“3·28”、“萨嘎达瓦”“6·24”“9·16”“12·4”等专项维稳宣传工作。全年，院领导共参与县总值班室带班值班80余人次，安排干警在院内值班达700余人次，出动车辆30余次开展各项维稳工作。

（二）加强能动司法，开展法制宣传工作。2016年墨脱县看守所重建，犯罪嫌疑人均羁押于林芝市看守所，刑事案件的审理、宣判都必须前往林芝市，期间共派出60人次前往林芝市办理刑事案件10件。充分利用“车载流动法庭”便民、利民的优势，坚持“有案办案、无案法宣”的工作原则，结合“法律七进”工作要求，通过以案释法、发放材料等形式开展法制宣传工作，努力做到让农牧民群众少跑路、少花钱、少受累。全年共派出干警38人（次）深入各乡镇开展各项法制宣传活动25次，巡回办案5次，处理简单民事纠纷1件，发放宣传资料4500余份，受教群众5000余人次。积极响应县委、县委政法委的号召，选派精通双语的干警与普法成员单位前往加热萨乡进行法制宣传。以上工作的扎实开展，进一步加强了农牧民群众的法制意识。

（三）强基础惠民生，抓基层保发展保稳定。第五批驻村工作队入驻格当乡占根卡村开展创先争优强基础惠民生活动以来，积极为群众办实事，向县强基办争取到格当普牧场道路建设资金37万余元，并引导农牧民群众投劳增收，将党的惠民利民政策落到了实处；每月不定期走访慰问困难群众，累计捐款捐物折合资金3万余元；年底党组班子组织全院副科级以上干警，分别向格当乡各行政村和德兴乡那尔东村的帮扶对象、三老人员、村两委班子及驻寺驻村工作队进行了慰问，折合资金2万余元。

五、加强法院自身建设，全面提升服务大局能力

（一）重视乡镇法庭建设，延伸司法服务。在上级法院和县委政府的关怀与支持下，达木80K中心人民法庭和背崩中心人民法庭被纳入“十三五”建设项目中，在法庭建设存在缺口资金的情况下，县政府解决了缺口资金42.35万元，目前项目正稳步推进中。下一步我院将与相关单位沟通协调，确保项目早日建成使用。

（二）加强工作宣传力度，推进阳光司法。积极推进司法公开新途径，在审判综合楼前设立宣传栏，对法院具体工作进行大力宣传，用身边的事教育人，用典型人物感召人，争做“四讲四有”的合格党员和合格法官。通过法院整体工作的大力宣传，让人民群众感知了解法院整体工作，自觉接受人民群众监督，法院各项工作得到了广泛传播，有效树立了人民法院的良好形象。

（三）借助科技规范管理，实现审执现代化。一是以“天平工程”为载体，实现了“一体化”办案流程，全面提高了司法行为的透明度和规范化。二是按照上级法院要求，在审判区、生活区安装38个监控，实现全方位无死角布控。三是立足于人民法院的司法实践和新媒体的发展趋势，扩大法院影响力，站稳舆论阵地，在新浪网开通官方微博（用户名：墨脱法院），腾讯网开通官方微信（公众号：墨脱县人民法院），运用新媒体推进司法公开、加大民意沟通、拓宽人民群众监督司法渠道等方面迈出了新的步伐。

各位代表，回顾一年来法院工作，我们深刻体会到，坚持党的领导是做好法院工作根本保证。自觉接受监督是做好法院工作的强大动力。上级法院悉心指导是做好法院工作的坚强后盾。在此，我代表墨脱县人民法院全体干警，向长期关心支持法院工作的县委、人大、政府、政协及有关部门表示衷心的感谢！向竭诚帮助法院工作的人大代表、政协委员和社会各界致以崇高的敬意！

在看到成绩的同时，我们也清醒地认识到，

与党和人民的要求相比，我们的工作还存在一些不足和困难。一是缺编短员交织，与正在推进的司法改革的要求还不完全相适应；二是法官普遍年轻，驾驭庭审、证据判断、事实认定、适用法律、化解矛盾、服务群众的水平有待进一步提高；三是个别法官群众观念不强，“不严不实”的问题还一定程度存在；四是基层基础和信息化建设还需要进一步加强。对此，我们将奋力尽责履职，对党和人民高度负责的态度解决好这些问题和困难。

2017年工作思路

2017年，我院将以党的十八届六中全会、自治区第九次党代会精神为统领，深入贯彻落实习近平总书记系列重要讲话精神，特别是“治国必治边、治边先稳藏”重要战略思想，严格落实维稳第一责任，以司法改革为动力，推进司法公开，整治“六难三案”，强化审判管理、提高队伍素质、提升审判质效，努力为建设富裕、和谐、幸福、法治、文明、美丽墨脱提供强有力的司法保障。

一是更加有力地维护社会和谐稳定。牢固树立稳定压倒一切的思想，把创造性地落实区党委“四个坚定不移”决策部署作为围绕中心，服务大局的根本着眼点，准确把握反分裂的新形势和新任务，突出刑事审判在打击震慑、教育挽救、分化瓦解等维护稳定工作中的职能作用，促进长治久安取得新突破。

二是更加有效地保障和服务民生。以保障民生、民利为出发点，完善诉前联调机制，从源头上预防和化解社会矛盾，深化社会管理创新。进一步加强预约立案、巡回审判、司法救助等便民、利民、惠民措施，以扎实的举措、丰富的形式，让更多群众感受到公正、高效、便利的司法服务。

三是更加深入推进司法公开。积极构建开放、动态、透明的阳光司法体制，提高审判质量和效率。进一步规范立案登记、网上办案、网上审批、裁判文书上网等工作，提高干警规范化操作水平。建立健全与人大代表、政协委员联络机制，及时向人大、政协报告法院工作，听取意见和建议。坚持和完善人民陪审员制度，提高参审率，增加审判透明度，促进司法公开。

四是更加扎实地开展队伍建设。坚持“以党建带队建、以队建促审判”的总体工作思路，巩固“两学一做”学习教育成果，通过再学习再教育，解决干警中存在的突出问题，进一步提升全院党员干部的党性修养，树立人民法官的良好形象。努力建设一支政治坚定、作风优良、纪律严明的法院队伍。

五是更加有力地推进司法改革。按照十八届五中全会精神，做好审判职能设置、法官遴选培养、内部运行管理等各方面工作。按照上级法院的要求，认真完成法官员额制和司法警察改革工作，切实保障干警权益。严格落实“让审理者裁判，由裁判者负责”的责任制度，调动广大法官的积极性、主动性，确保每一个案件公平公正。

各位代表，法安天下，德润人心。新的一年，我们将牢固树立“四个意识”，特别是核心意识、看齐意识，坚定不移地学习贯彻习近平总书记系列重要讲话精神和治边稳藏新理念新思想新战略，坚定不移地落实党中央、区党委、市委和县委的各项决策部署，忠实履行宪法法律赋予的司法审判职责，撸起袖子加油干，奋力开创新局面，以维护社会和谐稳定、守好祖国西南边陲的优异成绩，向党的十九大献礼。

墨脱县人民检察院工作报告

——在墨脱县第十一届人民代表大会第二次会议上

墨脱县人民检察院检察长 李 彦

（2017年3月23日）

2016年的主要工作

2016年以来，在县委和上级检察机关的坚强领导下，在县人大及其常委会的监督、政府的支持、政协的民主监督及社会各界的关心下，全面贯彻落实党的十八大和十八届三中、四中、五中、六中全会及习近平总书记系列讲话精神，认真学习自治区第九次党代会精神，牢固树立“四个意识”，坚决做到在思想上拥戴核心、在政治上信赖核心、在组织上忠诚核心、在行动上捍卫核心，依法履行法律监督职能，各项检察工作取得了新成效。

一、紧扣治边稳藏战略思想，发挥检察职能在维护墨脱和谐稳定中的作用

始终牢记检察机关在“治国必治边、治边先稳藏”方面肩负的职责使命，紧紧围绕林芝市人民检察院“2+2”总体工作思路，以全面推进依法治县为目标，以强化法律监督为主线，以司法办案为中心，着力维护社会稳定、着力服务经济发展、着力保障人民安居乐业。

（1）坚持以维护社会安全稳定为重，依法严厉打击刑事犯罪活动。忠实履行批捕、起诉职能，保障人民合法权益。2016年以来，共受理公安机关移送审查报捕案件13件20人，经审查批准逮捕13件20人。受理公安机关移送审查起诉案件15件20人，依法提起公诉14件19人，其中13件18人已做出有罪判决，2件2人正在审理中。提前介入2起敏感案件，引导侦查取证。

（2）坚持以服务大局为中心，积极参与社会治安综合治理工作。深入贯彻落实自治区十项维稳措施，将检察工作与维稳中心大局工作紧密结合，加强重要时段、重点部位以及社会面维稳工作，坚持执行24小时带班、值班、日报告和零报告制度，先后投入检力300余人次参与值班备勤。积极主动参与社会治安综合治理和强基础惠民生活动，先后选派了4名干警深入背崩乡德尔贡村，院驻村工作队荣获了2016年度县级优秀工作队，其中1名干警荣获了市级优秀工作队员称号。

（3）坚持以依法治县为目标，深化检察机关在法制宣传中的优势。紧扣法制化建设，转变作风方式，主动将法制宣传作为一项重要工作任务。深入1镇3乡11村、社区、学校，宣传检察职能等各类法律法规。用本地语言宣讲、以案释法宣传、制作图文并茂的展板、发放宣传材料等方式，开展丰富多样的法律宣传活动。其间，县电视台播放宣传情况2次，滚动播放宣传材料14次；县广场LED显示屏播放宣传材料7次；共发宣传材料、宣传小册子1500余份，受益群众达700余人；解答各类法律疑难问题10余个。

二、紧扣促进建设良好政治生态，充分发挥预防职务犯罪职能

紧紧围绕预防职务犯罪工作职能，切实增强工作的积极性、主动性、创造性。继续坚持有腐必反，牢固树立“两个没有变”“四个足够自信”的理念，将工作重点放在预防警示上，深化措施，扩大范围，重点推进，职务犯罪预防工作取得了新成效。

（1）墨脱县警示教育基地投入使用。投资60余万元的墨脱县廉政警示教育基地建成并投入使用后，本着“管理好、使用好、利用好”基地的原则，通过组织接待全县干部职工来基地接受教育，发挥了基地在促进全县廉政教育方面的积极作用。共组织接待25次，490余人参观警示教育基地。

（2）加大预防职务犯罪宣传力度。利用电视台、电信、移动等平台，将检察职能等相关知识向全县干部群众进行宣传。共开展法制宣传、法制讲座12次，发送预防短信8万余条，增强了预防职务犯罪工作的传播力和影响力，为营造风清气正的政务环境发挥检察作用。

（3）加强检企共建，促进企业廉洁建设。加强与农业银行墨脱支行的联系，组织召开了“检企共建”联席会议，签订了《检企共建协议书》，为共筑预防职务犯罪体系，遏制腐败现象的滋生，促进企业的健康持续发展发挥了积极作用。

（4）延伸检察触角，助力脱贫攻坚。积极推进扶贫开发领域反腐倡廉建设，结合墨脱实际，研究制定了《墨脱县集中惩治和加强预防扶贫领域职务犯罪专项工作实施方案》，得到了县委、县政府各级领导的充分肯定。做好落实方案前期准备工作，与县扶贫、财政等部门协调，收集了易地搬迁相关资料，选定了背崩、达木两乡为重点预防点，调取了相关材料。同时，为强化扶贫资金阳光化管理，保障扶贫资金落实到位，结合县扶贫工作实际，向县扶贫开发领导小组办公室发出1份检察建议，提出四项预防措施堵塞漏洞，预防职务犯罪。

三、紧扣检察监督职能，服务墨脱法治建设规范化有新举措

深化检察监督职能在规范执法司法、助力民生发展方面的职能作用，明确监督的目标和重点，通过监督执法司法行为，落实检察长列席审判委员会制度。防止冤假错案，维护公平正义，推动检察职能的深入、有效发挥。

——稳步推进立案监督工作。深入开展破坏环境资源和危害食品安全犯罪两个专项立案监督活动。走访公安、林业、环保、国土、卫生、食药、工商等8个部门，重点检查在查处破坏环境资源和危害食品药品安全类犯罪中，是否存在有案不移、有案不立、以罚代刑等情形。共检查3起行政执法案件、翻阅行政执法记录173份，对检查中发现的执法记录不规范问题，提出口头整改意见。

——加强刑罚执行监管活动监督。通过定期检查、随机抽查和加强节假日、敏感时段的监督检查力度等方式，对县看守所有无超期羁押、体罚虐待、违法提审在押人员等情况进行检查、登记。共进行监所检察30次，发送纠正违法通知书1份，口头提出检察建议6次。积极与县司法局联系，就社区矫正工作达成协议，以每月一查的方式，共促社区矫正工作的规范化建设。共检查10次，口头提出检察建议1次。

——创新民事行政检察监督工作。努力提升民事检察监督水平，加强对民事案件的检察监督。首次开展民事行政检察工作宣传活动，借换届之机，举办了“关注民生，与法同行”专项宣传，制作了与群众生活息息相关的宣传展板、宣传单和宣传手册。共发放宣传材料750余份，解答法律问题10余个，受教群众达280余人。

——开创林业检察工作新局面。将市人民检察院“2+2”总体工作思路与县委县政府“生态立县”号召相结合，积极与县林业局召开联席会议，签订联席机制。与县森林公安局联合成功办理了全市首件涉林刑事案件——“非法收购、运输熊掌一案”。在以联席促沟通，以机制促落实的基础上，组织开展了林业行政刑事执法专项监督检查活动，制定活动方案，成立领导小组。采取看台账、调案卷等方式，对办理的涉林案件进行检查，提出意见和建议，开创了林业执法工作新局面。

四、紧扣从严治检，打造素质过硬检察队伍取得新成效

一年来，我院严格按照“队伍素质提升年”的要求，从严治检、从严带队，在提升干警素质上下功夫、在转变工作作风上下功夫、在规范司法行为上下功夫，着力打造政治过硬、旗帜鲜明、作风优良、敢于担当、人民满意的检察队伍。

——不断加强干警党性修养。始终坚持党对检察工作的领导，从提升干警党性修养入手，扎实开展“两学一做”专题学习，定期组织院党组、全院学习党章党规及习近平总书记系列讲话。通过加强学习，提升了检察干警的综合素质。共组织开展专题学习47次、专题党课4次、专题讨论4次，撰写心得体会40余篇。

——深入推进检察队伍专业化建设。从实际出发，以提高干警业务素质，提升干警专业水平为目标，克服人员少、任务重的困难，坚持干警“走出去”的培养模式。共参加各类学习培训23人次，90%干警均轮训一次，培训时间达397天，成为以往之最。同时，制定了汇报授课机制，通过谈心得、收获，与实际相结合，让培训取得了成效。

——深入推进党风廉政建设和反腐败工作。“打铁还需自身硬”。把党风廉政建设和反腐败工作纳入检察整体工作中部署，做到年初有安排，年终有检查，层层签订责任书，层层有落实。加强了对检察干警的监督，确保了检察队伍的风清气正、公正廉洁。

——大力加强领导班子建设。不断完善党组议事规则，提高党组决策部署能力，广泛征求意见。将讲政治、硬素质、强专业的人才充实进来。完成了4名干警、两个内设科室负责人的提拔任命，加强了院班子建设和科室配备，充实壮大了院党组和检察委员会队伍。

五、紧扣检务公开，加强阳光检察推行力度有新进展

坚持将检察权置于人民监督之下，严格落实宪法规定，自觉接受人大依法监督、政协民主监督、新闻舆论监督及社会各界监督。

一是主动汇报工作“勤”。加强向人大汇报和走访人大代表、政协委员，实事求是汇报成绩，客观真实报告问题，虚心诚恳接受意见。向县人大、政协发送检察信息180篇，向代表、委员汇报检察工作6次。深入开展“检察开放日”活动2次，邀请人大代表、政协委员、人民监督员、群众代表等社会各界人士21人，参观办案办公场所、汇报检察工作、征求意见建议。始终坚持“检察长接待日”，每周安排一名检察长接待来访群众，为群众解答法律疑问、提供法律帮助，共接待来访群众9人。

二是接受社会监督“新”。加强探索“互联网+检察”工作模式，实现了“两微一端”的全开通，通过微信、微博、今日头条客户端发送检察动态、案件办理情况等，将检察工作置于网络新闻中，主动接受新闻舆论的监督。全年，共通过“两微一端”发送检察动态323条。

三是案件管理工作“稳”。在县政府的关心下，完成了案件管理大厅的建设工作，打造了以受案大厅、律师阅卷室和赃证物管理室“一厅两室”为主，集案件受理、控告申诉接待、律师咨询、案件查询咨询、赃物证物管理为一体的案件管理中心。建立健全了5项规章制度，完成了各类案件的录入工作，并成功借助人民检察院案件信息公开平台对裁判终结的5起案件信息及法律文书进行了网上公开。

这一年，我院荣获了全区检察机关先进集体，墨脱县政法工作先进集体，检察业务在全市的考核中荣获第三名，共有8名干警荣获了个人优秀表彰。这一年，紧紧围绕市检院的目标要求，不断健全经费保障、科技装备、基础设施、后勤保障服务“四位一体”的检务保障格局，深入实施科技强检战略，探索“互联网+检察”工作模式，各项工作有了实质性的提升。

各位代表：2016年我院检察工作取得的成绩，得益于县委的坚强领导，得益于人大及其常委会的有力监督、政协的民主监督和政府、社会各界的关心支持。在此，我代表县人民检察院，向县委、人大、政府、政协以及各位代表、委员表示诚挚的敬意和衷心的感谢！

各位代表：我们也清醒地认识到，检察工作中还存在一些突出问题，一是新常态下服务墨脱县经济社会长足发展和长治久安，充分发挥职能作用还不够；二是队伍整体素质还不能主动适应新形势新任务的要求，人员紧缺，是制约检察工作发展的关键瓶颈；三是查办职务犯罪、检察监督工作仍然存在薄弱环节；四是检察基础设备的不健全，检察经费不足，已经影响了干警生活和工作热情。对这些问题，我们将高度重视，下大力气加以解决。

2017年的工作安排

2017年，是党的十九大召开之年，也是全面贯彻落实自治区第九次党代会精神的关键之年。我院将继续深入学习贯彻党的十八大及十八届三中、四中、五中、六中全会精神和习近平总书记系列重要讲话精神、治国理政新理念、新思想、新战略，特别是“治国必治边、治边先稳藏”的重要战略思想和“加强民族团结、建设美丽西藏”的重要指示，紧紧围绕“四个坚定不移”的总要求，依法履行法律监督职责，为墨脱经济社会的和谐稳定发展提供有力的司法保障。

一是着力于营造和谐稳定的社会环境。始终保持清醒头脑，把维护稳定作为硬任务和第一责任，深入开展反分裂斗争，全面落实区党委“十项维稳措施”。依法用好批捕、起诉等职能，坚决打击敌对势力分裂破坏活动，深入贯彻落实宽严相济的刑事政策，推进社会矛盾化解，维护社会大局和谐稳定。

二、着力于构建公平正义司法环境。充分发挥检察监督职能，围绕徇私枉法、裁判不公、违规执法等突出问题，坚持从人民群众最关心、最关注、最希望解决的问题着手，加强对行政执法不作为、乱作为等情形的法律监督，促进依法依规行政。

三、着力于探索符合我院发展的司法改革。加大对自身司法不规范突出问题的查处，确保谨慎、正确、干净使用检察权，为检察改革提供人才保障。认真落实上级院的统一部署，推进人员分类管理、职业保障、人财物统管等司法体制改革，奋力推进各项检察改革制度。

四、着力于强化检察队伍建设。以“五个过硬”为根本要求，全面贯彻从严治检，坚持不懈抓队伍思想政治建设、抓业务能力建设、抓廉洁自律建设、抓科技装备建设，努力打造忠诚干净担当的高素质检察队伍。

各位代表：新的一年新的气象，我们决心在县委和市检院党组的坚强领导下，认真落实本次大会决议，不忘初心、继续前进，以优异成绩迎接党的十九大胜利召开！

墨脱县2016年国民经济和社会发展计划执行情况与2017年国民经济和社会发展计划草案的报告

——在墨脱县十一届人大二次会议上

墨脱县发展和改革委员会主任 王 斌

（2017年3月22日）

一、2016年国民经济和社会发展计划执行情况

2016年是"十三五"开局之年。在县委、县政府的正确领导和县人大、县政协的监督支持下，特别是广东省人民的大力援助下，全县上下齐心协力、克服压力，全面贯彻落实党的十八大和十八届三中、四中、五中、六中全会和中央第六次西藏工作座谈会精神及习近平总书记系列重要讲话精神，以改革的精神、开放的思维、创新的理念，严格按照"123456"总体发展思路。2016年，全县生产总值达4.59亿元，同比增长14%；全社会固定资产投资预计达18.01亿元，同比增长10%（其中：国家投资预计达12.9亿元，同比增长14%；援藏投资预计达5000万元；招商引资预计达3.57亿元，同比增长19%；民间投资预计达1.04亿元，同比增长15%）；全社会消费品零售总额预计达3811万元，同比增长11.2%；财政收入预计达6756万元，其中：一般公共预算收入达4253万元（税收3019万元，非税收入1234万元），政府性基金收入2503万元；农牧民人均可支配收入预计达8348元，同比增长15%；农牧民人均现金收入预计达7066元，同比增长15%；粮油产量预计达5214吨，同比增长3%。

（一）投资支撑作用明显。随着交通、水利、农田基础设施、能源、市政等一大批项目相继竣工投入使用，有力促进和保障了县域经济的持续健康快速发展。全县行政村用电覆盖率达86%，通水率100%，行政村电视信号覆盖率100%，有线闭路电视用户达1891户，电话通村率为100%，网络通乡率达到100%；全县公路总里程为338.22公里，乡镇公路通达率为75%、通畅率为25%，行政村公路通达率为65.22%、通畅率为6.5%。一是项目储备上：录入在线审批平台项目128个，总投资4.67亿；录入国家重点项目库项目103个，总投资4.5亿，在线审批平台及国家重点项目库主要包括城镇化，农、牧、林、水，科、教、文、卫等建设内容；县"十三五"规划已编制完成，规划总投资127亿，涉及交通基础设施、城镇化建设、新农村建设、产业发展、生态保护、公共服务能力提升、社会维稳处突能力建设、基层党建等8大类314个子项目，为墨脱全面建成小康社会打下了良好基础。二是资金争取上：通过与区、市相关单位汇报衔接，争取各类扶持项目54个，到位项目建设资金7.1亿元。三是项目建设上：按照项目建设是经济工作的"牛鼻子"，抓项目就是抓经济、抓发展、抓跨越的总体要求，全力促进固定资产投资增长。2016年县新建、续建项目共167项，总投资40.31亿元，完成投资14.44亿元，同比增长8.5%。其中：新建项目79项，总投资21.8亿

元，累计完成投资9.84亿元；续建项目88项，总投资18.51亿元，累计完成投资4.6亿元。地东边防公路、格林边防公路、那儿东公路、巴登则公路、易贡白公路、加热萨公路等一批在建公路项目发挥效益明显，干部群众出行明显便利。一批保障性住房顺利完工，部分职工搬迁至新居。亚东市政道路完工并通过验收，完善了城市路网骨架，为下一步亚东片区规划控制提供了保障。果果塘蛇形大拐弯观景台游步道项目初见成效，提升了墨脱旅游服务水平。全民健身活动中心、县幼儿园业务用房顺利完工并投入使用。帮辛、达木、德兴、背崩、格当等小学附属通过验收并交付使用，3个铺有人工草皮及塑胶跑道的乡小学操场的建成优化了学校的育人环境。德兴、背崩、达木、格当、帮辛乡镇供水工程顺利开工，为下一步公共服务能力的提升夯实了基础。第七批援藏建设项目顺利收尾并完成项目评审。

（二）产业发展增效显著。1. 特色农牧业发展迅速。一是粮食生产能力显著提高。顺利完成7乡1镇农资发放工作，其中发放水稻种子9520公斤、玉米种子8650公斤；2016年全县粮食产量达5167.3吨，同比增长3%。二是茶产业发展取得突破性进展。已建成茶园5108亩，可采摘茶园2848亩。全年共计采摘茶青1.8万余斤，制成绿茶、红茶共计1300余斤，墨脱茶叶成型佳、品质好，在四川、上海、福建茶叶博览会上受到一致好评，并获得中国好茶银奖。

2. 特色旅游业成效明显。一是创“4A”工作深入推进。通过召开旅游工作专题会议等举措，精心安排部署并扎实推动旅游工作，在完成《西藏自治区林芝市墨脱县旅游发展中长期规划（2016—2030 年）》《墨脱县旅游景区建设性、控制性详细规划》和《墨脱县旅游景区创4A提升方案》等规划编制同时，还完成了AAAA级景区软件创建工作。二是创AAAA旅游服务设施逐渐完善。K52游客服务中心、K80游客服务中心、扎墨公路沿线观景台、果果塘蛇形大拐弯栈道和观景台、德兴景区、拉贡景区、达木景区等项目建设正在有序进行。三是宣传促销实效明显。为大幅提升墨脱旅游在客源市场的占有额，实现旅游业的可持续发展，墨脱县结合旅游发展实际情况，在年初制定了《2016年宣传促销方案》，开通了墨脱旅游资讯网，参加了旅游交易会，举办了“征文大赛”活动，使区内外朋友对边境墨脱有了正确的认识与了解，打响了“莲花圣地、秘境墨脱”的宣传口号，大大提升了墨脱旅游知名度。2016年，墨脱县共接待游客75912人次，同比增长7.2%，实现旅游总收入7405.87万元，其中农牧民收入4937.24万元，较去年同比增长59%；全年共售出门票19717张，门票总收入281.42万元，与去年相比分别增长20%、19%。

3. 门珞文化业实现新跨越。公共文化服务体系建设不断完善，门珞文化历史博物馆、民间文化艺术团等成为保护门珞历史文化的重要平台；文化传承企业逐渐壮大，特别是墨脱石锅、德兴竹编等民族特色企业发展迅速，有效促进了农牧民收入的增加；农家书屋、寺庙书屋运营良好，总藏书量达10万余册，县文化活动中心团体活动室、图书馆等成为重要的文化传播途径。

4. 水电能源业稳步推进。紧紧围绕“建设可再生能源局域网示范县“中心工作，稳步提高电力生产服务水平，进一步巩固了发展成果。截至年底，金珠曲、西贡河流域综合规划，已通过自治区水利厅审查；完成西藏墨脱县2016—2017年可再生能源局域电网改造升级工程的可研编制并得到西藏自治区发改委批复；电力生产持续增高，全县年发电量达1007.27万千瓦时，其中：亚让电站发电量达998.72万千瓦时，确保了县城及周边区域的电力需求供应。

5. 藏医药业发展顺利。一是藏医服务能力不断提升。积极开展针灸、电针、拔罐、艾灸、理疗、牵引、久巴（涂擦）治疗、霍尔梅、按摩、烤电、放血、藏药浴等十二项适宜技术，完善了各项藏医药适宜技术的规范化操作。二是充分利用微信等平台宣传藏医药特色治疗方法。结合藏医药特色治疗方法，积极向广大群众推广各项藏医药适宜技术，宣传藏医藏药独特疗效等，点击量达到560人次。三是藏医药业发展基础得到巩固。完成墨脱县藏药材补查工作，共采集标本1540种9240份，其中包括七叶一枝花等14种贵重中、藏药材；有序开展石斛、七叶一枝花等藏药材试种工作，为墨脱县藏医药业的科学发展提供了依据，为下一步发展奠定了基础。

（三）社会事业协调发展。一是加大农牧区医疗制度宣传力度，稳步推进医疗卫生业务职能工作，农牧区医疗制度总基金到账856.2万元，参合率达100%；建立在编僧尼健康体检档案27人，建立城乡居民健康体检档案10472人，体检率分别为98%、100%；全年享受县孕产妇住院分娩补助90人，兑现补助金9.8万元；成功创建二乙医院，医疗服务水平进一步提升。二是始终坚持把教育摆在优先发展的战略地位，严格执行《墨脱县教育教学工作奖惩制度（试行）》，今年墨脱县有2人考取西藏初中班，2人考取区外高中，16人考取区内重点高中；“三包”经费和“营养改善计划”全面落实，幸福莲花奖学金、重视家庭教育奖学金等教育资助项目广泛开展，确保了绝大多数学生顺利完成义务教育。三是顺利推进各项保险的统筹和保险费的收缴工作，参保人数达10795人次，共征缴保险费1887.81万元，参保率、征缴率均达100%；农牧民转移就业人数2100人，转移就业收入达502万元；全年城镇新增就业635人；实现就业再就业培训人数681人，其中农牧区转移就业培训527人（贫困户参与人数为235人）。四是全面落实各项保障资金。全年为295户，1017人发放城乡居民最低生活保障资金共计153.3万元；农牧区特困群众医疗救助金救助172人次，救助金额为68.23万元。

（四）精准扶贫成效显著。群众收入稳步增长，农牧民人均可支配收入和现金收入达8348元、7066元，均保持15%的增长。成立了精准扶贫开发领导小组及脱贫攻坚指挥部，下设办公室、易地扶贫搬迁、产业脱贫等11个专项组，各乡（镇）也成立了相应的领导小组和工作专班，形成了覆盖全县的扶贫网络体系。着力落实“5个1批”“6个精准”扶贫措施，以贫困村为主战场，以贫困人口为主目标，以整合资源为主手段，以金融扶贫为主措施，圆满完成了137户676人的脱贫目标。大力实施易地扶贫搬迁脱贫，加热萨乡久当卡村易地扶贫搬迁、达木乡珠村易地扶贫搬迁和格当乡桑珍卡村下那巴回迁安置工程均开工建设。

（五）生态文明纵深推进。深入开展国家生态文明先行示范区试点建设，万元GDP能耗、二氧化碳排放量指标均保持较低水平。划定生态和基本农田两条红线，全县森林覆盖率达79.3%，基本农田面积4.7万亩。加强森林资源管护，组织实施完成2016年重点区域生态公益林建设，种植经济林木为花椒和李树，造林面积达74公顷；积极推进新一轮退耕还林工程，退耕还林面积4548.7亩。编制《墨脱县生态文明建设示范县规划》，德兴乡文朗村、德果村等10个行政村顺利通过国家环保部评审，被命名为自治区级生态村，墨脱镇被命名为自治区级生态乡镇。完成2017年国家重点生态功能区县域生态环境质量考核资料汇编工作。经检测，全县各项自然生态指标保持良好。开展地质灾害治理，背崩乡地东村山洪灾害治理、嘎弄曲62K防洪工程等项目建设，将有效防止山洪、洪水等自然灾害的发生，保障人民群众生命财产安全。

（六）深化改革催生发展。推进简政放权，建设政府投资项目在线审批监管平台，实现发改、住建、国土、环保等多部门的联网联审。成立不动产登记中心，开展党政机关、群众团体统一社会信用代码赋码发证工作。积极落实“营改增”“两证整合”“五证合一”“一照一码”等改革措施，市场主体达635户，注册资本（金）8.24亿元，与去年相比分别增长24.3%，18.9%。落实招商项目24个，预计到位资金2.93亿元。

各位代表，2016年我们克服了重重困难，实现了“十三五”经济社会发展的良好开局。成绩来之不易，是县委统揽全局、科学决策、坚强领导的结果，是县人大、县政协监督与支持的结果，是全县人民共同努力奋斗的结果。在肯定成绩的同时，我们也要清醒地认识到，墨脱县经济社会发展仍然存在一些突出的问题。主要表现为：交通“瓶颈”依然存在；经济总量小，发展质量不高；经济创收方式单一，产业化水平较低；城乡区域发展不平衡，城镇化建设较为缓慢；脱贫攻坚任务依然艰巨，群众脱贫主体意识不强，持续增收能力有待提高；个别部门和干部责任意识淡化，担当精神不够，行政效能有待进一步提升。

二、2017年国民经济和社会发展计划草案

2017年全县国民经济和社会发展的主要预期目标是：全县生产总值增长14%，公共财政预算收入增长10%，全社会固定资产投资增长21.8%，全社会消费品零售总额增长15%，农牧民人均可支配收入和现金收入增长14%。重点抓好以下工作：

（一）强化项目建设，全力扩大投资。2017年，我们将抢抓区、市、援藏支援之机遇，调动一切要素资源，持续保持投资力度，维持投资对经济增长第一拉动作用，确保实现年初既定目标，实现经济社会各项事业再创新佳绩、再上新水平。

1. 做好项目前期，搞好项目储备。坚持实施“投资拉动、项目带动”战略，解放思想、实事求是、精心谋划、创新机制，面对墨脱雨季长的客观因素，科学规划项目前期，合理安排开工时间，积极谋划一批重大项目，及时完成各项目前期工作，确保项目建设无缝对接。

2. 加快工程建设，确保目标完成。为确保完成全社会固定资产投资增长21.8%的目标，结合市《2017年重点项目前期工作任务分解表》，2017年计划实施重点项目105个，总投资达17.39亿元，主要包括边境小康示范村、易地扶贫搬迁、城乡市政基础设施、产业发展、交通基础设施、农网改造、社会事业及政法建设等方面。根据项目计划，加强督查督办，督促县相关部门，加大协调力度，细化工作任务，倒排工期，挂图作战，确保各项目快速启动、扎实推进、保质保量完成建设投资任务。

3. 加强沟通协调，做好援藏投资。第八批援藏计划投资1.59亿，项目涉及小康村建设、县城风貌改造、卫生医疗设施改建、中小学义务教育均衡发展、旅游产业配套、茶叶标准化建设、茶叶种植配套设施、小集镇建设、村级组织活动场所，致富市政道路工程等10项建设内容。在2017年工作中，将严格按照项目规划，抓好落实，切实发挥援藏资金的最大效益。

4. 搞好项目管理，提高项目质量。管理是项目质量的保证。围绕项目的规范实施，严格落实项目法人制、监理制、招投标制、财务核算和工程审计制及安全生产责任制，认真执行自治区、市、县重点建设项目管理办法，依法规范项目建设审批程序，严格项目建议书、可行性研究报告、初步设计和竣工验收的审批。同时，加强项目资金管理，对项目资金使用实行全过程监管。

（二）抓好主导产业，促进产业提质增效。加大对产业发展的引导和支持力度，加快培育有资源禀赋支撑、市场前景广阔、就业吸纳能力强的优势产业，建立独具特色的产业体系，提高产业发展对经济发展的支持能力。

1. 加快发展特色农牧业。以建设现代农牧业促进农牧民增收为核心，以推进高效农牧业规模化、农牧业经营产业化、农牧业生产标准化为重点，转变发展方式，不断优化产业结构，加大农产品品牌打造力度。一是巩固提升传统农业。以建设现代农业促进农牧民增收为核心，重点稳定粮油生产，进一步做好良种推广补贴及备耕农用物资的发放及销售工作，继续扩大农作物种植规模，做好农作物防灾减灾防治整治工作，大力建设高标准农田建设，提高农田单产。二是推动畜牧业健康蓬勃发展。抓好农作物“三病一虫”的防疫工作和常见病、多发病的预防治疗及牲畜重大疫病的监控和扑灭工作，切实做好畜禽产品的运输、屠宰，加强肉类食品的监管力度，做好动物防疫工作，进一步挖掘格当乡、达木乡、加热萨乡、甘登乡种养殖潜力，引入适合本地种养殖品种，切实推动墨脱县畜牧业的全面健康发展。三是大力发展特色业。坚持“立茶业为支柱”的总体原则，以市场为导向，以提高经济效益为核心，继续扩大茶叶种植规模，新建茶叶基地1000亩，引进茶叶新品种，做好茶叶后期管理，完成

茶叶加工厂的建设，实现茶叶大批量生产、加工、销售等。大力发展果林经济，扩大花椒种植基地，做好优质花椒、辣椒及散点种植四时粮蔬瓜果良种供应及技术服务保障工作，扩大巴米牛特有牛种的养殖规模，提高养殖技术，推动县特色养殖业走向规模化、标准化。

2. 提质升级特色旅游业。构建与社会主义市场经济相适应、与构建和谐墨脱相适应的自然风光、门巴珞巴民俗、佛教文化的旅游发展新格局，努力把墨脱建设成为国内生态和民族民俗旅游名城。一是以基础设施建设为重点，严格按照国家AAAA级旅游景区标准，对全县景区（点）、观景台进行全面升级改造，投入资金开发建设新的景区，进一步提升旅游基础设施和服务设施建设，确保创4A工作圆满完成。二是继续做好旅游宣传促销，利用旅游资讯网站、举办摄影大赛、文化旅游节等方式，继续加大景区宣传力度，扩大墨脱景区在市场上的吸引力、竞争力。三是完善运营管理机制，规范各项规章管理制度，以“引进来、走出去”的人才培养模式，培养一批能推动墨脱县旅游又好又快发展的人才队伍，尽快实现莲花圣地旅游开发有限公司“独立化”运营。

3. 保护传承门珞文化业。传承门巴、珞巴民族特色民俗文化，加大对门巴、珞巴民族藤编工艺、竹器、石锅、木碗等手工艺产品资源的合理挖掘。完善文化产业配套设施，优化发展环境，做好仁青崩寺维修项目、墨脱县电视台建设项目、墨脱县民间艺术团排练演出场所等建设工作；扩大对外交流，学习区内外先进文化发展成果，加快产业提升，增强产业发展的竞争力，进一步提升文化对经济的贡献率；做好大型门珞文化展示厅开馆后的宣传及管理工作。

4. 持续推进水电能源业。立足当前，着眼长远，做好县域电网升级改造工作，2017年重点是实施电网改造升级工程，以彻底解决全县各乡镇、各村用电问题；因地制宜，合理布局，科学编制墨脱县水电能源开发利用规划，推进80K到52K新建线路、格当到达木线路改造、哈果桥电站前期工作，积极配合墨脱电网接入国家电网，配合大水电规划科研及前期工作；加强对本地电力服务员工的运行、维护技能培训，全面提升本地员工的业务技能水平，建立高人力资本含量、高技术含量和高附加值的现代服务体系；加强安全用电知识的宣传和违章用电整治力度，不断提高电站设备和墨脱电网安全稳定运行水平，合理配置适应水电开发的生产和服务市场。

5. 有序推进藏医药业。加强墨脱县藏医院、乡（镇）卫生院藏医科室及建制村的卫生室基础设施建设，力争实现县有标准化医院、重点乡镇有标准化卫生院的目标。扶持和发展县藏医药特色业，挖掘现有发展潜力，加大藏医医疗设备投入力度，完善功能科室建设，加强人才队伍建设，不断促进藏医药业发展壮大。加强藏医师和在职专业技术人员的培养工作，提高医疗卫生服务能力和水平。进一步提高基层卫生队伍的整体素质和诊疗水平，大力培养一批门巴、珞巴族乡村医生。重点实施墨脱县藏医院标准化建设工程、乡镇卫生院藏医科室基础设施建设工程等。

（三）精准综合施策，合力推进脱贫攻坚。深入调查摸底，找准扶贫对象，确定贫困程度，分析致贫原因，理清帮扶需求，制定脱贫措施，因地制宜加强贫困地区水、电、路、通信等基础设施建设，确保完成2017年墨脱县脱贫工作目标。实施异地搬迁脱贫，围绕“水源、生态、开发、特色、转移”五个重点，整合资源，统筹居民住房、产业发展、农田水利、基础设施、公益事业建设，整村搬迁，稳步推进，2017年计划完成多卡村、岗玉村、龙列村异地搬迁工作。实施产业脱贫，以高标准农田建设为基础，加快示范基地建设，支持有条件的地方建一批茶叶、藏药、水果等基地，增强脱贫造血功能。实施劳动力转移脱贫。坚持劳动力资源开发与转移相结合，加大富余劳动力转移就业中长期培训力度，不断提高务工人员的技能素质和转移就业能力，重点打造合格、优良的农牧民施工团队，加速推进劳务输出由季节型向常年型、分散型向集中型、体力型向技能型、打工型向创业型的转变。

（四）统筹城乡发展，加快美丽村镇建设。进一步完善城镇功能，重点建设县城电缆入地改造工程、县城排水防涝工程、县污水处理及收集系统工程、达木乡生活垃圾无害化处理、背崩乡特色小集镇基础设施建设、达木乡特色小集镇基础设施建设、德兴乡特色小集镇基础设施建设、帮辛乡基础设施建设、背崩乡污水处理及收集系统以及背崩乡、加热萨乡、帮辛乡生活垃圾转运站等项目建设。努力推进边境小康示范村建设，完成34个边境村小康示范村建设方案编制，全面提升社会主义新农村建设水平，确保实现同全市一道率先实现小康社会宏伟目标。

（五）发展社会事业，促进民生保障改善。优先发展教育，加大义务教育均衡发展工作力度。加快推进农村小学校舍、幼儿园改扩建等项目建设进度；加大教师培训、教研力度，加强德育工作，提高教学、教育质量；加大“三包”经费管理力度，着力改善学生营养。健全基本医疗保障体系，加快推进县卫生服务中心、藏医院、卫生监督所等项目建设；进一步加强县、乡、村三级医生培训，提高医技水平，基本实现常见病、多发病不出乡、不出县；继续做好地方病防控工作；提升藏医药服务能力；进一步加强妇幼卫生和优生优育工作。关注群众期盼，农牧民人均纯收入增长14%以上，继续推进城镇保障房建设，满足中低收入城镇居民住房需求。

（六）创建生态文明，深入推进绿色发展。立足国家生态功能区定位谋发展，坚守生态和基本农田两条发展底线，着力发展循环经济。大力推进节能减排，加快环保基础设施建设。继续实施生态安全屏障保护与建设规划项目建设，加强生态环境监测能力建设，完善环境监测网络和水文、气象站网布局，提升人工影响和应对气候变化能力，建立和完善自然灾害预警预报和防汛抗旱指挥系统。建立健全有效保护生态环境的长效机制，探索发展生态环保产业，积极推进草原、森林等生态补偿范围提升补助标准、扩大受益面积等工作，实现在保护生态环境的同时农牧民增收不受影响。加强防灾减灾体系建设，提高灾害防御能力。

（七）加强民族团结，确保社会和谐稳定。高举维护社会稳定、维护社会主义法治、维护人民群众根本利益、维护祖国统一、维护民族团结的旗帜，严密防范和严厉打击各类分裂破坏活动，加强社会治安综合治理，推动全面建设平安墨脱。深入开展反分裂斗争，加强边境管控，建立和完善应急指挥体系，严密防范和严厉打击敌对势力、民族分裂势力、恐怖势力和邪教组织等各类暴力和“非暴力”分裂破坏活动，牢牢把握反分裂斗争的主动权。加强社会治安综合治理，坚持打防结合、预防为主，干群结合、依靠群众，建立健全经常性的严打工作和社会治安综合治理工作机制。积极预防和妥善处置群体性事件，严防达赖分裂集团进行渗透、策反和利用人民内部矛盾制造事端。加强社会治安防范工作，保证人民群众安居乐业。

各位代表，2017年脱贫攻坚目标和经济社会发展任务十分艰巨，意义非同寻常。让我们在市委、市政府和县委、县政府的坚强领导下，在县人大、县政协的监督和支持下，团结全县各族人民，统一思想、凝心聚力、开拓创新，真抓实干，努力完成各项目标任务，为墨脱实现和其他兄弟县一道率先全面建成小康社会而努力奋斗。

墨脱县2016年财政预算执行情况和2017年财政预算草案的报告

——在墨脱县十一届人大二次会议上

墨脱县财政局局长　王旭杰

（2017年3月22日）

一、2016年财政预算执行情况

2016年，在县委、县政府的正确领导下，在县人大、县政协的监督和指导下，县财政认真贯彻落实自治区、林芝市对财政经济工作提出的各项要求，积极组织财政收入，加大资源整合力度，加强财政监督，优化支出结构，顺利完成了全年的任务目标，财政预算执行情况良好。

墨脱县十届人大七次会议通过的墨脱县2016年财政预算：公共财政预算安排的总财力为44929万元，比2015年年初预算增加12619万元，增长39%。

预算执行结果：公共财政预算总财力完成58085万元，为预算的129%，比上年增加13156万元，增长29%。其中：县本级公共财政预算收入4253万元，上级补助收入53832万元，比上年增加5289万元，增长10%。公共财政预算支出完成58085万元。

政府性基金收入3381万元，比上年同期增加420万元，增长14%。基金支出3381万元。

2016年县财政实现了收支平衡，达到了预期目标。

二、2016年全县财政收支执行具体情况如下

（一）农林水支出12635万元，比上年增加2644万元，同比增长26%。一是完善对农牧民的补贴政策。落实资金28万元，对农作物良种和优良牲畜推广及农机具购置进行补贴；落实资金48.93万元，举办农牧民各项培训，实现农牧区劳动力转移就业2.2万人次。二是加快农牧业综合生产项目建设。落实资金1310万元，支持现代特色农业发展；落实资金64万元，支持农牧业科技推广。三是加强水利基础设施建设。落实资金130.95万元，支持全县的抗旱保生产、汛后损毁水利设施修复及应急度汛工作。四是推进扶贫及农业综合开发。落实资金9580.6万元，在全县8个乡（镇）全面实施扶贫项目。五是提高农牧业生态保护力度。落实资金22.08万元，继续实施草原生态保护奖励补助机制；落实资金5480万元，用于公益林补助、重点区域造林、防沙治沙、森林防火等支出。六是落完善农村税费改革补助政策。实资金331.29万元，进一步提高村级组织工作经费、农村五保户供养、村干部基本报酬和业绩考核等补助标准。

（二）社会保障和就业支出2762万元，比上年增加347万元，增长14%。一是健全社会保险制度。城乡居民养老保险基础养老金从每人每月140元提高至150元。二是完善社会救助体系。城镇最低生活保障标准从每人每月590元提高至698元，农村最低生活保障标准从每人每年2350元提高至2550元。三是实施积极的就业政策。落实资金585.3万元，保障全县154个政府购买公益性岗位的岗位补贴和社会保障缴费资金需求。四是做好社会安置的各项资金保障。落实资金76.74万元，妥善解决

优抚对象生活难、住房难、医疗难等问题；落实资金29.6万元，加强军队转业干部、离退休人员及退役士兵的安置经费保障。

（三）科教文卫累计支出12044万元，比上年增加1186万元，增长11%。大力支持义务教育均衡发展，继续推进和完善农村义务教育经费保障机制，全县按照春季学前教育2600元/生·年、中小学3100元/生·年，秋季学前教育2840元/生·年、中小学3340元/生·年的“三包”补助标准，2016年总共安排“三包”经费544.18万元。安排资金118.2万元落实中小学义务教育农村户口学生营养改善计划，惠及墨脱县1452名中小学生。农牧区医疗制度财政补助标准从每人每年420元提高到435元，基本公共卫生服务人均经费补助标准从每人每年50元提高到55元。

（四）公共安全支出4068万元，比上年增加993万元，增长32%。一是完善政法部门经费正常增长机制，保障政法部门办案、业务经费需要。安排资金56万元，用于平安建设及“217”重点管控人员经费、社会管理信息平台线路月租费、综治经费、双联户经费等事务。安排资金54万元，用于政法系统维稳工作经费。二是解决驻村工作人员的实际生活问题。安排驻村工作队生活补助247万元。三是充实寺庙管理力量，推进寺庙管理规范化和法制化。安排资金32.4万元，用于驻寺特派员人员岗位津贴。四是支持构建辅警员管理体系，有效缓解公安机关警力不足问题。安排治安辅警员补助资金14.6万元，民警生活补贴46.28万元（含县级配套37.64万元），驻寺民警岗位津贴16.2万元。五是保障维护稳定、行政执法、民族宗教统战事务、边境治安联防、平安西藏建设等方面的经费需求。安排内卫武警业务费7万元，消防武警业务费27.85万元，边防武警业务费164.323万元，安排边防治安辅警补助3万元、边防大队工作经费0.95万元、墨脱镇边防派出所工作经费4.73万元、格当边防派出所工作经费3.48万元。

（五）住房保障、节能环保、城乡社区事务等累计支出5727万元，比上年减少1084万元，下降16%。其中：住房保障支出1207万元，比上年减少1825万元，下降60%；节能环保支出859万元，比上年增加50万元，增长6%；城乡社区事务支出352万元，比上年增加69万元，增长24%；交通运输支出167万元，比上年同期减少26万元，下降13%；安全生产监督管理支出159万元，比上年减少9万元，下降5 %；商业服务业等支出2543万元，比上年增加572万元，同比增长29%；国土资源气象等支出137万元，比上年减少52万元，下降28%；粮油事务支出303万元，比上年增加137万元，增长83%。

（六）2016年，墨脱县“三公”经费累计支出485万元，按可比口径计算，比上年同期减少284万元，同比下降37%。其中：会议费支出22万元，比上年同期减少6万元，同比下降21%；接待费支出192万元，比上年同期减少276万元，同比下降59%；公务用车运行维护费支出271万元，比上年同期减少2万元，同比下降0.73%。

三、2017年财政预算草案

根据《中华人民共和国预算法》、《国务院关于编制2017年中央预算和地方预算的通知》的规定和要求，结合墨脱县实际，编制完成了2017年财政预算草案。

（一）预算编制指导思想。以邓小平理论、“三个代表”重要思想、科学发展观为指导，全面贯彻党的十八大和十八届三中、四中、五中、六中全会、中央第六次西藏工作座谈会、中央经济工作会议、中央农村工作会议、全国财政工作会议，以及自治区第九次党代会、全区经济工作会议精神，深入贯彻习近平总书记系列重要讲话精神，统筹推进“五位一体”总体布局和协调推进“四个全面”战略布局，坚持稳中求进、进中求好、补齐短板的工作总基调，树牢新理念、适应新常态、引领新发展，坚持以人民为中心的发展思想，坚持以推进供给侧结构性改革为主线，适度扩大总需求，财政政策要更加积极有效，大力实施减税降费政策，深入推进财税体制改革，着力构建现代财政制度，加大财政支出优化整合力度，保障重点领域支出，统筹盘活财政存量资金，提高财政资金使用效益，加强地方政府性债务管理，积极防范财政风险。

（二）2017年预算安排基本原则。1. 积极稳妥，收支平衡。收入预算安排既保证一定增幅，又确保与经济社会发展实际相适应。支出预算安排按照轻重缓急，优先考虑县委、县政府重大决策落实及刚性支出需求，确保收支平衡，不编赤字预算。

2. 量入为出，统筹兼顾。按照“保运转、保民生、保稳定”的工作要求，优化财政支出结构，严格控制一般性支出，将财力向“三农”、教育、社会保障和就业、医疗卫生、文化、科技、节能环保、维护稳定等重点领域、重大改革和重要环节倾斜。对各类民生政策提标扩面事项，坚持量力而行、尽力而为、有保有压、可持续发展的原则，结合财力可能，既体现一定增量，也保持财政宏观调控的灵活性和可持续性。

3. 全面完整，硬化约束。严格控制执行中预算调整变更，规范财政资金审批权限，除据实结算、以收定支的事项外，年度预算执行中的新增支出事项一律通过动支预备费或调入预算稳定调节基金报经政府审批后安排。

4. 推进统筹，讲求绩效。统筹中央专款、地方财力和专户结余资金，综合考虑政策要求、预算执行等情况，加大资金整合力度，合理安排支出预算。加强项目支出审核，所有项目要提出具体的绩效目标和实施计划。

（三）2017年预算安排总体情况。1. 公共财政预算安排情况

2017年，全县公共财政预算总财力为45099万元，按可比口径计算（下同），比上年增加170万元，增长0.3%。

公共财政预算收入安排4560万元，争取增长10%。

公共财政预算支出安排45099万元。

2. 政府性基金预算安排情况

2017年，全县政府性基金预算总财力为2503万元。

政府性基金预算支出安排2503万元。

（四）2017年财政预算具体安排。1. 加大强农惠农投入，促进城乡统筹发展。一是完善农牧业财政补贴政策，保证农牧业稳产增收。安排农村税费改革资金509.43万元，村干部工资正职将达到22608元/人/年，副职将达到11564元/人/年。村级动物防疫员基本报酬达到12000元/人/年。安排支农资金及农业产业发展资金300万元。二是安排退耕还林折现补贴资金62.5万元及森林防火（含消防设施）经费20万元，退耕还林现金补助136.46万元。安排森林生态效益补偿基金3111.47万元及重点区域造林2.05万元。三是加大水利投入，充分发挥公共财政对水利发展的保障作用，安排小型农田水利维修资金100万元，安排山洪灾害防治资金16.72万元。四是加大财政扶贫投入，安排扶贫发展资金350万元，安排扶贫专项资金1350万元，加快农牧民脱贫致富。五是“普惠性”边民补助在原有的基础上增加1000元/人/年，即一线村边民补助2700元/人/年，二线村边民补助2500元/人/年。

2. 加大社会保障投入，切实保障和改善民生。按照构建和谐社会的要求，以完善社会保障体系为重点，全力打造民生财政，党的民生政策更加深入人心。城镇低保标准从月人均640元提高到700元，农村低保标准从年人均2550元提高到3311元。农牧区医疗制度补助标准从年人均435元提高到475元，城镇居民基本医疗保险补助标准从年人均420元提高到460元。安排流浪乞讨人员救助2万元，优抚对象生活补助5万元，义务兵优待及自主择业一次性生活补助37万元，老年人两项补贴5.15万元，优抚对象医疗救助1.5万元，特困群众生活救助173.22万元，社会救助专职人员工作经费6万元，农牧民培训经费20万元、医疗保险基金18万元。安排妇幼卫生专项经费5万元，卫生监督能力建设4万元，行政村卫生室运行资金46万元，新型农村合作医疗501万元，村医工资12000元/人/年。安排城乡居民暨在编僧尼健康体检经费69.68万元。安排疾控中心地方病和传染病防治经费2万元。安排农村合作医疗501万元。安排资金240万元，用于干部职工取暖费。安排资金300万元，150万元用于粮油运价补贴，150万元用于企业扶持。

3. 加大社会事业投入，提升公共服务能力。一是坚持教育事业优先发展战略。本级财政对教育投入8283.89万元，改善学前教育办学条件，支持幼儿师资队伍建设。提高学前补助、义务至高中教育阶段农牧民子女“三包”及城镇困难家庭子女助学金标准，教育“三包”经费标准从年生均3240元提高到3480元。二是大力推动文化大发展大繁荣。安排文化事业资金426万元，其中综合文化免费开放经费40万元（含县级配套8万元）、民间艺术团补助40万元（含县级配套8万元）。专项安排文化产业发展资金300万元，用于支持文化事业发展。四是安排国家重点生态功能区保护资金615万元。

4. 加大公共安全投入，促进社会长治久安。一是完善政法部门经费正常增长机制，保障政法部门办案、业务经费需要。安排政法委业务经费117.6万元，分别为：综治、平安建设等经费58万元，维稳经费56万元，精神病人防控补助3.6万元。二是安排资金32.4万元，用于驻寺特派员人员岗位津贴，充实寺庙管理力量，推进寺庙管理规范化和法制化。三是安排治安辅警员补助资金14.6万元，民警生活补贴46.28万元，驻寺民警岗位津贴16.2万元，支持构建辅警员管理体系，有效缓解公安机关警力不足问题。四是保障维护稳定、行政执法、民族宗教统战事务、边境治安联防、平安西藏建设等方面的经费需求。五是安排内卫武警业务费10万元，消防武警业务费50万元，边防武警业务费164.23万元。

5. 加大基层政权建设投入，提升基层服务水平。安排基层政权建设资金160万元，基层党建资金160万元，建立乡镇机关事业单位干部职工生活补贴制度，鼓励基层干部职工安心工作，村级组织经费每个村2万元/年。

（五）2017年财政收支政策。1. 加强税费收入征管，堵塞收入管理漏洞。对税收、非税收入做到依法征收、应收尽收。进一步清理规范税收优惠政策，加大违法、违规税收优惠政策的清理整顿力度，严禁采取先征后返、“空转”等形式虚增财政收入。加强非税收入管理，严格执行现有行政事业性收费、政府性基金管理制度，不得随意出台收入政策，也不得随意减免相关收入。

2. 大力整顿财经秩序，净化依法行政环境。严格执行中央“八项规定”、自治区党委“约法十章”“九项要求”，坚持勤俭节约，强化预算执行动态监控，推动厉行节约反对浪费等制度落地生根。严格控制“三公”经费预算，合理压缩会议费、招待费、培训费和出国费等一般性支出。进一步扩大预决算公开范围，强化部门预算责任主体意识，建立财政内部监控制度，防控财政业务及管理中的各类风险。

3. 提高财政统筹效率，优化财政支出结构。从规范行政事业单位的财政经费供给、推行行政事业单位收支统管等方面入手，建立一套全面、系统反应单位财政收支情况的报表，逐步解决行政事业经费增长过快的问题。同时，加大对社会保障支出的投入力度，大力推进社会保障制度改革，完善社会保障体系。重点加强基本公共服务和对特定困难人群的帮扶，在此基础上做好教育、就业、收入分配、社保、医疗卫生等领域的民生工作。

各位代表，财政工作任重道远，挑战与机遇并存。2017年，我们将在县委、县政府的坚强领导下，自觉接受县人大及其常委会和人民代表监督，认真听取县政协和县政协委员的意见和建议，坚持稳中求进的工作总基调，在统筹兼顾中突出工作重点，以扎实的作风抓好工作落实，确保2017年各项财政工作任务圆满完成，为墨脱县经济跨越式发展和社会长治久安、全面建设和谐社会做出新的贡献。

综 述

墨脱县概况

【概况】 墨脱一词在藏语中意为“花朵”，历史上有“博隅白玛岗”之称，藏语意为“隐秘的莲花”，位于西藏东南部，喜马拉雅东段与岗日嘎布山脉的南坡，面积3.4万平方公里，平均海拔1200米。墨脱地域辽阔、雨量充沛、气候宜人，生态资源保存完好，物产丰富、资源禀赋独特，发展潜力巨大。拥有“五最一秘”的独特资源发展优势，即最优越的气候条件、最充沛的水利资源、最丰富的林业资源、最原始美丽的旅游资源、最多样丰富的生物资源、神秘独特的文化资源和特殊的政策优势。

墨脱县辖七乡一镇（其中包括1个珞巴民族乡）46个行政村，其中有5个边境乡、34个边境村；墨脱主要居民为门巴族和珞巴族，此外，还有部分藏族、汉族及其他少数民族（苗族、满族、侗族、彝族等）。截至年底，全县总人口13075人。

2016年，墨脱县除加热萨乡、甘登乡外，其余6个乡（镇）公路已贯通，公路通达率达75%，46个行政村中31个行政村公路已粗通，公路通达率达65.22%，乡（镇）通邮率达100%（其中加热萨乡、甘登乡季节性通邮）；电信信号覆盖率达100%，移动信号覆盖率达100%；46个行政村广播电视覆盖率达100%。

【经济发展】 2016年，全县生产总值达4.59亿元，同比增长9.8%；2016年全县固定资产投资14.44亿元，同比增长8.5%；其中，国家投资12.9亿元，同比增长13.56%，占总投资的89.3%；援藏投资0.5亿元，同比下降52.38%，占总投资的3.5%；社会投资1.04亿元，同比增长15.56%，占总投资的7.2%。全社会消费品零售总额达3811万元，同比增长11.2%；财政收入达7634万元，其中：公共财政预算收入达4253万元（税收3019万元，非税收入1234万元），政府性基金收入3381万元。农牧民人均可支配收入达7989元，同比增长10.1%。农牧民人均现金收入达6790元，同比增长10.5%。粮油产量达5214吨，同比增长3%。主要经济指标增速趋于平稳，为全面建成小康社会奠定了基础。

【精准扶贫】 2016年，墨脱县实有建档立卡贫困人口668户2615人，贫困发生率为25.08%，贫困人口遍布全县46个行政村。通过科学制定扶贫规划，积极有效推进产业扶贫、易地扶贫搬迁安置、“点对点”帮扶工作，截至年底，圆满完成137户676人的脱贫目标。

【特色农牧业】 粮食产量稳步提升。2016年全县粮食总产量达5167.4吨，同比增长3%。茶产业发展步伐明显加快。截至年底，共建成茶园5108亩，其中可采摘茶园2848亩。全年共采摘茶青1.8万余斤，为农牧民增收72万余元。墨脱县茶叶成型佳、品质好，制成红茶、绿茶3600余斤，在四川、上海、福建茶叶博览会上受到与会者一致好评，并获得“中国好茶”银奖。2016年12月，墨脱茶叶通过西藏出入境检验检疫局审核，墨脱县成为西藏首个省级出口食品农产品质量安全示范区，为墨脱茶叶走出西藏，走向全国，走向世界迈出了坚实的一步。新建高标准有机茶园1150亩。总投资370万元及时搭建临时厂房和购买设备用于炒制春茶，炒制春茶1300余斤，采摘春茶茶青6500余斤，采摘大茶茶青27000余斤，制成成茶1300余斤，茶叶共计创收116.9余万元。发放农牧民茶园后期管理资金721.1万元。

【特色旅游业】 2016年，墨脱县共接待游客75912人次，同比增长7.2%；实现旅游总收入7405.87万元（其中农牧民收入4937.24万元），同比增长59%；全年共售出门票19717张，总收入281.42万元，与上年相比分别增长20%、19%。

【交通运输】 总投资为9.78亿元的地东边防公路、格林边防公路等15个续建项目，已完工6个。总投资3.31亿元的德尔贡村、西让村公路等10个新建项目，有序推进。截至年底，全县公路总里程338.22公里，其中，通县道117公里、通乡道101.6公里、通村道119.62公里，乡镇公路通达率为75%、通畅率为25%，行政村公路通达率为65.22%、通畅率为6.5%。行政村公路通达率和通畅率比2015年底分别提高19.57%和4.3%。通乡、通村公路总里程再创新高，交通“瓶颈”有效缓解。

【社会保障】 顺利推进各项保险的统筹和保险费的收缴工作，参保人数达10795人次，共征缴保险费1887.81万元，参保率、征缴率均达100%；全年城镇新增就业635人；实现就业再就业培训人数681人，其中农牧区转移就业培训527人（贫困户参与人数为235人）。投入100.22万元，开展农牧民促进就业培训24期，培训人数827人；农牧民转移就业达2100人次，转移就业收入达502万元。全年为295户1017人发放城乡居民最低生活保障资金共计153.3万元；扎实做好“双集中”工作，42名五保户老人入住县集中供养中心，19名孤儿移交至市儿童福利院集中收养，真正做到了特殊群体“老有所养，少有所依”；农牧区特困群众医疗救助金救助172人次，救助金额为68.23万元。

【通讯设施】 2016年，全县乡镇通邮率达100%（其中加热萨乡、甘登乡季节性通邮）；电信信号覆盖率达100%；移动信号覆盖率达100%。截至年底，46个行政村广播电视覆盖率达100%，全县有线闭路电视节目增加至51套，有线闭路电视用户达1891户。

（宋　超）

大事记

1 月

1日　墨脱县举行2016年迎新春长跑比赛。此次比赛分男子、女子两组进行，全县干部职工、县中学学生及农牧民等共计400余人参加此次活动。

同日　墨脱县开展2016年“元旦”送温暖慰问活动。县委副书记、县长扎西，县人大常委会主任遵珠，县政协主席丹增，县委常委、组织部部长罗布在元旦期间，先后看望慰问了2所便民警务站执勤干警，县消防大队、边防大队及武警中队等驻地官兵，住院重病患者、环卫工人，2座加油站及亚让电站值班人员等，并送去慰问金共计3.85万元。

3日　墨脱县各校开展开展校园安全隐患大排查活动。重点对各校教室、宿舍、食堂的线路、插座，消防设施等进行了细致的排查，并对消防设备摆放不规范，线路老化等安全隐患问题进行了整改。

4日　县卫生服务中心为1名外来务工孤寡病患汤宪成减免住院费5493.67元。

同日　县公安局开展禁毒检查工作。其间，共出动警力5人次，车辆1台次，检查娱乐场所8家，娱乐场所从业人员39人，检查出租屋42间，未发现吸毒人员及违禁物品。

同日　县教（体）局组织各校园开展地震应急演练活动。县教（体）局相继组织12所学校开展地质灾害应急演练活动，全县共计2000余名师生参加演练。

5日　K62喜荣沟景区完工并通过县内验收。该项目总投资289.45万元（援藏投资），建设内容为：新建跨河桥梁、景区栈道及修建喜荣沟湖，于2014年12月开工建设。1月5日，县国土局深入墨脱镇、背崩乡、德兴乡及达木珞巴民族乡检查地震灾害防御工作。对乡（镇）地质灾害预防知识，逃生线路，各类标识牌等进行了检查，并在3个乡（镇）进行了一次地震演练。同时，发放防灾减灾相关手册。

同日　扎墨公路沿线大型旅游宣传广告牌通过验收。该项目投资13.2万元（县政府出资），在扎墨公路沿线建设12座6.2米广告牌高。

同日　墨脱县完成第一批“儿童快乐家园”配套设备安装工作。

同日　县疾控中心前往县中学、小学开展开展卫生检查工作。主要对学校传染病防控措施落实情况，学生因病缺课情况，学校卫生基础资料、督导记录等相关资料及学生食堂、宿舍卫生管理制度进行检查。其间，发放控烟宣传画20张，疟疾知识宣传资料60份，并对学校相关卫生工作进行了指导。

同日　K80旅游小集镇建设项目完成招投标工作。该项目核定投资2694.8万元，核定内容为新建沥青路面长1109.144米及附属工程。

同日　市妇联工作组到墨脱县检查指导工

作。工作组一行先后到墨脱县“妇女之家”背崩乡卫生院、墨脱镇“儿童快乐家园”实地查看当地就医卫生水平和活动场地建设使用情况，并就如何做好妇联工作进行了交流座谈。

7日 县委书记邓江陵，县委常委、组织部部长罗布到背崩乡开展慰问活动。

同日 县公安局深入辖区寺庙开展消防安全大检查活动。对寺庙内部的防火、防盗的措施，易燃易爆物品的管理措施，消防器材配备等方面进行了逐一检查。其间，检查佛堂、僧舍共10间，发现安全隐患3处，现场整改3处。

同日 墨脱县亚让水电站4台机组全部投产发电。

同日 墨脱县K80旅游小集镇建设项目完成招投标工作。

8日 墨脱县开展“争当生态战士·共建生态家园”主题宣传活动。主要宣传《中华人民共和国森林法》《森林防火条例》《中华人民共和国野生动物保护法》等内容。其间，发放各类林业宣传材料500余份，受教育人数3000人次，并在主题宣传活动横幅上进行集体签名。

7日至8日 自治区交通运输厅审查组一行对格当公路、背崩公路硬化项目进行了现场审查工作。

8日至27日 扎墨公路实施间断性交通管制。因在扎墨公路段新建钢桁架桥3座、旧桥改造5座及K52+000—K140+094.086处进行保通，为保证施工质量及过往车辆、人员安全通行，经县委、县政府批准，对该路段实行间断性交通管制。

10日 县公安局举行“110宣传日”宣传教育活动，此次活动共出动警力20人次，现场发放宣传资料390余份，参与群众600余人次，宣传悬挂横幅4条，宣传LED屏2个，车辆流动宣传1次，宣传展板1个，电视媒体播放宣传活动1场次，上门走访宣传6场次，现场解答群众咨询70余人次，向3000人发送安全警示短信2条。

6日至11日 县卫生服务中心到加热萨乡开展2016年首次免费义诊活动。此次活动共诊治患者166名，免费发放价值3360.13元31种药品。

11日 林芝市召开2015年林芝市党建工作述职会。县委书记邓江陵，县委副书记、县长扎西，县委常委、纪委书记普布昌菊，县委常委、组织部部长罗布、县委常委、宣传部部长杨兴富等县党委班子成员及县党建工作领导小组成员、县委组织部部务会成员、县直机关工委书记、党代会代表、人大代表、政协委员、乡（镇）党委书记、村党支部书记、党员代表、群众代表等共计29人墨脱县分会场参加会议。

同日 县兽防站工作人前往背崩村开展家畜疫病检查工作。

12日 县法律援助中心成功调解一起工伤纠纷。为任某成功讨回损害赔偿款2.98万元。

同日 县公安局开展货车违法行为整治工作。其间，共投入警力9人次，出动警车2辆次；检查货车42辆次，查处违法行为1起。

13日 背崩乡“电影进农村公益活动”正式启动。

同日 墨脱县完成2015年新建1100亩茶叶种植基地茶苗栽种工作。

14日 县国土局联合住建局、教（体）局、墨脱镇开展3宗土地勘测定界工作。

同日 市妇联为墨脱县捐赠价值2.7万余元的金装贝能宝幼儿配方奶粉90罐。

15日 县文广局为帮辛乡配价值10万余元送演出服装及音响设备。

同日 县委副书记、县长扎西前往背崩乡开展慰问活动。扎西为自治区交通厅驻村工作队送去慰问品及慰问金2000元。

同日 墨脱县召开2015年干部选拔任用工作“一报告两评议”会议。县委全委会成员，县人大、政府、政协班子成员，纪委常委会成员，人民法院、检察院、党政工作部门、人民团体部门主要领导成员，部分乡镇党政主要领导，共计55人参加会。参会人员对2015年墨脱县干部选拔任用工作进行评议。

1月中旬 复旦大学支教团到墨脱县开展支教活动。此次支教活动由复旦大学支教团7人在达木珞巴民族乡中心小学开展为期10天的支教活动。重点对英语、科学、音乐、体育、生理卫生、安全自救等课程进行授课。同时为11名困难学生筹集爱心捐款5500元，并捐赠打印机4台。

16日　墨脱县“迎新杯”篮球赛正式开赛。本次比赛共有15支来自全县各机关单位和乡镇球队参赛，其中男子组11支，女子组4支。

18日　墨脱县完成2015年第4季度特困农牧民群众医疗救助及孤儿基本生活补助金发放工作。此次活动共发放资金487056.02元，其中为31名孤儿发放基本生活补助金151200元；为91名特困农牧民群众发放医疗救助335856.02元。

同日　墨脱县开展农电员技能培训工作。此次培训由县人社局采取集中培训方式举办，邀请华能公司专业电力技术员对墨脱县各村50余名农电员进行技能培训，为期4天。培训主要以基础知识和实践操作的培训方式进行，让农电员基本掌握工作要点、关键流程、操作关键点，并现场指导各村农电员开展线路安装改造技能。

同日　县林业局重点对全县木制品经营个体商户的木材来源及有无违规加工楠木、红豆杉国家保护植物等情况进行检查，经检查，未发现任何违反经营行为。

同日　墨脱县2015年度公益性水利维修养护工程完工并投入使用。

17日至18日　县交通运输局完成县、乡专用公路安保设施实地外业调查工作。此次调查主要对德兴公路、达木公路及帮辛公路沿线存在塌方、泥石流等地质灾害隐患需架设防护及公路标示牌等路段进行实地外业调查作业。

19日　县民政局完成2014年第一批退役兵家属优待金及自主就业一次性经济补助金发放工作。共为4名退役士兵发放资金29.6万元。

同日　县国土局牵头，水利局、达木珞巴民族乡及公路分局对扎墨公路沿线采砂点进行选址工作。经勘查，筛选出4个采砂点和1个采石点，采砂点分别在K62、K69、K74、K78处，采石点在K66处。

同日　德兴新建藤网桥项目开工建设。该项目总投资149.2万元（广东省第七批援墨投资），建设内容为新建藤网桥1492米，藤条编制装饰1042米，124平方米的停车场及760米的栈道防护栏等，项目工期2个月。

同日　总投资119.09万元的墨脱镇村级活动广场、农家乐及蔬菜大棚建设项目通过县内验收。其中：亚东村村级活动广场总投资48万元，占地面积1400平方米；亚东村农家乐项目总投资41.79万元，占地面积为200平方米；巴日村蔬菜大棚建设项目总投资29.3万元，建设80平方米钢架结构蔬菜大棚10座。

18日　县公安局联合安监局、消防大队等部门到背崩乡开展炸药库、成品油存放点检查工作。

下旬　县民间艺术团到敬老院开展慰问演出活动。其间，表演文艺节目11个，31名孤寡老人观看了演出。

20日　墨脱县巴米典水土保持综合治理完成外勘作业。

21日　墨脱县墨脱镇总投资119.09万元的村级活动广场、农家乐及蔬菜大棚建设项目通过县内验收。

8日至22日　墨脱县交通管制期间成品油库存情况。全县汽油储备11200升（中石油墨脱莲花加油站10000升，利民加油站1200升），柴油16000升（中石油墨脱莲花加油站9000升，利民加油站7000升）。

22日　墨脱县召开“明厨亮灶”动员会议。重点对《墨脱县推行“明厨亮灶”工程实施方案》工程实施步骤、要求及目标作出了详细的讲解。墨脱县“明厨亮灶”工程实施计划2016年底全县70%餐饮单位将实现“透明厨房、阳光操作”。相关部门及县大、中、小型餐饮服务单位负责人，共50余人参加会议。

同日　县公安局开展节前烟花爆竹安全检查活动。其间，共出动警力4人，检查烟花爆竹销售点点6家，当场责令整改2家。

同日　贫困地区儿童营养改善项目启动仪式在墨脱村举行。计划第一批为120名儿童（6—24个月龄）发放营养包（辅助营养补充品），每人每月30包量。仪式上，为27名儿童发放营养包27盒。

25日　墨脱县第八届雅江杯足球赛正式开幕。

同日 县疾控中心开展“世界防治麻风病日”宣传慰问活动。县疾控中心派专业人员到墨脱村一麻风病患者家中进行慰问活动，并送去价值500元的生活用品。

同日 墨脱县完成2015年度公有房屋统计工作。

同日 帮辛乡帮辛村、根登村、西登村安居工程通过县内验收。该工程总投资1441.1386万元（国家投资），涉及87户（其中：建设了60平方米2户、90平方米1户、150平方米38户、200平方米46户），于2013年12月开工建设。

26日至27日 县环保局开展农村环境监测试点监测工作。其间，分别对达木珞巴民族乡达木村、德兴乡德兴村进行了空气、饮用水、土壤环境监测点位采点工作。对农村饮用水源地、基本农田、果园（菜地）及村聚居空气等进行了坐标采集，每个村采集4个点位，共采集8个监测点位。

27日 市委常委、组织部部长刘业强一行工作组到墨脱县开展调研工作。工作组以实地查看、走访慰问、谈心谈话形式对墨脱县干部队伍建设、达木珞巴民族乡机关党建工作及达木村驻村任务落实等情况进行了调研，并为达木村驻村工作队送去慰问金1000元。

28日 墨脱县人民法院完成《墨脱县人民法院案件审判流程管理规程》编撰工作。

27日至28日 县政协副主席扎西顿珠前往帮辛乡开展慰问活动。为结对帮扶对象，驻村工作队送去慰问金共13000元。

29日 县委常委、常务副县长巴桑率相关部门到帮辛乡开展安居工程审查验收工作。其间，对帮辛村、根登村、西登村87户安居房进行审查验收，并对外楼梯加固、电线等6处安全隐患等提出了整改。

同日 县人大常委会主任遵珠、副主任杨明强前往易贡白村开展慰问活动。

同日 由于近期扎墨公路嘎隆拉公路沿线降雪，致使路面积雪严重。为保证过往车辆安全，县保通队对K52—K62段路面进行推雪作业，共出动机械1台、保通人员3人，清理积雪4125立方米。

同日 墨脱县开展看望慰问全县寺庙僧尼、驻寺干部、统战爱国人士及归国藏胞活动。

1月下旬 墨脱县完成2015年党费收缴工作。按照每人每月工资收入（税后）在3000元以下（含3000元）者，交纳月工资收入的0.5%；3000元以上至5000元（含5000元）者，交纳1%；5000元以上至10000元（含10000元）者，交纳1.5%；10000元以上者，交纳2%。农牧名党员每月收取0.5元。2015年，全县共有1984名党员，按照标准共收缴248150.5元党费。

2 月

1日 墨脱县自愿集中收养的19名孤儿全部送达市儿童福利院。实现了墨脱县自愿集中收养孤儿100%集中收养。

2日 副县长达乔到K80督导拆迁工作。

同日 《西藏林芝市墨脱县旅游中长期规划（2014年—2030年）》通过评审。

1日至2日 墨脱镇团委、妇联分别慰问了墨脱村、亚东村、米日村、玛迪村的5个重视教育家庭贫困户和3位单亲母亲，送去了慰问金4000元。

3日 墨脱县第八届“雅江杯”足球比赛圆满落幕。

2日至3日 县食药监局联合相关单位开展“春节、藏历新年”节前食品安全大检查活动。此次活动共出动执法人员7人次，检查农贸市场1处、食品流通企业26家，其中大型超市6家，抽检蔬菜品种2种。

5日 墨脱县完成全国扶贫开发信息系统业务管理子系统录入工作。

17日 墨脱县仁青崩寺“跳神舞”佛事活动正式举办。此次佛事活动分三个阶段：第一阶段为准备练习阶段、第二阶段为参活僧尼念经祈祷阶段、第三阶段为跳神舞阶段，活动为期10天。

同日 县纪委联合相关部门重点对各乡（镇）、部门节后返岗情况进行督查。经督查，全县干部做到了按时到岗到位，正常开展工作，同时督促各单位及时抓好收心教育工作。

同日　县交通运输局协同国土局、背崩乡协调解决地东边防公路征地事宜。因建设需要，拟征收解放大桥边防公路附近征地，征地面积为756.5平方米，按边防公路13600元/亩补偿，共补偿资金1.5368万元。

20日　县安监局联合相关单位开展整治县城彩钢板建筑复查行动。此次复查行动共出动相关部门10家、执法人员10人，对县城家宾馆、娱乐场所、个体工商户36家进行复查，查出安全隐患28处，已责令限期进行整改。

20日至21日　县水利局开展水利设施调研工作。此次调研活动在帮辛乡宗荣村、西登村、根登村、帮辛村开展，调研中发现4个行政村因原取水口位置和民房改造后的地形发生变动，造成163户837人存在饮水困难。下一步将尽快采取措施，解决该区域群众的饮水困难问题。

22日　县公安局开展“安全燃放烟花爆竹”宣传活动。此次活动共出动警力6人，走访各类店铺45家，发放宣传资料120余份，受教育群众200余人。

同日　墨脱县“万村千乡市场工程”农家店实现村级全覆盖。

同日　县保通队开展嘎隆拉路段推雪工作。近期扎墨公路嘎龙拉路段持续降雪，路面积雪厚度达30厘米。为保证过往车辆行车安全，县保通队对隧道口至K52检查站路段进行了集中铲雪作业，共清理积雪5800立方米。

同日　格当乡2014—2015年财政边境转移支付项目通过验收。该项目总投资252万元，在4个村建设黑猪养殖、油菜种植、牧场道路等项目6个。

同日　格当乡格当村尼日卡自然村公路建设项目通过验收。该项目属边境转移支付项目，于2014年5月开工建设，总投资75万元，建设长4.86公里、宽4.5米的四级砂石公路。

同日　县卫生服务中心开展护理分级管理制度培训工作，共有25名护士参加了培训。

同日　2015年重点区域生态公益林建设项目通过县内验收。该项目于2015年11月开工建设，总投资31.7万元，在格当村种植花椒105亩（花椒苗8900株），于2015年12月中旬完成建设。

同日　墨脱县首个茶叶种基地—拉贡茶场进入投产阶段。

同日　墨脱县格当乡2014—2015年财政边境转移支付项目通过验收。

24日　县国土局妥善解决一起县完小与墨脱村土地权属争议。经协调，妥善解决了县完小与墨脱村土地权属争议，并签订了《土地权属争议调处协议书》。

同日　仁青崩寺“跳神舞”佛事活动结束。此次佛事活动本着“弘扬传统、反对邪教、祈求和平、崇尚和谐”为原则，分为三个阶段向信教群众展示了藏传佛教“宁玛派”和“跳神舞”传统佛俗，活动为期10天，参与信教群众达2200余人。

同日　墨脱县开展门巴族原生态歌舞视频拍摄工作。

20日至25日　墨脱县开展落实中央八项规定精神监督检查工作。此次检查共对27个部门、3家餐厅、7家娱乐场所、5家茶楼、2家网吧等场所进行突击检查3次。经查，未发现有党员干部违规违纪现象。

26日　墨脱县亚东村农家书屋及墨脱县电影放映队荣获第六届“全国服务农民、服务基层文化建设先进集体”称号。

同日　县卫生服务中心成功实施首例卵巢囊肿蒂扭转切除手术。

同日　县公安局开展非法音像制品排查工作。此次活动共出动警力4名，检查商铺、音像店、手机店共计17家，未发现销售不法影像制品情况。

3 月

1日　墨脱县背崩乡格林村整村推进项目通过验收。

同日　墨脱县开展林芝市旅游形象大使暨“第二届桃花仙子”选拔活动。

同日 县食药局联合相关单位开展打击非法制售和使用透明质酸钠行为专项行动。此次检查，共出动执法人员5人，对县城内出售化妆品店6家，美容院1家进行了检查。经查，未发现出售和使用未经注册的透明质酸钠。

同日 县中学教师周转房工程竣工并通过初步验收。该项目于2014年12月开工建设，总投资407.7万元（国家投资），总建筑面积1226平方米，共建设24套，项目建成后，将改善60名教师职工的住宿条件。

同日 达木珞巴民族乡珠村野花椒种植项目开工建设。该项目属于2015年财政转移支付项目，总投资40万元，种植野花椒100亩。

2日 县食药局联合卫生局、教（体）局开展开学前卫生安全大检查。重点对县中学、小学，德兴乡小学校食堂卫生进行了大检查。经查，个别学校存在食品来源可追溯机制不完善问题，并督促其与供货商签订购货合同。

同日 县公安局开展集中整治货车违法行为专项行动。其间，共检查货运车辆30余台次，纠正、查处违法行为2起。

3日 墨脱县2015年环境转移支付项目完工并通过验收。

同日 墨脱县完成达木硬化公路养护工作。

同日 格当乡开展林业知识竞赛。此次主要以森林相关法律法规为竞赛内容，乡干部、各村驻村工作队、村“两委”班子、第一支部书记及乡村专业管护队、护林员等50余人参加了竞赛。

同日 县交通运输局完成达木硬化公路养护工作。此次养护工作历时12天（2月21日—3月3日），共投入机械12台次、人员84人次，清理土石方3900立方米、疏通边沟5100米和涵洞5道、清扫路面5300平方米。

1月15日至3月3日 墨脱县开展非物质文化遗产普查工作，其间，共走访民间艺人、传承人12人，编撰文字资料7000字，拍摄照片62张，摄影记录视频12个。

4日 自治区交通厅驻背崩村工作队传达学习国家交通运输部部长杨传堂“关于2016年1月14日墨脱县背崩乡背崩村村支部书记全胜的回信”精神。主要传达学习部长杨传堂对通村公路建设的大力支持以及对墨脱各族人民群众的关心关怀。

同日 县人社局联合县总工会开展以“政策宣传，维权咨询”为主题的2016年“春风行动”。活动通过走访的形式，对县城宾馆、饭店及建筑工地的外来务工者、农牧民群众进行维权保障等内容宣传活动，接受维权咨询30余人，发放宣传资料200余份。

同日 墨脱县召开广东省佛山市等级医院创建专家暨创建“二甲医院”阶段小结交流会。

1日至4日 县纪委联合县委办、组织部、人社局开展专项查岗检查活动2次，出动纪检干部6人次，分2个小组对全县各部门3月份干部职工到岗情况和工作纪律进行了检查，并对县城茶楼、网吧等有无打牌、上网现象及娱乐场所、酒店、餐馆有无公款消费情况、公车私用情况进行了解。

6日 墨脱县聘请了西藏德众工程咨询服务有限公司，对因实施民房改造工程未做宅基地确权登记的墨脱村、亚东村、玛迪村、达木村、贡日村（K80）进行宅基地确权登记调查工作。

5日至6日 县委常委、组织部部长赵敬前往德兴村、亚东村开展基层党建调研工作。

7日 墨脱县“四大班子”主要领导看望前来参加政协八届五次会议委员。

同日 墨脱县举行第二届优秀妇女工作和先进集体表彰大会。会上，对在2015年表现突出的3个先进集体、26名优秀个人及2名优秀巾帼志愿者进行了表彰，全县女干部职工及各乡镇妇联干部共120余人参加了会议。

8日 墨脱县第八届政协委员会第五次会议开幕。四大班子主要领导，各乡（镇）、县直部门负责人及第八届第五次全体委员共95人参加了会议。会议由县政协副主席边巴扎西主持，会上县政协主席丹增代表政协墨脱县委员会第八届委员会向大会作工作报告，副县长达乔作了政协墨脱县委员会第八届第五次会议墨脱县委员会提案工作情况报告。

9日 墨脱县第十届人民代表人民代表大会第

七次会议隆重开幕。县委、人大、政府、政协主要领导，各乡（镇）、县直部门负责人及全体人大代表、政协委员共160人参加了会议。

12日　墨脱县各（乡）小学开展校园安全隐患排查活动。各校组织教职工对学校的教学设施、仓库、食堂及学生宿舍用电用水进行了安全排查。查处线路安全隐患7处，现场整改7处。

同日　墨脱县开展“植树造林、绿化环境”活动。共种植乌木、竹子、香蕉、青杠、枇杷、野花椒、古米杏、水青冈及小国紫薇等树苗10余种7719株，造林面积104.3亩，参与种植人数1000余人次。

13日　墨脱县召开援藏项目工作会议

14日　达木珞巴民族乡开展民兵拉练活动。活动采取全程步巡的方式，对乡机关、完小等重点地段展开全方位的巡逻，共出动民兵45人，拉练里程5公里。

同日　县检察院驻背崩乡德尔贡村工作队开展宣传活动。主要通过新旧西藏对比，对新西藏发生的变化及取得成绩进行了宣讲。村“两委”班子、驻村工作队及农牧民群众参加了此次宣讲活动。

同日　格当乡开展为孤寡外来务工王某捐款活动。为在该乡务工20余载，并身患重病的木匠王某捐款3900元。

14日至15日　自治区党委常委、区直机关工委书记多托一行督导组到墨脱县检查指导工作。督导组一行先后深入达木珞巴民族乡、背崩乡、德兴乡、墨脱镇通过听取工作汇报的形式，检查各项工作开展情况，并检查了背崩乡边防某营，墨脱镇、德兴乡小康示范村，墨脱镇拉贡茶叶种植基地、门珞文化历史遗产博物馆。

15日　墨脱县召开2016年度政法、综治、普法会工作会议。会上，对2015年度政法、综治、“六五”普法工作表现优秀的3个政法、10个综治、6个普法工作先进集体，13名政法、22名综治、12名普法工作先进个人进行表彰。

同日　县林业局开展森林防火巡查及专业管护站督查工作。

同日　墨脱县召开2016年宣传思想文化工作会议。会上总结了2015年度宣传思想文化工作，并对2016年宣传思想文化工作进行了安排部署。

同日　县工商局开展“3·15”国际消费者权益保护日宣传活动。此次宣传活动设立服务台1各，悬挂横幅4条，滚动播放LED宣传标语2条，发放消费者维权资料40余份。

同日　县公安局开展宾旅馆实名登记检查工作。一是着重查看宾旅馆“四实”登记台账，并对照登记台账与治安管理系统中上传的旅客信息进行了一一核对，严防出现漏传、延传、错传问题；二是针对宾旅馆内监控设备是否完善及正常使用等进行检查。其间，共检查县城宾馆9家，发现问题2处，现场整2处。

同日　墨脱县召开2016年纪检监察工作推进会。会上，总结了2015年来党风廉政建设和反腐败斗争取得的新成效，从“统一思想行动、推进党风廉政建设和反腐败工作、落实全面从严治党责任”等三个方面对当前和今后一个时期的工作进行了安排部署。全县在家县级领导、各乡（镇）党委书记、各乡（镇）纪委书记、县直各部门副科级以上干部及纪检系统所有干部共计101人参会。

16日　14时许，扎墨公路K52隧道口及K53（老桩号）各发生一次雪崩，隧道口雪崩约长20米、高3米、宽5米，K53（老桩号）雪崩长13米、高2米、宽4.5米，致使道路中断，未造成人员及财产损失。县交通运输局组织县保通队和机化队对道路积雪进行了清理，共清理积雪2000立方以上。

17日　墨脱县完成2016年全县专技人才需求计划统计工作。

同日　墨脱县青年参加西藏首届共青团创新创业创优成果展。

18日　县卫生局完成第三批儿童营养包发放工作。墨脱县第三批儿童营养包发放工作在德兴乡开展，共为德兴村10名儿童（6—24个月龄）发放营养包，每人每月30包量。

同日　县交通运输局组织路政人员开展巡路工作。主要对县城至玛迪村、县城至德兴乡公路及德果公路进行巡查。其间，对有安全隐患的路段设置了警示彩带3处，提醒群众过往此路段时注意安全；对沿线出现侵占公路用地的堆积物进行了当场监督清理8处，同时对20余名相关群众宣传《路政管理条例》相关法律知识。

同日 背崩乡组织开展茶苗补种工作。此次茶补种苗总面积约为22亩，需补种茶苗22000株，已完成2亩地的补种工作，共种植茶树苗3000株，投入劳力127人。

同日 县民间艺术团到驻地部队开展慰问演出。此次慰问共演出《雪域赞美》《圣地》《墨脱情》，舞蹈《贡布舞》《珞巴刀舞》《金色的牧民》等10个节目，30余名官兵观看了演出。

14日至18日 县纪委严格落实中央八项规定，持续纠正“四风”问题。对重点部位值班带班情况和县直单位领导干部、职工准时上班情况及公车私用情况进行监督检查。经查，重点部位值班带班情况良好，被抽查单位都能严格遵守上下班制度，各单位工作人员均在岗工作，无旷工、脱岗等现象，未发现有干部职工上班期间在茶楼、网吧、茶馆等场所喝茶、打牌、上网现象，未发现违规用车情况。

19日 县委常务副书记魏长旗带队深入重要部位进行督导暗访。其间，深入县电视台、县中学、县幼儿园、县小学、县人民检察院、中石油墨脱加油站、利民加油站、县维稳一线指挥部、县卫生服务中心等重点部位就值班带班情况进行突击暗访。

同日 县委常委、组织部部长赵敬到德兴乡开展基层党建调研工作。

同日 墨脱县文化活动中心健身室完成新增健身器材的安装调试，重新实现开放。此次共投入4.9万元，新增了跑步机、健身车、仰卧收腹多功能一体机、多功能组合健身器等14件健身器材。

同日 墨脱县开展加热萨乡久当卡村搬迁点新址地质灾害危险性评估工作。因原村庄位于泥石流、塌方等易发区，经县委、县政府批准搬迁至墨脱镇巴日村朗杰岗。

20日 林芝市中级人民法院通过远程视频二审墨脱县宋某涉嫌盗窃一案。此次庭审是林芝市中级人民法院联手墨脱县人民法院率先在全市开展的与时俱进、方便高效的案例。

21日 墨脱县举行“县级法制民主示范村”挂牌仪式。此次挂牌仪式在墨脱镇玛迪村举行。截至3月21日，墨脱镇马迪村、德兴乡荷扎村、背崩乡江新村、帮辛乡帮辛村、加热萨乡加热萨村和甘登乡甘登村6个行政村均已正式挂牌。

同日 帮辛乡派出所深入校园开展“学校安全知识教育”讲座活动。活动中，民警结合校园实际，主要就交通、卫生、防火、饮食等安全知识进行了讲解，共有140余名师生参加了讲座。

同日 德兴乡巴登则村野花椒基地开工建设。该项目总投资46.028万元（国家投资），种植野花椒树6673株，造林面积90亩，同时修建网围栏1440米，灌溉水管2700米。

22日 县公安局刑侦大队立破3起摩托车盗窃案。该3起摩托车盗窃案涉案资金1.6万余元，被盗3辆摩托车已成功追回。

同日 墨脱县“春风送暖，普法入村”系列普法活动正式启动。县普法办协调县人民法院、县公安局组成普法宣讲团前往墨脱村开展以“春风送暖，普法入村”为主题的系列普法活动。主要讲解《中华人民共和国刑法》《中华人民共和国婚姻法》《中华人民共和国治安管理处罚法》《中华人民共和国侵权责任法》等与群众生活密切相关的法律知识，并现场发放法制宣传单和宣传手册，粘贴法制板报等多种形式宣传。其间，共发放普法材料100余份，宣讲70余分钟，受教人数达165人。

同日 广东省食品药品监局督考察团到墨脱县考察。此次考察为墨脱县食品药品监督管理局解决10万元资金及相关食品药品检验检测设备，用于加强墨脱县食品药品监管工作的基本技术支撑。

同日 帮辛乡新建茶叶基地348亩。在帮辛村和根登村新建348亩（帮辛村238亩、根登村110亩）茶叶基地，该项目由国家、援藏、本级财政共同投资建设，初步预计每亩需投资1.5万元。该基地将于4月中旬完成基础建设工作。

同日　自治区发改委副主任包全勇为组长的自治区精准扶贫督导组到德兴乡检查指导精准扶贫工作。

23日　墨脱县廉政警示教育基地正式投入使用，并举行揭牌仪式。基地由县本级财政投资65.03万元，修建在县检察院5楼，占地180平方米，共设置决策篇、政策篇、英模篇、忏悔篇、警示篇、西藏篇、中国反腐倡廉篇历程篇、电子显示屏篇等8大区域。全县县级领导、县直各单位负责人及纪检监察干部共75人参加了揭牌仪式，并在揭牌仪式结束后，对廉政警示教育基地进行了集中参观学习。

同日　墨脱县2014年边境自然村村级活动场所建设项目全部完 工。

24日　墨脱县开展“第21个世界结核病防治日”宣传活动。此次宣传活动共向群众发放结核病防治知识健康教育宣传单780份、宣传画280张，接受咨询20余人次。

同日　县公安局开展治安防范检查工作。此次检查，共出动警力26人，检查旅馆18家、娱乐场所10家、施工地8处，签订责任书39份，现场整改11处，排查流动人员371人，督促办理居住证3人。

同日　背崩乡背崩村积极组织党员干部开展义务劳动活动。此次活动共组织全村40名党员开展补修、清理、排沙水渠等活动。共清理水渠1800米、补修28米、新修一道闸门，清理排沙池2处、排沙量26余立方米。

同日　自治区人民检察院计财处处长邵滨江一行5人到县检察院开展检务保障调研。考察了县检察院办案与专业技术用房、周转房、食堂等基础设施建设。并在县检察院召开座谈会，听取了县检察院“十二五”时期检务保障工作基本情况、队伍建设情况、存在的困难，以及“十三五”时期检务保障工作总体思路、实行人财物统一管理改革试点工作的准备情况等。

25日　墨脱镇、德兴乡、背崩乡、达木珞巴民族乡、帮辛乡召开第八届人民代表大会第四次会议。

27日　墨脱灌区完成工程交点工作。该工程批复投资1095.02万元（国家投资），计划新建取水枢纽2座、渠系建筑物126座、干支等引（退）水渠道116条31.8公里。建成后将有效改善总灌溉面积2002亩（其中：墨脱村片区改善灌溉面积1072亩，亚东村片区改善灌溉面积930亩）。

28日　墨脱县乡（镇）、村同步开展升国旗、唱国歌活动，共同庆祝“3·28”西藏百万农奴解放纪念日。

29日　德兴易贡白村邦塘牧场道路项目已开工。该项目属于2015年边境转移支付资金支出项目，总投资49万元，道路长2000米、宽2米，由驻村工作队和村“两委”共同组织群众实施。

同日　县中学、县完小两家单位完成了“明厨亮灶”改造工程。

同日　墨脱县正式启动2016年在编僧尼和城乡居民免费健康体检档案建立工作。

同日　县公安局开展校园安全专项整治活动。

同日　县民政局共为墨脱镇、德兴乡、帮辛乡、达木珞巴民族乡、县福利院40名特困群众发放了2016年第一季度农牧民特困群众医疗救助金15.83万元。

30日　墨脱县完成2016年80岁以上寿星老人健康补贴资金发放工作。共为全县86名80岁以上寿星老人发放补贴资金2.82万元。

同日　墨脱县2015年“莲花佛缘·亚热带墨脱文化旅游节”宣传光碟制作完成。

24日至30日　墨脱县从“就业再就业”资金中支出1.78万元，重点对10名景区讲解员就讲解技巧、仪容仪表、导游员职业道德规范等内容进行了培训。

31日　帮辛乡宗荣村公路完工。该公路于2014年8月开工建设，总投资达729.3万元（国家投资），建设长度为8.4公里的四级砂石公路。

同日　墨脱县“远离犯罪 珍爱生活”系列普法活动正式启动。

同日　县公安局开展消防检查及宣传活动。此次活动共排查个体户及重点单位20余家，查处问题2起，发放宣传手册40余张，受教育群众达80余人次。

同日 县检察院召开2016年检察工作推进会。县委常委、政法委书记、公安局局长、督察长刘明，县人大常委会副主任于世高，副县长张剑峰，县政协副主席扎西顿珠，县委政法委副书记顿珠次仁，以及检察院全体干警参加会议。

2月20日至3月31日 全县景区门票共售出门票867张，总收入为11.97万元，分别同比增长528%、520%。

3月 背崩乡西让公路正式开工建设。该公路总投资3888.3万元（国家投资），项目起点为地东村，终点至西让村，建设长11.8公里的四级砂石公路，计划工期2年。该项目建成后，将解决该村21户、145人出行难问题。

4 月

1日 达木珞巴民族乡完成贡日村地质灾害搬迁户耕地划分工作。

同日 墨脱县墨脱紫东升加工商贸有限公司正式开业。

同日 格当乡格当村土地整治项目主体工程已完工。该项目总投资396.3万元（国家投资），平整、开发土地460.82亩，新建田间道路2755米、整治渠道1826米、渠道跌水21个，整治排水沟1859米，人行便桥13处，蓄水口3个。

同日 县普法办联合公安局、宗教办到格当寺开展“建设和谐寺庙”普法宣讲活动。

2日 自治区新媒体走基层采风团一行到墨脱县开展采访工作。其间，采风团一行19人深入德兴小康示范村、德兴竹编加工厂、背崩乡茶叶基地进行采访。

同日 墨脱县召开消除疟疾工作启动暨消除疟疾技术培训会。会议组织全县卫生系统全体工作人员共102人，系统学习了疟疾生活史、疟疾流行病学、疟疾的诊断报告与报告规范、疟原虫的形态鉴别等相关知识，培训为期2天。

同日 县文化艺术团到达木珞巴民族乡开展演出活动。全乡干部、达木村、卡布村村民、乡完小师生共380余人观看了此次演出。

同日 墨脱镇米日村新村道路硬化工程竣工并通过验收。该项目属扶持人口较少民族发展2015年中央预算内建设项目，总投资45万元，新建硬化道路1049平方米及附属配套设施。

5日 县人民检察院在县完小开展“学法知法守法，做新时代文明小公民”法制宣传讲座。

同日 墨脱县启动汛期地质灾害监测和群测群防工作。

同日 县安监局在县中学及县完小开展安全知识进校园活动。活动期间，对823名师生重点就道路交通、用火用电安全、食品安全、课外及课间活动安全器等方面进行了宣传教育。同时，为县中小学发放了价值5700元的学习用品。

7日 县人社局联合环保局深入在建工地开展安全检查活动。共检查用人单位5家，发放《中华人民共和国劳动法》《中华人民共和国劳动维权》《中华人民共和国劳动合同法》及《农民工就业援助服务指南》《环境保护法》宣传手册55份。

同日 派墨农村公路墨脱段开工建设。

同日 墨脱县全民健身活动中心建设项目通过验收。

同日 县幼儿园师生开展消防安全演练活动。

同日 墨脱县墨脱镇亚让村小康示范工程竣工并通过验收。

5日至7日 县公安局户籍室开展户籍清理整顿工作。其间，共核查户籍720余户，存在问题的户籍5户，采集人相信息15条。

8日 22时至23时，受强降雨影响，德兴乡德果村发生泥石流，两条灌溉水渠受损。接到汇报后，德兴乡党委、政府，县水利局，村“两委”及驻村工作队立即赶往现场进行灾害查勘，经现场查勘，德果沟内泥石流经过痕迹高达3米，德果村阿龙、落忠两条灌溉水渠2座进水口全部被冲毁，造成经济损失20万元。

同日 墨脱县志愿律师朱彦清为县人社局、司法局、信访办6名矛盾调处工作人员就常见矛盾纠纷种类、调解矛盾纠纷常用的法律法规、调解技巧及部分经典案例分析等矛盾调处相关知识进行了授课。

同日 帮辛乡帮辛村石锅加工厂房通过初步验收。该项目总投资96万元（国家投资），占地面积326平方米。

同日 墨脱县游客服务中心项目已完工。

11日 全民健身活动中心及县中学教师周转房建设项目通过县内验收

5日至11日 县食药监局开展餐饮服务单位无证经营整治活动。其间，共对72家（县城内52家，乡（镇）9家，学校食堂9家及企事业单位食堂2家）餐饮服务单位无证经营情况进行了全面摸底排查。经查，各乡（镇）餐饮单位及学校食堂、企事业单位食堂服务持证率达100%，县城餐饮服务单位持证率达94.2%。

12日 中央电视台“第三极”编导组到墨脱县实地考察。

11日至12日 县普法办同县人民法院、县公安局组成普法宣讲团到加热萨乡开展法制宣讲活动。主要讲解《中华人民共和国刑法》《中华人民共和国婚姻法》《中华人民共和国治安管理处罚法》《中华人民共和国侵权责任法》等与群众生活密切相关的法律知识。其间，共发放普法材料100余份，解答群众各类咨询20余次。

14日 自治区人民检察院党组成员、副检察长赤列晋美一行3人到县检察院调研，市人民检察院党组副书记、常务副检察长白玛杰布陪同调研。调研组一行考察了县检察院干警周转房、食堂、办案与专业技术用房，并重点就县检察院民行部门工作开展情况进行了调研，对民行工作的开展提出了要求，同时，对县检察院案件管理中心的区域设置提出了宝贵的意见建议。

15日 墨脱县格当寺庙饮水安全工程通过自治区验收。

18日 县旅游局深入各大宾馆酒店、旅馆、K80售票点，向旅游发放墨脱景区简介80册，墨脱旅游指南200册及墨脱旅游注意事项150册。

同日 县工商局开展“扫黄打非”“清源·固边2016年”专项行动。其间，共出动执法人员2人，检查市场主体8家，未发现任何违法行为。

同日 墨脱县寺庙饮水安全工程通过自治区验收。

19日 墨脱镇举行“儿童快乐家园”挂牌仪式。“儿童快乐家园”的成立解决了留守儿童业余活动无场地、无设备的困难，为留守儿童营造一个健康成长的学习娱乐空间。

同日 达木珞巴民族乡珠村低产农田改造项目通过验收。该项目于2016年3月初开工建设，总投资25万元，低产田改造200亩。

20日 达木珞巴民族乡达木村藤竹编织加工厂正式开工建设。该项目属于民宗项目，总投资350万元，占地面积900平方米，建设内容包括厂房修建、购买藤竹编织加工机器设备及附属设施等。

同日 县选举委员会办公室完成县城选区选民登记工作，并在县城主要街道、人流聚居地、菜市场入口、各小区及便民警务站等25处宣传栏公示选民名单。

21日 墨脱县核心区3个重点项目竣工。该3个项目属广东省第七批援藏项目，总投资8701.33万元，于2014年10月开工建，一标段为墨脱县游客服务中心项目，总投资1500.42万元，建筑面积4419.3平方米；二标段为墨脱县民俗文化古街项目，总投资4000.06万元，建筑面积7920.4平方米；三标段为墨脱县城基础设施及莲花湖景区建设项目，总投资3200.85万元，建设市政园林道路工程、绿化工程、市政管网、室外绿化园林等工程。

同日 全县儿童计划免疫（预防接种）培训班开班。此次培训重点对儿童计划免疫程序、接种注意事项、疫苗接种卡证登记、疫苗冷链管理等免疫规划方面的工作进行讲解，各乡（镇）卫生人员共15人参加了培训。

13日至21日 县完小流感疫情累计发病40例，发病率11.27%，累计治疗35例，现有症状病例5例，无危重病例，大部分病例均在好转，相关防控工作正在落实。

25日 在市、县两级医疗卫生工作人员不懈努力下，县完小40例流感疫情全部治愈，并无新发病例。

同日 县交通运输局成功调解一起劳资纠纷

问题。共为5名农民工，讨回拖欠工资8.72万元。

同日 墨脱县召开创建国家AAAA级旅游景区动员大会。

26日 墨脱县开展“4·26”全国第九个疟疾防治宣传活动。其间，制作播放疟疾防治宣传短片1集，悬挂宣传横幅2条，发放各类宣传手册300余份；共采集血片60人；发放宣传礼品150余份，总价值13500元；共为78人免费体检，发放价值949.54元的药品。

同日 墨脱县核心区三个重点项目通过市级验收。该三个项目总投资8701.33万元（属广东省第七批援藏项目），于2014年10月开工建，其中：一标段为墨脱县游客服务中心项目，总投资1500.42万元，建筑面积4419.3平方米；二标段为墨脱县民俗文化古街项目，总投资4000.06万元，建筑面积7920.4平方米；三标段为墨脱县城基础设施及莲花湖景区建设项目，总投资3200.85万元，建设市政园林道路工程，绿化工程，市政管网，室外绿化园林等工程。

同日 达木景区正式开工建设。该项目总投资330万元（国家投资），新建3条道路，共649.88平方米、4个观景台及附属工程。

27日 县公安局开展道路交通安全大检查活动。此次活动共检查车辆124台次，摩托车32辆，查处超速、摩托车违规载人5起。

18日至28日 县疾控中心完成全县范围内水质检测送检工作。

29日 县人大常委会主任遵珠前往德兴村开展走访慰问活动。其间，深入德兴村妇女主任江永红家进行走访慰问，并送去大米、清油慰问品及慰问金500元。

同日 县安监局联合卫生、旅游、食药等部门开展安全生产专项检查活动。其间，共对29家宾馆、餐饮单位、食品药店、建筑施工地等单位进行安全生产检查。此次检查共发现安全隐患6处，并已责令限期整改。

4月下旬 《墨脱县志》已交北京进行审稿，并将进入排版出版阶段，并已启动第二轮修志工作。《墨脱县志》从1998年开始编撰，2000年开始实质性编修，其间经由8届墨脱县地方志编撰领导小组负责编撰工作，顺利完成初审、复审、终审、验收、总编5个重要环节。

5 月

1日 团县委组织开展以“青春无悔、激情无限”为主题的趣味运动会。此次运动会共开展协同作战、同舟共济、足球点球大赛等10个趣味比赛，县直机关干部、县青年文明号队、中学团委教师队等13支队伍参加了此次活动。

“五一”期间，外来游客521人次，同比增长8.5%，实现旅游收入56.78万元，其中农牧民收入37.85万元，同比增长14%。

4日 县检察院在县人大常委会会议室，向县人大常委会委员、全国、林芝市以及墨脱县人大代表共计17人，汇报了县检察院规范司法行为工作开展情况。

5日 县委常委、政法委书记、公安局党委书记、局长、督察长刘明带队县公安局、住建局、教体局等部门组成检查组深入背崩乡、德兴乡开展安全生产专项检查活动。

同日 甘登乡农村安全饮水工程竣工。该项目总投资10万元，新建截潜流4个、背水台12个、饮水管道1700米，维修饮水管道1200米、维修饮水池2个。

4日至5日 县卫生服务中心开展儿童营养包发放及血红蛋白复查工作。其间，共为墨脱村、亚东村8名（6—24月/龄）儿童发放营养包8盒（1盒/月/人量），并对墨脱村5名儿童进行血红蛋白复查（该5名儿童为第5次服用儿童营养包）。

6日 交通运输部原部长黄镇东到墨脱县德兴乡指导检查工作。

5日至8日 墨脱红茶，墨脱绿茶亮相四川国际茶业博览会，并赢得各界好评。在此次博览会期间，墨脱茶叶参展价格为墨脱红茶8000元/斤，墨脱绿茶6500元/斤，墨脱县茶产业发展跨出了里程碑的一步。

8日　广东省佛山市创建“二甲医院”专家为县卫生服务中心全体护士进行常见管道固定维护指引等技能操作培训。

同日　藏医院到墨脱村开展0—3岁儿童和65岁以上老年人藏医免费健康体检和建立健康档案工作。

9日　墨脱县顺利完成2016年在编僧尼健康体检及档案建立工作。

同日　帮辛乡根登村道路建设通过验收。该项目总投资53万元（国家投资48万元，群众投工投劳5万元），道路硬化宽3米，长736米。

同日　县公安局开展严查夜间酒驾违法行为。其间，共清查机动车50余辆，查处饮酒驾驶1起，其他交通违规行为2起。

同日　林芝市监测站对墨脱县解放大桥水质监测断面采样工作。

同日　县城至背崩乡公路改扩建工程、背崩乡江新公路硬化工程两个项目交桩工作顺利完成。其中：县城至背崩乡公路改扩建工程建设项目，起点位于原背崩公路K5+380处，终点于背崩雅鲁藏布江大桥，路线全长23.495公里，按四级公路标准建设，设计行车速度20公里/小时，全线新建小桥44米/2座，中桥359.44米/9座，核定预算总投资8065.6968万元（国家投资）；背崩乡江新公路硬化工程建设项目，起点位原背崩公路K26处，终点于江新村，路线全长7.523公里，按四级公路标准建设，设计行车速度20公里/小时，路基宽5.5米，路面宽4.5米，全线新建中桥113.12米/3座，核定预算总投资2461.1975万元（国家投资）。

10日　县交通运输局前往德兴乡开展路政执法宣传活动，并对沿线公路进行隐患排查工作。其间，共发放《中华人民共和国公路法》等交通法律法规（节选）宣传册130余份，教育群众70名；排查安全隐患点3处，对出现隐患点区域设置安全警示彩带总长39米。

同日　县林业局联合消防大队工作人员前往中学抓捕眼镜王蛇。蛇品种疑似为眼镜王蛇，长约2.8米，直径10厘米，抓捕成功后运输至西莫桥小溪处放生。

12日　县委常委、统战部部长边巴索朗带队县委统战部、县民宗局前往马尔蚌寺、罗邦寺开展检查指导工作。

同日　市政协党组成员、副主席李庆哲一行督导组到德兴乡检查换届工作开展情况。

同日　墨脱县完成达木村红米基地种植工作。

13日　墨脱县引进水稻新品种，并完成试种工作。

同日　墨脱县开展防灾减灾宣传活动。其间，共发放《防震减灾科普知识》《防灾减灾宣传单》《遭遇滑坡及泥石流如何避灾》等宣传手册600余份，参与群众达600余人次，现场接受群众咨询80余次。

15日　县委书记邓江陵，县委常委、组织部部长赵敬，副县长侯柯宇在县人民检察长李彦的陪同下参观廉政教育警示基地。参观中，邓江陵对廉政教育警示基地的设计理念、篇章布局及展示内容进行了详细了解，并指出：一要充分发挥好廉政教育警示基地作用，继续组织全县党员干部分批参观学习，做到不漏一人；二要重点对各乡（镇）党委书记、乡（镇）长、乡纪委书记及各单位主要负责人组织参观学习。

同日　甘登乡开展“帮扶弱势群体、做合格党员”活动。该乡组织机关党员、部分农牧民党员及群众，帮助甘登村村民嘎桑共翻地及播种玉米2.1亩。

16日　墨脱县完成藤网桥观景台选址工作。

17日　县农牧科技局在墨脱镇米日村试种英红九号及鸿雁12号2个茶叶品种。

同日　为全面提升墨脱县的综合素质，县旅游局组织5名从业人员到波密县仁青家庭旅馆观摩学习。主要学习服务礼仪、日常环境卫生等服务技能知识。

同日　自治区环保厅监测总站工作组到墨脱县开展雅鲁藏布江国际河流水质监测。

18日　德兴乡文朗村低产田改造项目通过验收。该项目于2015年12月开工，总投资20万元，低产田改造40亩及建设水渠3千米，架设网围栏860亩。

同日 县农牧科技局在县中学开展“创新引领，共享发展”为主题的科技周宣传活动。

同日 县保通队完成荷扎公路抢通工作。共投入保通机械2台次、人员6人次，清理土石方约970立方米。

同日 墨脱县墨脱镇亚东村柠檬基地水渠建设项目通过验收。

19日 县旅游局开展“中国旅游日”主题宣传活动。其间，发放《文明旅游倡议书》《墨脱旅游宣传手册》《中国旅游日知识》等宣传资料900余份，接待咨询人数200余人次。

同日 《墨脱生态旅游区重要节点控制性规划暨修建性详细规划》通过市评审。2015年10月，墨脱县通过招投标形式确定了北京中景旅联规划院为墨脱县编制规划，该规划从墨脱旅游区域背景、资源条件、发展现状，未来规划等5个方面进行了编制，标志着墨脱县创建AAAA级旅游景区相关规划已全部完成。

同日 墨脱县检察院创新举措，成功开通“两微一端”（西藏墨脱县人民检察院微信、微博公众号及“西藏墨脱县人民检察院”今日头条客户端）。

19至22日 在2016年第十三届中国（上海）国际茶业博览会“中国好茶叶”评选活动中，“墨脱”牌红茶被国家茶业质量监督检验中心专家组评审评为2016年“中国好茶叶”银奖。

20日 县委领导班子集体观看学习《镜鉴—衡阳、南充违反换届纪律案件警示录》。

21日 广东省第七批援藏墨工作队为墨脱县捐赠一批工程检测设备。共捐赠工程检测设备20个、工程施工质量验收规范读本16本，价值9万余元。

22日 福建省审计厅党组书记、厅长姜榕兴一行8人前往德兴乡检查指导工作。

23日 墨脱县4个家庭荣获自治区2016年“最美家庭”称号。分别为德兴乡德果村伍金措姆、巴登则村古入才久、背崩乡背崩村向嘎、达木珞巴民族乡达木村次仁多吉4个家庭获得荣获自治区2016年“最美家庭”称号。

同日 《西藏林芝市墨脱生态旅游区重要节点控制性规划暨修建性详细规划》通过市评审。

24日 墨脱县一批教育项目完工并通过初验。县中学运动场改扩建工程，于2015年8月开工建设，总投资400万元，修建看台、透气性塑胶硅跑道、足球场加盖人工草皮、篮球场篮球架以及排水沟等附属设施；德兴乡小学附属工程，于2015年11月开工建设，总投资139.74万元，硬化工程1766.19平方米，实体围墙70米，通透式围墙70米，浆砌片石挡土墙199.48立方米等；达木珞巴民族乡小学旧教学楼改造项目，于2016年3月开工建设，总投资46.4万元，改造旧教学楼面积432平方米，主要包括装饰、安装等工程。

同日 墨脱县开展“健康中国行”“健康西藏”主题宣传活动。此次活动以制作展板，媒体宣传，义诊等形式开展。其间，共制作展板8个；共诊治患者177名，免费发放价值3464.68元的药品；发放宣传材料593份、宣传画188张。

25日 达木珞巴民族乡K80幼儿园建设项目竣工并通过验收。该项目于2015年11月份开工建设，总投资141.22万元（国家），新建幼儿园381.53平方米及附属配套设施。项目的建成，将解决该村50余名学前儿童上学问题。

同日 县公安局重点对餐馆、娱乐场所就油气存储、使用管理、场所消防安全设施、是否存在违规用火用电行为等情况进行消防安全检查。其间，共检查各类场所35家，排查安全隐患4处，现场整改3处，限期整改1处。

26日 德兴乡跨江藤网桥建设项目竣工并通过验收。该项目于2015年12月开工建设，总投资207.01万元（援藏投资），新建藤网桥1座，桥长149.2米。

27日 墨脱县达木珞巴民族乡达木村公路硬化项目竣工。

30日 县公安局开展辖区治安防范工作。此次共检查旅馆18家，KTV12所，朗玛厅3家，施工地8处，签订责任书39份，发现整改问题7处，排查流动人员271人，登记未办理居住证人员5人。

同日 墨脱县共输送2016年建档立卡贫困户转移就业培训5人，其中汽车维修工培训2人、民族歌舞培训3人。

同日　林芝市常务副市长李桑到墨脱县德兴乡检查指导工作。

同日　县委副书记、县长魏长旗到格当乡调研自发搬迁户回迁安置工作。

同日　经国家质量监督检验检疫总局审查，批准墨脱石锅为国家地理标志保护产品。

同日　墨脱县土地权属调查（界线）已完成“墨脱县行政区划图”2003年版转绘、地名数据收集及7乡1镇权属界线基础调绘工作。

31日　县妇联、团县委开展庆“六一”儿童节慰问活动。其间，县妇联、团县委到县幼儿园、县完小进行了看望慰问活动，共为67名贫困留守儿童送去了价值3000余元的学习、生活等物品。

同日　墨脱县开展“无烟墨脱、健康墨脱”宣传活动。此次活动共制作宣传片1集、宣传横幅1条、发放宣传手册65份，接受群众咨询84余人次。

同日　县人大设置举报箱加强换届风气监督。

同日　县检察院、县林业局召开联席工作会议，副县长多吉扎西出席会议并做重要讲话。县检察院与县林业局签订了《墨脱县人民检察院与墨脱县林业局建立林政案件报备制度的意见》《墨脱县人民检察院林业检察科与墨脱县林业局森林公安局建立涉林刑事案件提前介入机制的意见》两项机制。

5月　县委书记邓江陵深入德兴乡荷扎村看望慰问帮扶对象。其间，邓江陵还走访慰问了3户结对帮扶对象，详细了解了每户家庭基本情况、收入来源、存在的困难等情况，并为每户送去1000元慰问金。

6 月

1日　县委常委、统战部部长边巴索朗同甘登乡小学师生欢度“六一”儿童节。其间，边巴索朗代表县委、县政府为该乡小学师生送去慰问金3000元，并带去节日的祝福。

同日　县公安局组织驻寺民警联合寺管会干部，对7座寺庙及周边消防安全隐患、用火用电、消防安全设施配备等情况进行了全面排查。其间，发现并整改安全隐患4处，发放宣传资料27份，受教育僧尼27人。

同日　墨脱县道路运输（海事）局正式挂牌。该局的挂牌成立，标志着墨脱县道路运输管理将进入一个全新的发展阶段。

2日　县、乡人大代表同步换届选举工作圆满结束。全县选举县代表选区37个，选举乡代表选区75个，选举产生县十一届人大代表77名，参选率88.2%；选举产生乡（镇）九届人大代表194名，参选率90.8%。

同日　达木小康示范村二期工程通过验收。该工程于2015年8月4日开工建设，总概算投资268.88万元（援藏投资），建设内容为道路硬化1400平方米，路灯32套，围墙3600米，阀门井2座，G10-40化粪池2座及给排水、附属工程。

同日　达木珞巴民族乡达木村藤竹编织加工厂建设项目开展放线工作。该项目属于民宗项目，总投资450万元（国家投资350万元，群众投工投劳100万元），修建加工厂房180平方米、展示厅40平方米。藤竹种植保护基地500亩，购置加工设备。

3日　县纪委组织在县退休老党员23人到“墨脱县廉政警示教育基地”参观学习。

同日　墨脱县完成“爱国爱家，守土固边”纪念保温杯发放工作。

同日　墨脱县县、乡人大代表同步换届选举工作取得圆满成功。

同日　县环保局到县中学开展“环保进校园”主题宣传活动。此次宣传活动主要围绕生物多样性保护、节能低碳、绿色消费、水资源保护、大气污染防治、噪声污染防治等6个主题内容开展。

3日至5日　自治区财政厅副厅长王明景一行率司法体制改革财务统管调研组到墨脱调研。其间，在县检察院党组会议室召开座谈会，了解讨论墨脱县司法体制改革财务统管工作的进展情况及存在的困难。副县长李勇，县人民法院党组书记、院长云登，县检察院党组副书记、副检察长曲桑顿珠，县财政局局长王旭杰参加会议并分别进行工作汇报。

4日 11时许，据扎墨公路机化队反映，受4日强降雨影响，导致K74处路基塌陷，路基被冲毁高7.5米、长46米，路面堆积淤泥6780立方米，K74至K81路段附近发生泥石流7处，致使道路中断，车辆无法通行。经过多方共同努力抢修，于6月5日13时45分许，扎墨公路全程已恢复通行小车，货车暂时无法通行。

同日 墨脱县成功劝返7名外来虫草采挖人员。墨脱县虫草采集管理服务小组在K52处发现并拦截7名外来虫草采挖人员，均为波密籍人。经县虫草采集管理服务小组教育劝返，该7人已当日返回波密。

5日 自治区人民检察院党组成员、政治部主任贾明杰一行到县检察院调研，与在院干警进行座谈，对县检察院人员编制、双语人才、检察官任命、参加培训、内设科室配备等基本情况进行了解，就是否需要双语人才、组织开展培训内容、形式，以及对检察官套改等情况进行调研。

6日 县民政局安排专人将格当乡外来孤寡老人黄锦高安全派送至林芝市。

同日 县藏医院举行2016年藏医药适宜技术培训。

同日 市财政局对墨脱县援藏项目开展财政投资评审工作。

同日 墨脱县足球队荣获林芝市第十二届“尼洋河杯”足球赛暨第三届“体彩杯”足球赛季军。

同日 市消防支队为县公安消防大队配发一辆消防勤务车。林芝市消防支队在继2015年为县公安消防大队配发一台6吨消防水罐车后，又一次为其配发消防车辆。

同日 市人民检察院党组成员、副检察长郭峰到县检察院调研，参观了县检察院侦监、公诉、案管中心、多功能会议室、县廉政警示教育基地、院食堂、干警健身房等。

7日 中科院青藏高原研究所专家为墨脱县无偿提供水土化验检测服务。

同日 根据林芝机构编制委员会《关于市、县（区）人民检察院内设机构设立调整的通知》精神，县检察院正式将原监所检察科更名为刑事执行检察局，完成了挂牌，同时院办公室加挂了人民监督员办公室牌子。

10日 县卫生服务中心组派医务人员前往县福利院开展巡回义诊工作。此次活动共派出医务人员5人，诊治患者25人，发放免费药品10种，价值526元。

12日 县司法局到达木珞巴民族乡走访困难社区服刑人员，并送去帮扶金1000元。

同日 佛山市第一人民医院专家为县卫生服务中心开展围手术期抗菌药物的合理应用培训。

同日 受强降雨影响，县检察院挡墙发生坍塌，未造成人员伤亡。据统计，坍塌面积约为100平方米，致使一辆摩托车砸毁、一个太阳能电线杆损坏。该事件发生后，县委、县政府高度重视，县委副书记、县长魏长旗第一时间赶到查看灾害情况，并提出了尽快清理，抓紧维修的要求。

7日至12日 第四次全国中药资源普查西藏大学农牧学院普查队在墨脱县开展草药资源普查。其间，普查队深入墨脱镇、达木珞巴民族乡4个村进行普查，共采集到藏药标本353种2118份，包括榼藤、紫苏、天麻、金荞麦、胶股蓝等贵重藏药材。部分标本已转运西藏大学农牧学院。

13日 墨脱县召开2016年上半年和谐模范寺庙、爱国守法先进僧尼、先进寺管会（特派员机构）及优秀驻寺干部表彰大会。大会共对仁青崩等4座和谐模范寺庙，曾久寺管会等4个先进寺管会（特派员机构），尼玛顿珠等24名爱国守法先进僧尼及曲桑尼玛久等8名优秀驻寺干部进行表彰。

同日 墨脱县组织15名驻寺干部在廉政警示教育基地接受廉政教育。驻寺干部通过重温入党誓词、观看警示教育片，全面系统地接受廉政警示教育。

同日 墨脱县干部职工及劳模至广东省劳模疗养基地疗养活动圆满结束。

同日 德兴乡德果水渠维修项目通过县内验

收。该项目于2016年4月11日开工，总投资18.27万元（由县水利局筹集），建设内容为管道加固（岩石）2个，混凝土59.4立方米，管道安装200米。项目的建成，解决了该村389.31亩的灌溉土地的问题。

同日 墨脱县颁发2016年第一张食品经营许可证。

14日 县疾控中心到亚东村开展健康教育巡讲工作。此次巡讲以“合理膳食、戒烟限酒、适量运动、心理平衡”等四大健康基石为主要内容，利用宣讲、咨询等多种方式开展健康教育巡讲活动，该村63人参加了此次活动。

同日 佛山市顺德区中医院工作组在墨脱县指导“二甲医院”创建工作。其间，工作组对县卫生服务中心放射科、药剂科、药房、门诊输液室、妇产科等所有科室进行参观指导，并与县卫生服务中心工作进行了工作交流。

6日至14日 县委常务副书记旺东，副县长多吉扎西率县委办、发改委、交通运输局、旅游局、扶贫办、农牧科技局等部门组成联合调研组，深入帮辛乡帮辛村、西登村、宗荣村，加热萨乡久当卡村、更帮村、龙列村，甘登乡甘登村，背崩乡背崩村、地东村、西让村开展基层调研活动。

15日 自治区人大常委会副主任嘎旺一行工作组到德兴乡开展藏医藏药检查调研工作。

同日 县食药监局集中对冻库、超市销售碘盐情况进行检查。此次检查共出动执法人员6人，抽查冻库4家，超市2家。

同日 加热萨乡及时安排各村驻村工作队、村地质检测员进行夜间巡视值班，重点对存在滚石、塌方及泥石流隐患地段进行12小时监控，并及时通知村民注意出行安全。

同日 墨脱县开展公益性岗位人员培训。此次培训由县总工会和县人社局共同实施，培训活动涵盖全县154名公益性岗位人员。重点对《西藏自治区公益性岗位开发管理暂行办法》《西藏自治区工会困难职工帮扶中心困难职工救助办法（试行）》及转岗就业引导、养老保险、失业保险、工伤保险政策等内容进行了培训。

同日 墨脱县开启“村干部文化素质提升工程”+“两学一做”村干部培训新模式。

16日 墨脱县开展“综治宣传周暨安全生产月”活动。此次活动有36家综治成员单位和1个乡（镇）、2个行政村参与。其间，共出动工作人员50余人，发放各类宣传资料1500余份、悬挂宣传横幅3条，放警示教育片3部，受益群众达1500余人。

17日至18日 市卫生局等级医院评审专家组到县卫生服务中心开展“二级乙等综合医院”评审工作。

19日 县莲花圣地旅游开发有限公司发布关于禁止游客通过派墨徒步线路进出墨脱县的公告。上半年，该路线沿途气候相当恶劣，强降雨频繁，地质灾害频发，经常出现塌方、泥石流、雪崩等自然灾害，为确保游客人身安全，严禁游客通过该线路进出墨脱县旅游观光。

20日 墨脱县“双联户”模块基础信息补充完善工作顺利完成。

同日 广东省援墨检察官魏军带队深入墨脱镇亚东村开展举报宣传活动。走村入户，宣讲举报、奖励有关法律法规，发放宣传单、宣传小册子，并在村委会开设了一堂生动的法律宣传课，向村民详细讲解了人民检察院职能和《关于保护、奖励职务犯罪举报人的若干规定》。宣传活动中共有亚东村192户、200余人参加，发放宣传单300余份、宣传小册子20余册。

19日至20日 墨脱县正龙投资管理有限公司、墨脱县诚长投资有限责任公司注册成立。

21日 西藏大学理学院顺利完成墨脱县热带亚热带生态环境科学考察工作。

同日 墨脱县开展旅游行业综合执法检查。此次检查主要对县城内土特产店及旅游纪念品市场侵权假冒、商品价格等问题进行了检查。经检查，发现个别土特产店未对旅游商品进行明码标价等问题，针对存在的问题，下发了《墨脱县旅游局执法大队限期整改通知书》，未发现假冒商品。

同日 墨脱县虫草采集管理小组工作人员在巡山中，发现在K62原林场处有27名察隅籍采挖药材人员，并于当日劝返。

同日 墨脱县2016年“两考”圆满结束。全县参加“两考”学生共计195人，其中参加“小考”44人，参加中考151人。

22日 县保通队完成荷扎公路抢通工作。其间，共出动机械1台、指挥车1台、人员4名，清理土石方490立方米、巨石块约10立方米。

21日至22日 县人民检察院驻德尔贡村工作队积极开展“职务犯罪举报宣传”活动。其间，深入全村20余户，向农牧民宣讲人民检察院职能及《关于保护、奖励职务犯罪举报人的若干规定》等内容，并发放相关法律法规材料100余份，受教群众达120余人。

23日 县检察院借“举报宣传周”活动契机，邀请人大、政协、人大代表和人民监督员，共计9人来院参加检察工作会议，自觉接受监督。会上，县检察院简要介绍了“举报宣传周”活动的情况，随后就检察院上半年工作开展情况进行了总结汇报，并向与会人员征求了对检察工作的意见，发放了院和院班子征求意见表。

24日 墨脱县完成第二季度低保户社会保障资金兑现工作。

同日 上午，县检察院、中国农业银行墨脱支行召开检企共建联席会议，并签订了《检企共建协议书》。

26日 墨脱县开展以“无悔青春·健康生活”为主题的禁毒宣传活动。通过悬挂横幅、摆放禁毒宣传展板、播放宣传影片、发放宣传资料等方式开展。其间，共发放禁毒宣传资料450余份，悬挂横幅2幅、摆放禁毒宣传展板4块、播放宣传影片长达2小时，解答群众咨询50余人次，受教育群众达200余人次。

同日 墨脱县完成门珞文化古街商铺公开招租工作。此次共有55个商铺公开竞价招租，招租面积达8000平方米，200余人参与招租。现已完成竞价认租工作，正在签订合同，商铺租金每平方米每月25元—158元不等。

同日 墨脱县完成“暑假护苗”行动。为确保学生安全返家，县教体局协调各乡（镇），安排工作人员20余人，出动车辆44辆，共护送各乡（镇）1597名学生安全返回。

6日至26日 西藏农牧学院普查队13人先后在背崩乡、德兴乡、墨脱镇、达木珞巴民族乡10个村及布裙湖、K80、K52、多雄拉山等地，采集药用植物标本种类823种，压制样本4938份，制作侵制标本5种。经普查，该县境内有榼藤、紫苏、金荞麦、胶股蓝、头花蓼、七叶一枝花、金线莲、姜黄等贵重藏药材14种。

24日至27日 墨脱县顺利完成总投资3028.07万元（国家投资）的5个乡（镇）供排水项目交桩工作。

27日 德兴乡文朗村农牧民建筑施工技能培训正式开班。此次培训共投入资金6.34万元、培训人员50人（其中扶贫户13名），培训为期15天。以理论与实践相结合，采取边授理论边实践的方式，主要就抹灰、砌砖、混凝土等内容进行培训。

28日 墨脱旅游官方网站全新改版上线。

同日 县公安局重点对全县3家寄递业日常管理台账，是否实行“开箱验视”“实名制”登记等制度落实情况进行了检查，并告知各业主严禁利用寄递渠道，从事贩运枪支弹药、爆炸物品、毒品、危险化学品、管制刀具和禁寄物品等违法犯罪活动。

同日 县工商联、非公有制企业人士到亚让村开展“七一”慰问活动。

28日至29日 由天津师范大学郑连斌教授带队11人，先后在墨脱镇墨脱村、亚东村，达木珞巴民族乡对300余名门巴族、珞巴族体质人类学进行调查。

30日 县委副书记罗加看望慰问部分老党员、困难党员。此次共慰问38人，其中代市委慰问8人，每人2000元；县委慰问30人，每人500元，共送去慰问金31000元。

6月下旬 K52旅游服务中心主体工程完工。该项目于2014年12月开工，总投资1279.26万元（国家投资），建筑面积1540.51平方米。

6月下旬 德兴乡小学2名学生在小升学考试分中别以368.8分、318.5分的优异成绩被广东佛山市一中、佛山市南海区艺术高级中学录取。

7月

1日　墨脱县召开庆祝中国共产党建党95周年暨“七一”表彰大会。大会共对41名优秀共产党员、15名优秀党务工作者、19个先进基层党组织及在“6·16”自然灾害中抢险救灾的6个先进集体和23名先进个人进行了表彰。

同日　全县形式多样开展庆祝“七一”活动。通过组织党员义务劳动、免费体检、宣传利民惠寺政策、升国旗、召开支部会议、重温入党誓词、走访慰问、表彰优秀党员、观看爱国影片、感党恩文艺汇演等多种形式进行。

3日　墨脱县召开教育教学研讨会。会上，就注重校本培训，建立与家长沟通机制、确立本校文化等方面进行讨论，并对各校下一步工作进行了安排。全县各校、园长及教（体）局工作人员共25人参加了此次教学研讨会。

4日　达木小康示范村三期建设工程完成招标工作。达木小康示范村三期建设项目在林芝市建设工程交易中心进行招标，西藏建华建设有限公司以573.1万元中标。

同日　市妇幼保健院一行专家组为各乡镇妇产医务人员开展妊娠期糖尿病相关知识培训。

同日　“墨脱石锅”荣获林芝市知名商标称号。

5日　县公安局，联合安监局、消防开展危化品及易燃易爆物品安全检查。此次检查共对县加油站、液化气零售点、建筑工地、菜市场等4家单位进行检查，发现安全隐患3处，现场整改1处，限期整改2处。

6日　总投资275.6万元（自治区投资）的达木珞巴民族乡小学附属工程通过县内验收。

7日　背崩乡卫生院组织3名医护人员到地东村展开消除疟疾工作。此次消除疟疾检查采血共101人、RDT检测58人。

同日　检察机关干部人才援藏“双百计划”首次在墨脱实施。

8日　墨脱镇开展“讲团结、争先进、促学习”为主题的“两学一做”知识竞赛。比赛共分必答题、观众题、专属题、抢答题、红歌题等5个类型进行，7支队伍21名选手参加了比赛。此次比赛决出集体优秀奖3名，个人优秀奖3名。

12日　中国科学院副院长、中国科学院大学校长丁仲礼一行工作组到德兴乡检查指导工作。

18日　墨脱县背崩乡、德兴乡卫生院藏医科室建设并投入使用。

20日　墨脱县墨脱镇完成养老保险参保系统录入和救济粮发放工作。

26日　墨脱县招商引资项目——映象酒店通过竣工验收。该项目总投资5300万元，于2014年12月31日开工建设，6层框架结构，建筑总面积7263.59平方米。

28日　县委副书记、县长魏长旗一行工作组到德兴乡检查指导精准扶贫工作开展情况。

29日　副县长扎西顿珠带队前往珠村开展调研。

30日　国家开发银行行长关之杰、自治区常务副主席丁业现一行到德兴乡检查指导精准扶贫工作。工作组一行在德兴小康示范村进行了实地调研，并看望慰问了2户建档立卡贫困户，送去慰问金各500元。

8月

5日　县政协主席平措多吉、县委副书记罗加一行到仁青崩寺开展慰问工作。其间，对驻寺工作队和驻寺僧尼近期生产、生活情况进行了解，听取了驻寺工作队工作开展情况报告，并发放慰问金2000元。

同日　县委副书记、常务副县长李斌一行，对扎墨公路沿线旅游基础设施建设等情况进行调研。

同日　副县长乔达一行到达木珞巴民族乡就非法砂石采挖问题进行调研。其间，采取召开专题研讨会、实地走访查看等方式，对该乡非法砂石彩瓦问题进行调研。

9日　墨脱县开展香蕉新品种“矮粉一号”试

种工作。此次试种工作为广东省农科院推广的香蕉品种，共试种100株，该品种具有产量高、植株矮、易管理、抗冻能力强等特点，试种成功后将进一步提高墨脱县香蕉产量和产值。

8日至9日　国务院扶贫办主任刘永富一行在墨脱县开展调研工作。其间，调研组一行深入拉贡茶厂茶叶、玛迪村香蕉基地，实地调研了墨脱产业扶贫发展情况，调研组对墨脱县精准扶贫、精准脱贫工作给予了充分肯定，并要求墨脱县继续将精准扶贫、精准脱贫工作作为当前一项重点工作常抓不懈；在产业发展上，继续实施“公司+农户”管理模式，不断扩宽群众致富渠道，不断提高群众经济收入，确保脱贫攻坚工作取得阶段性胜利，其间还看望慰问了墨脱县幼儿园，并捐赠学习用品。

12日　县委副书记、常务副县长李斌，县委常委、组织部部长赵敬前往德兴村开展综合村及组织活动场所项目考察工作。

13日　总投资42万元的玛迪村村公房篮球场硬化项目正式开工建设。该项目建设内容包括：篮球场硬化面积1000平方米，预计20天之内完工，有28户农牧民群众投工投劳参与建设。该项目建成投入使用后，将逐步完善公共文化服务基础设施体系，对提高农牧民群众业余文化生活质量，加强新农村建设提供坚实的文化基础。

17日　县委常委、常务副县长多吉扎西深入西藏文旅集团墨脱镇茶叶有限公司进行检查指导。其间，多吉扎西调研了墨脱镇茶叶加工厂，考察茶叶制作流程，并同该公司工作人员进行座谈。

同日　帮辛乡根登、西登村民房改造饮水工程通过完工验收。根登村民房改造饮水工程总投资24.35万元，西登村民房改造饮水工程总投资24.65万元，项目资金从2014年农村饮水维修资金中解决，有效解决了帮辛乡根登、西登村群众52户302人的饮水问题。

22日　墨脱县卡布村公路硬化项目完工。

26日　借墨脱县召开第十一届人民代表大会第一次会议之机，县检察院在莲花广场开展了以“关注民生、与法同行”为主题的民事行政检察工作专项宣传活动。通过制作生动直观、图文并茂的展板、宣传单和宣传手册，重点宣传了检察机关民事行政检察监督职能、当事人的权利与义务、权利救济途径以及不同类型民行监督案件当事人向检察机关申请监督的条件。活动共发放宣传材料500余份，解答相关法律问题咨询10余个，受教育代表群众达100余人。

30日　占根卡村工作队为群众发放微耕机。格当乡占根卡村工作队（县法院派驻）为占根卡村群众购买了微耕机16台，每台4063元，共花费65008元。所需费用从为民办事经费中列支，并于8月30全部发放完成。

9 月

8月31日至9月1日　县委副书记罗加一行到地东村、德兴村、达木乡、米日村进行调研慰问。其间，对基层党建、班子队伍建设情况、民房改造、农牧民施工队资质申报情况、驻村工作队工作开展情况进行了调研。

2日　县委书记旺东一行到德兴乡德兴村、荷扎村、文朗村，墨脱镇马迪村开展调研慰问活动。其间，走访慰问了德兴村、荷扎村、文朗村、玛迪村的贫困户、五保户农牧民以及各村驻村工作队，对他们的生产生活情况进行了详细询问了解，并送去8000元慰问金。

同日　第八批援墨工作队常务副书记谢国高一行7人到县检察院院调研指导工作。

5日　帮辛乡帮果村150亩茶园开工建设。该茶园共投资240万元（援藏资金），建成后将惠及该村44户257人增产增收。

同日　在广东省佛山市中医院对口帮扶骨科专家带领县卫生服务中心成功实施一例右足背压榨伤肌腱修复术。

7日　县食药监局对全县32家餐饮单位开展食品安全生产隐患排查工作。经查，发现部分餐饮店，小作坊卫生出现脏、乱、差，调味料等商品过期等现象。执法人员针对存在问题的餐饮单位提出整改要求，并要求其限期进行整改。

8日　县疾控中心深入达木珞巴民族乡贡日村开展结核病痰涂片筛查。此次结核病痰涂片检查64人次；免费发放结核病宣传画30张、预防包虫病宣传本41本、夏季防病须知30张、消除疟疾须知100本、计划免疫宣传册70份、鼠疫防治知识手册50本。

同日　背崩派出所开展禁毒宣传活动。活动通过现场讲解、张贴图片、发放资料等形式展开，其间，发放宣传资料80余份，张贴海报40余份。

9日　县农牧局、商务局、安监局等单位联合对县城商店冷冻食品进行安全检查。主要对食品存放地点卫生及食品保质期问题进行检查。经查，2家共4件冷冻食品已过保质期，已经予以没收，并对其进行教育。

12日　墨脱县第一家科技馆完工。该馆位于墨脱县中学青少年活动中心，总面积约80平方米，此次安装科普展品20件，科普挂图及展板10件，书柜三组。

同日　佛山市医学会工程学分会向县卫生服务中心捐赠总价值61.456万元医疗设备。此次捐赠的医疗设备为心电图机（GE）、生物显微镜、全自动血沉动态分析仪、低频脉冲治疗仪、麻醉深度多参数监护仪等共计10种类。

同日　墨脱县第一批农牧民施工队岗位培训圆满结束。其间，组织墨脱县3家农牧民施工队共24人前往巴宜区参加农牧民施工队岗位培训，培训内容包括：施工员、劳务员、机械员、质量员、安全员通用与基础知识及岗位知识与专业技能等。同时，县住建局荣获“优秀组织奖”，墨脱县白玛岗建筑建材有限公司荣获“优秀集体奖”，墨脱县学员仁青多杰等2人荣获“优秀学员”称号。

同日　背崩乡卫生院顺利完成第一批村医培训工作。此次培训共计5名村医，为期一个月，重点对常见病、多发病的诊疗措施以及国家计划免疫接种程序、基本技术操作及疾病预防工作技术等进行了培训。

同日　背崩乡背崩村硬化公路项目完成交桩和放线工作。该项目总投资281.3276万元（国家投资），由泸县第二建筑工程有限公司承建，全长1.2公里，路面宽度为4.5米，

同日　墨脱县森林重点火险区综合治理二期建设项目已完成前期手续、初步设计等相关工作，并录入国家重大项目库中。

13日　达木珞巴民族乡贡日村农家乐附属设施建设项目已通过验收。

同日　墨脱县第八批援藏项目正式启动。涉及达木珞巴民族乡卫生院建设项目、德兴村村级组织活动场所建设项目以及捐赠基层党建设备、学生校服等四项内容，总投资为942万元，分别为：达木珞巴民族乡卫生院建设项目总投资400万元，新建卫生院600平方米业务用房及附属工程；德兴村村级组织活动场所建设项目总投资350万元，新建建筑面积770.89平方米的村级组织活动场所及附属工程；开展捐赠活动，共捐赠2000余套价值100万元的校服，以及92万元的党建设备。

14日　墨脱县开展预防接种培训活动。此次培训为期2天，重点对82名防疫专干、各村村医及县卫生服务中心产科工作人员、县疾控中心、各乡卫生院负责人就免疫规划门诊信息录入、数据上报及免疫监测信息系统与免疫规划门诊信息录入；计划免疫接种程序及技术操作要求等内容进行了培训。

18日　县卫生局组织对公立医疗机构、药店、诊所开展滴眼剂专项检查活动。此次检查共出动4名执法人员，对全县10家医疗机构、2家诊所、1家药店进行检查。经检查，墨脱县市场销售、使用的滴眼剂产品中未发现被通报的不合格产品。

同日　墨脱县包虫病流行病学调查工作顺利完成。包虫病流行情况专家组对墨脱县4个行政村（墨脱村、巴日村、德兴村、背崩村）进行包虫病流行情况调查。重点开展了包虫病技术培训、现场工作开展、数据录入、标本送检等工作。现场B超检查804人，开展问卷调查233人份，采样包虫病宿主犬粪80样送检。

19日　县常务副书记谢国高到达木珞巴民族乡贡日村开展调研慰问活动。

同日 德兴乡那尔东村安居工程验收。该工程总投资515.856万元，建设任务39户，总建筑面积6610平方米。其中，60平方米户型有2户，90平方米户型有1户，150平方米户型有16户，200平方米户型有20户。

同日 县公安局开展“远离毒品，健康成长”禁毒教育宣传活动。此次活动在县中心开展，重点对毒品知识、禁毒理念、禁毒政策等内容进行了宣传，让学生们从思想上树立禁毒、防毒意识。发宣传资料300多张，宣传图册300余份，参与学生300余人。

截至9月20日 在县妇联组织的“安全知识进校园，孩子捐本书”爱心图书捐活动中，共收到全县各乡（镇）、各部门捐款15025元。

20日 墨脱县参加第三届中国西藏旅游文化国际博览会收效良好。

同日 县公安局开展“缉枪治爆”宣传活动。活动期间，民警深入村庄、广场、菜市场等人员密集场所通过张贴通告、发放宣传资料等方式，宣传了相关法律法规。共张贴通告200张，发放宣传资料500余份，受教育群众达500余人。

21日 由县安监局牵头，联合11家单位开展“雅鲁藏布生态文化旅游节”和国庆节前安全生产大检查活动。其间，对5处工地、13家食品流通单位及14家餐饮单位进行检查。通过检查发现部分工地存在安全隐患6处，下发整改通知书3家，警告1家，当场整改2家，未发现“三无”食品。

同日 由县卫生局牵头，联合工商局、食药局、疾控中心在县城内开展旱獭制品暗访调查活动。共对食品商、民族特色店、菜市场等23家单位进行暗访调查。调查中，未发现有旱獭制品制作、销售。

22日 中国美术家协会会员、国家一级美术师卢冰携山东多邦物业管理有限公司向加热萨乡小学、甘登乡小学捐赠电脑、投影仪、打印机等教学物资价值21.86万元。

同日 县公安局组织开展法制宣传工作。民警采取发放宣传资料、张贴宣传画、现场讲解等方式，深入宣传了暴力恐怖事件预防和自救知识、消防安全常识以及反家庭暴力法律知识。其间，出动警力4人，发放资料160多份，粘贴资料60多份，受教育群众200多人。

同日 珠村地质灾害搬迁项目人饮工程完成初步设计。该设计由兴辉水电设计有限公司承担，计划投资228.24万元，建设引水主干长4077米，取水口、引水管道，蓄水沉沙等内容。

23日 墨脱县扎墨公路沿线林多景观点建设项目开展招投标工作。

同日 县民政局救助2名外来流浪乞讨人员。共为该2名外来乞讨人员发放救助金600元。

24日 墨脱县扶贫农家乐建设项目主体部分已完工。

同日 墨脱县举行2016年西部计划留藏志愿者出任公务员培训。

25日 墨脱县被纳入全国南亚热作物资源开发范围。

同日 墨脱县巴米典片区水土流失综合治理项目通过自治区水利厅审查。

30日 墨脱县联合开展节前安全生产大检查。此次共检查道路5条、烟花爆竹零售店4家、打字复印店3家、网吧3家、商店30余家、餐饮20余家、宾馆10家、加油站2家，施工地4处。查处安全隐患2处，过期灭火器3家。

1月至9月 墨脱县农牧民人均纯收入达6784.25万元，同比增长15.3%；农牧民人均现金收入达5299.5元，同比增长15.1%。

10 月

8日 县消防大队官兵前往仁青崩寺开展消防安全知识宣传活动。

9日 墨脱县帮辛乡帮果、西登、宗荣村公路均已完工。

同日 县林业局组织召开家具材（木制品）经营加工许可证办理培训会。其间，重点对《中华人民共和国森林法》《中华人民共和国森林法实施条例》等法律法规进行了学习，并签订了家具材（木制品）经营加工责任书7份，办理木材经营加工许可证3份。

同日　墨脱县积极参加2016年林芝市雅鲁藏布生态文化旅游节纪念展销活动。

同日　县环保局开展雅鲁藏布江国际河流水质监测工作。

同日　背崩乡开展2016年度村级“先进双联户”表彰大会。大会表彰了4个村级“先进联户”单位，共50个家庭。

10日　县委组织部为达木珞巴民族乡4个行政村配置办公设备（广播传媒）。该乡4个行政村充分利用广播传媒，在村内放红歌传党恩、宣传党的政策理论等。

同日　墨脱县成功举办首期区、市、县政协委员提案知识培训会。此次培训会重点对政协提案的含义、性质和作用、数量和质量、提案提交前后应注意的问题及如何提高提案工作水平等几大方面对委员进行了培训，共有53名委员及政协办公室工作人员参加。

同日　墨脱县参加第十二届西藏林芝投资贸易洽谈会暨项目签约仪式。

11日　背崩乡地东村水渠被冲毁。受近期强降雨影响，该乡地东村生活饮用、发电灌溉主水渠被泥石流冲毁20余米，于11日早上，全村在村“两委”班子组织带领下投工投劳抢修水渠，修建挡墙、堡坎，清理水渠内泥沙、石头。

12日　达木珞巴民族乡政府与珠村、贡日村村委会签署工程承包合同。分别为珠村农田灌溉水渠项目总投资10万元，总长190米；贡日村村委会附属设施建设项目总投资11.9万元，修建村委会大门和围栏。该乡均采取村委会承包的方式，让群众参与项目建设，从而推动就业转移，实现群众增收。

同日　德兴乡开展用电安全专项检查工作。该乡综治办协同德兴村驻村队，对全村范围内（87户）、学校、乡机关、卫生院进行电线线路安全专项检查。此次安全用电隐患排查共45处、现场整改20处、限期整改25处。

13日　墨脱县召开“两学一做”学习教育第三次研讨会。会议由县委书记旺东主持，会上传达学习了自治区领导干部大会、区党委（扩大）会议、吴英杰在区党委理论学习中心组“两学一做”学习教育研讨会上的讲话等精神。县委副书记、政法委书记、公安局党委书记、局长、督察长刘明、县委常委、统战部部长边巴索朗、副县长四郎拥珍就围绕学习材料结合工作实际，谈论交流了心得体会和理解认识。县委理论学习中心组成员、县直各单位负责人、中区直单位负责人、驻军代表、附近乡（镇）负责人，共计56人参加了此次会议。

同日　德兴乡卫生院建设项目通过市评审。该项目于2013年11月5日开工建设，总投资为100.0561万元，总面积为297.14平方米，项目的建成将改善德兴乡卫生院基础设施简陋的局面，有利于解决农牧民群众看病就医问题。

10日至15日　县林业局深入派墨公路沿线开展林政工作。其间，重点对派墨公路沿线是否存在捕猎野生动物、林区乱砍滥伐等现象进行了排查。经排查，未发现违规违法行为。

16日　县保通队完成帮辛公路，荷扎村、文朗公路抢通工作。其间，共出动人员76人次、机械14台次，清理土石方11800立方米，补修缺口路基6处11米，疏通涵洞3道，边沟90米。

17日　墨脱县积极开展“爱心助贫公益大募捐”活动。此次活动共筹得的善款141927.1元，其中：各部门、个体企业、公司募捐80527.1元；各乡（镇）募捐44043元；各校募捐17307元。

同日　县人社局成功调解一起工伤纠纷。经协商，用工方同意赔偿劳动者工伤费90万元。

18日　自治区卫计委等级医院评审一行专家组对墨脱县创建“二级乙等综合医院”工作进行评审并召开反馈会。

同日　县卫生服务中心住院部通过市级评审。该项目于2014年8月开工，总投资为693.59万元，总建筑面积1281.81平方米。该项目的实施，将提高墨脱县住院硬件设施，进一步完善服务功能。

同日　广东省佛山市中医院、佛山市高明区人民医院向县卫生服务中心捐赠医疗设备。此次捐赠共向县卫生服务中心捐赠了电子输入泵、可视喉镜等25种医疗器械，总价值1.52余万元。

同日 县安监局开展安全知识进校园宣传教育活动。此次宣传活动在背崩乡小学、德兴乡小学开展，就道路交通、消防、食品、用电用火、烟花爆竹安全等知识进行讲解，受教育师生400余人。

同日 县公安局积极开展矛盾纠纷排查化解工作。其间，共开展法律上门宣传2次，发放宣传资料180余份，受教育群众300多人次；入户走访2次，走访群众41余家，排查矛盾纠纷1起，调解矛盾纠纷1起。

19日 市财政局财政投资评审组已完成墨脱县项目现场评审工作。此次共有21个项目接受财政评审，其中教育项目7个、住建项目6个、卫生项目3个、水利项目2个、民政项目1个、林业项目1个、公安项目1个。

同日 背崩乡阿仓村退耕还林通过初步验收。

20日 县委常委、常务副县长多吉扎西在相关部门陪同下至K80检查指导拆迁工作。

同日 县民间艺术团到背崩乡开展“文艺下乡”活动。其间，深入背崩乡背崩村、江新村，军营开展文艺培训3场，累计表演节目30余个，观看人数达300余人次。

19日至20日 墨脱镇完成第一批、第二批第一书记轮换工作。此次对墨脱村、米日村、玛迪村、巴日村第一书记进行了轮换，全镇各村村“两委”、村务监督委员会、老党员、“双联户”户长参加了此次轮换。

18日至23日 市综治工作考评组一行通过查、看、听、问以及抽查与暗访等方式，对墨脱县3个乡（镇）、3个行政村、1所学校、2个县直单位、2个便民警务站进行了全面检查验收。通过考评，墨脱县2016年度综治工作顺利通过检查验收。

21日至23日 墨脱县开展市场监测培训活动。重点对国家商务部市场监测报表制度和市场监测相应法律法规进行了学习。各乡（镇）主要负责人、县生活必需品样本监测企业（诚信超市）、县重要生产资料市场运行监测企业（县利民加油站）等18人参加了培训。

23日 墨脱无电人口用电工程通过市级评审。该项目于2012年10月开工程建设，总投资为1360.76万元（国家投资），建设规模为12座微型电站，总装机260千瓦，10千伏高压输电线路17.40公里和0.4千伏低压输电线路24.23公里及220伏入户380户。

25日 县委常委、常务副县长多吉扎西陪同自治区旅发委副主任宏伟一行在墨脱县开展安全生产巡查工作。检查组采取口头听取汇报、查阅资料、现场检查、座谈会的方式，主要以道路交通、建筑施工、危化品、地质灾害等重点行业为主，共检查了县安监局、旅游局、交警大队、中石油墨脱加油站、利民加油站、莲花大厦在建工地。检查中，发现存在安全员无证、安全台账不规范、加油员无上岗资格证等问题。针对以上问题，巡查组要求立即进行了整改。

同日 西藏消防总队为墨脱村捐赠消防器材。西藏消防总队为墨脱村群众每家每户赠送2套消防器材，共300套，总价值2万余元。

同日 背崩乡完成2015年第一批退役兵家属优待金及自主就业一次性经济补助金发放工作。共为1名退役士兵发放资金7.4万元。

同日 2016年重点区域生态公益林建设项目通过县内验收。该项目投资414.6634万元（国家投资），在帮辛乡、格当乡及德兴乡种植花椒1100亩。项目由所在乡（镇）村委会实施，项目建成后将惠及275户、1318名农牧民。

26日 墨脱县各校组织开展防震减灾演练活动。各校结合自身实际，制订演练方案，组织学生开展防震减灾教育演练活动。全县各学校共组织开展防震减灾演练活动10余场次，参与师生2218人。

同日 湖南长沙市爱心人士为达木珞巴民族乡中心小学捐赠了70套羽绒服。

27日 县委常务副书记谢国高率援墨工作队一行到德兴乡进行实地调研。

同日 县疾控中心医务人员到玛迪村、米日村、亚让村开展儿童预防免疫接种工作。此次，共为22名0—3岁婴幼儿接种甲肝、百白破、乙肝、卡介苗、脊灰针、脊灰投服、A+C群流脑、麻腮风、麻风等免疫疫苗。

同日 中国人民解放军第115医院完成对口帮扶工作。自2016年8月下旬，中国人民解放军第115医院派遣妇产、药剂、彩超、检验、外科专家各1名到县卫生服务中心对口帮扶，对口帮扶2个月。其间，在中国人民解放军第115医院对口帮扶专家指导下，县卫生服务中心成功实施阑尾切除、剖腹探查等系列手术。

21日至27日 县保通队对达木硬化公路进行养护工作。其间，共出动装载机6台次、后勤车辆12辆次、人员78人次，清理土石方2900立方米，疏通边沟5000米、涵洞4道，清扫路面18000平方米。

24日至27日 “林芝区域文化丛书”总编室一行工作组到墨脱县开展采风及图片补拍工作。工作组一行先后前往仁青崩寺庙、墨脱村，背崩乡，德兴乡和达木珞巴民族乡拍摄门巴、珞巴食品制作方法、黄酒制作技术、农耕器具、晾晒器具、水磨等相关照片及视频。

26日至27日 县人大常委会主任遵珠率相关部门到背崩乡、达木珞巴民族乡验收“人大代表之家”。遵珠一行对“人大代表之家”创建、所配备的办公用品，代表公示栏、各项制度上墙情况进行了检查。

28日 墨脱县第二期农牧民电工技能培训班正式开班。

同日 德兴旅游景点项目开工建设。该项目总投资320万元（国家投资），建设内容为乡内硬化面积5300立方米、村景观道路长500米、包括5座亭子、1个观景台。建成后将为继续挖掘，保护和传承门巴族农村文化，提供良好的发展平台，以农村文化为吸引更多的游客大力推动乡村旅游业的发展。

同日 县司法局联合团委组织志愿律师在县完小开展预防未成年人犯罪为主题的法制宣传教育活动。

31日 县公安局组织开展商铺检查工作。此次，共检查商铺40余家，发现并整改安全隐患5处，收回过期证件1张，均已要求办理。

同日 墨脱县完成2016年农牧区碘盐配送工作。

同日 墨脱县开展2016年产业项目外业测量工作。对亚东村扶贫洗车场、茶叶苗圃基地，德兴村热带水果采摘体验园区及藤网桥农副产品销售点等4个项目进行了外业测量，总投资达371.7万元。以上项目的实施将解决亚东村、德兴村8户贫困家庭脱贫，同时，茶叶苗圃基地项目建成投产后，将结束墨脱县茶苗外购的历史。

11 月

1日 墨脱县垃圾处理厂便道工程通过验收。该项目于10月开工建设，总投资88.98万元（从垃圾填埋场项目结余资金中支付），新建砂石便道450米、涵洞一个、单边排水沟450米以及挡墙368立方米。

同日 县公安局开展交通夜查行动。此次交通检查行动，共检查车辆65台、查处乱停乱放2起，未戴安全头盔1起，教育驾驶员3人。

同日 达木珞巴民族乡卡布村农村饮水维修工程已通过验收。该项目总投资13.3万元（从2013年农村饮水资金中解决），新修进水口简易拦河坝、蓄水池穿孔盖板；新修引水管道PE7（1.0兆帕）1320米，村内PE40（1.25兆帕）480米；新修背水台16个。

2日 县纪委向全县县级领导和各单位发放《中国共产党问责条例》及《西藏自治区党风廉政建设主体责任和监督责任》手册共200余份。

3日 县民政局为德兴乡“6·16”受灾家庭发放抚恤金，共为德兴乡7户受灾家庭发放抚恤金70000元，每户10000元。

同日 自治区林业厅调研组一行到墨脱县开展菩提树引种试种工作。

同日 县卫生局联合县食药监局，对德兴乡卫生院申请销毁过期药品进行核查。此次核查过期药品有53种，价值14180.7元，并进行了集中销毁、登记。

10月28日至11月3日 县保通队对德兴硬化公路进行养护工作。其间，共出动装载机7台次、后勤车辆14辆次、人员86人次，清理土石方1500立方米，疏通边沟6000米、涵洞2道，清扫路面21000平方米，回填路面90平方米。

10月31日至11月3日 波密县部分区、市、县、乡（镇）级人大代表和政协委员考察团到墨脱县参观学习。考察团一行先后前往墨脱镇、德兴乡、达木珞巴民族乡、背崩乡、仁青崩寺就小康示范村建设情况，茶叶种植基地，精准扶贫、人大“代表之家”建设及旅游产业发展、文物保护的方面经验做法进行了交流学习。

6日 格林村村道公路开工建设。该项目起点接格林至背崩乡道路，终点为格林村，全长0.438公里，总投资70.8339万元（国家投资），为四级混凝土路面，全线共设置涵洞2道16.5延米，桥涵设计荷载采用公路Ⅱ级。

2日至6日 墨脱县党政代表团及门巴族表演团一同前往广东佛山参加“秋色巡游”活动。在该活动中，墨脱县演职人员参与巡游走方队，并演出了极具门巴特色的歌舞剧《林芝颂》。通过这次活动，大力宣扬了门巴文化，弘扬了老墨脱精神。

7日 县公安局开展反邪教宣传活动。此次活动中，共入户走访57户，签订拒绝邪教承诺书57份、受教育群众100余人。

1日至7日 县农牧科技局聘请四川雅安茶叶研究所茶叶专家徐晓辉开展茶园冬天管理技术指导。

8日 墨脱县完成旅游资讯网站门票预订功能升级。

同日 墨脱县第十一届人大常委会第一次会议顺利召开。本次会议依法对23名政府组成部门负责人和5名法院法律职务进行了任命，并根据相关法律规定，28名新任职在刘明的带领下面对宪法进行宣誓就职。审议并通过了民宗局、扶贫办关于“十二五”期间项目实施情况的汇报。

5日至8日 第四次全国中药资源普查之西藏大学农牧学院普查队进入墨脱县开展中（藏）药资源普查工作。其间，重点在墨脱镇巴日村、仁青崩、背崩乡地东村、西让村及背崩乡—汗密站段开展采集，共采集栝蒌、榼藤、诃子、姜黄等药材标本191种666份。

8日至9日 县食药局对墨脱县无证经营者、非法销售“三无”食品进行安全检查。此次检查商店26家次，餐饮单位9家次，查处过期食品7种，价值385元，并对过期食品进行销毁。

9日 县环保局开展“清洁家园 美丽林芝 我们在行动”百日会战城乡环境综合整治。为各乡（镇）、公路沿线村庄及重要旅游景点配发垃圾夹360把。

9日 墨脱镇积极开展砂石采砂价格宣讲活动。该镇通过深入全镇4个砂石采砂点、走村入户发放宣传资料形式，向农牧民群众宣传砂石价格。

9日至10日 墨脱县开展第三次全国农业普查培训工作。

10日 德兴乡德果村哈果荣桥新建工程项目开工建设。该项目总投资597万元（国家投资），桥长40米、总宽6.5米、路面宽5.5米，该项目由泸县第二建筑工程有限公司实施。

同日 墨脱县公告墨挂2016—01国有土地使用权挂牌出让。该宗土地用于修建白玛岗幸福小区，土地面积119亩，土地用途居住（20%商业），出让年限商业40年，住宅70年。

同日 墨脱县德兴乡德果村哈果荣桥新建工程项目开工建设。

同日 县民政局共为墨脱镇亚东村，格当乡布龙村5户困难家庭发放临时救助金10000元，每户2000元。

14日 墨脱县召开2016年下半年和谐模范寺庙、爱国守法先进僧尼、先进寺管会（特派员机构）及优秀驻寺干部表彰大会。此次共对玛尔蚌寺等3座和谐模范寺庙，尼玛顿珠等12名爱国守法先进僧尼及优秀驻寺干部进行表彰。

15日 墨脱县对果果塘茶园建设项目进行测量设计工作。通过测量设计，在果果塘上种植形似中国地图茶叶和相应景观植物，形成面积约400亩的地图茶园，项目计划投资2500万元左右，由国投资金和援藏资金共同承担。

同日 墨脱县召开2016年度民族团结进步表彰大会。会上对县委政法委、格当乡格当寺专职管理特派员机构等8个先进集体、加热萨乡小学教师丁增多吉等15个先进个人进行表彰。

同日 县公安局开展大清查行动。此次大清查行动，出动警力53人、警车8台、缉毒警犬1只；清查酒吧、按摩店、娱乐场所21家、出租房70多间，盘查人员735人，检查各类车辆120余台。发现未办理居住证25人，无身份证且未办理居住证人员1名，并查处交通违规行为2起。

16日 市委常委、副市长达瓦一行工作组到墨脱县德兴乡检查指导脱贫攻坚工作。

17日 墨脱县8个农牧项目通过市级验收。项目涉及总投资40万元的墨脱县2011年、2012年动物防疫体系建设项目，总投资60万元的墨脱县边境动物疫病观测哨所建设项目，总投资1037.39万元的墨脱县2015年茶叶种植建设项目，总投资398.28万元的墨脱镇、背崩乡、达木珞巴民族乡、格当乡、帮辛乡农牧综合服务中心建设项目。

11日至18日 县卫生局深入七乡一镇开展因病致贫前期筛查工作。此次筛查，主要针对精准扶贫筛查对象，共筛查人数206人，免费为贫困患者发放药品31种，价值2693.22元，并将筛查出来的患病人群按家庭随访、门诊治疗、住院救治三种方式进行分类，做到不错不漏，数据全面准确。

17日至18日 县委常务副书记谢国高率援墨工作队到达木珞巴民族乡、格当乡开展走访调研活动。其间，深入格当乡各村、格当寺、格当乡中心小学、乡卫生院及达木珞巴民族乡珠村进行了调研。

17日至18日 县农技推广站到达木珞巴民族乡达木村开展茶叶修剪培训工作。共对达木村200亩茶叶基地开展了修剪工作，同时对修剪出的茶叶按照收购价2元/斤进行了收购，共计采购茶叶6000余斤，为群众增收1.2万元。

19日 中南院教授成平带队工作组一行对帮辛乡帮辛村重点林区育林造林项目进行选址工作。

同日 林芝市检察院政治部主任孙学军向墨脱县一起交通肇事案件被害人家属发放国家司法救助金35700元。

21日 县检察院召开审查逮捕阶段重大案件汇报会，就目前正处于审查逮捕阶段的李某贩卖毒品案和鲍某容留他人吸毒两起案件，向人大代表、政协委员、人民监督员做专题汇报，并征求了与会人员的意见建议。

22日 县林业局对全县家具材（木制品）经营加工商户，就木制品经营个体商户的木材来源、有无违规加工国家保护植物的情况进行详细检查。经查，没收违规出售楠木菜板一块，并对该商户进行了批评教育。

23日 广东省佛山市三水恒利达针织有限公司送温暖捐赠仪式在县完小举行。此次广东省佛山市第八批援墨工作队积极协调广东省佛山市三水恒利达针织有限公司为墨脱县各校捐赠价值100万元的校服。

同日 墨脱县34人通过技能鉴定并取得职业资格证书。

同日 墨脱县兑现2016年公益林补助资金2925.92万元。

24日 县公安局开展冬季道路交通秩序整治工作。其间，共出动警力15人，检查各类机动车辆68台次，查处交通违法行为3起。

14日至24日 由县人大常委会遵珠主任带领的第一小组、副主任于世高带领的第二小组和副主任李伟带领的第三小组，分别至七乡一镇开展视察调研工作。各调研组分别深入墨脱镇、德兴乡、背崩乡、达木珞巴民族乡、格当乡、帮辛乡、加热萨乡32个行政村，调研工作主要各村人大代表对“十二五”期间民宗、扶贫项目建议及意见反馈，实地查看项目运营管理及效益落实情况。

25日 墨脱县开展2016年农牧民建筑技能培训。此次培训采取以动手实践为主和口头传授为辅，指导和实践相结合的形式进行，重点让农牧民掌握建筑技能，了解建筑施工的权利和待遇、相关的法律保障，以及农牧民务工的基本常识。参加此次培训共10人，分别为：德兴乡4人、背崩乡3人、达木珞巴民族乡3人。

26日 墨脱县开展地质灾害群测群防培训。此次培训四川省冶金地质勘查员专家谢浪授课，为55名农牧民监测元就地质灾害概念、主要类型、临时处置、应急救灾及简易监测设备安装及使用等内容进行培训。

同日 德兴乡贫困人员温室大棚种植技能培训开班。此次培训共投入资金6.74万元，培训人员30人，为期12天。以理论与实践相结合，采取边授理论边实践的方式进行，主要就大棚蔬菜种植技术、地膜覆盖栽培方法、蔬菜分苗技术、种子处理技巧及病虫害防治等内容进行了培训。

28日 县藏医院组织县、乡藏医、村医开展藏医药基本知识培训。此次培训为期3天，邀请市藏医院藏医副主任医师边巴仓决老师为各乡（镇）卫生院藏医医生、各村村医共57人就“治未病”基本知识、基层适用藏医药特色疗法进行培训。

同日 背崩乡开展药品安全使用管理专项检查。经检查，查出药品价值9946.81元过期药品，并进行集中销毁。

29日 山西南烨集团爱心资助墨脱县贫困大学生。该集团为墨脱县10名贫困大学生资助10万元（每名1万元），并表示今后每年也将资助10万元，直至其大学毕业。

同日 县总工会为县城首批3家“墨脱县工会会员证特约服务商户”挂牌。

30日 佛山市南海区为县卫生服务中心捐赠药品。佛山市卫计系统、佛山市第六人民医院向墨脱县卫生服务中心捐赠价值30万元的各类药品。

同日 佛山市南海区资助德兴乡小学贫困生仪式在德兴乡举行。仪式上，佛山市南海区为德兴乡小学3名贫困学生进行捐款，共捐款1.5万元。

12 月

1日 县工商局发放首张“两证合一”营业执照。标志着“两证合一”登记制度改革在墨脱县正式实施。

2日 县卫生服中心组派出5名医务人员在莲花广场开展免费义诊活动。其间，诊治农牧民群众87人，并免费发放价值9000元的药品57种。

4日 墨脱县举行以“学法律、学政策、比业务、促服务”为主题的“12·4”全国法制宣传日暨宪法日法律知识竞赛。此次知识竞赛采取积分制，竞赛内容涉及《中华人民共和国宪法》《中华人民共和国民族区域自治法》《中华人民共和国行政法》《中华人民共和国公务员法》等相关知识。乡（镇）、单位12支队伍参加了竞赛。竞赛产生了一等奖1名、团体奖2名、团体奖3名，优秀组织奖2个，优秀个人2个。

5日 县委书记旺东到格当乡调研自发搬迁户回迁安置工作。其间，旺东检查了工程进度，在充分肯定工作成绩的同时，对工程提出保证工程质量、保证工程进度、确保施工安全3点要求。

同日 甘登乡共为甘登、多卡两村81户319人兑现2015年修建马行道建设项目资金130万元及2015年辣椒种植基地建设项目资金60万元。

6日 墨脱县部分乡（镇）公益林专业管护站建设项目通过验收。该项目总投资515.24万元（国家投资），项目涉及七乡一镇，建设400平方米的专业管护站8个，截至12月6日 除甘登乡、加热萨乡不通公路未开工，其余乡（镇）均完工验收合格。

7日 墨脱县开展气象信息员培训活动。

同日 县检察院开展以“加强侦查监督、维护司法公正”为主题的“检察开放日”活动，县人大副主任杨明强、李伟，区市县三级人大代表、政协委员，人民监督员以及县委政法委、公安局、法院、墨脱镇和村民代表共计20人应邀参会。

8日 县公安局开展“社会协同治理 安全文明出行”主题宣传活动。此次宣传活动，共发放宣传资料200份，张贴宣传标语15条，解答群众咨询34人。

同日 墨脱县6名中学教师及8名教研员到巴宜区中学交流学习。就对口听课、学科教师交流、毕业班备考经验等内容进行交流学习。

9日 县人社局成功调解2起劳资纠纷。涉及农牧民工21人，追回民工工资18.35万元。

同日 县公安局开展新增流动人口清查行动。其间，民警深入辖区工地、宾馆、出租房等场所，对近期新增流动人口的身份信息、务工、居住证办理等情况进行核查。此次清查共清查近期新增流动人口22人，补办居住证6人。

12日 县教体局联合食药局到县中学、县完小开展学校食品安全大检查。

11日至12日 县委书记旺东一行深入乡（镇）开展“清洁家园 美丽墨脱 我们在行动”环境综合整治现场办公。其间，县委书记旺东，县委副书记、常务副县长李斌，副县长四郎拥珍带领县委办、政府办、住建局、环保局、旅游局等15个部门，先后深入墨脱镇，达木珞巴民族乡，德兴乡，背崩乡等4个乡（镇）7个村及小学、卫生院开展“清洁家园 美丽墨脱 我们在行动”环境综合整治现场办公。

13日 新华社西藏分社副社长多吉占堆到德兴乡卫生院进行采访。

同日 墨脱县成功创建“二级乙等”综合医院。

14日 墨脱县10个村，1个乡（镇）被评为2016年度自治区级生态文明村及生态乡（镇）。分别为德兴乡文朗村、德果村、荷扎村、那尔东村、巴登则村、易贡白村，达木珞巴民族乡达木村、贡日村、卡布村、珠村10个行政村为自治区级生态村，墨脱镇为自治区级生态乡（镇）。

同日 墨脱县各校园开展地震应急演练活动。为提高墨脱县广大师生抗震防范意识及震时自救互救技能，在地震发生时能快速有序地撤离及逃生，最大限度地减少地震突发灾害造成的损失。各学校开展地震应急演练活动，全县共计2240余名师生参加演练。

同日 广东省佛山市第八批援墨工作队举办强基层送温暖爱心物资集中发放仪式。仪式上，工作队为墨脱县土地贫乏、生活条件艰苦的帮辛乡岗玉村村民发放过冬大米6400斤。

15日 墨脱县基层劳动就业社会保障公共服务平台第一期培训班开班。此次培训分两期（第一期培训22人，第二期培训40人），培训经费共52300元（从墨脱县“就业再就业资金”中支出），培训为期3天，共培训基层劳动就业社会保障公共服务平台工作人员62人。

同日 墨脱县各校开展校园安全隐患排查活动。各校组织教职工对学校的教室、仓库、食堂、学生宿舍用电用水及校园防护、消防、应急设施等进行了全面安全排查，并对存在问题进行整改。

13日至15日 由市委常委、纪委书记、统战部部长多布庆带队的林芝市综合考评组到墨脱县进行年终考评。

15日至16日 林芝市人民检察院党组书记、检察长久美多吉一行到县检察院检查指导工作。久美多吉参观了县检察院各科室、办公办案技术用房以及墨脱县廉政警示教育基地，并在院四楼会议室召开座谈会。

16日 墨脱县开展不动产登记机构揭牌暨不动产权证书首发仪式。不动产统一登记权利类型包括：集体土地所有权、国有建设用地使用权、国有建设用地使用权及房屋所有权、集体建设用地使用权及建筑物构筑物所有权、宅基地使用权及房屋所有权、林地使用权和林木所有权、抵押权等不动产权利。登记类型：首次登记、变更登记、转移登记、注销登记、更正登记、异议登记、预告登记、查封登记等。此次揭牌仪式上为3名对象发放首批证书。标志着墨脱县不动产统一登记制度正式落地实施，是全县全面深化改革、全面推进政府职能转变取得的一项重要成果。

同日 墨脱县开展传承“老墨脱精神”深化“两学一做”主题演讲比赛。此次演讲由县委组织部、县委宣传部承办，分初赛和决赛两个阶段进行，全县18家单位18名选手参加，经过角逐，产生一等奖一名、二等奖两名、三等奖三名和优秀奖四名。140余名党员干部观看了比赛。

同日 农行墨脱县支行深入帮辛乡开展预防非法集资和精准脱贫小额贷款宣传活动。

19日 中国疾控中心寄生虫所研究员周升一行到德兴乡卫生院检查疟疾防治工作开展情况。

同日 县委常委、宣传部部长普果到达木珞巴民族乡卡布村看望慰问结对帮扶对象。普果与对帮扶对象尼玛和扎西亲切交谈，详细了解家中生活生产状况，并为其2户帮扶对象送去大米、罐头、清油等价值2700元慰问品。

同日 墨脱县“2016年暖冬行动”慰问活动在县中学开展。活动上，县妇联为13名贫困及留守中学生送去价值2675元的衣服、鞋子等寒冬御寒物品及文具盒、笔记本等学习用品。

17日至20日 县林业局深入帮辛乡、加热萨乡、达木珞巴民族乡及扎墨公路沿线开展火险隐患排查工作。重点对乡村护林员巡山、日志记录、森防值班等进行了排查。

21日 林芝市副市长丁勇辉一行到墨脱县德兴乡调研工作。

同日 县教（体）局开展茶叶栽培培训活动。此次培训从四川省雅安市名山区聘请农业局茶技站长徐晓辉为县内60余名农牧民主要就茶叶种植栽培技术、茶树修剪、茶叶采摘及茶园管理等内容进行培训，为期3天。

23日 县公安局开展接送学车辆专项整治行动。县公安局结合近期交通违法突出问题，组织警力对县中学、小学、幼儿园路段接送学车辆开展专项整治行动。其间，查处违规问题4起。

27日 县林业局到达木珞巴民族乡开展林木种植资源调查。经调查初步确定了五种经济林木树种、六种本地绿化树种。

24日至27日 县委常务副书记、第八批援墨工作队领队谢国高一行深入背崩乡开展调研。工作组一行深入该乡9个行政村、乡机关、学校、卫生院、派出所等展开了全面的调研。通过听取汇报、实地查看、交流座谈的方式对全乡各村的社会事业发展、群众生产生活、当前存在的问题和困难做了全面的了解。调研期间，为9个行政村村“两委”班子、驻村驻寺干部、贫困户、学校、卫生院、派出所等送去慰问金70000余元。

28日 经过县教育（体育）局、工青妇精心策划组织准备，为期19天的“墨脱县‘三大节日’系列体育庆祝活动”，在墨脱县全民健身活动中心顺利开幕。

30日 自治区党委组织部副部长（中组部援藏）张咏合一行到墨脱县德兴乡调研工作。

政 治

中共墨脱县委员会

【概况】 墨脱一词在藏语中意为“花朵”，历史上有“博隅白玛岗”之称，藏语意为“隐秘的莲花”，位于西藏东南部，喜马拉雅东段与岗日嘎布山脉的南坡，面积3.4万平方公里，平均海拔1200米。墨脱地域辽阔、雨量充沛、气候宜人，生态资源保存完好，物产丰富、资源禀赋独特，发展潜力巨大。拥有“五最一秘”的独特资源发展优势，即最优越的气候条件、最充沛的水利资源、最丰富的林业资源、最原始美丽的旅游资源、最多样丰富的生物资源、神秘独特的文化资源和特殊的政策优势。

2016年，墨脱县辖七乡一镇（其中包括1个珞巴民族乡）46个行政村，其中有5个边境乡、34个边境村；墨脱主要居民为门巴族和珞巴族，此外，还有部分藏族、汉族及其他少数民族（苗族、满族、侗族、彝族等）。截至年底，全县总人口13075人。

2016年，墨脱县除加热萨乡、甘登乡外，其余六个乡（镇）公路已贯通，公路通达率达75%，46个行政村中31个行政村公路已粗通，公路通达率达65.22%，乡（镇）通邮率达100%（其中加热萨乡、甘登乡季节性通邮）；电信信号覆盖率达100%，移动信号覆盖率达100%；46个行政村广播电视覆盖率达100%。

【经济发展】 2016年，全县生产总值达4.59亿元，按可比价比上年增长9.8%；2016年全县固定资产投资14.44亿元，同比增长8.5%；其中，国家投资12.9亿元，同比增长13.56%，占总投资的89.3%；援藏投资0.5亿元，同比下降52.38%，占总投资的3.5%；社会投资1.04亿元，同比增长15.56%，占总投资的7.2%。全社会消费品零售总额达3811万元，同比增长11.2%；财政收入达7634万元，其中：公共财政预算收入达4253万元（税收3019万元，非税收入1234万元），政府性基金收入3381万元。农牧民人均可支配收入达7989元，同比增长10.1%。农牧民人均现金收入达6790元，同比增长10.5%。粮油产量达5214吨，同比增长3%。主要经济指标增速趋于平稳，为全面建成小康社会奠定了基础。

【特色农牧业】 粮食产量稳步提升。2016年全县粮食总产量达5167.4吨，同比增长3%。茶产业发展步伐明显加快。截至年底，共建成茶园5108亩，其中可采摘茶园2848亩。全年共采摘茶青1.8万余斤，为农牧民增收72万余元。墨脱县茶叶成型佳、品质好，制成红茶、绿茶3600余斤，在四川、上海、福建茶叶博览会上受到与会者一致好评，并获得“中国好茶”银奖。2016年12月，墨脱茶叶通过西藏出入境检验检疫局审核，墨脱县成为西藏首个省级出口食品农产品质量安全示范区，为墨脱茶叶走出西藏，走向全国，走向世界迈出了坚实的一步。新建高标准有机茶园1150亩。总投资370万元及时搭建临时厂房和购买设备用于炒制春茶，炒制春茶1300余斤，采摘春茶茶青6500余斤，采摘大茶茶青27000余斤，制成成茶1300余斤，茶叶共计创收116.9余万元。发放农牧民茶园后期管理资金721.1万元。

【特色旅游业】 2016年，墨脱县共接待游客75912人次，同比增长7.2%；实现旅游总收入7405.87万元（其中农牧民收入4937.24万元），同比增长59%；全年共售出门票19717张，总收入281.42万元，与上年相比分别增长20%、19%。

【交通运输】 总投资为9.78亿元的地东边防公路、格林边防公路等15个续建项目，已完工6个。总投资3.31亿元的德尔贡村、西让村公路等10个新建项目，有序推进。截至年底，全县公路总里程338.22公里，其中，通县道117公里、通乡道101.6公里、通村道119.62公里，乡镇公路通达率为75%、通畅率为25%，行政村公路通达率为65.22%、通畅率为6.5%。行政村公路通达率和通畅率比2015年底分别提高19.57%和4.3%。通乡、通村公路总里程再创新高，交通“瓶颈”有效缓解。

衔接交通项目建设。2016年新下达项目7个，分别为背崩公路硬化、格当公路硬化和江新公路硬化项目、格林村村道公路及甘登乡甘登村至波密县古乡巴卡村通道、德果公路韩果荣永久性桥工程、背崩村环村公路硬化，总投资达26373万元，且该7个项目施工单位均已进场，7个项目均已开工建设。截至年底，扎墨公路二期改造工程建设项目自治区交通运输厅正在进行衔接工作。

【城乡建设】 特色小集镇建设稳步推进。背崩乡特色小集镇建设项目，已于2016年11月开工建设。德兴乡、达木乡建设项目正在编制实施方案。截至年底，投资2694.8万元的K80旅游小集镇第一期工程已完成70%。投资1000万元的背崩乡基础设施建设已完成95%。投资700.06万元的达木小康示范村三期工程已完成64%；新农村建设有序开展。截至年底，投资615万元的重点生态功能区转移支付资金已全部落实到位。投资3894.9万元的6个边境小康示范村（格当村、布龙村、桑珍卡村、占根卡村、荷扎村、格林村）、投资2944万元的帮辛乡（帮辛村、宗荣村、帮果村、肯肯村）基础设施建设等项目已开工建设。投资240万元的2015年6个村级组织活动场所建设已完成工程量的80%，其中格林村、文朗村、根登村、江新村村公房项目已竣工验收。

【林业建设】 加强森林防火，确保林区安全。签订《保护发展森林资源目标责任书》和《森林防火目标管理责任书》；制定2016年《森林防火宣传方案》和《森林防火隐患排查工作方案》；制定入林许可证。已办理入林许可证400余份；签订森防责任书和林区施工合同，缴纳森防保证金。已签订森防责任书4份，林区施工合同4份，缴纳森防保证金75万元；加大火险隐患排查力度。根据《森林防火隐患排查工作方案》，排查隐患90余次，下发整改意见书10余份，并已全部整改落实。积极开展“争当生态战士·共建生态家园”主题宣传活动。发放各类学习培训资料8000余份，开展集中学习70余次，村（居）开展小组学习6000余次，签订倡议书46份，参加倡议群众达4000余人次。

【通讯设施】 2016年，邮政业务收入达78.6万元，乡镇通邮率达100%（其中加热萨乡、甘登乡季节性通邮）；电信业务收入达630万元，电信信号覆盖率达100%；移动业务收入达640万元，移动信号覆盖率达100%。截至年底，46个行政村广播电视覆盖率达100%，全县有线闭路电视节目增加至51套，有线闭路电视用户达1891户。

【安全生产、防灾减灾】 制定并完善了《墨脱县烟花爆竹安全管理方案》《墨脱县安全生产检查实施方案》等安全生产领域实施方案，有效预防了生产事故的发生；全年各部门开展安全生产检查800余次，出动工作人员4000余人次，共发放宣传单1000余册、宣传海报200余张，安全生产工作取得较好成绩；制定“明厨亮灶”工作方案，明确工作目标。截至年底，全县实施“明厨亮灶”42家，完成全县餐饮总数的85.7%，完成项目任务的107%；深入各乡（镇）开展地震灾害防御检查督导工作，并在背崩、德兴、达木小学组织地震演练，学生的防震避灾意识进一步加强。2016年，墨脱县共发生各类事故1起（火灾1起），死亡0人，受伤0人，与上年同期相比，事故起数增加1起。

【综治维稳】 2016年，全年办理来信来访40批（件）157人次，信访批次同比下降35.5%，人次同比下降59.5%。调处解决39批（件），兑现资金380余万元，结案率达97.5%。受理治安调解10起，成功调处10起，矛盾纠纷调处率达100%；加强寺庙管理。深入实施“六建”“九有”等一系列利寺惠僧政策，全面加强和创新寺庙治理，确保宗教活动正常开展。2016年，墨脱县共接警324起，有效接警131起，受理行政案件13起，查处13起，查处率达100%，行政拘留16人次。受理各类刑事案件20起，立案17（含2015年一起积案）起，破案16起，破案率为94%，同比提高9%。全年墨脱县没有发生过任何影响民族团结和社会稳定的矛盾纠纷。

【宗教领域】 仁青崩寺等7座寺庙已实现庆祝西藏自治区成立50周年领袖画像、国旗、报纸、广播电视、电影全覆盖；5座寺庙已建成寺庙书屋；1座寺庙通网络；5座寺庙通电；5座寺庙自来水。同时，继续加大投资7座寺庙“九+六”（蔬菜大棚、公厕、国旗台、文化室建设）项目实施工作。继续加强寺庙维修工作，格当寺投资99万元进行维修，加热萨乡曾久寺投资100万元进行维修。

【社会保障】 顺利推进各项保险的统筹和保险费的收缴工作，参保人数达10795人次，共征缴保险费1887.81万元，参保率、征缴率均达100%；全年城镇新增就业635人；实现就业再就业培训人数681人，其中农牧区转移就业培训527人（贫困户参与人数为235人）。投入100.22万元，开展农牧民促进就业培训24期，培训人数827人；农牧民转移就业达2100人次，转移就业收入达502万元。全年为295户1017人发放城乡居民最低生活保障资金共计153.3万元；扎实做好“双集中”工作，42名五保户老人入住县集中供养中心，19名孤儿移交至市儿童福利院集中收养，真正做到了特殊群体“老有所养，少有所依”；农牧区特困群众医疗救助金救助172人次，救助金额为68.23万元。

【医疗卫生】 加大农牧区医疗制度政策宣传，稳步推进医疗卫生工作。农牧区医疗制度总基金到账856.02万元（其中政府解决400万元），参合率达100%。大病统筹报销人数2221人次，811.79万元；建立城乡居民健康体检档案10472人，在编僧尼健康体检档案27人，体检率分别为98%和100%；全年享受县孕产妇住院分娩补助90人，兑现补助金9.8万元；免费孕前检查56人，完成率56%，发放免费计生药具900余人次；成功创建二级乙等医院，医疗服务水平进一步提升；消除疟疾工作成效显著，全年未发生一例本地病例；全县门诊诊治患者达28222人次，住院694人次，急诊542人次，转院94人次，开展各类手术共134例；新开展检查项目：降钙素原检查（有效控制滥用抗菌素）、心肌酶普检查（明确诊断心肌梗死）、D二聚体检查（明确有无血栓）、脑钠肽检查（明确心衰诊断）。

【公共文化】 农家书屋运营良好。农家书屋共46个、寺庙书屋7个。46个农家书屋总藏书量101513册，每个农家书屋配备1个管理员（由每村村长兼职），配有阅读桌椅4套，音响1套。其中2016年46个农家书屋共更新书籍5796册，87个种类；7个寺庙书屋总藏书量4121册，每个寺庙书屋配备1个管理员（由寺庙管理员兼职），配有阅读桌椅4套，音响1套，其中2016年7个寺庙书屋共更新书籍621册，59个种类。

非物质文化遗产取得良好性进展。拟申报为

市级非遗项目10个：黄酒酿制、珞巴藤竹帽编织、门巴服饰等；10个非遗传承人：薄饼制作传承人、次真拐杖制作传承人、红糖制作传承人、黄酒酿制传承人、珞巴藤竹帽编织传承人、乌木筷制作传承人、吊脚楼建造传承人、藤网桥建造传承人等，目前未批复。

【项目建设】 重点项目建设投资落实情况。新建、续建项目共167项，总投资达40.32亿元，（全社会固定资产完成投资18.01亿元，同比增长10%。其中：新建项目79个，总投资21.8亿元，累计完成投资9.8亿元；续建项目88项，总投资18.52亿元，累计完成投资4.64亿元）。

【水利基础设施】 2016年，共开展项目前期工作8项，总投资达12069.68万元；农村饮用水条件逐渐改善。农村饮水安全工程、乡镇供水工程等项目建设，逐步提升农村用水品质，农牧民用水安全问题得到保障；中小河流治理有序推进。背崩乡地东村山洪灾害治理、嘎弄曲K62防洪工程等项目建设，将有效防止山洪、洪水等自然灾害的发生，切实保障人民群众生命财产安全；农业生产有效灌溉面积快速增长。进一步完善水利工程基础设施，改善水渠灌排条件，提高供水能力，扩大灌溉面积。2016年，全县共改善灌溉面积6573亩。

【教育事业】 2016年底，全县共有在职教师248名，基本满足教育教学需求。通过开展“一师一优课、一课一名师”等教研活动，教学水平有效提升。“三包”经费和“营养改善计划”全面落实，幸福莲花奖学金、重视家庭教育奖学金等教育资助项目广泛开展，确保了适龄学生顺利完成义务教育。2016年，墨脱县有2人考取内地西藏初中班，2人考取区外高中，16人考取区内重点高中。

【精准扶贫】 2016年初，墨脱县实有建档立卡贫困人口668户2615人，贫困发生率为25.08%，贫困人口遍布全县46个行政村。通过科学制定扶贫规划，积极有效推进产业扶贫、易地扶贫搬迁安置、“点对点”帮扶工作，截至年底，圆满完成137户676人的脱贫目标。

【生态保护】 年内，为走好环境保护与经济发展双赢之路，墨脱县大力开展退耕还林工作，严惩非法狩猎、乱砍滥伐行为，扎实推动林业管护工作。制定了《墨脱县砂石管理办法》，砂石市场乱采乱挖、强买强卖现象得到有效遏制。编制《墨脱生态文明建设示范县规划》，德兴乡文朗村、德果村等10个行政村顺利通过国家环保部评审，被命名为自治区级生态村，墨脱镇被命名为自治区级生态乡（镇）；完成2017年国家重点生态功能区县域生态环境质量考核及自治区环境保护考核资料汇编工作。经季度监测，全县各项自然生态指标保持良好。

【援藏事业】 切实做好由第七批援藏工作队投资建设的项目收尾工作。主要是做好援藏项目（包括：民俗文化古街项目，6个小康示范村建设项目等）的竣工验收，项目资料收集、整理和移交工作；第八批援藏工作顺利开展。第八批援藏工作队进驻墨脱县以来，积极参与到援藏项目谋划、跑办的各个环节。截至年底，第八批援藏工作队投资400万元建设的达木乡卫生院建设项目已完成总工程量的20%，投资350万元的德兴乡德兴村村级组织活动场所建设项目已完成总工程量的20%。

【党建工作】 年初，县委按照市委及市委组织部的总体工作部署，认真总结往年经验，县委书记认真落实第一责任人职责，率县委办、发改委、交通运输局、旅游局、扶贫办、农牧科技局等部门深入七乡一镇开展了一次党建工作调研，结合实际研究制定了《墨脱县2016—2020年基层党建工作规划》，召开党建专题部署会，为抓实各领域党建工作提供了基本遵循。

建立职责清单，狠抓责任落实。年初，县委与各级党委签订了《党建工作责任书》，明确了各级党委的主体责任、组织部门的指导监督责任、组织部长的直接责任、各级基层党组织书记的落实责任，建立各级党组织书记责任清单，县、乡党委班子成员带头建立党建联系点，层层压实党建责任。全县已形成“抓好党建是本职、不抓党建是失职、抓不好党建是不称职”的共识。

健全工作制度，强化制度保障。建立健全了村级组织十九项制度，指导上墙并建立台账，确保工作落到实处。出台了《墨脱县推行村干部量化管理的意见》和《墨脱县村干部考核激励办法（试行）》，从建立村“两委”年度目标任务清单、实行村干部上班常态化、强化村干部考核激励三个方面，推动村干部主动作为、履职尽责，积极向广大群众宣传党的方针政策和国家法律法规，接待受理村民来访，化解各种矛盾纠纷，为群众提供政策、村务咨询，代办各种审批事项，把党的好政策落到实处，激发村干部干事创业热情，充分发挥他们直接凝聚团结群众、联系服务群众的主力军作用。截至年底，全县各村干部为群众办实事、解难事共589件。

建立投入模式，强化经费保障。建立了以县乡财政投入为主、党费投入为辅、援藏资金投入为补充的基层党建经费投入模式，每年每个乡镇基层党建工作经费达到20万元以上、每个村达到5.5万元以上（每村党建经费2万元，第八批援墨工作队每村支持2万元，每村第一书记每人每年1.5万元办实事经费）。从2016年起，在足额落实自治区标准的基础上，为每名村干部增加5000元报酬待遇，并对年度考评为优秀和称职等次的，在市委、市政府给予每人5000元和3000元奖励的基础上，县委、县政府再增加3000元和500元奖励。

县直机关、乡（镇）机关以“两学一做”学习教育为契机，开展“做合格党员”为主题的一系列活动。截至年底，8个乡（镇）机关31个县直机关党支部共662名党员干部围绕助学帮困、宣传教育、医疗救助等设岗定责开展服务，共办实事256件，投入资金287.62万元，极大密切了党群干群关系。

【党风廉洁建设】 2016年墨脱县召开了纪检监察工作会议，将履行党风廉洁建设责任制与经济社会发展全局同等重视、同步部署，多次专题研究部署党风廉洁建设和反腐败工作，多次组织县委常委会议研究党风廉洁建设和反腐败工作，有效保障了全县党风廉洁建设的顺利开展。严格组织程序，狠抓干部选拔任用。严格按照《党政领导干部选拔任用工作条例》有关规定，2016年墨脱县县乡两级换届选举产生新一届乡（镇）领导班子75人、县级领导班子31人，并按照相关规定，提拔调整干部134人。同时，县委制定出台了《关于建立干部能上能下机制的意见》，完善干部考核评价办法；在教育培训方面，充分利用区市扶持墨脱和广东援助墨脱的良好平台，2016年组派各类人才参加培训501人次，参加对口援藏培训22人，有效提升了全县各级领导干部的业务素质和理论水平。在“三公”经费方面，2016年，墨脱县“三公”经费累计支出485.05万元，同比减少283.95万元，同比下降36.92%。

（宋 涛）

【领导名录】

县委书记 邓江陵（土家族，8月离任）
旺　东（门巴族，8月任职）

县委副书记、县长
扎　西（藏族，4月离任）
魏长旗（4月任职）

县委常务副书记
李　灿（援藏，7月离任）
谢国高（援藏，7月任职）

县委副书记
罗　加（藏族，5月任职）

县委副书记、政法委书记、公安局局长、督察长
刘　明

县委副书记、常务副县长
李　斌（援藏，7月任职）
张育辉（7月离任）

县委常委、纪委书记
朱宇峰（4月任职）

县委常委、组织部部长
罗　布（藏族，1月离任）
赵　敬（1月任职）

县委常委、统战部部长

边巴索朗（藏族）

县委常委、宣传部部长

杨 兴 富（苗族，6月离任）

普　　果（藏族，6月任职）

县政府副县长

普　　果（藏族，1至6月任职）

县委常委、人武部部长

高 林 林

县委常委、常务副县长

多吉扎西（藏族，6月任职）

县委常委、副县长

高 功 强（7月任职）

墨脱县人民政府

【概况】 2016年，全县人民在县委、县政府的正确领导下，深入学习贯彻中共十八大，十八届三中、四中、五中全会和中央第五、第六次西藏工作座谈会精神，深入学习贯彻习近平总书记系列重要讲话精神，特别是“治国必治边、治边先稳藏”重要战略思想和“加强民族团结、建设美丽西藏”重要指示，深入贯彻落实区党委八届六次、七次、八次全委会和市第一次党代会及市委一届二次、三次全委会精神，在广东人民无私援助下，紧紧围绕率先全面建成小康社会目标要求，按照县委、县政府制定的“123456”发展思路，团结和依靠全县各族人民，坚持稳中求进工作总基调，主动适应经济发展新常态，在应对挑战中砥砺前行，抢抓机遇，乘势而上，经济社会平稳快速发展。

【县政府全体会议】 2016年，墨脱县人民政府共召开了8次政府全体会议，分别是《2015年工作总结暨2016年工作计划会议》《2016年墨脱县经济工作会议》《2016年墨脱县安全生产工作会议》《墨脱县工作汇报会》《墨脱县2016年安全生产墨脱行活动动员会》《墨脱县2016年上半年经济运行情况通报暨经济工作部署会》《2016年全县干部大会》《2016年政府工作会议》。

【县政府常务会议】 2016年，墨脱县人民政府共召开11次常务会议，主要研究各乡（镇）、各部门提请政府研究的解决资金及重大项目实施方案相关事项。

【县政府专题会议】 2016年，墨脱县政府共召开26次专题会议，对全县重点工作、突发公共事件进行专题研究，主要包括墨脱县地震灾害防御工作、扶贫工作、“乡（镇）规划”评审工作、政府系统廉政工作、旅游创AAAA工作、重点项目建设推进工作等内容。

【经济发展】 2016年，全县生产总值达4.59亿元，按可比价同比增长9.8%；2016年全县固定资产投资14.44亿元，同比增长8.5%；其中，国家投资12.9亿元，同比增长13.56%，占总投资的89.3%；援藏投资0.5亿元，同比下降52.38%，占总投资的3.5%；社会投资1.04亿元，同比增长15.56%，占总投资的7.2%。全社会消费品零售总额达3811万元，同比增长11.2%；公共财政预算收入达4253万元。农牧民人均可支配收入达7989元，同比增长10.1%。农牧民人均现金收入达6790元，同比增长9.2%。粮油产量达5214吨，同比增长3%。

【特色农牧业】 粮食生产能力显著提高。玉米平均亩产847.9斤，同比增长21.13%；水稻平均亩产691.7斤，同比增长15.28%。

茶产业规模化发展。墨脱县已建成茶园5108亩，可采摘茶园2848亩。2016年春茶共计采摘茶青6500余斤，制成绿茶、红茶共计1300斤，茶叶成型佳、品质好，并参加了四川、上海、福建茶叶博览会，在茶博会上，墨脱茶叶受到各界人士的一致好评，并获得中国好茶银奖；秋茶共计采摘茶青1827.8斤，制成红茶351.50斤。

【特色旅游业】 年内，墨脱县紧紧围绕“一个景区、一部规划、一套办法、分片建设、全面提升”发展战略，通过召开旅游工作专题会议等举措，精心安排部署并扎实推动旅游工作。《西藏自治区林芝市墨脱县旅游发展中长期规划（2016—2030年）》通过评审；基础设施建设逐渐完善。K80游客服务中心、扎墨公路沿线观景台等项目已建设完工，德兴景点、达木景点等建设正在有序进行；旅游收入再创新高。1—12月，共接待游客73215人次，同比增长7.5%，实现旅游总收入7152.36万元，其中农牧民收入4768.23万元，同比增长59%。2月20日至12月26日，共销售门票19695张，较上年同比增长22.7%，实现门票收入281.06万元，同比增长25.7%。

【水电、文化、藏医药产业】 针对墨脱县水电能源业、门珞文化业和藏医药业起步晚、发展程度低的实际情况，墨脱县在打牢基础、规划发展、培育资源的前期筹备阶段狠下功夫。墨脱电网升级工作有序开展；门珞文化历史博物馆、民间文化艺术团等成为保护门珞历史文化的重要平台。县文化活动中心团体活动室、图书馆等成为重要的文化传播途径；积极开展藏药天然资源普查工作，为墨脱县藏医药产业的科学发展提供依据，为下一步发展奠定基础。

【城乡基础设施建设】 墨脱县牢牢把握自治区、林芝市扶持墨脱发展力度不断加大的大好机遇，积极争取国家、社会和援藏资金，1-11月，墨脱县新建、续建项目共169项，总投资达40.32亿元，全县固定资产完成投资12.74亿元，同比增长6.8%，基础设施建设逐渐改善。

交通基础设施逐步改善。公路里程再创新高，总投资为97765万元的地东边防公路、格林边防公路等15个项目，已经完工6个，截至年底，公路总里程338.22公里，其中，通县道117公里、通乡道101.6公里、通村道119.62公里，乡镇公路通达率为75%、通畅率为25%，行政村公路通达率为65.22%、通畅为6.5%，行政村公路通达率和通畅率比2015年年底分别提高19.57%和4.3%。

市政基础设施建设逐渐完善，城市管理水平不断提高。坚持把以人为本作为新型城镇化的核心内容，严格贯彻执行《墨脱县县城总体规划》《墨脱县城市设计》和《墨脱县控制性详细规划》要求，积极推进亚东市政道路、县城供水工程项目等市政项目，完善城市公共设施建设。面向社会招聘城市协管员，扩大城市管理队伍，加大整治城乡“脏、乱、差”整治力度，实行环卫工包段打扫制和绩效考核制。

【人民生活水平提高】 2016年，公益林补偿金、边民补助等惠民资金按时、足额发放，成为农牧民群众维持基本生活保障的重要来源；加强背崩乡边境一线乡镇建设、德兴乡基础设施建设、达木乡新型城镇化示范乡建设。其中，投资1000万元的背崩乡基础设施、投资11955.45万元的2013年987户安居工程、投资240万元的2015年6个村级组织活动场所等项目均已经完成总工程量的80%以上。为进一步加强墨脱县餐饮服务食品安全管理水平，完善餐饮服务食品安全诚信体系建设，强化餐饮服务单位诚信经营意识和自律行为，根据墨脱县实际，及时制定完成“明厨亮灶”工作方案，截至年底，80%以上餐饮服务单位完成“明厨亮灶”改造工作的工作。全县实施“名厨亮灶”42家，完成全县餐饮总数的85.7%。

【综治维稳工作】 年内，墨脱县深入实施“六建”“九有”等一系列利寺惠僧政策，全面加强和创新社会治安综合治理，确保宗教和睦。县公安局指挥中心全年共接警324起，有效接警131起，受理行政案件13起，查处13起，治安调解10起，查处率达到100%，行政拘留16人次；受理各类刑事案件20起，立案11起，破案10起，破案率为91%。较2015年发案率下降35%，破案率上升6%。2016年，墨脱县没有发生过任何影响民族团结和社会稳定的矛盾纠纷。

【教育事业】 达木乡、德兴乡五人制足球场等建成并投入使用，教育基础设施逐渐完善；全县在职教师共计248名；通过开展“一师一优课、一课一名师”等活动，教学水平显著提升，2016年墨脱县有2人考取西藏初中班，2人考取区外高中，16人考取区内重点高中；“三包”经费和“营养改善计划”全面落实，幸福莲花奖学金、重视家庭教育奖学金等教育资助项目广泛开展，确保了绝大多数学生顺利完成义务教育。

【精准扶贫工作】 2016年，墨脱县实有建档立卡贫困人口668户2615人，贫困发生率为25.08%，贫困人口遍布全县46个行政村。2016年计划脱贫户223户891人，截至年底，已经完成脱贫任务。加热萨乡久当卡村易地扶贫搬迁、达木乡珠村易地扶贫搬迁和格当乡桑珍卡村下那巴回迁安置工程2016年年底完工。

【生态环境保护与建设】 2016年，为走好环境保护与经济发展双赢之路，墨脱县大力开展退耕还林工作，严惩非法狩猎、林木乱砍滥伐行为，扎实推动林业管护工作；制定《墨脱县2016年生态建设实施计划》计划将德兴乡文朗村、德果村等10个行政村申报自治区级生态村，并将墨脱镇申报为自治区级生态乡（镇）。完成2017年国家重点生态功能区县域生态环境质量考核资料汇编工作。经检测，全县各项自然生态指标保持良好。

【党风廉政工作】 2016年，墨脱县政府系统在各级党委的坚强领导下，政府班子坚决贯彻习近平总书记关于全面从严治党的系列重要讲话精神，严守政治纪律、政治规矩，压紧压实主体责任，驰而不息纠正“四风”，营造了干部清正、政府清廉、政治清明的良好氛围，有力促进了墨脱县经济发展和社会稳定。严格落实“三会一课”制度，政府党组、支部按照年初制订的《“三会一课”实施方案》，认真开展“三会一课”相关活动，共开展开支部党员大会6次、支部委员会12次、党小组会16次，结合“两学一做”活动按时给支部上党课共计40余课时；扎实开展党员学习教育，按照年初党员干部学习计划全年完成党支部学习52课时，参与人数达800余人次；积极开展党员义务活动3次，分别到县福利院看望老人、义务环卫，参与人数达50人次。

【执政能力建设】 墨脱县政府扎实推进民主法制建设、不断加强勤政廉洁建设、坚持勤勉履职，强化政府自身建设，提高施政能力和服务水平。选派政府县级领导深入各乡（镇）开展调研，听取人大代表、政协委员、离退休老干部以及专家学者的意见建议，自觉接受宪法监督、民主监督和社会舆论监督，提高决策水平。认真办理各类建议、议案、提案，2016年共办理人大意见建议187件，政协提案96件，答复率均达100%；紧紧围绕建设廉洁政府目标，加快政府职能转变，强化行政监察、审计监督和工作督查，全面落实廉政建设责任制；从严控制三公经费，大力压缩一般性支出，集中财力办民生实事；进一步健全管理机制和问责机制，加强党风政风建设，进一步提高政府执行力；深入践行“两学一做”，增强政治意识、大局意识、核心意识、看齐意识，加强作风和能力建设，打造高素质专业化的公务员队伍。健全并严格执行工作责任制，督查问责机制，确保各项政策和任务不折不扣落到实处，坚决整肃庸政懒政怠政行为。

（杨玉娟）

【领导名录】

县委副书记、县长

扎　　西（藏族，5月离任）

魏 长 旗（5月任职）

县委副书记、常务副县长

张 育 辉（广东援藏，7月离任）

李　　斌（广东援藏，7月任职）

县委常委、常务副县长

巴　　桑（门巴族，6月离任）

多吉扎西（藏族，6月任职）

县委常委、副县长

高 功 强（7月任职）

副 县 长　多吉旺扎（6月离任）

王　　鹏（6月离任）
普　　果（女，藏族，6月离任）
李　　勇
张 剑 峰（广东援藏，7月离任）
多吉扎西（藏族，6月离任）
达　　乔（藏族）
扎西顿珠（6月任职）
侯 柯 宇（4月任职）
王 旭 杰（7月任职）
四郎拥珍（女，藏族，7月任职）
县长助理　钟 俊 纪（广东援藏，7月离任）

墨脱县人民代表大会常务委员会

【概况】　年内，墨脱县人大常委会及其办公室在林芝市人大的正确指导和县委的坚强领导下，扎实开展各项人大会议工作，认真学习贯彻“两学一做”专题教育实践活动，进一步推进党风廉政责任制建设，严格机关内部纪律要求，狠抓责任落实，认真履行人大各项职能，积极开展各项工作，组织墨脱县各级人大代表及人大工作人员至县内外进行了考察交流和学习培训，提高了人大代表及工作者的履职能力，在不断推进人大工作的同时，服务全县各项工作的大局，完成了县委交办的各项工作任务，为实现墨脱长足发展和长治久安作出重要贡献。2016年，县人大常委会设主任1名，副主任4名；常委会下设办公室主任1名，副主任1名，科员4名；其中汉族6名，门巴族4名，藏族1名，有妇女干部3名，其间，人大常委会办公室1名主任退休离岗、1名副主任调任他职；从其他单位调任办公室主任1名、内部提拔办公室副主任1名。

【重要会议】　县十届人大七次会议。墨脱县第十届人民代表大会第七次会议，于2016年3月9日上午开幕，会期两天半，会议地点：县多功能厅；应到代表76名，实到代表70名，因事因病请假6名。大会主要议程：听取和审议县人民政府工作报告；听取和审查县发改委关于墨脱县2015年国民经济和社会发展计划执行情况和2016年国民经济和社会发展计划草案的报告；听取和审查县财政局关于墨脱县2015年财政预算执行情况和2016年财政预算草案的报告；听取和审议县十届人大常委会工作报告；听取和审议县人民法院工作报告；听取和审议县人民检察院工作报告；听取墨脱县十届人大五次会议以来代表所提建议、意见办理情况的报告；通过大会各项决议。

县十一届人大一次会议。墨脱县第十一届人民代表大会第一次会议，于2016年8月26日上午开幕，会期四天，会议地点：县多功能厅；大会应到代表79名，实到代表72名，因事因病请假7名。大会主要议程：听取和审议县人民政府工作报告；听取和审查县发改委关于墨脱县2015年国民经济和社会发展计划执行情况和2016年国民经济和社会发展计划草案的报告；听取和审查县财政局关于墨脱县2015年财政预算执行情况和2016年财政预算草案的报告；听取和审议县十届人大常委会工作报告；听取和审议县人民法院工作报告；听取和审议县人民检察院工作报告；选举墨脱县十一届人大常委会主任、副主任、委员，政府县长、副县长、法院院长、检察院检察长；组织新当选人员向宪法宣誓；通过大会各项决议。本次大会共选举产生了人大常委会委员25名，政府县长、副县长10名，法院院长和检察院检察长各1名。

县人大常委会主任会议和常委会议。2016年，县第十届和第十一届人大常委会先后组织召开了7次主任会议、9次常委会议，常委会议主要审核了《墨脱县人大常委会工作报告》《墨脱县人民政府2015年国民经济和社会发展计划执行情况和2016年国民经济和社会发展计划（草案）》《墨脱县人民政府2017年财政预算（草案）》等报告，听取了县教育局关于贯彻实施《中华人民共和国义务教育法》情况的报告和县发改委、环保局、卫生局、交通局等4个部门2016年工作开展情况的报告等，依法任命干部32名，并组织向宪法进行了宣誓。

【人大代表建议意见办理】 墨脱县第十一届人民代表大会第一次会议上共收到了代表建议和意见84条，小组讨论提出的意见建议共109条，总共193条建议意见。截至年底，县政府部门已办理、正在办理或将要办理的共有173条，暂时不能办理及不予办理的共有20条，答复率100%，办结率89.64%，暂时不能办理或不予解决的建议、意见是由于条件不成熟或墨脱县已积极争取但没有获得上级审批或内容不符合政策和实际需求。

【上级人大调研检查】 2016年2月26日，自治区人大常委会副主任嘎玛一行调研组，在林芝市人大常委会副主任次旺晋美、县人大常委会主任遵珠、县人大常委会副主任杨明强等陪同下深入墨脱县对人大代表工作开展情况及“人大代表之家”建设情况等方面开展专题调研工作。

2016年4月9日，林芝市人大常委会副主任张明一行检查组，在县人大常委会主任遵珠、县人大常委会副主任杨明强以及县公安局、县人民检察院等部门负责人的陪同下深入墨脱县对看守所进行实地检查指导工作。

2016年5月23日，林芝市人大常委会副主任旺扎多吉一行检查组，在县人大常委会主任遵珠，政府副县长李勇以及县食药监局、县卫生局等部门负责人的陪同下，深入墨脱县对《中华人民共和国食品安全法》《中华人民共和国药品管理法》贯彻执行情况和藏医药传承保护发展情况开展检查指导工作。

2016年6月13日，自治区人大常委会委员、自治区教科文卫委员会副主任委员嘎旺一行调研组，在县人大常委会主任遵珠、政府副县长李勇以及县卫生局、县卫生服务中心等部门负责人的陪同下，深入墨脱县对藏医药传承保护与发展开展调研工作。

2016年9月22日，林芝市人大常委会副主任张海波一行检查组，在县人大常委会副主任李伟的陪同下，深入墨脱县对墨脱镇“人大代表之家”开展检查指导工作。

【视察调研工作】 2016年11月14—24日，根据墨脱县人大常委会年度工作安排，经2016年11月8日第十一届人大常委会第一次会议决定，县人大常委会领导带领三个工作组分至墨脱县七乡一镇进行视察和调研，历时11天。此次视察调研主要有七项任务：“十二五”期间扶贫、兴边富民项目建设及效益发挥情况；各乡（镇）惠农政策宣传和资金落实情况；各乡（镇）安居工程建设情况；十届人大七次会议代表意见建议答复情况；各乡（镇）人大工作开展情况；各乡（镇）党委支持人大开展工作情况；走访慰问部分人大代表，了解群众生产、生活中的热点和难点问题。工作组召集县、乡人大代表，各乡镇、村负责人，并邀请老干部、老党员和部分群众深入到各个行政村进行了实地视察并开展座谈，取得了第一手资料，并及时形成了《2016年墨脱县人大常委会视察调研报告》，上报给县委，转送至县政府。

【执法检查】 2016年5月19日，由县人大常委会副主任于世高担任执法检查组组长，带领墨脱县财政局、住建局、水利局、国土局、环保局等部门负责人以及部分县级人大代表，先后深入墨脱县亚东村、德兴村、农贸市场、垃圾填埋场、扎墨公路沿线等地就贯彻执行《中华人民共和国环境保护法》的情况开展了执法检查工作。

【外出考察交流学习】 墨脱县人大代表到兄弟县进行考察交流学习。2016年8月30日，经市人大常委会和县委的批准，在县人大常委会副主任杨明强同志和白玛多吉的带领下，墨脱县加热萨乡、甘登乡、人大办和县中学共13名县级人大代表，于8月30日至9月11日到米林县、朗县、工布江达县三个兄弟县进行了考察交流学习。主要就三个兄弟县特色农牧产业发展、旅游景点（区）建设、环境保护与生态文明建设、“扶贫攻坚”等方面的好经验好做法进行了考察学习和交流。

兄弟县人大代表到墨脱县进行考察交流学习。2016年11月至12月期间，波密县人大代表考察团、米林县人大代表考察团、朗县人大代表考察团和八一镇人大代表考察团先后到墨脱县进行了考察和交流，县人大常委会主要领导进行陪同。各个考察团主要就墨脱县墨脱镇、背崩乡、德兴乡等乡（镇）的“人大代表之家”的工作开展及代表履职情况、农牧民安居工程建设情况、特色旅游产业建设发展情况等方面的好做法、好经验进行了考察和交流。

【开展走访慰问活动】 2016年，县人大常委会严格按照县委的安排部署，在“三大节日”“七一”“八一”和国庆节期间走访慰问了县乡人大代表、村两委班子、驻村工作队、三老人员、困难党员，并不定期看望慰问贫困户、帮扶对象，全年常委会领导累计走访慰问20余次，送去慰问物资20余万元。

【“人大代表之家”创建工作】 2016年1月18日，县人大常委会主任遵珠和副主任李伟前往背崩乡、德兴乡及墨脱镇，对3个乡（镇）的“代表之家”建设情况和工作开展情况进行了安排部署。2016年1月27日，县人大常委会副主任杨明强和白玛多吉前往格当乡和达木珞巴民族乡，对2个乡的“代表之家”建设工作进行了安排部署。

（王 鹏）

【领导名录】

县人大常委会党组书记、主任

遵 珠（门巴族）

县人大常委会党组副书记、副主任

于世高

杨明强

县人大常委会党组成员、副主任

白玛多吉（门巴族）

李 伟

县人大办公室主任

扎西顿珠（门巴族，1月退休）

王向军（6月任职）

县人大办公室副主任

张 岗（5月离任）

雷 波（女，6月任职）

中国人民政治协商会议墨脱县委员会

【概况】 2016年，政协墨脱县委员会在县委的正确领导和市政协的具体指导下，在县政府、援墨工作队的支持下，始终高举爱国主义和中国特色社会主义伟大旗帜，牢牢把握团结、民主两大主题，围绕中心、服务大局，履职尽责、发挥作用，在推动墨脱经济社会长足发展和长治久安作出了积极贡献。于2016年8月24日至27日召开九届一次会议，进行了政协换届，之前为政协第八届墨脱县委员会，之后为政协第九届墨脱县委员会。2016年，政协第九届墨脱县会员会有委员64人，其中中共党员23名；设11个界别（中共、民族、农业、宗教、妇女，文化、科技、教育、经济、卫生、工商）；主席1名，副主席4名，常务委员11名。委员会下设办公室，有干部职工6人，其中主任1名、副主任1名、科员4名。

【全体委员会议】 八届五次会议。2016年3月8日至10日，中国人民政治协商会议第八届墨脱县委员会第五次会议在墨脱召开，会议应到委员数为53名，实到45名。会议听取并审议了《政协墨脱县委员会常务委员会工作报告》《政协墨脱县委员会八届四次以来提案工作情况的报告》；列席墨脱县第十届人民代表大会第七次会议，听取并讨论了《政府工作报告》等报告；审议通过了《常务委员会工作报告的决议》《八届四次会议以来提案工作情况报告的决议》《八届五次会议政治决议》；通报了《八届五次会议提案受理情况》。

九届一次会议。2016年8月24日至27日，中国人民政治协商会议第九届墨脱县委员会第一次会议在墨脱召开，会议应到委员数为64名，实到60名。会议听取并审议了《政协墨脱县委员会常务委员会工作报告》《政协墨脱县委员会八届提案工作情况的报告》；列席墨脱县第十一届人民代表大会第一次会议，听取并讨论了《政府工作报告》及其他有关报告；选举了政协第九届墨脱县委员会常务委员（11名）、副主席（4名）、主席；通报了《八届五次会议提案受理情况》；审议通过了《常务委员会工作报告的决议》《八届提案工作报告的决议》《九届一次会议政治决议》。

【做好资料收集整理工作】 年内，根据市政协的安排部署，由各县政协主要负责对各县范围内《林芝区域文化丛书》《藏族百年实录》涉及的内容进行收集整理编写，经过政协机关全体干部职工的共同努力，截至年底，两项工作均已全部完成。

【开展“两学一做”学习教育】 年内，按照县委的统一安排部署，并严格落实政协办公室制定的“两学一做”实施方案，政协办党支部全面落实从严治党要求，强化基层党风廉政建设工作，深入开展以“学习党章党规、学习系列讲话、争做合格党员”为主要内容的“两学一做”学习教育，深入查找党员干部自身存在问题，一项一项地进行整改，切实增强了政协县级领导的思想自觉性和行动自觉性，达到了较好的效果。常委会组成人员先后看望慰问了“四对一”帮扶对象、贫困大学生等，切实帮助协调解决群众存在的一些实际困难和问题，增进与群众的感情，拉近了群众距离，在转变作风上取得了明显成效。

【参与经济建设、民生改善等工作】 年内，政协领导班子始终把推动墨脱经济社会发展，提高墨脱各族群众的生活水平作为政协工作的出发点和落脚点，积极收集基层存在的困难和问题，及时把存在的问题反馈给有关部门，尽量解决群众反映的热点、难点问题；深入基层全面地宣传党的基本方针政策及各种支农惠农政策，使群众切身感受到党和政府的关心；大力协助政府参与农田水利、交通、民房改造等基础设施建设项目，为墨脱县跨越式发展做出了力所能及的贡献。

【站在讲政治的高度，全力维护社会稳定】 确保社会局势稳定，是做好一切工作的前提和基础，也是一项非常重要的政治任务。年内，县政协始终把维护稳定工作放在重要位置。县政协高度重视维护社会稳定工作，积极贯彻中央领导的指示精神和自治区、市的决策部署，要求各乡（镇）政协委员支持乡（镇）党委、政府加强寺庙的管理，做好寺庙僧尼的思想工作，并要求边境乡的政协委员支持乡人武部做好边境管控工作，确保社会局势稳定。要求政协委员在反对分裂，维护民族团结这个重大问题上确保旗帜鲜明，立场坚定；县政协为确保放假期间的社会局势稳定，安排人员值班，并根据上级要求每天上报维稳工作信息；县政协机关干部能够时刻保持头脑清醒，坚决反对分裂，及时学习与维稳有关的各类文件和会议精神。

【开展学习考察活动】 为进一步发挥政协委员作用，学习借鉴市内各兄弟县在发展特色产业、加强和创新寺庙管理、科技创新、民房改造、委员履职等方面的好经验、好做法。促进政协工作快速健康发展，为县委、县政府当好参谋助手。经墨脱县政协党组会议研究，报市政协同意、县委批准，并报县纪检委、县委组织部备案后，政协墨脱县委员会于2016年9月12日至9月21日组织15名县政协委员，前往波密县、察隅县进行了考察学习，2016年11月21日开始，政协常委会陆续至各乡（镇）进行视察调研，视察调研组通过听取乡（镇）党委、政府，驻村、驻寺工作队，“村两委”班子的工作汇报，走村入户与群众促膝长谈、了解民意、掌握情况、督促工作，采取实地调查等方式就七乡一镇精准扶贫基本情况、农牧民安居工程兑现情况、边境补贴兑现情况、扶贫搬迁工作基本情况为重点的十六项内容进行了综合视察调研，达到了调研效果。

（高荣华、平措多吉）

【领导名录】

主　　席　丹　　增（藏族，4月离任）
　　　　　平措多吉（藏族，4月任职）

副 主 席 扎西顿珠（门巴族，4月离任）
边巴扎西（珞巴族）
扎西措姆（女，门巴族，4月任职）
郑 明（4月任职）
嘎玛欧珠（藏族，6月任职，党外人士）
办公室主任 罗布次旺（藏族）
办公室副主任
尼玛拉姆（女，藏族）

中共墨脱县纪律检查委员会（监察局）

【概况】 2016年，中共墨脱县纪律检查委员会（监察局）在县委、县政府和市纪委（监察局）的正确领导下，按照全面从严治党要求和年初提出的目标任务，以落实“三转”聚焦主业为契机，坚持“围绕中心、服务大局”，着力于强化监督检查和正风肃纪，坚决保障中央和区、市、县各项重大决策部署的贯彻落实及维护国家和群众的根本利益，为全县经济社会又好又快发展打下坚实基础，全县党员干部作风得到进一步好转，党风廉政建设和反腐败工作取得新成效。2016年，县纪委（监察局）共有编制9人（其中行政编制5人、事业编制4人），实有12人，其中藏族2人、汉族8人、土家族1人、门巴族1人，本科6人、大专5人、中专1人。配备纪委书记1名，纪委副书记兼监察局局长1名，专职副书记1名、监察局副局长1名，设置内设机构3个（党风政风监督室、纪检监察室、综合办公室），分别配备室主任1名。

【强化“两个责任”落实】 抓《中国共产党问责条例》学习贯彻。根据县委总体部署要求，印发《<中国共产党问责条例>学习贯彻情况开展监督检查的通知》，并于9月21日对全县27家单位学习贯彻《问责条例》情况开展监督抽查，针对存在的问题及时下发整改通知，同时向党员群众发放藏语版《问责条例》宣传手册1700份，在全县范围内掀起学习贯彻《问责条例》高潮，促进责任的落实；新任纪委书记上任以来，以廉政约谈为抓手，对部分单位负责人、部分新提拔干部及8个乡镇纪委书记，共计40余人开展廉政约谈，对如何落实好“两个责任”和勤政廉政提出具体要求，进一步压实“两个责任”；通过发放《墨脱县县乡领导班子换届严肃风气宣传手册》《严肃换届纪律知晓卡》《严肃换届纪律换出风清气正卡片》共670份、发送严明换届纪律短信3600余条，在全县范围内营造良好的换届风气；同时紧扣跑官要官、买官卖官、拉票贿选、突击提拔等突出问题，严把提名、推荐、考察、公示等环节，及时公示换届监督举报电话、信箱，扎实开展换届监督检查，严格审查廉政意见函并复函25份，确保换届风气和严防党员干部带病提拔。

【宣传教育】 在协助县委制定《墨脱县第二十一个党风廉政教育宣传月实施方案》的基础上，及时督促检查各单位宣传教育月活动开展，有效推动廉政宣传教育有效开展，积极营造了良好的廉政氛围，达到以月促年目的；为切实压实责任落实，2016年以来组织开展典型案例学习通报会五次，全县县直各单位副科级以上党员干部受教育率达100%，进一步筑牢党员领导干部廉政思想防线和促进主体责任落实；在“五一”、中秋、国庆等重要节点前，坚持一个节点一个提醒，及时印发《关于做好党员干部廉洁自律相关通知》共计5份、发送廉洁短信3000余条，要求各单位看好自己的门管好自己的人，认真落实好主体责任；强化节前廉政教育，切实贯彻落实好中央“八项规定”精神，从源头严防“四风”问题反弹回潮；按照全县党员干部都要接受一次廉政警示教育基地再教育的要求，达到不忘初心继续前行目的，3月墨脱县廉政警示教育基地揭牌以来，组织全县党员干部接受再教育25次，受教育党员干部达400余人；组织504名党员干部开展“党纪党规”集中测试，让全县广大党员干部深刻认识到学习党纪党规中存在不足，达到了以考促学的目的。

【作风建设】 坚持一个节点一个节点地提醒，通过下发严明纪律通知、发送廉洁短信，做到早打招呼、明纪律，进一步增强党员干部自觉遵守廉洁自律各项规定意识；坚持一个通报一个通报地警醒，对顶风违纪行为坚决予以通报曝光，进一步警醒广大党员干部要引以为戒；采取多种方式加大常规监督检查和明察暗访力度，强化对娱乐场所等重点区域的高频率查纠，始终保持严查的高压态势，严防不正之风反弹回潮；全面落实《党政机关厉行节约反对浪费条例》《党政机关国内公务接待管理规定》等制度，进一步落实了对公车配备使用管理、公务接待、“三公”经费管理等工作的长效管理。

【执纪监督】 在全市相关资金交叉专项监督检查中，县纪委（监察局）派出精兵强将的同时，全力协助检查组对“三公”经费、扶贫资金和换届风气等开展专项监督检查，补充日常检查检查中不足；把贯彻落实党的方针政策、重大决策部署、中央“八项规定”、自治区“约法十章”“九项要求”精神和精准扶贫工作落实、重点项目建设、涉农惠农资金使用、“三公”经费使用、遵守“六项纪律”等纳入日常和专项监督检查范围，强化监督责任落实。截至年底，开展日常监督检查、明察暗访共计90余次，发现违反八项规定1起，办理1起；给予违反工作纪律的9人予以全县通报。

【案件查处】 县纪委（监察局）一直以来，始终坚持西藏腐败没有“特区”、反腐没有“禁区”、惩治没有盲区要求，不断加大纪律审查工作力度，坚决查办顶风违纪问题。县委书记在查办案件上做到亲自过问、亲自批签、亲自督办；成立专门的纪检监察室，选优配强办案人员，同时充分整合资源做到办案资源共享；以重点项目建设、重点工程招投标、重大资金使用为切入点，紧盯重点人；围绕贯彻落实中央“八项规定”精神，紧盯重点事；以权力集中、强农惠农等重点领域为重点，紧盯重点领域；以信访举报重点，紧盯群众信访举报渠道；对上加强汇报沟通，积极争取上级纪委的指导；同时统一调派人员和加强与反腐败协调小组成员单位的沟通与配合，实现快查快结，对发现的问题线索，严格办案程序，坚持文明办案，严防冤案错案。2016年，县纪委（监察局）共计发现问题线索12件（含转办件），截至年底，初核12件（初核率100%），其中立案1件，了结5件、办理6件；给予开除党籍处分6人，诫勉谈话1人。

【基层纪检检察机关建设】 据自治区党委文件要求，县纪委会同组织部、编办积极调整内设机构设置，截至年底，县纪委（监察局）设置内设机构3个，即党风政风监督室、纪检监察室和综合办公室，配备干部12名，其中党风政风监督室配备干部 2名，纪检监察室配备干部4名，综合办公室配备干部3名；中共墨脱县第八届党代会选举产生纪委委员10名，8月24日中共墨脱县第八届纪律检查委员会第一次全体会议顺利召开，大会选举产生第八届纪律检查委员会常委4人，纪委书记1人，纪委副书记2人。充分利用乡镇换届为契机，按照乡镇纪检建设要求，选优配齐了各乡镇纪检干部，全县每个乡镇配备纪检干部3名，其中，纪委书记不再担任乡镇党委副书记，解决了乡镇纪检干部兼而不专的问题。

【深化“三转”工作】 根据《中共林芝地委办公室关于清理调整地区纪委监察局参与议事协调机构的通知》精神，先后清理参与的议事协调机构2次，截至年底，清理调整后继续参与议事机构13个，不再参与议事机构30个；2016年5月乡镇领导班子换届， 8个乡镇纪委书记全部任命为专职纪委书记；以廉政约谈为抓手，对部分单位负责人、部分新提拔干部及8个乡镇纪委书记，共计40余人开展廉政约谈；在纪律审查工作中，充分运用函询方式，2016年，开展函询工作2件；充分发挥反腐败协调领导小组作用，2016年，召开2次反腐败协调小组会议，具体研究部署反腐败工作。注重事前预防、事后监督和协调办案，查清主要违纪事实，给予党纪政纪处分，不再参与事事全程监督和代替司法办案，切实提高效率。

【自身建设】 扎实开展“两学一做”教育活动，带头做到“忠诚干净担当”，按照政治清醒、立场坚定、是非分明的要求，严格落实《纪检监察干部管理办法》，强化纪检监察干部自身管理和监督，进一步强化自身作风建设和严防“灯下黑”。不断提升自身业务水平能力，扎实开展各项业务培训。每周五组织开展业务知识学习的同时，积极组织县级跟班轮训、选派干部到区内外参加培训等，参训人数达23人次，进一步加强业务水平能力提升。

【党风廉政建设责任制考核】 由市委常委、市政府常务副市长赵树明带队，对墨脱县党风廉政建设责任制落实情况进行了考核。市委考核组通过“听、测、谈、查”的方式开展了党风廉政建设责任制落实考核。“听”：组织召开责任落实汇报会，听取了县委落实主体责任和纪委落实监督汇报。“测”：开展全县党风廉政建设责任制落实情况民主测评。全县县级领导，各单位负责同志，党代表、县人大代表、政协委员、退休老同志等53人参会。“谈”：针对全县党风廉政建设责任制落实情况，组织了党代表、人大代表、退休干部代表、单位负责人等15人开展了约谈。“查”：考核组根据《2015年度党风廉政建设责任制落实情况检查考核评分表》，对县委落实主体责任和纪委监督责任相关资料逐项考核打分；抽查2个县直单位落实主体责任情况和2个乡（镇）“两个责任”落实情况。

【纪检业务交流】 县纪委（监察局）组织乡（镇）纪检干部开展相互学习交流活动。通过学习交流，促使各乡（镇）纪检监察机关在全面从严治党中找准定位，深化转职能、转方式、转作风，聚焦监督、执纪、问责三大主业，全面履行党章赋予的职责。促使各乡（镇）纪检监察机关从严加强内部监督管理，特别是纪委书记要带头行得正、立得稳、过得硬，充分发挥表率作用，自觉接受党内和群众监督，在纷繁复杂的社会交往中守住底线，在情深义重的人情社会里洁身自好，坚决防止“灯下黑”。促使纪检监察干部必须坚守原则、恪守尽责、敢抓敢管、动真碰硬，坚决克服不想监督、不敢监督、不敢得罪人的问题切实把监督责任落实到实处。促使各乡（镇）党委要高度重视纪检监察工作，旗帜鲜明地支持和保障纪检监察机关聚焦主业，为纪检监察机关履行职责当好坚强后盾。

【墨脱县廉政教育基地揭牌】 3月23日，总投资65.03万元的墨脱县廉政警示教育基地正式投入使用。墨脱县将充分发挥基地作用，不断推进党风廉政建设和反腐败斗争工作。廉政警示教育基地的建立，是县委创新和丰富党风廉政教育形式，进一步落实党委主体责任的体现，真正做到“关口前移”；廉政警示教育基地的使用，将使党员干部从源头预防违纪违法行为，进一步筑牢思想道德和党纪国法两道防线，不断提高拒腐防变能力；发挥好廉政警示教育基地作用，让广大党员干部从典型案例中吸取教育，引以为戒，不断推进全县党风廉政建设和反腐败斗争向纵深发展。

【任前廉政考试】 6月8日上午，根据林芝市纪委要求，本着“任前必考、以考促学、逐级管理、公平公正公开”的原则，县纪委（监察局）协同县委组织部对市管干部进行了任前廉政法规知识考试。

【支部党员民族团结教育】 7月15日，县纪委（监察局）组织委局干部开展新旧西藏对比教育会议。通过观看2016年“3·28”林芝市纪念西藏百万农奴解放57周年座谈会录音、新旧西藏对比口述史新闻稿件、专题纪念片等方式，充分了解西藏旧社会农奴受到不公平待遇和过着民不聊生的生活，提醒了大家当前幸福生活的来之不易。大家一致认为，今天的幸福生活是在中国共产党的坚强领导下全区各族人民团结一致不懈努力的结果，进一步坚定了大家更党走的信心和决心。会议强调，作为纪检监察干部要以更高标准严格要求自己的同时，应该更好地履行监督责任，督促广大党员干部认真履行职责为全区和谐稳定快速发展做出更大贡献，清除侵害党和农牧民群众利益的害群之马，进一步密切党群干部关系。

【“党纪党规”理论知识测试】 年内，根据市纪委统一安排部署，墨脱县组织开展“党纪党规”集中测试，全县504名党员干部参考。此次考试，让全县广大党员干部深刻认识到在学习《中国共产党廉洁自律准则》《中国共产党纪律处分条例》和中央“八项规定”、区党委“约法十章”“九项要求”等党纪党规中存在不足，为加强今后学习起到促进作用，达到了以考促学的目的。

【督查第二十一个党风廉政宣传月】 8月2 日，为深入开展第二十一个党风廉政建设宣传月教育活动，确保活动取得实效。县纪委（监察局）抽派人员组成督导检查组，对县直各单位和墨脱镇开展党风廉政宣传月活动情况进行督导检查。督导检查组以活动实施方案为导向以查阅资料、个别咨询的方式对各单位开展宣传月活动情况进行督导检查。重点谈存在的问题和不足，在检查过程中，县直各单位和墨脱镇都能按照县委要求部署扎实开展宣传月活动，督导检查组对检查出的问题对县直各单位和墨脱镇进行反馈并提出具体的整改要求。

【调研纪律审查工作】 8月19—21日，林芝市纪委监察局副局长唐昊到墨脱县县调研纪检机关纪律审查工作开展情况。唐昊一行深入县纪委、墨脱镇纪委、德兴乡纪委实地调研，并听取县纪委关于县纪委（监察局）纪律审查工作开展情况；全县“三转”落实情况及“三转”后纪律审查存在的问题；县纪委在加强教育培训、提高纪律审查能力方面的情况；县纪委纪律审查工作中遇到的困难问题、想法和意见建议等三个方面的汇报。唐昊同志对墨脱县纪律审查、教育培训、提高纪律审查能力等方面做出的成绩给予肯定。

【法纪法规宣传】 县纪委（监察局）组织向农牧民群众宣传党规党纪活动。宣传活动中，发放《宣纪手册》56册和《中国共产党问责条例》（藏语版）257册，同时积极向广大群众宣传相关《中国共产党章程》《中国共产党廉洁自律准则》等相关党规党纪，同时邀请广大农牧民群众参与对党员干部作风建设情况的监督，确保全县党风廉政建设工作落到实处

【理论知识测试】 为全面检测了科级党员带头学习“两学一做”学习教育的成效，墨脱县组织开展“两学一做”学习教育理论知识测试，全县共60名科级党员干部在主考场参加考试，县委书记旺东亲自监考，同时各乡（镇）设分考场。

【廉政教育】 为进一步严肃换届纪律，从实从严抓好换届风气监督工作落实，营造风清气正换届环境，保证墨脱县县换届工作顺利进行，进一步提高代表们的拒腐防变能力和廉洁自律意识，县纪委（监察局）组织全体党代表180余人参观县反腐倡廉警示教育基地。

【惩防体系建设监督检查】 为贯彻落实《墨脱县贯彻落实<建立健全惩治和预防腐败体系2013—2017年工作规划>实施意见》文件精神，推进党风廉政责任制扎实开展，县纪委对全县党风廉政开展情况、惩防体系建设情况开展专项监督检查。突出重点。将党风廉政建设责任制、推进惩治和预防腐败体系建设情况作为检查重点。主体责任重点检查履行组织领导、选人用人、作风建设、预防腐败等情况，监督责任重点检查乡镇纪委履行监督责任情况。强化检查。采取重点检查和抽查方式，对各牵头单位落实惩防体系建设和主体责任落实开展监督检查，检查中通过听取汇报、查阅资料等方法开展重点检查，对存在的问题当

面给出整改意见。

（娄发才）

【领导名录】

县委常委、纪委书记

普布昌菊（女，藏族，4月离任）

朱 宇 峰（5月任职）

县纪委副书记、监察局局长

贺 伟

县纪委副书记

米玛次仁（藏族，7月任职）

监察局副局长

米玛次仁（藏族，7离任）

县纪委正科级纪检监察员、监察局副局长

胡 新 祥（7月任职）

县纪委副科级纪检监察员

胡 新 祥（7月离任）

纪检监察室主任

旦增顿珠（藏族，5月任职）

中共墨脱县委组织部（编办、老干部局）

【概况】 年内，在市委组织部的有力指导下，在县委的坚强领导下，墨脱县委组织部认真贯彻落实中共十八大十八届三中、四中、五中全会精神，紧紧围绕县委、县政府“123456”工作思路，以“两学一做”学习教育为载体，不断加强党员干部队伍建设、基层组织建设和编制老干部工作建设，组织编制老干工作整体服务水平得到了有效提高，为加快墨脱县经济发展、全面建设小康墨脱提供了强有力的组织保障。2016年，实有工作人员18人。

【围绕中心，狠抓党建工作】 2016年，墨脱县全县各级党组织共133个，其中，党（工）委11个（8个乡镇党委，县直机关工委，公安局党委，华能西藏墨脱分公司党委），党组5个（人大、政府、政协、法院、检察院），党支部117个（45个机关党支部，46个村党支部，8个乡镇机关党支部，7个寺管会党支部，7个学校党支部，公安局2个党支部，华能西藏墨脱分公司2个党支部），全县党员2094人，其中，农牧民党员1257人（村“两委”班子成员238人），机关事业单位党员837人，新发展党员51人（农牧民党员31人，乡镇机关17人，县直机关3人）。

2016年，墨脱县委始终把抓好基层党建作为治本之策，作为推动经济社会发展和长治久安的“总开关”，紧紧围绕市委“233”党建工作思路，结合工作实际，墨脱县强化顶层设计，推进基层党建“八个一工程”，基层党建工作取得新成效。

开展一次总结调研，确定党建发展规划。2016年年初，墨脱县委按照市委及市委组织部的总体工作部署，认真总结往年经验，县委书记认真落实第一责任人职责，率县委办、发改委、交通运输局、旅游局、扶贫办、农牧科技局等部门深入七乡一镇开展了一次党建工作调研，结合实际研究制定了《墨脱县2016—2020年基层党建工作规划》，召开党建专题部署会，为抓实各领域党建工作提供了基本遵循。

建立一份职责清单，狠抓责任落实。年初县委与各级党委签订了《党建工作责任书》，明确了各级党委的主体责任、组织部门的指导监督责任、组织部长的直接责任、各级基层党组织书记的落实责任，建立各级党组织书记责任清单，县、乡党委班子成员带头建立党建联系点，层层压实党建责任。全县已形成“抓好党建是本职、不抓党建是失职、抓不好党建是不称职”的共识。

培养一批党建工作队伍，强化抓党建工作合力。结合墨脱县干部队伍实际，县委组织部、各乡镇党委有1/4以上人员从事基层党建工作；配齐配强了乡镇分管党建工作的专职副书记、组织委员和组织干事，抓基层党建工作专门力量达到3—5人，各村至少有1名乡（镇）联系领导；其他各领域至少有1—2名专职党务干部。并安排乡镇党建专干轮流到县委组织部跟班学习，促进共同进步。邀请市委党校3名讲师到县授课，深刻讲解了中国近代党史、基层党建、党章及习近平总书记在建党95周年上的讲话解读等8个专题。全县县级领导，各乡镇党委书记、分管党建的副书记、党建专干，下派第一书记、县直机关各党支部书记等96人参加学习活动。通过培训，各级党务工作者党建理论素质进一步增强，抓党建工作能力进一步提升。精准实施“村干部文化素质提升工程”，县乡两级积极整合各类资源，科学合理遴选师资力量。整合县微党校宣讲团，采取送教上门至乡（镇）宣讲形式有针对性的组织开展培训；乡（镇）党委积极整合周边学校和党员干部力量，组建师资队伍，采取送教上门的形式至各村扎实开展培训工作；各村充分发挥第一书记、驻村工作队、大学生村官和“先进双联户”户长的作用，通过开办村夜校、结对帮教等形式，保证培训工作正常开展。村干部文化素质提升工程以来，共组织村干部、后备干部开展培训4400余场次，培训人员600余人，举办2次集中测试，截至2016年底，262名学员基本能书写简单证明、领条、能阅读简单短文，口语能力得到了进一步提升，基本熟练10位数运算方法。

建立健全一套党建工作制度，强化制度保障。建立健全了村级组织十九项制度，指导上墙并建立台账，确保工作落到实处。出台了《墨脱县推行村干部量化管理的意见》和《墨脱县村干部考核激励办法（试行）》，从建立村“两委”年度目标任务清单、实行村干部上班常态化、强化村干部考核激励三个方面，推动村干部主动作为、履职尽责，积极向广大群众宣传党的方针政策和国家法律法规，接待受理村民来访，化解各种矛盾纠纷，为群众提供政策、村务咨询，代办各种审批事项，把党的好政策落到实处，激发村干部干事创业热情，充分发挥他们直接凝聚团结群众、联系服务群众的主力军作用。截至年底，全县各村干部为群众办实事、解难事共589件。

强化一个经费投入保障，解决无钱办事问题。建立了以县乡财政投入为主、党费投入为辅、援藏资金投入为补充的基层党建经费投入模式，每年每个乡镇基层党建工作经费达到20万元以上、每个村达到5.5万元以上（每村党建经费2万元，第八批援墨工作队每村支持2万元，每村第一书记每人每年1.5万元办实事经费）。从2016年起，在足额落实自治区标准的基础上，为每名村干部增加5000元报酬待遇，并对年度考评为优秀和称职等次的，在市委、市政府给予每人5000元和3000元奖励的基础上，县委、县政府再增加3000元和500元奖励。

建立一个党建督查制度，层层传导压力。研究制定了《墨脱县基层党建工作督查制度》，按照县委组织部和县直机关工委每季度、乡（镇）党委每两个月开展一次党建工作督查，每年实现督查工作全覆盖的制度，层层传导压力，切实推动基层党建各项目标任务落到实处，确保把基层党组织建成服务群众、维护稳定、反对分裂的坚强战斗堡垒。县委抽调各乡（镇）分管党建副书记、党建专干，县直机关工委负责人及公安局党委负责党建工作人员组成的党建工作督查组，9次深入全县各级党委、党支部采取听党建第一责任人汇报、现场查阅档案资料、实地查看村级活动场所建设、与支部党员交流、走访党员群众等方式，对落实基层党建工作责任、党支部规范性建设、软弱涣散党组织整顿、乡村干部和党员队伍建设、投入保障等方面进行检查，力求了解到最真实情况，发现工作亮点，查找存在问题。同时，县委组织部将乡（镇）及县直机关支部督查成绩进行综合排名，将评分作为年底奖惩的重要依据，并建立排名后2名的单位主官约谈制度，确保党建工作落到实处。

选树一批先进典型，传递正能量。深入挖掘先进典型，积极搭建培养先进典型的平台和载体，加强对典型的培树和指导，结合年初党建工作专题会以及“七一”表彰活动，对全县各行业、各系统以及各条战线上涌现出的19个先进基层党组织、15名优秀党务工作者、41名优秀共产党员、6个“6・16”自然灾害抢险救灾先进集体、23名“6・16”自然灾害抢险救灾先进个人等先进典型进行表彰；充分发挥新型媒介作用，注册“墨脱县党建微信公众号”加大党建工作宣传教育力度，不断提高党建工作知名度和影响力。

在全县范围内积极自下而上推荐自治区级先进基层党组织1个，先进个人1人，市级先进基层党组织3个，先进个人4个，并根据事迹内容组织部自行拍摄了2部先进事迹宣传片，在网络和各种平台上大力宣传，起到了积极辐射带动作用；组织县直机关各单位党员干部重温入党誓词，回顾入党宣誓时的庄严承诺和坚定决心，唤醒先进意识，增强党性意识，以更加饱满的热情发挥共产党员的先锋模范作用，永葆共产党员的政治本色；全县各级领导干部积极采取扶志与扶贫相结合，多渠道帮助寻找就业门路，提供脱贫“造血”服务；控辍保学，增强脱贫能力等方式，经常组织党员干部走访群众，慰问困难群众、捐资捐物为群众办实事，解难事。截至年底，累计帮扶困难群众458余人，帮扶折合资金约211692元，为墨脱县打赢扶贫攻坚战奠定了坚实基础；县直机关、乡（镇）机关以“两学一做”学习教育为契机，开展“做合格党员”为主题的一系列活动。截至年底，8个乡（镇）机关31个县直机关党支部共662名党员干部围绕助学帮困、宣传教育、医疗救助等设岗定责开展服务，共办实事256件，投入资金287.62万元，极大密切了党群干群关系。

完成一批基层阵地建设，提升基层服务水平。2016年，按《林芝市推行村级活动场所标准化建设的意见》要求，建设了一批（有场所、有国旗、有人员、有办公设备、有经费、有活动、有制度、有党务村务公开栏、有远教中心站点、有标志牌）“十有”村级活动阵地；墨脱县委积极发挥广东省第八批援墨工作队优势，争取援藏资金向全县各乡镇、村援赠了价值为92万元的村级活动场所办公桌椅、档案柜、光盘站点设备、广播设备、稳压器等党建设备，不断提高基层党组织服务建设水平；县委组织部召集住建、发改、国土、财政、教育、环保及各乡镇党委主要负责人邀请市委党校讲师就县委党校建设及教育培训工作进行座谈，就墨脱县下步基层党建工作打造“特色品牌”及挂牌成立县委党校，抽调组建师资队伍、授课方法、运作方式和日常管理等问题向市委党校老师积极请教，并就党校选址建设规划征求了相关部门的意见建议，确定了党校建设选址、培训班次、培训内容、培训对象、师资力量的基本方向；总结经验，推广典型，促进全县乡（镇）基层党建工作迈上新台阶。县委组织全县8个乡镇党委书记、县直机关工委、公安局党委相关负责同志现场观摩学习全县抓基层党建工作成效比较明显的墨脱镇亚东村、德兴乡德兴村并在德兴乡文化活动中心召开党建工作交流促进会。各乡（镇）党委书记和县直机关工委书记就本职领域党建工作作了交流发言，客观、公正的总结和提炼了工作中好的做法和经验。深入剖析了存在的问题，找准了乡村之间的差距，取长补短，相互促进，为墨脱县党建工作迈上新台阶奠定了坚实基础。

【干部管理】 2016年，紧紧围绕全县工作大局，不断创新举措，加强干部管理工作。

坚持干部轮岗交流制度。大力推进领导干部县乡交流力度和跨乡镇交流力度，把部分在边远、艰苦乡镇工作时间较长的科级干部交流进县机关或县城附近的乡镇工作，把县直单位特别优秀、安心基层工作、上进心强的干部充实到乡镇工作，促进干部的合理有序流动。

坚持干部能上能下制度。把政治素质过硬、服从大局、善于做群众工作、公道正派、严于律己的优秀干部选拔进乡镇领导班子，把在乡镇不安心本职工作、能力不突出的领导干部进行调整任职。

加大后备干部的建设和培养使用力度。建立后备人才库，把政治立场坚定、有发展潜力、安心本职工作的干部纳入后备人才库，对其进行重点培养；同时，在干部选拔使用中，将一些政治立场坚定、有发展潜力，但缺乏基层工作经历的干部选拔到乡镇任职，以压担子的方式，促进其快速成才；

建立“跟进回访”制度。乡镇领导班子换届完成后，建立新一届班子的“跟进回访”制度，加强对班子的监督检查。组织部部长每月1次听取新任党政正职的工作、生活情况汇报和存在的困难以及下一步打算，定期或不定期对乡镇工作开展情况进行回访，对续任或在乡镇工作经验比较丰富的老同志，实行两个月一次跟进回访；乡镇党委对班子成员每月至少开展1次谈心谈话，了解各成员的工作情况和工作中存在的问题，并结合工作实际，提出下一步建议意见，以此促进班子团结，更好的掌握和开展乡镇的各项工作。

加强干部人事档案管理。县委组织部严格按照《林芝地区干部人事档案专项审核工作实施方案》的总体要求，紧紧围绕专项审核工作的重点审核项目，按照人事档案十大分类，逐类查找，逐项记载，对档案材料不齐的，及时与单位沟通，下发补缺材料登记便签，限期补齐。2016年年底，除年代久远及部分特殊人员外全县干部档案材料95%已补齐；对干部档案材料逐张逐页进行了审核，全县行政及事业干部档案初审工作已完成。严格按照规定对干部的“三龄两历一身份”（年龄、工龄、党龄，学历、经历，干部身份）95%的人员信息进行认定，准确了全县干部基本信息，进一步规范了干部档案工作。

【机构编制工作】 墨脱县编办始终坚持在机构编制总量内解决要求增加机构编制的问题，较好地解决了严格控制机构编制与满足经济社会各项事业发展需求之间的矛盾。

向机构要编制。县编办积极与人社、财政等部门配合，深入各乡镇、各部门进行实地走访调研，摸清新形势下各单位职能变化情况，同时结合政府职能转变和机构改革相关要求，按照“弱减强增”的原则，合理整合资源，对机构职能交叉、重复和职能弱化的予以撤销或合并，并对多余出来的编制再进行合理分配调整。

向职能要编制。县编办严格按照控制总量、盘活存量的要求，实行编制与机构职能职责挂钩，对职能弱化的机构，适当减少编制，对职责调整的单位，连人带编予以划转，实行“编随事转、人随编走”，达到了在现有编制存量中调剂解决问题的目的，确保总量不突破、使用有节度、余编能调控。

向管理要编制。坚持从严管理，定期或不定期对各单位履职情况进行监督检查，大力整治因单位管理不到位，滋生无效占用编制资源，导致单位编制紧缺的问题，防止“占编不干事”，提升编制使用效益，确保每个编制都用在刀刃上、用到紧缺处。

转职能，服务社会发展。根据墨脱的实际情况，在机构编制方面向政法、发改、住建、交通、环保等部门倾斜，更好的服务全县经济社会发展和社会和谐稳定。

转方式，服务机构改革。在机构改革中，通过编委会成员实地调研等方式，掌握各单位在机构编制方面存在的实际困难，明确各单位的职责任务是否符合墨脱实际，确保在机构改革中“改、立”科学合理。

转思想，服务队伍建设。县编办通过开展群众路线教育实践活动、“三严三实”专题教育、“两学一做”学习教育和“强业务、提能力、创一流”活动，不断强化工作人员的责任意识和担当意识，使其转变思想，充分认识到机构编制工作部门的管理和服务不是简单地对机构编制进行增减，而是对党的执政资源进行科学配置，从而更好地服务全县工作大局。

【老干部工作】 严格落实老干部“两项待遇”。在工资上，及时足额给予发放；在医药费用报销上，采取先垫支再实报的方式解决退休老同志交通和医疗费用，并积极与县委、县政府沟通协调解决退休老干部退休住房用地问题，使老干部在生活上无后顾之忧；

加强自身建设。党支部通过认真开展各项学习活动，进一步提高党员干部的政治理论水平和党性修养，要求思想上、行动上做到与时俱进，保持党员先进性，做到退休不褪色，永葆革命本色。2016年墨脱县退休党支部集中组织学习会议精神及习总书记重要讲话共23次、开展组织生活15次，印发学习资料1600份。通过学习，让退休党支部的全体党员时刻关心国家大事、西藏大事。

坚持探望慰问制度化。建立了离退休干部党员生病住院每次必探望、学习材料每月必送达、节日慰问活动必组织、座谈交流活动必开展的“四必”制度。同时，为体现对老干部的人文关怀，队在县城退休区居住的老干部，坚持“每月走访一次”，对居住在乡镇、八一或拉萨的老干部，委托乡镇党委或八一办事处开展走访慰问，安置在内地的退休干部坚持每月电话联系2次。墨脱县老干部局将竭尽全力一如既往地开展好走访慰问活动；创新困难老干部结对帮扶模式。由县委组织部班子成员结对联系2至3名家庭困难的离退休老党员，定期走访，及时了解生活情况，一对一帮扶解决实际困难。同时，实行“老帮老”工程，对住地较远或行动不便困难的老干部，与身体、经济条件较好的老干部结对联系、帮扶，让每一名生活困难的老干部无论身在何处，都能感受到组织的温暖和关怀。

加大后勤保障力度。县委老干部局高度重视支部保障工作，制定了《离退休干部管理办法》以及慰问看望等制度，改善活动场所，保障活动经费，并明确专管人员加强服务，及时为老干部解决实际困难。

【人才工作】 制定方案抓部署。2016年县委、县政府把人才工作摆在更加突出的位置，调整充实了以县委书记任组长，县委副书记、县长，县委常务副书记，县委常委、组织部长为副组长，相关单位负责人为成员的人才工作领导协调小组。并根据人才工作目标要求，结合全县实际，制定了《墨脱县2016年人才工作计划》，明确了人才工作思路，阶段工作目标任务，分配了各成员单位工作重点。同时，采取定期督查，不定期检查的形式，多次深入到各人才成员单位，认真对人才工作及人才队伍建设整体情况进行调研和指导，不断调整全县人才工作方式方法，推进各类人才队伍建设；健全制度促推进。为全面、准确地掌握人才总量、结构、专业、分布等详尽情况，有效提升对人才工作的管理和服务水平，依据人才类别建立1个综合人才库和6个专业人才库（党政人才、专业技术人才、企业经营管理人才、高技能人才、农村实用人才、社会工作人才），并由县委组织部人才办对其采取分类指导、实行动态管理、做好统筹协调，促使各类人才在全县各行各业中充分发挥模范带头作用。同时建立健全县委领导联系人才制度，采取定期或不定期地谈心、走访、打电话、发信函、发邮件、召开座谈会等多种方式与各类人才互通信息，保持经常性的沟通和联系，并要求县委领导干部与人才的联系每年不少于1次。引进人才促发展。2016年，墨脱县依托林芝市“双百计划”引进紧缺医疗人才2人。积极与上级有关部门沟通引进17名青年志愿者到墨脱县工作；搭建平台选能人。按照《党政领导干部选拔任用条例》，坚持人岗相适，努力为人才发挥作用创造条件，尽可能把人才放在最需要、最能发挥作用的地方，2016年，调整、提拔、任用干部24人，提高待遇留人才。2016年，结合墨脱县实际情况，在原有的休假包干经费基础上，根据地方不同每名干部职工增加600—1000元的标准；人头经费由原来每名干部职工10000元的标准，提高至每名干部职工12000元；为激发条件相对艰苦的上三乡干部职工的工作热情，结合墨脱县的实际，经过县委常委会研究同意，全额兑现各乡镇基层政权建设经费20万元；扎实做好大学生村官及下派第一书记的工资福利和待遇问题，对到村任职的大学生“村官”和第一书记，县财政按照每人5000元的标准发放一次性安置费，并对下派第一书记给予一年1200元的路费及5000元的办公经费；狠抓各类培训，鼓励干部提升学历。截至年底，全县各类人才共参加培训398人次，其中：区外培训80人次，区内培训318人次；选派干部到市委组织部跟班学习3 人次，到高校参加脱产培训和函授学习3人次。鼓励参加各种学历教育和自学，2016年墨脱县共有19名党政人才通过自考、函授、中央党校等渠道提升学历；抓宣传，优化人才队伍发展环境。充分利用驻村工作队、下派第一书记，进村入户，重点宣传农村实用人才在培养、使用和服务方面的政策、措施，并及时了解现有农村实用人才在生产生活、种养殖技术、信息需求等各方面的实际需要；积极协调人才工作成员单位，结合部门职能制定切实可行的人才引进、培养、使用和激励等具体措施，通过党政信息网、党建手机报、有线电视台、电子屏等媒介加强宣传力度，进一步形成惜才、爱才、用才的良好社会氛围。全年在墨脱县党政信息网上公布招商引资有关政策、种养殖科技知识、商品供求等有关信息100多条。

【开展“两学一做”学习教育】 按照中央和区党委、市委统一部署，把学习教育抓在平常、融入经常，采取“五抓五明确”举措，深入推进“两学一做”学习教育。

抓动员，明确规定要求。坚持以上率下，层层部署，进一步明确了规定要求。采取在微信公众号、标语、宣传栏、LED电子屏、自制宣传册、编印会议传达提纲等多种方式积极营造学习氛围。全县各级党组织共召开学习教育动员会133次，制定实施方案134份，学习计划134个。

抓分类，明确学习方式。墨脱县委组织部积极联合县司法部门充分发挥驻村驻寺干部、“双联户”、党员干部结对认亲的优势，以“法律七进”为依托，向城乡群众宣讲党章、党规、总书记重要讲话精神，推动学习教育进机关、进学校、进乡村、进寺庙；创新开展“六个一”活动，即组织一次学党章学系列讲话知识竞赛活动，举办一次党规党纪知识测试活动，开展一次廉政谈心谈话，组织党员重温一次入党誓词，围绕党章、准则、条例和习总书记系列讲话在全县党员中开展了一次优秀征文评选，结合实际解决了一批突出问题。截至年底，墨脱县“两学一做”学习教育办公室组织主题演讲1次，知识竞赛1次，组织“两学一做”学习教育专题考试4次，开展征文活动1次。

抓督查，明确学习进度。坚持以问题为导向，县“两学一做”学习教育督导组采取查阅资料、座谈交流等方式对七乡一镇党委及下辖行政村、县直各党委（支部）“两学一做”学习教育开展情况进行了5轮督导检查，共提出意见建议124条，责令现场整改问题43项。在坚持督导工作“向前走”的同时，搞好“回头看”活动。

抓传教，明确学习主体。基层党务骨干是“两学一做”学习教育的具体组织者和协调者，也是讲党课的重要力量。墨脱县委组织部邀请林芝市委党校讲师为全县七乡一镇基层党务工作者开展了为期5天的党建工作和“两学一做”学习教育专题辅导培训；并邀请中央党校徐平教授为全县党员干部上党课；同时，组织县“两学一做”学习教育宣讲团采取送教上门的方式，将党的纲领、党内法规以及党中央惠民政策以通俗易懂的授课方式对七乡一镇46个行政村，1400余名乡镇党员干部和农牧民党员进行理论知识宣讲，从而筑牢思想根基。县委书记旺东及各党组织负责人带头讲专题党课，强化党性修养“四个意识”。

抓谋划，明确下步重点。坚持从实际出发，加强督促指导把关，尽好责、抓到位、见实效，及时了解党员和领导干部学习情况与实际效果，总结推广新鲜经验，及时发现和解决苗头性、倾向性问题，从严从实抓好学习教育。充分利用简报、标语、专栏等形式，引导党员利用组工网、党建公众号、微信群等平台自主学习、互动交流，扩大学习教育覆盖面，实现学习教育常态化。

【完成县乡领导班子换届】 墨脱县乡领导班子换届工作于2016年4月全面启动，按照自治区党委、市委的统一部署，在县委的坚强领导下，墨脱县委组织部认真按照“加强党的领导，充分发扬民主，严格依法办事”的原则，坚持“七个到位”，圆满完成县乡领导班子换届工作。

强化组织领导到位。区、市两级换届工作会议召开之后，及时召开县乡领导班子换届工作动员暨部署会议，传达、学习、贯彻落实上级对换届工作的有关精神要求，全面加强组织领导，为换届工作圆满完成提供了有力组织保障。成立了县乡领导班子换届工作领导小组，在乡镇换届选举期间至乡镇进行全程驻会指导。

强化教育培训到位。在换届期间，坚持内紧外松、正面宣传引导的原则，加强与宣传部门的协调配合，依托网络、电视、微信公众号、信息通报等媒体，广泛宣传中央、区党委、市委、县委关于加强县乡领导班子换届工作各项部署要求，确保换届选举工作知晓率达100%。制作宣传栏28个，悬挂横幅80余条，张贴标语689张，受教育群众达1855人。

强化结构调整到位。严格执行中央、区、市关于换届的结构性比例要求进行选用干部。全县8个乡镇的领导班子中共配备73名，其中35岁以下年轻干部51名，占总数的69.9%；女干部19名，占总数的26%；党外干部2名，占总数的2.7%；少数民族干部58名，占总数的79.5%；乡镇党政女正职3名，占总数的4.1%；少数民族党政正职8名，占总数的10.9%。

强化舆情监控到位。墨脱县委组织部制定出台县乡领导班子换届舆情监测制度和换届选举应急预案，有利依托驻村工作队，制定下发《关于认真做好县乡领导班子换届期间矛盾纠纷排查化解工作的通知》，建立健全县乡村三级舆情报告制度，实行划片包干，分工负责，上下联动。积极与网信、纪检、公安等部门的协调联动，设立换届网络舆情信息员，及时收集、报送网络舆情，发送换届风气提醒信息1万余条。

强化推选标准到位。在代表委员推选酝酿阶段，严格按照区、市有关规定，科学分配、合理下达代表委员比例，坚决减少行政领导代表委员的名额，提升基层一线代表委员的比例，使党代表中基层一线代表的比例达到了46.6%，人大代表中妇女代表和党外人士比例分别达到了27.5%和8%，政协委员中党外人士比例达到64%，努力破解了党员过多，非党过少；干部过多，群众过少；男性过多，女性过少的“三多三少”问题。

强化纪律要求到位。墨脱县委成立严肃县乡换届纪律工作领导小组，及时出台《墨脱县乡领导班子换届风气纪律宣传学习方案》《关于加强县乡领导班子换届纪律工作的通知》《关于签署严肃换届纪律承诺书的通知》《关于做好换届纪律“一片一书”学习教育工作的通知》，先后召开换届工作专题汇报会、换届风气监督培训会8余次。严格落实换届风气监督系列规定，发放“一片一书”共52套（本），依托各级党委（党组）理论中心组，观看警示教育片《镜鉴》1168人次，签订换届承诺书200余份。

换届工作“回头看”落实到位。由墨脱县委组织部、县纪委牵头成立的检查组，联合各乡镇主要负责同志，针对换届选举产生的新一届领导班子和代表委员履职情况开展调研检查。检查组通过深入基层召开座谈会、问卷调查、走访调研等形式，了解换届后干部思想动态，及时对换届退下来的干部进行鼓励引导，确保换届干部平稳过渡。

【创新“5+2+3+1”，推进驻村工作】 2016年墨脱县第五批驻村工作队共186人，其中，自治区派驻4个村，林芝市派驻7个村，县、乡（镇）单位派驻35个村。自治区派驻16名驻村队员、林芝市派驻20名、墨脱县直派驻70名、乡（镇）派驻80名。党员125名，男99名、女26名；县处级3名、正科级13名、副科32名、后备干部14名。

按照市委、市政府的统一安排部署，在林芝市强基办的悉心指导下，墨脱县各级驻村工作队员积极响应上级号召，肩负重托、克服困难，在自治区及市委提出驻村工作“5+2+3”工作任务的基础上，结合墨脱县驻村工作实际“+1”增加“村干部文化素质提升工程”各驻村工作队严格按照“5+2+3+1”驻村工作任务，扎实开展强基惠民活动。

建强基层组织，执政根基进一步夯实。各驻村工作队累计为村 “两委”班子成员上文化课4136个学时，上党课1489个学时，上政策理论课1142个学时，发展新党员51名，培养入党积极分子107名，把29名致富能手培养成党员，把39名党员培养成致富能手，把15名党员致富能手培养成村组干部，举办党员培训班279期，培训党员5580人次，投入经费9.2万元，制定村规民约611条，落实党内激励帮扶资金20.4万元，共组织实施新建7个村级组织活动场所，投入资金595.5万元，第八批援墨工作队投入92万元用于购买办公设备、红色广播、远程教育光盘站点等设备。

注重宣传教育，思想基础进一步筑牢。各驻村工作队紧紧抓住宣传教育这一主线，开办专题宣传栏318期，开展感党恩教育208场次，举办专题学习154场次，发放宣传资料4125份；宣传支农惠农政策232场次，发放藏汉双语优惠政策资料3211份，发放“明白卡”1914张，开辟宣传栏113期。开展法制宣讲活动197场次，受教育群众约1.1万人次。

坚持因地制宜，致富增收渠道进一步拓宽。各驻村工作队从所在村实际出发，帮助村理清发展思路286条，找准发展路子122个，制定、完善、实施经济发展规划140项。从为民办实事经费中落实并完成项目20个，投入资金124.1万元；派驻单位落实项目11个，投入资金959.5万元，各驻村工作队协助村“两委”落实“短平快”项目16个，基本实现了“村村有项目、户户有门路、人人有活干、经常有收入”的目标。

坚持落实惠民政策，干群关系进一步密切。各驻村工作队认真贯彻落实党的惠民惠农政策，每月将所驻村农牧户走访一遍，从群众最关心的热点难点问题抓起，广泛开展送政策、送科技、送卫生、送文化、送服务活动，以贫困户、低保户、五保户为重点，积极争取有关部门支持，解决群众的实际困难和问题。帮助落实农村最低生活保障资金26.8万余元，农村低保、五保户供养补助调标资金3.8万元，落实各项惠农补偿资金113万余元。

坚持做群众的贴心人，办实事解难事。各驻村工作队深入开展“一进、二访”，坚持与群众同吃、同住、同学习、同劳动，做到在思想上尊重群众，在感情上贴近群众，在工作上依靠群众。着力解决农牧民群众关心的用水、用电、交通出行等热点焦点问题，解决民生方面的突出问题227件，为群众办实事好事374件，投入资金110余万元。深入困难群众家中，看望慰问困难户、五保户、“三老人员”1660人次，送去慰问品、慰问金折合人民币共计124万余元。

坚持精准施策、真抓实干，脱贫攻坚取得较好的成效。各驻村工作队坚持扶贫与扶智相结合，引导贫困群众转变思想观念。积极为农牧民群众寻找致富门路，促进群众创业在增收，增加经济收入，提高农牧民群众生活生产质量。积极落实“党员干部进村入户，结队认亲交朋友”活动，扎实开展扶贫宣传工作。共计宣传256场次，参与群众8962人次，印发扶贫宣传资料2895份，开辟专栏114期。全县科级以上干部、私营企业共455人，与645户，2592人结对认亲，共同开展扶贫帮困。

认真开展“三项要求”相关工作。墨脱县将“两降一升”“打击各类诈骗”“争当生态战士、共建美好家园”等三项工作纳入驻村任务中。各驻村工作队宣传孕产妇住院分娩补助奖励政策和孕产妇保健等知识25场次，帮助110名孕产妇到医院分娩，新生儿死亡率为0%。积极开展防电信、网络诈骗宣传教育，受教育群众达到2335人。积极开展生态公益宣传。发放学习资料6000余份，开展集中学习60余次、村开展小组学习4000余次。

（索朗达杰　刘松洋）

【领导名录】

县委常委、组织部部长

罗　布（藏族，2月离任）

赵　敬（2月任职）

县委组织部副部长、人社局局长

次仁旺杰（藏族）

县委组织部副部长

南效鹏

县委编办主任

扎西措姆（门巴族，7月离任）

县委组织部副部长

格桑扎西（藏族）

县委老干部活动中心主任

向　林（门巴族）

中共墨脱县委宣传部

【概况】 年内，墨脱县宣传系统包括宣传部、网信办2个正科级行政单位，配备部长1名、副部长3名、网信办主任1名、副主任1名；文化市场综合执法大队1个副科级参公单位，配备队长1名、副队长1名；网评中心1个副科级事业单位、另下设精神文明指导委员会办公室（无编制）及理论学习中心组办公室（无编制）；科员6名；专技2名；志愿者1名；此外乡（镇）党委宣传委员8人。

【理论工作开展】 加强县委理论中心组学习。2016年，按照中央、区、市、县委的要求，紧密联系墨脱县实际，认真制定了县委中心组理论学习计划，确立了7个学习专题，采取集中学习、个人自学、专题讨论、实际调研等多种方式，加强县委理论中心组理论学习工作。2016年墨脱县组织了12次县委理论中心组学习会议，撰写调研报告17篇；加强对基层党委（党组）中心组学习的指导工作，下发《党委中心组学习参考资料》350本，为全县各乡镇和县直各部门发放了《习近平总书记系列重要讲话》藏汉版共计3954本，纪念西藏百万农奴解放57周年宣讲提纲2100本、《党建》980本、《时事报告》840本、《领导科学大讲堂》632本，对各乡镇、各单位开展理论学习提供了便利，创造了条件。

【宣传工作】 加强中心工作宣传。紧扣县委、县政府中心工作和全县重大工作部署，开展了“贯彻县委工作会议精神，加快墨脱跨越发展”“墨脱特色产业”“宣传思想工作走进基层”系列报道，大力宣传全县各级各部门加快发展建设，深入推进城乡统筹，奋力推进县城建设的生动实践和主要成效；加强主题宣传。在县内媒体开设了农村基础工程建设、重点项目建设、安居工程建设、城乡环境综合整治、文化旅游节活动、重大节庆集会活动、党风廉政建设等宣传专题，集中宣传报道了全县干部群众齐心协力抓发展、聚精会神搞建设的良好风貌。印发了《墨脱县2016年宣传思想工作安排意见》，指导乡镇宣传思想工作，要求基层宣传委员通过基层特色文化队伍，采取群众喜闻乐见的文艺形式深入基层大力宣传党的方针政策和上级各项决策部署，增强了宣传思想工作的渗透力和感染力。

【对外宣传】 年内，县委宣传部把对外宣传融入全县经济、旅游、文化活动等领域，推出茶叶特色产业专题宣传、“农村安居工程”专题宣传、墨脱县创AAAA景区等重大外宣报道；以举办门珞民俗文化旅游节和乡村旅游活动为平台，发展媒体合作关系，制定外宣方案，组织覆盖电视、电台、网络等媒体领域的大规模媒体采访报道活动，大力宣传墨脱县资源禀赋、区位优势、产业特色，为各类活动开展营造氛围、聚集人气，参加西藏林芝市2016年雅鲁藏布生态文化旅游节“门巴服饰方队”表演和文艺演出，协助中央电视台、中央人民广播电台、《西藏日报》、《林芝报》、中国新闻网等新闻媒体对墨脱县茶产业、旅游业、精准扶贫工作、门珞非遗文化建设、安居工程及小康示范村建设等方面进行了宣传报道；引起了区市领导和社会各界的广泛关注， 2016年，全县共接待中央、区、市媒体17批次，200余人次，较好的宣传报道了墨脱，提高了墨脱和墨脱茶叶的知名度。强化外宣制品制作。制作推出了墨脱城市宣传片1000张、墨脱歌碟1000张，以开展墨脱主题旅游活动和重大节庆集会活动为契机，指导旅游部门制作对外宣传手册和宣传拉页并对外发放。强化外宣管理。主动适应信息社会发展对外宣工作的新要求，加强舆论引导力建设，制定了《墨脱县突发公共事件新闻报道应急实施办法》《突发公共事件应急新闻报道工作预案》等外宣管理制度，建立了科学的突发公共事件新闻报道管理和舆论引导机制，有力地规范了全县突发公共事件新闻报道工作，全年及时处理网络舆情1起，有效维护墨脱形象。积极采取多种方式，加大网络舆论宣传的引导力度。做大做强正面宣传。根据自治区统一安排，全区统一建设了新的政府网站，即墨脱县政府新闻网（www.xzmt.gov.cn），墨脱县新的政府新闻网于2014年6月19日上线，为规范政府网站建设，确保政府网站技术安全和资源共享，方便全区统一管理，网站信息经由西藏传媒集团编辑负责上传。2016年，墨脱县全年稿件采用量达1409条，网站全年访客数达29556人次。浏览量达到93989，浏览量全区74县排名第3。

【文化市场规范管理】 年内，继续坚持着力规范文化市场经营秩序，加大文化市场排查力度。严把文化行政审批关。进一步规范办理程序，提升时效性和透明度。开展了全县打字复印店、音像店、网吧、歌舞娱乐场所等文化经营单位的审核及设立、变更相关审批业务。根据区、市“扫黄打非”办公室的统一部署和要求，县文化市场综合执法大队结合墨脱县实际情况，按照“扫黄打非”联合封堵、市场监管、文化执法等执法机制要求，建立文化经营单位“一户一档”监管体系，定期开展检审验；与文化经营业户签订《守法经营安全生产责任书》建立网吧巡查制度，建立大队检查记录，扎实开展文化市场集中整治，均收到良好成效，确保了墨脱县文化市场健康、和谐、稳定发展。2016年，墨脱县共出动执法人员112人次，检查歌舞娱乐场所180家次，网吧48家次，音像制品店72家次，图书馆18家次，网吧48家次，打字复印店43家次，对全县50多家商铺进行清查地面卫星接收设施。

【精神文明建设】 加强精神文明建设的宣传教育。坚持用社会主义荣辱观引领风尚，立足现有的条件，县乡村三级上下联动，通过播放影片、宣传栏、标语、文艺节目以及口头宣传的方式，认真开展了墨脱县精神文明建设各方面的宣传工作，深入开展各类群众性文化活动。利用广场多媒体资源LED大屏幕，每晚播放优秀爱国影片、红色革命歌曲、宣传片及爱国电影等。2016年，在好日子莲花广场开展元旦、春节文艺演出及各类宣传活动8场次，广场LED播放（锅庄180次、红色电影50场），各类通知短片70余条；加大县文化活动中心免费开馆力度，丰富干群业余生活；2016年年内，县文化活动中心团体活动室、信息资源共享室、健身房、图书馆累计免费开馆时间达2000小时；多功能厅2016年承办各类培训、会议50余场次。乡镇综合文化站和村文化活动室设施设备的规范管理，发挥其在推进农村“四大基础工程”建设中的积极作用；年内共发放了“户户通”设备1800套，改变了群众看电视难的问题。刊播“24字核心价值观宣传标语”，播放“梦娃”系列动画视频。积极组织开展三大节日期间悬挂灯笼、张贴春联等活动。组织人员深入乡（镇）村、学校开展社会主义核心价值观宣讲，深入挖掘行业典型，通过身边人讲身边事来营造见贤思齐、崇德向善的良好氛围；广泛宣传核心价值观的深刻内涵和基本要求，宣传报道各单位培育和践行社会主义核心价值观的新思路、新举措、新进展。开展文明公益宣传。围绕弘扬中华优秀传统文化、加强诚信教育、培育勤劳节俭观念、传承孝道和敬老风尚、倡导文明旅游、宣传保护生态环境、树立社会主义法治观、学雷锋志愿服务等为主线，县主要街道悬挂横幅标语，并定期在县各型电子显示屏及县电视台上播放标语。广泛开展志愿服务活动。围绕提升公民素质、关护困难群体，有效整合志愿服务活动资源，举行了生态环保、普法、禁毒、安全生产等宣传活动；开展了慰问敬老院老人、弱势群体捐款爱心、环境卫生大扫除等各类志愿服务活动。组织开展爱国主义、反分裂、民族团结等主题教育实践活动。3月，组织开展了“百万农奴解放日”相关纪念活动；7月，开展“七一重温诗词”等系列活动；建设新旧西藏资料库，继续推进新旧西藏对比工作，“五下乡”等主题性活动和节点活动有序开展。

（李　欣）

【领导名录】

县委常委、宣传部部长

杨兴富（苗族、6月离任）

普　果（女，藏族，6月任职）

县委宣传部副部长

格桑达瓦（藏族）

县委宣传部副部长、网信办主任

杨正勇（苗族）

县委宣传部副部长、文广局局长

李和平

县网信办副主任

金　　海（6月离任）

县文化市场综合执法大队队长

多吉扎西（藏族）

县文化市场综合执法大队副队长

拉宗卓嘎（女，藏族）

中共墨脱县委统战部

【概况】 年内，在县委的正确领导和市委统战部的具体指导下，县委统战部按照年初制定的工作要点，充分发挥统一战线独特优势，深入开展各项活动，不断巩固和发展统一战线团结、稳定、开拓、活跃的新局面。县委统战部为正科级行政机关，2016年，有工作人员7名，其中副处级干部1名，正科级干部2名，宗教办为县委统战部下设副科级机构，有工作人员2名，其中副科级主任1名，科员1名。

【统战人士思想政治工作】 年内，县委统战部牢牢把握大团结大联合这个主题，不断加强自身建设，完善统战工作组织体系。着力构建大统战工作格局，完成新形势下统战工作，2016年成立统一战线工作领导小组。以全面开展“两学一做”学习教育的方式不断提高统战干部党性认识，与习近平总书记为核心的党中央保持高度一致。将全县各方面力量团结在县委政府周围为实现全面建成小康社会的宏伟目标而奋斗。做好与宗教界、党外、归国藏胞、爱国人士、信教群众、个体工商户的联系工作。在元旦、春节、藏历新年等节庆日来临之际开展节前慰问工作，投入资金5.5万元，走访慰问了墨脱县统战爱国人士、宗教界人士、党外人士、归国藏胞及困难群众，送去党和政府的亲切关怀。

【统一战线服务民生工作】 认真贯彻落实中央、自治区和市系列重要指示精神，认真落实“五好、六支持”的总体方针，促进了墨脱县非公经济又好又快发展。墨脱县华阳园艺有限责任公司向林芝市工商联成功申报到25万元的城市绿化苗木培育、经济苗木培育基地坚实项目扶持资金。积极引导非公有制经济为墨脱县经济文化建设服务。非公经济经营领域已逐步由传统的农业生产、零销百货向新型养殖业、房地产开发、餐饮业、建筑业以及特色产品加工等领域延伸拓宽，如西藏墨脱县铜墙铁壁原生原态农业开发有限公司、西藏林芝地区白玛岗建筑材有限公司、墨脱县德兴乡德兴村竹编专业合作社、墨脱县帮辛乡石锅专业合作社等已初具规模，并逐渐成为带动墨脱县经济发展的支柱产业。截至11月底，墨脱县实有各类市场主体620户，注册资本（金）81034.35万元，与上年同比分别增长24.5%、17.2%。其中：企业92户，注册资本（金）74579.69万元，分别与上年同比分别增长61.4%，17.23%，带动294人就业；个体工商户502户，注册资本（金）5530.44万元，与上年同比分别增长18.12%，16.56%，带动少数民族地区就业人员1057人；农民民专用合作社26户，注册资本（金）924.22万元，与上年同比分别增长62.5%、22.93%，成员总数281人。

积极推动统一战线脱贫攻坚工作。开展好统战干部结队帮扶工作，统战部4名副科级以上干部结对帮扶7名贫困户，深入帮扶对象家中走访慰问摸底调研，发放慰问金共计6000元，解决加热萨乡拉贡村1台脱粒机和1台发电机共计20000元费用；引导非公经济人士开展“光彩事业”和捐款活动，2016年，利用重点节庆日组织全县非公经济人士分别为3户困难群众、4户贫困户1名受灾群众送去价值10200元的慰问品及现金；全国第三个“扶贫日”组织全县广大非公有制企业人士、工商联会员企业人士等 16人参加全县开展的全国“扶贫日”募捐活动，共计捐款43100元。

【协助完成政协墨脱县第九届委员会换届工作】 按照政协委员换届的要求，通过走访调研及广泛征求群众意见后把代表性强、参政议政水平高、群众认可、德才兼备的优秀人士吸收到政协委员的队伍中来，确保换届工作顺利开展。截至2016年12月，墨脱县第九届政协委员会委员65名（预留1名），设置界别11个，有委员64名，党员23名，占35.93%；党外41名，占64.06%。其中：中共界9名，占14.06%；民族界13名，占20.31%；农业界22名，占34.37%；宗教界5名，占7.81%；妇女界4名，占6.25%；文化界2名，占3.12%；科技界2名，占3.12%；教育界1名，占1.56%；经济界2名，占3.12%；卫生界1名，占1.56%；工商界3名，占4.68%。.56%；工商界3名，占4.68%。

【加强和创新寺庙管理工作】 2016年，按照要求2个寺管会成立工会组织，进一步完善了机构建制；建立健全寺管会（特派员机构）驻寺干部工作制度，职责分工的等各项规章制度，确保驻寺工作扎实有序开展。

深入开展寺庙“六个一”活动。24名驻寺干部与27名僧尼交朋友，2016年，共开展130余次家访，送去慰问品、慰问金，共计41118元。

“九+六”工程有序开展。为了更好地实施“九有”工程，在县委、县政府的坚强领导下，在相关部门的协作下寺庙“九有”工程在平稳有序地开展。截至年底，7座寺庙除格当寺、罗邦寺通路外，仁青崩、玛尔蚌、德尔贡正在修建当中，其余寺庙均为简易马行道；通电情况。除白玛维林寺未通电，其余寺庙均与乡、村同步使用或自行解决小型水轮发电机发电，未完成的项目，积极与相关部门沟通协调，力争早日全县所有寺庙实现“九有”全覆盖目标。

在县委、县政府、县卫生局、县医院支持下，2016年，僧尼免费健康体检率达100%，建档率达100%，完成了寺庙在编僧尼免费健康体检的工作目标，有效保障了僧尼的体制健康，建立健全了僧尼健康数据库。墨脱县在编僧尼，按时缴纳“两险”金，缴纳参保率达100%，全面实现“两险”全覆盖目标。

深入推进寺庙法治宣传教育工作，为扎实有序开展爱国爱教宣传活动，县委统战部结合弘扬历代高僧大德“爱国爱教、遵纪守法、弃恶扬善、崇尚和谐、祈求和平”为主题的法制宣传教育活动，主要宣传十八届三中、四中、五中、六中全会精神，《中华人民共和国宪法》，民族区域自治制度，《宗教事务条例》等，受教人数达500余人次。发放宣传资料、报纸、刊物等3500余份。

加强对宗教活动场所的监督管理。建立健全消防了消防安全工作制度，做好宗教活动场所安全隐患排查整改工作，定期对寺庙、僧舍的消防设施，线路等方面进行检查，消除安全隐患，邀请消防官兵宣讲消防知识，手把手教怎么使用消防设备和消防演练；严格审批宗教活动，履行报批制度，制定宗教活动预案，做到现场指导，无安全事故发生。

【创建评选活动】 2016年，县委统战部认真按照11项和谐模范寺庙评选活动和4项爱国守法先进僧尼评选活动条件，与法制宣传教育相结合、通过寺管会（特派员机构）、寺庙僧人民主选举，以公平、公正、公开的考核形式，将突出的爱国守法先进僧尼、和谐模范寺庙、优秀驻寺干部、先进寺管会（特派员机构）推荐到评选活动，并鼓励驻寺干部、僧人争创先进寺管会（特派员机构）和谐模范寺庙、争当爱国守法先进僧尼。圆满召开2016年上半年和下半年县级和谐模范寺庙表彰大会，县委、县政府解决表彰经费14.5万元，获表彰僧尼35人次、驻寺干部17人次。

【区外学经回流人员管理教育】 县委统战部严格按照区、市、县三级有关文件要求，协调公安局、政法委、国保大队、民宗局、各乡镇对墨脱县25名学经回流人员，以集中教育或一对一、多对一的形式，分三批前往林芝市集中管控培训，均圆满结业，取得良好效果；为进一步加强墨脱县回流学经人员管控力度，并协调相关部门制定了《墨脱县区外学经回流人员请销假制度》及请销假审批表，以便更好管理回流人员。

【统战理论调研工作】 2016年初，县委统战部组织召开统战、民宗、宗教办、工商联、寺管会会议，安排部署2016年统一战线调研课题，将任务分解细化，要求实事求是地开展调研活动，保质保量地完成调研报告，2016年县委统战部及各寺庙管理机构共完成涉及统战理论、民宗宗教、驻寺工作等内容的调研报告11篇，经过县委统战部进一步筛选后上报林芝市统战部8篇，被市委统战部采用3篇。

（尹荣毕）

【领导名录】

县委常委、统战部部长

边巴索朗（藏族）

统战部副部长

白玛玉珍（女，藏族）

宗教办主任

拉巴琼达（女，藏族，6月离任）

达瓦拉姆（女，藏族，6月任职）

中共墨脱县委政法委员会（墨脱县社会治安综合治理委员会办公室）

【概况】 2016年，在县委、县政府的正确领导下，在区、市两级业务部门的关心指导下，县委政法委认真贯彻落实中共十八大，十八届三中、四中、五中、六中全会精神和自治区第九次党代会精神以及中央、区党委、市委政法工作会议精神，围绕县委、县政府“123456”发展战略思路，以深化平安建设为主线，以全面保障经济跨越式发展为重点，以构建法制社会、和谐社会为目标，狠抓社会综合治理、依法打击犯罪行为，齐心协力、团结奋战，圆满完成了2016年度政法、综治、维稳各项工作任务，实现了“三不出”“三无”“三稳定”的工作目标，为墨脱全面发展提供了有力保障。县委政法委为正科级行政机关，2016年3月12日，墨脱县机构编制委员会下发《中共墨脱县纪律检查委员会（监察局）主要职责和人员编制方案》，将县委政法委（县综治办）行政编制调整为5人（不含政法委书记），其中领导职数3人。实有干部9人（不含政法委书记），其中正科级实职2人，正科级虚职2人，副科级实职2人，科员3人。

【召开年度工作会议】 2016年3月15日下午，县委政法委牵头组织在县多功能会议厅召开“2016年度中共墨脱县委政法、综治、普法工作会议”。县委常委副书记魏长旗主持会议并作重要讲话，县委常委、政法委书记、公安局局长、督察长刘明作年度工作报告，林芝市中级人民法院党组书记、院长、林芝市派驻墨脱维稳督导组组长向巴次仁受邀出席会议，县人大常委会主任遵珠，县政协主席丹增，县委常委、纪检委书记普布昌菊等主要领导出席会议，各乡镇党政主要领导、综治专职干事，县直各单位副科级以上干部以及政法各部门全体干警共200余人参加会议。会议传达贯彻中央、区党委、市委政法工作会议精神，总结分析和安排部署年度政法、综治、维稳工作，并对2015年度政法、综治、维稳工作涌现出来的先进集体和先进个人进行了表彰奖励，共表彰奖励政法工作先进集体3个、先进个人13名，综治（维稳）工作先进集体10个、先进个人22名。

【单独成立党支部】 2016年4月中旬，根据《中国共产党党和国家机关基层组织条例》，向县直机关工委书面请示并同意成立了县委政法委党支部，并通过集体酝酿、民主选举的方式，选举产生了由县委政法委副书记顿珠次仁担任支部书记的第一届5人支部委员会。成立时，支部共有正式党员9名，预备党员2名。

【强化政法队伍素质建设】 2016年，县委政法委以组织开展学习先进事迹活动和参加教育培训为抓手，不断强化政法队伍素质建设，在中央政法委的统一部署要求下，先后组织县政法各部门学习全国优秀政法干警潘志荣、买买提江·托乎尼牙孜和高宝来先进事迹，以学习先进事迹、争当先进模范来不断推动信念坚定、公正廉洁、作风优良、甘于奉献的高素质政法队伍建设；先后4次利用视频系统组织政法系统干部（干警）参加

“中央政法委组织开展的政法干部学习讲座”，加强业务知识的学习培训，不断强化公平执法、公正司法、依法办案能力。

【发挥法学会在法治社会建设中的作用】 2016年，县委政法委（县法学会办公室）认真做好会员的发展管理和服务工作，团结全县广大法学、法律工作者，开展法学研究，服务法治实践，参与法制宣传教育。严格按照会员发展标准和要求，面向社会各界广泛发展会员，全面吸纳涉及执法、法律服务等单位部门和爱好法律的社会各界人士入会，2016年共发展法学会会员单位1个，会员2名。截至2016年12月，墨脱县法学会累计发展会员单位6个，会员39名。充分发挥“法学会”在法治建设中的作用，协助林芝市法学会组织开展了主题为“深入推进依法行政，加快建设法治政府”的《2016年“双百”法治宣讲墨脱县专场报告会》，邀请司法部“1+1”行动指派法律志愿律师郭东升，为全县各级干部（干警）上了一堂生动的法治辅导课，促进了依法行政、依法办案水平。利用“七五”普法、综治宣传活动等载体，组织“法学会”会员单位及会员深入推进法律进乡村、进社区、进学校、进机关等法治宣传活动，扎实开展律法咨询、法律援助、法律服务等法治实践，不断推进法治墨脱建设。在市“法学会”的统一部署下，组织各会员单位、各会员积极参与法学研究，参与了“第四届中国·民族区域法治论坛”征集主题论文、第十一届中国法学青年论坛主题征文、第四届“董必武青年法学成果奖”评选等活动，征集征文、论文共8篇，经县法学会汇总后，向市法学会推送4篇。

【法治墨脱建设】 2016年，县委政法委按照“依法治国、依法治藏”的重要战略思想，狠抓法制社会建设，着力加强执法司法监管，不断强化执法为民、依法办案、秉公执法理念，全面保障了人民群众的合法权益，维护了社会公平正义、安定和谐。

县公安机关全年共接警324起，有效接警131起，受理刑事案件20起，立案16起，成功破获了“非法种植罂粟案”“范德传电信诈骗案”“索朗旺堆故意伤害案”“贩毒、吸毒案” 等典型重大案件 16起（含上年1起积案），涉案金额58余万元，挽回群众经济损失50万余元，破案率达94%、破案率较2015年提高了9%；受理行政案件13起、查处13起；受理交通行政案件10起，处理交通事故13起，查处各类交通违法行为788起，累计收缴罚没款83900元。

县检察机关全年受理公安机关移送审查报捕案件13件20人，受理公安机关移送审查起诉案件15件20人，依法提起公诉14件19人。提前介入2起敏感案件，引导侦查取证，与县森林公安局联合成功办理了林芝市首个“非法收购、运输熊掌”的涉林刑事案件，开创了林业检察工作新局面。

县审判机关全年共受理刑事案件12件，结案12件，判处有期徒刑以上刑法17人；受理民（商、事）案件31件，立案标的124.73万元，结案30件，结案标的62.23万元。其中调解结案25件，调解撤诉1件，撤诉2件，诉前调解1件，调撤率为96.7%。

县司法机关坚持落实“四个一”的社区矫正工作方式，对社区服刑人员和刑满释放人员进行实时跟踪服务管理，实现了帮教率100%和接送率100%，并在年内完成对5名刑满释放人员的帮教解除，有效防止了特殊人群重新走上违法犯罪道路。

【全力维护社会稳定】 县委、县政府一直高度重视维护社会稳定工作，始终把维护稳定工作作为压倒一切的头等大事来抓，根据县“两委”换届领导调整变动实际，于2016年9月初报请县委同意调整充实了以县委书记旺东任组长的墨脱县维护社会稳定工作领导小组和以县委副书记、政法委书记、公安局局长、督察长刘明任总指挥的墨脱县维护稳定工作指挥部，建立“由县委书记全面抓、1名分管维稳工作的县委副书记亲自抓、四大班子共同负责、各级各部门通力配合、军警民协作奋战”的维稳工作体系，落实“一把手”工程和“两套班子”要求，全力维护墨脱社会大局稳定。

狠抓区外学经回流人员教育管理。分批护送区外学经回流人员完成林芝市集中教育转化培训，实现了管住、管好、管稳定的工作目标。

严格执行重大决策社会稳定风险评估机制。按照《林芝市重大决策社会稳定风险评估办法》相关规定，严格评估审查程序，对各单位提交的关于重大工程、重大活动、重大决策进行严格审查和评估，合理实际提出风险评估审查意见，切实做到了应评尽评，有效降低了影响社会稳定风险。全年累计对教育、卫生、旅游等领域的137个工程项目进行了严格审查评估，审查评估结论均为低风险。

【社会治安综合治理】 2016年，县委政法委（县综治办）紧紧围绕“打防结合、预防为主、专群结合、依靠群众”的社会治安综合治理工作方针，着力创新治理举措，狠抓治理工作落实，维护了社会治安秩序安定和谐。

大力推进基层综治工作规范化建设。根据《林芝市关于进一步加强基层综治工作规范化建设意见》，结合本地实际，从工作制度机制建设、办公设施设备、人员配备、经费保障等方方面面入手，不断规范基层综治工作，全面完成了7乡1镇的乡（镇）综治（平安建设）工作中心的标准化建设和4个行政村的村（居）综治（平安建设）工作中心试点建设。及时向县政府请示解决16.16万元经费，为各乡（镇）和4个试点村配备了16台电脑、12套办公桌、12套办公椅、4台多功打印复印一体机、12台打印机、4台碎纸机、4套保密柜、4套文件档案柜等配套设备。报请县政府为各乡（镇）解决了2016年的综治工作经费累计16.1万元、并同意把乡（镇）综治（平安建设）工作中心运行经费从2017年开始纳入财政预算并逐年增加。县综治办投入3.6万元经费统一为7乡1镇和46个行政村制作了综治（平安建设）工作中心和乡（镇）“四室一厅”门牌、工作制度机制以及乡（镇）、村两级的综治工作各项台账。及时协调县委组织部门将各乡（镇）1名党委副书记任命为乡（镇）综治办主任，具体领导综治（平安建设）工作中心整体工作，将各乡（镇）政法委员任命为乡（镇）综治办副主任，负责综治（平安建设）工作中心日常工作；并在4个试点村安排支部书记担任村综治办主任、村委会主任担任村综治办副主任，为基层综治工作提供了人力、物力、财力保障。

深化“先进双联户”创建评选活动。全面调整了联户单位。根据市综治办关于进一步登记完善联户划分和建档工作的要求，科学合理将全县3233户“双联户”划分为323个联户单位，并组织各乡（镇）、各警务站将“双联户”档案信息录入综治信息平台，形成了“双联户”档案数据库。持续深入开展“双联户”宣传，通过在县城6个小区和基层8个村人口密集区域和醒目位置建立“双联户”专题宣传栏，广泛宣传“双联户”相关优惠政策、阶段工作重点，引导广大“双联户”积极关注和参与“先进双联户”创建评选活动。列支3万元经费，开通《墨脱县“双联户”工作手机报》，手机信息报，扩大宣传覆盖面，累计推送手机报20余期，受教育群众达10万余人次。公平、公正、公开评选推荐2016年度“先进双联户”和“先进双联户”创建评选工作先进集体，全县共评选表彰“先进双联户”：村级97个联户单位的963户家庭、乡“镇”级23个联户单位的238户家庭、县级6个联户单位的61户家庭、市级2个联户单位16户、自治区级1个联户单位8户；评选表彰“先进双联户”创建评选工作先进村集体：乡（镇）级14个、县级4个村、市级1个、自治区级1个；评选表彰“先进双联户”创建评选工作先进乡（镇）集体：县级2个、市级1个、自治区级1个；墨脱县被林芝市委、市政府评选表彰为2016年“先进双联户”创建评选工作“先进县（区）”。深入推进“联户平安”工作，持续推动落实联户排查化解矛盾纠纷、联户排查整治安全隐患、联户管教重点人员等联户平安工作任务，年内全县323个联户单位组织开展矛盾纠纷排查134次、排查化解纠纷48起，开展安全隐患排查134次、排查整治隐患31处，排查帮教特殊人员12人，开展治安巡逻785次，开展卫生死角治理

224次。深入推进“联户增收”工作，以政府扶持、部门引导、户长带头、“双联户”参与的形式，联合参与养殖业、种植业、手工业等增收致富项目，年内全县有77个联户单位、1021户“双联户”通过联户创办合作社、联户开办砂石厂、联户管理茶叶基地、联户种植香蕉、联户种植蔬菜、联户输出富余劳动力参与项目建设等，实现经济增收400余万元。

深化平安创建活动。按照市综治委关于深化“市级平安创建评选活动”部署要求，依据创建评选程序和标准，客观公正推荐申报2016年市级平安创建对象，经层层评选推荐，累计选表彰2016年市级“平安乡（镇）”2个、“平安单位”13个、“平安村（居）”11个、平安小区1个、“平安寺庙”2个、“平安校园”2个、“平安医院”3所、“平安企业”2个、“平安宾馆（酒店）”4个、“平安市（商）场”2个、“平安家庭”18户、平安创建工作先进个人3名。建立动态管理长效机制，根据《林芝市级“平安乡（镇）”和基层平安创建工作动态管理办法（试行）》，及时研究制定了《墨脱县县级“平安乡（镇）”和“平安单位”创建工作动态管理办法（试行）》，全面规范动态管理方法程序、惩戒标准、责任追究。从年度综治（平安创建）工作经费中支出23140元，重新制作并颁发了县级平安奖牌，其中平安单位45块、平安乡镇8块、平安医院9块、平安寺庙7块、平安学校10块、平安企业10块。

深化“网格化”管理。按照“整体性、方便性、平衡性、差异性”的要求，依托现有的“双联户”服务管理模式，将全县划分成三级网格组织。以乡（镇）为单位划分成8个一级网格，由乡（镇）党委书记亲自挂帅担任网格长，乡（镇）综治办“双联户”和网格化工作室作为日常办事机构，由综治委主任、政法委员、综治专干负责开展网格工作事务；在每个一级网格下再以行政村、警务站辖区为单位，划分出50个二级网格，由村支部书记担任网格长、并配齐了5名网格员和1名乡（镇）干部或警务站民警作为联络员，与每个二级网格对点联系；在每个二级网格下再以“双联户”单位为基础，细分成323个三级网格，户长兼任网格长，实现“网格化”与“双联户”的有机对接。

及时排查化解矛盾纠纷。认真落实矛盾纠纷月排查、月报告、月会议制度，每月按时上报矛盾纠纷排查登记台账和会议纪要，按照抓早、抓小、抓苗头的工作要求，定期组织各乡（镇）、各单位排查化解所管领域、所属辖区内的各类矛盾纠纷，严防越级上访、缠访、闹访等问题。2016年，全县共排查化解矛盾纠纷41起，调解41起。

狠抓社会治安重点地区排查整治。严格落实社会治安重点地区排查整治月排查、月报告制度，定期组织公安机关和各乡（镇）综治办、派出所开展排查整治活动，并对排查出的治安重点区域和突出治安问题，进行认真梳理分析，深入研判、查找原因，因情施策、突出整治。

大力开展综治教育培训。以集中培训、跟班轮训、以会代训、外派学习等形式，强化对基层综治专职干事的业务指导培训，全年共开展集中培训2次，跟班轮训2次，以会代训2次，外派学习2次，培训人数达80余人次。

深入开展综治宣传。依托基层乡镇、村和县城小区建立的综治工作宣传专栏，以“三月综治宣传月”“6月综治宣传周”“9·16”平安西藏宣传日等集中宣传活动为载体，通过悬挂横幅、印发宣传资料等形式，大力宣传系列重要会议精神、平安建设、安全常识、反邪教、“双联户”、法律法规等内容，全年累计发放各种宣传资料6200余份，悬挂宣传横幅39条，受教育人数达10000余人次，面对面解答群众咨询2000余人次，为综治工作创造了良好的舆论氛围。

严格综治考评。根据市委综治委下发的《林芝市2016年综治（平安建设）考评办法》结合墨脱实际分别制定了对乡镇和综治成员单位的两套《考评办法》，于9月初从县委办、政府办、纪委、组织部、综治办抽调人员组成2个实地考评组，对各单位和各乡镇2016年度综治工作目标管理责任制落实情况进行了考核验收，及时查漏补缺，整改提高，并以优异的成绩顺利通过区、市两级年度综治考评验收。建立完善《综治维稳述职制度》，年底组织各乡镇党政“一把手”和各单位负责人对综治维稳工作目标责任落实情况向县综治委进行了述职。健全了“一把手”《综治维稳实绩档案》，在其调动、提拔、晋级前，均征求县综治委意见。

【健全国家安全人民防线网络】 2016年，县委政法委（县国安办）及时组织健全了以县委书记任组长的国家安全人民防线工作领导小组，并配备办公室工作人员，与市安全局对点联系并开展各项工作，通过大力学习和宣传国家安全法、反间谍法等相关国家安全的法律法规，不断强化爱国意识和安全责任意识，有效增强和提高了全县广大干部群众居安思危、自觉维护国家安全的大局意识。

【深化无邪教示范县】 2016年，县委政法委（县防范办）始终保持对“法轮功”“全能神”等邪教组织的高压态势，坚决遏制涉邪教案（事）件发生，全力维护社会政治稳定。及时报请县委调整充实了以县委副书记、政法委书记、公安局局长、督察长刘明任组长的县防范和处理邪教问题工作领导小组，并配备办公室日常工作人员，建立完善定期排查、信息报告、责任追究等工作机制。投入1万余元专项经费，为全县8个乡镇、46个行政村统一制作了《墨脱县乡镇（村）防范和处理邪教问题工作机制明细栏》，将各乡镇、各行政村防范和处理邪教问题工作的组织领导体系、工作职责和工作制度统一规范上墙，构建了组织机制健全、职责制度完善、责任分工明确的长效工作机制。

强化摸排打击。按照“严密防控，露头就打，保持高压，常抓不懈”的工作思路，建立月排查打击工作制度，每月组织各乡镇采取定期与不定期相结合的形式，开展1次针对邪教组织、邪教人员、邪教反宣品的摸排打击行动，并于每月22日前向县防邪办上报月排查情况表。根据防邪工作形势变化和“7·22”等重要节点，及时组织各乡镇、县公安4个便民警务站，加强对本乡镇、本辖区内的出租房、商铺、宾（旅）馆等场所的摸底排查，盯死看牢陌生人员，严防邪教分子潜藏、渗透和破坏。适时组织县委宣传部（文化执法大队）、县公安局、县工商局等相关单位部门，深入县城销售图书、音像制品的店铺，全面排查清缴邪教反宣品，防止邪教组织、邪教人员反宣渗透。

强化警示宣传教育。县防邪办牵头在县城小区、学校和流动人口集中的乡（镇）、村统一建立反邪教警示宣传栏，将反邪教警示宣传教育深入到基层一线、深入到居民小区、深入到中小学校，广泛宣传邪教的欺骗手段和潜在危害，不断强化社会各界群众识邪、防邪、拒邪的意识和能力。利用3月综治宣传月、6月综治宣传周以及“七五”普法宣传等活动平台，通过广泛印发宣传资料，在人口较为集中的街区、宾馆（酒店）、交通要道等地张贴警示宣传海报、悬挂宣传横幅，利用县城广场LED大屏幕播放警示宣传教育片，以及展示警示教育展板等多种形式，扎实开展反邪教警示宣传教育。

签订拒绝邪教承诺书。年初，县防邪办统一规范完善了“农牧民家庭、个体商户、单位干部职工、学校师生、暂停人口”5类拒绝邪教承诺书，并牵头组织各乡镇、各单位、各学校、各警务站统一进行了签订，县城个体商户还将签订的承诺书统一张贴在店铺醒目位置，共签订承诺书3000余份，签订率达100%，使每户家庭、每个商户、每名干部职工、每名学校师生、每名暂住人员均做出“相信科学、反对邪教、拒绝邪教”的承诺。

（张　茂）

【领导名录】

县委副书记、政法委书记、公安局长、督察长

刘　明（7月任县委副书记）

政法委副书记

顿珠次仁（门巴族）

综治办主任

白玛多杰（珞巴族）

综治办副主任

巴桑次仁（藏族）

综治办副主任

索朗杰参（藏族，6月离任）

综治办副主任

桑杰罗布（门巴族，6月任职）

政法委主任科员

达 珍（女，藏族）

政法委主任科员

冯兴旺

墨脱县创先争优强基础惠民生活动领导小组办公室

【概况】 墨脱县第五批驻村工作队自入驻以来，深入贯彻落实区党委、市委、县委关于创先争优强基础惠民生活动的部署要求，严格按照“5+2+3+1”十一项工作任务，结合“两学一做”学习教育，牢记宗旨、明确任务，突出重点、狠抓落实，时刻把群众安危冷暖挂在心上，真诚倾听群众呼声，以大力宣传党的方针政策、着力解决突出问题为切入点，把党和政府的关心关怀送到农牧区，惠及广大农牧民群众，扎实有序推进驻村工作。墨脱县第五批驻村工作队于2016年12月5日前全部入驻完毕。全县共进驻46个驻村工作队共186人，其中：自治区派驻4个村，林芝市派驻7个村，县直单位派驻35个村。自治区派驻16名驻村队员、林芝市派驻20名、墨脱县直派驻70名、乡（镇）派驻80名。党员125名，男99名、女26名；县处级3名、正科级13名、副科32名、后备干部14名。

【推进驻村工作】 年内，按照市委、市政府的统一安排部署，在林芝市强基办的悉心指导下，墨脱县各级驻村工作队员积极响应上级号召，肩负重托、克服困难，在自治区及市委提出驻村工作“5+2+3”工作任务的基础上，结合墨脱县驻村工作实际“+1”增加“村干部文化素质提升工程”各驻村工作队严格按照“5+2+3+1”驻村工作任务，扎实开展强基惠民活动。

【建强基层组织】 2016年，各驻村工作队累计为村“两委”班子成员上文化课4136个学时，上党课1489个学时，上政策理论课1142个学时，发展新党员51名，培养入党积极分子107名，把29名致富能手培养成党员，把39名党员培养成致富能手，把15名党员致富能手培养成村组干部，举办党员培训班279期，培训党员5580人次，投入经费9.2万元，制定村规民约611条，落实党内激励帮扶资金20.4万元，共组织实施新建7个村级组织活动场所，投入资金595.5万元，第八批援墨工作队投入92万元用于购买办公设备、红色广播、远程教育光盘站点等设备。

【注重宣传教育】 2016年，各驻村工作队紧紧抓住宣传教育这一主线，开办专题宣传栏318期，开展感党恩教育208场次，举办专题学习154场次，发放宣传资料4125份；宣传支农惠农政策232场次，发放藏汉双语优惠政策资料3211份，发放“明白卡”1914张，开辟宣传栏113期。开展法制宣讲活动197场次，受教育群众约1.1万人次。

【拓宽致富增收渠道】 年内，各驻村工作队从所在村实际出发，帮助村理清发展思路286条，找准发展路子122个，制定、完善、实施经济发展规划140项。从为民办实事经费中落实并完成项目20个，投入资金124.1万元；派驻单位落实项目11个，投入资金959.5万元，各驻村工作队协助村“两委”落实“短平快”项目16个，基本实现了“村村有项目、户户有门路、人人有活干、经常有收入”的目标。

【密切干群关系】 各驻村工作队认真贯彻落实党的惠民惠农政策，每月将所驻村农牧户走访一遍，从群众最关心的热点难点问题抓起，广泛开展送政策、送科技、送卫生、送文化、送服务活动，以贫困户、低保户、五保户为重点，积极争取有关部门支持，解决群众的实际困难和问题。帮助落实农村最低生活保障资金26.8万余元，农村低保、五保户供养补助调标资金3.8万元，落实各项惠农补偿资金113万余元。

【坚持做群众的贴心人】 年内，各驻村工作队深入开展“一进、二访”，坚持与群众同吃、同住、同学习、同劳动，做到在思想上尊重群众，在感情上贴近群众，在工作上依靠群众。着力解决农牧民群众关心的用水、用电、交通出行等热点焦点问题，解决民生方面的突出问题227件，为群众办实事好事374件，投入资金110余万元。深入困难群众家中，看望慰问困难户、五保户、“三老人员”1660人次，送去慰问品、慰问金折合人民币共计124万余元。

【脱贫攻坚】 各驻村工作队坚持扶贫与扶智相结合，引导贫困群众转变思想观念。积极为农牧民群众寻找致富门路，促进群众创业在增收，增加经济收入，提高农牧民群众生活生产质量。积极落实“党员干部进村入户，结队认亲交朋友”活动，扎实开展扶贫宣传工作。共计宣传256场次，参与群众8962人次，印发扶贫宣传资料2895份，开辟专栏114期。全县科级以上干部、私营企业共455人，与645户，2592人结对认亲，共同开展扶贫帮困。

【开展“三项要求”相关工作】 2016年，墨脱县将“两降一升”“打击各类诈骗”“争当生态战士、共建美好家园”等三项工作纳入驻村任务中。各驻村工作队宣传孕产妇住院分娩补助奖励政策和孕产妇保健等知识25场次，帮助110名孕产妇到医院分娩，新生儿死亡率为0%。积极开展防电信、网络诈骗宣传教育，受教育群众达到2335人。积极开展生态公益宣传。发放学习资料6000余份，开展集中学习60余次、村开展小组学习4000余次。

（张　洪）

【领导名录】

主　任　罗　　布（墨脱县委常委、组织部长藏族、2月离任）
　　　　赵　　敬（墨脱县委常委、组织部长2月任职）
副主任　南效鹏（县委组织部副部长）
　　　　洛桑扎西（县委组织部主任科员藏族、9月离任）

墨脱县工青妇综合办公室

【概况】 年内，在县委、县政府的领导和上级有关部门的指导下，县总工会、团县委、县妇联深入贯彻落实中共十八大和中央群团工作会议精神，围绕群团工作要求以保障干部职工待遇、关心青少年成长、维护妇女权益为己任，为他们排忧解难，狠抓贫困干部救助、青少年思想道德教育和妇女维权知识普及工作，积极开展各种主题活动，取得了一定的成效。2016年，墨脱县工青妇综合办公室共有干部7人（不含志愿者），分别为主任兼总工会主席1人，主任科员1人，副主任科员1人，妇联主席1人，科员3人，大学生西部计划志愿者2人。

【党建工作】 坚持中心组学习制度。支部成员参加机关工委组织的干部职工政治学习以及县委组织的中心组学习，传达中心组学习4次，内容包括：科学发展观、中共十八大精神、党务知识培训和廉政文化展馆接受廉政教育等。坚持支部党员大会制度。凡涉及党建、人事、财务及本单位发展的重大问题等都要召开支部党员大会进行集体研究，全年累计召开支部党员大会12次。加强党员队伍建设。坚持党员目标管理制度和民主测评制度，增强党员树立自我约束意识，在2015年本单位干部职工对在职党员测评的基础上，2016年积极开展“两学一做”活动。加强党员队伍的教育，不断提高党员的素质，主要以学习党规党纪为主线，加深对合格党员使命职责的理解，以讲、树、促三方面着手巩固“两学一做”取得的成果，通过宣扬“五好党员”，激发全体党员为实现党的宗旨而立足本职努力工作的积极性。加强党务工作的管理。按照机关工委和县委组织部对建立基层党组织的要求，对党支部的任务及职责、党支部工作有关制度、发展党员、党员管理、党费交纳等方面工作方法进行了贯彻执行，一方面让党员进一步明确了新时期党建工作的目标和任务，另一方面提高了支部委员的业务水平，为工青妇综合办公室党组织建设的制度化和规范化打下了良好基础。抓党风廉政建设。认真贯彻党风廉政建设工作精神，强化廉政意识，抓好廉政建设，树立良好形象。认真学习宣传中纪委、自治区、市委和县委精神，从思想上筑牢拒腐防变的思想防线；制定《廉政建设目标责任制》，分解任务，责任到人；落实作风建设和班子成员的廉洁自律工作，对党员不断进行教育、监督、检查和考核，从源头上堵塞漏洞，有效地防止腐败。持续深入开展强基惠民工作。坚持选派作风过硬、基层工作经验丰富的干部驻村协助村“两委”开展工作，驻村工作队全年完成为民办实事工作12件，开展村民集中性教育15次，并于12月初完成新一轮的驻村干部轮换工作和驻村队员的调整充实。得到格当乡党委的高度肯定；以“服务基层”活动为载体，克服单位人员和资金方面的困难，组织支部党员干部组成志愿服务队在端午节及贡布节期间2次前往县敬老院开展慰问服务活动，送出慰问品折合人民币8000余元；截至年底由单位主要领导带队深入格当村开展走访慰问3次，惠及15名贫困户家庭，送出慰问金及慰问品折合人民币13000余元；支部党员领导干部还与4户贫困家庭接成了帮扶对子，强基惠民工作取得了实实在在的效果。

【思想政治工作】 坚持以理想信念教育为核心，以道德教育为基础，教育干部职工坚定社会主义信念，认真落实中共十八大，十八届三中、四中、五中、六中全会精神和自治区第九届党代会精神。以“两学一做”活动为重点，主要安排学习了习主席系列讲话精神，党章党纪等内容。每次学习都做到了有动员、有部署、有要求，并对学习有阶段性总结。坚持以人为本，把尊重人、理解人、关心人的理念落实到了具体工作中，注重人文关怀，抓住职务变动、家庭生活发生变故等关键点，对干部职工在工作、家庭生活中遇到的问题和困难，积极主动地给予真诚的关心和帮助，充分发挥了思想政治工作化解矛盾、克服消极因素、调动积极因素的作用，确保了单位各项工作的顺利进行。抓好政治教育和经常性思想政治工作，不断激发干部职工的事业心和责任感。通过开展一系列谈心交心、沟通交流、批评表扬、目标管理等有效手段，不断提高干部职工的大局观念和整个单位一盘棋思想，营造出了一种团结协作、蓬勃向上、求实创新、无私奉献的良好氛围。

【综治维稳工作】 认真落实社会治安综合治理各项工作措施，正确处理好“改革、发展、稳定”三者的关系，认真贯彻上级工作会议精神。强化组织领导，落实各项目标责任。坚持把社会治安综合治理工作列入重要议事日程，切实加强领导，狠抓责任落实，齐抓共管，务求实效。加强组织领导，综合治理、平安单位、安全小组机构健全。确定单位主要领导为综合治理和维护社会稳定第一责任人，分管领导和综治领导小组成员各司其职，形成了主要领导亲自抓，分管领导具体抓，小组成员配合抓的工作局面。进一步健全和落实社会治安综合治理目标管理责任制、领导责任制和“一票否决制”等各项制度。年初县综治办与工青妇综合办，签订了目标责任书，将社会治安综合治理、维护社会稳定工作与业务工作同部署、同检查、同考核，并将考核结果实行内部奖惩机制，促进社会治安综合治理工作和维护社会稳定工作的有效落实。齐抓共管，重点整治，着力推进辖区治安综合治理和维护社会稳定工作。坚持打击与防范相结合，发展壮大群防群治力量，响应综治委、安监局维护社会治安秩序的工作措施，坚持24小时值班和报平安制度，全年未发生一起值班渎职事件；以化解矛盾为主线促进社会稳定，在建立完善矛盾纠纷排查调处机制的基础上，分析和把握社会心态情绪，真正沉下去，及时发现群众中存在的矛盾纠纷，采取有效措施予以理顺，把矛盾化解在最小范围之内，消灭在萌芽状态；着力改善社会管理，充分了解民生疾苦，急群众之所急、想群众所想、切实为群众排忧解难，从源头上解决影响社会和谐稳定的问题。2016年，工青妇综合办公室通过对辖区学校周边地区以及公共复杂场所的治安环境进行认真排摸，确定重点整治区域，制定整治方案，落实整治措施。有效地遏制了刑事案件的发生，全年未发生刑事案件。

【普法宣传工作】 抓好领导干部、公务员学法用法。以学习贯彻“两学一做”为契机，加强干部队伍的理论学习，充分发挥领导干部学习法律的表率作用，由主管领导带头学，同事之间相互学等手段，进一步增强领导干部、公务员依法行政、依法办事意识，提高政府的公信力和执行力。针对近年来墨脱县基础设施建设带来的外来农民工维权难的问题，加强业务干部对《农民工维权法律知识》《中华人民共和国劳动合同法》《中华人民共和国妇女权益保障法》等法律法规的学习，提高工青妇综合办公室业务干部应对和处置突发事件的意识和能力。各部门积极开展有针对性的公务员学法用法。强化了工青妇综合办公室干部学法用法、依法行政的观念。强化农牧民法制宣传教育。组织深入开展农村主题法制宣传，积极开展法律法规服务进村、培养法律明白人、充实法律图书室、农村“两委”干部法制培训、加强农民工法制宣传等多种形式的法制宣传，促进新农村建设。对工青妇综合办驻村点，加强以村级农村法制教育基地的法制宣传教育。根据《关于进一步加强农民学法用法意见》，积极开展“法律进乡村”活动。按照“先普法后调解、先调解后诉讼”的工作模式，对排查出的家庭、婚姻纠纷等突出问题逐一进行实地调解，邀请当地群众、特别是当地村干部、党员及纠纷双方当事人参与，对广大群众进行《中华人民共和国治安管理处罚法》及《中华人民共和国婚姻法》等与群众生产生活息息相关的法律法规教育，让群众在调解中受到教育，在教育中解决问题。以不断增强广大农民、农民工法律素质和维权意识。

总工会工作

【工会宣传工作】 县总工会抓住“三大节日”“三八”“五一”等关键节点通过黑板报、通信报道等形式及时宣传工会信息，播报工会新闻。依托驻村联系点以基层建设为重点，以“农牧民工集中入会”为契机，在有条件的行政村开展工会宣传工作。2016年，县总工会组织参与职工宣传20余次，开展职工教育6次，制作悬挂条幅18条，发放工会宣传印刷品1000余份并通过制发会员证、为工会会员证特约服务商户挂牌等工作。

【服务职工工作】 2016年，县总工会结合“春风行动”有针对性地组织开展职工安全岗培训活动和农牧民工岗前培训活动，委托培训100余人次。重视职工文化活动，县总工会结合春节、“三八”妇女节、“五一”劳动节开展职工文体活动。春节期间在好日子莲花广场，组织县直机关干部职工和县城周边农牧民工开展春节游园活动，参与人数达600多人。“三八”妇女节期间，联合县妇联通过各基层工会开展了女职工系列文体活动。“五一”劳动节期间，补助基层工会活动经费3.5万元。积极落实党的疗休养政策，进一步规范了职工疗休养工作，安排墨脱县23名党政机关、事业单位职工和农牧民劳模至内地疗休养。12月，联合县教体局开展了“三大节日”全民健身活动。

【帮扶慰问】 2016年，县总工会利用“三大节日送温暖”走访慰问困难职工和农民工15户，发放慰问金及慰问品共计1.8万元。3月，以“春风行动”和“五送”活动为契机，开展发放《中华人民共和国劳动法》《中华人民共和国合同法》和职工权益相关法规等10余种资料300余份，开展法律咨询50余人次，联合卫生服务中心为100余人免费询诊，发放药品150余种价值1.2万余元。“五一”劳动节期间，持续开展生活救助，为2名患病困难职工家庭发放慰问金4000元。11月，至格当村开展送医送药活动，发放价值1500元药品。12月，安排县域22名困难职工及农民工参加免费体检，完成体检13人。

【基层工会组织建设】 2016年，县总工会为各乡镇工会委员会和各乡镇“职工之家”统一挂牌，工会组织的引领示范效应进一步提升。创新形式推动职工入会。根据职工相对分散、流动性大的特点，县总工会双措并举，努力把组建之“网”做广、做实。通过单独建会、联合建会和入会机构下设等方式推动工会组建工作。并将组织农民工入会纳入了工会工作的重要组成，全年向1000多名农民工宣传了加入工会组织的好处。2016年，县总工会深入德兴乡、背崩乡、达木乡和格当乡开展调研6次，协助派遣墨脱县乡镇工会干部10名至内地参加业务培训。截至年底，全县共有工会会员1376人。

【工会经费】 2016年，县总工会积极向县人民政府争取工会经费110万元，比2015年增加了50万。在经费使用上本着“统筹兼顾，量入为出，收支平衡，略有结余”的原则管理使用工会经费，坚持四个服务为导向。把资金的重点用在促进社会和谐发展、维护职工合法权益，开展职工各项活动、为基层服务、为职工办实事等方面，坚持做到支出合理，职工满意。

团县委工作

【党建带团建】 2016年，团县委墨脱县委紧紧围绕党政工作中心，坚持“党建带团建，团建促党建”原则，按照县委组织党建带团建的要求，努力探索全县团建新路。在全县建成8个团委，50个团支部，拥有团员1126人，截至年底共有10个“青年文明号”单位，其中，8个县级青年文明号单位，2个市级青年文明号单位。2016年上半年，就通过党建带团建专题活动向各级党委和团委征集到优秀征文10多篇，为团组织建设凝聚了智慧，团县委为了更好地服务团员青年，根据团员的实际情况，在微信公众平台上开办聊天室，建成“网络团委”。

【青少年思想引导】 2016年，团县委积极开展形式多样的主题活动。举办学雷锋、庆百万农奴解放日、清明烈士陵园扫墓、迎“五四”庆“六一”等系列文体和爱国主义教育活动，参与团员超500人次，丰富了全县青年团员的精神生活和业余生活。2016年1月15日，团县委联合背崩乡综治办、派出所组织背崩乡中心小学全面开展法制宣传活动。教育青少年如何学法、懂法、守法和自我保护的法制教育。2016年5月7日，团县委以宣传活动为载体营造青少年健康成长环境与县检察院在县中学联合开展法制宣传教育活动。活动通过张贴挂图、发放宣传单和现场答疑、知识点互动等形式向在校学生宣传《中华民族共和国未成年人保护法》《中华人民共和国预防青少年犯罪法》等法规知识。2016年6月10—11日，团县委在格当乡希望小学组织开展了“端午送温暖·爱心暖少年”慰问活动，慰问该校50名同学，发放了“中国人民保险公司”捐赠的学习生活用品，服饰100套、体育用品10套、书本200册，共价值2万元。

【青少年事务工作】 加强对全县团员青年的管理和服务。指导中学团委为在校团员建立了标准的档案建设，推荐3名优秀教师和2名中学优秀学生团干参加广东省团委工作培训；2016年，团县委加大对偏远乡镇小学的关爱力度，积极向爱心企业呼吁，为背崩乡希望小学解决了9.8万元的教学设备、为格当乡希望小学解决了2.4万元的衣服和书本。

开展“法律进校园” 活动。为大力推进墨脱县“依法治县”进程，进一步深化和加强青少年法律宣传教育，促进青少年健康成长成才，培育青少年的法制观念和法律素质，有效预防青少年违法犯罪。为广大师生讲解了预防青少年违法犯罪知识、青少年维权知识、交通安全常识和消防安全知识。活动共发放《中华人民共和国未成年人保护法》《青少年常用知识问答》等有关宣传资料300余份，受教育学生达600余人。2016年8月28日，团县委下发《关于2016年预防青少年违法犯罪专项组任务分解的通知》，要求各相关单位广泛宣传青少年法制教育宣传活动。有效预防和减少青少年违法犯罪，提高未成年人自我保护意识，促进全县青少年全面健康成长。

【团组织建设经费】 2016年，团县委向县人民政府争取解决了本级组织建设经费8万元，并为全县七乡一镇团委各解决团组织建设经费2万元和预青工作专项经费1万元。全县团组织建设一盘棋的思想进一步深入人心。

【西部计划西藏专项工作】 2016年，团县委抓志愿者工作品牌化、长效化。截至年底，全县共有19名志愿者服务于县直各单位为丰富干部人才队伍、高效开展各项工作发挥了积极作用。2016年3月30日，团县委召开了西部大学生志愿者思想交流座谈会，团县委干部和16名西部志愿者参加会议。2016年8月20日，团县委积极响应林芝市委、市政府关于开展“清洁家园 美丽墨脱 我们在行动”活动号召，组织各级团干部、青年文明号青年、西部计划志愿者、社会志愿者组成26人清扫队伍，清扫莲花阁旅游景点的路边及景点周边垃圾。2016年9月3—26日，大学生西部计划志愿者代表8名女生参加林芝市雅鲁藏布生态旅游文化节，志愿者主要当舞蹈演员，直到林芝市雅鲁藏布生态旅游文化节圆满落幕。2016年11月3日开始，大学生西部计划志愿者至中学每周三次长期义务辅导。2016年10月23日，大学生西部计划志愿者联合巾帼志愿者一行19人开展了一次帮助墨脱村村民采茶的活动。

县妇联工作

【妇联宣传工作】 2016年，县妇联加大对各级各类会议精神的宣传学习。充分发挥“妇女之家”的载体优势，用听得懂，记得住的妇女群众喜闻乐见的形式，把中央、全国妇联、区妇联、市委和县委的精神及时宣传到基层，传达到妇女群众中去。加大对两个规划工作的宣传力度。以常规宣传活动和召开会议等形式面向社会、成员单位宣传实施“两规”的目的意义、目标和任务，大力宣传男女平等基本国策，引导群众牢固树立全社会男女平等和儿童优先的意识，形成全社会关心支持妇女儿童事业发展的良好氛围。加大对妇女儿童维权工作的宣传力度。积极利用“三八”维权宣传周、“综治宣传月”等活动，采取常规宣传、集中宣传等形式，宣传妇女儿童保障权益，深入开展平安家庭创建活动，有效减少了家庭暴力事件的发生。

【组织建设】 2016年，县妇联紧紧抓住党建带妇建这个良好机遇，加强全县妇联组织建设。从健全组织机构、完善工作制度、提高队伍素质、保障工作经费四个方面入手，着力加强自身组织建设。3月组织对全县31名妇联工作先进集体和个人进行了表彰，发放奖金23100元；4月，县妇联从县人政府争取解决了8个乡镇各1万元的妇联组织建设经费；下半年，县妇联组织墨脱县1名个体商户前往拉萨参加妇女电商技能及电商创业培训，组织1名干部至内地学习妇女新媒体业务知识，组织1名妇联干部至北京学习，妇联组织建设取得了长足发展。

【妇女儿童工作】 2016年2月，县妇联慰问德兴乡德果村、荷扎村两名贫困家庭送去总计3300元的现金和奶粉；6月，前往县小学幼儿园慰问留守儿童发放学习用品等，价值3000余元；中秋节期间，走访慰问墨脱镇、德兴乡、背崩乡贫困妇女，总计5300余元；10月初，组织对全县范围内的12名单亲母亲、贫困母亲、个体户进行了免费妇科体检；12月份，为县中学的贫困学生和留守学生13人送去了学习用品和生活用品，价值1230元。

【妇女儿童维权工作】 “三八”妇女节期间，组织教育局、检察院、司法、民政、人社、团县委、县总工会等15家单位开展“春风温暖你我他、维权服务进万家”为主题的“三八”维权宣传活动。发放了《中华人民共和国婚姻法》《中华人民共和国未成年人保护法》《预防和制止家庭暴力条例》《中华人民共和国妇女权益保障法》《妇女健康知识100问》《母子健康手册》等各类资料300余份，宣传画册30张。年初，成立妇女儿童维权岗，已在4个警务站挂牌设点，定期查看台账，对有“家庭暴力”存在的家庭进行调解。截至年底，有2例已经通过调解解决，有1例已递交司法部门进行协调解决。

（解广汉）

【领导名录】

工青妇综合办公室主任、总工会主席
白　玛（女，藏族）
工青妇综合办公室主任科员
张伟刚（5月任职）
妇联主席　索朗曲珍（女，藏族）
团县委书记　钟　谭（6月离任）
工青妇综合办公室副主任科员
次吉卓玛（女，藏族）
工青妇综合办公室科员
扎西措（女，藏族，8月至12月主持团县委工作）

墨脱县工商业联合会

【概况】 墨脱县工商业联合会于2013年10月10日挂牌成立，2016年，县工商联干部核定编制2人，实有干部6名；科级干部2名；藏族干部2名，汉族3名，其他民族干部1名。建有中共墨脱县工商联支部，结合单位党员人数情况，支部配备了书记、副书记，支部党员有6人。年内，新发展会员3名。截至年底，县工商联会员已达到45个，其中有关单位个人会员13个，企业会员16 个，个体工商户会员16个。非公经济人士中担任墨脱县政协委员3人，担任县级人大代表1人，担任团市委1人。

【工商联党建工作】 2016年2月，中共墨脱县工商联党支部成立，支部以中共十八大精神为指针，推进党建工作有序开展，结合县工商联实际，制定县工商联支部党建工作计划、支部党建学习计划、党风廉政建设工作计划、支部工作责任制度等。开展“规范、简化、时效”为主题的整顿活动，重点加强工商联党支部整顿，及时梳理自查，限期整改落实。县工商联支部对“两学一做”学习教育活动高度重视，切实加强自身建设，全面提升综合素质和服务非公经济发展能力。扎实开展“两学一做”学习教育活动。及时传达学习墨脱县委印发的《“两学一做”学习教育实施方案》，组织召开“两学一做”学习教育活动动员会议，制定《墨脱县工商联党支部“两学一做”学习教育实施方案》，结合县工商联工作实际，明确目标、落实责任。2016年，集中理论学习52次，讲党课4次，专题讨论4次，制定专题宣传栏1份，走访慰问老党员1次。县工商联把“两学一做”学习教育活动与干部队伍建设和作风建设结合起来，同服务企业、服务会员结合起来，提高广大干部职工对学习教育活动重要性的认识。

【非公企业党建工作】 2016年，县工商联指导非公经济党支部完善制度、宣传栏、办公设备等工作，基本实现了有党旗、有制度、有场所、有书报、有标志、有设备等“六有”目标，2016年，新发展党员5名。截至年底，支部成员有33人，其中党员28人（流动党员11人），入党积极分子 5人。2016年，非公经济党支部组织开展学习30余次，讲党课4次，观看电教片3次。

【企业服务工作】 县工商联用心服务企业，通过调研等渠道了解非公有制经济人士的困难和希望。发挥工商联服务职能，积极协调解决非公有制企业在生产中遇到的法律、政策、会计、市场经济等方面的障碍和问题，切实维护企业的合法权益。年内，协助解决企业纠纷问题1件，开展维权知识讲座1次。深化会员企业人士培训力度，全年组织会员到自治区、林芝市参加各类培训2次，培训人员6人次。开展农牧民机械维修、种植技术培训，从林芝市工商联争取到2万元资金，对墨脱镇、德兴乡、达木乡、北崩乡等4个乡镇的17名农牧民群众进行机械维修和种植技术培训。县工商联定期深入企业走访了解情况，尽最大努力帮助企业渡过难关。帮助县工商联会员企业县华阳园艺有限公司向林芝市工商联成功申报到25万元的城市绿化苗木培育、经济苗木培育基地项目扶持资金。

【承担社会责任】 墨脱县工商联坚持一手抓政策扶持，一手抓教育引导，特别是教育引导非公有制经济人士致富思源、富而思进，勇于承担社会责任。截至年底，非公经济人士开展慰问活动3次，资金约达2万元；非公经济人士在墨脱县开展的全国“扶贫日”募捐活动中共计捐款约4万元；西藏林源建筑有限公司、西藏林芝鸿宇实业有限责任公司针对10名贫困大学生每年拿出7万元进行扶持。

【党风廉政建设】 县工商联深刻认识党风廉政建设的长期性、复杂性、艰巨性，制定《墨脱县工商联关于2016年党风廉政建设工作计划》及各项党风廉政建设制度，坚持标本兼职、综合治理、惩防并举注重预防的方针，加强监督和廉洁自律、切实纠正损害群众利益的不正之风、提高机关作风建设水平，加大反腐倡廉工作力度。认真开展警示教育活动，组织召开党风廉政建设专题会议2次，组织党风廉政建设集中学习4次，学习观看廉政教育片3部。认真贯彻落实各级党风廉政建设工作的部署和要求，切实加强党风廉政建设管理工作。

（万 齐）

【领导名录】

主　　席　建阿达瓦（门巴族，1月离任）
　　　　　才旦旺扎（藏族，6月任职）
主任科员　雪　　莲（女，藏族，6月任职）
副 主 席　雪　　莲（女，藏族，6月离任）

武 装

墨脱县人民武装部

【概况】 年内，墨脱县人民武装部（以下简称县人武部）在军分区党委和县委、县政府的正确领导下，全面贯彻“整顿、备战、改革、规划”的总体思路，凝心聚力，建强班子，带好队伍，盯住任务，务实工作；不断强化思想政治建设，深入开展改革强军主题教育；紧紧围绕强军目标，深入推进强军实践；严格依法治军、从严治军，持续正规“四个秩序”；加强国防后备力量建设，军民融合深度推进。扎扎实实打基础，反反复复抓落实，凝聚力量搞建设，真抓实纠改作风，各项工作有序开展。

【党委民主生活会】 6月12日，林芝军分区政治部主任李文瑜冒着高温酷暑，带领机关工作组深入县人武部进行全面的检查指导，并与官兵逐个进行谈心交心、收集官兵的意见，指导县人武部召开党委专题民主生活会，听取党委及个人对照检查、批评与自我批评，最后，对县人武部党委民主生活会进行了讲评，高度肯定县人武部召开党委民主生活会质量效果。

【上级领导检查工作】 1月28日，林芝军分区政委昂旺一行工作组到县人武部检查指导工作。政委昂旺亲切地看望了全体官兵，并重点对营房建设进行全面细致的检查，县人武部部长高林林在汇报2016年度规划的同时，重点对营房建设情况进行全面汇报，认真分析营房建设中存在的困难和问题，并对营区下步规划做了简要介绍。

【军事训练】 年内，为持续掀起军事训练热潮、检验官兵军事训练效果，县人武部开展军事训练月考活动，干部完成3000米武装越野、手枪对隐显目标射击、军事理论考核；士官完成了5000米武装越野、步枪对固定目标射击、军事理论考核。考核中，坚持标准，严格考核纪律，全体官兵相互较劲。通过考核切实摸清官兵训练底数，为全年针对性训练提供依据。

【民兵训练】 为深化小兵种集训成果，全面提高边防战备执勤分队完成边防战备执勤能力，县人武部于2016年5月10—25日组织边防战备执勤分队民兵进行为期15天的军事训练，为6月驻哨打下坚实基础。根据天气情况和民兵训练进度，科学统筹训练内容，采取室内与室外、队列训练与日常养成、基础课目与重难点课目“三结合”的方式科学组训，按照武器性能结构介绍、武器分解结合、操作使用、射击预习、战术基础程序，突出民兵基础的训练，从易到难，确保民兵熟练掌握动作要领。训练过程中，严格要求，严把标准，严抠细训，确保训练实效。

【军警民联训联演】 3月14日，县人武部组织官兵和民兵参加墨脱县军警民联防演练，参演官兵4人、民兵30人，携带防暴盾牌30个、防暴头盔30顶、防暴警棍30根。结合人武部担负任务，重点就墨脱县党政机关、银行、移动公司、电信公司、学校、油库等重要目标守护的进点、队形、防护战技术进行了演练，既锻炼了官兵和民兵遂行多样化军事任务的能力，又对不法分子起到震慑作用，为维护墨脱县社会稳定发挥积极作用。

【双拥工作】 2月6日，县人武部组织官兵看望慰问墨脱县养老院26名孤寡老人，为他们送上节日祝福和慰问品，进一步融洽了军民关系。

【营房建设竣工验收】 11月11日，军分区副司令员杨明率副参谋长连整静等军分区工程验收领导小组成员在县人武部政委黄昌勇的陪同下，组织对县人武部基建营房工程进行了初验。验收领导小组召集施工方、监理方现场对照图纸、合同，逐个房间、逐个门窗、逐个部位全方位“地毯式”进行检查验收。并在边防某连会议室召开初步验收工作小结会，验收工作领导小组成员，纷纷发表意见和建议，指出工程建设中存在的问题，会后副司令杨明进行归纳总结，对初步验收工作中检查出的问题，区分责任，指明整改方向，并责令施工方限时进行整改，确保工程建设圆满收官。

（韦炳文、张永盛、袁中良）

【领导名录】

人武部政委　黄昌勇
人武部部长　高林林
政工科科长　韦炳文
军事科参谋　张永盛

墨脱公安边防大队

【概况】 2016年，墨脱公安边防大队始终以习总书记“治国必治边、治边先稳藏”的重要战略思想为指引，在总队和支队党委的坚强领导和关心支持下，以抓班子带队伍为着力点，积极发挥各级党组织领导作用，准确把握墨脱边境维稳防控形势，整合优势防控资源，科学部署边境防控力量，积极创新社会管控措施，不断完善网格化防控体系建设，有效地维护了辖区持续安全稳定。

【狠抓队伍建设】 为切实落实三级党委（扩大）会议精神，全面加强墨脱边防大队党委班子和各基层派出所支部建设，支队党委高度重视，先后派出2名支队常委和1名部门领导蹲点墨脱边防大队指导工作开展。8月以来，新任命的大队党委班子始终牢记自身使命，在工作中以狠抓队伍建设为切入点，对大队党委成员提出了增补意见并获支队党委批准，对2个基层党支部成员进行了增补，从而健全完善了大队的组织体系。

【强化学习教育】 在支队第三次党代会精神学习贯彻工作中，大队坚持党委带头学，通过召开党委理论中心组学习会、各党支部分别组织学习、全体党员干部集中学习等形式，做到党委领导以上率下带头学、带头讲，先学一步、深学一层；在贯彻落实上下功夫，广泛发动，狠抓落实，兼并统筹，齐头并进，提振精神，阔宽视野，根据支队党委统一部署，及时提炼整理会议精神，积极向驻地党委政府汇报支队第三次代表大会情况，并将会议精神向友邻单位和兄弟部队传达，在全面展现边防工作成绩的同时，争取和赢得驻地党委政府、友邻单位、兄弟部队的信任和支持帮助。

【狠抓“两项活动”，理清工作思路】 大队始终坚持政治建警，围绕“讲党性、迎考验”主题教育和“两学一做”专题教育活动，全面提升“抓中心、议大事、科学决策、贯彻执行”的能力水平。大队邀请中共中央党校文史部副主任徐平教授为全支队官兵做“两学一做”专题授课，进一步增强广大官兵的忠诚意识和党性修养水平。同时积极协调墨脱县第八批援藏工作队，筹备在全县范围内开展驻地部队党组织与地方基层党组织结对联创联建活动，打造具有墨脱特色的党建活动品牌。

【强化边境辖区管理】 大队各派出所对辖区重点部位、重点场所进行定期与不定期突击检查，特别针对“学经”回流人员开展了专项清查活动，进一步细化外来人员管理机制。2016年，共开展法制宣传20余次，发放各类宣传资料1000余份，开展治安巡逻40次，出动警力215人次。截至年底，辖区共清查出2名外地学经“回流”人员，已移交地方公安国保大队统一进行管理。

【积极协调解决辖区户籍管理移交】 根据公安厅《关于印发<全区公安派出所承担户籍管理职能工作指导意见>的通知》文件精神和支队指示要求，大队先后6次与县公安局主要领导及相关部门负责人就边防派出所户籍管理职权移交相关事宜进行了协调，截至年底，工作仍在进行中。大队同时完成了墨脱所户籍室统一规范和上点派出所户籍管理人员选取工作，为户籍管理权移交做好了准备工作。

【深化寺庙僧尼管理工作】 大队采取“走警”的工作模式指派责任心强的民警为寺庙责任民警，定期开展防火、防盗知识宣讲及治安隐患排查活动，指派治安辅警、联防队员联合寺管会工作人员对外来旅游朝佛人员进行了检查严格审查，严防各类违法犯罪活动的发生。组织开展以“学习政策法规，争做合格公民，学习寺规戒律，争做合格僧尼”为主题的“两学两做”活动。2016年，共登记外来朝佛人员600余人次，开展法律法规和爱国主义宣传教育5次，交心谈心8次，举办新旧西藏对比图片展8次。

【全面推进爱民固边活动】 年内，大队全面加强了针对边民群众法制和国防教育，深入开展党的惠民政策以及第六次中央西藏工作座谈会精神等的宣讲活动；以大走访、群众工作会战等活动为基础，及时深入村庄、施工现场，及时化解各类矛盾纠纷，做到了将矛盾纠纷化解在萌芽状态，杜绝了各类恶性案（事）件的发生；坚持把“听民声、察民情、解民忧”作为走访重点工作，及时更新了孤寡老人、困难群众、困难儿童等各类资料档案，制定了切实可行的帮扶机制并扎实开展各项帮扶工作。2016年，大队共累计走访群众350余户次、1200余人次，开展帮扶慰问5次、扶贫捐款3000余元，慰问金累计1万余元，排查化解各类矛盾纠纷4起。

【强化警务实战化训练工作】 根据年度军事训练工作方案，大队选派政治合格、军事过硬的官兵担任教学工作，扎实有序地开展各类军事训练工作，于7月初完成了实弹射击考核。按照警务实战化相关要求，采取理论讲解、案件模拟、情况假设等方式，开展单警控制技术、上铐技术、捆绑技术、搜身技术、带离技术及对嫌疑车辆（人员）的盘查等训练，对反自焚、营区防袭扰等8类方案预案进行更新，并及时开展演练，对演练中的问题及时进行修改完善。

【强化基层派出所基建工作】 年内，大队党委高度重视格当、背崩边防派出所营区营区修建，在施工过程中，大队及派出所上点人员及时发现和解决了施工中存在的问题和困难，为工程保质保量完成做好了准备。

（刘育希）

【领导名录】

大队长 冯蕊生（6月离任）
陈　军（6月任职）
政　委 许全武（1月离任）
郑苏维（1月任职）

墨脱县公安消防大队

【概况】 年内，墨脱公安消防大队在县委、县政府和县公安局的正确领导下，始终坚定信念不动摇，坚持履职尽责不放松，队伍不断发展壮大，基础不断夯实巩固，出色地完成了“防火灭火、应急救援、维稳处突”三大中心任务。2016年，大队接处警共3起。其中，火灾事故1起、抢险救援1起、社会救助1起，救助被困群众5人，疏散群众10人，出动车辆9台次，出动人员30人次，为墨脱县社会稳定和经济发展创造了良好的消防安全环境。

【班子队伍建设】 年内，大队党委始终将“两学一做”专题教育活动作为提升班子理论水平、增强班子理论素养的切入点，不断强化党的政策理论在班子成员中入脑入心，通过学习与实践相结合，使部队始终保持思想政治上的绝对清醒、绝对纯洁，绝对可靠。始终坚持围绕中心抓党建，抓好党建促发展，严格落实“十六字”方针，凡涉及部队建设、立功受奖、经费开支等重要事项，必须经过支部讨论决定，并在会前沟通商量，确保部队凝聚力和向心力进一步增强。2016年，大队始终把党风廉政建设工作作为一项重要任务要求抓落实，在财务管理、器材采购、消防执法等方面严格执行上级的各项规章制度，大队班子成员严格对照反腐倡廉各项禁令铁规，认真开展自查自纠。

【安全责任层层落实】 年内，大队推动县政府将消防工作纳入目标责任考核内容，提请县政府召开消防工作会议，与乡镇政府、行业部门签订《消防安全工作目标责任书》，对乡镇及行业部门进行消防工作考核，激发了各乡党委政府抓消防工作的积极性。坚持多部门、多行业、多警种联勤联防，推动住建等25个部门开展火患整改，督促全县140余家社会单位落实主体责任。年初以来，县政府先后3次召开消防安全委员会成员会议或专题会议，研究部署消防工作，解决消防经费投入和消防装备、消防队伍建设等重大问题。同时，县委、县政府主要领导和分管领导多次听取消防工作汇报，研究解决消防工作中遇到的难题，定期组织督导检查，推动政府部门层层落实消防工作责任。

【保障能力建设】 随着墨脱县扶贫力度的不断加大，在县财政十分困难的情况下，大队主动向地方党委政府请示汇报，确保了消防经费保障的增长。县政府加大消防投入，统筹城乡公共消防基础建设，确保与经济社会协调发展，2016年，大队消防业务经费27.8万元，较去年增长了50%，争取资金完成了全县便民警务站、仁青崩寺配齐灭火器材和个人防护装备，实现了全县所有便民警务站装备器材的全覆盖。2016年，大队又争取队站建设经费400万元，争取辅警员每人每月执勤补助1500元，每人每天伙食费38.4元，每人每年购买最高赔付60万的旅游从业人员保险。

【整治火灾隐患】 在抓好常态化火灾隐患排查整治基础上，部署开展了冬春火灾防控、夏季消防大检查等3个消防安全专项行动，组织由县政府领导带队的部门联合检查6次，组织9次集中消防“夜查”，公安、文化、卫计、商务、安监等部门开展联合执法10余次，始终保持隐患排查整治高压态势。2016年，大队共检查单位（场所）409家（次），督促整改火灾隐患90处，共下发责令改正通知书87份，下发行政处罚决定书2份，罚款300元，有效确保了辖区火灾形势平稳。

【宣传培训】 在全县扎实开展消防安全宣传教育专项行动，各级各部门按照县防火安全委员会统一部署，分县、乡镇、村三个层面，对行业系统、乡镇、公安派出所、便民警务站主要负责人和社会单位消防安全管理人员进行了业务培训。共开展集中培训20余场次，培训各类人员300余人。充分利用广播、电视、LED等媒体媒介，不断加大消防宣传力度，推进消防宣传“八进”工作，加大提示性宣传和消防知识普及力度。2016年，各级各部门先后深入8个乡镇的18个行政村开展走村入户“送法律下乡”活动。县消防部门结合“三月综治宣传月”、“六月综治宣传周”、“119”消防宣传周等开展大型宣传活动4次。全年累计发放宣传资料1000余份，张贴各种宣传贴图、标语300余份，征集暑期消防作文和消防绘画

60余篇（幅），积极营造了心系消防安全、积极整改火灾隐患的浓厚氛围。

【提升灭火救援能力】 2016年，县政府统一下发了《墨脱县消防应急演练工作方案》和《墨脱县建立完善社会消防联动机制工作方案》，不断加强墨脱县应急救援队伍建设，应急联动机制逐步完善，在处置灾害事故中发挥了重大作用。建立了统一的应急指挥部，将安监局、公安局、消防大队、国土局、交运局、卫生局、环保局、民政局、电信局等社会应急联动单位纳入调度平台，建立政府统一领导、部门联合参与的应急指挥机制，明确了政府、部门、消防、企业在各类火灾扑救中的职责任务，以及各应急联动单位的调集权限、联络方式，构建信息共享、反应迅速、综合协调的应急救援指挥体系。2016年，在县政府应急办的统一领导下，共开展消防综合应急演练3次，有效检验了各部门应急联动效能。大队开展常态化实战练兵比武，完成18家重点单位预案制作，开展70余次灭火救援演练，六熟悉100余次，灭火救援能力显著增。

（曲京泽）

【领导名录】

政治教导员　寸天培

参　　谋　曲竞泽

武警墨脱县中队

【概况】 年内，武警墨脱县中队在武警林芝市支队党委、墨脱县委、县政府的正确领导下，坚持强据目标统领地位，以内涵式发展为向导、以现代化建设为牵引、以正规化建设为推动，按照持续打基础，强力抓规范、全面搞建设开创新局面的思路，致力于部队建设在提升蓬勃向上的朝气、锤炼能打胜战的勇气、形成从严治警的硬气、积蓄发展建设的底气、凝聚拴心留人的士气上下功夫，听党指挥、能打胜战、作风优良的全面建设基础得到稳步提升，多次出色完成以执勤、处突为中心的各项急难险重任务，赢得了驻群众和各级的普遍赞誉，全体官兵以实际行动忠实践行了“永远做党和人民的忠诚卫士”的铮铮誓言，为墨脱县的繁荣发展、和谐安宁作出了应有贡献。

【圆满完成临时勤务】 年内，结合墨脱实际，在重点时期中队配合公安机关加强勤务，确保遇有突发情况能快速高效处置。大力加强武装震慑力度，在三月敏感期和“6·4”“7·5”以及重大活动和节日等敏感节点，积极协同县公安局加强县城武装巡逻。2016年1月5日，在县委县、县政府的领导下，在政法委书记刘明的指导下，中队出动16名官兵，徒步行进约40公里前往加热萨乡将4名犯罪嫌疑人抓获移交公安机关。2016年6月，中队4名官兵完成墨脱县“6·16”泥石流抢险救援任务。

【维稳“六共”活动】 中队作为县里的维稳尖刀力量，努力投入到地方经济建设中，为地方经济建设保驾护航。为更深入贯彻做好群众工作的指示要求，结合“六共”活动方案，立足墨脱县当前维护社会稳定工作需要和部队职能使命，推进做好维稳群众工作。2016年，中队与墨脱村党支部和教育局、财政局、民宗局开展共建活动。结合学校开学，为县中学、完小500余名师生开展军训，在藏历年来临之际，积极慰问敬老院，坚持开展每月为敬老院打扫卫生，帮助敬老院搬家，为老人理发、洗衣服；到寺庙做法律知识宣传，到老百姓家中进行种养殖技术的传授和培训和送米送面等活动。帮扶墨脱村贫困户李英一家，中队4名干部每人帮扶一名特困生，坚持每人每年不低于2000元的资金帮扶。

【中队官兵牢记使命责任】 大力开展各项军事训练，各项能力素质逐步提高，为全县维稳工作奠定坚实基础，结合担负任务，在强化官兵能力及军事训练的同时，有针对性地加强了中心反抓捕、防自焚、营区防袭击、防自然灾害等方案演练，确保县委县政府一声令下，随时能够拉得出，打得赢。

（张　有）

【领导名录】

党支部书记、政治指导员　彭文涛

党支部副书记、中队长　张　有

副指导员　王　伟

副中队长　拉　巴

法 治

墨脱县公安局

【概况】 2016年，县公安局在县委、县政府和市公安局的坚强领导下，紧紧围绕县委、县政府提出的“123456”全县经济工作思路和林芝市公安工作会议精神，以“四项建设”为契机，突出工作重点，强化工作措施，狠抓工作落实。继续履行职能，以稳定压倒一切为中心，全力维护社会局势稳定，坚持不懈开展各项严打整治行动，始终保持对违法犯罪活动的高压态势，加强治安防控体系建设，提高控制和管理社会治安的能力，圆满完成了各项工作任务，为建设“平安墨脱”创造了良好的治安环境。2016年，县公安局共有警力134人，其中民警86名，工人2名，协（辅）警46人。内设机构10个，分别是办公室（110指挥中心、政工人事科）、国内安全保卫大队、刑侦侦查大队（经济犯罪侦查大队、禁毒大队）、交通管理大队、治安管理大队（爆炸物品监管大队、网络安全保卫大队）、看守所（拘留所）、出入境管理大队、特警大队、法制室（警务督察大队）、警务保障室。派出所5个：县城派出所、背崩派出所、帮辛派出所、加热萨派出所、甘登派出所。便民警务站6个：亚东村便民警务站、双拥路便民警务站、东布路便民警务站、完小便民警务站。嘎隆公安便民警务站、贡日公安便民警务站机构、领导职数已批复，待建。

【维稳工作】 2016年，县公安局共获取各类情报信息131条；检查站检查登记出入人员90501人次，车辆49874台次，盘查物品89986件次，完善各类维稳应急处突方案7个；出动130余名维稳专业力量开展反暴恐应急处突汇报演练5次；重点时期，联合武装巡逻28次，出动警力1480人次、警车126台次；投入警力210余人次，圆满完成各项安保工作任务。

【接处警工作】 2016年，县公安局指挥中心共接警324起，有效接警131起，其中治安案件13起、刑事案件20起、交通案件10起、矛盾纠纷32起、群众求助55起、其他1起；开展手台调度点名312次，视频调度274次。

【案件受理】 2016年，共受理行政案件13起，查处13起，治安调解10起，查处率达到100%，行政拘留16人次；受理各类刑事案件20起，立案16起，破案16起（上年积案1起），破案率为94%。较2015年相比，破案率上升9%。抓获刑事犯罪嫌疑人27人，刑事拘留18人、提请批准逮捕11起、起诉12起、涉案金额58万余元，挽回群众经济损失50万余元；受理交通行政案件10起，行政拘留7人（3人待处理），处理交通事故15起，受伤6人、死亡2人。

【各类专项整治、检查工作】 2016年，县公安局治安大队共开展治安综合大清查大整治行动15次，安全生产大检查35次，易燃易爆物品专项检查39次，单位内部安全检查12次，涉枪涉爆专项检查12次，“护校安园”行动101次，发现整改安全隐患21处，下发限期整改通知书9份，排查流动人员10561余人次，登记外来流动人员9511人；共办理安全许可证325张、办理特种行业许可证99张；开具柴油购买证明1076820公升，汽油购买证明274900公升。开展毒品专项检查12次、易制毒化学物品排查整治10次、毒品原植物种植铲除行动10次，铲除148株罂粟原植物，6名毒品共计3.29克、贩毒1名、吸毒5名；开展缉枪治爆专项行动10次，打击拐卖妇女儿童专项行动5次，打击“两抢一盗”专项行动10次，反假币专项行动5次，非法集资专项行动3次，严打严重暴力犯罪4次。交警大队共开展道路巡查792余次，开展道路交通安全隐患排查148次，排查隐患58处；检查车辆25200余台次，集中清理县城车辆乱停乱放9000余台次，查处各类交通违法行为788起，无证驾驶10起，超速280起，超员18起，驾驶与准驾车型不符1起，摩托车未佩戴安全头盔98起，其他违章行为530起，处理违规驾驶员788人，教育批评驾驶员1857人。

【法律宣传活动】 2016年，县公安局共计开展各类宣传活动102次，发放宣传宣传折页39600份，宣传海报9500份，宣传单148000份，宣传册2000份，宣传彩页34000份，道路交通安全知识宣传手册2000册，受教育群众14730余人次。

【户籍业务工作】 截至年底，墨脱县常住人口12438人。全年共计开展户籍清理整顿工作3次，户籍工作上门服务11次，新生儿上户228人，死亡注销38人，重户删除16人，补录户口12人，办理流动人口居住证410张，办理居民二代身份证861张，办理其他户籍业务1100余项。

【监所工作】 2016年，共收押各类违法人员36人（刑事拘留18人，行政拘留24人），开展看守所安全大检查46次，开展在押人员法制教育64次，谈心谈话78次，开展深挖犯罪线索活动12次。

【忠实履行维稳首责】 强化情报信息建设。积极推进公安综合情报信息机制建设，强化情报信息工作，始终以抓住获取高质量、深层次、内幕性的情报信息为主，牢固树立情报信息主导警务工作的理念，积极建立发展情报信息联络员和信息员队伍建设，制定完善情报信息工作制度，强化情报信息人员培训，健全情报信息工作机制；强化矛盾纠纷排查。围绕容易引发问题的重点领域、敏感问题，狠抓矛盾排查化解和信访积案攻坚，坚持集中化解与源头治理并举，坚持解决问题与推动工作并行，坚持“一把手”抓信访不动摇，按照“抓源头、打基础、强机制、促规范”的工作方针，最大限度地引导信访问题在法治轨道内解决；强化边境管控工作。以封边控边为中心，按照“军管线、警管片、民管点”的边境管控思路，加强出入境管理工作，广泛开展边境管控宣传工作，不断加强边境乡镇巡逻管控力度，严防涉危涉稳人员潜入潜出；强化应急事件处置。以反暴恐和反自焚工作为维稳中心，按照敏感时期必练，加强多警协同模拟演练，狠抓突发事件预警处置，及时完善各类工作预案，应急处突能力明显提升；强化活动节庆安保。加强重要节点安全保卫工作，合理安排部署警力，提前进入踩点，细化安保方案，排查安全隐患。

【认真践行打击主业】 全力打击刑事犯罪。结合全县社会实际和突出刑事案件问题，根据刑事案件发案特点，以刑侦部门为主导，多警种联动的打击多发性犯罪工作机制，认真组织开展了打击盗窃犯罪、电信诈骗犯罪、故意伤害罪等专项斗争，始终保持对各种犯罪活动的高压态势，维护了良好的治安秩序。成功破获了“非法种植罂粟案”“电信诈骗案”“加热萨寻衅滋事案”“故意伤害案”等重大典型案件。

齐心力战“黄赌毒”。坚持把打击黄赌毒作为公安机关净化社会治安环境的一项重要工作任务，充分发挥主力军作用，认真落实各项工作措施，积极协同成员单位，整体联动，加强督促指导，着力加大“黄赌毒”人员管理和易涉黄、涉赌、涉毒等场所的清查力度。

整治治安突出问题。始终坚持“打击犯罪是主业、预防案件是根本”的指导思想，结合全县治安形势变化，认真落实管控措施，全面提升公安机关驾驭复杂治安局势的能力。充分发挥便民警务站、派出所、公安检查站、驻村驻寺工作队、“双联户”联保力量作用，建立健全城市网格化防控体系，深入推进社会治安整治行动，集中排查整治了治安混乱区域和突出治安问题；下大力度狠抓安全生产工作，以公安行政管理、流动人口和出租房屋管理、娱乐服务场所和特种行业管理、重点单位、重点行业和要害部门管理、危爆物品、油料、交通、监所安全管理为重点，严密防守，严治突出隐患。

强化交通整治工作。严格按照县委、县政府的指示精神，紧紧围绕年初制定的《墨脱县道路交通整治工作方案》，加大警力投入，充分整合现有警力，保证80%警力上路，建立健全分段包干工作制度，大力开展扎墨公路限时限速限载工作，全面排查、发现各类道路交通安全隐患苗头，重拳打击各类道路交通违法违规行为，有效预防和坚决遏制重特大道路交通事故的发生。

【指挥调度工作】 2016年，县公安局110指挥中心紧紧围绕全局公安中心工作，充分发挥职能作用，坚持以信息化应用为支撑，不断加强接处警服务工作，进一步提高了指挥调度水平和快速反应能力，完善了“一个中心、一级指挥”与“分级指挥、分级处置”的“110”运行机制，进一步明确了指挥中心辅助决策、授权指挥、组织协调、服务督导的“四大职能”。持续深入贯彻落实“110”接处警相关工作规范，积极健全完善扁平化指挥调度工作机制，有效提升了110接处警工作水平。

【参谋助手工作】 2016年，县公安局办公室共接收处理各类文件943份，密报499份；起草各类会议材料、总结、请示等64份，为领导决策提供意见建议121条；全年共编发公安信息简报905篇，信息上稿数在全县名列前茅，在全市七县当中排名第二。

【强化监所管理机制】 2016年，监管工作主要以确保监所安全为重点，以严格执法、文明管理为核心，强化对在押人员教育管理，落实管理措施，强化安全检查，认真开展深挖犯罪工作，通过突出抓机遇、抓队伍、抓制度、抓监督、抓保障，确保了无脱逃、无事故、无民警违纪任务的完成，确保了刑事诉讼和行政执法活动的顺利进行。

【保密工作】 公安保密工作是一项十分重要的工作，年初，县公安局针对人事变动实际，县公安局及时调整了保密工作领导小组，全面加强了对保密工作的领导，并将保密工作安排部署纳入党委重要议程，作为一项核心任务，将保密工作和业务工作同安排，同检查，同考核，并制定完善了相关保密制度和规定，层层签订了保密工作目标责任书。全年共开展保密教育8次、保密讲座3次，保密安全大检查7次。

【坚持党建带动队建】 2016年，县公安局结合党委委员人事调整变动，经局党委积极与县委请示汇报，召开全局党员大会选举增补党委副书记1名、增补党委委员2名。

定时组织班子成员和全局党员干部开展党性教育，不断创新工作方法，丰富载体，通过培训、座谈、观看红色影片等多种形式，有步骤、有计划、有组织地抓好党员学习、教育、锻炼，努力提高党员干部思想政治素质。全年共开展党员学习教育12次，廉政教育8次。

严格党员发展程序，着力加强全局党员队伍建设。全年，共有2名预备党员转为正式党员，8名同志被吸纳为预备党员，6名同志被确定为入党积极分子。

紧紧围绕领导班子和领导干部履行“一岗双

责”要求，把党风廉政建设纳入领导班子、领导干部目标管理，层层签订《党风廉政建设责任书》，做到与业务工作同部署、同检查、同考核。与开展“两学一做”专题教育活动结合起来，深入贯彻落实中央“八项规定”。坚持用“身边事”教育“身边人”，通过播放警示教育片、发放廉政教育读本、参观廉政教育展览等多种形式，让广大民警亲身感受贪欲之害、不廉之果、失足之恨，切实增强广大民警对党纪国法的敬畏之心，始终坚守廉洁从警的基本底线。同时积极抓好岗位风险防控，全面梳理岗位职责，准确定位岗位风险点，严格按照制定的防控措施执行，全力推动岗位风险防控机制建设。并将此项工作纳入全年党风廉政建设目标任务中，根据制定的各项工作要求，狠抓落实，不断进行总结完善，形成长效机制，充分发挥风险防控的作用，有力保障了党风廉政建设工作取得实效。

【强化严管优待措施】 以规范执法为目标抓素质强警。坚持“贴近实战、贴近基层、贴近民警”的要求，紧紧围绕实战所需、基层所想、民警所盼来谋划布局教育训练工作，进一步规范训练内容、形式、管理、保障等环节，确保民警训练工作始终与公安工作保持同步、与警务实战紧密结合、与民警需求高度统一。全年，共组织开展各类业务、警务技能培训活动12次，组织民警参加“治安大讲堂”学习14次，其他业务学习27次。截至年底，全局考取初级执法资格证的民警达100%，取得中级执法资格证的民警达79%。

以规章制度为要求抓从严治警。认真贯彻落实《公安机关人民警察纪律条令》，严格执行党中央“八项规定”和公安部“三项纪律”相关要求，出台了《墨脱县公安局内部纪律管理规定》，狠抓民警日常行为养成教育，筑牢违法违纪“高压线”“警戒线”，严肃警纪警规，加强“车”“枪”“酒”以及财务管理等重点问题的整顿和监督，坚决对民警违法违纪“零容忍”。

以关爱民警为基础抓从优待警。把从优待警置于基础性、先导性、全局性地位，积极为民警争取福利待遇，争取执勤补助，鼓励民警合理休假，关注民警心理健康，落实慰问制度，积极组织全体民警参加全身体检，切实保障民警人身健康，投入资金74800元为全体民警、工人、辅警购买了人生意外伤害保险136份；局党委结合全局实际，积极向县政府请示汇报，在政府的大力关心支持下，解决资金14.08万元增加民警加班补助，并纳入了财政预算。

【基层基础建设】 2016年，县公安局在县委、县政府的大力支持下，克服重重困难，全力推动了公安基层基础建设。完善执法办案场所一个，进一步规范了执法办案程序，执法水平得到有效提升；新建警犬基地一所，进一步完善了警犬技术建设工作；新建警用停车棚两所，为进一步做好全局装备车辆维护保养，有效提升车辆使用寿命，保障警用车辆正常运作，确保一遇突发事件能够第一时间赶往现场处置、调查，推动公安工作正常有序开展提供了保障；同意启动全县社会治安防控体系建设，有效了提升公安机关在维护社会稳定、打击违法犯罪、应对突发性事件的处置指挥能力。

（詹星　邢兴昌）

【领导名录】

县委副书记、政法委书记、公安局党委书记、局长、督察长

刘　明

党委副书记、政委

王　勇（8月离任）

党委委员、副局长

巴　桑（藏族，8月任党委副书记）

党委委员、副局长

杨林鑫（土家族）

党委委员、县城派出所所长

伦　珠（藏族，8月离任）

党委委员、副政委

强巴塔青（藏族）

党委委员、办公室副主任

詹　星

党委委员、国保大队队长

多　呷（藏族）

党委委员、刑侦大队大队长

郑邦典

墨脱县人民检察院

【概况】 年内，墨脱县人民检察院（以下简称县检察院）在墨脱县委和上级检察机关的坚强领导下，在县人大及其常委会的监督、政府的支持、政协的民主监督及社会各界的关心下，全面贯彻落实中共十八大和十八届三中、四中、五中、六中全会及习近平总书记系列讲话精神，认真学习自治区第九次党代会精神，牢固树立“四个意识”，坚决做到在思想上拥戴核心、在政治上信赖核心、在组织上忠诚核心、在行动上捍卫核心，依法履行法律监督职能，各项检察工作取得了新成效。

2016年，县检察院编制为12人，实有干警14人，其中男8人，女6人，共有党员13人（其中1名为预备党员）；民族分布上汉族8人，藏族2人，门巴族3人，珞巴族1人；年龄结构上共有40岁以上2人，30岁至35岁8人，24岁至29岁4人；学历专业上硕士研究生1人，本科12人，大专1人，共有法律专业7人。检察官数量上，共有检察官9人，其中3名为院领导，A证2人，C证3人，特C定岗1人，已任命检察员4人，助理检察员1人。9人中共有4名干警入额检察官。共有检察委员会委员7人。职务职级上，共有副县级2人，正科级1人，副科级5人，其中院领导3人，其余均为各科室负责人。共有院党组成员5名，其中书记、副书记各1名，成员3名。共有内设机构10个，设有院党组、院党支部、检察委员会，组织机构较为健全。

【忠实履行捕诉职能】 年内，县检察院共受理公安机关移送审查报捕案件13件20人，经审查批准逮捕13件20人。受理公安机关移送审查起诉案件15件20人，依法提起公诉14件19人，县人民法院均做出有罪判决。提前介入2起敏感案件，引导侦查取证。

【职务犯罪预防工作】 投资60余万元的墨脱县廉政警示教育基地建设并投入使用，该基地集声、光、电等多媒体手段为一体，为党员干部接受廉洁自律教育、宣传司法行政工作提供良好平台。并与县纪检委联手，认真“管理好、使用好、利用好”基地，通过定期、不定期组织全县干部职工参观基地，接受教育，充分发挥了基地在促进全县廉政教育和预防职务犯罪工作方面的积极作用。年内，共组织24次，490余人参观警示教育基地。

加大预防职务犯罪宣传力度，结合各类宣传活动，利用电视台、电信、移动、官方微信、微博等平台，将检察职能、工作流程、反贪、反渎及预防职务犯罪等相关知识向全县干部群众进行宣传。年内，共开展法制宣传9次，法制讲座3次，利用县电信局、移动公司短信平台，共向县直单位干部、农牧民群众发送预防短信8万余条，通过新媒介、多渠道的宣传，增强预防职务犯罪工作的传播力和影响力，为营造风清气正的政务环境发挥检察作用。

加强与农业银行墨脱支行的联系，组织召开“检企共建”联席会议，签订《检企共建协议书》，为共筑预防职务犯罪体系，遏制腐败现象的滋生，促进企业的健康持续发展发挥了积极作用。同时，向与会的17名农行墨脱支行员工做一场预防职务犯罪专题讲座。

积极推进扶贫开发领域反腐倡廉建设，结合墨脱实际，研究制定了《墨脱县集中惩治和加强预防扶贫领域职务犯罪专项工作实施方案》，并呈县委、县政府主要领导阅示，得到了各级领导的充分肯定。积极与县政府、扶贫办协调，成立了专项工作领导小组，为顺利推进工作的开展提供了组织、人员保障。做好落实方案前期准备工作，与县扶贫、财政等部门协调，收集了易地搬迁相关资料，选定了两个乡镇为重点预防点，调取了相关材料。同时，为强化扶贫资金阳光化管理，保障扶贫资金落实到位，结合县扶贫工作实际，向县扶贫开发领导小组办公室发出1份检察建议，提出四项预防措施堵塞漏洞，预防职务犯罪。

【林业检察工作】 将林芝市人民检察院“2+2”总体工作思路与县委“生态立县”号召相结合，积极筹备召开了县检察院、县林业局（森林公安局）林业执法工作联席会议，签订了《墨脱县人民检察院与墨脱县林业局建立林政案件报备制度的意见》《墨脱县人民检察院林业检察科与墨脱县林业局森林公安局建立涉林刑事案件提前介入机制的意见》，开创了林业执法工作新局面。

为确保机制的有效运行，在市人民检察院林业检察处和市森林公安局指导下，与县森林公安局联合成功办理了林芝市首件涉林刑事案件——“非法收购、运输熊掌一案”，并依法出庭支持公诉，审判机关依法做出了有罪判决。

开展专项监督检查，促进林业执法规范。组织开展了针对林业行政、刑事执法活动的专项监督检查活动。将盗伐滥伐林木、破坏耕地、捕杀野生动物、非法买卖野生动物制品等行为作为打击重点，制定专项活动方案，成立领导小组，采取看台账、调案卷、查个案、勤走访、共座谈等多种形式，对林业行政执法部门2011年以来办理的8件10人涉林刑事、行政处罚案件进行检查，并从规范林业行政、刑事执法，预防涉林领域职务犯罪等方面提出具体意见和建议。

【职务犯罪案件查办】 自成功办理白某、尼某职务犯罪案件后，继续坚持有腐必反，牢固树立“两个没有变”“四个足够自信”的理念，成功办理了才某贪污案，经出庭支持公诉，县法院对才某做出有罪判决。

【推进立案监督工作】 深入开展破坏环境资源和危害食品安全犯罪两个专项立案监督活动。走访县公安局刑侦大队、治安大队、县林业局、环保局、国土资源局、卫生局、食品药品监督管理局、工商局等8个部门，重点检查了各部门在查处破坏环境资源和危害食品药品安全类犯罪中，是否存在有案不移、有案不立、以罚代刑等情形，共检查3起行政执法案件、翻阅行政执法记录173份，对检查中发现的执法记录不规范问题，提出口头整改意见，同时复印了个别案件材料，以便下一步继续监督案件进展情况。

【刑罚执行监管活动监督】 通过定期检查、随机抽查和加强节假日、敏感时段的监督检查力度等方式，对县看守所有无超期羁押、体罚虐待、违法提审在押人员等情况进行检查、登记。共进行监所检察30次，发送纠正违法通知书1份，口头提出检察建议6次。积极与县司法局联系，就社区矫正工作达成协议，以每月一查的方式，共促社区矫正工作的规范化建设。共检查10次，口头提出检察建议1次。

【民事行政检察监督工作】 努力提升民事检察监督水平，加强对民事案件的检察监督。首次开展民事行政检察工作宣传活动，借换届之机，举办了“关注民生，与法同行”专项宣传，制作了与群众生活息息相关的宣传展板、宣传单和宣传手册。共发放宣传材料750余份，解答法律问题10余个，受教群众达280余人。

【设立案件管理中心】 在县政府的关心下，完成了案件管理大厅的建设工作，打造了以受案大厅、律师阅卷室和赃证物管理室“一厅两室”为主，集案件受理、控告申诉接待、律师咨询、案件查询咨询、赃物证物管理为一体的案件管理中心。建立健全了5项规章制度，完成了各类案件的录入工作，并成功借助人民检察院案件信息公开平台对裁判终结的5起案件信息及法律文书进行了网上公开。

【推行阳光检察】 坚持将检察权置于人民监督之下，向人大汇报和走访人大代表、政协委员，实事求是汇报成绩，客观真实报告问题，虚心诚恳接受意见。全年，共向县人大、政协发送检察信息150

篇，向代表、委员汇报检察工作6次。

深入开展“检察开放日”活动两次，邀请人大代表、政协委员、人民监督员、群众代表等社会各界人士21人，参观办案办公场所、汇报检察工作、征求意见建议。通过主动接受监督，加大检察工作的公开力度和透明度，以透明促公正，以公正促公平。始终坚持“检察长接待日”，每周安排一名检察长接待来访群众，为群众解答法律疑问、提供法律帮助。全年，共接待来访群众9人。

充分发挥新兴媒体在检务公开工作中的优势，实现了“两微一端”的全开通，通过微信、微博、今日头条客户端发送检察动态、案件办理情况等，将检察工作置于网络新闻中，主动接受新闻舆论的监督。全年，共通过“两微一端”发送检察动态236条。

【法制宣传】 紧扣法制化建设，转变作风方式，主动将法制宣传作为一项重要工作任务。深入1个镇3个乡11个村、社区、学校，宣传检察职能等各类法律法规。用本地语言宣讲、以案释法宣传、制作图文并茂的展板、发放宣传材料等方式，开展丰富多样的法律宣传活动。其间，县电视台播放宣传情况2次，滚动播放宣传材料14次；县广场LED显示屏播放宣传材料7次；共发宣传材料、宣传小册子1500余份，受益群众达700余人；解答各类法律疑难问题10余个。

【开展“两学一做”专题教育】 以巩固拓展党的群众路线教育实践活动和“三严三实”专题教育成果为方向，结合检察工作实际，深入开展“两学一做”专题学习教育，通过学习党章党规、学系列讲话、做合格党员，以进一步解决了检察队伍在思想、组织、作风、纪律等方面存在的问题。年内，共组织开展专题学习47次、专题党课4次、专题讨论4次，撰写心得体会40余篇。

【创先争优强基础惠民生活动】 以维稳重要节点为契机，开展了3次维稳工作会议、2次反分裂教育、3次感党恩主题宣教活动、发放领袖像和红旗活动。

开展以“结对帮扶行，共筑检民情”为主题的走访慰问活动，院领导班子深入驻村点2次，慰问全村群众，看望帮扶对象，送去党和政府的关心关怀。共发放慰问金共13500元，为德尔贡44户村民送去食用油、奶粉等价值8500余元的生活用品；为资助大学生兑现大三学费4100元。

开展精准扶贫前期摸底工作。深入全村每家每户开展走访调研，详细了解群众家庭、经济收入、子女受教育等情况，以及存在的实际困难。对全村贫困户、五保户进行详细的统计，同时对群众急需解决、开发致富的想法等进行了摸底。

加强村级事务管理，规范村级事务、党务、财务建设，结合村委班子实际，完成了14项党建制度、7幅宣传栏以及2幅横幅的上墙工作。紧密结合“两学一做”专题教育的开展，不断将学习成效内化于心，外化于行，真心为民办实事，解难事，全年，共完成修建“护林员巡防休息点”、安装多功能扩音系统、调解因施工导致群众玉米地受损、组织初步验收牧场马行道等10余件实事。

【检察工作科学发展】 2016年，共编发《检察工作信息》171期，《检察工作月报》12期，其中最高人民检察院采用3篇，林芝市院采纳8篇，法制日报采用1篇。共选派17人次干警前往广东、安徽、贵阳、国家检察官学院西藏分院、林芝市委党校等地培训学习，全院90%干警均轮训一次，学习培训时间总和超过397天，成为以往之最。大力加强领导班子建设，年内完成了4名干警、两个内设科室负责人的提拔任命，检察委员会成员从原有5人充实至7人，为进一步深化检察各项工作提供了人才保障。

完成了检察三级内网、电子文档备案、内网电话、局域网资源共享等的维护修理，确保了内网系统的畅通。通过节约开支、统筹安排，完成了6万余元档案室密集柜、密码柜的购置，让档案室充分发挥作用；安排专人参加网上办案技能专业培训，并将培训内容向其它干警讲授，为统一业务办案系统正式上线打下了坚实基础。

（边 珍）

【领导名录】

党组书记、检察长

李 彦

党组副书记、副检察长

曲桑顿珠（门巴族）

党组成员、副检察长

张慧仙（女）

党组成员、侦查监督科科长

边 珍（女，藏族）

党组成员、反贪污贿赂局局长

次旦卓玛（女，门巴族）

反渎职侵权局局长

陈冠羽

民事行政检察科科长

次仁旺姆（女，珞巴族，5月任职）

公诉科科长

伍班东（5月任职）

墨脱县人民法院

【概况】 2016年，墨脱县人民法院（以下简称县法院）在上级法院的悉心指导、县委坚强领导、县人大及常委会的有效监督下，在县政府、政协、社会各界的大力支持下，高举中国特色社会主义伟大旗帜，坚持以中国特色社会主义理论体系为指导，深入贯彻落实中共十八大和十八届三中、四中、五中、六中全会和中央第六次西藏工作座谈会精神，深入学习贯彻习近平总书记系列重要讲话精神，治边稳藏重要战略思想，深入学习贯彻自治区第九次党代会精神，紧紧围绕“努力让人民群众在每一个司法案件中感受到公平正义”的目标，牢牢把握司法为民、公正司法的工作主线，忠实履行宪法法律赋予的司法审判职责，各项工作取得了新的进展，为维护国家安全、社会稳定和公平正义，促进墨脱县经济社会发展，做出了积极贡献。

县法院属于正科级审判机关，办公地址在墨脱县致富路，现有10个内设机构和1个派出法庭，内设机构均为副科级建制，并设有院党组，法院党支部，审判委员会，组织机构较为健全。2016年，县法院共有政法专项编制17人，其中法庭编制5人，实有干警16人，院长1人，副院长2人，党组成员3人，审判委员会委员5人，其中副处级领导人数1人，正科级1人，副科级5人，科员级8人，全院干警平均年龄30岁。男干警8名，女干警8名，党员9名，本科以上学历14人。民族结构为藏族8人，汉族5人，门巴族2人，珞巴族1人。具有法官资格的6人，其中四级高级法官1人，一级法官1人，二级法官1人，三级法官3人，法学专业毕业人员10人，占法院院人员总数的62.5%，有4名干警获得法律职业资格证书，国家线1人，西藏线2人，区内特殊照顾线1人。2016年，县法院共受理各类案件43件，审执结42件，综合结案率为97.67%。

【依法履行审判职责】 年内，县法院共受理刑事案件12件，结案12件，结案率为100%，判处有期徒刑以上刑罚17人，其中缓刑9人。在刑事审判工作中，墨脱法院始终把维护社会稳定作为首要任务，坚持“严打”方针，强化打击职能，始终以确保国家安全和社会稳定，确保国家、集体和广大人民群众的生命财产安全为己任，同时把司法建议工作纳入法院整体工作部署中，共发出司法建议书5份，收到回复5份。通过一系列工作不断加大对刑事法律、政策的宣传和司法建议力度，震慑了犯罪，教育了群众，避免了有关单位存在的工作疏漏，较好地维护了社会稳定。

在民商事案件的审理过程中，从构建和谐社会的高度出发，始终坚持因人因案制宜，因时因势利导，以诚心赢公信，以耐心促调解，以公正树威信，充分运用调解手段，丰富调解方式，有效的化解矛盾纠纷。年内，县法院共受理民商事案件31件，立案标的1247382.00元，结案30件，结案标的646367.00元，结案率为96.8%。调解结案25件，撤诉2件，调解撤诉1件，诉前调解1件，调撤率为96.7%。努力实现案结事了，依法平等保护各类市场主体的合法权益，保障平等竞争，维护交易安全，有效地维护了社会主义市场经济秩序。

【司法改革】 攻坚克难推进信息化建设。年内，县法院积极配合上级法院实施“天平工程”，顺利完成三级法院信息网络联通，建成涵盖审判业务、队伍建设、司法政务管理等信息化体系，实现了审判工作全程留痕、全程监督；深入推进司法公开化建设。年内，县法院坚持“以公开为原则，不公开为例外”，积极开展三大平台建设（审判流程公开、裁判文书公开、执行信息公开），全年公开裁判文书13篇。按照上级法院的统一安排，实现了网上同步立、审、执，使审判工作步入规范化、科学化管理轨道；年内，县法院落实人民陪审员制度。年内，县法院结合实际，吸收社会不同行业、民族的人员参加陪审员工作，提高了人民陪审员的广泛性和代表性。全年组织人民陪审员参训1人次，参审7人次，参审案件28件，做到了让人民参与司法，让人民监督司法，促进阳光司法的法治轨道。

【队伍建设】 加强政治理论学习，提升干警党性觉悟。年内，县法院以“两学一做”学习教育、规范司法行为年活动为契机，全面系统学习了党章党规，习近平总书记系列重要讲话精神，中共十八大及十八届三中、四中、五中、六中全会精神，自治区第九次党代会议精神。深入开展“两准则、三条例”专题学习活动，全年共组织全院党员干警学习40余次，严肃认真地开展党内政治生活，不断把管党治党要求落到实处，提升了全院党员干警的政治素质和党性觉悟。

深化党风廉洁建设，确保干警司法廉洁。年内，县法院严格贯彻执行“八项规定”“约法十章”和“九项要求”，层层签订党风廉洁建设责任书。不折不扣的贯彻落实《法官行为规范》，构筑符合本院工作实际的惩防体系。按照教育、制度、监督并重的要求，从规范司法行为入手，制定和落实反腐败的相关规章制度，建立健全自查自纠、述责述廉和民主生活会等多种形式的自律机制，努力使廉洁自律的各项规定转化为干警的自身修养，为完成各项工作任务提供了有力的政治保障。

加强业务培训力度，提升干警司法水平。年内，县法院选派干警11人（次）在国家法官学院西藏分院、四川等地学习，并积极参加高院组织的各类远程视频培训，做到全院参训；制定业务学习计划，每周五上午进行业务学习，由各庭室业务骨干向全院干警进行业务培训，提高干警司法能力，着力培养专业化、职业化、规范化业务骨干；鼓励干警参加国家司法考试，通过专题集中学习和自学方式提升学习效果。通过培训，1名干警通过了国家司法考试，获得了法律职业资格证书，2名干警在两级法院中表现突出，被林芝市中级人民法院评为“办案标兵”和“优秀法警”。

加强工作宣传力度，推进阳光司法。年内，县法院在审判综合楼前设立宣传栏，县法院具体工作进行大力宣传，用身边的事教育人，用典型人物感召人。通过法院整体工作的大力宣传，让人民群众感知、了解法院整体工作，自觉接受人民群众监督，县法院各项工作得到了广泛传播，有效树立了人民法院的良好形象。

【司法为民】 承担维稳职责，全力服务中心工作。年内，县法院牢固树立“稳定是根本大局”意识，以实现“三不出”为工作目标，以“五个严防”为重点，严格落实自治区十项维稳措施为保障，严格属地管理、严明维稳责任，充分发挥法院在维稳工作中的职能作用，坚决维护墨脱县局势持续稳定、全面稳定、长期稳定。妥善处理各类社会矛盾，及时向县委领导做好请示、汇报工作，努力把矛盾纠纷解决在萌芽状态。完善维稳应急预案、强化24小时值班带班制度，全力参与“三大节日”“3·14”“3·28”“萨嘎达瓦”“6·24”“9·16”“12·4”法制宣传日等专项维稳宣传工作。全年，院领导共参与县总值班室带班值班80余人次，安排干警在院内值班达700余人次，出动车辆30余次开展各项维稳工作。

加强能动司法，积极开展审判工作。2016年，墨脱县看守所重建，犯罪嫌疑人均羁押于林芝市看守所，刑事案件的审理、宣判都必须前往林芝市，期间县法院共派出60人次前往林芝市办理刑事案件10件；充分利用“车载流动法庭”便民、利民的优势，坚持“有案办案、无案法宣”的工作原则，结合“法律七进”工作要求，通过以案释法、发放材料等形式开展法制宣传工作，努力做到让农牧民群众少跑路、少花钱、少受累。2016年，县法院共派出干警38人（次）深入各乡镇开展各项法制宣传活动25次，巡回办案5次，发放宣传资料4500余份，受教群众5000余人次。

强基础惠民生，抓基层保发展保稳定。县法院驻格当乡占根卡村第五批驻村工作队积极为群众办实事，向县强基办争取到格当普牧场道路建设资金37余万元，并引导农牧民群众投劳增收，将党的惠民利民政策落到了实处；每月定期走访慰问困难群众，累计捐款捐物折合资金3余万元；年底党组班子组织全院副科级以上干警，分别向格当乡各行政村和德兴乡那尔东村的帮扶对象、三老人员、村两委班子及驻寺、驻村工作队进行了慰问，慰问物资折合资金2万余元。

【案例举要】 被告人：李××，男，1966年4月27日出生，汉族，初中文化，私营企业者，户籍所在地：四川省宜宾地区南溪县，暂住新疆维吾尔自治区库尔勒市和顺开发区。2015年7月17日，被告人李××在没有获得华宇天都酒店门面出租权的情况下，向被害人巴×谎称自己拥有华宇天都酒店两个门面的出租权，可以转让一个门面给被害人巴××。经双方在被害人巴××所经营的墨脱县康桑石锅店商议，巴×将4万元作为门面定金交给被告人李××，被告人收下该笔款项后，出具附身份证复印件的收条，并将所得款项用于公司运营。2016年3月，李××离开墨脱县，期间巴××多次拨打其电话，但被告人电话一直处于无法接通状态； 5月27日，巴×与李××取得联系，要求其退还4万元定金，但被告人没有归还，巴×随即到墨脱县公安机关报案；2016年7月5日，墨脱县公安局对李××进行网上追逃，7月9日新疆维吾尔自治区库尔勒市公安局建设路派出所协助将被告人李××抓获，并于7月19日移交给西藏自治区墨脱县公安局。2016年11月21日，被告人李××通过其家属将4万元定金返还给了巴×，巴×出具了《谅解书》和《收条》。

墨脱县人民法院审理认为：被告人李××以非法占有为目的，虚构具有尚在建设中的墨脱县华宇天都酒店门面出租权的事实，骗取被害人巴×交付门面定金4万元，数额较大，其行为已构成诈骗罪，依法应予惩处，公诉机关所指控罪名成立，本院予以支持；被告人及其辩护人关于被告人李××不构成诈骗罪的辩解及辩护意见，没有证据支持，且与本院所查明事实不符，因此不予采纳。鉴于案发后被告人通过其亲属向被害人归还所诈骗的4万元定金，并取得被害人谅解，减少了对公民合法财产的损害，社会危害性较小，因此法院酌情予以从轻处罚，对于公诉机关的量刑建议和被告人及其辩护人要求从轻处罚的请求，本院结合全案案情，酌情予以部分采纳。依照《中华人民共和国刑法》第二百六十六条、第五十二条、第五十三条之规定，依法认定被告人李××犯诈骗罪，判处有期徒刑一年七个月，并处罚金人民币3000元。

（扎西顿珠）

【领导名录】

党组书记、院长
万　春（5月离任）
云　登（藏族，5月任职）

党组副书记、副院长
春　强（珞巴族）

党组成员、副院长
次　央（女，藏族，5月任职）

审判监督庭庭长
白玛玉珍（女，门巴族）

民事审判庭庭长
李　玲（女，5月任职）

刑事审判庭庭长
安许鹏（5月任职）

立案庭庭长　尼玛永宗（女，藏族，5月任职）

墨脱县司法局

【概况】 2016年，墨脱县司法局行政人员核定编制名额为11名，实际工作人员8人。其中科级以上领导4人，女干部4人，汉族干部3人，藏族干部1人，门巴族干部3人，土家族干部1人。

【党建工作】 县司法局党支部根据上级要求做好党建工作。加强思想建设，提高党员干部的政治理论水平。严格落实执行“三会一课”制度。2016年，共召开支部党员大会8次，支部委员会11次，支部书记领导干部上廉政党课5次，观看警示教育片2次做到了党建工作指导局全面工作的原则，有效地提高了支部战斗堡垒作用和党员党性意识。通过学习讨论党章、习近平总书记系列重要讲话、党的治藏方略、做合格党员等内容扎实开展“两学一做”专题教育；积极开展结对帮扶活动，县司法局支部制定了活动计划，明确人员，2016年，根据上级工作部署帮扶贫困名单，深入帮辛乡宗荣村帮扶对象家中，带去慰问金、米、面、油等生活物资，折合人民币4000余元，进一步实现坚持立党为公、执政为民、密切党群干群关系的必然要求。

【党风廉政建设】 年内，县司法局围绕“八项要求”“三个不得”的要求，加强了对领导干部和管理干部行为的监督，保持了没有党员干部违纪违法的良好清正廉洁局面。加强党风廉政教育，增强党员干部的廉政意识，开展学习“两个条例”专题党风廉政纪律教育；根据廉政责任制的要求和县司法局廉政责任制实施方案的总体部署，结合实际建立健全了各项工作制度，并抓好落实。

【人民调解工作】 按照《中华人民共和国人民调解法》规定要求，2016年，墨脱县开展了人民调解委员会人员调整充实工作。全县各调委会总人数从原有62人增加至259人，其中女性成员64名。根据墨脱县近年来矛盾纠纷发生的数量及社会影响，首次组建了医疗、交通事故、劳动争议、土地、寺庙、农牧资源等6个行业性专业性人民调解委员会。成功构建了以村（居）调解组织为基础，乡（镇）调解组织为骨干，行业性专业调解组织为补充的人民调解组织网络体系。2月25日，组织开展了墨脱县第四期人民调解员培训。通过从法院、检察院、综治办、公安局聘请4名法律专业人员，分别从人身损害相关法律及调解赔偿、婚姻家庭相关法律及矛盾调解、人民调解技巧及经典案例分析、双联户在人民调解工作中的作用等方面进行了理论知识讲座，并组织学员到荣获自治区级先进双联户的亚东村进行实地参观学习。2016年，人民调解共开展矛盾纠纷排查27次，排查矛盾纠纷51起，调处案件数47起，共涉及人数257人，为维护社会稳定起了第一道防线的作用。

【普法教育宣传】 2016年3月15日，县司法局配合县政法委召开了2016年度墨脱县政法、综治、普法工作会议，总结表彰了全县“六五”普法先进单位，全县“六五”普法优秀个人，并与全县各乡镇、各普法成员单位、各企业签订了《2016年度普法依法治理工作目标管理责任书》。3月22日，墨脱县普法办组织开展了以“春风送暖 普法入村”为主题的系列普法活动，在墨脱村、亚东村、德兴村、格当村等10余个村开展了普法活动。3月29日，组织开展以“远离犯罪、珍爱生活”为主题的法律进学校系列普法活动，共400余师生接受了宣传教育。4月7日，组织开展了为期7天的加热萨乡专项普法活动，共26名干部职工，370余名群众接受了宣传教育。2016年6月起，县司法局联合各相关普法成员单位开展“墨脱县优化经济发展环境法治宣传教育”主题活动，活动共悬挂横幅2条，发放普法材料2400余册，受教群众达2000余人。县司法局筹备了“12·4”系列普法活动：联合县委宣传部、县纪检委、县人社局组织开展了以“学法律、学政策、比业务、促服务”为主题的“12·4”法律知识竞赛；召开了

2016年科级国家工作人员专题述法报告会；各成员单位开展形式多样的法制宣传活动。

【法律援助】 2016年，墨脱县法律援助中心共接收民事案件19起、刑事案件2起，通过调解化解17起，代理辩护3起。解答法律咨询124次，涉及人数194人，代写诉状26份。与上年同期相比，法律援助各项数据均有很大幅度提升，这表明法律援助在增强群众依法办事意识、促进全县司法公正方面及维护社会和谐稳定方面作用日益突出。

【社区矫正及安置帮教工作】 在社区矫正工作中，县司法局抓重点，规范管理，未出现脱管漏管现象。2016年，县司法局共接收社区矫正人员7人，解除矫正2人，居住地变更1人，现在册11人。其中缓刑10人，假释1人，男性10名，女性1名；共成立矫正小组11个。根据监所提供的信息数据，及时掌握刑满释放人员基本情况，有计划地组织乡镇对辖区回归人员进行摸底排查并核实登记并录入信息库。各乡镇加强与辖区派出所及村级帮教组织密切联系，定期走访，建立刑释人员与司法局、派出所、乡镇、村、双联户户长以及家庭“六对一”的帮教模式。2016年，县司法局共有刑满释放人员13人，在册8人，解除帮教5人。其中落实生产生活资料或在家务农12人，个体经营等其他方式安置就业1人。帮教率达100%，安置率100%。2016年，有1人属于重点帮教对象，均按照规定与村委会及其家属联系，实现了100%的接送率。

【律师法律服务】 墨脱县无律师事务所，律师法律服务均来自援藏律师。2016年，共有3名志愿律师服务墨脱县，分别是朱彦清律师、宁燕律师和林静律师，3名律师均来自山东众成清泰（济南）律师事务所。2016年，3位志愿律师在墨脱县服务期间，通过调研走访等形式基本掌握了当地的风土人情，积极开展法制宣传教育，化解基层群众矛盾，解决政府法律难题，为本地法治建设和维护社会稳定做出了积极贡献。

【司法行政队伍建设】 县司法局采取多种形式，抓好司法行政干部队伍的政治思想建设，开展“两学一做”学习教育，采取上党课等方式，组织党员重新原原本本地学习中国共产党章程，努力造就一支政治坚定、业务精通、作风优良、纪律严明、执法公正、勤奋务实、廉洁自律的新型司法行政队伍。

（谢严昱）

【领导名录】

局长、党支部书记

李秋苹（女）

副局长、主任科员

才旦旺扎（藏族，6月离任）

主任科员 拉巴琼达（女，藏族，6月任职）

副局长 婷 姆（女，藏族，6月离任）

杨 羽（土家族，6月任职）

法律援助中心主任、党支部副书记

刘 斌（6月任职）

经济管理

墨脱县发展和改革委员会

【概况】 墨脱县发展和改革委员会2010年成立，与县统计局、县工业和信息化局合署办公，正科级建制，为县人民政府工作部门。内设县节能监察机构、项目评审中心。2016年，县发展和改革委员会（统计局、工业和信息化局）行政编制4名，其中：科级领导职数4名；项目评审中心事业编制3名。发改委实有人数16名，其中：行政人员10名，事业人员3名，公益性岗位人员1名，临时工1名，志愿者1名。16名干部中1名借调至县强基办，2名驻村，1名担任粮食局局长，实际从事发改业务人员数为12人。

【预期性指标执行情况】 经济发展方面：全县国民生产总值达到由2011年的2.25亿元增长到2016年的4.59亿元，增长104%，年均增长15%；人均GDP达到35105元；财政总收入达到由2011年的420万元增长到2016年的4253万元，同比增长912%，年均增长59%；城镇人口比重达到17%；生活质量方面：农牧民人均纯收入、现金收入达到由2011年的4158元、2852元增长到2016年的7898元、6790元，分别同比增长90%、138%，年均增长14%、19%；恩格尔系数减少到40.01%；城镇登记失业率控制在2.2%；社会发展方面：平均预期寿命达到70岁；人均受教育年限达到6.1年；广播电视人口综合覆盖率达到100%；每千人拥有职业医师2.21人；人均住房使用面积达到23.17平方米；基础设施方面：互联网普及率达到49%；农村饮用水安全人口比重达到100%；农村卫生厕所普及率达到93.3%。

【项目前期工作】 根据林芝市发改委《关于开展林芝市“十三五”重点项目前期工作的紧急通知》的通知精神，涉及墨脱县重点项目共27项，总投资1.91亿元。截至年底，投资1130万元的墨脱县墨脱灌区工程已开工建设，已完成总工程量90%；五大前置手续办理完成的项目17个，估算投资6157万元；正在办理前置手续项目7个，估算投资1.12亿元；投资600万元的墨脱县食品药品监督管理局建设工程正在积极衔接项目变更事宜，墨脱县2016年县直公租房项目已取消。在做好“十三五”重点项目前期工作的同时，还积极做好自治区2016年支持墨脱发展项目（帮辛乡基础设施建设、墨脱镇基础设施建设、背崩乡基础设施建设）和2016年先行启动6边境小康示范村建设等项目前期工作。截至年底，帮辛乡基础设施建设和6边境小康示范村建设已开工建设，墨脱镇基础设施建设项目投资2000万元，原计划实施墨脱卓玛拉市政道路，计划投资1875万元，实地测量设计后概算投资3450万元，超计划较严重，故将项目调整为墨脱县城电缆及弱电入地改造工程，华能公司已提交设计方案，市发改评审中心已组织专家评审；墨脱县背崩乡基础设施建设项目投资1000万元，原计划完善村庄内道路等基础设施，工程造价按未通公路进行核算。截至年底，解放大桥及地东公路已通车，地东村安居工程已启动，为充分发挥资金效益，科学规划，故对项目方案进行了调整，正在市发改委进行评审。

【项目投资工作】 1—12月，全县新建、续建项目共167项，总投资达40.32亿元，全社会固定资产完成投资18.01亿元，同比增长10%。其中：新建项目79个，总投资21.8亿元，累计完成投资9.8亿元；续建项目88项，总投资18.52亿元，累计完成投资4.64亿元。

【“十三五”规划编制工作】 通过不断充实完善，已编制形成了投资127.39亿元的墨脱县“十三五”项目规划及投资2.1亿元的墨脱县“十三五”时期援藏项目需求计划。截至2016年底，已录入在线审批平台项目128个，总投资4.67亿元，主要包括教育基础设施建设、医疗卫生能力建设、旅游基础设施建设、乡镇供排水、乡镇垃圾无害化处理设施以及村级物资救灾储备库建设等内容；已录入国家重点项目库项目92个，总投资达4.4亿元，主要包括义务教育学校建设、公共体育服务设施建设、旅游基础设施建设、医疗卫生体系建设、村级公共服务设施建设及乡镇农贸市场建设等项目。

【项目审批工作】 2016年，全县共下达可研批复项目66项，总投资2.03亿元；下达概算批复48项，总投资1.64亿元，其中重点项目19项，投资达9688.68万元。

【项目管理工作】 加强了对重点项目的管理，完善政府投资项目决策机制、资金管理、实施方式等方面均按照地区项目管理办法加大了实施力度。认真贯彻执行重点工程项目建设管理制度，严格贯彻执行国家和自治区及市有关投资和建设方面的法律、行政法规和方针政策；加强工程项目的督促检查，强化重点项目的质量、进度、资金和“五制”落实的监督和管理。侧重规范和着实解决了招投标、合同管理，资金使用和项目的竣工验收、民工工资支付中所存在突出问题，确保了工程的顺利实施。

【特色农牧业】 粮食生产能力显著提高。顺利完成七乡一镇农资发放工作，其中发放水稻种子9520公斤、玉米种子8650公斤。2016年，全县粮食产量达5167.4吨，同比增长3%。

茶产业发展取得突破性进展。已建成茶园5108亩，可采摘茶园2848亩；全年共计采摘茶青1.8万余斤，为农牧民增收72万余元。墨脱茶叶成型佳、品质好，制成红茶、绿茶3600余斤，在四川、上海、福建茶叶博览会上受到一致好评，并获得中国好茶银奖。

【特色旅游业】 创“AAAA”工作深入推进。2016年，通过召开旅游工作专题会议等举措，精心安排部署并扎实推动旅游工作，在完成《西藏自治区林芝市墨脱县旅游发展中长期规划（2016—2030年）》、《墨脱县旅游景区建设性、控制性详细规划》和《墨脱县旅游景区创AAAA提升方案》等规划编制同时，还完成了AAAA级景区软件创建工作；旅游服务设施逐渐完善。K52游客服务中心、K80游客服务中心、扎墨公路沿线观景台、果果塘蛇形大拐弯栈道和观景台、德兴景区、拉贡景区、达木景区等项目建设正在有序进行；宣传促销实效明显。为大幅提升墨脱旅游在客源市场的占有额，实现旅游业的可持续发展，结合旅游发展实际情况，在年初制定了《2016年宣传促销方案》，开通了墨脱旅游资讯网，参加了旅游交易会，举办了“征文大赛”活动，使区内外朋友对边境墨脱有了正确的认识与了解，打响了“莲花圣地、秘境墨脱”的宣传口号，大大提升了墨脱旅游知名度。2016年，墨脱县共接待游客75912人次，同比增长7.2%，实现旅游总收入7405.87万元，其中农牧民收入4937.24万元，较上年同比增长59%；全年共售出门票19717张，门票总收入281.42万元，与上年相比分别增长20%、19%。

【门珞特色文化产业】 公共文化服务体系建设不断完善，门珞文化历史博物馆、民间文化艺术团等成为保护门珞历史文化的重要平台；文化传承企业逐渐壮大，特别是墨脱石锅、德兴竹编等民族特色企业发展迅速，有效促进了农牧民收入的增加；2016年，农家书屋、寺庙书屋运营良好，总藏书量达10万余册，县文化活动中心团体活动室、图书馆等成为重要的文化传播途径。

【水电能源业】 2016年，金珠曲、西贡河流域综合规划，已通过自治区水利厅审查；完成西藏墨脱县2016—2017年可再生能源局域电网改造升级工程的可研编制并得到西藏自治区发改委批复；电力生产持续增高，全县年发电量达1007.27万千瓦时，其中：亚让电站发电量达998.72万千瓦时，确保了县城及周边区域的电力需求供应。

【藏医药产业】 藏医服务能力不断提升。积极开展针灸、电针、拔罐、艾灸、理疗、牵引、久巴（涂擦）治疗、霍尔梅、按摩、烤电、放血、藏药浴等12项适宜技术，完善了各项藏医药适宜技术的规范化操作；充分利用微信等平台宣传藏医药特色治疗方法。结合藏医药特色治疗方法，积极向广大群众推广各项藏医药适宜技术，宣传藏医藏药独特疗效等，点击量达到560人次；藏医药业发展基础得到巩固。完成全县藏药材补查工作，共采集标本1540种9240份，其中包括七叶一枝花等14种贵重中、藏药材。有序开展石斛、七叶一枝花等藏药材试种工作，为墨脱县藏医药业的科学发展提供了依据，为下一步发展奠定了基础。

【统计工作】 日常统计工作。按照上级业务部门要求，按时、按质完成县乡（镇）村卡片、上半年农林牧渔业、批发零售及餐饮业、固定资产投资等相关报表月报、季报及半年报表工作，为上级部门和墨脱县制定各项规划提供了科学、准确的数据。

积极开展全国第三次农业普查工作。2016年，成立了县、乡、村第三次农业普查领导小组，加强了对普查工作的组织领导和工作指导；申请了普查经费，保障了普查工作顺利开展；召开了第三次全国农业普查方案布置与培训会，对各乡（镇）、村委会普查指导员及普查员和三农普领导小组成员单位进行了农业普查知识培训培训，安排部署了下一步普查摸底工作。截至年底，正在进行PDA数据录入审核工作。

完成小康监测指标测算工作。为实现2018年与其他兄弟县一道率先实现入小康社会这一宏伟目标，为明确工作努力方向，确定主攻目标作出科学的、合理的决策，对全面建成小康社会监测进行了测算，内容涵盖经济发展、社会和谐、生活质量、民主法制、文化教育和资源环境六大方面，共计38项指标。

【粮油工作】 粮食仓库安全管理工作。粮食仓库作为墨脱县最重要的民生目标之一，确保其安全责任重大。为此，县发改委粮食局派专人在粮食仓库值班，做到24小时人不离岗，岗不离人，一旦发现情况立即上报。

认真做好粮油供销工作。根据墨脱县粮油供销计划，截至12月，顺利完成2016年80吨县级储备粮的轮换工作，并完成了204.7吨大米、5.78吨面粉和17.1吨清油的销售任务，销售总额为136.4万元。

【工业和信息化工作】 春节藏历年期间，对全县工业企业领域制定了安全隐患大排查大检查整治专项行动工作方案，与相关单位一起对墨脱县民爆物品和工业企业做好检查工作，彻底消除了安全隐患。同时，加大对农村综合信息服务站工作的监督管理，对每个信息服务站的信息报送把好关，确保了信息的安全。

【援藏项目工作】 1—6月，墨脱县全面完成了第七批援藏项目的收尾工作，确保了项目建设的圆满完成，发挥了项目的应有效益。7—12月，县发改委调整上报了第八批援藏项目计划（2017—2019），共有项目10个，总投资达1.59亿元；项目建设涉及党建、脱贫攻坚、民生、市政设施、社会事业、产业发展及农牧区基础设施建设等10个方面。

【物价监管】 2016年，在春节、藏历新年节假日以及三月扎墨公路交通管制期间，县发改委多次组织工作人员深入市场调查，切实掌握物价变动情况，并就相关涨幅原因及时向县委、县政府反馈，确保了墨脱县物价的基本平稳。

【产业发展】 为切实有效推动墨脱县特色产业发展工作的实施，加大产业发展的投入力度，并对产业发展工作实施中存在的问题及时协调、沟通解决。年内，县发改委按照年初产业发展规划，以“五大产业”发展为着手，有效提升了产业发展内生动力。

【抓好党建工作】 县发改委认真组织学习了《中国共产党章程》《中国共产党廉洁自律准则》《中国共产党纪律处分条例》及习近平总书记系列讲话精神。结合县发改委实际，制定了“两学一做”学习实施方案，把党风廉政建设工作内容逐项分解，明确责任，落实到各责任人，实行一级抓一级，年终进行考核，并把考核结果与年终评优评先工作进行挂钩。

（孙晨宇）

【领导名录】

发改委主任　王　斌（藏族）
发改委副主任　何晓燕（女，5月离任）
白玛达娃（藏族，6月任职）
邓宏照（8月任职）
发改委主任科员　罗　布（藏族）
县粮食局局长　白玛次旺（藏族）

墨脱县财政局

【概况】 年内，墨脱县财政局在县委、县政府的正确领导下，在县人大和县政协的监督指导下，在市财政局的大力支持和指导下，高举邓小平理论和“三个代表”重要思想伟大旗帜，认真学习、领会和贯彻落实中央第六次西藏工作座谈会精神，严格按照市政府工作会议的部署，坚持以经济建设为中心，拓展工作理念，创新发展机制；坚持科学发展观，紧紧围绕财政节支增收的目标，与时俱进，狠抓财政增收节支工作，为全县经济社会全面、协调、和谐、持续发展提供了坚实的财政服务和保障。县财政局为正科级行政单位，2016年，有行政编制5人，会计核算中心参公编制5人，下设会计核算中心、综合股、预算股、办公室4个科室。

【财政预算执行情况】 墨脱县2016年财政预算：公共财政预算安排的总财力为44929万元，比2015年年初预算增加12619万元，增长39%。预算执行结果：公共财政预算总财力完成58085万元，为预算的129%，比上年增加13156万元，增长29%。其中：县本级公共财政预算收入4253万元，上级补助收入53832万元，比上年增加5289万元，增长10%。公共财政预算支出完成58085万元；政府性基金收入3381万元，比上年同期增加420万元，增长14%。基金支出3381万元。2016年，县财政实现了收支平衡，达到了预期目标。

【财政收支运行分析】 2016年，收到上级财政拨款一般预算收入58085万元，一般预算基金收入2503万元，收到基建收入14457万元。共收到上级财政拨款75045万元（含基建收入14457万元）。其中：一般公共服务收入19549万元，占年度收入的33.66%；国防收入45万元，占年度收入的0.07%；公共安全收入3241万元，占年度收入的5.58%；教育收入6633万元，占年度收入的11.42%；科学技术收入76万元，占年度收入的

0.13%；文化体育与传媒收入1147万元，占年度收入的1.97%；社会保障与就业收入4447万元，占年度收入的7.66%；医疗卫生收入3313万元，占年度收入的5.70%；节能环保事务收入791万元，占年度收入的1.36%；城乡社区收入2849万元，占年度收入的4.90%；农林水收入12862万元，占年度收入的22.14%；交通运输收入172万元，占年度收入的0.30%；资源勘探电力信息等事务收入480万元，占年度收入的0.82%；商业服务业等事务收入2439万元，占年度收入的4.20%；国土资源事务收入136万元，占年度收入的0.23%；住房保障收入1846万元，占年度收入的3.18%；粮油物资储备管理等事务收入303万元，占年度收入的0.52%；其他收入1135万元，占年度收入的1.95%。

2016年度财政一般预算支出61466万元，一般预算基金支出1958万元，基本建设支出10556万元。累计支出64651万元（含基建支出10556万元）。其中：一般公共服务支出19549万元；国防支出45万元；公共安全支出3241万元；教育支出6633万元；科学技术支出76万元；文化体育与传媒支出1147万元；社会保障与就业支出4447万元；医疗卫生支出3313万元；节能环保事务支出791万元；城乡社区支出2849万元你；农林水支出12862万元；交通运输支出172万元；资源勘探电力信息等事务支出480万元；商业服务业等事务支出2439万元；国土资源事务支出136万元；住房保障支出1846万元；粮油物资储备管理等事务支出303万元；其他支出1135万元。

【全县固定资产情况】 截至年底，墨脱县资产总额达到63551万元。其中：固定资产27812万元（房屋19849万元，汽车2916万元，单价在20万元以上的设备123万元，其他固定资产4966万元）；流动资产25183万元，在建工程10556万元。

【“三公”经费管理和使用情况】 2016年，县财政局根据相关规定，全面规范全县“三公”经费支出，重点压缩公务接待支出。按照自治区有关规定，逐年缩短年度预算，严格遵循先有预算、后有支出的原则。不存在任何虚假列支、转移支付以及挤占挪用或者套取资金的问题。

2016年，墨脱县“三公经费”预算792万元，实际支出485万元，比上年同期减少284万元，同比下降37%。其中：因公出国（境）费用支出0元；公务接待费预算480万元，实际支出192万元，比上年同期减少276万元，同比下降59%；公务用车运行维护费预算280万元，实际支出271万元，比上年同期减少2万元，同比下降1%。

【惠农资金落实情况】 2016年，落实村干部报酬265万元，补助标准：边境县村党支部、村委会主任（正职）待遇人均22608元/年，其中：基本报酬17693元/年，业绩考核4915元/年。其他村干部（副职）待遇人均11564元/年，其中：基本报酬9057元/年，业绩考核2507元/年。年终考评为优秀的村干部市财政再给予5000元奖励金。村党支部书记、村委会主任和其他村干部每两年体检一次，每人每次体检费标准为300元；村务监督委员会委员补助（标准：主任11304元/年，其中基本报酬8847元/年，业绩考核2457元/年。成员：5782元/年，其中基本报酬4529元/年，业绩考核1253元/年）。村级组织工作经费：2016年，兑现26.68万元。2016年，兑现行政村村文化室补助4.83万元；五保户供养兑现36.08万元，补助标准4740元/年/人。

农村救助体系。2016年，兑现农村最低生活保障122.94万元。2016年，农村低保补助标准：A类（重点保障对象）保障标准为2931元/年，B类（特殊保障对象）保障标准为2327元/年，C类（一般保障对象）保障标准为1623元/年。

城镇救助体系。2016年，兑现27万元。2016年墨脱县城镇低保补助标准：人均700元/月，人均8400元/年。

森林生态效益补偿金。2016年，兑现2963.48万元。补助标准：森林生态效益补偿基金以根据管护面积计算，补助标准为管护费4.85元/亩/年，墨脱县重点公益林管护面积为603.2754万亩。

【综合经济管理工作】 2016年，县财政局继续推进各项财政改革，按照建立和完善公共财政体系的总体要求，有效实施了积极的财政经济政策。根据自治区、地区文件精神，为进一步加大积极财政政策实施力度，制定了进一步扩大内需、促进经济平稳较快增长的财政经济政策。加大基础设施建设项目投入，扩大投资需求。安排项目前期工作周转资金70万元，用于支持县发改委和县直部门开展基础设施建设项目、专项资金项目等的前期工作。安排小型农田水利维修资金30万元、水利产业发展资金10万元，使墨脱县农村人畜饮水安全及水利产业得到有效的资金保障。安排农村道路维修维护资金20万元。安排文化产业发展及文化事业发展资金100万元。开发墨脱旅游资源、奠定特色旅游产业，安排旅游产业发展资金1000万元，为维护社会稳定，促进社会经济发展，使人民群众安居乐业，安排综合治理和维护稳定经费60万元，便民警务站经费16万元、治安辅警员补助及其他经费65.1万元。发展特色优势产业，安排落实农牧业特色产业发展资金100万元，支持水稻基地、香蕉基地等农牧业特色产业项目建设，从而墨脱社会稳定及特色产业发展奠定了经济基础，保障资金运转。

【保障和改善民生】 2016年，落实资金256万元，通过政府购买公益性岗位等措施，以促进高校毕业生、就业困难群体和复退军人就业为重点，认真落实积极就业政策；城乡居民最低生活保障制度进一步完善。落实城镇低保资金76万元，农村低保资金88万元，其他生活救助9万元，自然灾害生活救助201万元；落实资金45万元，提高干部职工福利待遇。取暖费取暖期内补助标准提高到2179元/人/年；切实解决人民群众最关心的民生问题。针对物价较高对低收入群体基本生活的影响，安排资金150万元，用于县粮食局的运价补贴。安排资金100万元，用于发放全县干职的物价补贴。安排农资综合直补资金121万元，受益农户1608户8771人。

【促进社会事业发展】 坚持教育优先发展。教育投入达到6862万元，比上年增长9.7%；医疗卫生支出达到3445万元，医疗保障力度进一步提高；推动文化广电事业发展。落实文化体育与传媒支出1128万元，支持广播影视、文化遗产保护、重点文物维修、爱国主义教育基地等发展。

【保障社会局势稳定】 支持解决社会热点、难点问题。加大了处置特殊事件的资金投入力度，有效维护社会正常秩序和社会稳定局势；继续保持政法部门经费保障叫高标准。将县级公、检、法、司、政法委、统战、民宗年人均公用、业务经费保障标准分别保持在3.4万元、2.8万元、2.8万元、2.6万元、1.7万元、3.4万元、3.4万元。制定政法部门装备配备标准；大力推动群防群治工作。强化了边境治安联防队员、治安辅警员等辅助警力性质的群防群治力量，群防群治经费保障机制已初步建立。

【强基础惠民生活动】 年内，县财政局全力做好“强基础惠民生活动”的经费保障工作，落实项目资金140万元，工作经费430万元，驻村工作队员生活补贴136万元。

【保障边境社会稳定】 2016年，墨脱县边境地区转移支付资金10560000元，边民补助发放范围为5个乡（镇）31个村（含1个自然村），1772户、4934人，共发放资金8733000元，结余1827000元；落实边境地区专项转移支付资金2118万元，覆盖5个边境乡镇，共安排项目16个，受益农牧民达8000余人。防边控边工作有条不紊地进行，边境居民安居乐业。

【推荐各项财政改革】 2016年，县财政局继续深化部门预算，细化预算编制，科学定制定员定额标准，严格预算制约，建立预算编制与预算执行、预算监督相互制约机制，进一步完成政府采购程序，加大监管力度。稳步推进各项财政改革，财政体制机制改革和制度创新工作迈出了更加坚实的步伐。积极推进财务制度改革，清理、修订了2项财务制度，进一步规范了墨脱县财务管理制度。

【强化财政监督】 财政监督工作有序进行。年内，围绕依法管理、规范管理的目标，建立和完善预算监督机制，健全规范、科学、安全的资金运作机制，坚决查处各种财政违法违规行为，重点加强对墨脱县基建项目的工程预、决算审查管理，细化流程，从源头上监管资金，确保财政资金发挥最大效益。严肃财经纪律，进一步规范财经秩序，加强对基建、教育、卫生等社会关注的热点、难点和重点财政资金的监督检查。

【干部自身建设】 2016年，县财政局党建、业务工作两手抓，紧紧围绕年度工作计划和年度学习计划，坚持围绕中心、服务大局，扎实推进党风廉政建设，大兴“勤政、务实、高效、廉洁”之风，切实提高财政部门形象。结合财政局工作人员更新快、业务工作重的现状，每月根据工作情况不定时组织学习，并组织新老干部“一对一”传帮带，不断提高全体干部工作的业务水平。

【财政存量资金清理】 年内，根据自治区、地区相关文件要求，为进一步督促落实好各项财政资金，功能更好的发挥自使用效益，县财政局下发文件督促各单位（部门）对本单位财政存量资金及时组织实施和使用。通过清理，县财政局及时掌握了财政资金的运行和结余情况，并协调相关部门提出处理意见，使沉淀资金发挥最大效益。

【开展往来账清理工作】 根据县财政局工作安排，每年在县党政换届国资结束之前，全面清理各单位（部门）、个人借款及相关事项，着实理清资金去向，确保财政资金安全。此项工作已基本完成。

【涉农资金专项检查】 年内，根据上级文件精神，县财政局结合墨脱县实际，制定了《墨脱县涉农资金专项整治行动工作实施方案》。检查整治工作围绕清理、检查和纠正涉农资金申请、分配、拨付、管理、使用过程中是否存在以下问题：利用资金、项目管理权限，贪污、受贿、谋取私利；基层干部冒领、私分农民补贴资金和补偿款；项目申报弄虚作假、套取和骗取存在资金；截留、挪用财政专项资金；违反政府采购及招投标管理规定；资金拨付不足额、不及时，滞留、延压项目资金；未按规定时间启动项目、未按期完成项目建设任务；项目实施过程中，未经批准擅自变更项目实施内容、地点；防抗灾救灾物资储备、使用及管理不规范，违规截留、私分等情况；其他违规违纪违法问题。研究完善相关制度措施，规范涉农资金使用管理，提高资金使用效益，确保资金安全。

【“两学一做”活动】 县财政局按照县委、县政府关于“两学一做”安排部署，制定了《墨脱县财政局“两学一做”学习教育实施方案》，制定年度学习计划，学习计划细化到周。县财政局干部职工作为财务工作者，以更高的站位、更宽的视野，在“两学一做”学习教育中认真研究财政工作环境的变化，加强对财务工作本质与内涵的理解，针对新时期财务工作遇到了新的问题，面临新的任务，牢牢把握“学是基础、做是关键”的丰富内涵，以高度的政治责任感、过硬的组织能力和从严从实的作风，切实把通过“两学一做”学习教育为引领，构建新时期、新阶段财务管理工作新格局。2016年，县财政局“两学一做”学习教育取得良好实效。

【安全生产工作】 2016年，县财政局根据安全生产监督管理委员会的工作部署及要求，为增强财政局内部各股室及墨脱县国资委监管的各国有企业安全生产工作，县财政局（国资委）及时调整充实了安全生产领导小组。并组织人员对各股室、各国有企业及出租房进行多次安全生产隐患排查，防范安全事故发生。2016年，县财政局（国资委）及监管的国有企业全年未发生安全事故。

【普法及保密工作】 2016年，县财政局认真贯彻落实国家“六五”普法活动，继续深入开展法制宣传教育，提高干部职工的法律意识和法律素质。根据财政工作实际，结合墨脱县保密办工作要求，及时完善各项保密制度，与每一位干部职工及保密专干签订《保密责任书》，做到责任落实到人，提高干部职工保密意识。

（闫文杰）

【领导名录】

局　　长　王旭杰（6月任副县长）
主任科员　何晓燕（女，5月任职）
副局长　欧珠江村（藏族，5月离任）
　　　　格桑扎西（藏族，6月任职）
　　　　王　　根（6月任职）
会计核算中心主任
　　　　久美措姆（女，门巴族）
国资委副主任
　　　　于　　刚
副主任科员
　　　　黄　　华（女，7月离任）

墨脱县国土资源局

【概况】 2016年，墨脱县国土资源局（不动产登记局）共有工作人员10人，其中驻村2人，大学生西部计划志愿者1人。设3个事业单位（土地储备中心、土地执法大队、不动产登记中心），领导职数2个，非领导职数1个（副主任科员），行政编制2人，事业编制7人。

【土地管理】 2016年，全县办理项目预审报告127件，总面积2879.33亩，办理项目初审报告28件，总面积1618.75亩。全县挂牌出让土地4宗，面积39.50亩；租赁1宗，面积4亩，租赁年限为20年；划拨用地38宗，面积630.98亩；商服用地供应5宗，面积31.00亩；住宅用地7宗，出让面积120.87亩。

【供地工作】 为确保县幸福小区早日开工建设，县国土局同住建局、墨脱镇相关负责人到墨脱镇亚东村村委会就征地事宜与村民代表进行了沟通协商，此次共征地面积142.39亩，截至年底，就征地事宜基本达成一致。

9月12日，县国土局工作人员协同林业、民政、背崩乡人民政府相关负责人及背崩边防部队副营长前往地东村协调部队作战场地事宜，通过积极沟通协调，双方就征地事宜达成一致（地东村委会同意给部队作战场地征地3.38亩，征地补偿款共80444元，补偿款已到背崩财务，由乡政府负责兑现）。

墨脱县作战工程和军事水电站建设项目征地补偿金为1008341.55元，其中应发放到被征地村资金为827305元（具体包括地东村80444元，格林村158746元，背崩村240040元，格当村348075元），上缴林业部门76457.4元，上缴县财政部门104579.15元（专项用于土地开发）。截至2016年5月20日，墨脱县部队作战场地和军用水电站建设项目征地补偿费已全部兑现完毕。

【防灾减灾】 开展地质灾害汛前排查，汛期巡查和巡后复查。2016年，全县共确定地质灾害隐患点103处，确定地质灾害监测员55名，开展宣传活动8次，发放各类宣传材料700余册。年内，县国土局在背崩、德兴、达木小学组织地震应急演练；开展地质灾害群测群防监测员培训1次，培训人数81人；组织专家开展地质灾害防治知识讲座1次；与各乡（镇）政府签订地质灾害防治目标责任书。

【矿产资源管理】 县国土局认真落实贯彻区、市有关矿产资源管理相关文件精神，严把审核关和监督管理关，积极整顿和规范矿产开采秩序，及时化解矛盾纠纷，出台《墨脱县砂石资源管理办法（试行）》，制定墨脱县砂石指导价。

【耕地保护】 永久基本农田划定工作和耕地保护工作。加强领导管理。县政府成立专门领导小组，下设划定工作办公室，做到人员落实、经费到位。明确永久基本农田划定工作由县、乡（镇）政府主体负责，由县国土资源局会同农牧局负责组织实施；认真制定方案。为规范有序开展墨脱县永久基本农田划定工作，确保2016年底全面完成墨脱县永久基本农田划定、落地到户、上图入库等工作，依照《林芝市永久基本农田划定工作方案》，结合墨脱县实际，制定《墨脱县永久基本农田划定工作方案》，明确了工作依据、工作方法、职责分工与程序及时间安排；完成墨脱县永久基本农田划定核实举证工作；完成了对墨脱县七乡一镇共计92个图斑的外业调查，截至年底，已完成初步成果提交。

充分利用每年“6·25”土地日进行耕地保护法律法规宣传，将耕地面积以签订责任书的形式全面落实到村、户与地块，层层都明确了保护责任人，保护范围，保护措施和保护责任，年初林芝市与墨脱县签订的耕地保有量不低于40.07万亩（含印控区），二调数据库中实际控制面积为7162亩，基本农田面积不得低于4.7万亩（含印控区），二调数据库中实际控制面积为6323.7亩。与此同时，县与乡（镇）签订耕地保护目标责任书16份，乡（镇）到村签订目标责任书92份，村到户签订目标责任书4548份。

【不动产统一登记】 墨脱县不动产登记机构于2016年12月16日正式揭牌成立，发放不动产权证书3本。

（王凤景）

【领导名录】

局　　长　陈　强（1月离任，退休）
　　　　　李　振（6月任职）
主任科员　旦　增（藏族）

墨脱县安全生产监督管理局

【概况】 年内，墨脱县安全生产监督管理局（以下简称县安监局）认真贯彻落实习近平总书记、李克强总理等中央领导关于安全生产工作所做的重要批示指示精神，贯彻执行自治区、市以及县安全生产工作会议精神，严格按照“安全第一、综合治理、预防为主”的方针，切实履行安全生产“党政同责、一岗双责”，深入开展以危险化学品、易燃易爆物品、道路交通、消防安全、建筑施工、旅游等行业领域为重点的安全生产大检查大排查大整治工作，及时发现和治理一批制约安全生产的问题隐患，各类专项整治工作取得良好效果，全县各行业领域安全监督管理工作有序推进。县安监局为正科级政府部门，2016年，全局实有工作人员8人。

【安全生产指标完成情况】 2016年，墨脱县未发生一起安全事故，指标控制在市安委会下达的指标之内，与上年同期相比安全生产事故有所下降。

【成立安全生产领导小组】 2016年，墨脱县成立了以县委副书记、政府县长魏长旗为主任，由县委副书记、副县长李斌、政法委书记、公安局局长、督察长刘明、政府常务副县长多吉扎西担任常务副主任，以各政府副县长为副主任，以各乡镇政府乡（镇）长、县直各单位负责人为成员，组成墨脱县安委会领导小组。由主任领导全县安全生产工作；各副主任负责督促检查指导分管领域安全生产各项工作；各成员单位主要负责人负责本部门行业的各项安全生产工作。办公室设在安监局，政府常务副县长巴桑兼任办公室主任，县安监局局长达学兼任办公室副主任。

【贯彻落实情况】 年内，县安监局贯彻落实全国安全生产电视电话会议精神，习近平总书记、李克强总理关于安全生产的重要指示批示精神，贯彻自治区、地区、县委、县政府安全生产专题会议精神，截至年底，墨脱县共召开10余次安全生产专题会议，包括各类安全生产电视电话会议。

【强化管理，完善制度】 2016年，县安监局与全县各乡镇及县直各部门等单位43家、建筑施工单位27家、危险化学品经营单位2家、烟花爆竹零售商户5家、个体经营户282家签订了安全生产目标管理责任书，并对经营场所按每个季度进行一次（优、良、差）等级评定。层层分解落实责任，形成了一级抓一级，层层抓落实的工作格局。并严格落实，实行安全生产“一票否决”，切实履行行业监管职责，做好本行业安全生产工作。

【开展“打非治违”工作】 年内，墨脱县安全生产相关部门以“两会”“两节”以及国庆节等国家重大活动、法定节假日为重点时期，以开展安全生产“六打六治”“打非治违”为工作重心，把道路交通、危险化学品和烟花爆竹等高危行业的安全监管作为突破口，重点抓、重点管、重点查。以隐患排查治理行动为契机，首先通过自查，并采取抽查、巡查、暗查以及地方和行业检查相结合的方式，按照“谁主管谁负责、谁检查谁负责、谁签字谁负责”的原则，切实做好对重点行业的安全监管。

【开展联合执法与专项整治活动】 以元旦、春节、藏历新年、“两会”、三月敏感期、“安全生产月”、中秋节等重要节点深入开展道路交通、消防、危险化学品、烟花爆竹、建筑、食品安全等行业和领域进行“打非治违”专项整治行动及安全生产日常检查，不定期组织安委会相关单位及各乡（镇）单位开展了52余次全县安全生产检查，全面共出动人数500余人次，出动车辆120台次，排查安全隐患365余处，检查车辆21350台次，下达整改通知书23份，现已全部整改。

印发了《墨脱县烟花爆竹的安全管理方案》《墨脱县“两会、三月敏感期”安全生产大检查、大排查、大整治专项行动实施方案》《墨脱县安全生产检查实施方案》《墨脱县2016年第一季度安全生产督查方案》《关于印发2016年全县安全生产工作要点及任务分解的通知》《墨脱县2016年“安全生产月”和“安全生产墨脱行”活动方案》《墨脱县道路交通安全专项整治行动方案》等30余份，并按方案积极开展各项工作。截至年底，已完成全县4家烟花爆竹零售点的安全生产许可证换发工作。

年内，县安委会各成员单位安全监管员24小时在利民加油站、中石油加油站进行监管，并对成品油进行管控。

加强对道路交通安全隐患的排查，对易发生泥石流、滚石、雪崩等安全隐患路段，及时通过短信、微信等网络新闻媒体平台发布预警信息，提醒广大人民群众要减速慢行、先观后行，并及时树立安全警示牌，提醒过往车辆行人注意道路安全。2016年，县政府共投入资金20余万元，在扎墨公路及全县乡村公路设立警示牌74个，警灯25个，进一步增强了墨脱县公路管理，保障了道路交通安全。

在“安全生产月”活动期间，安委会成员单位同心协力，密切配合，按照分工和各自所承担的任务，认真抓好“安全生产月”各项活动，不断开创墨脱县安全生产工作新局面。活动期间，共发放宣传手册1500余册，悬挂横幅3幅，出动人员50余人，宣传教育人数300余人次。

国庆节期间，共出动人员56人次、车辆11台次，共检查道路5条、烟花爆竹零售店4家、打字复印店3家、网吧3家、商店30余家、餐饮20余家、宾馆10家、加油站2家，施工地4处、车辆600余辆。查处超载超速行为12起、酒后驾驶1起、无证驾驶1起，已经按照道路交通法进行了严肃处理。灭火器过期的商户3家、已责令限期整改。排查县城道路和乡村道路泥石流、塌方、飞石等自然灾害安全隐患16处，已全部整改完成。

（李　良）

【领导名录】

局　长　达　　学（藏族）
副局长　白玛遵珠（藏族）
副主任　丁 爱 香（女）

墨脱县国家税务局

【概况】 2016年，墨脱县国家税务局（以下简称县国税局）有11名干部，领导2人，其中有2名正式党员，入党积极分子4人，平均年龄28岁；大专学历以上人数11人，占总人数的100%。2016年是“十三五”规划的开局之年，是近年来税收改革发展任务最为艰巨、最为繁重的一年。在自治区国税局、市国税局和县委、县政府的正确领导下，县国税局面贯彻落实科学发展观，坚持“为国聚财，为民收税”宗旨，围绕组织收入中心工作，圆满完成各项工作任务。

【税收收入】 2016年，县国税局始终坚持“依法治税，应收尽收，坚决不收过头税”的组织收入原则，以组织税收收入为中心，强化税收分析、对重点税源进行监控，统筹考虑建筑税收占绝对主导的税源结构、“营改增”税收政策变动等因素，主动把握税收分析预测规律，借鉴兄弟单位先进管理经验，摸索出一套符合墨脱工作实际的工作机制，通过加强收入分析组织领导、完善部门信息共享机制、健全重点税源信息采集制度、实施动态监控等多项措施大大提高了税源把控度和税收收入预测准确率。

2016年，全县组织入库各项收入5015.52万元，首次突破5000万元大关，与2015年相比增收1000.16万元，同比增长24.91%。

【税收管理】 2016年，县国税局采取措施加强税收管理，挖潜堵漏促增收，收到了实实在在的成效，同时在各项专项工作上落实责任、明确分工作，保质保量地完成了各项工作任务。以沟通协调为基础，建立信息交换平台，县国税局年初与县交通、发改、住建等九部门签订第三方涉税信息共享协议。加强政策宣传，利用微信为媒介，告知纳税人；开展后期排查工作，查找是否存在该享受而未享受优惠政策的纳税人，加强后期管理工作。自《全国税收征管规范（1.1版）》推行以来，县国税局严格落实规范要求，通过重点业务办理，强化绩效管理，开展全员规范落实专题培训，提升了干部征管规范意识，增强了防范风险能力。

【开展税法宣传，优化纳税服务】 认真落实便民办税春风行动。2016年，通过加强税法宣传及咨询辅导，尤其是税收优惠政策的宣传，提高纳税人税法遵从度。提高前台人员业务能力等综合素质，打造一支政治坚定、业务过硬、作风优良、纪律严明的高素质的税务干部；按照市国税局统一部署，认真开展纳税信用等级评定工作，主动公开，接收意见，逐步完善评定工作程序内容，努力创造客观公正的评定环境。

县国税局认真开展第25个税法宣传月工作。结合墨脱县实际，深入林芝墨脱茶叶公司、帮辛乡石锅专业合作社等辖区民族特色企业开展税收宣传活动。以“税收+特色产业”为重点，采取“特色产业+优惠政策”的方式进行有针对性税收宣传，让纳税人尽知尽享适用于自身的优惠政策。同时通过扶持当地少数民族群众创业、就业，助力特色农业产业供给侧结构性改革。深入企业生产一线，开展政策宣讲活动。针对纳税人关注的焦点，通过组织召开现场座谈会的形式，向纳税人着重讲解了营改增、小微企业优惠等税收政策，同时还为他们送去了最新的税收宣传手册，着力增强纳税人发展信心。

县国税局认真开展好企业“三证合一、一照一码”及个体“两证整合”登记工作。全面缩减前置审批事项，按照纳税服务和税收征管规范化管理要求，按照上级部署安排全面梳理办理流程和表单文书，将与企业“三证合一、一照一码”及个体“两证整合”登记要求相抵触的流程表单及时清理整改，免去不必要的审核签章环节，真正实现“一表申请、一个窗口、一套材料”。落实“二维码一次性告知”制度，实现纳税人基础办税流程、报送资料、办理时限等一次性电子化告知，提升办税获得感和宣传力度。全力推进商事制度改革工作，加强与工商等部门的定期信息交换制度。

【营改增工作】 持续开展营改增宣传和纳税人培训工作，通过办税服务厅、墨脱电视台、文化广场LED、宣传横幅等多种形式不间断宣传全面营改增政策，接受各界税收政策咨询400余人次。2016年5月1日零点，县国税局成功开出营改增后第一张增值税普通发票，这张发票的开出标志着“营改增”试点工作取得了阶段性成果。墨脱县国税局严格落实国税总局下发的优化营改增纳税服务工作二十条措施，聚焦纳税服务，紧盯办税细节，结合墨脱县工作实际，采取精准有力措施，营改增攻坚战役取得胜利。

【“数字人事”系统上线工作】 年内，按照区局和市局的统一部署和工作要求，县国税局高度重视，扎实细致做好各项前期准备工作，在全局营造了“全员知晓、全员支持、全员参与”的良好氛围。积极参加区局和市局举办的数字人事培训，组织全体在岗干部开展专题学习会议，实现干部均能熟练工作纪实、自拟任务等系统操作。

【精神文明建设】 2016年，县国税局以开展党的群众路线教育和“三严三实”专题教育活动为契机，以践行社会主义核心价值观为主要内容，以“便民春风行动”为载体，大力弘扬“乐于吃苦、善于忍耐、勇于拼搏、敢于创业”的老墨脱精神，用真情和热情为广大纳税人提供便捷、全面、优质的纳税服务，树立了文明税务机关形象，受到广大纳税人和社会各界一致好评。积极开展以自治区税务系统“雪域高原好税官”和林芝市“最美税务人”获得者白玛旺前同志为代表的典型选树工作，使先进典型成为促进干部作风转变、净化社会风气的强大动力。

【维稳工作】 2016年是西藏和平解放65周年，县国税局明确了综合治理工作、平安创建工作的组织领导和工作职责。以优异工作成绩为自治区大庆献礼。维稳综治工作形势依然严峻，任务艰巨，通过常抓不懈，真抓实干，重点做好春节、藏历新年等重要节假日维稳工作，做到了让县委、县政府放心，让市国税局党组放心，让干部群众放心。

（姚慧民）

【领导名录】

局　长　白玛旺前（门巴族，8月离任）

副局长、兼纪检员

布锋玲（藏族）

墨脱县工商行政管理局

【概况】 墨脱县工商局于2011年6月30日正式挂牌成立。2016年，县局共有干部4名，其中藏族2人，汉族2人；平均年龄30岁；中共党员2人；文化程度本科4人。

【市场主体快速增量提质】 年内，通过贯彻落实自治区“五放”“六支持”的政策措施，落实注册资本认缴登记制、放宽市场主体住所登记条件、简化文书格式，缩短办事时间，极大地优化了经济发展软环境，激发了创业热情，各类市场主体的登记注册实现了质、量齐升的良好发展局面。截至年底，全县共登记注册各类市场主体724户、注册资本（金）94209.15万元，同比分别增长31.2%、35%。

【实施商标战略】 加大对农副产品的商标、地理标志商标的扶持培育和引导力度。截至年底，全县共有注册商标61件，其中地理标志商标1枚。墨脱石锅被评为林芝市知名商标，并在积极参与评选自治区著名商标。

【打击传销工作】 广泛开展打击传销摸底排查宣传工作，筹备墨脱县2016年打击传销和禁止参与传销工作联席会议，组织开展打击传销和禁止参与传销宣传月活动，创建无传销乡镇、学校1个。

【安全生产工作】 县工商局制定了《墨脱县工商局关于开展2016年流通领域工业酒精、油漆稀释剂、香蕉水等易燃危险品市场大检查、大排查、大整治专项行动工作方案》，并向全县3户经营易燃危险品的市场主体发放《进（销）货台账》，并签订责任书3份。

【流通环节食品安全】 在职责范围内的积极做好流通环节食品安全监管，确保思想不放松、力度不减。创建市平安超市2家。联合县食药监局收缴过期、变质、无QS标志及“三无”食品56公斤。

【消费维权】 建立健全消费维权机制，消费维权网络进一步完善，维权工作效率进一步提高。以“3·15”国际消费者权益保护日为契机，在县城主干道设立咨询服务台，开展消费维权知识进企业、进农户活动，大力宣传新《中华人民共和国消费者权益保护法》。全年共开展宣传活动4次，发放宣传资料260份，受理消费者咨询16人次，受理消费者投诉2起，为消费者挽回经济损失0.210万元。

【廉政建设】 通过市工商局下发的系列党风廉政学习计划，县工商局制定了相应的学习计划，组织干部学习，深入学习中共十八届三中、四中、五中、六中全会精神及习近平重要系列讲话精神，先后安排干部参加国家工商总局举办的十八届四中全会精神专题网络培训班，全面提升干部队伍综合素质，严格执行党风廉政建设责任制度，坚决贯彻落实党中央“八项规定”和自治区党委“约法十章”。

【法制工商建设】 年内，县工商局以商事制度改革为契机大力宣传《中华人民共和国商标法》《中华人民共和国消费者权益保护法》《工商登记制度改革 “一条例”“五规章”》等法律法规，突出立案销案、行政强制、自由裁量、典型案例分析等重点，积极开展执法检查督查，促进依法行政。

【维稳工作】 年内，县工商局严格按照自治区工商局党委的部署和市工商局的要求，强化组织领导，加大对干部职工的政治思想教育，保持高度警惕，坚决执行24小时值班制度、带班制度，实现“三不出”“三无”的维稳目标。

（宁继平）

【领导名录】

局　长　次仁帕珠（藏族，11月离任）
　　　　次仁顿珠（藏族，11月任职）
副局长　旦增尼玛（藏族，11月离任）
　　　　耿 海 龙（11月任职）

墨脱县商务局

【概况】 2016年，墨脱县商务局在县委、县政府的正确领导和高度重视下，及在市商务主管部门的关心、支持、指导下，墨脱县商务局紧紧围绕县委、县政府确定的“123456”发展思路，坚持“扩大内外开放，引进内外资本，加强内外合作，开放内外市场，树立内外形象”的商务理念，充分发挥职能优势。大力推进招商引资工作，着力落实商贸流通、城乡市场体系建设、引导消费、扩大内需、生活必需品的供给等事关民生、维护社会稳定的社会事业，各项工作取得了较好成绩。墨脱县商务局为正科级行政单位，2016年，全局由编制2人，实有工作人员7人。

【招商引资】 2016年，墨脱县招商引资企业预计到位资金29277.96万元。共涉及24个项目，完成市级目标任务（2.42亿元）的120.98%，县级目标任务（3.57亿元）的82.01%，比上年同期减少2.47%，累计解决就业人数434人次。2016年墨脱县民间投资新建项目78个，累计到位资金9967.9万元，完成县级目标任务（9949万元）的100.19%，完成市级目标任务（9500万元）的104.93%，同比增加10.72%，累计解决就业1450人次。

【社会消费品零售总额】 2016年，实现社会消费品零售总额3811万元，同比上年增长11.2%。

【成品油工作】 根据成品油市场运行监测显示，2016年，墨脱县成品油市场运行平稳。全县汽油销售598.02吨，同比增长12%。具体为：503.89吨，同比增长5.6%；利民加油站汽油销售94.13吨，同比增长64%。全县柴油销售1012.66吨，同比增长9.8%。其中：中石油墨脱莲花加油站柴油销售740.41吨，同比减少5%；利民加油站柴油销售272.25吨，同比增长94.5%。全县12月底库存成品油123.75吨，其中：中石油墨脱莲花加油站库存成品油68吨（汽油15吨，柴油53吨），利民加油站库存成品油55.75吨（汽油20.27吨，柴油35.48吨）。

【万村千乡市场工程】 2016年，墨脱县共建设万村千乡市场工程农家店105家，其中县级店1家，乡级店33家，村级店70家，全县7乡1镇，46个行政村，“万村千乡市场工程”农家店已经覆盖100%的乡镇，100%的行政村，解决了就业人员约200余人。有效运营105家，实现了行政村全覆盖。

【惠农政策】 2016年，墨脱县积极与市盐业公司协调，共向农牧区配送碘盐58437.5公斤，惠及农牧民10625人，碘盐配送率和覆盖率达到100%。2016年，墨脱县5家家电家具销售网点累计销售家电产品976台，实现销售额196.2万元，兑现补贴资金58.86万元；销售家具产品2047件，实现销售额468.7万元，兑现补贴资金164.05万元，切实让农牧民享受国家的优惠政策。

【安全生产工作】 墨脱县商务局通过强化监管和严格执法检查，2016年，墨脱县未发生成品油流通、肉类食品安全事故。

【强化领导】 2016年，墨脱县根据《墨脱县人民政府办公室关于调整充实招商引资工作领导小组的通知》文件精神，成立以成立以墨脱县委副书记、政府县长魏长旗为组长，商务、发改、住建、国土、税务、工商等部门主要负责人为成员的墨脱县招商引资工作领导小组，切实加强对墨脱县项目的收集、整理等招商引资工作的领导；并结合墨脱实际，制定了《墨脱县商务局招商引资工作制度》。

【项目库建设】 2016年，为夯实招商基础，墨脱县商务局通过实地调研、考察论证、征求意见、认真筛选、精细包装了具有战略性投资项目10个，进一步加强宣传报道力度，及时、准确、客观反映墨脱县商务局各项工作开展情况及取得的工作成绩，商务局通过建立信息报送专人专管、专人负责制度，提高招商项目的知晓率，墨脱县商务充分利用政府门户网站、商务之窗平台广泛发布招商信息，同时以外出上门招商、参加重大招商活动等契机，大力开展项目的宣传推介。

【提升洽谈成功率】 积极参加各类招商活动，如“厦交会”“林洽会”。2016年，墨脱县充分利用参加地区组织的各项外出招商活动（共2次）的机会，由第六批援藏县委常务副书记李灿、政府副县长张剑峰和第七批援藏县委常务副书记谢国高及县委常委、宣传部部长普果分别带队前往深圳、佛山、北京、广州、珠海、成都等地自行组织开展招商活动12次。2016年，新签约项目3个，履约项目3个，履约率达100%。

【市场运行保持平稳】 2016年，墨脱县共建立市场监测样本企业3家，其中生活必需品监测2家，重点流通监测1家。各监测样本企业都能积极配合，按时上报各种数据监测信息，完成各种监测任务。通过抓好市场运行监测，切实保障了全县生活必需品市场价格平稳，物资齐全，满足不同消费层次的需要，市场运行情况良好。

【特种行业监管】 2016年，墨脱县商务局切实贯彻林芝地区《关于进一步加强酒类流通管理工作的通知》文件精神，墨脱县商务局对辖区内的酒类经销场所进行了重新登记备案，截至年底，墨脱县商务局已登记备案商户21家，其中：批发1家，零售9家，餐饮6家，酒吧娱乐场所5家。

【商务综合执法】 2016年，墨脱县商务局配合工商、卫生、安监、消防等部门对墨脱县农贸市场、超市、餐饮住宿、加油站等各类营业场所开展联合大检查11次，未发现违法违规经营行为。广泛开展法制宣传、平安创建等活动，提高共同做好综合治理工作的责任心。

【成品油市场运行和监管力度】 认真贯彻《成品油市场管理办法》，积极联合安监、公安、消防等部门，前往中石油墨脱莲花加油站和利民加油站开展成品油安全检查工作，并要求经营方务必做好安全防患工作；在维稳期间，抽调专人前往加油站开展值班工作，确保墨脱县成品油市场安全平稳运行，确保不发生任何安全事故。

【安全维稳生产工作】 2016年，墨脱县商务局及时调整充实了社会安全维稳治安综合治理领导小组、维护稳定工作领导小组等组织机构成员。健全研究综治维稳、日常工作制度。健全局积极预防各类影响社会稳定的事件发生，正确处理解决人民内部矛盾，及时调处内部纠纷，深入开展平安创建工作。认真开展法制宣传，执法人员大力宣传《零售商促销行为管理办法》《零售商供应商公平交易管理办法》等法律法规，共发放宣传单120多份。

（文 魁）

【领导名录】

局 长 尹建华

副局长 王向军（6月离任）

嘎玛措姆（女，门巴族）

副主任科员

徐胜亮（6月任职）

墨脱县旅游局

【概况】 年内，墨脱县旅游产业在县委、县政府的高度重视和正确领导，广东第七批与第八批援藏工作队墨脱工作组的大力支持，和相关部门的积极配合下，紧紧围绕“123456”发展思路，按照年初工作计划，采取有效措施，积极推进全县旅游产业发展，全县旅游业发展势头强劲，特别是国家4A景区创建、旅游规划编制、基础设施建设、宣传营销、行业管理、业务培训等工作有序推进，取得了一定的成效。

【机构设置及人员编制】 墨脱县旅游局是隶属墨脱县人民政府的行政部门，成立之初，与环保局合署办公，2011年6月分设，截至2016年旅游局有职工13人，其中正科2人，副科1人，科员8人，内设旅游执法队，科员2人；2012年7月20日，墨脱县人民政府成立了墨脱县莲花圣地旅游开发有限公司，属于全资国有公司，旅游公司有员工40人，其中外聘总经理1人，总经理助理1人，会计1人，共43人。2015年5月16日，墨脱县成立了墨脱县风景区管理局，属旅游局部门管理单位，景区管理局有职工5人，其中副科2人，专业技术人员3人。

【旅游经济指标】 年内，全县外来游客总数为75912人次，与上年同比增长7.2%；实现旅游收入7405.87万元，与上年同比增长59%，其中农牧民收入4937.24万元。全年共售出门票19717张，与上年同比门票售出张数增长20%，其中全票售出15460张，半价票售出4257张，门票总收入为2814160元，同比增长19%。

【旅游行业规模】 墨脱县旅游发展起步晚、起点低，旅游行业尚不成规模，全县现有旅游行业企业包括：旅游饭店70家、旅游宾馆19家、土特产店13家，西藏林芝墨脱莲花圣地旅游开发有限公司。墨脱县从旅游发展产业资金中出资235万元，用于墨脱县特色旅游发展，重点扶持农牧民兴办农家乐或家庭旅馆，截至年底，农家乐或家庭旅馆发展到39家。

【旅游规划编制】 1月29日，墨脱县在成都召开了评审会，华东电力勘测设计研究院旅游研究所为墨脱县编制的《西藏自治区林芝市墨脱县旅游发展中长期规划（2016—2030年）》通过了评审，4月15日，县人大第28次常委会批准执行该规划。

5月19日，林芝市旅游局组织相关专家对中景旅联（北京）国际旅游设计规划院为墨脱县编制的《墨脱县旅游景区建设性、控制性详细规划》进行了评审，专家评审委员会一致通过了该规划；2016年12月，该院为墨脱县编制了《墨脱县旅游景区创4A提升方案》。

【旅游项目建设】 年内，全县投资新建设的旅游项目有：拉贡景区工程，总投资1224.31万元；德兴民俗村工程，总投资1876.34万元；达木景点，总投资330万元；德兴景点，总投资320万元。

截至年底，K80游客服务中心已竣工，K52游客服务中心主体建筑已完成，进入装修阶段。扎墨公路沿线观景台、停车场、旅游厕所均已建设完工。果果塘蛇型大拐弯观景台及游步道工程已完工；拉贡景区新建拉贡莲花塔、农家乐、公厕、上山游步道及八角亭、大门等附属设施，2016年9月已开工建设，至年底已完成总工程量的20%。德兴景点和达木景点，于2016年10月份完成招投标工作，均已开工建设。

【旅游行业管理】 年内，旅游局执法队多次会同有关部门对全县旅游宾馆、土特产商店、旅游餐饮等涉旅企业开展联合大检查25次，出动150余人次，发放各类手册1670余册，重点检查了食品安全卫生、旅游商品是否明码标价、出售假冒伪劣产品、消防安全设施设备等情况。

【旅游业务培训】 年内，积极组织各乡（镇）16户拟经营农家乐或家庭旅馆的农牧民群众，开展了关于农家乐和家庭旅馆等方面的知识技能培训；5月，再次组织农家乐和家庭旅馆业主前往波密县，参加林芝市组织的农家乐及家庭旅馆培训。2016年3月和8月，对全县景区讲解人员进行了全面培训，培训内容涉及人文历史、地理常识、专业服务技能等方面；对全局干部职工进行旅游法规、旅游管理、旅游规划等专业知识进行培训学习。全年培训总人次达到359人次。

【旅游景区景点】 全县整个县域作为一个整体景区，正处于国家AAAA级旅游景区创建阶段，尚不属于国家A级景区，现有（暂定）景区（点）包括亲水叠瀑布、乌当瀑布、加隆瀑布、113K嘎宁大拐弯、仁钦崩景区、果果塘大拐弯。

【党建工作】 自2016年1月29日墨脱县旅游局党支部成立以来，在县直机关工委的正确领导下，严格按照工作部署和要求，扎扎实实开展各类党建活动与工作，深入开展“两学一做”学习教育、成立领导小组、制定了《旅游局党支部工作和学习和计划》《旅游局“两学一做”学习教育计划》《旅游局党风廉洁计划》等各项计划、实施方案、制度，并严格按照要求分时段开展各项支部活动、组织学习十八届会议精神、习近平总书记系列重要讲话精神等理论知识。

确定由党支部书记抓党建全面工作，支部委员分管党建日常工作和党风廉政建设工作，建立健全了常抓不懈的工作机制。明确职责，旅游局党支部是党建工作建设的主体，切实担负起党建主体责任。进一步推进旅游局党建工作。根据县工委工作要求，旅游局完善了党建组织机构。党支部书记通过召开党员大会，通过民主选举选出纪检委员、组织委员、宣传委员，进一步细化基层党建工作的分工。

认真学习中共十八大会议精神，习总书记一系列讲话精神，开展党内“两学一做”教育实践活动36次。学习党章的有关规定，加强党员干部的理想信念教育和思想道德建设，提高了党员的认识水平和思想觉悟，建设了一支高素质的党员干部队伍。

通过狠抓落实旅游局规章制度，狠抓党风廉政建设，要求党员端正态度，改进作风，开展党作风建设活动着力解决了作风建设方面的三个问题。解决了纪律不严的问题。纠正了干部职工纪律涣散、管理不严问题；着力解决了责任不明的问题。做到人人有责任，事事有人抓，层层抓落实，件件有回执；着力解决了工作效率不高的问题。旅游局内部成员分工明确、工作细化、任务具体到人，进一步提高了工作效率。

（王素琦）

【领导名录】

局　　长　拉巴次仁（藏族）

副 局 长　白玛曲珍（女，门巴族，6月任职）

主任科员　米玛曲珍（女，藏族，6月任职）

旅游执法大队队长

邓　弘（3月离任）

风景区管理局局长

桑杰旺堆（门巴族）

风景区管理局副局长

洛桑索朗（藏族）

社会事业

墨脱民政局

【概况】 年内，墨脱县民政局（以下简称县民政局），在县委、县政府的正确领导下，以科学发展观为统领，以深入开展党的群众路线教育实践活动为契机，以“保发展、保民生、保稳定”为主线，秉承“以民为本、为民服务、为民解困”的民政工作宗旨，深入调研，完善制度，健全机制，加强作风建设，努力改善民生，解决困难群众最关心、最直接、最现实的利益问题，为全县经济发展和构建和谐社会做出了应有的贡献。2016年，全局有正式编制13人，其中行政9人，事业2人，工人2人。

【城乡低保】 年内，县民政局加强《社会救助暂行办法》学习，切实落实好社会救助主体责任，规范救助审核审批程序，做好最低生活保障与社会救助制度相衔接。2016年，全县农村低保对象共263户、967人，截至年底，共发放农村低保资金1262379.2元；城市低保对象共户32户、50人，全年发放城镇低保资金270600元。

【孤儿基本生活保障】 2016年，墨脱县共有孤儿34人。根据“双集中”供养工作要求，22名已入住林芝市儿童福利院，另有散居孤儿6名及超龄孤儿6名。按照孤儿管集中收养相关规定，县民政局与6名散居孤儿监护人签订了家庭寄养协议，对6名超龄孤儿撤销了孤儿生活保障。

【五保户集中供养工作】 年内，县民政局在县委、县政府的领导下，进一步强化五保户供养中心硬件设施建设，创新管理模式。2016年，墨脱县共有五保老人84人。自五保集中供养服务中心建成投入使用以来，有意愿入住五保户对象41人，县级财政补贴入住五保老人每人每月800元，作为五保户每月生活开支，发放五保户补助资金共计393420元；对43人散居五保户对象每人每年补助1500元护理费，共计64500元。为供养中心配备工作人员2名，安排公益性岗位5人、临时工4人。供养中心软硬件建设得到加强，成为墨脱县民政工作服务新农村建设的亮点工程。

【医疗救助】 2016年，墨脱县共发放医疗救助金682339.69元，救助172人次，解决了特困群众住不起院，看不起病的问题。

【流浪乞讨人员救助】 2016年，县民政局共计救助流浪乞讨人员12名，发放救助资金10300元。

【婚姻登记工作】 2016年，县民政局始终按照《中华人民共和国婚姻法》《婚姻登记管理工作条例》，严格执行办证流程，全年办理结婚登记291对，离婚登记12对，登记合格率均达100%。

【双拥工作】 根据《退役士兵安置条例》实施细则的相关要求，2016年，墨脱县共接收退役士兵4名，其中符合安置条件的2名退役士兵已安置在工作岗位，2名不符合安置条件的退役士兵发放优待金每人7.4万元，共计14.8万元。在“三大节日”和“八一”建军节期间，为感谢驻军部队、武警官兵支持地方建设，让他们感受到县委、人大、政府、政协的关心，继续发扬军民鱼水深情，进一步开展好“军民共建”工作，在节日期间，由县委、县政府、县人大、县政协领队，对驻军部队、消防支队、边防支队、武警内卫展开了慰问工作，共计发放了慰问资金23000元。积极做好军人抚恤优待工作，2016年，县民政局为城乡优抚对象4人发放抚恤优待金共计34720元。

【发生灾害】 2016年，墨脱县共有发生2起较大自然灾害，灾害导致257人，其中8人失踪1人重伤，针对受灾群众的受灾程度，县民政局第一时间启动应急机制，及时协调相关单位，累计发放救灾物资、食品及生活用品等，共折合人民币877400元。

【防灾减灾制度建设】 年内，按照防灾减灾工作的先关制度要求，县民政局强化了救灾信息预警。经常性与各乡镇试通海事卫星电话，强化海事卫星电话的使用管理工作，确保电话随时处于畅通状态，保证卫星电话有专人负责，保障灾害发生后的通讯畅通，并与各乡（镇）签订了《海事卫星电话使用协议书》《救灾物资代储协议书》，并进一步完善了《墨脱县自然灾害救助应急预案》。

【困境儿童】 2016年8月中旬至9月初，由县民政局局长桑布次仁带队，结合规范最低生活保障政策工作，分别前往7个乡1镇的46个村，通过入户走访，询问了解等方式开展调研。通过调研发现，墨脱县共有困境儿童家庭共18户19人，其中：男9人，女10人；0—6周岁4名，7—12周岁6名，13—16周岁9名；父母重残重病3户，父母重病1户，父母一方死亡、另一方重病1户，父亲去世3户；困境儿童重残0名。

【留守妇女，老人情况】 经县民政局与各乡镇政府联合排查，2016年未发现墨脱县范围内有留守妇女，老人情况。

【做好冬令春荒缺粮户救助工作】 为保障墨脱县受灾群众及冬春期间，生活困难的群众基本口粮救助，帮助他们渡过难关，经请示县人民政府，2016年，共计下拨救济口粮50吨，折合人民币32万元，有效保障了墨脱县困难群众基本生活。

（拉巴次丹）

【领导名录】

局　　长　桑布次仁（藏族）
主任科员　白玛次仁（门巴族）
副 局 长　张　洪（穿青人）
　　　　　白　珍（女，藏族）
救助站主任　东　姑（女，门巴族）
五保户供养中心院长
　　　　　次仁曲宗（女，藏族，6月任职）

墨脱县人力资源和社会保障局

【概况】 墨脱县人力资源和社会保障局是2011年9月正式成立的正科级政府部门，主要从事贯彻落实人力资源和社会保障政策法规，加强就业、社会保障、人才人事、公务员和事业人员管理、协调劳动关系和实施劳动监察等工作职责。

【劳动就业】 就业与再就业。2016年，墨脱县人民政府积极出台了一系列旨在加快就业和再就业工作步伐，为农牧区富余劳动力提供再就业门路。全县实现就业再就业培训人数681人，其中农牧区转移就业培训527人（贫困户参与人数为235人）。

就业与服务专项活动。墨脱县人社局对有创业意愿的人员提供相关的政策咨询服务，2016年，全县农牧民工转移就业人数2100人，其中自主创业38人，灵活就业620人，其他1441人；区内1882人，区外218人；建筑工矿业为849人，餐饮旅游业110人，生产制造业746人，其他行业395人；转移就业收入达0.0502亿元。

【社会保障】 养老保险。2016年，墨脱县完成职工基本养老保险参保人数251人，共征缴基本养老保险费3383158.56元，征缴率达到100%。

失业保险。2016年全县完成事业单位失业保险参保人数802人，共征缴基本失业保险费1259797.16元，征缴率达到100%。

医疗保险。2016年，全县完成干部职工医疗保险参保人数1283人，共征缴基本医疗保险费11885332.07元，征缴率达到100%，完成全县城镇居民医疗保险参保人数821人，共征缴基本医疗保险费361240元，征缴率达到100%。

工伤保险。2016年，全县完成事业单位工伤保险参保人数1388人，共征缴工伤保险费605070.85元，征缴率达到100%。

生育保险。2016年完成全县干部职工生育保险参保人数1252人，为参保人员拨付生育基金811108.68元，征缴率达到100%。

农村社会养老保险（已更名为“城乡居民社会养老保险”）。2016年，全县参加“城乡居民社会养老保险”总参保人数4998人，其中年满60周岁及以上人员696人，僧尼24人，缴费人数总计4302人，缴费金额总计57.24万元。

【工资待遇水平】 墨脱县人社局根据藏人社厅文件精神，结合林芝市人社局通知要求，从2015年1月起调整全县人民警察警衔津贴标准，于2016年4月对103人的警衔津贴进行了补发。

【公务员录用】 2016年，墨脱县共分配干部108名，其中公务员39人（公安定向3人、志愿者转公务员12人）、专业技术人员66人（卫生专业技术人员9人、志愿者转专技人员1人）、部队安置工人工3人，取消录用2人。

（夏贵东）

【领导名录】

局　　长　次仁旺杰（藏族）

主任科员　罗　布（藏族，6月离任）

　　　　　仓　木（女，藏族，6月任职）

副 局 长　仓　木（女，藏族，6月离任）

　　　　　帅　令

医疗保险管理中心主任

　　　　　珍　嘎（女，珞巴）

墨脱县民族宗教事务局

【概况】 2016年，墨脱县民族宗教事务局在县委、县政府的正确领导下，全面贯彻落实中央、自治区、林芝市民族工作会精神，始终坚持“促进科学发展、维护社会稳定、构建和谐墨脱”的目标，进一步加强少数民族地区经济、社会、教育、科技、文化卫生等事业的发展，加强民族团结、推进民族法制建设，保障少数民族的平等权利和民族区域自治权利，维护宗教领域和谐稳定。墨脱县民族宗教事务局（县民宗局）成立于1998年7月。2016年，县民宗局核定领导职数4名；分管副县长1名、局长1名，副局长2名，综合办公室核定编制5名（含公益性1名）。

【民族工作】 2016年，县民宗局牢牢把握各民族“共同团结奋斗、共同繁荣发展”的工作主题，紧紧围绕促进民族团结、实现共同进步的根本任务和全面贯彻党的宗教工作基本方针以及《宗教事务条例》，着重解决民族宗教方面的突出问题，切实维护民族团结，促进宗教和睦，构建和谐墨脱。2016年，县民宗局在“六月综治宣传月”“萨嘎达瓦节”“藏历年”等重要节气，进寺庙、进村庄和进学校的形式积极开展宣传教育活动，主要对《党和国家的民族宗教政策》《党和国家惠民政策》和《新旧西藏历史对比》等方面的知识进行宣传。2016年，共发放宣传资料3500余份，悬挂民族团结宣传标语15幅，受教群众达4000余人。牢固树立“三个离不开”思想，贯彻执行党的民族团结平等政策，积极推动各民族和睦相处，认真做好民族团结创建评选和推荐工作。2016年，县民宗局经请示县委、县政府向自治区、市区推荐民族团结先进集体1个，民族团结先进个人2名，同时召开了墨脱县2016年民族团结表彰大会，对为墨脱县民族结事业方面做出突出贡献的10个民族团结先进集体、15个民族团结先进个人进行了表彰，兑现奖金 4.5万元，进一步激发了墨脱县民族团结的热潮。

【宗教工作】 截至2016年底，墨脱县仁青崩寺等7座寺庙已实现庆祝西藏自治区成立50周年领袖画像、国旗、报纸、广播电视全覆盖；7座寺庙已建成寺庙书屋；1座寺庙通网络；7座寺庙通电通水。同时，继续加强寺庙维修工作，其中对格当寺投资99万元和加热萨乡曾久寺投资100万元进行维修。为进一步加强僧人医疗保障工作，5月，县民宗局联合统战、宗教办医院等相关单位组织全县25名僧人进行了免费体检工作，实现了全部僧人都有健康档案。

【开展较少民族发展项目】 2016年，县民宗局通过实地调研，结合墨脱县地理、资源、气候等特殊自然因素及群众需求，按照县委、县政府对"十三五"时期工作的部署要求，县民宗局认真制定"十三五"时期项目规划表，共备案上报187个项目，其中涉及旅游开发项目5个，投资540万元；基础设施建设项目118个，投资11945万元；农牧综合开发项目26个，投资2658万元；特色种养殖业项目37个，投资4600万元；民族手工业项目1个，投资140万元，共计19883万元。这些项目涉及墨脱县旅游、交通、文教卫生、民族手工业加工、农田水利、农业开发、民生工程等方面，项目库的建立和备案，为墨脱县较少民族经济发展储备了大量项目建设所需资料。2016年，县民宗局"兴边富民"项目整合到墨脱县扶贫办，进行统一调度安排，同时根据实际需求，县民宗局积极与市民宗局沟通协调，额外申请到较少民族发展项目资金200万元，项目覆盖村庄4个，受益群众达255人。

【统筹推进"两学一做"工作】 2016年，按照县委、县政府统一部署，县民宗局认真开展"两学一做"专题教育工作，注重以上率下、坚持从严要求，逐项落实《"两学一做"专题开展工作方案》。截至年底，已举办了4次专题党课，组织6次集中学习，3次专题学习研讨会，1次征求意见座谈会。同时，结合业务实际，在"三月敏感期"，县民宗局深入仁青崩寺、玛尔蚌寺及墨脱村慰问孤寡老人、贫困党员、贫困僧尼共人员12人，送去生罐头等生活慰问品和现金共计15000元，送去了党和政府的关怀与温暖，树立了党和政府的良好形象。

（杨廷府）

【领导名录】

副局长 西洛平措（藏族，主持工作）
洛桑多吉（门巴族）
王 德 连（5月离任）

墨脱县卫生局

【概况】 年内，墨脱县卫生局在县委、县政府的正确领导下，在上级业务部门的关心支持下，各项工作取得较好成绩。墨脱县卫生局内设机构有农牧区医疗管理办公室。2016年，县卫生局实有工作人员12人，其中公益性1人，工人1人。主要负责全县卫生、计生、妇幼、卫生监督等工作。

【卫生工作会议】 4月19日，组织召开了墨脱县卫生计生工作会议，县直各单位48人参会。会上安排部署2016年卫生计生工作，与各责任单位签订《2016年卫生计生综合目标责任书》、表彰先进集体及个人。

【藏医技术推广】 1月，藏医院藏药浴室投入使用。县藏医院开设的科室有门诊、住院、理疗室、药浴室、药房。能开展针灸、电针、拔罐、艾灸、理疗、牵引、久巴（涂擦）治疗、霍尔梅、按摩、烤电、放血、藏药浴等12项适宜技术。开设床位10张。

【卫生项目建设】 年内，积极向县发改委和上级业务部门申报墨脱县藏医院、妇幼保健站、墨脱县卫生服务中心标准化传染科建设项目前期工作。在信息化工程建设方面，除甘登乡、加热萨乡外，其余乡镇全部建成，初步实现卫生院管理信息化。

【落实惠民政策】 2016年，城乡居民和在编僧尼健康体检、建档10472人和27人，体检率98%和100%。2016年墨脱县符合“一孩双女”政策条件人数为72人（960元/年/人）、“特扶”伤残子女1人（3240元/年/人）、“特扶”无子女14人（4080元/年/人），共兑现“两项扶助”资金129480元。2016年，农牧区医疗制度补助金从2015年的420元/人增长到435元/人，农牧民群众参合率100%，总基金到账856.02万元，拨款家庭账户10684人122.07万元；大病统筹报销1973人次679.39万元。为群众开展送医送药送健康送政策“四送活动”，完成巡回义诊16次，派出医务人员共计52人次，诊治患者4575人次，发放免费药品价值2.55万元。享受孕产妇住院分娩补助90人兑现补助金9.8万元；免费孕前检查56人，完成率56%，发放免费计生药具900余人次；孕产妇死亡率、婴儿死亡率实现双下降零死亡目标。

【提升医务人员素质】 2016年，引进广东省医疗专家组3人，指导墨脱县卫生服务中心等级医院创建工作。医技人员中具有中级职称8人、初级职称40人。2016年，实现每个行政村2名村医的目标。墨脱县卫生局不定期安排县乡村三级医技人员参加上级业务部门培训和举办本地相关专题培训班，共培训163人次，完成总人数的84%。

【加强医院管理，创建等级医院】 在等级医院创建工作过程中，墨脱县卫生局、卫生服务中心做了大量的工作，援墨医疗队、三级医院对口帮扶医疗队切实发挥了援助支持指导作用。县卫生服务中心严格按照等级医院创建评审标准，制定“强管理、谋发展、创特色、上等级”的创建工作目标，建立完善病案室、急诊室等重要职能科室建设，组织各项培训共计200余场次，培训4000余人次，并针对培训效果，组织21次理论考核，18次实践操作技能考核。对医院护理、院感、行政管理、医疗质量与安全、医技等项目2016年4月预审、6—7月初审、10月终审。终极评审顺利通过西藏自治区卫计委等级医院评审专家组考评，如期实现县卫生服务中心“二级乙等”医院目标。2016年，全县医疗机构全县门诊诊治患者2.8余人次，住院700余人次，急诊542人次，转院94人次，开展各类手术共134例。

【疾病预防控制工作】 消除疟疾：根据《中国消除疟疾行动计划（2010—2020）年》《西藏自治区林芝市消除疟疾“十三五”工作方案（2016—2020年）》《2016—2020年西藏自治区林芝市消除疟疾工作实施方案》精神，2016年，国家、自治区安排消除疟疾专家、市疾控中心一名负责领导进驻墨脱6个月督导开展墨脱县消除疟疾工作，全年在4个乡镇（德兴乡、背崩乡、达木乡、帮辛乡）设立调查点，开展传疟蚊媒种群密度监测、居民防蚊健康宣教、采血调查、滞留喷洒等督导检查工作。举办乡村医生现场技能培训班5次，制定疟原虫带虫率调查实施方案、媒介调查方案及滞留喷洒技术指导手册，疟疾带虫率调查采集血样1976人份，带虫率问卷调查1950人次，发热病人采集血样1732人份。广泛动员宣传，发放疟疾防治宣传画册2502张（册）、宣传小礼品价值1.46万元。对七乡一镇派发长效蚊帐7348顶、蚊香1.2万盒、杀虫剂650瓶。2016年消除疟疾工作成效明显，未发生新发病例。包虫病防治：根据《林芝市包虫病流行情况调查技术方案》，墨脱县政府组织召开专项部署会议选定墨脱镇2村（墨脱村、巴日村）、背崩乡背崩村、德兴乡德兴村共4个村作为墨脱县包虫病调查点，筛查804人次，确诊2

例，及时进行治疗。

【卫生监督执法】 制定墨脱县突发公共卫生事件应急预案，实施应急演练，成立政府副县长李勇为组长的应急处置领导小组、突发公共卫生事件监测和现场处置小组、医疗救治和后勤保障组，层层落实责任，确保早发现、早报告、早处置，落实疫情“打早、打小、打了”处理机制，切实提升应对处置能力。2016年4月13日至5月19日，墨脱县完小、帮辛乡、德兴乡94名学生突发流感疫情，在市政府分管领导、市卫计委和县委、县政府高度重视下，市疾控中心副主任及一名流行病学专业人员和广东省疾控援藏专家指导协助墨脱县对墨脱县突发流感疫情进行全程调查处置防控并及时得到治愈。全年开展执法检查26次，其中协同安监局、工商局、公安局、食药监局在“三大节日”“两会”期间开展公共卫生安全专项检查3次，党代会期间每日联合检查1次持续7天。2016年，共出动执法人员34人次、车辆14台次，检查函盖县城内医院、学校、娱乐场所、理发店、宾馆等公共场所及个体工商户300余家次，下发卫生监督意见书32份，督促232名从业人员办理健康证。

（多日吉）

【领导名录】

局长、主任　米玛次仁（藏族）

副局长、副主任

姚关平

副主任科员　格桑德吉（女，藏族）

墨脱县藏医院

【概况】 年内，墨脱县藏医院在县委、县政府的高度重视下，在上级业务部门的指导下，在县卫生局的带领下，经过全院医务人员的共同努力顺利地开展各项藏医药服务。县藏医院开设的科室有藏医门诊、藏医住院、藏医理疗室、藏药药浴室、藏医药房。2016年，县藏医院有人员有6名，其中1名合同工（墨脱镇卫生院3名藏医在县藏医院工作）。其中，本科5名，大专1名；主治医师1名，初级师5名。

【业务情况】 2016年，全县藏医门诊1532人次，同比增长56%；住院人数36人次，同比增长42.3%；药浴326人次，同比增长41%；放血治疗39人次、拔罐115人次、艾灸186人次、针灸治疗773人次、颈椎、腰椎牵引69人次、久巴治疗294人次、电针256人次、烤电221人次。

【藏医服务能力提升工作】 积极开展针灸、电针、拔罐、艾灸、理疗、牵引、久巴（涂擦）治疗、霍尔梅、按摩、烤电、放血、藏药浴等12项适宜技术，完善各项藏医药适宜技术的规范化操作。

2016年，安排2名藏医师分别自治区藏医院、市藏医院跟随区内有名藏医师承进修学习各项适宜技术和藏医治疗规范化操作。2次组织县、乡、村三级医生藏医药培训6天培训，主要内容为藏医适宜技术。

藏药浴适宜技术是县藏医院打造重点科室，为了更好地服务患者，提供一个舒适、满意的治疗环境，经县政府同意县住建局现场查看后，并作了装修预算共计31309.13 元，该工程于2016年1月10日竣工，各项要求达到验收标准，顺利通过验收。

【藏医药健康档案建立工作】 2016年，县藏医院按照文件要求，根据自治区党委、政府为民办“十件实事”相关要求，在县委、县政府高度重视下、县卫生局大力支持下，县藏医院依据《藏医药公共卫生健康管理服务技术规范》结合深入开展藏医药服务“进乡村、进社区、进家庭”活动实际情况，认真组织制定实施方案，于3月31日启动了墨脱县0—3岁儿童和65岁以上老年人藏医免费健康体检、健康评估和建立健康档案工作。同时积极向群众宣传藏医预防、医疗和保健、藏医特色疗法等相关知识工作。

完成34个村和福利院65岁以上老年人及0—3

岁儿童农牧民群众藏医免费健康体检、藏医健康评估和建档工作，完成全县73.91%的工作目标比去年增长2.18%。共计为357名65岁以上老年人体检和建档，为384名0—3岁儿童农牧民群众居民藏医健康评估和建档工作，在体检过程中主要诊断出患高血压病患者89例、消化性溃疡56例、轻度白内障患者6人、肺部感染患者23人、心脏病患者36人、关节炎患者57人等。同时为农牧民群众诊治，实施针灸、拔罐等藏医特色治疗864人次，发放免费藏药价值16672.39元整。积极向群众宣传了藏医常见病、多发病的预防和治疗保健基本知识、发放长寿养生篇宣传材料、藏医特色治疗、“治未病”宣传材料共计1447份，得到了农牧民群众一致好评。

【资源普查工作】 西藏大学农牧学院普查队分别于2015年6月20日—7月2日（12天）、2016年6月6—26日（21天）、2016年11月5—14日（10天）3次共计43天53人次在墨脱县七乡一镇42个村、布裙湖、汗密站、K80、嘎隆拉山开展了中、藏药材普查，共计采集中藏药材标本1540余种，压制标本共计9240份。其中有诃子、姜黄、金线莲、姜黄、榼藤、天麻、金荞麦、千里光、夏枯草、桃儿七、紫苏、折耳根、胶股蓝、栝蒌、头花蓼、多叶黄金、重楼（七叶一枝花）、珠子参、络石、黄花档雪林、五味子、商陆、西语旌节花、斛蕨等120余种（部分品种未鉴定）贵重中、藏药材。另外经国家中藏药材专家团队鉴定发现我国新物种60余种（以上数据以第四次中藏药材普查工作组发布数据为准）。

（杨东山）

【领导名录】

藏医、疾控联合党支部书记、院长　杨东山

墨脱县卫生服务中心

【概况】 墨脱县卫生服务中心（前身为墨脱县人民医院），始建于1976年6月28日，经过40年几代人的不懈努力，现已建设成为一个医疗、预防、保健、康复为一体的综合性医院，承担着全县基本医疗服务任务。2016年，中心共有职工71名（其中正式职工41名，合同制医护人员9名，公益性岗位12名，临时工9名）。编制床位35张，实际开放床位75张。设有7个临床科室（内、外、妇、儿、感染疾病、急诊、麻醉手术室），3个医技科室（放射、检验、功能科），7个职能科室（办公室、医务科、护理部、院感科、财务科、总务科、药剂科）。医院设备总值达450多万元，其中20万元以上医疗设备8台。医院占地面积约为 29750平方米，业务用房面积 6106.86平方米。2016年，县卫生服务中心核定编制人数41人，全部为事业编制，其中正科级领导1人，副科级领导3人。

【维稳工作】 年内，县卫生服务中心牢固树立稳定压倒一切的思想，以“大事不出、中事不出、小事也不出”为目标，按照县维稳办要求，结合中心维稳值班制度要求，不定时对中心重点区域进行24小时巡查，做到有事及时向带班领导汇报，而后由带班领导向维稳办及分管县长汇报，确保了中心全年和谐稳定。

【严格落实安全生产工作】 医疗安全工作。积极开展医务人员医疗安全教育和医疗服务培训演练，学习了《中华人民共和国执业医师法》《护士条例》《病历书写规范》及相关操作技术等，不断提升医务人员安全意识，医疗服务能力。做好日常保管工作，对精麻、特殊药品进行保险柜管理，专人配备钥匙。加强不合格药品、医疗器械的管理，防止不合格药品、医疗器械进入临床。如有药品、医疗器械不良事件发生，查清事发地点、时间、不良反应或不良事件基本情况，并做好记录，迅速上报县药品医疗器械监督管理局。进一步健全医疗安全和医疗质量管理责任制，切实做到制度健全，管理到位，责任到人，做好个人防护和职业暴露安全管理工作，有效防范和杜绝医疗安全事故发生。

医疗废物安全工作。根据市卫计局要求，市国策环保医疗回收公司已于2015年4月开始到中心收集医疗废物，安全、妥善处理医疗废物，医疗废物处理登记明细，防止医疗废物外流引起的重大疫情。

消防安全工作。按照消防要求，中心安排专人负责定期检查消防器材、用火、用电、消防通道疏通等情况，做到心中有数。全中心积极开展学习消防安全知识，防止消防安全隐患引起的火灾等。

车辆安全工作。大力开展驾驶员安全教育活动，强化驾驶员自觉遵守交通法和维护道路交通安全的意识，严禁公车私用，车辆定期进行维护保养，严禁车辆带病上路，确保了生命财产安全。

院内治安工作。院内设置了一整套视频监控设备，15台监控器，配备在重点部位和要害部门，确定专人负责管理和使用，将“人防”和“物防”紧密结合，保证了我中心全年和谐稳定。

积极排查矛盾纠纷。中心设立意见箱，方便患者投诉医务人员。中心设立院长接待日，定为每周五下午，方便中心职工、患者前来排除矛盾，维护自身合法权益，避免产生矛盾，及时合理处理矛盾，避免引发更大纠纷。

【党风廉政建设】 1月下旬，县卫生服务中心成立党支部，揭开了中心党建工作新篇章。党支部按照《墨脱县卫生服务中心党支部“两学一做”学习教育活动实施方案》《墨脱县卫生服务中心党支部“两学一做”学习教育活动计划》，定期组织全体党员、干职开展学习、专题讨论活动，认真执行三会一课制度，按规定发展党员队伍，按时收纳党费，深刻领会《中国共产党纪律处分条例》《中国共产党廉洁自律准则》及新修订《中国共产党章程》等，整体学习氛围浓厚，全体职工知晓率和知识掌握程度良好，广大干部职工已基本形成“不想腐、不能腐、不敢腐”思想。保证中心全年没有腐败、违法违纪事件发生。

【基础建设】 国家（西藏自治区政府）投资600万元，新建1281.86平方米住院楼，于2016年10月中旬通过县政府及各部门验收，投入使用。

【业务工作】 门诊诊治患者13179人次，住院病人659人次，急诊542人次，转院94人次。彩超2733人次、心电图469人次，检验6734人次，放射检查3615人次，胃镜检查35例（无痛胃镜）；妇产科门诊诊治患者2389人次，住院分娩66人。大、中、小手术共105例，其中大中手术51例。医疗治疗质量、住院治愈率、好转率、未愈率、死亡率分别为47.25%、43.26%、8.4% 、1.09%，全年无一例医疗事故发生。

巡回义诊及捐赠药品工作。2016年，按照县卫生服务中心工作计划为群众送医送药已完成巡回义诊16次，派出医务人员共计52名，诊治患者4575人次，发放免费药品187种，价值25527.9元整，同时为义诊的群众宣传了常见疾病及其它疾病的预防知识。

城乡居民暨在编僧尼健康体检档案建立工作。县卫生服务中心为全县在编僧尼暨城乡居民健康体检共计10472人，应体检10684人，体检率为98.01%，其中在编僧尼体检27人，应体检27人，体检率为100%，并针对体检结果为村民免费发放药品价值58704.39元。

【新业务、新技术开展情况】 2月26日下午，中心主任邓声敏带领中心妇产科医生，在硬膜外麻醉下，成功实施了首例卵巢囊肿蒂扭转切除术；3月中旬，在佛山市援墨医疗队、等级医院创建各位专家帮助下，新成立急诊科、病案室、病理科；4月29日下午，中心主任邓声敏带领外科医生，成功实施首例无张力疝气修补术，这种手术痛苦少、复发率低；5月16日上午，佛山市中医院、佛山市医云影建公司两位医学影像专家为中心建立了放射科远程互联网影像平台；5月22日上午，在广东省佛山市援墨医疗队队长郝晋齐和麻醉主任医师罗勇的指导下，成功实施中心首例脾切除术；6月7日下午，中心组织召开了与各乡镇卫生院双向转诊座谈会，并与各乡镇卫生院院长分别签订了《双向转诊协议书》，标志着中心正式与各乡镇建立起了双向转诊工作；7月下旬，中心分别与中国人民解放军第115医院、佛山市中医院签订了对口帮扶协议，确定了2016—2020年间建立对口帮扶工作；9月18日，中心开展首例病理标本外送检查业务。下一步，将开展微生物检验项目，微生物实验室项目第八批援藏工作队已审批，将投入建设。2016年，新开展检查项目。降钙素原检查（有效控制滥用抗菌素）、心肌酶普检查（明确诊断心肌梗死）、D二聚体检查（明确有无血栓）、脑钠肽检查（明确心衰诊断）。

【创建二乙医院】 4月13—14日、4月22日，中心进行了2次预评审，分别由佛山市等级医院专家组、西藏自治区卫计委（西藏能力建设）项目专家组进行了预评审，基本符合二乙医院要求；

6月17—18日，市卫生局等级医院评审一行工作组15人，对中心创建“二级乙等综合医院”进行初评，整体符合二级乙等综合医院要求；10月12—14日，自治区卫计委等级医院评审一行14人，对创建二乙医院进行终评工作；12月1日，西藏自治区卫计委文件公布，墨脱县人民医院各项指标达到“二级乙等医院”要求，顺利通过“二级乙等医院”评审，并授牌。

（曹　恒）

【领导名录】

主任、支部书记
　　邓声敏
副主任、支部副书记
　　拉　珍（女，藏族）
副主任　加　央（藏族，5月任职）
　　雷　震（援藏，7月任职）

墨脱县食品药品监督管理局

【概况】 年内，墨脱县食品药品监督管理局在县委、县政府的正确领导下，在上级业务部门关心支持下，以邓小平理论、“三个代表”重要思想和习近平总书记系列讲话精神为指导，围绕全面建设小康社会的战略部署，深入贯彻落实科学发展观，牢固树立科学监管理念，推进改革发展，创新监管模式，坚持依法行政，不断推进食品药品能力建设，建立健全食品药品安全监管机制，坚持与时俱进，科学监管，开创了食品药品监管工作新局面。墨脱县食品药品监督管理局为正科级行政单位，2016年，有行政编制5人，志愿者1人，实际在岗人数6人，下设事业单位食品药品稽查队，核定行政编制1人，事业编制3人。

【监管对象和协管巡查机制】 2016年，全县涉及“四品一械”监管对象228家，其中县、乡（镇）、村级三级餐饮服务行业61家（中小学等单位食堂12所），小作坊、小食品店14家、药品经营和零售企业1家、化妆品专营店2家、医疗机构12家（诊所2家），食品流通个体工商户138家。2016年，全县8个乡（镇）共有协管员114人，其中乡级协管员22人，由各乡（镇）分管食品药品安全的政府副职、卫生院负责人、学校负责人担任；村级协管员92人，由各村村委会委员和村医担任。建立了“县、乡（镇）、村”三级食品药品安全巡查监管网络体系。

【健全综合监管机制】 调整充实县食安委，健全综合监管机制。及时调整充实食安委，健全食品安全综合监管机制，完善食品药品突发事件和重大事故应急预案，积极有效履行食安办职能，全面投入到了确保食品安全的艰巨战斗中。8月29日，由县政府调整充实了墨脱县食品安全委员会。

【食安委领导成员设置】 由县政府主要领导负责同志挂帅食品安全委会主任，分管县长担任食安委副主任，成员由各单位、乡（镇）人民政府由主要负责人担任。

【工作会议】 5月10日，筹备召开了全县食品药品安全监督管理工作会议。县政府与各乡（镇）人民政府签订《食品安全监督责任书》，与县食品安全委员会26个成员单位签订《墨脱县食品安全委会成员单位食品安全工作目标责任书》，与各餐饮单位签订《餐饮服务安全责任书》，落实食品安全工作责任。

【应急能力得到加强】 为充分发挥食药监管系统处置食品、地震等突发事故灾害应急能力，2016年，由县政府印发了《墨脱县防震减灾应急预案》《食品安全事故应急预案》；及时更新补充各类食品、药品检测检验药品仪器试剂，做好应急准备。

【创新监管模式】 年内，在各乡（镇）人民政的协同配合下，建立了“乡（镇）、村”食品药品安全协管员巡查体系，充实了食药基层监管实力的不足。协管员设置：乡（镇）协管员由各乡（镇）分管工作领导兼任，各行政村协管员由村、乡（镇）逐层推荐、择优录取，食品药品安全协管员（信息员） 114 名，其中乡级协管员22人，村级协管员92人。

为规范管理协管员工作，推进“县、乡（镇）、村”“三级”监管网络体系进程，建立健全基层食药监管体系，县政府出台了《墨脱县食品药品安全协管员管理实施方案》，县食安办印发了《墨脱县食品药品安全协管员管理考核办法》。制定了《协管员工作职责》等，建立了协管员工作档案。6月8日，由县食安办牵头，邀请卫生、食药、医院等部门相关负责人为全县食品药品安全协管员进行培训，培训人数60余人。

“以点带面”，推进透明监管。根据上级业务部门目标要求，启动“明厨亮灶”工程，确定将县中学食堂、县完小作为该工程的示范点，并积极参考借鉴其他县好的做法和经验，以点带面不断推广和建设“明厨亮灶”工程，监管效果和质量得到强化的同时，也得到了社会广泛赞誉。2016年1月，以食安委名义召开了“明厨亮灶”项目动员会，按照“明厨亮灶”工程实施计划，截至年底，墨脱县实施“明厨亮灶”42家，完成全县餐饮总数的85.7%，完成项目任务的107%。

落实小作坊、小食品（简称“两小”）专项整治工作。通过与“两小”企业签订《食品安全承诺书》100%和督导整改等形式， 2016年底，“两小”企业监督抽查合格率达85%以上；由专人负责结合墨脱县实际撰写完成《墨脱县生产小作坊、小食品店专项整治工作方案》并下发至各乡（镇）政府，力争整治工作实现全县覆盖；成立以食药局局长为组长，各乡（镇）政府分管食药领导为成员的专项整治工作领导小组，小组人员12人。

【餐饮监管】 年内，根据墨脱县实际，制作创国家食品安全城市海报500余份，发放给各餐饮服务单位、学校、超市、商店、政府机关食堂，形成“以点带面”良好示范作用。深入开展隐患大排查、大治理执法行动。治理整顿不符合食品安全条件的餐饮服务单位和重点场所、重点部位、重要环节食品安全监管，积极开展节假日食品安全大检查、学校食堂及校园周边食品安全整治及开学季专项检查、火锅店餐饮食品安全专项整治、旅游景区食品安全整治、“两考”期间食品安全工作检查、“两小”专项整治等一系列专项整治活动。以食安委名义组织协调相关部开展冷冻肉制品、粮油专项整治；加强日常监管，开展餐饮服务食品安全量化分级评定活动。以学校食堂、大型餐饮、景区餐饮的监管作为餐饮服务食品安全监管的重点，严格对学校食堂人员卫生、食品原材料、加工流程的规范管理，落实学校食堂索证索票制度、食品留样制度、餐饮具的消毒制度及食品原料进出库查验登记制度。加强餐厨废弃物源头监管，从源头斩断“地沟油”非法利益链，严防“地沟油”流入餐饮服务环节；切实加强对“两会”期间及政府重要接待活动的餐饮服务食品安全保障工作；2016年，共参与重大活动保障4次，出动执法人员12人次，餐饮监管共出动执法人员200余次，检查经营单位456余家次，排查食品安全隐患90处，现场整改58处，限期整改32处；查处问题食品58种，价值2805元。

【严格把关行政许可】 根据上级指示，县食药监局先后和卫生局、工商局、商务局完成饭馆、咖啡馆、酒吧、茶座4类公共场所卫生许可管理权限、食品流通、酒类监管权限的移交，对新监管对象开展全面清查工作，要求已办理的进行注销，已受理的停止审批，办理新证《食品经营许可证》。基本实现了对食品、药品、保健品、化妆品、医疗器械从生产、经营到使用的一线式许可和监管。对辖区内的所有餐饮环节无证经营行为拉网式排查。对涉嫌犯罪的案件及时移交司法机关依法查处，着力解决无证经营等违法行为。同时把“明厨亮灶”工程作为餐饮许可的准入机制，严把餐饮服务许可关。截至年底，共年审、新办食品经营许可证28家，完成“两小”备案7家，其中小作坊2家，小食品店5家。严格量化等级评定，公开、公正，及时告知评定情况。

【药械化监管】 贯彻实施新修订药品GSP，实施药品经营企业电子监管，加大对涉药单位检查力度，做到100%全覆盖检查，进一步规范了墨脱县药品市场秩序；加强对化妆品经营企业监督检查，实施特殊化妆品经营备案制度，进一步落实经营企业索证索票制度。认真开展各类专项整治，开展了医疗器械“五整治”专项整治活动：不合格药品专项整治、透明质酸钠专项整治、非法疫苗专项整治、不合格化妆品核查处置、违法滴眼剂专项整治等工作，进一步提升墨脱县人民群众用药、用械、用化安全，没收不合格药品35盒，截至年底，药械化监管开展稽查52次，共出动执法人员60余次；2016年药械不良反应/事件监测任务，共收集药品不良反应一般报表42份，医疗器械不良反应一般报表3份，化妆品不良反应一般报表8份。

【食药普法】 2016年，县食药局订购医疗器械、新食品药品安全法、化妆品等方面的宣传册1.3万余册。联合司法等单位组织 “5·15”消费者权益保护日及“安全生产月”“安全生产墨脱行”“食品安全宣传周”等集中宣传活动，发放各类知识宣传手册2100余册，受教育群众达3700余人次；以“安全用药月”宣传活动为契机，自行组织开展食药安全进校园知识讲座活动1次，活动悬挂横幅3条，发放食品、药品知识手册2类100余册，活动共县中学校长、各班级生活老师、班干及各班随机选派的学生、食堂负责人等50余人参加。增强了群众食药安全意识，强化了餐饮、涉药单位安全思想预警。

【队伍建设】 为健全基层食药监管网络体系，加强基层巡查能力建设，普及食药安全法规知识，加强县乡两级食品药品使用安全的执法稽查力度，根据《关于设立各县食品药品稽查队的通知》文件，设立墨脱县食品药品稽查队，副科级建制，为县食品药品监督管理局管理的下属全额拨款类事业单位。

为提高基层食药安全协管员安全认识，充分发挥宣传培训作用，举办食品药品安全协管员培训1次，举办餐饮服务单位现场培训1次。加强学习，扎实基础，提高团队素质。充分利用时间开展集体学习、业余学习相结合的学习方式，每周五集中全体工作人员进行业务学习，积极组织人员参加上级业务部门培训学习，强化执法基础，不断提升工作人员执法水平。2016年，共组织集中学习24次，参加自治区级培训6期，参加市级培训10期。充分利用“两学一做”学习教育，不断提升干部素质。截至年底，组织局成员集中学习《中国共产党章程》《中国共产党廉洁自律准则》《中国共产党纪律处分条例》等教育知识读本30余次。

（胡佳发）

【领导名录】

局　　长　格桑巴珠（藏族）

副主任科员　德庆拉姆（女，门巴族，6月任职）

墨脱县文化广播电影电视局

【概况】 墨脱县文化广播电影电视局（简称县文

广局）创建于2002年，2012年由宣传部分出独立办公。墨脱县中波转播台主要从事西藏汉语、西藏藏语、中央一台、中央七台等四套广播节目的中波转播工作。共有基础建筑6栋，分别为活动中心、办公综合楼、职工周转房、莲花阁博物馆、发射机房。

【县民间艺术团文艺演出稳步推进】 成功参加西藏林芝市2016年雅鲁藏布生态文化旅游节“门巴服饰方队”表演和文艺演出，并取得喜人成绩；成功承办自驾游路线各级组织来访墨脱的篝火晚会活动；从林芝市群艺馆邀请1名编导老师，担任墨脱县民间艺术团团长一职，狠抓墨脱县开墨脱县民间艺术团的舞蹈功底及歌舞编排；重大节庆日期间，县文广局牵头、协助文艺演出12场次。包含元旦、春节藏历新年、“3·28”百万农奴解放日、“六一”儿童节等演出；县民间艺术团圆满完成63场下乡演出任务。

【乡镇文艺队建设情况】 2016年，墨脱县有县民间艺术团1个，成员18人，乡镇文艺队13支，队员共计250人。有能力承办各类节庆演出活动。

【乡镇文化站建设】 已建成5个乡镇的乡镇文化站同步配套设施采购工作已完成，总投入75万元；三标段乡镇文化站正在开工；积极申报示范乡镇工作。县文广局2016年积极申报墨脱县及达木珞巴民族乡示范乡镇工作，并成功申报了达木珞巴民族乡为示范乡镇。

【农家书屋】 2016年，全县46个农家书屋、7个寺庙书屋不断完善。46个农家书屋总藏书量101513册，每个农家书屋配备1个管理员（由每村村长兼职），配有阅读桌椅4套，音响1套。其中2016年46个农家书屋共更新书籍5796册，87个种类；7个寺庙书屋总藏书量4121册，每个寺庙书屋配备1个管理员（由寺庙管理员兼职），配有阅读桌椅4套，音响1套，其中2016年7个寺庙书屋共更新书籍621册，59个种类。46个农家书屋、7个寺庙书屋运营良好，定期不定期举行“全民阅读活动”，更好地满足了农牧民群众精神文化生活需求。建成46个行政村的农家书屋（所占房屋为村会议室）覆盖县域全境，能够基本满足46个行政村村民的阅读需求。

【农村电影放映工作】 为丰富广大农牧民群众的业余生活，墨脱县电影放映员定期深入各个村庄开展农村电影放映工作。截至年底，墨脱县电影放映工作已经圆满完成每年放映场次不得少于550场的放映任务。

【“户户通”发放工作】 县文广局认真实施广播电视“户户通”（寺寺或舍舍通）工程，2016年，共发放“户户通”设备1800套，改变了群众看电视难的问题。

【县文化活动中心工作】 利用广场多媒体资源LED大屏幕，每晚播放优秀爱国影片、红色革命歌曲、宣传片及爱国电影等。2016年，好日子莲花广场开展元旦、春节文艺演出及各类宣传活动8场次，广场LED播放（锅庄180次、红色电影50场），各类通知短片100余条；加大县文化活动中心免费开馆力度，丰富干群业余生活；2016年，县文化活动中心团体活动室、信息资源共享室、健身房、图书馆累计免费开馆时间达2555小时；多功能厅2016年承办各类培训、会议50余场次。

【落实村级文化资金】 2016年，落实了46个行政村文化资金，每村10000元，共计46万元。

【群众文化活动】 县城文化娱乐生活形式多样。积极组织各类文艺活动、大型文艺晚会等，丰富干群精神文化生活；利用莲花广场大屏幕，每晚播放优秀爱国影片、红色歌曲或者组织群众跳锅庄；积极组织县民间艺术团及乡镇文艺队等为农牧民群众带去精彩的文艺演出。

乡镇、村级农牧民群众文化广场活动丰富多彩。2016年，墨脱县七乡一镇农牧民演艺队共13

支，队员250人，不定期的组织开展群众性文化活动，以点带面建设乡镇、村级文化阵地。丰富乡镇、村级农牧民群众文化娱乐生活。

【文物工作】 2016年，县文广局对搜集到的248件文物进行保护，并确保文物安全为重点。根据《林芝市文物局2016年文物保护单位夏季消防安全检查的工作方案》，县文广局高度重视并下发《文物消防安全检查实施方案》，并积极组织各乡镇开展对文物消防安全检查工作。

【自办新闻节目有序推进】 2016年，坚持新闻立台，打响广电品牌；抓好事业技术工作，确保安全播出；加强作风建设和党风廉政建设，提升广电形象；不断拓展，延伸新闻覆盖面，新闻内容更加丰富多彩。墨脱县电视台每周两期（每周二和周五），2016年“两会”期间自办新闻天天更新。设置栏目板块包括墨脱新闻、音乐版块以及各类宣传片。

【广播电视覆盖率持续稳定】 截至年底，全县7乡1镇38个行政村能收听到广播，46个行政村均能收看到电视，电视覆盖率达100%。广播综合覆盖率达86.96%，全县有线闭路网络已延伸至墨脱村，亚东村，收视节目增加至51套。2016年全县有线闭路电视用户达到1891户。

【新华书店】 2013年4月19日成立新华书店机构，2015年2月1日已正式开业。现有图书2.5万余册，光盘1000余套（书籍内容包括藏史、艺术、宗教、小说等，光盘内容涵盖政治、教育、音乐、医学、娱乐等种类）。2016年总销售额1.4万余元。

【非物质文化向商业化迈进】 德兴乡竹编加工厂。德兴藤竹编织加工厂加快了墨脱县德兴乡产业结构调整步伐，在传承和保护民俗文化的同时，还进一步拓宽了农牧民收入渠道，使非物质文化遗产保护工作更加有意义。截至年底，竹编生产2000余件，销售额为180余万元。

帮辛乡石锅合作社。墨脱县帮辛乡石锅享誉全国，每年向县内和区外销售大量石锅，帮辛手工石锅加工技艺已被列入自治区级非物质文化遗产名录，正在积极申报国家级非物质文化遗产名录。截至年底，石锅生产6840件左右，销售额为720余万。

门珞文化历史博物馆运营良好。墨脱县门珞文化历史博物馆又名莲花阁，总投资750万元，于2013年中旬正式对外开放。莲花阁集中展示门珞文化精髓，俨然成为墨脱县一处文化旅游圣地，对外知名度也不断提升。莲花阁作为墨脱县的地标性景点，2016年，共接待游客6000余人次。

中国墨脱门珞文化展示厅初步运营。中国墨脱门珞文化展厅，总投资390万元，截至年底，中国墨脱门珞文化展示厅已建设完毕，内部装修全部完成，暂时未正式开馆。

【加强文化市场管理】 年内，为加强文化市场监管，切实做到“管而不死，放而不乱”，规范娱乐场所经营、净化网络环境、繁荣文化市场，营造积极健康向上、先进文明的文化氛围。墨脱县共3家网吧、8家娱乐场所、6家音像制品店。为认真贯彻落实林芝市“扫黄打非”统一部署，2016年，县文广局根据县内人事调整任命，重新调整充实了“扫黄打非”领导小组。并联合县“扫黄打非”领导小组成员单位对文化市场进行20余次检查。

【管理制度更加完善】 为了切实做到制度约束人、人人都在制度内，2016年，县文广局制定、完善了一系列规章制度。制定了财务管理制度、局党组办公会议制度、学习制度、民主生活会和廉政建设制度、值班制度、办公办事制度、请销假制度、信访接待制度等。

【惠民工作】 县文广局2016年惠民工作取得了重大突破，包括农村电影放映、农家书屋免费开放、“户户通”的发放、县艺术团下乡演出、给予村文化站活动经费等。

（多志翔）

【领导名录】

局 长 李和平

副局长 刘晓娜（女）

台 长 赵 东

副台长 江 安（女，藏族）

活动中心主任

色咪娜（女，藏族）

墨脱县农牧（科技）局

【概述】 2016年，墨脱县农牧（科技）局按照县委、县政府的安排部署，以科学发展观为指导，紧紧围绕中央、区、市、县经济工作会议精神及中央农村工作会议精神，以坚持农牧民主体地位、增进农牧民福祉为出发点和落脚点，立足墨脱县实际，狠抓春耕备耕、防灾减灾、茶叶种植、重大动物疫情防控、项目对接及建设、科普宣传及农牧业结构调整等重点工作，各项工作取得明显成效。墨脱县农牧（科技）局下辖农业技术推广站、兽防站、草原监理站3个全额拨款事业单位，2016年，县农牧（科技）局共有干部职工31人，其中：行政干部10人，推广站技术员专技人员7人，兽防站技术人员7、草原监理站1人，公益性2人，工人2人，临时工1人，援藏副局长1人。

【农业生产】 2016年，墨脱县总耕地面积2.3955万亩，农作物总播种面积为2.3947万亩，其中玉米1.2543万亩、蔬菜0.2154万亩、水稻0.6049万亩。调运水稻玉米良种18.71吨，化肥160吨，保证了农作物播种的顺利开展。2016年，粮油产量5214吨，同比增长3%，蔬菜产量836.26吨，同比增长17.7%，实现了稳粮增收目标。

【牧业生产】 2016年，全县牛存栏4271头，同比增长3.5%，猪存栏1.32万头，同比增长5.8%，家禽存栏1.68万只，同比增长34.5%，牛出栏387头、猪出栏693头，奶类总产量25.54吨，肉类总产量363.61吨。2016年，全县春季总免疫密度为99.59%，秋季疫苗接种率达99.67%，同比持平。

【特色产业】 2016年，墨脱县新建茶园9个，总面积1033亩。引进并试种英红九号、鸿雁12号、黄金芽等3个茶叶新品种；墨脱县墨脱镇茶叶有限公司建设临时茶叶加工厂，全年收购茶青18000余斤，制成红茶、绿茶等3600余斤。参加四川、上海、福建等地茶叶国际博览会，墨脱红茶获得“中国好茶”银奖。墨脱县通过西藏出入境检验检疫局考核组审核，成为西藏首个省级出口食品农产品（茶叶）质量安全示范区。

【蔬菜生产】 2016年，全县种植蔬菜面积共2154.39亩，其中露地面积2004.88亩，温室149.51亩，蔬菜产量836.26吨。

【科技服务】 2016年墨脱县农牧（科技）局从东北、四川等地引进试种隆优647、1个水稻新品种，仲玉318、华白玉9号等10个玉米新品种。

【科技硬件建设】 2016年，墨脱镇、德兴乡、背崩乡、达木乡、格当乡、帮辛乡等 6个乡（镇）农牧综合服务中心建成，甘登乡和加热萨乡农牧综合服务中心正在建设，各农牧综合服务中心均配置1辆尼桑皮卡车及相关办公设备；墨脱县农牧科技局向中国科协争取依维柯科普大蓬车1辆。

【技能培训】 2016年，墨脱县农牧（科技）局聘请四川省雅安市名山区茶叶研究所专家对各乡镇进行巡回实地茶叶种植管理指导培训，共开展技术培训20余次，培训县乡技术员和农民5000余人次；与组织部在四川省雅安市名山区联合举办为期12天的墨脱茶青采摘暨茶园管理技术人才培训班，培训茶青采摘、茶苗修剪、低产茶园改造、物理方法防治病虫害、茶苗扦插繁殖等技术，参观朗赛茶厂、跃华茶企等雅安市茶叶加工龙头企业，调研茶青交易市场，累计培训农牧民281人次。

【非公经济发展】 2016年，墨脱县新注册农牧民专业合作社12家，其中种植业3家、养殖业1家、加工业4家、销售业4家，全县合作社达28家，共计注册资金1248.72万元。

【藏药材采集管理】 2016年，墨脱县虫草采集从5月中旬开始7月底结束，累计发放虫草采集证86张，办理出入证明3张，设立卡（点）1个，各重点沟口检查过往车辆50余次，过往人员210人次，派出清山组7次，开展清山巡山18次，劝返外来人34人。组织政策法规宣传活动5次，发放宣传资料207份，悬挂横幅10条，受教育群众302人。采集七叶一枝花7953.8斤，虫草13500根，共计可为农牧民增收41万余元。

【惠农资金落实】 2016年，墨脱县涉农保险理赔资金25.3589万元，其中，种植业出险款20.7379万元，养殖业出险款4.6210万元；兑现草畜平衡奖励资金18.72万元，牧民生产资料补贴资金0.5万元，天然草原监督员补贴资金0.54元，草原监督员转移就业资金0.9万元。

（任　如）

【领导名录】

局　长　索朗旺扎（门巴族）

副局长　黄丽萍（女，广东援藏，7月离任）

　　　　赖明建（广东援藏，7月任职）

农牧（科技）局副局长、主任科员

　　　　袁瑜贵

农牧（科技）局副主任科员

　　　　薛建科（12月任职）

农技推广站站长

　　　　扎西罗布（门巴族）

农技推广站副站长

　　　　桑杰罗布（门巴族）

兽防站站长

　　　　久　美（藏族）

兽防站副站长

　　　　米　玛（女，藏族）

草原监理站站长

　　　　旦增平措

墨脱县扶贫（开发）办公室

【概况】 墨脱县扶贫开发办公室（以下简称县扶贫办）主要从事全县扶贫、农发项目的申报及实施工作。2016年，县扶贫办共有人员编制9人（党员3人），正科级干部1人，副科级干部2人，专业技术人员6人。县扶贫办在自治区、林芝市以及本级财政扶持下，2016年共申报、实施项目29个（扶贫项目28个，农发项目1个），总投资1.6亿元。

【扶贫项目】 年内，县扶贫办深入贯彻落实林芝市及县委、县政府相关扶贫政策，瞄准建档立卡工作识别出来的668户、2615人的贫困人口，积极申报脱贫攻坚产业项目28个，总计投资1.5亿元；先后在米日村、帮辛村、根登村、帮果村、西登村、肯肯村、宗荣村种植茶叶815亩，项目覆盖2乡（镇）7个行政村；建设旅游扶贫贫困村7个，拓宽贫困人口的就业渠道，带动建档立卡贫困群众137户676人脱贫。

【农发产业项目】 2016年，实施农发项目1个，即墨脱县2016年农业综合开发高标准农田建设，总投资1013万元，其中国家投资1000万元，自筹13万元。建设内容为：高标准农田建设1677亩，其中水田1327亩、旱地350亩；机耕道9.21千米，田埂39.36千米，农田围栏14.23千米，购置农机具7台，水稻收割机等。

【异地扶贫搬迁工作】 坚持搬迁与产业，安居与乐业同步，从根本上“拔穷根、挪穷窝”全力破解脱贫攻坚难题。2016年，实施了3个易地扶贫搬迁项目，其中格当乡桑珍卡村下那巴搬迁项目属于自发搬迁群众回迁安置，64户295人，均为贫困户，预算总投资4870.71万元；加热萨乡久当卡村和达木乡珠村属于易地扶贫和地质灾害双重搬迁，搬迁新址分别为墨脱镇巴日村朗杰岗和达木乡珠村阿珍拉果，共计搬迁91户385人，其中贫困户35户154人，预算总投资共计8716.6万元。截至年底，3个安置点均已开工建设，并在2016年精准扶贫产业项目中安排相应的产业项目，确保在搬迁完成后，安置点群众具有一定的后续发展产业，实现搬得出、稳得住、有活干、能致富的基本目标。

【帮扶献爱心】 2016年，46家区直、中直、县直单位参与定点扶贫，实现全县8个乡镇46个行政村全覆盖，各驻村工作队共计慰问困难群众1660宇人次，发放慰问金和慰问品价值106.6万元；墨脱县党政领导干部“4对1”结对帮扶贫困群众，2016年，共结对认亲645户2592人，帮扶物品包括粮油、米面等生活必需品，帮扶资金累计53.74万余元。

（宁彦刚）

【领导名录】

主　任　晋美扎西（藏族）

副主任　顿　珠（门巴族）

　　　　次仁江增（门巴族，5月任职）

墨脱县林业局

【概况】 墨脱县林业局（自然保护区管理局）为正科级单位，内设林业局、森林公安局、林业工作站。2016年，全局共有干部职工19人，其中正科2名，副科2名，科员5名，工人1人，公益性岗位4名，临时工5人。

【森林资源保护】 年内，县林业局牢固树立绿色发展理念，坚持生态保护优先，坚持把保护环境作为底线、红线、高压线，坚定不移地加大森林资源保护力度，筑牢生态安全屏障。加强各乡（镇）公益林专业管护员管理，制定专业管护站工作制度、专业管护员巡查日志和考核管理办法，使专业管护队伍更加制度化、规范化、专业化。加强乡村护林员和管护队长管理，紧紧依靠当地群众保护森林资源。专业管护员、乡村护林员和管护队长共同开展森林资源保护工作，基本形成“职责明确、分工合理、协同配合”工作机制，确保他们在保护森林资源中发挥积极作用。

【林业执法】 2016年，积极开展保护森林资源严打专项整治活动，重点打击盗伐、滥伐、非法占用林地、贩卖运输野生动植物等违法行为。截至年底，严格依法依规检查过往车辆，30060次，墨脱县森林公安局受理涉林案件1起，查处率100%。查处非法运输黑熊熊掌案件，严惩违法人员，奋力维护林业法律威严。依法依规办理木材经营加工许可证4份。签订林区施工合同4份，办理入林许可证313份，缴纳森防保证金75万元。上缴森林植被恢复费12.35万元，生物多样性补偿16万元。

【造林绿化】 大力实施造林绿化工程，推动林业生态建设。2016年，墨脱县重点区域生态公益林建设项目总投资416.77万元，种植花椒和李树共计81688株，造林面积1110亩，惠及群众275户，1318人。新一轮退耕还林工程总投资689.47万元，种植桤木和花椒共计33.66万株，退耕还林面积4548.7亩，惠及群众754户，3805人。

【森林防火暨安全生产】 森林防火是林业工作的重中之重，在县委、县政府的高度重视下，在县林业局以及基层林业工作人员的共同努力下，2016年，墨脱县森林防火工作成效显著。明确目标，落实责任，分别与各乡（镇）签订《保护发展森林资源目标责任书》和《森林防火目标管理责任书》8份。完善制度建设，修订完善《墨脱县处置森林火灾应急预案》和《防扑火应急预案》，制定2016年《森林防火宣传方案》和《森林防火隐患排查工作方案》。

加大森林防火宣传工作，分发森林防火宣传册5000余份，群发宣传短信4万余条。深入各乡镇、村庄进行排查80余次，下发整改意见书10份，整改落实10份。坚持每天报平安制度，及时了解各乡镇森林防火动态。

【林业主题宣传活动】 县林业局积极开展“争

当生态战士·共建生态家园”主题宣传活动，通过行之有效的宣传方式，加快推进农牧民转变为生态战士。截至年底，共发放各类学习培训资料8000余份，开展集中学习70余次，村（居）开展小组学习6000余次，签订倡议书46份，参加倡议群众达4000余人次；开展知识竞赛20余次；征集各类口号和文章共22个（篇）；悬挂横幅80余条，树立林业法律法规宣传牌、口号以及喷绘宣传标语80余个（处）。

【野生动物保护】 2016年3月，格当乡格当村村民救助一只草鹿。5月，县林业局联合消防在中学捕抓一条长近3米的国家二级保护动物眼镜王蛇，并在西莫桥处放生。通过身边的案例积极宣传野生动植物保护，维护生物多样性。

【病虫害防治】 积极开展森林病虫害排查工作，加大墨脱县经济林木病虫害防治工作，在米日村开展蜜柚病虫害防治工作1次，组织10名群众喷施农药开展防治，使蜜柚病虫害得到有效控制。

【自然保护区管理】 县林业局积极构建学习型单位，加强林业法律法规学习，增强林业业务能力，提高自然保护区管理水平。2016年，墨脱县兑现2014年野生动物肇事补偿金23.53万元，统计上报2015年野生动物肇事补偿金15.86万元。通过实施野生动物肇事补偿，有效保护了墨脱县野生动物。

【林业扶贫】 加大林业转移就业。截至年底，墨脱县完成脱贫攻坚贫困人口生态就业岗位指标第一批林业生态精准扶贫生态宣传员700名，第二批林业生态精准扶贫森林生态脱贫岗位1476名，共有2176名岗位就业人员，补助0.3万元/人·年，并完成制定相关的规章制度及应聘工作。

（刘　震）

【领导名录】

局　长　白玛扎巴（藏族）

森林公安局局长

白玛旺前（门巴族）

副局长　张鹏飞

森林公安局副主任

殷国田

墨脱县水利局

【概况】 2016年，墨脱县水利局（以下简称县水利局）在县委、县政府的正确领导和自治区水利厅、林芝市水利局的精心指导下，紧紧围绕县委、县政府确定的战略目标和上级水利部门下达的工作任务，以“两学一做”的全面开展为契机，全面贯彻落实中共十八大和十八届三中、四中、五中全会精神，牢牢把握水利改革等政策待遇，行业工作、党建工作及党风廉政、慰问工作、安全生产等工作成效明显，水利各项事业发展迅速，为墨脱县社会经济发展创造了良好水利环境。2016年，县水利局编制5人，内设机构1个，县水利服务站为副科级事业单位，编制2人。

【党建工作】 2016年，县水利局根据县委统一安排部署，县水利局党支部认真贯彻落实习近平总书记系列讲话精神，以为民务实清廉为主要内容，为贯彻中央八项规定要求为切入点，按照坚持高标准严要求，坚决反对“四风”，突出作风建设，结合行业特点和实际情况，着力解决群众反映强烈的突出问题，进一步加强班子和基层党组织建设，从严从实改“四风”，持之以恒转作风，以良好的作风取信于民，推动水利改革向纵深发展，增强了政治上的坚定性、思想上的纯洁性、党性上的修养性、工作上的责任性和群众上的服务性，社会满意度较高，2016年，全局未发生干部职工违法、违纪现象。

【“两学一做”建设】 2016年，县水利局始终严要求细部署抓好党的群众路线教育实践活动。根据县委统一安排部署，县水利局“两学一做”学习教育在县委的领导部署下，以习近平总书记系列重要讲话精神武装全党，进一步坚定支部党员干部理想信念；进一步增强政治意识、大局意识、核心意思、看齐意思，坚定正确政治方向；进一步树立清风正气，严守政治纪律政治规矩；进一步强化支部党员干部宗旨观念，围绕着精准扶贫工作任务和全面建设小康社会要求，把“两学一做”学习教育延伸至水利业务建设、领导班子建设、干部队伍建设和党的建设之中， 全年共撰写报送“两学一做”信息33篇。

【维稳工作】 2016年，县水利局始终坚持反对分裂、坚决维护祖国统一，紧紧围绕“三个不出”原则，认真贯彻区、地、县各级维稳会议精神及工作部署，强化组织领导。认真执行领导带班、24小时值班制度，确保了县水利局维稳工作。

【机关工作】 2016年，县水利局严格按照县委统一部署安排，积极储备入党积极分子和发展预备党员，加强基层党支部班子建设，加大宣传报道力度，及时完成了党报党刊征订任务；全面排查整治，完善预案，加强机关内部安全保卫管理，整改效果明显；按照“办好自己的事，看好自己的门，管好自己的人”的原则，认真抓好信访和领导包案的交办工作；坚持安全与质量、效率并重的原则，严格落实安全生产相关制度和规定，杜绝了安全生产事故的发生，抓好了各乡镇安全生产的督查汇报工作；严格按照县里统一部署安排，结合专业普法、法制宣传日及平时执法工作，大力加强了相关行业专业法律法规的宣传教育工作，做到了宣传和执法效果并进；同时，抓好了基层水利服务体系建设工作。

【防汛度汛工作】 2016年，县水利局巩固树立“防大汛抗大旱”的思想，始终做到未雨绸缪，提前做好抗旱减灾各项准备工作，确保了全县人民安全度汛。首先落实防汛责任制。汛前明确防汛责任人，落实防汛责任，做好各级领导层层有责任，人人有分工，形成一个强大的组织领导体系，进一步实行行政首长负责制为核心的防汛抗旱制度；加强汛前值班制度，实行24小时值班带班制度、信息报送制度。其次充实物资储备。2016年，全县范围内共储备各类防汛物资14类，投入防汛各类经费64.2万元，并做好隐患排查。组织人员对墨脱县县城、县辖七乡一镇46个行政村的山洪灾害非工程措施项目预警广播站点进行了巡检整治，并建立完善了地质灾害群测群防体系，实行了防汛隐患风险责任层层落实。最后完善应急预案。为做到“汛来有准备，险来有措施”，根据墨脱县实际情况及近几年的防汛工作经验，及时更新完善了《墨脱县防汛抗旱应急预案》专业性预案，同时，指导各乡镇，结合乡镇实际情况及时更新、制定了防汛抗旱应急预案和山洪地质灾害防御预案，组织全县七乡一镇，46个行政村进行防汛演练。

【新建项目】 2016年，县水利局新建水利项目共3个，总投资为5568.55万元，分别为：墨脱县嘎隆曲62K防洪工程，概算投资1350万元；墨脱县乡镇供水项目，总投资3123.55万元，建设5个乡（德兴、背崩、达木、格当、帮辛）供排水；墨脱县墨脱灌区工程，总投资1095万元，改善灌溉面积2002亩，于2016年3月15日开工建设。

【续建项目】 2016年，墨脱县水利行业续建项目共2个，总投资2194.18万元，其中：国家投资2000万元，群众投工投劳194.18万元，共受益928户4307人，改善灌溉面积6573亩。具体为墨脱县2014年小型农田水利专项县建设工程，概算投资1123.74万元；涉及2个乡、9个行政村。新建取水枢纽13座；铺设PE管道总成25.254千米；渠系建筑物378座，于2016年5月5日完工；墨脱县2015年小型农田水利专项县工程，概算投资1070.44万元，涉及德兴乡7个行政村。新建取水枢纽5座；铺设PE管道总长26.48千米；渠系建筑物428座，于2016年1月6日完工。

【项目前期工作】 2016年，县水利局跟踪办理项目前期工作的工程共计8项，总投资12069.68万元，已下大概算批复文件项目为：概算总投资为

4348.94万元的墨脱县乡镇供水工程、概算投资401.84万元 的墨脱县2016年农村饮水安全巩固提升工程、概算投资1103.25万元的墨脱县背崩乡地东村山洪灾害治理工程、概算投资1183.16万元的墨脱县嘎隆曲62K防洪工程，其余4项工程均已完成审查，分别为墨脱县亚东村巴米典片区水土流失综合治理工程，总投资1155.47万元，受益亚东村178户796人；墨脱县格当乡灌溉工程，投资1697万元，受益全乡106户599人；墨脱县城里果荣、曼久曲防洪堤工程总投资1118.84万元；墨脱县2017—2018年小型农田水利专项县建设工程，投资1061.18万，共受益背崩、德兴、达木、帮辛4个乡522户2479人，改善灌溉面积3843亩。

（牛　牛）

【领导名录】

县水利局局长

胡志彬

县水利局副局长

普　琼（藏族）

县水利局主任科员

米玛次仁（藏族）

县水利服务站站长

尼玛次仁（藏族）

华能西藏墨脱电力有限公司

【概况】 华能西藏墨脱电力有限公司（以下简称“公司”）成立于2013年10月，为华能西藏雅鲁藏布江水电开发投资有限公司全资子公司，其前身为2012年9月成立的华能西藏墨脱电力有限公司筹备处。主营业务为电力等清洁能源项目及电网的开发、投资、建设和管理；电力生产、输送、配送、调度和销售；电力设施承装、承修和承试；销售电力设备设施、电工器材、电动机、载波通讯设备等。

所属主要电站为亚让水电站，2016年，增容改造后总装机容量6000千瓦；另有亚东水电站等其他小微电站9座，总装机容量1845kW。管理墨脱县电力局域网，含35千伏、10千伏、0.4千伏线路398.72千米；35千伏变电站5座，电力调度中心1座，电网覆盖墨脱县一镇七乡。

【安全生产】 年内，公司深入贯彻落实上级公司2016年安全环保工作会暨安委会第一次会议精神，坚持“安全第一、预防为主、综合治理”的方针。及时调整了安全生产委员会成员，成立了春季安全大检查领导小组、防洪度汛领导小组，组织各部门签订了《2016年度部门安全生产目标责任书》，确保安全生产责任落实和安全生产目标管理工作进一步深化、细化，严格按照安全生产责任五落实五到位要求加强安全管理；以“全覆盖、零容忍、严执法、重实效”为总要求，本着“安全第一、预防为主、综合治理”方针，持续深入开展安全隐患大检查、大排查、大整治活动，制定了安全大检查工作方案。截至年底，共排查隐患48项，整改完成48项，严格闭环管理。

进一步完善公司应急管理体系，组织成立应急预案修编工作组，由总经理担任组长，对公司应急预案进行全面梳理，并对照部门职责，编制了突发事件综合应急预案以及15个专项应急预案、15个现场处置方案等编制计划，落实责任到人，并于12月底通过了市安监局的备案。

开展安全教育培训，生产营销部每周开展一次“技术问答”活动，月中及月末各开展一次事故预想和安全教育培训。积极组织参加上级公司组织的“三类人员”安全取证培训，实现100%持证上岗。学习集团公司安全事故案例，观看安全警示教育片，开展了墨脱县“安全咨询日”等活动。

【电力生产】 公司着力加强生产管理体系及电力检修水平，完成亚让电站及5座35kV变电站日常运维工作、C修和电气预防性试验工作，完成各乡村电站检修和水毁渠道维修，发现登记缺陷289项，消除缺陷273条，缺陷消除率92.68%。截至年底，公司电力生产累计安全运行395天，全年累计发电量1007.27万千瓦时，累计回收电费467.56万元。

2016年，公司不断深化供电优质服务，截至年底，全县新增智能电表用户390户，累计开户数达1726户，免费为1200余户居民开通智能电表应急用电功能。截至年底，全县总配电台区增加至169台，总供电容量为16810千伏安，基本满足城乡用户用电需求。持续开展安全用电宣传工作，发放《用电服务手册》1700余册，全年公司共计派出生产技术人员1730人次，派出生产车辆1160余次，行程超过96000公里，徒步2300公里，免费为墨脱县各类电力用户处理用电故障670余起。

【党建工作】 公司扎实推动“两学一做”学习教育活动，党员、积极分子均参加集中学习，全年达到53次，创新性地建立随机抽签讲课、互动学习模式，促进个人自学、预习，提高学习效果；通过支部换届选举和党小组建设，进一步增强了党建工作力量；设置售电大厅党员示范岗，开展示范服务；与墨脱县边防大队开展共建活动；2名党支部书记到井冈山干部教育学院参加了轮训，3名骨干被确定为党员发展对象，公司第一党支部被集团公司评为“四强”基层党组织，第二党支部书记被集团公司评为优秀党支部书记；认真落实党风廉政建设责任制“两个责任”，扎实履行党风廉政建设第一责任，班子成员认真履行党风廉政建设“一岗双责”，各部门与公司党政负责人共签订7份党风廉政建设责任书，组织12名党员开展了“廉洁自律承诺”活动，营造风清气正的良好氛围；2016年，公司完成纪委设立及纪委书记、委员选举工作，设立纪律谈话室，组织开展“四种形态”常态下谈话共21次，认真落实监督责任。全年未发现领导人员违法、违纪事件。

（李　凡）

【领导名录】

执行董事、党委书记、总经理

卢道辉

副总经理、工会主席

金德才

副总经理　顾守荣（8月任职）

纪委书记　孙学文（10月任职）

墨脱县教育（体育）局

【概况】 2016年，墨脱县教育（体育）局（以下简称县教体局）继续坚定不移地坚持党的教育方针，在县委、县政府的坚强领导下，全面贯彻落实党和国家的各项方针政策，努力克服全县教育工作点多面广、基础薄弱、教育质量提升缓慢等诸多困难，按照县政府“12345”的教育工作思路，勠力同心，奋发进取，推动全县教育体育工作持续健康发展。进一步巩固和提升了全县适龄儿童受教育的权利。通过全体教育工作者的共同努力，全县的教育工作得到了上级教育部门的充分肯定，荣获了“2016年度教育工作年终考评先进单位”等荣誉。

2016年，全县共15所各类学校，其中中学1所，小学8所，幼儿园6所，其中：边境学校共11所，中学1所，小学5所，幼儿园5所。（其中独立建制幼儿园4所，为县幼儿园、背崩乡地东村幼儿园、帮辛乡达邦村幼儿园、达木珞巴民族乡贡日村幼儿园；2所附属幼儿园，为背崩乡小学附属幼儿园、德兴乡小学附属幼儿园）。各类学校建制独立党支部共7个，其中甘登乡小学、加热萨小学、格当乡小学因正式党员不足3人，暂不满足申报成立单独党支部要求，其余学校均建立了党支部。

全县教师共248人，其中女教师140人。党员教师共114人，其中女性党员52人。

各校校级领导共20人，其中正式党员19人，行政副科级校长共11人。

全县各级学校在校生共有1994人，其中小学生1033人，中学生551，幼儿410人。

2016年全县小学适龄儿童入学率达99.79%、巩固率为99.1%；中学毛入学率为102.96%、巩固率为97.7%；学前幼儿入园率82.8%；升学率均达100%。

【提升教育、教学质量】 年内，县教体局重点开展了教育教学质量提升工作，为加强教学制度建设，规范教师日常教学行为。研究制定了《墨脱县教育教学工作制度汇编》等规范教师日常教学行为的教学制度，通过学校、乡政府、局教研室多重检查的方式，规范了学校和教师的日常教学行为。2016年，全县共开展教学工作检查50余次，对检查出问题的教师进行了通报和复查，基本消除了教师队伍中“慵懒散”的问题，教学基础工作得到了夯实；强化教研队伍建设，抓好教学工作。教研工作是全县教育工作中的短板，为补齐这个短板，充分发挥教研室在教育工作中的领头羊作用，努力调整和充实了教研队伍，配备了5名专职教研员，并从各校抽调了5名骨干教师担任兼职教研员。为切实发挥教研队伍作用，制定了教研工作制度，明确教研职责、目标和任务。同时，为提高教研员的工作积极性，降低了教研员的课时量，并按照每月200元的标准发放补助；加强师资队伍建设，努力补齐教师这个短板。通过积极争取，2016年新增了28名紧缺专业教师，教师队伍得到进一步壮大，各校教师专业结构得以进一步健全；认真开展教师“交流轮岗”工作，组织11名骨干教师开展为期不少于一学年的“交流轮岗”工作，推动了师资间交流，达到取长补短、共同进步的目的，有力促进了校际间的均衡发展；积极组织教师培训，有力提升了教师业务能力。2016年，全县教职工参加县外各种业务培训达134人次，组织258人参加网络区培公需科目培训，组织243人参加网络国培信息技术培训。

【校园安全管理工作】 年内，县教体局进一步加强校园常规管理，建立校长负总责，校委会其他成员具体负责的管理体系；严格落实24小时值班带班制度，加大对校内重点人员、重点部位的监管监控。严格执行校外人员进出校园登记制，严禁一切危险因素进入校园；认真做好学生离校、返校工作。加强同各乡（镇）政府、县公安、交通部门的沟通协作，认真谋划和部署学生的假期离校、返校工作，确保了学生的路途安全；多次联合公安、安监、食药、卫生、民政、住建、华能、消防等部门深入学校开展检查指导工作，进一步确保了校园安全；制定并配备了“安全专干”新岗位，全面落实校园安全工作，明确其具体职责，以之作为校园安全工作全面开展的具体责任人与执行者。

【提升教师工作】 县教体局严格贯彻执行《墨脱县教育教学工作奖惩办法（试行）》，2016年兑现奖励资金60万元，有效地激发了教职员工工作积极性；积极落实有关政策、待遇。严格按规定标准发放校长、中层及班主任津贴，严格落实每节30元的超课时费政策，2015—2016学年全县共发放超课时费37.3万元。严格执行乡村教师生活补助政策，及时发放“两县两乡”激励津贴。

【教育扶贫工作】 县教体局积极宣传国家有关助学政策。将相关学生资助政策，认真梳理并编订成册，年内，分两次发放300余份，同时委托乡（镇）进行宣传，引导和鼓励贫困生进行助学贷款和勤工俭学；积极争取资金并做好资金发放工作。多方筹措资金，2016年，共发放各级各类奖学及助学资金270.4万元，其中惠及建档立卡贫困学生88名，发放资金35.86万元；认真开展针对“两后生”的职业培训工作。2016年，组织51名农牧民群众开展为期3天的茶叶种植培训工作，其中有13人为建档立卡贫困户。

【党建工作】 年初，为确保党建工作思路走正规、不变质，与各校签订了党建工作目标责任书，明确了各校党支部年度工作目标，围绕履行党建工作目标责任制为主线，按照全面落实党要管党、从严治党以及上级党委关于加强党建工作的要求，以严格落实“三会一课”制度为底线，着重提升支部战斗堡垒和党员先锋模范作用，狠抓支部书记“第一责任人”和班子成员“一岗双责”履职情况。把加强党员教育培训力度和壮大党员队伍作为出发点，积极开展“三增强、五护航”活动、廉政文化进校园活动以及党风廉政建设的各项工作，组织学校全面清理和打击“藏独”反宣渗透专项行动活动和深入开展“两学一做”学习教育。

【提升全县体育工作】 成功举办墨脱县2016年度喜迎“三大节日”系列体育庆祝活动，参与人次达580余人；完成体育项目投资1000余万元，全民健身活动中心等公共体育场馆相继开放使用；组织“阳光少年足球队”参加林芝市U-15足球赛并荣获冠军，组织“墨脱代表队”参加林芝市“尼洋河杯”足球赛并荣获季军。

【项目建设】 年内，县教体局加大项目跑办，积极向上级有关部门汇报衔接项目工作。全年共完成项目投资2400万元，新增校舍及场馆面积8060平方米，较大的改善了校园基础设施，为义务教育均衡发展奠定了坚实的硬件基础。

（费小龙）

【领导名录】

局　　长　桑杰顿珠（门巴族）
主任科员　李光辉
副 局 长　次仁拉姆（藏族）
副主任科员　卫　念（珞巴族，6月任职）

墨脱县中学

【概况】 墨脱县中学（以下简称县中学）是墨脱县唯一一所初级中学，始建于1999年，位于雅江之畔，依山傍水，风景秀丽，气候温和。县中学建校至今已有17年历史，占地面积70.07亩，建筑总面积达13682.8平方米，拥有教学楼一栋，综合楼一栋，学生宿舍楼四栋，教职工宿舍楼三栋。2016年，学校拥有教职工61人，期中大学本科学历任课教师57人，专科学历任课教师4人，在教师中获得中级职称的教师14人。县中学有教学班12个，在校学生563人，以门巴族、珞巴族学生为主，“三包生”521人。建校18年来，累计为高一级学校培养、输送毕业生4250人，为墨脱的教育发展提供了有力的支撑和保障。

【校园文化建设】 年内，在各级党委、政府及上级有关部门的关怀指导下，在墨脱县教育（体育）局的坚强领导下学校办学条件得到极大改善，校园文化建设也在不断加强。本校提出的办学宗旨是“学生第一、工作第一、奉献第一”；提出了“以人为本、以师为根、以科研为先导、以教改为重点、以育人为目的”的办学指导思想，坚持“学会做人、学会做事、学会学习、学会感恩”育人方针，积极追求“诚实、勤劳、文明、健美”的培养目标。学校确立了“以人为本全面发展”的教学目标和“格物致知、爱国诚信”的校训，全校以“求实、求真、求善、求美”为校风，领导班子以“团结、务实、开拓”为工作作风，教师以“明德、敬业、博识、创新”为教风，学生以“尊师、爱学、善思、好问”为学风，进一步加强校园文化建设，明确办学、培养目标，让学校的人文底蕴更加的深厚，时刻提醒和鞭策每一位学生和教师，共同营造一个良好的校园文化，时刻为学校和学生的发展服务。

【领导班子建设】 2016年，县中学在县委、县政府和县教育（体育）局的高度重视下和统一领导下，学校班子建设以勤政、廉洁、务实、高效为目标，积极进取、务实肯干、团结协作，通过抓强化学习促进思想建设、组织建设以及工作作风建设，努力构建高效、务实、服务广大师生发展的领导班子。

【党风廉政建设】 2016年，学校在认真学习有关文件精神基础上，在领导干部中开展“率先垂范，廉洁从政”主题教育活动。成立了廉政文化进校园领导小组，多次召开专门会议，把廉政文化建设纳入学校党支部建设、学校精神文明建设、校园文化建设工作之中，统一安排、统一部署、统一落实，各成员责任明确，任务具体，确保了校园廉政文化建设有效的开展。在教师队伍当中，广泛深入开展“办人民满意的教育，做人民满意的教师”的学习实践活动，提高教师的职业道德水平。广大教师在工作中要具备“四种意识”（教改意识、求实意识、竞争意识、质量意识）、“四种精神”（敬业精神、奉献精神、科学精神、创新精神），努力做到“四无”（无有偿家教、无排斥讥讽和体罚学生、无违规向新生推销助学用资料和其它商品、无不文明行为），做到内强素质，外树形象。认真开展师德演讲、师德宣誓、评选师德标兵和教师职业技能大比拼、廉洁从教承诺等系列活动，形成严谨治学、廉政从教、博学多才、和蔼可亲的教师新形象。在学生当中，县中学紧紧围绕“敬廉崇洁”“诚信守法”“勤俭节约”“知感恩、懂忠孝”等主题进行宣传并开展活动。

【师德师风建设】 2016年，学校成立由校长任组长，其他班子成员和班主任为成员的师德师风教育活动领导小组，并通过黑板报，标语、展板、简报、学习手册、主题演讲等形式开展师德师风教育活动，引导教师不仅重言传，更要重身教，时时处处体现为人师表。同时，多次组织广大教师认真学习《中华人民共和国教师法》《义务教育法》《中小学教师职业道德规范》《中华人民共和国未成年人保护法》等法律法规，通过政治学习、业务学习等载体，增强教师的法制观念，提高广大教师的职业道德素质，力促教师在提高政治素质、思想素质上求实效，在转变教育理念和教学质量上求实效，在为学生服务上求实效，促进学校的发展，提高教师的个人素养。

【教师业务培训】 2016年，县中学与广东佛山市三水区教育系统、健力宝中学、广东省中山市教育局、教师进修学院、华侨中学和第一中学到县中学指导教学工作，开座谈会、上示范课、结对帮扶等形式多样的活动，与广东佛山市平洲二中中学建立长期交流培养机制，每年县中学派两名教师去该学校为期一年的交流学习，学习先进的教育教学管理，为进一步提高教师能力创造了很好的条件。西藏大学继续教育学院专家教授到县中学，进行“国培计划（2016）”林芝市送教下乡活动对县中学数学和语文教师进行培训和现场诊断，2016年，培训教师达到52人。

【“阳光体育活动”助推素质教育】 2016年，县中学为了贯彻《教育部等六部门关于加快发展青少年校园足球的实施意见》精神，落实好足球特色校园活动，推动校园足球的蓬勃发展，建立学校“阳光少年足球队”并与其他兄弟学校开展形式多样的比赛。在校园足球和“两操”的基础上还根据本校的实际开展每年春季运动会、“三大节日”长跑活动、篮球比赛、足球比赛、拔河比赛等其他的活动，还把学生的体育考核纳入到学生成绩总考核中，在全校实行体育健康监测，定期监测学生的身体素质。

（次仁多吉）

【领导名录】

校　长　白玛旺堆（门巴族）

副校长　新　卫（门巴族）

　　　　李　明

墨脱县完全小学

【概况】 年内，墨脱县完全小学在县教育局正确领导下，全体教职工以中共十八大及十八届四中、五中全会精神为指导，以“改变墨脱教育教学质量滞后”为目标，迎接“教育均衡发展”核心，全面贯彻落实党的教育方针政策，办好人民满意的教育，不断深化教育改革，不断提高素质教育质量，不断推进师生发展。在各项工作中均取得较好成绩。2016年，县完小在校生共计349人，其中住校生94人。专任教师38人，后勤职工8人。全校设有10个教学班。

【师德师风】 师德师风建设关系着学校、教师个人的成长。2016年，县完小党支部结合实际，持续开展以党员先锋模范作用带动师德建设，开展党员教师帮扶非党员教师、党员教师帮扶“学困生”、贫困生等活动，师风师德建设卓有成效。

【班主任培训】 班主任队伍是学校的中坚力量，不断提高班主任管理班级工作的水平，是开展好学校各项工作的保障。2016年，县完小针对性开展班主任培训、班主任经验交流会、优秀班主任表彰等方式激励班主任队伍成长。

【特色学校建设】 年内，县完小以继续开展阳光少年足球运动为抓手，不断形成浓厚的运动氛围，继续开展县完全小学班级足球联赛。不断推进以足球运动为特色的发展思路。

【提高教学质量工作】 年内，县完小对校长、教师听课情况、教师布置、批改作业情况按月进行检查并常抓不懈。同时严格各教研组教研活动，教研活动不能形式主义，而要对教师的成长、教学质量的提高要有实际意义。各教研组的教研活动卓有成效：语文教研组开展了全校学生的朗读测试、词语听写等活动。藏文教研根据学校藏语氛围低、学生学习藏文兴趣低的实际，购买了藏文书写工具“墙星”、竹笔开展藏文书法课，每日安排一位藏文老师通过校广播朗读优美的藏文美文，营造学生学习藏文浓厚氛围。

【安全生产工作】 县完小是寄宿制学校，为了确保不出现任何安全事故，学校制定有完善的制度及应急预案。同时，安全制度的严格执行是预防的最好措施，因此，学校定期、不定期对各项工作进行排查、检查。对食堂从业人员定期进行体检，提高他们的业务素质。对学校采购的食品进行严格的检查过关，并和供货商每一学期签订供货合同，确保食品来源安全、可靠。每学期定期、不定期进行防震演练，提高学生防震自救等方面的知识和技能。每一学期邀请消防、交警进行防火、交通安全知识。每一学期签订暑假安全责任书。

（扎西巴）

【领导名录】

校　　长　次达多杰（门巴族）

支部书记、副校长

　　　　　罗　杰（藏族）

副 校 长　邱春霖

城市建设·环保

墨脱县住房和城乡建设局

【概况】 年内，在县委、县政府的正确领导下，在上级部门的关心和帮助下，墨脱县住房和城乡建设局（以下简称县住建局）全面贯彻落实习近平总书记系列重要讲话精神，紧紧围绕率先全面建成小康社会目标要求，认真按照县委、县政府确定的“123456”发展思路及墨脱县经济工作会议确定的各项任务，解放思想，真抓实干，努力工作，不断提高工作效率和服务质量，扎实有效地完成了城市规划、项目建设管理及局职能范围内的各项业务性工作。2016年，县住建局有机关公务员编制机关公务员编制11名，事业编制（含参公）4名，其中局长1名，副局长2名（1名主要负责墨脱县保障性住房管理、住房公积金管理和局财务工作，1名为援藏副局长，主要负责援藏项目相关工作）。全局在编人员共计15名。下属事业单位2个，分别为墨脱县城管监察大队、工程质量监督检查站。

【规划编制】 2016年，全县基本形成以墨脱县城总体规划为龙头，乡镇总体规划为骨架，各类专项规划、控制性详细规划及修建性详细规划为支撑的城乡规划体系。年内，完成了《墨脱县县城总体规划（2014年–2030年）》自治区评审论证，完成《墨脱县城控制性详细规划》《墨脱县城市设计》县政府评审工作，完成帮辛乡、达木乡、德兴乡、格当乡、加热萨乡、甘登乡六乡《场镇区总体规划》第二次评审论证。

【城乡建设】 年内，建设完成投资1000万元的背崩乡基础设施建设项目，加快总投资2694.8万元的80K旅游小集镇一期工程，加快背崩特色小集镇项目落地实施及达木乡、德兴乡特色小集镇前期工作；加快总投资1127万元的亚东市政道路、总投资3000万元的县城供水工程项目建设进度，开展县城道路绿化亮化项目、卓玛拉市政道路项目、县城污水处理及收集系统、县城排水防涝工程、县城湿地公园等项目前期工作。

【保障性住房建设】 2016年，县住建局督促2014年120套公共租赁住房、2015年48套公租房建设项目建设进度；年内，分配公共租赁住房32套，协助背崩乡人民政府分配公共租赁住房30套，分配入住率100%。2016年，建设完成投资500万元的2014年棚户区改造附属配套工程；发放2016年城镇低收入家庭租赁住房补贴31户，40人共计12.24万元。

【住房公积金管理】 2016年，缴存墨脱县全年住房公积3055.1146万元，提取转移共计221人，1929.86万元。

【建筑工程质量安全监督】 2016年，县住建局监管项目个数共计48个。督促全面落实工程质量终身责任制，明确建设、勘察、设计、施工、监理单位五方项目负责人对工程质量的终身责任；严格落实“两书一牌”制度，落实法人授权书和质量终身责任书的签订工作，要求所有工程竣工后均要设置永久性标牌。

【援藏项目建设】 2016年，县住建局圆满完成了第七批援藏项目（包括：民俗文化古街项目，县城基础设施及莲花湖景区项目，县游客服务中心项目，援藏周转房建设项目，六个小康示范村建设项目，80K游客服务中心项目，62K喜荣沟景区建设项目，52K旅游道路建设项目，县城道路建设项目，墨脱县小集镇基础设施及敬老院等配套工程等）竣工验收，项目资料收集、整理和移交工作。同时积极配合第八批援藏工作队开展工作，于2016年率先启动了达木乡卫生院建设项目和德兴乡德兴村村级组织活动场所建设项目。

【房地产市场开发与经营】 2016年，县住建局培育一定规模房地产开发项目，3月24日墨脱县四套班子联席会议通过墨脱县美朵小区建设计划。年内，完成实施方案起草、设计方案编制工作，收到预报名表357份。

（赖子龙）

【领导名录】

局　长　刘　敖

副局长　阿　归（女，藏族）

李永利（广东第七批援藏，7月离任）

李展健（广东第八批援藏，7月任职）

城管监察大队队长

嘎玛加央（藏族）

城管监察大队副队长

边巴次仁（藏族）

副主任科员

肖莉莎（女）

墨脱县环境保护局

【概况】 年内，墨脱县环境保护局在区、市上级部门的关心支持和帮助下，始终坚持以科学发展观为指导，围绕政府的中心工作以“一二三四五六”为发展战略思想，力争创建资源节约型、环境友好型社会，坚持环境与经济相融合，以环境容量和生态承载力为依据，建设生态、环保、宜居墨脱。2016年，县环保局实有工作人员8人。

【监测任务圆满完成】 2016年，县环保局按照环境监测为环境管理工作服务的思路，全面开展环境监测工作。委托四川省地质工程勘察院环境工程中心开展全年环境监测工作，并签订《2016年墨脱县国家级生态功能区县域环境质量考核技术服务合同书》和《2016年墨脱县农村环境质量试点监测技术服务合同书》。投资43.6万元开展4次墨脱县国家重点生态功能区县域生态环境监测；投资14.5万元开展墨脱村、德兴村、达木村农村环境质量考核环境监测。根据报告显示：墨脱县2016年四个季度空气质量评价为优，四项空气指标均为I级；地表水质量评价为优，28项地表水指标均达到II类以上；墨脱县农村环境质量试点监测，根据所测指标结果显示，土壤质量评价为优。

【生态建设】 年内，按照创建国家级生态县要求，根据自治区创建文本汇编的要求，对照生态村创建的基本要求和指标要求，开展生态创建申报工作，其中包括德兴乡文朗村、德果村、荷扎村、那尔东村、巴登则村、易贡白村及达木珞巴民族乡达木村、贡日村、卡布村、珠村，合计10个行政村的创建工作，并将墨脱镇申报为自治区级生态乡（镇），已全部通过审核，于11月26日在中国西藏新闻网、《西藏日报》上公示，12月14日县环保局收到命名文件。2014年，墨脱镇墨脱村、德兴乡德兴村2个行政村村获得自治区级生态村命名。2015年，墨脱镇亚东村、亚让村、巴日村、米日村、玛迪村共5个村获得自治区级生态村命名。

【污染防治】 年内，县环保局坚持把污染防治作为环保工作的重要抓手，谨慎行驶审批权力，加强日常监督管理，切实维护生态环境安全。做好主要污染物总量减排工作。2016年全县化学需氧量、二氧化硫、氨氮和氮氧化物排放总量均在目标责任书范围内。坚持严把建设项目环评关，严禁超标超总量排放污染物。开展墨脱县卓玛拉山夏不容河水源地县城集中式饮用水水源环境调查工作，每季度开展一次水源地水质监测，并编制水质监测报告。认真落实环境影响评价制度，共完成213个项目的环评工作，协同相关部门验收56项工程。

【环境执法】 年内，按照林芝市环保局“横向到边、纵向到底”工作要求，紧紧围绕重点区域、重点行业以及群众反映的热点难点环境问题，开展检查、严格执法。出动环境监察执法人员共52人次，检查污染防治设施现场16次，县城饮用水源保护区检查5次，在建14条农村公路含2条硬化道路沿线环境检查12次，派墨公路背崩解放大桥至阿尼桥段环境检查5次。在检查过程中，严肃查处县城内超标超总量排放污染物、偷排及不正常运转等违法排污行为，并对违法行为提出限期整改意见，抓好整改意见的落实。

【项目工作】 年内，墨脱县环境综合整治工作共投资796.71万元，具体情况如下：为迎接2015年环境保护考核考评组，环保局对里果容河道开展清理河沟、运输淤泥、安装网围栏等工作，共投资1.63万元；从生态转移支付资金中解决资金7.16万元修建县自来水厂大门及网围栏；从生态转移支付资金中出资27.824万元，由县环保局、住建局、财政局、政府办联合以政府采购的形式为县城街道购置垃圾桶166个；从生态转移支付资金中出资34.4828万元，为县中小学校新建垃圾池6座，购买小型垃圾车5辆，垃圾桶20个；对扎墨公路沿线（特别是80K小集镇）开展环境综合整治工作，出动80人次，使用2辆挖掘机，1辆农用车，投入1.2万元解决了周边环境问题；从转移支付资金中支出103.6万元购置环卫基础设施，采购密封式垃圾车1辆、扫地车2辆、压缩式垃圾车1辆、洒水车1辆，进一步提升了县城及景区垃圾处理能力；从生态功能区转移支付资金中支出1.85万元用于开展仁青崩寺管会网围栏维修工作；从转移支付资金中支出2.018万元用于开展水仙景苑至莲花湖排污管线改造工作；从转移支付资金中支出3.016万元用于开展玛迪村垃圾池道路硬化工作；从转移支付资金中支出1.84万元开展莲花鱼池淤泥清除、周边杂草清理、湖水消毒处理工作；投资134.82万元用于部分行政村的环保公厕建设项目；从生态转移支付资金中支出68.4万元，公开招标与墨脱县华阳园艺有限公司签订墨脱县环境保护局绿化工程；从生态转移支付中支出408.15万元，用于美化墨脱县人居环境及生态环境，加大环境综合整治力度；从生态转移支付中支出0.72万元，购买360个垃圾夹用于开展县城环境综合整治。

【党风廉政建设】 年内，县环保局干部职工能认真按照中纪委第三次全委会提出的四大纪律八项要求，严格遵守党的政治纪律、组织纪律、经济纪律和群众工作纪律。做到严格按照上级级要求，能够带头艰苦奋斗、勤俭节约，严格制止奢侈浪费行为；带头严于律己，勤政廉洁，洁身自好，清白做事，带头接受监督；带头坚持全心全意为人民服务的宗旨，认真履行人民赋予的职责，坚持与群众打成一片，尽职尽责地为人民办实事，在任何时候、任何事情，都能从党和人民的利益出发办事；不搞以权谋私，假公济私，钱权交易而伤害国家和人民群众的利益；带头贯彻执行民主集中制，较好地处理上下级、个人与组织、班子与成员之间的关系；带头坚持求真务实，言行一致的工作作风，不追求个人名利，在工作中坚持说真话，办实事，不弄虚作假，敷衍塞责，注重实效，不搞形式主义。凡事要别人做到的，自己首先做到，禁止不做的，自己坚决不做，时时刻刻以自身廉洁自律的行为去带动干部职工和影响群众。

【队伍建设】 2016年，县环保局加强对全局干部职工的教育和管理，坚持不懈地抓好党风廉政建设、行风建设、政务公开等工作，提高干部职工的思想道德水平和依法行政水平，切实转变机关作风，形成团结协调，真抓实干的环保队伍。

（鲍庆阳）

【领导名录】

局　　长　格桑曲久（藏族）
副 局 长　范晓倩（女）
主任科员　陈　倩（女）
监察大队队长
　　　　　次仁拉珍（女，门巴族）
副主任科员　尼玛森格（门巴族）

交通·通信

墨脱县交通运输局

【概况】 墨脱县交通运输局是墨脱县正科级行政机关，2016年，全局实有工作人员10名。墨脱县公路总里程338.22公里，其中，通县道117公里、通乡道101.6公里、通村道119.62公里，墨脱县辖8个乡镇和46个行政村，其中6个乡镇、 30个行政村通公路，乡镇公路通达率为75%、通畅率为25%，行政村公路通达率为65.22%、通畅为6.5%，2016年行政村公路通达率和通畅率比2015年分别提高19.22%和4.3%。

【项目建设情况】 2016年，墨脱县续建交通项目主要为地东边防公路、格林边防公路、G559达果桥至加热萨至甘登公路等15个项目，总投资为97765万元，2016年完工投入使用的有：江新公路、宗荣公路、西登公路、达木村硬化公路、卡布村硬化公路、那儿东公路、巴登则公路、易贡白公路；新建德尔贡村、西让村公路、背崩乡公路硬化、格当乡公路硬化等10个，总投资33087万元。未完工的续建项目和新建项目在各参建单位的共同努力下，紧抓墨脱县最佳施工黄金期，倒排工期，顺利推进，逐步在改善墨脱县公路交通出行难的问题。

【项目建设监管工作】 2016年，县交通运输局先后开展工地检查工作50余次，重点检查交通项目施工进度、质量以及安全生产工作，并协助施工单位协调相关事宜，为施工单位排忧解难，积极创造良好的施工环境。在农村公路建设无征地等相关补偿的情况下，交通运输局多次安排工作人员耐心、细致的开展群众思想工作，公路建设得到广大人民群众的拥护，为项目建设顺利推进做了大量工作。格当硬化公路前期协调工作中，格当、达木群众因砂石、运输等原因阻挠正常施工，通过各部门的共同努力，耐心教育、宣传，施工环境得到明显改善。

【公路养护】 年内，县交通运输局认真落实林芝市农村公路养护工作会议精神，进一步深化养管体制，认真落实养护责任主体，明确养护任务，不断提升农村公路的通行能力和服务水平。坚持以保障公路完好畅通、切实提高养护水平为中心工作，把公路管养作为提升行业整体形象、服务产业建设年规划的重要举措来抓，强化公路日常养护，不断推进预防性养护，扎实开展公路水毁抢险保通工作，努力提高公路通行和服务能力。2016年，交通运输局主要接养德兴硬化公路、荷扎村公路等9条农村公路。公路保通养护工作在人员紧缺下，精心组织，合理部署。全年，先后出动保通机械180台次、人员410人次，清理土石方74700立方米、铺筑路面8100平方米、疏通边沟11320米和涵洞69道次。

【路政管理】 2016年，县交通运输局认真贯彻路政工作会议精神和落实上级文件精神，充分运用公路路政管理法律、法规，规范路政执法行为，努力提高管理水平和执法水平，以保护路产、维护路权为第一要务，以保障公路安全畅通和超限车辆治理，有效保护了公路路产完好，确保了辖区内的公路安全畅通。2016年，按照《中华人民共和国公路法》《路政公路条例》等相关法律法规，结合墨脱县实际，积极开展路产路权维护工作，先后出动路政执法人员523人次，检查车辆902辆，教育群众达5660余人，口头督办清障32处，设置交通安全警示牌5张、彩条29处914米，悬挂宣传横幅12条，进一步预防了道路交通安全事故的发生。

【安全生产】 县交通运输局成立了以局长为组长的安全生产领导小组，制发了《2016年安全生产工作计划》，层层签订了安全生产目标责任状，把安全生产管理纳入议事日程，每季度坚持开一次安全生产例会，组织学习各级关于加强安全工作一系列文件。在每月的工作例会上对安全工作提出要求，布置任务，强调安全生产工作的重要性。认真学习贯彻习近平总书记“人命关天，发展决不能以牺牲人的生命为代价，作为一条不可逾越的红线”指示，牢固树立安全生产“底线思维”和“红线意识”，坚决守住安全生产这条红线，在任何情况下，安全生产工作都不能有丝毫放松。在抓好交通项目建设的同时，高度重视安全生产工作，坚持“安全第一、预防为主、综合治理”的方针，长期开展农村公路隐患排查及养护工作。加大了等重要隐患点的检查力度，积极开展安全生产专项整治和安全生产大检查活动，结合本部门行业工作特点，把道路交通安全生产工作作为综治和平安建设工作的重要环节抓落实。先后出动巡查车辆236台次，排除道路隐患42起（处），下达工地隐患整改通知8次，确保2016年墨脱县道路交通未出现安全生产事故。

【党建工作】 县交通运输局全体党员干部坚持团结、服务、引导、教育的方针，紧紧围绕促进“交通兴县”，着力抓好党员的理想信念教，着力抓好各项工作的正常开展。以党建促进业务工作，业务工作带动党建，扎实开展党的方针政策理论路线集中学习教育。通过集中学习和个人自学等方式组织广大党员干部认真学习党的十八届全会精神、中央经济工作会议精神等相关学习资料。通过持之不懈的理学习论教育，使广大党员干部坚定了理想信念、明确了干事创业的目标，调动了工作积极性，做到政治上自信、发展上自强、守法上自觉，为全面建成小康墨脱提供了坚强的思想保证。

【综治工作】 县交通运输局2016年综治、平安建设工作在县政法委及相关工作领导小组办公室工作人员的精心指导下，按照年初计划，扎实开展，全力落实。成立领导小组，健全制度，明确责任，按照综治、平安建设工作要求，墨脱交通运输局成立了以局长为组长、相关工作人员为副组长及成员，建立制度，细化工作，明确责任，为综治和平安建设专项工作有了组织保障和制度保障。加强矛盾隐患排查工作，交通工作矛盾隐患主要集中在道路交通项目建设领域中的征地拆迁、劳务纠纷、拖欠民工工资等问题。为消除该几个领域中的隐患，定期专门组织召开矛盾隐患通报和沟通会，及时发现问题、解决问题。加强综治宣传工作。按照县委相关部门的要求，交通运输局专门安排工作人员，整理相关材料，积极参加墨脱县3月份综治宣传月、5月份路政宣传月、“9·16”平安宣传日等宣传活动，发放宣传册子（本）500余份，受教群众达800余人次。结合行业，加强道路交通安全生产工作。结合交通行业工作特点，把道路交通安全生产工作作为综治和平安建设工作的重要环节抓落实。

（邹武良）

【领导名录】

局　　长　曲　　珠（藏族）

道路运输管理局局长、主任科员

索朗旺秋（藏族）

主任科员　周大明（阿苍村支部书记，4月离任）
副局长　米玛次仁（藏族）
　　　　桑杰尼玛（门巴族，3月任职）

中国电信集团公司墨脱县电信局

【概况】 年内，中国电信集团公司墨脱县电信局（以下简称县电信局）在市公司各级领导的关心支持下，在全体员工的奋力拼搏下，按照市公司的各项工作部署，以绩效考核过百分为主线，认真承接省、市公司的各项工作，切实做好“内强素质、外树形象”基础管理工作。在竞争激烈严峻形势下，各项工作稳步推进，取得较好的成效。2016年，县电信局主营业务收入完成640万元。

【业务经营】 2016年，县电信局确定了以收入为核心、以存量保持和欠费追收为支撑、以增量发展和重点转型业务为拉动的总体工作思路。2016年 “三节促销”营销活动取得了较好成绩；圆满完成了二季度“惠动全城，翼起来”活动；“3、4季度百万豪礼”活动扎实开展；重点转型业务发展稳步推进；欠费呈卓越下降趋势。

【运维工作】 2016年，通讯维稳保通全员参与，城乡光纤改造工程陆续启动，格当公路项目指挥部等6个单位光纤上网完成，C网资产清查工作完成，公路建设光缆杆路维护力保通畅。

【“内强素质、外树形象”基础管理工作】 年内，县电信局成立整改实施领导小组，制定实施方案，召开全体员工动员大会，分阶段实施、检查、整改、考核、通报；营业厅、大楼、各办公室现场整洁有序，服务提升、员工主动营销能力增强；装移及时率、障碍历时达标，客户满意率上升。制定了《2016年绩效考核方案》《岗位说明书》，根据工作业绩有效拉开收入档次，做到奖勤惩懒、任务明确，职责明确。

【“5·17”电信日活动】 5月16—17日，县电信局联合几家电信手机卖场在电信营业厅展开“存费，送话费—热烈庆祝第四十八届国际电信日的活动”。为客户带来家庭宽带、无线座机、家庭短号网、数据业务等促销。全体员工为众多客户解答关于电信业务的疑问，提高营销活动的知晓率。

（白玛江增）

【领导名录】
局　　长　遵　珠
局长助理　伟　平

中国移动通信集团西藏有限公司林芝公司墨脱县分公司

【概况】 墨脱县分公司墨脱位于墨脱县墨脱镇东布路，2016年，县分公司共有员工5人，平均年龄在28岁。全年下账收入完成 479.51万元，数据业务收入完成236.50万元，存量保有完成76.94%，市场份额达51.93%，家宽市场份额达16%。

【业务宣传】 县分公司于2015年6月起正式办理家宽业务，为积极宣传墨脱家宽业务，提高墨脱县家宽业务的知晓率。 县分公司以小区为主分时间段、客户群、区域化形式做宣传，晚上19：00--21：00点员工利用休息时间到小区内每家每户做宣传，以单位为主，在正常上班时间内到每个单位，每个部门做宣传，全年共发放宣传单2000余份。

【促销活动】 年内，县分公司加大乡村市场促销活动力度，提升下乡村促销次数，拓展乡村市场。做好乡村级渠道维系工作，逐步圈定惠农网用户，为墨脱县乡村移动客户提供实惠划算的移动业务资费和优质的服务，年初了解分析墨脱县各种施工项目，点位和投入资金施工人员数，时刻关注各中项目开工日期，为墨脱县施工现场的务工人员带去移动一对一上门服务，提供更便捷、划算、优质的移动业务服务。

【企业队伍建设】 年内，县分公司全体员工加强学习，转变管理观念、去粗存精、系统规划、重视细节，全面推行精细化管理，不断提升自身和团队精细化管理水平。做到每月指标分解到人，每月5日前一线人员知道本月计件业务，每月一对一绩效沟通，周周有通报，确保其通过努力能完成指标加大一线员工培养力度；不断提高队伍素质。通过选派到地区、县分公司员工外出交流，内部进行业务培训、业务比赛等多种形式对员工进行全方位培训，并内部进行奖励。通过系统化的培训培养，造就一支思想过硬、业务精通的企业队伍。

（阿　旺）

【领导名录】

总 经 理　阿　　旺（藏族）

客户经理　桑杰贡嘎（藏族）

渠道经理　索朗平措（藏族）

金 融

中国农业银行股份有限公司墨脱县支行

【概况】 中国农业银行股份有限公司墨脱县支行辖内直属支行营业部1个，二级支行1个。2016年，全辖在职员工39人，其中研究生1人，本科19人，专科及以下19人。基层党总支部1个，党支部1个，在职党员15人，其中：妇女党员3名，35岁以下党员3名，占全行人数20%。

【业务指标】 负债业务。截至年底，各项存款余额达119661万元，较年初增加25101万元，增长21%，其中：对公存款余额达94043万元，较年初增加17051万元，增长18%；完成年度计划的90.98%，个人存款余额达25618万元，较年初增加8050万元，增长31%，完成年度计划的170.4%。

资产业务。截至年底，各项贷款余额达41133万元，较年初增加1759万元，增长4.47%，全年累计发放8639万元，其中：对公贷款余额达24603万元，全年累计发放700万元。个人贷款余额达7506万元，较年初增加1150万元，增长10.13%，全年累计发放3644万元，完成年度计划的77.79%；农户到户贷款余额达5656万元，较年初增加384万元，增长6.36%，全年累计发放2342万元，完成年度计划的95.7%。

中间业务收入。截至年底，实现中间业务收入98万元，同比增长20%，完成年度计划的91.58%。

【员工培训】 加强学习型银行建设，是县支行积极适应金融改革进程深化、不断提高干部员工队伍整体素质、加强经营管理能力和业务发展创新水平的提升的客观需要。2016年，县支行坚持深化“学习型银行”的建设，不断强化全行干部员工金融经济理论、电脑操作技能、业务产品和市场营销知识等方面的学习、培训，并采取以考评促进学习、以应用推动学习的方法，以晨会抽问的方式来检验学习成果。加强县支行与营业所员工的交流学习，进行部分员工岗位调整，推进轮岗交叉学习制度；重视员工岗位资格考试，鼓励员工学习专业知识；组织全行员工参加人民银行反假币考试，考试通过率达80%；县支行部分员工积极参加全国专升本考试；荣获2016年度市级“青年文明号”称号这些成功的事例和优秀的典范使广大员工感触很深，坚定了他们搞好学习的决心，增强了他们以学习推进各项工作的信心，收到了良好的效果，也更有效地推动了全行员工队伍综合素质的不断提高。

【认真执行各项规章制度】 2016年，县支行牢牢把握政治方向和改革、发展的大局，坚持讲大局、讲发展、讲稳定，依法合规经营，创造性开展工作，从政治上、思想上、工作上、制度上确保党的路线方针政策以及上级行规定的贯彻执行。在日常中，始终把学习作为增长知识和才干的重要途径，有计划、有系统地精读各类重要思想及重要讲话，努力把握其基本观点，领会其精神实质，不断提高自身的政治素质，增强政治鉴别力。严格落实中央八项规定，确保支行作风有改进。层层签订了党员领导干部“不出入私人会所、不接受和持有私人会所会员卡的承诺书”，签订率达100%。按照中央八项规定要求，对本行财务开支、公务用车、会议活动等进行严格管理。同时，班子还严格自身行为管理，自觉接受上级行、社会、客户以及员工的监督。

【党风廉政建设】 2016年，按照“党要管党、从严治党”“在思想上建党、在政治上建行”要求，以“一个中心、两根支柱”为统领，坚持“围绕经营抓党建，抓好党建促经营”的原则，全面落实党风廉政建设“第一责任人”职责，扎实推进作风建设和反腐败工作。以高度的政治责任感，加强统一领导，狠抓关键环节，健全工作机制，强化责任追究，积极推动党风廉政建设深入开展。

加强警示教育工作，2016年，县支行组织全行员工特别是党员参观墨脱县警示教育基地2次，深入直观的教育；设立廉政文化走廊，时刻警醒全行员工；邀请检察官做预防职务犯罪专题讲座，并与墨脱县检察院召开“检企共建”联席会议，签订“检企共建协议”；按照党支部书记主动担责、带头尽责、班子成员有效分责的原则，把党风廉政建设和反腐败工作落实到全行各部门，同时加强监督检查工作；严格落实“三重一大”制度，所有支行重大重大问题决策、重要干部任免、重大投资决策和大额财务支出都召开支委会研究决定，必要时提交党员大会决定，没有个人说了算。

【开展金融服务“三农”工作】 加快网点改造及空白金融乡镇网点建设工作。2016年，完成了背崩支行网点转型，打造全国农行统一的标准，提升网点服务水平，结束了墨脱农行单点支行的历史，拓宽了墨脱县农牧民享受更多现代金融服务渠道。

完善服务功能，加大助农取款服务点推广力度。针对墨脱农行长期没有基层营业网点的实际情况，通过以惠农卡为载体，以助农取款服务点为依托，以电子渠道为平台，以流动金融服务为补充，加大支农惠农力度，截至年底，惠农卡发卡量已达2281张，基本实现户户有农行惠农卡；助农取款服务点已布放45台机具，实现覆盖45个行政村，累计发生业务笔数15654笔，金额为1945万元，实现了惠农卡持卡客户足不出村就能支取小额现金的愿望。

加大信贷投入，服务地方经济建设。针对墨脱农牧业基础薄弱，农牧民生产、生活水平相对较低的现状，县支行以农牧户贷款证小额信用贷款、农牧户个人生产经营贷款等特色金融产品为依托，有效支持了当地农牧民发展生产、安居工程、水电能源建设和农村公路等基本项目的信贷需求。截至年底，涉农贷款余额为33228万元，全年累计发放涉农贷款4731万元，涉农贷款占全行各项贷款的80.78%。其中，“四卡”为载体的农牧户小额信用贷款累计发放3344万元，余额为8149万元，发放农牧户贷款证1567张，发证率96.41%，使用率96.49%。

加大小薇企业的支持力度，解决企业贷款难问题。2016年，县支行通过各种方式，打好现有产品的组合拳，已向西藏墨脱东嘎曲岭建筑有限公司和墨脱县白玛岗商品混凝土有限公司分别发放400万元和300万元流动资金贷款，结束了墨脱农行自主发放小薇企业贷款0的突破。

【做好“金融精准扶贫”工作】 认真开展“金融精准扶贫”政策宣传。一是组织支行员工深入农牧区第一线向农牧民群众讲解精准扶贫相关金融政策和县支行产品知识，从“精准扶贫”政策解读到“如何申请精准扶贫贷款”再到使用好落实好党中央赋予西藏农牧民各类金融优惠政策等一系列群众最为关心的问题做了深入浅出的讲解。

宣传活动受到了广大群众的关注，共计发放各类宣传折页800余张，通过深入实地宣传讲解，做到家喻户晓，实现建档立卡户户有政策宣传折页，村村有金融政策和操作流程读本；组织全行员工学习《中国人民银行拉萨中心支行关于进一步落实精准扶贫金融政策和信贷资金安排的意见》和《中国农业银行股份有限公司关于支持西藏经济社会发展和长治久安》相关特殊优惠政策等，以便政策精准运用落地；积极参与县政府各类精准扶贫政策宣讲，2016年，在县政府组织开展驻村干部培训之际，县支行安排相关工作人员为驻村干部集中讲解《中国人民银行拉萨中心支行关于进一步落实精准扶贫金融政策和信贷资金安排的意见》和“金融精准扶贫”政策以及农牧户钻石卡、金卡、银卡、铜卡、“精准扶贫贷款卡”相关制度要求、工作流程，方便农牧民特别是精准扶贫户及时准确地申请到贷款。

（白玛益西）

【领导名录】

党支部书记、行长

米　　玛（藏族）

纪检委员、副行长

扎西江措（门巴族）

副 行 长　白玛益西（藏族）

中国邮政集团公司林芝市墨脱县分公司

【概况】 2008年9月26日，西藏自治区墨脱县邮政局正式开业，从而结束了以往该县通邮依靠其他社会组织机构代办的历史。至此，全国所有行政建制县全部正式通邮。墨脱县邮政局于2007年10月开始施工建设，总建筑面积555.65平方米，总投资268万元，现有正式职工5名，投递员1名，揽收员1名，乡邮员9名，总共16名职工。2016年，墨脱县邮政分公司在中国邮政集团公司西藏自治区分公司、林芝市分公司及墨脱县委、县政府的正确领导和关怀下，加快转型发展的战略部署和工作要求，加快营业投递平台转型，着力打造金融和邮务类两支专业营销团队，集中资源大力推进重点业务和重大营销项目，全局经营发展继续保持较快发展，调动一切积极性、迎难而上促发展，牢牢把握稳中求进的总基调，通过加强企业管理、强化基础工作、提高服务质量等一系列措施，推动墨脱县邮政分公司各项业务的稳步发展。全年实现邮政业务收入108万元。

【经营指标完成情况】 2016年，累计实现业务收入86万元，同比增长-20.11%，完成市分公司预算目标的59.08%。其中代理金融业务收入完成52.14万元，完成预算的72.09万元；邮务类业务收入完成13.66万元，完成预算的29.07万元；速递类业务收入完成11.56万元，完成预算的75.06万元。

【金融类】 为切实做好邮政金融普惠服务，墨脱县分公司组建外拓工作队，由一把手任组长，多次组织人员对县城商户，农牧民家庭、部队、寺庙进行走访发放小礼品，向客户推荐及介绍普惠金融服务。

【邮务类】 墨脱县分公司“以普遍服务为基础，切实做好服务于发展两不误”的理念，为文广局配发“农家书屋”报刊杂志，充实公益性文化服务设施。同时，积极配发宣传部做好党报党刊收订工作，配合教育局做好各乡镇小学春季和秋季教辅图书的订阅。

【速递类】 大力发展寄递业务是集团公司“一体两翼”的重要举措。墨脱县分公司做好投递服务的同时加大揽收力度，在激烈的市场竞争中获得客户认可。

【抓好安全生产及邮运、运钞安全工作】 年内，县分公司把储汇资金的安全工作为重点工作，勤检查，详记录，多询问，严格按规章制度，认真做好交接班手续，从而确保储汇资金安全。对现有资金及时上划，加强运钞押运的安全、严格要求运钞送钞人员务必高度警惕。对邮运驾驶员、乡邮驾驶员随时进行安全教育，定期检查邮运车辆，并认真开展《道路安全专项检查》活动，确保县邮政分公司邮运工作和邮件安全。

（白玛次旺）

【领导名录】

总经理　建阿达瓦（门巴族，2月任职）

乡（镇）概况

墨脱镇

【概况】 墨脱镇位于县城所在地，总面积约1050平方公里，平均海拔1200米，东与察隅县相邻，南与背崩乡相接，西与德兴乡隔江相望，北隔嘎隆拉与波密县毗邻。全镇共6个行政村（含仁青崩自然村），辖墨脱、亚东、亚让、玛迪、米日、巴日 6个村民委员会。全墨脱镇共计492户2248人，其中农业人口465户2083人，门巴族占全墨脱镇人口的95.6%。全镇有7个党支部，党员283人。墨脱镇团委下设团支部7个，其中村级团支部6个，机关团支部1个。墨脱镇属喜马拉雅山东侧亚热带湿润气候，冬季温暖、小雨多雾、夏季雨量充沛、降水集中、空气湿润、湿度较高；墨脱镇冬无严寒，夏无酷暑，四季如春，年均温16℃，1月均温8.4℃，7月22.6℃ 。

【经济发展】 2016年，墨脱镇党委、政府以打造“富裕、文明、和谐”乡墨脱镇为目标，带领全镇干职努力拼搏、攻坚克难，经济社会平稳快速发展，各项经济指标大幅提高。截至年底，全镇农村经济总收入2855.99万元，同比增长15%；农村人均纯收入9441.01元，同比增长15%；人均现金收入8670.23元，同比增长15%；粮食总产量908.05吨，同比增长3%。全镇农作物总播种面积4615.45亩，产量1160.97吨；水果种植24432株；牲畜总头数3219头，主要林产品有花椒、木耳等种植面积、产量均大幅提高。

【特色产业】 年内，墨脱镇以茶叶种植为主导，进一步加大资金投入，在引进技术、先进管理经验上狠下功夫，茶产业逐渐科学化、规模化发展。截至年底，全镇共有茶叶基地7处，共1420亩。其中已建成茶场880亩；亚让村、墨脱村果果塘540亩正在建设，墨脱村拉贡、邦塘茶叶基地，亚东村下崩多茶叶基地，巴日村上崩多茶叶基地共计780亩，已出茶。

墨脱镇积极引导群众因地制宜，围绕增收调结构，规模化发展新产业。探索建立“党支部+联户+群众”模式，米日村132亩蜜柚种植渐成规模，部分已经挂果并上市销售，效益初步显现，可为每户增收1000余元；玛迪村194亩香蕉种植基地已初步形成从种植到销售的系统化管理，可为每户增收5000元。

【基层党建工作】 强化班子凝聚力，巩固核心领导集体。顺利完成换届工作。选举产生了11名新一届党政领导班子；选举出席县级党代会代表17名；选举出席墨脱县第十一届人民代表大会代表13名。抓思想政治建设。始终坚持学习制度，每周三、周五下午组织干部集中进行学习，安排1名科级干部进行授课。健全和完善党委中心组学习制度，不断提高党政班子成员思想政治素质和业务水平，进一步提高执政能力和执政水平。坚持民主集中原则。凡涉及墨脱镇经济社会发展的重大问题的决策，严格按照程序办事，由墨脱镇党委集体讨论决定，从而充分调动了班子成员的能动性和积极性，突出了班子的集体领导地位，营造了和谐的氛围。加强党委议事和决策程序的规范。制定相关细则，围绕决策、执行、监督三个重点环节，对议事范围、议事原则、议事形式以及执行、监督、纪律等进行更加具体的规范，使党委议事和决策严格按法定程序规范运行。维护好班子团结，班子成员多谈心、多交流，协商公事，和谐相处，形成人齐、心齐、风正、劲足的局面。

创新机制，提升基层党建工作合力。墨脱镇党委按照"1231"的工作思路，努力形成党委统一领导，一把手负总责，分管领导具体抓，各党支部抓具体的工作格局。严格落实党建工作目标责任制。在年初的工作会上，与各个党支部签订了目标责任书，进一步明确目标，靠实责任，为各项工作的顺利进展奠定了基础。严格落实包村领导联系点、选派优秀干部为党建指导员的党建工作机制。要求包村领导定期开展调查研究，制定党建工作计划，积极参与村级组织建设，指导村支部深入开展基层组织活动。

坚持标准，夯实基层党建基础。墨脱镇党委高度重视党建基础工作，狠抓常规工作规范化管理，不断夯实党建基础。加强日常教育管理。墨脱镇党委采取集中学习、讲党课、专题会议等多种形式，组织广大党员认真学习掌握党的创新理论成果，提高党员能力素质，为发挥党员作用打好基础。严格按照标准发展党员。按照"坚持标准、保证质量、改善结构、慎重发展"的要求，规范发展党员工作流程。2016年，新发展党员9名，发展培养入党积极分子18名，递交入党申请书15人，进一步使党员队伍结构得到优化。认真做好远程教育工作。充分运用党员现代远程教育平台，紧跟党的理论创新步伐，找准广大党员群众关注的热点、焦点和难点问题，增强理论学习的吸引力和感染力。截至年底，墨脱墨脱镇6个行政村均配齐光盘站点设备并投入使用（米日、玛迪两村未通电，自行发电），墨脱村、亚东村、亚让村、玛迪村已建成远程教育网络接收站点。

强化镇、村两级领导班子建设力度。加强墨脱镇党委、政府班子成员调研力度。新一届党政班子成员积极至各村开展调研达20余次，共召开村“两委”班子座谈会、村民大会、“双联户”户长会议等15场次。开展村干部文化素质提升工程。墨脱镇“村干部文化素质提升工程”共开展专题学习70余次，对34名村干部进行了集中培训，委派18名村干部前往区内外参观学习。

优化载体，增强党建工作活力。墨脱镇党委以基层组织建设为载体，深入开展“两学一做”学习教育，落实“为民服务”，全面提升基层党组织建设科学化水平。在无职党员中开展了"设岗定责"活动，使无职党员"无职有位、上岗有为"，形成了党员自我教育、自我管理、自我提高的新机制。在深入推进“两学一做”学习教育过程中，墨脱镇党委在全墨脱镇推广“学、思、用”三位一体模式，全镇共组织学习270期，领导班子讲党课5期，全墨脱镇村干部、党务干部培训2期，培训230人次；全年慰问老干部、老党员及受灾家庭，送去慰问金1.1万余元，各村组织200多名党员进行环境综合治理15场次；组织在家干部职工定期参加“两学一做”专题教育知识考试；积极协助上级单位组织干部参与“两学一做”学习教育测试，巩固学习成果。

强化制度建设，加强村级党组织建设。成立党建专项工作督导组。为进一步加强和改进基层组织建设，墨脱镇党委成立了基层党建专项工作督导组，每月对全镇基层党建工作开展情况进行督导，全年至各村督导达7次。制定《墨脱镇党委、政府议事规则》《墨脱镇月谈话制度》，完善支委会职责、支委会成员职责等10项制度，切实把基层党建工作推进了规范化、制度化轨道，截至年底，开展党委书记约谈15次。

党建促扶贫，助力脱贫攻坚。墨脱镇党委认真贯彻落实“1231”工作思路，结合联系帮扶活动，进一步找准党建工作与经济工作的结合点，狠抓项目、产业、小康示范村建设，实现全墨脱镇经济社会又好又快发展。创新帮扶，带好队伍。积极推广党员干部“四对一”联系群众服务基层模式，扎实有效推进扶贫帮扶工作，2016年以来墨脱县、镇两级领导干部、驻村工作队慰问帮扶贫困户96户，慰问金、慰问品折合人民币共计114630元；扶本为先，建强班子。墨脱镇扶贫工作坚持扶贫先扶本，着力抓好村班子建设，打造一支强有力的扶贫工作队伍，墨脱镇党委提出以党支部为抓手，切实落实好帮带作用，引领群众寻找致富门路；紧扣民生，夯实基础。在党建扶贫工作中，为困难群众办实事、做好事、解难事，有力提升了党的形象和威信。如2016年以玛迪村区位优势为依托，党政会议研究从基层党建经费中支出3万元开办玛迪村门珞服饰租赁点。强化人才培养。如2016年下半年以来，共组织各类培训共13次，主要学习蜜柚栽植、温室大棚种植、茶叶管护等，另米日村党支部书记尼玛为做好村集体经济管理，配合墨脱镇党委、政府积极主动联系福建蜜柚种植专业技术人员至村指导。夯实基础、建好阵地。按照“十有”和党建示范点建设标准，墨脱镇领导班子至村调研，详列所需设备清单，正在积极协调资金，对各村办公阵地进行全面升级改造。为切实打通服务群众“最后一公里”链条，墨脱村、亚东村打造便民服务窗口。截至年底，村便民服务窗口为群众代办各类事项300余件。

【党风廉政工作】 2016年，墨脱镇在县委、县政府和县纪委的正确领导下，按照“为民、务实、清廉”的要求，不断完善反腐败领导体制和工作机制，坚持“标本兼治、综合治理、惩防并举、注重预防”的方针，着力严明党的纪律、切实改进作风、进一步完善反腐倡廉制度体系，认真解决人民群众反映强烈的突出问题，推进党风廉政建设工作全面发展。

认真落实党委主体责任。抓班子促落实。认真落实墨脱镇党委主体责任，将党风廉政建设和反腐败工作与全镇重要工作，做到一同谋划、一同部署、一月落实。抓责任促落实。墨脱镇党政“一把手”认真履行“第一责任人”的职责，牢固树立责任意识、风险意识、落实意识，让廉政意识贯穿工作始终，在党政班子会、镇干部会、村干部会上多次部署党风廉政建设和反腐败工作。并管好班子，带好队伍，以身作则，带头严格遵守规定，自觉接受社会监督，当好廉洁从政的表率。抓“一岗双责”促落实。建立了党政“一把手”负总责，各班子成员认真履行“一岗双责”，按照“谁主管，谁负责”的原则，形成一级抓一级、层层抓落实的责任机制。与各村负责人签订了承诺书，牢记意识，明确责任，规范行为。

认真落实纪委监督责任。规范“三资”，严格监督。加强对村级财务的监管，督促各村按照相关规定执行和落实资金审批、资产资源处置、购置。公开“三务”，阳光监督。在镇机关和每个村都树立了“三务”公开栏，把项目投资、惠民政策、惠民资金的发放等“三务”公开相关内容在公开栏做到每季度公开一次，自觉接受群众的监督。落实规定，相互监督。按照县纪委要求，进一步完善了集体领导与个人分工负责相结合制度，建立健全以“副职分管、正职监管、集体决策、民主监督、公开公正”的工作机制，并同执行“三重一大”集体决策制度结合起来，促进党政正职廉洁履职，营造风清气正氛围。执行“八项规定”，重点监督。贯彻落实“八项规定”的制度，严格公车使用、财务开支等方面的管理规定，严格执行公务接待标准。对“八项规定”的贯彻执行情况进行定期与不定期相结合，明察与暗访相结合，批评与提醒相结合，进行监督检查，确保干部在工作、学习、生活中始终贯彻执行“八项规定”，没有出现违反“八项规定”的人和事。

重视廉政教育，提高廉洁自律意识。深化廉政教育。认真组织墨脱镇、村两级干部学习中央“八项规定”和《共产党员廉洁自律准则》等相关规定；日常工作中经常与干部开展谈心交心提醒活动；组织党员干部观看了《警钟》等教育片。促使广大党员干部始终绷紧廉政建设这根弦，坚持从自身做起，从身边小事做起，切实转变工作作风。

【开展脱贫攻坚】 自精准扶贫开发启动以来，墨脱镇上下认真贯彻落实中央、自治区、市、县关于扶贫攻坚工作会议和文件精神，把精准扶贫、精准脱贫作为战略性任务，以农民致富增收为重点，以全面脱贫摘帽为目标，紧密结合工作实际，坚持扶贫开发与经济社会发展相互促进，坚持扶贫开发与社会保障有效衔接，统一思想，凝聚力量，周密部署，真抓实干，扎实推进扶贫攻坚各项工作。2016年，墨脱镇共有贫困户96户388人，按照“一户一册”制定详细脱贫规划，按照“五个一批”的要求扎实开展脱贫攻坚，完成脱贫46户214人。

建立组织机构保障。成立由墨脱镇党委书记任组长，墨脱镇长任常务副组长，各包村领导、村级负责人、办公室人员为成员的扶贫工作领导小组。

建立层级责任保障。墨脱镇党委书记为第一责任人，分管领导为各辖区的直接责任人，各村包村领导及各村党支部书记为具体责任人。墨脱镇、村两级层层签订责任书，明确脱贫任务及责任，形成一把手亲自抓、分管领导具体抓、一级抓一级、层层抓落实的工作格局。

建立运作程序保障。墨脱镇党委组织全体班子成员和机关干部，深入基层，深入困难群众，详细了解致贫因素，结合实际制定各类实施方案，同时细化工作任务，建立完善贫困户结对帮扶情况一览表、贫困户脱贫攻坚任务台账，确保扶贫工作有力有序有效推进。

建立督查机制保障。建立健全精准扶贫工作考核机制和帮扶工作考核办法，每周分管领导及包村干部深入所包贫困村和贫困户，及时了解扶贫对象困难与动态；墨脱镇每月召开一次扶贫工作专题推进会，扶贫办及时汇报工作进展，查找薄弱环节，研究工作计划。同时，把扶贫工作成效纳入考核内容，考核结果与年度工作考核挂钩，严格奖惩。

建立动员宣传保障。组织党员干部认真贯彻学习系列指示精神，切实提高对脱贫攻坚工作重要性、紧迫性、艰巨性的认识，进一步明晰工作思路和工作办法；先后召开墨脱镇脱贫攻坚相关会议5次，党政联席会议15次，充分调动党员干部扶贫工作积极性；印发扶贫政策宣传资料200余份，脱贫攻坚知识问答小册子6本，制作专题宣传栏7个，制作悬挂脱贫攻坚宣传条幅20余条，营造社会关注扶贫、支持扶贫、参与扶贫的浓厚氛围。

项目支持，后续增收有保障。总投资115.3万元387亩的高标准农田改造项目，正在开工进行，现米日、玛迪已完工，亚让村正在积极改造。全部完成后，涉及115户522人从中受益，其中贫困户35户133人；总投资1010万元380亩亚让村的果果塘高山有机茶园现已开工建设。截至年底，已完成总进度的40%，项目建成预计受益达51户，其中贫困户为12户53人；总投资15万15亩的墨脱村橘子种植（自主开发扩展到32亩）基地目前已开工建设，积极与第八批援墨工作队协调，争取到2万元资金；总建设面积181㎡的米日村家庭旅馆停车场项目，现已开工，2户从中受益；投资60万元的亚东村扶贫农家乐堡坎和围墙正在施工中；积极筹划建设的有墨脱村打造拉贡景区休闲山庄、仁青崩扶贫宾馆项目、打造门珞文化街和投资2000万的亚东村汽车综合市场等项目。

贯彻落实生态脱贫一批。加强森林生态效益等生态补偿力度，完善和强化生态保护补助奖励机制政策，提高补助标准，扩大实施范围。根据墨脱镇实际，和县林业局、国土局、水利局、交通局等沟通协调，根据贫困户实际情况安排护林员、环境监测员、地质灾害监测员、水管员等生态保护岗位，共计 360人，其中贫困户189人，低收入人口171人，并及时足额发放生态脱贫岗位人员工资。

发展教育脱贫一批。扶贫先扶智，为防止贫困的代际传播，墨脱镇根据实际情况，继续通过张贴教育宣传标语等，加强对贫困户思想观念转变，对因学致贫，采取分门别类的帮扶对策，调动社会人士帮扶贫困学生等方式来确保贫困大学生顺利完成学业，继续贯彻根据考上大学的层次类别，每年分别资助3000-5000元不等，2016年，共帮扶贫困大学生17人，帮扶资金67642元。

积极发挥转移就业扶持力作用。墨脱镇根据贫困户实际情况，对贫困户进行不同类型的技能指导和扶持，加大培训就业扶贫资金投入和力度，拓展培训就业渠道，广泛开展扶贫与农牧部门的合作，积极引进推广先进、成熟、适用的技术，增强贫困人员自身致富创收能力，增强个人综合素质。2016年，累计转移就业180人，转移就业脱贫效果明显。

加强医疗扶持力度。从2016年起，连续三年对贫困村以及符合政策条件的贫困群众“看病就医”问题进行精准式卫生计生服务，墨脱镇定期走从入户给贫困户宣传医疗常识。针对因病致贫扶贫户，墨脱镇通过积极申请救助资金有效了解决他们的实时困难。截至年底，共申请解决16.63万元，进一步提高了墨脱镇贫困户的健康水平和健康意识。

【安全生产】 墨脱镇政府始终坚持安全责任重于泰山，强化安全意识，做到一级抓一级，层层抓落实，墨脱镇与各村委会签订安全工作责任书，重点对道路交通、食品安全、重点隐患监测点、森林防火加强检查，坚持每月检查两次，发现隐情及时整顿，防患于未然。2016年，墨脱镇共召开安全生产专题会议12次，党政主要领导带队检查安全生产工作16次，分管领导28次，发展并整改安全隐患15余项。发放《火灾防范、自救宣传画报》400余份、森林防火宣传资料300余份，悬挂横幅12幅。截至年底，共开展种养殖基地、水渠、道路等巡查90余次，确保了村内安全生产工作的有序开展。全年组织各村开展了防震、防火应急演练10余次。

【环境卫生整治】 2016年，自墨脱县开展“清洁家园、美丽墨脱、我们在行动”为主题的环境卫生集中清洁活动以来，墨脱镇党委、政府按照县委、县政府部署要求，重点从抓宣传、促落实、保常态三个方面采取措施，强化责任，大力推进全墨脱镇环境综合整治工作，取得了一定的成效。截至年底，共开展环境整治工作100余次，清理各路段卫生死角20余处，清理沟渠1200米，清倒垃圾40余车，参加人数达1000余人，督导次数10次。

【植树造林工作】 2016年，为提高群众护绿、环保意识，3月12—14日，墨脱镇各村组织村“两委”班子、驻村工作队、农牧民党员在村级活动场所周围和公路沿线开展植树活动。共有230余人参与活动，种植树苗950余棵，包括小果紫薇、青冈、乌木、桃树、枇杷树等品种。

【维稳工作】 墨脱镇6个网格区以“1+1+5”模式，开展环境整治60余次、召开学习会30余场，，排查安全隐患30余次，群众安全感满意度达99%以上；墨脱墨脱镇从辖区6个行政村4个警务站内，共评选出县级先进“双联户”单位3个、墨脱镇镇级9个、村级41个；严格执行“红袖标”工程，确保每天1名科级领导带班1名干部值班；做好外来人员登记工作。组织各村以“双联户”为责任区，由户长带头对各联户单位内有无外来人员进行排查登记，形成了“谁主管、谁负责”的责任体系。严格落实维稳责任制，加大矛盾纠纷化解调处力度，全年化解矛盾纠纷37例，到县上访同期减少80%，到市上访同期减少100%，全年无群体性上访事件，个访稳中有降、逐步化解，实现了重大节假日期间的和谐稳定。

【民政工作】 倾力关注弱势群体。全年发放各类民政救济救助资金787687.35元，其中孤儿救助金25920元，五保户补贴8800元，就医报销135167元，大病统筹报销482130.79元，特困群众救助135669.56元；发挥扶贫帮扶作用，扶困助学。帮扶贫困户大学生9人，帮扶资金42600元；教育资助31名贫困大学生，分别资助3000—5000元不等。

【严格落实惠民政策】 2016年，墨脱镇共发放惠农补贴资金5843441.99元，其中第一次公益林补偿金3680352.62元、发放2015年第二次公益林补偿金2163089.37元。新农保参保1929名群众，缴费参保金38580万元，完成率达到100%。

（李世珺）

【领导名录】

党委书记 白玛旺扎（门巴族，2月离任）
格桑卓嘎（女，珞巴族，5月任职）

党委副书记、镇长
王海斌（5月离任）
曹启兵（5月任职）

人大主席 索朗央金（女，藏族）

纪委书记、主任科员
央吉（女，藏族，5月任职）

党委副书记、常务副镇长
麦振华（7月离任）
喻晓坤（7月任职）

党委副书记、人武部部长
格桑扎西（藏族，5月离任）
韩振（5月任职）

党委委员、宣传委员
卓玛（女，藏族，5月离任）
郭广叙（6月任职）

党委委员、组织委员
韩振（5月任职）

党委委员、统战委员
其美多吉（藏族，5月任职）

党委委员、政法委员
韩振（5月任职）

党委委员 益西措姆（女，门巴族，5月任职）

副镇长 白杨（女，门巴族）
益西措姆（女，门巴族，5月任职）
桑杰平措（门巴族，5月任职）

主任科员 桑杰拉姆（女，门巴族，5月任职）
杰增旺堆（门巴族，5月任职）
卫东（门巴族，5月任职）

德兴乡

【概况】 德兴乡位于墨脱县西北方雅鲁藏布江岸，与县城隔江相望，距7.8公里，海拔850米，国土面积1100平方公里，属亚热带气候，温暖多雨、湿润，年降水量在2000毫米—3000毫米之间，平均气温18℃，无霜期360天以上。是以门巴族为主的较少民族聚集乡。全乡下辖7个行政村，分别是德果村、文朗村、德兴村、荷扎村、那尔东村、巴登则村、易贡白村。2016年，全乡有365户1678人，耕地面积3109.03亩，其中粮食播种面积2951.51亩，水稻1327.06亩、玉米1213.45亩，牲畜2365头（匹）只，其中大牲畜475头（匹）、猪1890头。乡机关干部职工49名，正科级5名，副科级9名，行政干部29名、事业干部18名、公益性岗位2名，乡卫生院有医护人员6名（包括防疫专干1人），乡完小有教职工24人，学生161名。全乡共有9个党支部（含乡机关党支部和乡完小党支部）共250名党员，其中女党员73名，农牧民党员204名。

【经济工作】 乡党委政府在县委、县政府的正确领导下，紧密围绕墨脱县“123456”发展战略，团结和带领全乡广大干部群众，大胆创新，锐意进取，提出并实施了一系列的创新举措，取得了实实在在的成绩。2016年，全乡农村经济总收入达到1538.47万元、人均纯收入8132.06元；人均现金收入7108.22元。收入结构主要为：传统农业、特色种养殖业、旅游业、林业、劳务输出、竹编、惠农政策等方面，增收呈现多元、健康、稳定、持续等良好态势。

【农牧业工作】 2016年，全乡农作物播种面积3109.03亩，其中粮食播种面积2887.21亩，水稻1267.06亩、玉米1213.45亩，粮油总产量实现728.52吨，比上年同期增长3.2%。2016年全乡牲畜总存栏2355头只，其中牛478头、猪1984头、鸡3367只、山羊64余只，年末实现出栏生猪107头，鸡539只，羊12只，创收38.73万元，人均增收230.81元，其中，养殖场存栏生猪153头，出栏生猪32头，羊12只，实现收入9.2万元。

【特色产业及农业调整工作】 在原有19座塑料大棚的基础上，投资87.9万元新建了30座，通过引进内地专业栽培技术能手，以开展实地栽培技能培训等措施，带动全乡反季节蔬菜高效发展。全年实现蔬菜销售3万余斤，创收14万余元，其中群众增收3.2万元；完成荷扎、那尔东、文朗三村1100亩茶叶基地建设，并积极引导农牧民参与开发建设和田间管理，实现收入141.36万元，人均增收842.43元；加大果林基地后续管理和产品质量鉴定工作，2016年德兴、荷扎2村40亩蜜柚基地实现挂果，产量虽然较低，效益却逐步显现，并于2016年10月将产品送往内地相关部门进行质量鉴定，为下一步做好产品认证、申请专利、包装推广等工作打下坚实基础；投资34.5万元建设完成了巴登则80亩野花椒基地，持续做好那儿东、德果2村70亩红米基地科学种植工作，2016年实现红米产量8000余斤，出售3200斤，创收6.4万元，人均增收83.53元；投资1153万元实施了果果塘观景台等附属设施建设，切实提升了旅游观光硬件设施。投资149.23万元实施了藤网桥恢复建设，有效加强了文化游底蕴。投资138万元完成了那尔东、文朗、巴登则3村农家乐建设，扎实做好德兴村次仁玉珍农家乐品牌推广和服务设施提升等工作。2016年，全乡累计接待来宾及游客5800人次，农家乐创收约25万元，带动群众增收约8万元；投资107万元实施了竹编厂扩建项目，通过提供政策支持，优化生产环境，以公司+农户的生产销售模式，实现了竹编产业高效发展。2016年，竹编加工厂生产新型竹编产品4000余件，销售3200余件，营业额突破百万大关达到130万余元。以企业提供原材料，农户家庭作坊式生产，企业回收统一销售的“公司+农户”服务模式，促进传统与新型有机结合。解决那尔东、巴登则2村产品回收资金4万元，鼓励村委会牵头统一回收和销售，减少农户生产成本。结合各村实际，采取设点轮采，加强原材料保护，促进了全乡传统竹编产业健康可持续发展。2016年，全乡共生产和销售修斯贡、帮穷、修差等传统竹编3000余件，实现收入27万余元，人均增收160.9元；依托主编加工厂大力开展技能培训，促进群众就业3人，实现工资性收入9.72万元。

【劳务转移】 2016年，指定一名副职领导专职负责劳务联系和对接工作，通过建立完善农村人才信息库，搭建施工单位与农牧民的联系桥梁，提供劳资需求咨询平台等措施，加大劳务转移实施力度，增加群众现金收入。2016年，全乡劳务转移1023人次，实现收入409.05万元，人均增收2440.63.元，同比增长67%；加强教育引导，大力帮扶和支持农牧民联合创业、联合发展。2016年，帮助成立农牧民建筑施工队2个，承建项目2个，涉及资金223万元，带动群众增收约30万元。

【安居工程】 全乡实施安居工程建设共221户，总投资3438.772万元，截至年底，已全部建设完成，除易贡白村其余均已通过验收，已兑现安居工程资金29692164.4元。

【项目建设】 合理规划项目安排，推进“项目强乡、强乡带村”建设步伐。为实现“十三五”开门红，年初以来乡党委政府形成联合调研组深入7个行政村，补充和完善了德兴乡“十三五”项目数据库157个 ，涉及金额16006.36万元。加大项目监管力度，保障项目健康运行。2016年，全乡共实施项目32个，涉及金额3028.79万元，通过建立项目进度信息台账，实时动态跟踪管理，所有项目运行良好。截至年底，已建设完成荷扎村、文朗村村级活动场所；德果村人畜隔离围墙；德果村辣椒基地；文朗村40亩地产田改造；易贡白村邦塘牧场道路；易贡白村人畜隔离围墙；那尔东、巴登则、文朗3村农家乐和30个蔬菜大棚；那尔东、荷扎、文朗1100亩茶叶种植基地；巴登则村花椒基地；德兴村村道维修；易贡白村机耕道；德果村至鲁古大桥道路硬化；那尔东村通村砂石道路项目22个。未完成德兴村村道硬化；德兴村护村堡坎项目等10个。项目全部建设完工可带动群众增收213万元，人均增收月1270.13元。通过加大项目投入力度，全乡综合实力稳步提升。

【扶贫工作】 2016年，为确保全乡85户383建档立卡贫困户如期脱贫，乡党委政府严格按照“五个一批、六个精准、八个到位”脱贫攻坚总基调，结合乡情、村情、户情、人情制定措施，精准发力，成效显著。以茶叶、香蕉为主导的特色种植业产业结合农家乐旅游产业和竹编产业为抓手，积极引导贫困户通过参与建设、培训技能，帮助生产经营等措施，推动64户80余人创收7.36万元，户均增收1150元。发展产业助力农民增收。加大转移就业，助推脱贫一步到位，通过积极联系用人单位和普惠性政策措施，实现转移就业205人，户均增加工资性收入7784元。助学扶持，为贫困学生解决后顾之忧，积极帮助贫困大学生申报各项资助政策的同时，启动德兴乡贫困大学生助学金机制，并动员社会各界人士捐款，共计为贫困户争取和发放助学金50700元，切实缓解了家庭经济压力。医疗扶持减轻贫困医疗负担，健全贫困户医疗档案，加大政策宣传，2016年帮助贫困户医疗报销102人次，共计192781.7元，有效缓解了家庭就医负担。结对帮扶全覆盖，在全市“四对一”结对帮扶基础上，扎实开展德兴乡“1+2+3”党员结对帮扶（1名乡班子成员联系指导1个村、结亲帮扶1户贫困户；2名乡党员干部职工结亲帮扶1户贫困户；3名农牧民党员结亲帮扶1户贫困户）活动，实施以来共开展结对帮扶48人次，送去慰问金及物品共计7600元，农牧民党员帮助贫困户务农18天，切实营造了全民参与精准扶贫的良好氛围。扎实做好脱贫退出考核工作，在贫困户自愿的基础上，认真进行民主评议，乡村公示等退出考核工作。2016年全乡实现精准脱贫27户145人。

【惠民政策及民政工作】 全面落实各项惠民政策，扎实做好社会保障相关登记和发放工作，2016年实现农村居民医疗参保1371人，完成收缴29500元；实现农牧民养老保险参保671人，完成收缴69200元。2016年，累计完成发放退耕还林补助135414.66元、学生寒假交通补助17610元；税费改革资金52800元；民管人士补助1680元；边民补助1688100元；公益林补助4531338.08元；高龄失能老人补助3600元；低保户补助资金169229元；五保补助资金6240元；救灾物资管理费9000元；医疗救助款32577.95元；80岁以上寿星老人补助5100元；电工技术培训补助3300元；中科院生态监测站征地补偿364000元；三老人员补助52800元等共计约691.98万元。

【教育事业】 为促进全乡教育事业全面、均衡发展，乡党委政府加强属地管理，做到领导重视，责任明确，管理规范。进一步加强控辍保学，严格落实相关责任，重点抓住秋季入学这个节点，联合学校经常深入村户扎实开展劝学工作。制定《德兴乡义务教育协议书》《德兴乡控辍保学责任书》等目标任务，将责任层层细化分解，层层签订，确保了学生在效率和适龄儿童入学率达到了100%。加强校园安全，创建平安学校，深入开展法制进校园等宣讲活动，严格落实学生“出校有人接，进校有人送”的护苗行动工作机制，加强校园卫生和饮食安全监督检查，2016年，未发生一起校园安全事故。着力提升学校硬件设施。教学楼、学生宿舍楼、塑胶运动场及校园附属设施全面建成并投入运行，切实改善了教育教学条件。强化教育均衡，提升教学质量。年初实现德兴村幼儿园开园，促进城乡学前教育均衡发展。持续推进“雨露”助学机制，为25名大学生申请和发放助学资金10万余元，通过加大助学措施，推进了农村贫困家庭受教育均等。通过大力实施“教育强乡”战略，科学规划教育发展目标，采取了一系列行之有效的措施，促进了全乡教育事业全面进步。2016年，乡完小顺利完成26名学生毕业升学工作，期中2名学生以优异的成绩考录内地西藏班，16名应届高中毕业顺利考上大学。

【医疗卫生】 通过配强医疗队伍、完善医疗设施，改善就医条件，全乡卫生事业稳步推进。年内，实现了藏医门诊正式挂牌运行，通过藏、西医结合诊疗服务，有效提升了基层医疗服务水平，方便了群众就医。2016年，实现农牧民藏医门诊就医336人次、西医门诊就医1326人次，切实提升了基层医疗水平，改善了农牧民群众就医条件。加大巡回义诊，推进医疗上门服务，扎实推进小病治疗和地方性疾病预防，协助县卫生院深入村户开展消除疟疾等工作。2016年，共开展巡回义诊12次，免费上门为儿童接种679人。加大宣传，扎实推进了“两降一升”民生建设工作，全年共实现17名孕产妇住院分娩。严格落实医疗报销政策，2016年全乡共接待病人1546人次，其中住院142人。完成住院报销520492.27元，门诊报销44103.79元。

【安全生产】 加强对重点行业，重点领域的专项整治，推进“党政领导亲自抓，安全生产抓常态”的工作机制，年初与各村、学校、施工单位共签订了《安全生产目标管理责任书》《消防安全目标责任书》等26份，建立健全安全生产应急预案，做到目标明确、责任落实，大力推进平安德兴创建工作。大力开展安全生产月宣传活动，通过深入村户、学校、工地等广泛开展安全生产知识宣传40场次，参与人员共约2000人次，有效提高了学生、群众的安全意识。在多雨季节、学生寒暑假等时段，联合县交警，加大“三无”驾驶、超载、超速等交通整治力度，确保了道路交通持续安全。大力共开展烟花爆竹、成品油管控、施工现场、线路、森林防火、防汛、道路交通、食药品等安全隐患大排查150人次，发现安全隐患15处，全部就地督促整改落实，通过加大监督检查，2016年全乡未发生重大安全生产事故。完善防汛防灾机制和物资发放及储备工作，成立防灾减灾领导小组，组建农村地质灾害、气象信息等联络员，完善防灾减灾应急预案，全年共开展防灾减灾演练12次，参演人数达1098人，为有效应对各种灾情提供坚强保证。

【生态环境】 加强林业保护，年初将《重点公益林管护合同》《德兴乡森防安全目标责任书》等目标责任细化分解，层层签订，层层落实，以各村成立森林防火突击队，建立巡山登记台账，加大巡山管护力度，全年共开展巡山值班5110人次，保障了全乡森防安全。扎实开展“争当生态战士·共建和谐家园”主题生态安全创建活动，制定德兴乡“清洁家园、美丽墨脱、我们在行动百日会战城乡环境卫生综合大整治”方案，发放宣传册400余份，动员全乡广大干部群众大力开展村庄周边、旅游景点、卫生死角等大清洁活动，扎实推进了美丽、干净、生态新德兴建设步伐。建设完成了林业监测管护站，成立了有5人组成的专业管护队，并配备交通车辆1部，进一步强化队伍，完善设施，确保了林业生态全面安全。

【精神文化生活】 投资12.8万元，建设完成集健身、娱乐、阅览为一体的乡机关综合活动中心，有效丰富了广大干部的业余生活。投资7万元，实施了德兴村农牧民演绎队舞蹈培训和那儿东村神舞表演队传统神舞面具恢复制作。截至年底，2个农牧民演绎队具备表演项目15个，并充分利用“3·28”、“七一”等节日节点，扎实开展慰问演出。2016年，组织开展各类表演4次，其中参加县级演出1次，观看人数超过1400人次。加强各村农家书屋运行，规范借阅管理制度，2016年各村新增图书1477本，借阅80余人次。通过改善农村阅览环境，有效促进和提升了农牧民精神文化素质和实用技能。

【综治维稳工作】 以“感党恩、听党话、跟党走”为宣传重点，充分借助重大节日开展之际，借助“两学一做”学习教育，以通俗易懂的方式，大力宣传党的光辉业绩、惠农政策、换届纪律以及党在西藏的治藏方略，全年累计开展类似宣传活动达300余场次，参与人员达5000余人次。深刻揭露达赖集团以及门徒会等邪教组织的反动本质。签订相关协议书、责任书达400余份，涉及人员1000余人，发放各类法制宣传手册80余本。乡机关值班室24小时保持有人值班，村森林防火值班室保持白天10小时值班；累计开展矛盾纠纷排查32次，排查各类矛盾纠纷4起，乡内解决的1起，村内解决的3起；签订安全生产责任书19份，到各工地、各村开展安全隐患排查9次，出动工作人员40余人，现场整改的安全隐患13起，限时整改的安全隐患9起。确保全乡“三无”“三不出”。

【党建工作】 建成荷扎村、文朗村村会议室2座共计300平方米；乡党委投入资金6万元，为各村配备打印机、办公桌椅等配套设施80余个（套）；在乡机关建立便民服务大厅，每天安排一名副职领导及政务综合办工作人员负责接待来访群众，累计接访群众400余人次，办结分户、转户等事项150余件；依托援墨工作队的力量，投入资金14万元为全乡7个行政村配备电脑、打印机、办公座椅等设施和设备。建立在乡党委书记的统一领导下，乡党委专职副书记负责落实具体工作，乡党群综合办负责承办相关业务，各驻村工作队和支部成员负责落实各项业务的领导体系。进一步完善204名农牧民党员个人档案，并购置文件柜，实行单独存放，专人保管。充分发挥“三个培养”的作用，借助党内激励帮扶措施、县级领导结对帮扶政策等，致富带头人培养成党员的已有1名已成熟，党员培养成致富带头人的已有2名已成熟。评选在一年里涌现出的先进党务工作者及优秀党员，在中国共产党成立95周年庆典之际进行表彰。年度共计评选先进党组织3个，优秀党员及优秀党务工作者18名。为无职党员设岗定责。共设立12种惠民岗位，涉及党员168名，实现无职党员设岗定责全覆盖。吸收优秀人员加入中国共产党。严格按照“控制总量、优化结构、提高质量、发挥作用”的方针，把一些思想素质好、入党愿望强、愿意在党组织中经受锻炼和考验的青年吸收入党，年内，共吸收入党积极分子2名，吸收预备党员9名。指派7名副科级领导担任党建工作指导员，解决农村党务工作的难题。加大党员培训力度。通过远程教育站点、党员大会、下村讲党课和下村组织培训等形式，先后为全乡249名党员培训种养殖技能，防火、防盗常识等20余次，参与的党员1000余人次。

【班子建设】 选举产生了乡党委委员8名，纪委委员3名，乡党委书记、政府乡长、人大主席、纪委书记各一名，政府副乡长3名；选举产生了县、乡两级党代表共计66名，县、乡两级人大代表共计44名，推荐政协委员5名。换届工作阶段性完成后，乡党委组织新一届领导班子成员进村入户，进行集中调研，帮助新一届领导班子成员充分了解和掌握全乡基本情况。干部队伍总体运行状况良好，政府执政形象好干部职工坚决拥护党的政策和纲领，安心基层，扎根基层，领导班子运行稳定，党政关系融洽，工作协调，配合密切，无失职渎职行为，无影响团结稳定行为。

【机关支部建设】 2016年是“两学一做”学习教育开展关键的一年，乡党支部制定了详细的学习计划，学习期间中，邀请市委党校老师、县直属机关工委到德兴乡开展专题授课，认真组织开展“手抄党章100的活动中”，并撰手抄党章心得体会篇。开展集体学习、讨论会4次，参与党员人数103人次，通过讨论让大家都能够对学习党章党规、学习习近平总书记系列讲话精神吃准、吃透，引导广大党员干部不断深化学习精神的领会和把握，树立正确的世界观、权力观、事业观，在实践中不断加强党性修养，更好地把思想和行动统一到中央一系列重大决策部署上来。通过学习教育的深入推进，把党支部建设成为党员信任和拥护的领导班子，在干部中树立“讲党性、重品行、做表率”的良好形象。坚持“三会一课”，定期召开党员大会、支委会、党小组会，开展党员活动日，以形式多样的活动，帮助困难群众解决生产生活上的实际问题、组织党员义务参加劳动，等多项工作，2016年德兴乡党支部共组织开展8次“党员活动日”活动，参与党员210人次，较好地发挥了党员的先锋模范作用。结合“两学一做”学习教育，践行准则、条例，恪守党纪党规主题，召开专题支部会议，组织专题学习、开展活动，通过支部大会让党员干部牢记党风廉政建设永远在路上，让任何一名党员干部都有筑牢“不想腐”“不能腐”“不敢腐”的思想。开展廉政教育活动11次，参与党员200余人次，每名党员干部通过学习党章、准则、条例及习近平总书记系列讲话精神，结合党风廉政宣传教育月活动的开展，撰写心得体会17篇。积极响应县直属机关工委的号召，组织乡干部职工踊跃捐款，助学金16470元，帮助25名品学兼优、家庭困难的学生继续圆上学梦，乡党委、政府响应县扶贫工作开展号召，为贫困户捐资24184元。

【村“两委”班子建设】 全乡村集体经济收入125500元，收入来源主要以村集体所属农家乐、农家超市以及温室大棚等项目的租金为主，个别村庄还有红米基地、经济果林基地收入等。同时，从20万元党建工作经费中列支8万元，以党内激励扶持的形式，支持德果村党支部村集体经济项目养鸡场运营。始终坚持将每月20日作为固定的党团活动日，充分落实好“三会一课”等政治生活制度。始终将关爱困难群众，解决村庄实际问题作为党员活动日的主题，党员帮助困难家庭解决切身困难，为民服务的意识进一步增强。并在解决群众家庭困难的相关事项中，以此为索引，产生了“1+2+3”党员结对帮扶模式。始终将主动和被动作为区分模范党员的一个重要标准，切实借助活动的开展，进一步提升党员党性修养。党员群众在整治村庄环境卫生中，“党员带头主动扫”，从不动变被动，由被动变主动，让“清洁家园·美丽墨脱·我们在行动”百日会战活动工作成效走在全县兄弟乡镇的前列。始终将解放思想、更新观念作为活动的核心内容，进一步转变根植于德兴农牧民群众心中的“等、靠、要”思想。其中，表现最突出的就是在推广德兴村村集体经济发展工作方法后，德果村提出，要将德果村养鸡场重新规划，由全村党员集体经营该养鸡场，养鸡场运营所得利润的20%归村集体所有，80%用于党员和贫困户的分红，并从乡党委争取到党内激励扶持资金8万元，大胆承诺分5年还清。加强妇女等群团工作，组建“巾帼志愿者”团队，开展活动13次，参与妇女76人次；动员全乡175名党员干部同77户375名扶贫对象精准实施“1+2+3”党员结对帮扶政策，即：1名科级领导结对1户贫困户；2名乡党员干部结对1户贫困户；3名农牧民党员结对1户贫困户，帮扶责任落实到人、落实到具体措施，做到不脱贫不脱钩，年内，党员共帮扶困难户11人19次，投入物资、资金折合人民币7260元，为群众办理实事2件。

【党风廉政建设】 加强对干部队伍的管理力度。进一步完善干部管理条例，强化对干部的请销假管理。引入工作倒查机制，杜绝工作失误或错误后，以口头批评代替实际处罚；严格按照干部请销假管理程序，并将干部在岗情况纳入年终考评。同时逐步建立并完善干部业绩考核制度，逐步探索干部业绩考核奖励机制，探索干部最关心、最需要的奖励办法，建立干部业绩评比机制，引入干部业绩月排名、季度排名机制，设置党员示范岗、模范服务岗。强化教育引导，不断完善各项规章制度，提升党员干部拒腐防变的能力。通过观看《高墙悲歌》《镜鉴》《沉重的代价》等7部教育警示片，传达了治区、市关于违反中央“八项规定”的通报等，引导干部职工自觉遵守廉政规定；通过定期召开廉政会议，教育和警示广大党员干部不能逾越腐败这条红线。年度共计召开专题述职述廉会议5次，参与的党政领导干部24人次；通过制定工作首问负责制、一办到底制，坚持有人找就有人落实，并将此项工作负责到底，杜绝因分管工作人员不再，工作就没人做，或是分管工作人员回岗后，将工作移交给分管人员出现移交不清、情况不明，最后推诿、扯皮的现象。提高党务政务公开透明的力度，营造全民监督的氛围。制定和完善了党务政务公开制度，将党员活动、人事任免、组织培训等工作纳入党务公开范围，各行政村及乡机关每季度上报一次党务、政务公开的文字材料，乡党委联合纪委，每半年对党务政务公开情况进行监督检查，检查结果纳入年终考评，作为年终考评的一项重要内容。同时，对党务政务公开力度不够的村庄进行了及时通报，并在时限内完成整改，并设立了工作运行监督委员会，负责监督村务工作运行情况，实现了党员领导干部清正廉洁。

【创先争优强基础惠民生工作】 年内，乡党委高度重视驻村工作，建立乡领导干部包村的工作联系制度，自觉强化包村工作责任意识，立足包村实际，紧紧围绕推动村经济发展为目标，以服务基层群众为切入点，积极为群众办实事、做好事，扎实推进包村点驻村工作深入开展。结合德兴乡实际制定《驻村管理办法条例》规范驻村干部请销假制度、督促各驻村工作队建立民情调研制度、学习制度、考勤等多项制度，进一步细化对驻村工作队的要求、纪律和奖罚等规定，为驻村工作队扎实开展奠定制度保障。丰富督查方式，紧紧围绕驻村“5+2+1”任务，采取明察与暗访相结合、电话督查与实地督查相结合、定期督查与长期督查相结合、重点督查与全面督查相结合的督促检查方式，督查面达到100%。帮助驻村点完善各类村规民约77项，简历规章制度220条，培养入党积极份子33名，发展农牧民党员6名。以维护稳定为硬任务，进一步完善长治久安的工作机制。召开安全生产群众会议 40余场次，1500余人参与；开展各类安全隐患排查34次，排查各类线路安全隐患23起，及时整改23起；在元旦、春节、藏历年、“3·28”重大节日和3、5、6、9月敏感期，协助村“两委”组织民兵、联防队轮流值班制度，做到了值班点人员到位。各村每天安排巡山值班工作，德兴大桥、德果吊桥和巴登则卡点也安排守桥值班，对来往的车辆、人员进行登记造册，同时按时上报维稳情况，确保了社会稳定帮助村居理清发展思路17条，找准发展路子12个，制定发展规划7个，积极申报报项目20多个，截至年底，德兴村扶持开办农家超市项目、那尔东村修建手工编织品周转店面项目通过审批；开展技能培训70余次（种植技术培训、农机使用技术培训等），提高农牧民生产技能。2016年，全乡劳务输出672人，增收409.05万元；德兴村、文朗村施工队已成立，今后可接一些规模较小的工程；经驻村工作队联系、协调，竹编厂吸收2名闲置劳动力；乡强基办积极联络县里的店铺出售特色手工编织品，帮助农牧民增加收入来源。采取喜闻乐见的方式，面对面向农牧民群众宣讲中共十八大、十八届四中、五中全会精神、中央第六次西藏座谈会会议精神、贯彻落实区党委第七、八次全委会会议精神，深入开展爱国主义教育、反分裂斗争教育、民族团结教育和法制宣传教育。各驻村工作队与群众共度元旦、春节、藏历新年527人次，举办文体活动30场次，开展感党恩教育大会50场次，政策宣传73场次，群众教育面达100%，举办专题讲座21场次。发放宣传材料600份，帮助5名突发疾病村民联系医院，村民得到及时救助。扎实抓好精准扶贫工作，推动产业项目建设4个，涉及资金400万元。以村村干部文化素质提升工程为契机，“两学一做”学习教育为载体，开展了604场次夜校培训，参加培训共约6000人次，有效地提高了基层干部理论水平和政策传达力度。

（西绕多吉）

【领导名录】

党委书记 王 桂 兰（女）

党委副书记、乡长

白玛占堆（门巴族）

党委委员、人大主席

扎西平措（门巴族）

党委委员、纪委书记

吉 雯 雯（女）

党委副书记、组织委员

白玛曲珍（女，门巴族）

党委委员、统战、政法委员、武装部长

拉 巴（藏族）

党委委员、宣传委员

钟 谭

党委委员、副乡长

西绕多吉（门巴族）

背崩乡

【概况】 背崩乡位于墨脱县西南部，雅鲁藏布江下游，地处祖国边防前沿，东南部与印度隔山接壤，西经多雄拉山与米林县相邻，距墨脱县城所在地28公里；全乡下辖9个行政村，人口490户

2371人，主要为门巴较少民族，占全乡总人口的99.2%；背崩乡平均海拔860米，年均气温20℃，平均降雨量2500毫米，年降雨天数为100天，无霜期350天。

2016年，背崩乡共有干部41名，其中男干部25人，女干部16人，党员干部28人，副科级以上领导11人，行政干部20人，事业干部20人，工人1名，30岁以下干部26人。汉族干部19人，藏族干部11人，门巴族干部10人，珞巴族干部1人。具有硕士学历1人，本科学历共计25人，大专学历共计12人，中专学历1人，高中学历1人，小学学历1人。乡机关下派党支部第一书记3人，借调干部7名，派出驻村干部15人，派出驻寺干部1人，读研1人。背崩乡共11个支部，其中9个村支部、机关支部1个、中心小学支部1个，共有党员311人，农村党员262人，机关党员42人。

【经济发展】 2016年，背崩乡经济态势发展良好，全乡生产总值3010.78万元，同比增长11.21%；农牧民人均纯收入8355.06元，同比增长15.00%；农牧民人均现金收入6333.95元，同比增长15.00%；全乡农作物播种面积4085.79 亩，粮食总产量1135.99 吨，同比增长3.01%；油料总产量14.09吨，同比增长3.00%；牲畜总头数5316头、匹（其中牛828头，猪3863头，骡马625匹），同比增长10.47%，家禽存栏数达到3933只。

【特色产业】 2016年，全乡玉米、水稻等传统种植业发展平稳，茶叶、加巴热米、手工竹编等农牧特色产业发展势态良好，已逐渐成了群众增收致富新的支撑点。茶叶方面：背崩乡檫曲卡茶园是全县目前面积最大的茶园，种植面积达1268亩。2016年，乡政府积极组织群众多次开展茶叶修剪、锄草、采茶工作，茶叶长势良好，茶叶成型佳、品质好，极大增强了全乡人民发展茶叶种植的信心；竹编方面：背崩乡巴登村竹编项目已被列为市级非物质文化遗产项目；文化旅游凸显特色。依托背崩乡良好的气候条件、生态环境、自然风光和民俗文化等优势，背崩乡旅游业发展迅速。截至年底，背崩乡有4家农家乐，累计接待外来游客8万人次，营业额累计达到30万元，净利润达15万元。此外，随着布裙湖旅游景点的开发，派墨公路和县城到乡道路硬化开工建设，相信在不久的将来，背崩乡旅游业将迈上新的台阶。

【基础设施建设】 道路交通条件日新月异。截至年底，背崩乡背崩村、格林村已通车，江新村、地东村、波东村、德尔贡村实现初通，阿苍村、西让村、巴登村农村公路正在开工建设，建成以后，背崩乡公路通车率达到了100%；“民心工程”惠及千家万户。其中，背崩村、江新村民房改造已基本完工，格林村正在建设当中，其余各行政村处于规划设计阶段，待通村公路全面建成后，再开工建设；此外，背崩村小集镇建设第一期工程已全部完成，截至年底，第二期工程正处于前期准备阶段；通讯基础设施覆盖率不断提高。全乡电话信号覆盖率达到100%，9个行政村电视覆盖率、广播覆盖率达100%。

【民生保障】 背崩乡扶贫攻坚工作取得了显著成效。2016年，背崩乡共脱贫16户91人，圆满完成年初制定的脱贫目标；共安排林业生态保护等转移就业岗位355个，帮扶贫困户118人，发放就业资金106.5万元；乡政府积极为背崩村低保户罗布扎西争取各方帮扶资金12.6万元，帮其解决了修建安居工程房屋的资金缺口，已顺利入住。

富余劳动力转移成绩显著。成立了以政府乡长为组长的富余劳动力转移工作领导小组，为全乡富余劳动力转移工作奠定了基础；背崩乡鼓励各村有能力的致富带头人成立农牧民施工队，并取得了很好的效果，近年来，背崩乡先后成立了6支农牧民施工队，转移富余劳动力200人次；引领农牧民群众自主创业，制定了详细的农牧民技能培训实施方案，通过培养一些致富带头人学习手工竹编、滕竹拐杖等实用技艺，提高群众致富技能和工艺水平；鼓励青壮年农闲季节外出打工，学习实用技能。2016年，全乡富余劳动力输出的收入为355.29万元。

各项惠民政策都落到了实处。公益林补偿金、边民补贴、城乡低保金、“一孩、双女”户困难家庭奖励、农业机械购置补贴等惠民资金都按照标准按时发放到了群众手中。

社会保障体系不断完善。积极响应国家养老基本制度，全乡农牧民积极参加新型农村养老保险。

积极响应拥军优属政策。2016年，圆满完成新兵征集任务，义务兵和军属优待金政策得到全面落实。

主动介入自然灾害对农业生产的影响。乡政府按时发放化肥、农药、种子，积极做好动物肇事赔偿和微耕机购买统计工作，确保了春耕春播和秋收入仓。

全乡医疗、文化服务水平得到了显著提升。乡卫生院、各村卫生室、乡完小食堂、职工宿舍楼、乡文化服务站等设施齐全，基层医疗卫生政策落实严格，全乡新型农村合作医疗参合率达100%。

农村义务教育政策得到落实。全乡适龄儿童入学率、义务教育阶段升学率均达到100%。

【卫生环境】 背崩乡始终坚持“绿水青山就是金山银山”的理念，始终把农村环境卫生整治工作作为一件民心大事来抓，采取环境整治与网格化管理相结合的工作机制，严格控制“三高”项目，积极开展“清洁家园 美丽背崩 我们在行动”等环境卫生综合整治活动，加大投入力度，使广大人民群众和干部同志积极参与，背崩乡的环境卫生状况得到明显的改善，面貌焕然一新。

【强基惠民】 认真落实“5+2+3+1”工作要求，严格服从县、乡强基办的安排，扑得下身子，放得下架子，密切配合村两委班子，积极为村内经济社会发展建言献策，及时解决群众之所需。强化督导检查，严明各项工作纪律，严格请销假制度，考勤制度等，确保驻村在岗率，切实树立党员干部良好形象；驻村工作队积极开展“三会一课”活动，帮助村级组织健全村规民约，党务村务公开制度，党风廉政建设等方面的规章制度，认真落实“三排”工作，做好“三个排查”工作台账登记，切实做好维护社会和谐稳定各项工作。

【基层党建】 始终把党建工作摆在党委工作的突出位置，从强化责任入手，层层抓好基层党建工作落实。及时调整充实乡党建工作领导小组及办公室成员，以确保各项工作有序开展，进一步明确班子工作分工，党委书记总负责，分管领导直接抓，班子其他成员结合分工抓好各自联系点行政村的党建工作，一级抓一级、层层落实党建工作。

结合“两学一做”学习教育，认真谋划部署，精心组织，及时制定学习计划，发放学习手册，迅速在全乡掀起了学党章党规、学系列讲话的热潮。把党员培训、“三会一课”制度等基层党建系列活动作为开展“两学一做”学习教育的重要途径，以“两学一做”学习教育为载体，大力开展讲党课、重温入党誓词、对照党章自我剖析等系列活动，切实增强了党员党章意识、法纪意识，提升了党员综合素质，进一步提升党组织在群众中的影响力和感召力。

加强队伍建设通过常抓党委中心组学习制度，班子成员的政治理论水平和业务水平都有进一步的提高，大力开展党员教育培训工作。严把党员“入口关”和“程序关”，将有能力有文化的年轻人吸收到党员队伍中来，2016年新发展党员7名，预备党员10名。

全面贯彻执行党的路线、方针、政策，着重抓好重要党建活动的组织、部署和检查。上半年召开党建工作会议部署全年工作任务，主要领导下村及时了解基层党建工作责任落实情况及存在的困难。细化了基层党组织的目标任务，并围绕工作重点与各支部签订了目标管理责任书，把各项工作任务层层分解，落到实处。大力推行村干部量化管理，根据县委组织部关于《墨脱县推行村干部量化管理意见的通知》，将村干部量化管理摆上重要议程，结合背崩乡实际，进一步细化、充实和完善了背崩乡村干部的管理意见；深化驻村、驻寺、第一支部书记及大学生村官的日常管理，严格执行请销假制度。

【党风廉政建设】 加强学习教育，提高拒腐防变能力。年内，通过党委中心学习小组、每周四“两学一做”学习教育日、自学等经常性、多形式进行了理论学习，对政治理论、党风廉政有关规定、观看警示教育片等；按照全面从严治党的相关要求，突出抓好对乡领导班子成员的监督管理。年初，根据县委部署要求，结合背崩乡实际，组织专题研究党风廉政建设工作计划，将廉政建设责任制具体任务细化分解到班子成员，并提出目标要求。年内结合“两学一做”学习教育和班子作风建设相关规定，召开了两次专题会议；组织落实班子民主生活会和领导干部双重民主生活会制度，认真开展批评和自我批评，及时检查执行党风廉政建设责任制情况和领导班子廉洁从政情况。对各个支部，也把党风廉政建设责任制的落实与经济、党建工作同布置、同督促、同考核；建章立制，从源头上预防治理腐败。坚持民主集中制原则，严格按《党政领导干部选拔任用工作条例》规定和程序任用干部，坚持集体研究，防止和纠正了用人上的不正之风；规范财务制度管理。加强了对村级组织的日常经济审计，加强了村级财务管理；推行政务、村务办事公开制度，做到有法可依格言天，按章办事，增强透明度，杜绝暗箱操作；强化主体责任意识，全面抓好党风廉政建设工作。乡党委积极发挥责任主体和实施主体的双重作用，做到重要工作亲自部署、重大问题亲自过问、重点环节亲自协调、重要案件亲自督办，乡党委进一步强化主体意识、自觉意识，把反腐倡廉工作摆上重要议事日程，纳入党委工作规划，做到学抓不懈。

【人大工作】 组织人大代表开展学习活动：始终把加强代表学习放在首位，为提高人大代表的综合素质，各小组制定了详细的学习计划，从2016年8月起，组织一场集中专题学习，重点学习了十八大精神、习近平总书记的系列讲话和代表法、选举法等多部法律法规，使大家统一了思想，明确了方向，强化了服务意识，在履职过程中，言必依法，论必有据。2016年，组织部分县乡级代表15人到背崩乡地东村、德兴乡德兴村、墨脱镇亚东村参观学习农村工作开展情况，有效提高了大家的依法履职能力和水平。

谈心走访，保持与群众紧密联系：积极开展代表谈心走访活动和联系接待选民活动，加强人大机关、代表和选民之间的联系。要求每位代表联系群众20名，主要针对当前涉及群众切身利益的热点、难点问题进行收集整理，协调相关部门办理解决。通过组织人大代表走访和接待访民，为群众解决问题10余件，“人大代表之家”的工作得到了群众普遍认可。

调研视察，履职尽责服务民生和维护社会稳定。对重点工程、项目进行视察，深入基层认真听取人民群众的意见和建议，讲实话，听真话，及时反应和督促解决人民群众普遍关注的热点、难点问题。2016年，乡人大建议乡政府把发展特色农业、品牌产业作为目标，全面实施农业产业化结构调整，乡政府采纳了建议，重点发展了以热带果林、优质水稻、良种玉米为主的种植业，以养牛、养鸡、养猪为主的畜禽养殖业，同时不断壮大以服务业为主的第三产业，有力地推动了背崩乡经济社会全面发展，促进了农业增产、农民增收、农村繁荣期间对组织代表下村调研共2次9个行政村检查各项惠民资金及政策落实情况及项目建设管理力度。同时在元旦、春节、藏历新年、“两会”等重大活动及节日期间，县、乡人大代表积极参与群众的联系走访，积极参与矛盾纠纷的排查、调解、维稳值班工作，维护了社会稳定。全年代表为困难群众捐款、捐物、捐粮食等。共走访慰问5余次，慰问资金2580元。

【社会稳定】 年内，在县委、县政府的正确领导下，背崩乡以维护社会稳定为根本，从强化“预防为主、打防并举、标本兼治、重在治本”四方面入手，通过认真开展排查，调解，帮教，严打，反分裂等工作，努力实现 “建设平安背崩” “构建和谐背崩”的工作目标，为背崩乡的社会经济发展营造了安全、稳定的社会环境。

强化制度建设。按照“党政主管亲自抓，

分管领导具体抓，全乡干部、群众全力配合”的工作思路，设立了驻村干部、派出所干警和综治办眼线、村干部、村民信息员、民兵预备役和应急分队队员等11支近200人的信息员队伍，实现信息预测预警摸排多领域、全覆盖；认真宣传学习普法。组织乡、村干部认真组织学习普法教材等相关法律知识。学习党和国家的方针政策、法律法规15次，张贴横幅（加各村）45张，宣传栏10个，宣传标语30余份，宣传单500余份，2016年，法制副校长、派出所所长每月例行为乡完小学生上最基本法律宣讲课12次，讲解日常安全、消防常识、防拐骗儿童、突发性事件自救措施等。通过学习，加深了乡、村干部职工、学生对法律知识的理解和掌握，为各项工作的顺利开展奠定了坚实的基础；认真做好信访工作。在处理矛盾纠纷上，坚持以群众的利益为第一出发点，哪里有矛盾就到哪里，率先赶到出事地点，将不稳定因素控制在萌芽阶段。2016年，在全乡领导干部共同努力下，背崩乡排查信访问题12次，未发生一起信访、越级上访事件；开展对矛盾纠纷排查整治。2016年，坚持“分级负责，规范管理”和“谁主管谁负责”的原则，重点加大了矛盾纠纷排查力度，对容易引发群体性事件的纠纷和信访突出问题进行排查，认真做好纠纷排查调处工作，坚持“零报告”制度，2016年，全乡无重大矛盾纠纷发生，发生民事纠纷6起，调节处理6起，劳资纠纷2起，为格林民房改造负责人拖欠民工工资，背崩变电站建设施工地拖欠民工工资。乡党委、政府调解无果后移交县人社局；双联户服务管理工作。全乡辖9个村46个联户单位，机关干部参与帮扶扶贫户11户64人，党政领导班子包村驻寺10个点，驻村工作队助力40个联户单位“联户增收创富”等活动，丰富了背崩乡“双联户”工作创建内容，创新了结对共建方式，转变思想作风和工作作风。通过驻村工作队、第一书记结合各村实际，全乡（各村总和）共培训：“双联户”户长业务培训300余次，开设户长文化素质提升课程613场，技能培训24次，带领户长搜集村情民178次，户村治安巡逻331趟，开展卫生死角治理133次，同搞文体活动145次，帮助“双联户”建立“增收点”4处。与此同时，积极协助村委会，联户单位出实招、想办法，创新工作思路，争当联村的好典型，争做联户的好模范。

（宋静晓）

【领导名录】

党委书记　李　　伟（5月离任）
党委书记　王 海 斌（5月任职）
党委副书记、乡长
　　米　　玛（藏族，5月离任）
　　扎西曲扎（门巴族，5月任职）
党委副书记
　　旦增多吉（门巴族，5月离任）
党委副书记、人武部长、主任科员
　　白玛扎西（门巴族，5月离任）
党委副书记、组织委员、主任科员
　　婷　　姆（女，藏族，5月任职）
党委委员、人大主席
　　旦增多吉（门巴族，5月任职）
纪检委书记
　　旦增多吉（门巴族，5月离任）
党委委员、纪检书记
　　金　　海（5月任职）
宣传委员　扎西旺久（门巴族，5月离任）
党委委员、宣传委员
　　卓　　玛（女，藏族，5月任职）
党委委员、统战委员
　　次仁措姆（女，门巴族）
政法委员　扎西顿珠（藏族，5月离任）
党委委员、政法委员、人武部长
　　次 仁 乔（藏族，5月任职）
副 乡 长　孟 兆 国（5月离任）
　　次 仁 乔（藏族，5月离任）
　　索朗多杰（藏族，5月任职）
　　桑杰仁增（门巴族，5月任职）
农牧服务中心主任
　　曲　　尼（门巴族，5月离任）

文化服务中心主任

次旦桑珠（藏族）

达木珞巴民族乡

【概况】 达木珞巴民族乡是一个拥有303户1113人的珞巴民族聚居乡，全乡总面积800多平方公里，平均海拔1930米，东与察隅县相邻，南与墨脱乡相接，西隔嘎隆拉与波密县毗邻，北与格当乡为邻，距墨脱县城39.41公里。

2016年，达木乡共有干部47人，其中男干部26人，女干部21入，党员干部31人，副科级以上领导干部11人，行政干部20人，事业干部24人，工人3名，30岁以下干部30人。汉族干部14人，藏族干部18人，门巴族干部7人，珞巴族干部7人，苗族干部1人。具有硕士学历1人，本科学历共计25人，大专学历共计12人。乡机关下派党支部第一书记2人，村干部3名，借调干部5名，派出驻村干部6人。全乡共有党支部6个（其中包括乡直机关党支部1个、小学党支部1个，村党支部4个），全乡共有党员197人，其中乡机关党支部党员31名，乡小学党支部党员8名，农牧民党员158名，共青团员152名。

【经济发展】 2016年，全乡粮食总产量582.57吨。年底牲畜存栏量达2062头（只、匹），全乡实现牛奶总产量9.25吨，农村经济总收入1365.6万元，同比增长5.59%，其中人均居民纯收入8060.79元，同比增长10.01%，人均现金收入6559.41元，同比增长10.67%，外出务工人员196人次，劳务收入完成296.08万元。

【产业发展】 在墨脱县发展特色茶叶的基础上，继续发展壮大特色产业项目。全乡红米种植基地120亩，位于达木村，为群众增收12万余元；茶叶种植基地面积800亩，其中卡布村600亩、达木村200亩，达木乡加强了现有茶叶基地的后续管理工作，组织群众对茶叶基地进行除草5次，参与群众800余人次，为群众增收80万余元；野花椒基地220亩，达木乡组织开展茶叶修剪培训、驾驶理论培训、村医培训和电工技能培训各一次，共培训48人次。达木乡继续强抓珞巴文化的挖掘、保护、收集和传承工作，在上级部门和相关单位的支持下，对珞巴族服饰、歌舞、节日、婚俗、建筑和民风民俗的进行了大力的宣传和研究，加强对达木许多民族民间传统的节日和歌舞活动以及季节性的农作视频和田野风光的搜集工作，为更好地宣传达木丰富多彩的原生态歌舞文化和以后的非遗研究做史料收藏，使达木非物质文化遗产得到保护传承，截至年底，《珞巴民间歌舞》处于县级非物质文化遗产申报中。

【城乡面貌】 达木乡加强对农村环境的综合整治，切实改变各村环境卫生，全年召开各类环境整治会议6次，制作宣传栏6个，书写标语100余条，发放环境卫生“三包”承诺书8余份，在小学举办“爱护环境珍爱家园”专题讲座4场。深入实施了农牧区水、电、路、讯、气、广播电视、邮政和优美环境“八到农家”工程，村通水率、通电率、通路率均达到100%。2016年，卡布村、达木村、珠村被评为自治区级"生态文明"村。同时积极做好植树造林和退耕还林工作，加强了森林巡逻管护力度，有效地保护森林资源，加强生态公益林管理力度。大力开展“白色污染”治理工作，禁止使用一次性塑料袋（盒），着力加强生活垃圾、医疗垃圾的集中处理，确保从源头上控制环境污染。

【社会事业】 文化方面。强化系列精神宣讲，以党中共十八大、十八届三中和四中全会、中央第六次西藏工作座谈会、习近平总书记系列重要讲话以及俞正声主席讲话精神为重点，全乡集中开展了宣讲活动：深入开展新旧西藏对比活动，通过设立新旧西藏对比图片展等形式，不断强化感恩教育、反分裂教育，在全乡上下营造感党恩、跟党走的良好氛围；加强政策法规宣传教育，特别是各种惠民政策，通过各种载体及时宣传到位，围绕典型抓宣传，紧扣创先争优、强基惠民活动，向先进典型学习，激发全乡党员干部创先争优、干事创业的热情。

教育方面。认真落实教育工作领导责任制，年初专门召开会议，安排部署教育工作，签订教育工作目标责任书和"控辍保学"责任书10份；建立了乡长主抓、分管副乡长具体抓落实的教育机制；广泛开展学生思想政治教育工作，突出抓好校园安全和学生安全管理工作，以创建"平安校园"活动为主题，组织分管教育领导、教育干事、司法干事与卫生院、学校一同开展安全隐患检查与排查4次，积极推进平安校园、文明校园创建工作。切实抓好学校基础建设，投资240余万元修建了足球场和门卫室，并在校内进行了道路硬化，完善了小学运动场所和安全设施建设，促进体育事业深入发展。

卫生方面。已全面落实基本药物制度，积极推进农牧区医疗卫生制度改革，2016年，达木乡乡农牧民合作医疗参保303户，参保人数1113人，参保率达100%。全行共有村医务室4个，共有村医8名，实现全覆盖。加强村医培训，共组织8名村医交流学习培训2次；认真开展免疫规划单苗接种和疫苗查漏补种工作。免疫接种率达100%。积极宣传优生优育政策，普及健康知识，达木乡住院分娩率达100%。加强食品、药品安全管理，签订（食品、药品安全管理责任书），定期不定期对小集乡商店、餐饮等行业进行检查。

【社会保障和民生建设】 积极开展就业再就业工作，加大农牧民技能培训力度。截至年底，共组织创业就业培训17人次，其中解决就业4人。进一步完善了新型农村社会养老保险制度，广泛宣传新农保政策，及时发放了《新农保宣传手册》及新衣保宣传画。入户率达100%。及时兑现贫困户、五保户、低保户扶持资金。

【强基惠民活动】 年内，达木乡认真落实“5+2+3+1”工作要求，严格服从县、乡强基办的安排，扑得下身子，放得下架子，密切配合村两委班子，积极为村内经济社会发展建言献策，及时解决群众之所需。强化督导检查，严明各项工作纪律，严格请销假制度，考勤制度等，确保驻村在岗率，切实树立党员干部良好形象；驻村工作队积极开展“三会一课”活动，帮助村级组织健全村规民约，党务村务公开制度，党冈廉政建设等方面的规章制度，认真落实"三排”工作，做好“三个排查”工作台账登记，切实做好维护社会和谐稳定各项工作。

【基层党建工作】 达木乡以创建基层党组织“五个好”领导班子为目标，努力加强乡村两级班子及党员干部队伍建设，主要围绕抓核心、抓带动、抓制度三个工作中心。

抓核心重点是着力强化乡村两级班子建设。乡党委班子建设中，主要抓乡党委班子思想工作，加强班子团结，及时沟通，发挥带头人、领头雁的作用，不搞“一言堂”“家长制”等个人主义。村“两委”班子建设中，主要抓村支部书记、村主任思想工作，要求村内事务研究决定都要召开村班子会议，必要时将“双联户”户长、护林员纳入参会人员范围，形成集体研究村内事务的良好风气。2016年，通过开展党员评议村干部、召开村“两委”班子会议、走访群众代表，发现个别村干部存在一些工作问题，共组织个人谈话18次，召开村两委班子会议17次，召开党员大会9次，发现和解决问题6次，及时纠正他们工作中存在的方式方法问题。

抓带动就是着力抓好农村党员队伍建设，充分发挥党员的先锋模范作用。重点开展了“五星党员、十星农户”评选工作，通过召开党员大会，采用“四语”宣传、“双星”评比，由村“两委”班子成员及双联户户长根据五星党员、十星农户的内容对候选人进行打分，按照评分高低选出优秀代表。工作中我们做到了公开、公正、公平，得到了群众的满意评价。各村党员也表示今后要向先进典型学习，带头执行村“两委”的决定，为发展村内事务建言献策，形成互学互比的良好氛围。不断加强村干部能力培训工作，全年进行村干部培训8次，民主评议党员干部2次，提高干部工作能力。

抓制度就是要形成用制度管人、用制度办事的良好机制，2016年，完善了乡党委党政联席会议制度、基层党组织建设责任制、公开党务政务村务制度、政府采购办法、村干部轮流坐班制度等5项制度。做到党务、政务、村务及时公开，接受群众监督。

【党风廉政建设】 落实“一岗双责”制度，严格落实党委主体责任和纪委监督责任，认真学习党章党规，坚决纠正损害群众利益的不正之风，积极探索建立不敢腐、不能腐、不想腐的良好机制，把党风廉政建设纳入全乡总体工作规划和目标管理，明确了领导责任和年度工作目标，并按照“一岗双责”的有关要求与乡班子成员、各村党支部、村委会、乡机关各单位签订了目标责任书，明确单位一把手责任制，强化党风廉政建设工作责任追究措施。2016年，党委研究反腐倡廉工作事项4次，惩防体系建设领导小组召开会议4次，党委书记部署反腐倡廉工作3次，共开展党风廉政建设学习10次，参加干部职工126人次。

【人大代表之家创建工作】 在墨脱县人大常委会的精心指导和达木乡党委的正确领导下，结合实际，达木乡“人大代表之家”于2016年8月创建实施，从阵地建设入手，严格按照“六有”标准，加大完善“人大代表之家”各项硬件软件设施建设。自“人大代表之家”创建以来，坚持以人大代表之家为载体，精心组织活动，切实加强活动实效。结合达木乡的实际情况，为便于开展人大活动，代表分为4个小组。

认真组织开展代表学习活动。重点学习有关法律法规知识，增强代表的法治观念，不断提高履职水平和能力，先后组织学习94余人次；积极开展代表谈心讨论交流活动。各小组组织开展谈心讨论交流活动共47人次，及时掌握代表的心态，与代表谈心，交换意见，征求他们对全乡的经济社会发展，民生保证等方面的好意见、好建议13条；开展走访活动。组织各级代表开展走访、接访活动38人次，协调落实代表建议，主要针对当前涉及群众切身利益的难点、热点问题进行收集整理，协调相关部门办理解决；开展调研视察活动。自“人大代表之家”以来先后组织开展调研视察活动3次24人参加；组织代表开展扶贫帮困活动。节日期间人大代表走访慰问基层贫困代表慰问，慰问资金2000元，人大代表牵头，组织干部、群众、广大爱心人士，为贫困户因病患者捐款，为患者桑次仁等3人共筹措医疗费38566元；坚持“为乡党委分忧、对人民负责”的原则，把做好选民接待工作作为密切联系服务群众的桥梁和纽带作用，坚持每月20日为选民接待日，认真处理群众来信来访，督促政府及时解决群众问题。自创建“人大之家”以来，共参与接待选民16人次，受理和督促办结群众事实3件，确保了群众来信来访件件有结果、事事有回音。

【社会稳定】 以“创建平安达木”为目标，把创建“平安达木”活动纳入重要工作日程，作为增强党的执政能力和践行科学发展观的具体措施，作为落实社会治安综合治理措施的主要载体。以3月综治宣传月、6月综治宣传周、“9·16”平安西藏宣传日等时机，深入各村、乡完小开展综治宣传活动，2016年，共开展综治宣传25余次，出动人员50余人次，发放宣传单500余份，粘贴宣传标语10余条，教育群众大850余人次，农牧民群众的法律意识和法制观念得到进一步增强，知法、守法、学法、用法的自觉性明显提高；强化乡村人民调解委员会作用发挥，深入开展矛盾纠纷排查调处工作，妥善解决群众反映强烈的问题，共开展矛盾纠纷排查工作9次，发现矛盾纠纷5起，调解5起，确保矛盾纠纷调解于萌芽状态，群众无上访事件。切实发挥维稳第一防线的作用；深入开展"双联户"创建工作，把“双联户”工作作为新形势下服务人民群众的一项重要工作来抓，主动作为、狠抓落实，努力探索出一系列创新举措，通过“抓宣传、抓培训、抓带动、抓管理”等方式，极大地增强了群众对“双联户”工作模式的认可与支持，推动了达木乡“双联户”服务管理工作迈上一个新台阶。为把安全生产的重大意义及各项责任落到实处.达木乡积极营造宣传氛围及舆论导向。深入开展大排查、大检查活动，加大排查监控力度，制定了《达木珞巴民族乡安全生产大检查实施方案》，成立安全生产领导小组。对个体商户、小学、卫生院、4个行政村、施工队每月进行一次全面彻底排查。在排查中做到乡不漏村、村不漏户、户不漏人，对重点地区进行详细排查。共组织安全生产巡查四次，对发现的安全隐患要求限期整改，切实消除各类安全隐患。对所有流动人员进行登记备案，对重点部位、场所进行严密排查，确保不留安全死角。

（赵希望）

【领导名录】

党委书记 杨　郓

党委副书记、乡长

格桑卓嘎（女，珞巴族，5月离任）

党委副书记、乡长

卓玛央宗（女，珞巴族，5月任职）

党委委员、人大主席

卓玛央宗（女，珞巴族，5月离任）

党委委员、人大主席

罗　布（藏族，5月任职）

主任科员 旺　堆（门巴族，5月离任）

党委副书记、纪检委书记

索朗罗追（珞巴族，5月离任）

党委副书记、组织委员

索朗罗追（珞巴族，5月任职）

党委委员、纪检委书记

孟兆国（5月任职）

党委委员、副乡长

次多益西（门巴族）

党委委员、副乡长

卫　念（女，珞巴族，5月离任）

党委委员、统战委员

布姆曲珍（女，珞巴族，5月任职）

党委委员、宣传委员

魏　潇（5月任职）

副乡长 次仁琼达（女，藏族，5月任职）

西绕桑姆（女，门巴族，5月任职）

农牧服务中心主任

桑杰多吉（门巴族）

文化站主任

次仁江增（门巴族，5月离任）

格当乡

【概况】 格当乡位于墨脱县东北部，距县城66.3公里，平均海拔1999米，属于亚热带气候，平均气温14℃，最暖月8—9月，最冷月1—2月。年降雨量主要集中在6—8月。草场总面积达2168.44公顷，可利用总面积达2168.44公顷。

2015年，下辖格当、布龙、桑珍卡、占根卡四个行政村，居民以藏族为主。截至年底，全乡共有232户、956人（回迁安置64户，295人），其中，藏族790人，占全乡总人口的83%，门巴族62人，珞巴族103人，汉族1人，农业户口222户、938人，非农业户口10户、18人，劳动力508人，生活方式属半农半牧，主要以农业为主，兼营牧业。

【主要经济指标】 2016年，全乡农村经济总收入1132.35万元（第一产业收入351.25万元，第二产业收入651.87万元，第三产业收入129.23万元），纯收入493.63万元，人均纯收入7737.07元，人均现金收入6582.95元。

【农牧业工作】 2016年底，全乡共有耕地面积2348.3亩，农作物播种面积2415.96亩，粮食播种面积1957.41亩，蔬菜大棚31个，农作物总产量376.98吨，粮食总产量247.12吨；牲畜总头数1438头；草场总面积2168公顷，可利用草场面积2168公顷。

【特色产业】 在重点抓好全乡玉米、小麦等传统种植业的基础上，积极培育群众增收致富支撑点，大力扶持辣椒、花椒等特色产业发展。辣椒产业：格当辣椒富含辣椒素，历来以高品质受到消费者青睐，乡政府紧抓这一优势，在成立合作社的基础上，争取资金20万元，在原有基础上扩建60平方米厂房。在上级相关部门支持下，计划投资38.21万元扩大全乡辣椒种植面积，同时积极推进子种改良、病虫害防治工作，全力推动辣椒合作社投入运营，使群众长期稳定受益；花椒产业：申报布龙村、桑珍卡村花椒种植基地，投资116万元，总面积达530亩，属于重点区域造林，充分发挥了地域优势和地方特色，截至年底花椒长势良好，并已通过初步验收，该项目将有效带动经济发展，增加居民收入，加快脱贫致富的步伐。另有桑珍卡村15亩桃子种植基地项目，总投资16万元，为各村发展特色农牧业探索路子，给群众带来了实实在在的经济收入。

【重点项目建设】 安居工程圆满完成，该工程于2015年7月正式启动，惠及118户、392人，补贴金额达1364.1030万元，截至年底，已悉数通过验收，并足额兑现补贴资金；2016年，计划投资4498.35万元的桑珍卡下那巴回迁安置工程全面开工建设（64户295人），并完成工程总量的65%，宅基地建筑总面积达200亩，入户路面硬化、卫生间、排水管道、垃圾池等基础设施一应俱全；布龙村多龙异地搬迁工程共计3个村，90户，381人。2016年，主要完成工程选址、设计、水质土质监测、地质灾害评估工作；原则上每个行政村2000万元的小康示范村建设项目，惠及全乡141户、605人，2016年，主要实施项目一期工程，建设内容为乡村公路、入户道路、卫生间、牛棚、晒谷场；达格公路全长29.3公里，宽度6米，全程需架设西西桥等7座桥梁，总投资13612.11万元。该工程于2016年8月开工；申报修建饮水工程，总投资509.9万元。新建取水枢纽一座及水源地保护设施，水厂一座及附属设施，同时架设各类管道、工作井、污水井等。2016年，该项目已完成工程量的90%；新建一座三层框架剪力墙结构农家书屋1350平方米，一层设土特产营销中心、休闲区等，二、三层为客房，附属设施包括停车场、围墙、大门，总投资576.5万元；投资360万新建4个行政村村公房，单栋面积298平方米，总面积达1192平方米。该项目为村干部提供优质的办公环境，进一步发挥村级活动场所阵地作用，2016年，布龙、占跟卡、桑珍卡村公房已完成建设，格当村正在建设当中。

【教育工作】 2016年，格当小学在校生43人，教师8人（均为大专以上学历，学历合格率达100%）。适龄儿童入学率达100%，全乡脱盲率93%，在校生巩固率、教育“三包”经费到位率、初中适龄少年入学率均达到100%，巩固率达95%。

【卫生工作】 乡卫生院医务人员5名，为全乡群众建立健康档案，并前往各行政村巡诊25次，诊治病人达200人次，向群众宣传疾病防治知识4次；并定期为儿童接种疫苗，接种率达100%。截至年底，格当乡共有8名村医，定期接受县人民医院培训，培训后由乡医务人员进行帮带，现均能独立诊治病人。同时，不断加大格当乡兽医专业人员的培训力度，切实做好春秋牲畜疫病防治工作。

【环境卫生综合整治】 积极响应市委“‘清洁家园 美丽林芝 我们在行动’百日会战城乡环境卫生综合整治专项行动”，及时成立领导小组。与各村负责人签订了目标责任书，广泛开展环保宣传，提升全民环保意识。全面推动环保工作出实效。先后3次组织全乡干部职工开展了环保专项行动，先后出动挖掘机1台次、大车3台次、拖拉机3台次，组织党员群众120余人次，对格当乡及各村的日常垃圾进行统一集中挖坑、填埋，确保了乡村环境整洁。充分动员各村环保监管员发挥岗位作用，对本村整改情况和进度进行动态跟踪，并及时向乡政府报告反馈。

【林政管理】 格当乡公益林面积达35万亩，为全面落实可持续发展战略，乡政府持续推进公益林管护等工作。继续加大林业法规政策的宣传力度，加大护林员、专业管护队、森防突击队管理，提高护林队伍素质，严厉打击乱砍滥伐，毁林开垦，盗砍私运等破坏森林资源的违法行为。为确保林区安全、防范森林火灾，格当乡与各村层层签订森防责任书、实行领导包村责任制、落实森防工作台账、巡山值班制度、并及时上报巡山记录，进一步增强林业管控力度。2016年，格当乡辖区内未曾出现任何乱砍滥发现象。

【劳动力转移】 成立以政府乡长为组长的富余劳动力转移工作领导小组，为全乡富余劳动力转移工作奠定基础。组建农牧民施工队，成功转移剩余劳动力37人，鼓励他们积极参与各类项目建设，并取得良好效果，在此项工作中桑珍卡为全乡做出了表率。

【社会保障体系】 2016年，格当乡共兑现各类惠农资金45.7285万元。包括各类慰问金18800元、救助金13800元、各类奖金40700元、“一孩双女”扶助资金16560元、地质灾害培训补助3750元、寿星老人生活补贴3600元、农村公共服务资金7000元、公共文化服务体系建设资金5000元、军用征地补偿资金348075元。另有公益林补贴、边民补贴、专业管护队工资等惠农资金都已发放到位。

【安全生产】 大力宣传安全生产相关知识，牢固树立“发展是第一要务，安全是第一责任”的意识，强化安全生产目标责任制，重点抓好消防、道路交通、民爆物品、工程项目安全、食品卫生等方面的监督、管理，对全乡7个副食店定期检查，清除过期食品，保障食品安全。做好地质灾害预防、监测工作，消除各类安全隐患，切实保障了人民群众的生命财产安全。对农村和学校开展消防安全大检查，广泛宣传安全消防有关知识，进一步增强了广大干部群众的消防安全意识。同时，针对近年来项目建设增多的实际，与各工地负责人签订《施工安全责任书》，并定期不定期进行检查，确保安全生产落实到位，不留死角。

【脱贫攻坚】 2016年，格当乡精准扶贫建档立卡户143户577人，贫困发生率61.8%。乡政府高度重视，全面部署，实施“九个一批”工程。1.按照生态岗位脱贫措施一人一岗要求共安排143户378人，兑现资金17.04万元；2.按照易地搬迁脱贫政策要求，桑珍卡下那巴回迁安置点共64户311人；布龙村多龙点易地搬迁点共90户381人；3.实现教育脱贫政策25户30人；4.依靠医疗救助脱贫措施，实施救助对象住院治疗100%报销政策，报销资金1.2746万元；5.持续加大劳动转移就业培训力度，先后分2批共组织15户26人参加县人社局统一安排的技能培训；6.落实社会兜底保障政策，分别兑现低保户（48户 165 人）低保资金6.94万元，残疾人员（1户 1人）补助资金 0.07万元，60周岁以上养老资金2.88万元；7.加大结对帮扶力度，动员各方的力量，先后对全乡143个贫困户开展了结对认亲和帮扶慰问活动，慰问资金和物品折合人民币5.08万元，户均355元。在乡政府的不懈努力下，2016年，全乡3户13人年人均纯收入超过3311元顺利实现脱贫，脱贫率为2.25%。

【综治维稳工作】 稳定压倒一切维护稳定加强社会治安综合治理是长抓不懈的一项重要工作。积极按照县委、县政府安排部署，成立维稳工作领导小组，明确责任分工，坚持值班巡查制度，并及时上报维稳工作动态。同时，坚持军民联防，设立卡点，加强对外来人员管理力度。进村入户了解群众思想动态，引导群众自觉同违法犯罪分子作斗争，继续做好舆论引导工作，以事实为依据，坚决做到不参与、不围观、不信谣、不传谣，自觉同分裂分子作斗争。确保社会局势绝对稳定，切实维护全乡的政治稳定和社会安宁。

【基层组织建设】 全乡共有101名党员，其中，机关党员25名，农牧民党员76名，共5个党支部，包括农村党支部4个，乡机关党支部1个，2016年，发展预备党员3名，正式党员6名，人员配备充足，机构较为健全。投资360万新建4个行政村村公房，单栋面积298平方米，总面积达1192平方米。该项目为村干部提供优质的办公环境，进一步发挥村级活动场所阵地作用，2016年，布龙、占跟卡、桑珍卡村公房已完成建设，格当村正在建设当中，同时，乡党委从基层党建经费中列支18.7万元，用于完善3个村工房办公设备。

【人大工作】 格当乡第九届人民代表大会第一次会议成功选举出6名墨脱县第十一届人大代表、13名格当乡第九届人大代表、1名人大主席、1名政府乡长、3名政府副乡长，切实行使了全乡625个选民的民主、政治权利，更为全乡各项事业的发展提供了强有力的组织保障。在墨脱县第十一届人民代表大会一次会议中，格当乡人大代表结合实际，认真准备，提出了12条意见建议，其中，9条意见均被采纳。内容涉及交通、教育、生产生活等方面，与广大农牧民利益息息相关。同时，注重行使监督权，监督惠农资金落实情况、并对小康示范村、回迁安置、干部周转房等重点工程进行实时跟踪，监督项目落实进展情况，并且听取政府关于实施重点工程的阶段报告。

（尹红梅）

【领导名录】

党委书记　张志强（5月任职）

党委副书记、乡长

白长云（藏族，5月离任）

米　玛（藏族，5月任职）

人大主席、武装部长

格桑多吉（藏族，5月任职）

党委副书记、组织委员

罗明春（女，藏族，5月任职）

党委委员、纪检书记

罗布曲扎（门巴族，5月任职）

党委委员、统战委员

索朗巴珍（女，门巴族，5月任职）

党委委员、政府副乡长

平措拉巴（藏族，5月任职）

政府副乡长　次仁朗杰（藏族，5月任职）

次仁平措（门巴族，5月任职）

副乡长　罗明春（女，藏族，5月离任）

农牧综合服务中心主任

平措拉巴（藏族，5月离任）

文化服务中心主任

次仁旺堆（门巴族，5月离任）

后勤服务中心主任

次仁桑培（藏族，5月任离任）

帮辛乡

【概况】 帮辛乡地处雅鲁藏布江下游，墨脱县北方，东临墨脱县达木乡，南临墨脱县德兴乡，西与米林县派镇接壤，北与波密县排龙乡接壤，平均海拔1200米，年降雨量在2300毫米以上，地势北高南低。帮辛乡位于墨脱县城东北，乡政府驻地距离县城59.6公里。全乡森林覆盖率高达85%以上，有着丰富的动植物资源，拥有国家重点保护珍稀植物80多种，高等植物3000多种，国家重点保护野生动物42种。林下资源十分丰富，境内野生药用植物达100余种。拥有全国闻名的传统手工打制的墨脱石锅、门巴黄酒等文化遗产。2016年，全乡下辖7个行政村，均分布在雅鲁藏布江沿岸，分别为：帮辛村、根登村、帮果村、西登村、肯肯村、宗荣村和岗玉村。全乡共有1所完全小学，1所公安派出所，1所卫生院。截至年底，全乡共有334户、1426人。其中：农业人口289户、1381人。人口以门巴族为主，辅以少数藏族、汉族和珞巴族。乡机关有干部职工（含派出所、卫生院、中心小学）共45人；党员216人，农牧民党员187人，乡镇机关党员29人。

【经济运行】 2016年，全乡农作物播种面积达4355.71亩，同比增长2.12%，其中水稻面积为538亩、玉米面积为3151.00亩。全年粮食产量实现1252.58吨，同比增长3.00%。实现经济总值为1696.16万元，同比增长18.57%；全乡农村居民纯收入为1065.45万元，同比增长15.42%；农村居民人均纯收入为7715.06元，同比增长15.00%；全乡农村居民现金收入为1036.24万元，同比增长

15.42%；人均现金收入为7503.58元，同比增长15.00%。

【特色产业】 在县有关部门的扶持下，全乡农业形态逐渐由传统的玉米种植转变为特色茶叶、花椒等经济林木种植。2016年，全乡种植茶叶720亩，带动农牧民群众增加收入388万元，人均增收2180元；种植花椒230亩，带动农牧民群众增加收入20万元，人均增收400元。

帮辛乡作为“墨脱石锅”原产地，出产独有的以皂石制作的石锅，是墨脱县最受广大消费者喜爱的特色产品。帮辛乡积极争取上级扶持资金开办帮辛乡农牧民石锅加工合作社，鼓励群众加入合作社，2016年，全乡石锅加工产业加工销售约8500口，同比增长32.3%。实现产值850万元，人均增收6155元，带动贫困户脱贫17人；成功转移农村富余劳动力120余人。

【干部管理】 年内，帮辛乡实行分工协作，明确班子成员的分工和职责，形成分工明确、密切协作、相互支持的良好工作氛围。领导班子带头执行每半个月碰头会制度，汇报每半个月来分管的工作开展情况，总结经验、分析不足、解决问题，力争将各项整体工作推向新台阶；严格执行民主集中制度。全乡大小问题实行乡班子集体讨论决策，坚决杜绝“一言堂”“家长制”等现象，真正将民主落地生根。严格遵守党内各项制度，严肃党的纪律，严格党内生活。同时，大力加强部门制度建设，抓好落实，以制度管人、管事。

2016年5月，帮辛乡以县乡“两级”换届工作为契机，针对干部年轻化、缺乏基层经验等实际，乡党委、政府采取以老带新等举措培养综合素质高、工作能力强的基层干部队伍，积极发挥“传帮带”作用，教育引导年轻干部扎根基层，弘扬“老西藏”和“老墨脱”精神。通过采取形式多样、内容丰富的自身建设活动，全乡已形成领导班子思想高度统一，齐心协力谋发展、思发展、求发展，团结协作，工作作风扎实、廉洁自律，甘愿扎根基层、为帮辛群众奉献青春和精力的干部队伍。

【基层组织建设】 年初，帮辛乡与10个支部党支部书记签订党建目标责任书，明确责任，传导压力。坚持每季度召开党建工作例会，听取各党支部开展党建工作情况，及时研究各党支部在党建工作中遇到新问题、新困难。同时，按照每2个月督导党建工作1次制度，2016年，乡党委先后深入各村党建工作调研8次，召开党建专题会议4次，对督查出的薄弱环节科学提出推进措施。并积极将抓党建工作纳入村干部考核工作中，有效激发干事、创业热情。

强化提升广大党员干部党性意识。2016年，帮辛乡组织机关党员开展学习教育98场次、组织村党支部书记集中教育3次，组织村干部学习教育16场，乡党委班子成员下村讲党课7次、开展“听党话，跟党走”的感恩教育4次，组织党员参加“党旗下重温入党誓词”活动1次。充分发挥各村“第一书记”、各驻村工作队、在村待业大学生等师资资源作用，狠抓“村干部文化素质提升工程”，强化村干部理论素养。2016年，乡党委积极采取以自行整改与督导检查方式，派遣3名党建指导员对帮果村及肯肯村等软弱涣散党支部进行了整改，软弱涣散组织得到有效转化升级。严格以发展党员“十六字”方针，坚持优中选优的原则，进一步壮大了党的力量。2016年，全乡共吸收预备党员8名，转正党员8名。并从党建经费中划拨1万元用于修缮党员档案管理室，规范了党员档案管理工作。认真开展创建先进“双联户”活动，积极对宗荣村、根登村2个先进单位，乡中心小学、乡派出所等2个先进集体及7名先进个人进行了表彰。

【精准扶贫】 年内，在扶贫开发工作中，帮辛乡攻坚克难，创新创造，推动扶贫开发由“输血式”“粗放式”“被动式”“分散式”向“造血式”“精准式”“参与式”“整体式”转变。因户制宜、因地制宜，实施整村推进、产业到户、扶贫搬迁、入股分红、易地扶贫、结对帮扶等措施，使帮扶措施与群众所需所盼更加紧密，有效提高了扶贫开发的针对性。2016年，全乡共脱贫23人、5户。全乡在扶贫开发工作中实现劳动力转移430人；根登村和帮辛村农牧民施工队积极发挥作用吸收转移农村剩余劳动力60余人。外出务工人员外出务工538人次，同比增长8%；岗玉村32户128人（建档立卡10户37人）实施整村易地扶贫搬迁。

【人居环境】 2016年，全乡安居工程项目建设惠及6个行政村1254人、182户（岗玉村列入县政府2017年易地搬迁计划，未进行住房改造），发放安居工程补贴28113559.84元。2016年，帮辛乡积极响应“清洁家园·美丽墨脱”号召，充分发挥党员模范带头作用，组织各村每周固定时间对村庄卫生死角开展大扫除活动，村庄环境卫生得到较大改善。

【社会保障】 民为邦本，本固邦宁。在凝心聚力谋发展的同时，帮辛乡更是把实施民生工程作为发展的出发点和落脚点，让发展成果惠及全体帮辛人民。2016年，全乡完成安居工程项目建设，惠及6个行政村1254人、182户（岗玉村列入县政府2017年易地搬迁计划，未进行住房改造），发放安居工程补贴28113559.84元。2016年，帮辛乡积极响应“清洁家园·美丽墨脱·我们在行动”号召，充分发挥党员模范带头作用，组织各村每周固定时间对村庄卫生死角开展大扫除活动，村庄环境卫生得到较大改善。2016年，乡政府发放2015年度低保户最低生活补贴41315.2元；落实2015年五保户补助为30800元；落实2015年寿星老人补贴4700元，2016年，寿星老人补贴4200元；落实医疗救助458774.97元。

【科教文卫】 2016年，帮辛乡大力推进科技特派员培训工作，为7个行政村7个科技特派员乡级培训2次，联系县级培训1次。教育是民族振兴、社会进步的基石，是提高国民素质、促进人的全面发展的根本途径。乡党委、政府高度重视教育工作，不定期深入各村大力宣传西藏自治区学生资助政策，引导鼓励广大农牧民家庭支持教育事业。

2016年，全乡适龄儿童入学率达100%。在2016年9月小学升初中考试中，乡中心小学各科均分成绩及每科提升成绩在全县统考中取得了第一名的好成绩。为了做好控辍保学工作，乡党委、政府采取联系资助单位，寻找资助人的方式对基础教育、高中、职高、大学等各阶段贫困学生开展一系列助学活动，确保学生顺利完成学业。2016年，共资助贫困学生22人，乡中心小学全年使用“三包”经费328154元。

加强乡村文化事业发展。2016年，全乡农村广播电视覆盖率达到100%，7个村配备了农家书屋书籍及设备。全年开展送电影下村活动14场次，观看人数1500余人次。帮辛乡所有行政村均通电、通信。

狠抓医疗卫生事业发展。2016年，全乡卫生院接待患者2851人次，接种婴幼儿各类疫苗121人次；辅助医疗44人35万元。新型农村合作医疗覆盖率达到100%，各村已配备2名村医生，群众就医条件明显改善。

【生态环境】 有效控制柴火伐木量。截至年底，全乡总伐木量约2750立方米，基本与2015年持平。在满足群众日用的同时，有效保护了生态环境。各驻村工作队开展生态保护宣讲20余次。全乡退耕还林约1000亩，用于种植茶叶、花椒、枇杷等经济果林。落实2015年度公益林资金3903392.77元。公益林补贴的兑现，让农牧民群众感受到政府生态环境保护的决心，提高了生态环境保护意义的认识。全乡森林防火工作得到县政府的高度肯定，2016年，帮辛乡政府被县政府评为森林防火“先进单位”。

【道路基础设施建设】 基础设施支撑能力持续提升。全乡境内公路新增28.18公里（不含机耕道）。达甘公路境内通车里程为11公里，岗玉村投资2000多万元11.03公里的岗玉公路基本实现初通车，彻底结束岗玉村不通车的历史；帮果公路实现四级沙石公路通车，长6.15公里，有效改善了帮果村250余名群众出行条件；实现西登村约5公里的公路通车，解决了西登村30户168人的出行难问题；新修机耕道3条，投资240余万元建设帮果村和西登村机耕道9.3公里；投资25万元新修帮辛村沙场机耕道2.4公里。

【党风廉政建设】 严格财务管理工作。帮辛乡财务管理工作坚持“一支笔”原则，坚持重点项目、重点资金使用由乡党委班子集体会议研究决定，保证项目投资、资金使用的公开合理；合理规范公章、公车使用。合理规范了公章使用和车辆使用管理，公章统一由乡党群办负责保管，并做好公章使用登记；公务车辆安排由乡后勤办统一安排部署，减少了不必要的外出派车；严格公务接待管理。帮辛乡严格公务接待，严格控制接待陪同人员，有效控制接待过程中酒水使用，有效遏制“公款吃喝”等不正之风。

【综治维稳】 年内，全乡严格按照县委、县政府关于维稳工作、社会治安综合治理工作的一系列指示和要求，一手抓联防联控、一手抓强基固本，深入基层、深入群众，严查各类安全隐患、严防非法上访和群体性事件，全面排查调解各种矛盾纠纷，认真调处各种矛盾。2016年，全乡坚决落实好“两节”“两会”和三月敏感期等一系列重要节日、重大活动、敏感节点的安全保卫工作，确保了乡机关和各村社会治安相对稳定。

（陈　飞）

【领导名录】

党委书记　郑　　明（6月离任）
　　　　　达　　穷（藏族，6月任职）
党委副书记、乡长
　　　　　达　　穷（藏族，6月离任）
　　　　　周 大 明（6月任职）
党委副书记、人大主席、武装部长、宣传委员
　　　　　普布泽仁（6月任职）
党委副书记、组织委员
　　　　　格桑多吉（藏族，6月任职）
党委委员、纪委书记
　　　　　索朗罗布（门巴族，6月任职）
党委委员、宣传委员、统战委员
　　　　　旦巴平措（藏族，6月任职）
党委委员、政府副乡长
　　　　　曲　　尼（门巴族，6月任职）
副 乡 长　达瓦维色（门巴族，6月离任）
　　　　　杜 太 永（土家族，6月任职）
　　　　　欧珠曲措（女，藏族，6月任职）
农牧综合服务中心主任、后勤服务中心主任
　　　　　洛桑江白（藏族，6月离任）

加热萨乡

【概况】 加热萨乡位于墨脱县东北部，雅鲁藏布江中下游，与帮辛乡为邻，距县城所在地81.05千米，乡政府所在地海拔为1150米，年平均气温18℃，年平均降雨量为2250毫米，森林覆盖率达75%，1月份平均气温12℃，7月平均气温31℃，无霜期达320天。加热萨乡共有175户，710人，民族以珞巴族为主。乡政府现有干部职工29人，其中，领导班子9人，文化站站长1人，专业技术人员12人，科员1人，公益性岗位1人。卫生院共有职工5人，其中，院长1人，副院长1人，医师2人，公益性岗位1人。派出所现有职工2人，其中，所长1人，干警1人。学校现有教师11人，其中，校长1人，副校长1人，教师9人，学生70人，学制设置为学前班至四年级。加热萨乡现辖七个行政村，分别为：久当卡村、更帮村、曾久村、达昂村、加热萨村、拉贡村、龙列村，是全县两个不通公路的乡镇之一 。

【经济指标完成情况】 截至年底，全乡农牧民总共有175户710人，农作物播种面积1793.34亩，粮食播种面积1672.33亩。2016年，农作物产量为280.2吨，其中玉米产量181.2吨，蔬菜产量36.84吨，水果种植174株，产量6.95吨。牲畜总头数为1472头，其中牛594头，马68匹，骡285头。2016年，全乡经济总收入为883.92万元，同比上一年增长15.59%，纯收入476.48万元；农牧民人均纯收入

6711.01元，人均现金收入5125.07元；产业以农业为主，粮食作物主要以玉米为主，经济作物以辣椒为主。确定了以畜牧养牛、石锅、木碗加工、编制为特色产业发展目标。

【民生产业】 截至年底，加热萨乡共有175户，710人，民族以珞巴族为主。年初精准扶贫建档立卡贫困人口90户，273人。其中五保户17户17人；低保户52户174人；贫困户21户82人，已脱贫22户78人。农牧民群众收入主要方式有四种：骡马运输（主要收入来源，全乡骡马共353匹）；开商店，主要为久当卡村、龙列村及乡政府周边地区；参加部分工程建设，如参与“短平快”项目建设，马行道维修及乡政府小工程建设；国家政策性补贴，如公益林补助、粮食直补、草奖、脱贫岗位补贴等。2016年，全乡经济总收入为842.87万元，同比上年增长15.59%，纯收入597.44万元；农牧民人均纯收入8414.64元，人均现金收入5371.18元；产业以农业为主，粮食作物主要以玉米为主，经济作物以辣椒为主。2016年全乡农作物播种面积1793.34亩，粮食播种面积1672.33亩。农作物产量273.1吨，其中玉米产量188.47吨，蔬菜产量38.22吨。水果种植174株，产量6.95吨。牲畜总头数为1511头，其中牛633头，骡285头。草场总面积266.57公顷，农牧民住房面积16832.5平方米（人均23.7平方米）。

【项目建设】 根据属地管理原则，严格工程监督管理，加热萨乡完成了乡派出所、乡小学教师住宿房、学生食堂建设，乡办公大楼即将完工、乡小学教学楼现已准备开工建设；完成7村人居环境综合整治，投资近400万元，改善了农民群众的生活环境，促进村级组织基层政权的建设进程；民宗项目四村完成投资600万元以上，扶贫项目完成投资200万元以上，援藏投资100万元以上，包含骡马驿道的维修、村级道路改扩建、藏猪藏鸡养殖、特色产品加工房、特色农家乐建设等；2015年底，根据7个村的实际情况，乡政府协同县强基办已经制定出了集体经济的发展规划，预计在“十三五”期间大力实施，大力改善农民群众的生产生活条件，自此，为加热萨乡通车后的大发展、大繁荣打下坚实的基础；积极申请短平快项目，先后投资300万以上，包含购置藏床、炉子，购置太阳能、发展养殖业等，项目贴近实际，群众喜闻乐见，项目开工率100%，工程完工率达100%，使群众得到了实惠，取得了显著的成效，各村在驻村工作队和村第一支部书记的积极督促下，各村各户都完成了牛棚修建项目，切实做到了强基惠民，近年来，加热萨乡政府加强对驻村工作的管理，积极监督项目资金的落实，截至年底，加热萨乡的各项项目正有序实施。

【科教文体事业】 严格落实上级部门关于教育工作一系列新部署新要求，与各村签订了《教育目标责任书》，调整充实了乡控辍保学领导小组，通过加强组织领导和层层落实责任，有效促进了全乡教育工作扎实开展。乡领导定期到乡小学和困难学生家庭开展调研工作，2016年共开展调研16次；积极联合乡派出所对学校和其他场所开展隐患排查工作，2016年，累计排查超过20余次，为我乡教育事业扎实推进创造了良好的环境；加强教育工作宣传力度，2015年乡党委组织驻村工作队、包村领导、村两委召开教育工作专题会议6次，发放教育宣传资料超过100余份，受教群众超过500人次。2016年，加热萨乡适龄儿童小学入学率达98%，中学入学率达95%。

【安居工程建设】 完成民房改造及安居工程建设共134户，受益658人，积极做好抗震加固工作，做到了夯实地基，石头垒砌，水泥勾缝，房屋四个角做好钢筋水泥框架，每户4平方米的厕所。房屋建筑质量要保证能正常使用15年以上。乡党委政府高度重视落实民房改造后续工作的开展，对威胁房屋的泥石流、巨石等进行排查，特别是对龙列村和更帮村两个地质最为破碎的村实行定期监测上报制度，具体工作由村第一支部书记负责。近五年以来，加热萨乡政府累计拨付专项资金达100余万元。截至年底，更帮村巨石部分已修葺堡坎，其中部分已经破裂，切实保障了农牧民群众生命财产安。

【平安村（居）建设】 加热萨乡加热萨村于2015年授予市级“平安村（居）”称号，2016年以来，加热萨村深入开展村平安创建活动，严密治安防控体系，积极预防化解矛盾纠纷，确保社会局势稳定，规范台账管理，继续深化平安建设活动，努力创新平安村居、平安家庭等系列村平安创建载体。积极整合社会各方力量资源，因地制宜地布建和完善社会面治安防控网，扎实推进社会治安防控体系建设。不断提高防范水平，有效防范加热萨村人民群众财产安全。

【精神文明建设】 坚持舆论宣传为先导，全乡共建宣传栏10个，制作张贴标语20条，印发宣传资料500余份。通过深入开展创建“平安村居”等活动，干部群众精神面貌发生深刻变化，全乡形成了昂扬奋进、团结和谐的良好氛围。

【党建工作】 乡党委坚持“围绕经济抓党建，抓好党建促发展”的工作思路，与时俱进，创新载体，以加强干部队伍建设和基层组织建设为重点，切实提高党建工作的实效性，努力发挥好党组织的战斗堡垒作用，为经济和社会发展提供了坚实的组织保障。2016年，共召开党建专题会议12次，班子成员学习会35次，开展“两学一做”系列活动23次。坚持民主集中制原则，完善工作、议事和管理制度，增强了党委班子对重大问题的科学决策能力。“四讲四爱”主题宣传教育活动正在持续推进中，通过抓学习、查问题、建制度、转作风、提效能五举措不断拓展党的群众路线教育实践活动，定期召开民主生活会，机关工作作风得到明显改善，群众满意度有所提高，公仆意识有所增强；认真落实中央“八项规定”和自治区、市、县各项要求，大力压缩一般性开支，“三公”经费较上年大幅度降低。

【民政医疗】 成立以政府乡长为组长的《加热萨乡自然灾害救助应急指挥领导小组》，做好乡防汛抗灾物资、民政救灾物资储备、登记管理工作（5年累计10余批），建立各村救灾应急预案；全乡农牧民医疗合作覆盖率达100%，新农保参合率达100%，减轻了农民群众看病难、看病贵的问题；对上级有关部门分发的碘盐、大米进行严格落实，及时兑现到村民手中；医疗报销严格执行上级有关规定，确定专人负责统计，确定一名副乡长分管负责民政医疗。同时，农村各项惠农支农政策得到全面落实，综合补贴119.6万元，发放粮食直补1830户220余万元，家电下乡补贴达83万余元。各项惠农支农政策得到全面落实。

【安全稳定工作】 成立了以乡党委书记任组长、政府乡长任副组长的维稳工作领导小组，制定了《关于开展维护稳定的实施方案》，进一步规范和完善维稳工作机制，把维稳工作作为当前的重要政治任务，抓紧抓牢抓实。妥善化解各类矛盾纠纷11起，化解群众上访事件3起，提供法律服务5次；帮助3名青少年进行矫正，严厉打击各类违法犯罪活动，群众对社会治安满意率达100%，平安创建知晓率达到99.8%。全面落实防汛、防灾安全责任制，保障了人民群众生命财产安全，确保了全乡社会和谐稳定。

（席彬峰）

【领导名录】

党委书记 杰增旺堆（门巴族，5月离任）
白 长 云（藏族，5月任职）

党委副书记、乡长
张 伟 刚（5月离任）
张 岗（5月任职）

党委委员、人大主席
卫 东（门巴族，5月离任）
多吉索朗（门巴族，5月任职）

党委副书记、组织委员、宣传委员
德庆拉姆（门巴族，5月离任）
扎西顿珠（藏族，5月任职）

党委委员、纪检委书记
德庆拉姆（门巴族，5月离任）

次仁旺堆（门巴族，5月任职）

党委委员、统战委员

参　培（藏族）

副乡长　拉巴索朗（藏族）

扎西顿珠（门巴族，5月离任）

达瓦为色（门巴族，5月任职）

洛桑江白（门巴族，5月任职）

文化服务中心主任

强巴次仁（藏族）

甘登乡

【概况】 年内，甘登乡党委、政府根据县委、县政府的统一部署和总体要求，坚持以科学发展观统领经济社会发展全局，已协调发展和建设和谐社会未主题，以富民为主线，以体制机制创新为动力，立足本乡实际，团结和依靠全乡各级干部与广大群众，抢抓机遇、开拓创新、锐意进取、攻坚克难，有力推进本乡经济社会各项事业的全面发展。甘登乡政府地处墨脱县城北部，海拔约2050米，距离墨脱县112公里，距离林芝市380千米，背靠雅鲁藏布江。2016年，甘登乡下辖2个村委会，一个自然村，共有83户322人，居住有藏、汉、珞巴、门巴等各族。

【经济情况】 2016年，在乡党委、政府的正确领导下，在全乡各族干部群众的共同努力下，各项工作得到迅猛发展，2016年，全乡农作物播种面积915亩，粮油总产量146.86吨，牲畜总数816（头、只、匹）；农村经济总收入240.58万元，比上年增长16%；农牧民人均纯收入7471.42元，比上年增长14%：现金收入6295.08元，比上年增长14%。

优势资源：全乡主要农作物有青稞、小麦、油菜、花椒、辣椒、桃子、香蕉、甘蔗，本地特产主要有藏鸡、藏猪、七叶一枝花等；森林资源丰富，主要林木品种有楠木、红豆杉、乌木等；药材种类主要有七叶一枝花等；野生动物有狗熊、章子、野羊、猴子等。

【基础设施配套建设】 2016年，甘登乡完成投资80万元乡政府至加热萨龙列村马行道项目建设，投资50万元的乡政府至多卡村马行道项目建设，投资45万元遂拉马行道项目建设，投资35万元的乡小学挡墙建设工程。

【特色产业】 特色种植方面，经过近几年的大力发展，截至年底，全乡发展有甘登村（35亩）、多卡村（25亩）辣椒基地，正在实施的有甘登村（25亩）油菜基地。

【强基惠民活动】 年内，甘登乡紧紧围绕“服务基层、服务群众”的要求，各级驻村工作队虚心向群众学习，求智于民、问计于民，进一步树立“一切为群众，一切依靠群众，一切服务群众”的群众观点，通过开展专题讲座、集中宣讲等方式，引导农牧民群众认识在党的领导下自己切身感受身边发生的巨大变化，2016年，各村开展感恩教育共10余次，组织各类爱国主义大型活动1次，征求到意见建议6条，化解大小矛盾纠纷3起，为民办好事实事6件，通过实地调研，多方征求意见建议，详细了解村内现阶段急需解决的问题，认真研究制定工作计划，为民办实事经费使用计划，短平快项目可行性研究报告及方案，上报3个短平快项目，项目总投资60万元。

【加强党风廉政建设】 年内，甘登乡健全组织领导机构及责任制，成立乡纪委办、廉政建设领导小组、与各村签订党风廉政建设责任书，形成党委书记亲自抓、乡纪委具体管全程的落实农村党风廉政建设责任制，加强制度建设，有针对性的制定出一系列党风廉政建设规章制度。做好群众信访工作，使党风廉政建设置于群众的广泛监督下，畅通信息渠道，变群众上方为干部。

【推进宣传教育工作】 年内，甘登乡组织全乡党员领导干部深入学习中共十八届四中、五中全会精神，中央第六次西藏工作座谈会精神、社会主义核心价值观以及依法治国、依法治藏相关内容。不断提高甘登乡党员领导干部的理论水平，通过精神文明创建，道德模范评选推进、先进人物、平安户、双联户等评选表彰活动，在全乡选数一批尊老爱幼、自觉维护稳定的优秀道德模范、进行广泛的宣传和学习，不断提高群众的教育水平，形成追求高尚道德品行的社会风尚。

【做好保密工作】 年内，甘登乡严格按照县委有关文件精神，认真落实领导干部保密工作责任制，做到有领导管、有专人抓、坚持做到保密工作与 业务工作同部署、同落实，全年召开1次专题会议研究保密工作，并将任务分解细化，明确相应的责任办公室和责任人，为保密工作提供强有力的组织保证，积极开展形式多样的保密宣传教育活动，将保密知识纳入到干部的理论学习内容中，共组织2次保密知识学习，建立和完善各项保密规章制度，结合甘登乡工作实际，制定保密制度，随时督促干部做好保密相关工作。

（李　驰）

【领导名录】

党委书记　徐利明

党委副书记、乡长

扎西曲扎（门巴族，5月离任）

尼玛桑珠（藏族，5月任职）

人大主席　尼玛桑珠（藏族，5月离任）

卫　东（门巴族，5月任职）

党委副书记、宣传委员

旦巴占堆（藏族，5月离任）

党委副书记　次仁旺堆（门巴族，5月任职）

纪委书记　旦巴占堆（藏族，5月任职）

党委委员、统战委员、副乡长、人武部部长

井　次（珞巴族，5月离任）

党委委员、统战委员、副乡长、人武部部长

扎西罗布（门巴族，5月任职）

副乡长　井　次（珞巴族，5月任职）

次仁桑培（藏族，5月任职）

文化站主任　贡觉加措（藏族）

附　录

受区（县）级以上表彰的先进集体名录

表1

获奖单位	获奖名称	表彰时间	授予单位
县机构编制委员会办公室	“全国机构编制工作先进集体荣誉称号”	2017年	中华人民共和国人力资源和社会保障部 中央机构编制委员会办公室
县委办公室	自治区创先争优强基础惠民生活动优秀组织单位	2016年	中共西藏自治区委员会、西藏自治区人民政府
县强基惠民办公室	自治区创先争优强基础惠民生活动先进单位	2016年	中共西藏自治区委员会、西藏自治区人民政府
县委组织部驻村工作队	自治区创先争优强基础惠民生活动先进驻村（居）工作队	2016年	中共西藏自治区委员会、西藏自治区人民政府
县民宗局	民族团结先进集体	2016年	中共西藏自治区委员会、西藏自治区人民政府
背崩乡	自治区创先争优强基础惠民生活动优秀组织奖	2016年	中共西藏自治区委员会、西藏自治区人民政府
背崩乡背崩村驻村工作队	自治区先进驻村工作队	2016年	中共西藏自治区委员会、西藏自治区人民政府
达木乡贡日村驻村工作队	自治区先进驻村工作队	2016年	中共西藏自治区委员会、西藏自治区人民政府
达木乡党委	自治区先进基层党组织	2016年	中共西藏自治区委员会
县文化市场综合执法大队	2016年全区文化市场执法大队先进集体	2017年	自治区党委宣传部
县卫生服务中心（墨脱县人民医院）	二级乙等医院	2016年	西藏自治区卫生和计划生育委员会
县政府	2016年度林芝市民族团结进步模范集体	2017年	中共林芝市委员会、林芝市人民政府

续表1

获奖单位	获奖名称	表彰时间	授予单位
县委政法委驻背崩乡江新村工作队	林芝市创先争优强基础惠民生活动先进驻村（居）工作队	2016年	中共林芝市委员会、林芝市人民政府
县综治办	林芝市“先进双联户”创建活动先进县（区）	2016年	中共林芝市委员会、林芝市人民政府
县公安局	林芝市创先争优强基础惠民生活动优秀组织单位	2016年	中共林芝市委员会、林芝市人民政府
墨脱县财政局	林芝市平安单位	2016年	中共林芝市委员会、林芝市人民政府
县住房和城乡建设局	林芝市创先争优强基础惠民生活动优秀组织单位	2016年	中共林芝市委员会、林芝市人民政府
县农牧（科技）局	自治区创先争优强基础惠民生活动2015—2016年度优秀组织单位	2016年	中共林芝市委员会、林芝市人民政府
县农牧（科技）局	林芝市平安单位	2017年	中共林芝市委员会、林芝市人民政府
县卫生服务中心	林芝市创先争优强基础惠民生活动优秀组织单位	2016年	中共林芝市委员会、林芝市人民政府
德兴乡	平安乡镇（街道）	2016年	中共林芝市委员会、林芝市人民政府
背崩乡阿苍村驻村工作队	林芝市创先争优强基础惠民生活动先进驻村工作队	2016年	中共林芝市委员会、林芝市人民政府
背崩乡阿苍村	林芝市平安村	2017年	中共林芝市委员会、林芝市人民政府
珠村第一联户单位	林芝市先进双联户	2016年	中共林芝市委员会、林芝市人民政府
珠村驻村工作队	林芝市先进驻村工作队	2016年	中共林芝市委员会、林芝市人民政府
西藏墨脱莲花圣地旅游开发有限公司	平安企业	2017年	中共林芝市委员会、林芝市人民政府
县委办公室	先进基层党组织	2016年	中共林芝市委员会
县交通运输局	创先争优强基础惠民生“先进驻村工作队”	2016年	中共林芝市委员会
中共墨脱县委办公室	林芝市创先争优强基惠民生活动	2016年	林芝市委办公室
县委办公室	2015年度全市党委系统督查工作先进集体	2016年	林芝市委办公室
县委组织部	2016年度公务员统计工作一等奖	2017年	林芝市委组织部、市编办、市委老干部局
县委组织部	2016年度林芝市组织系统网宣工作二等奖	2017年	林芝市委组织部、市编办、市委老干部局

续表1

获奖单位	获奖名称	表彰时间	授予单位
县委老干部局	2016年度林芝市老干部工作先进集体	2017年	林芝市委组织部、市编办、市委老干部局
县公安局	2016年度保密工作先进集体	2017年	林芝市公安局
县公安局	集体嘉奖	2017年	林芝市公安局
县公安局	2016年度信息报送先进集体	2017年	林芝市公安局
达木乡党委	林芝市先进基层党组织	2016年	中共林芝市委员会
县政府	2015年度林芝市安全生产工作先进县	2016年	林芝市人民政府
县政府	2016年度林芝市安全生产工作先进县	2017年	林芝市人民政府
县委宣传部	2015年度理论宣讲工作先进集体	2016年	林芝市委宣传部
县文化市场综合执法大队	2016年全区文化市场执法大队先进集体	2017年	林芝市委宣传部
县卫生局	2015年度医院管理与行风建设一等奖	2016年	林芝市卫生局
县旅游局	2016年度林芝市旅游产业发展二等奖	2017年	林芝市旅游发展委员会
县政府办	2015年度墨脱县人才工作先进服务单位	2016年	中共墨脱县委员会、墨脱县人民政府
县政府办	2016年度脱贫攻坚工作先进集体	2017年	中共墨脱县委员会、墨脱县人民政府
县政府办	2016年度工作先进集体	2017年	中共墨脱县委员会、墨脱县人民政府
县政府办	墨脱县“促两学、做表率”知识竞赛活动二等奖	2016年	中共墨脱县委员会、墨脱县人民政府
县政府办	墨脱县平安单位	2016年	中共墨脱县委员会、墨脱县人民政府
县纪委（监察局）	2015年综治工作“先进集体”	2016年	中共墨脱县委员会、墨脱县人民政府
县纪委（监察局）	墨脱县“平安单位”	2016年	中共墨脱县委员会、墨脱县人民政府
县委组织部	墨脱县2016年度工作先进单位	2017年	中共墨脱县委员会、墨脱县人民政府
县委组织部	2016年度综治（维稳）工作先进集体	2017年	中共墨脱县委员会、墨脱县人民政府
县委组织部	2016年度普法工作先进单位	2017年	中共墨脱县委员会、墨脱县人民政府

续表1

获奖单位	获奖名称	表彰时间	授予单位
县委统战部	西藏自治区创先争优强基础惠民生活动2015—2016年度先进驻村（居）工作队	2016年	中共墨脱县委员会、墨脱县人民政府
县委统战部	2016年度综治（维稳）工作先进集体	2017年	中共墨脱县委员会、墨脱县人民政府
县综治办	2015年度综治工作先进集体	2016年	中共墨脱县委员会、墨脱县人民政府
县委政法委	2016年度综治（维稳）工作先进集体	2017年	中共墨脱县委员会、墨脱县人民政府
县委政法委	墨脱县民族团结进步先进集体	2016年	中共墨脱县委员会、墨脱县人民政府
县教育体育局	平安单位	2016年	中共墨脱县委员会、墨脱县人民政府
县教育体育局	先进驻村（居）工作队	2016年	中共墨脱县委员会、墨脱县人民政府
县教育体育局	被评为“六五”普法工作先进集体	2016年	中共墨脱县委员会、墨脱县人民政府
县公安局	墨脱县公安局“6·16”自然灾害抢险救灾先进集体	2016年	中共墨脱县委员会、墨脱县人民政府
县公安局	墨脱县“促两学、做表率”知识竞赛活动一等奖	2016年	中共墨脱县委员会、墨脱县人民政府
县公安局	2016年度脱贫攻坚工作先进集体	2017年	中共墨脱县委员会、墨脱县人民政府
县公安局	2016年度工作先进单位	2017年	中共墨脱县委员会、墨脱县人民政府
县公安局	2016年度普法工作先进集体	2017年	中共墨脱县委员会、墨脱县人民政府
县公安局	2016年度政法工作先进单位	2017年	中共墨脱县委员会、墨脱县人民政府
县公安局	2016年度综治（维稳）工作先进集体	2017年	中共墨脱县委员会、墨脱县人民政府
县人民法院	墨脱县平安单位	2016年	中共墨脱县委员会、墨脱县人民政府
县人民法院	2015年度政法工作先进单位	2016年	中共墨脱县委员会、墨脱县人民政府
县人民法院	“促两学，做表率”知识竞赛活动中获得团体二等奖	2016年	中共墨脱县委员会、墨脱县人民政府

续表1

获奖单位	获奖名称	表彰时间	授予单位
县人民法院	先进驻村（居）工作队	2016年	中共墨脱县委员会、墨脱县人民政府
县司法局	墨脱县平安单位	2016年	中共墨脱县委员会、墨脱县人民政府
县司法局	2015年度综治工作先进集体	2016年	中共墨脱县委员会、墨脱县人民政府
县人力资源和社会保障局	县人社局“墨脱县平安单位”荣誉称号	2016年	中共墨脱县委员会、墨脱县人民政府
县人力资源和社会保障局	县人社局“西藏自治区创先争优强基础惠民生活动2015—2016年度优秀组织单位”荣誉称号	2016年	中共墨脱县委员会、墨脱县人民政府
县国土资源局	平安单位	2016年	中共墨脱县委员会、墨脱县人民政府
县民宗局	平安单位	2016年	中共墨脱县委员会、墨脱县人民政府
县文广局	平安单位	2016年	中共墨脱县委员会、墨脱县人民政府
县安监局	平安单位	2016年	中共墨脱县委员会、墨脱县人民政府
县旅游局	墨脱县2016年度工作先进单位	2017年	中共墨脱县委员会、墨脱县人民政府
县扶贫办	墨脱县平安单位	2016年	中共墨脱县委员会、墨脱县人民政府
县扶贫办	先进驻村（居）工作队	2016年	中共墨脱县委员会、墨脱县人民政府
县扶贫办	2016年度脱贫攻坚先进集体	2016年	中共墨脱县委员会、墨脱县人民政府
县工商局	墨脱县平安单位	2016年	中共墨脱县委员会、墨脱县人民政府
背崩乡人民政府	墨脱县“先进双联户”活动先进乡	2016年	中共墨脱县委员会、墨脱县人民政府
背崩乡人民政府	“争当生态战士，共建生态家园”主题宣传活动先进集体	2016年	中共墨脱县委员会、墨脱县人民政府
背崩乡人民政府	墨脱县民族团结进步先进集体	2016年	中共墨脱县委员会、墨脱县人民政府
背崩乡波东村驻村工作队	自治区创先争优强基础惠民生活动2015-2016年度先进驻村工作队	2016年	中共墨脱县委员会、墨脱县人民政府

续表1

获奖单位	获奖名称	表彰时间	授予单位
背崩乡中心小学	平安学校	2016年	中共墨脱县委员会、墨脱县人民政府
背崩乡卫生院	平安医院	2016年	中共墨脱县委员会、墨脱县人民政府
达木乡	“争当生态战士，共建生态家园”主题宣传活动先进集体	2016年	中共墨脱县委员会、墨脱县人民政府
达木乡	2014年粮油产量二等奖	2016年	中共墨脱县委员会、墨脱县人民政府
卡布村	先进双联户创建活动先进村	2016年	中共墨脱县委员会、墨脱县人民政府
卡布村	墨脱县“争当生态战士，共建生态家园”主题宣传活动先进集体	2016年	中共墨脱县委员会、墨脱县人民政府
卡布村驻村工作队	先进驻村工作队	2016年	中共墨脱县委员会、墨脱县人民政府
达木村驻村工作队	先进驻村工作队	2016年	中共墨脱县委员会、墨脱县人民政府
达木乡中心小学	平安学校	2016年	中共墨脱县委员会、墨脱县人民政府
达木乡卫生院	平安医院	2016年	中共墨脱县委员会、墨脱县人民政府
德兴乡	2016年度综治（维稳）工作先进集体	2016年	中共墨脱县委员会、墨脱县人民政府
县司法局驻村工作队	2015-2016年度先进驻村（居）工作队	2016年	中共墨脱县委员会、墨脱县人民政府
县普法办	“六五”普法工作先进集体	2016年	中共墨脱县委员会、墨脱县人民政府
县中学	平安学校	2016年	中共墨脱县委员会、墨脱县人民政府
县中学	先进集体	2016年	中共墨脱县委员会、墨脱县人民政府
县财政局	脱贫攻坚工作先进集体	2016年	中共墨脱县委员会
县住房和城乡建设局	墨脱县2016年度信息工作先进单位	2017年	中共墨脱县委员会
县财税联合党支部	机关党建优秀组织奖	2016年	中共墨脱县委员会
县委组织部党支部	2016年度机关党建优秀组织奖	2017年	中共墨脱县委员会
县人民检察院驻村工作队	2015—2016年度先进驻村（居）工作队	2016年	中共墨脱县委员会

续表1

获奖单位	获奖名称	表彰时间	授予单位
县教育体育局	2016年度机关党建优秀组织奖	2016年	中共墨脱县委员会
县教育体育局	2015—2016年度被评为先进基层党组织	2016年	中共墨脱县委员会
县农牧（科技）局	2015—2016年度被评为先进基层党组织	2016年	中共墨脱县委员会
县卫生局党支部	2014—2016年度被评为先进基层党组织	2016年	中共墨脱县委员会
县安监局	先进基层党组织	2016年	中共墨脱县委员会
德兴乡党委	2016年度基层党建工作中第一名	2016年	中共墨脱县委员会
德兴乡党委	2016年度信息工作中先进集体	2016年	中共墨脱县委员会
德兴乡	2016年度工作一等奖	2016年	中共墨脱县委员会
德兴乡	2016年度脱贫攻坚工作先进集体	2016年	中共墨脱县委员会
德兴乡	2016年度基层党建工作第一名	2016年	中共墨脱县委员会
背崩乡地东村党支部	先进基层党组织	2016年	中共墨脱县委员会
达木乡贡日村党支部	先进基层党组织	2016年	中共墨脱县委员会
县交通运输局	“6·16”自然灾害抢险先进集体	2016年	中共墨脱县委员会
县交通运输局	平安单位	2016年	中共墨脱县委员会
县交通运输局	综治维稳工作“先进集体”	2016年	中共墨脱县委员会
县交通运输局	年度工作“先进单位”	2016年	中共墨脱县委员会
县中学	先进基层党组织	2016年	中共墨脱县委员会
县政府办	2016年度消防工作先进集体	2017年	墨脱县人民政府
县政府办	2016年度墨脱县安全生产工作先进单位	2017年	墨脱县人民政府
县公安局	2016年度消防工作先进集体	2017年	墨脱县人民政府
县财政局	消防工作先进集体	2016年	墨脱县人民政府
县农牧（科技）局	2016年度墨脱县安全生产工作先进单位	2017年	墨脱县人民政府
县文广局	墨脱县电影放映队被评为2016年度文化工作先进集体	2016年	墨脱县人民政府
县旅游局	墨脱县2016年度安全生产工作先进单位	2017年	墨脱县人民政府
德兴乡人民政府	被评为2016年度森林防火先进集体	2016年	墨脱县人民政府
德兴乡人民政府	2016年度文广工作先进集体	2016年	墨脱县人民政府

续表1

获奖单位	获奖名称	表彰时间	授予单位
德兴乡人民政府	2016年度消防工作先进集体	2016年	墨脱县人民政府
德兴乡人民政府	2016年教育工作先进乡镇	2016年	墨脱县人民政府
背崩乡人民政府	森林防火先进集体	2016年	墨脱县人民政府
背崩乡人民政府	2016年度墨脱县安全生产工作先进乡	2017年	墨脱县人民政府
达木乡	森林防火先进集体	2016年	墨脱县人民政府
达木乡卡布村	墨脱县“争当生态战士，共建生态家园”主题宣传活动先进集体	2016年	墨脱县人民政府
县教育体育局	墨脱县2016年“迎新杯”篮球赛女子组	2016年	墨脱县人民政府
县教育体育局	墨脱县2016年第八届雅江杯足球赛第一名	2016年	墨脱县人民政府

说明：由于各单位资料提供不全，可能有遗漏

受区（县）级以上表彰的先进个人名录

表2

姓　　名	性别	民族	工作单位	获奖名称	表彰时间	授予单位
旺前罗布	男	门巴	德兴乡中心小学	乡村学校从教30年教师	2016年	中华人民共和国教育部、中华人民共和国人力资源和保障部
朗杰多吉	男	藏	格当乡中心小学	乡村学校从教30年教师	2016年	中华人民共和国教育部、中华人民共和国人力资源和保障部
四朗拉珍	女	藏	背崩乡中心小学	中国教育研究院	2016年	中国教育研究院
卢道辉	男	汉	华能西藏墨脱电力有限公司	全面解决无电人口用电问题先进个人	2016年	国家能源局
达瓦扎巴	男	门巴	县完小	优秀学员	2016年	全国中小学教师继续教育网、西藏自治区教育厅师资管理处
杨秀芝	女	土家	县完小	优秀学员	2016年	全国中小学教师继续教育网、西藏自治区教育厅师资管理处
小德吉	女	藏	区交通运输厅	自治区创先争优强基础惠民生活动先进驻村（居）工作队队员	2016年	中共西藏自治区委员会、西藏自治区人民政府
尼玛扎巴	男	门巴	县森林公安局	自治区创先争优强基础惠民生活动先进驻村（居）工作队员称号	2016年	中共西藏自治区委员会、西藏自治区人民政府
白玛遵珠	男	藏	县安监局	自治区创先争优强基础惠民生活动先进驻村工作队员称号	2016年	中共西藏自治区委员会、西藏自治区人民政府
王芳芳	女	汉	墨脱镇人民政府	自治区创先争优强基础惠民生活动先进驻村（居）工作队员	2016年	中共西藏自治区委员会、西藏自治区人民政府
次旺贡布	男	藏	墨脱镇人民政府	自治区创先争优强基础惠民生活动先进驻村（居）工作队员	2016年	中共西藏自治区委员会、西藏自治区人民政府
宁彦刚	男	汉	背崩乡人民政府	自治区创先争优强基础惠民生活动先进驻村（居）工作队队员	2016年	中共西藏自治区委员会、西藏自治区人民政府
高　　荣	男	门巴	背崩乡人民政府	自治区创先争优强基础惠民生活动先进驻村（居）工作队队员	2016年	中共西藏自治区委员会、西藏自治区人民政府
次　　吉	女	藏	背崩乡人民政府	自治区创先争优强基础惠民生活动先进工作者	2016年	中共西藏自治区委员会、西藏自治区人民政府
朱新钰	男	汉	背崩乡人民政府	自治区创先争优强基础惠民生活动先进驻村（居）工作队队员	2016年	中共西藏自治区委员会、西藏自治区人民政府
次仁乔	男	藏	背崩乡人民政府	墨脱县德尔贡优秀第一支部书记	2016年	中共西藏自治区委员会
顿珠次仁	男	门巴	县委政法委	2016年度自治区民族团结先进个人	2016年	西藏自治区委员会、西藏自治区人民政府
张　　茂	男	汉	县委政法委	2016年度全区社会治安综合治理先进工作者	2016年	西藏自治区委员会、西藏自治区人民政府

续表2

姓　　名	性别	民族	工作单位	获奖名称	表彰时间	授予单位
白玛玉珍	女	藏	县委统战部	2016年度西藏自治区宗教工作优秀干部	2017年	西藏自治区委员会、西藏自治区人民政府
桑杰罗布	男	门巴	县公安局	2016年优秀驻寺干部	2017年	西藏自治区委员会、西藏自治区人民政府
索朗旺扎	男	藏	县卫生服务中心	西藏自治区先进驻村（居）工作队队员	2016年	西藏自治区委员会、西藏自治区人民政府
白玛仁青	男	门巴	县卫生服务中心	西藏自治区先进驻村（居）工作队队员	2016年	西藏自治区委员会、西藏自治区人民政府
洛桑多吉	男	门巴	县民宗局	优秀支部书记	2016年	西藏自治区委员会
洛桑多吉	男	门巴	县民宗局	优秀驻村队员	2016年	西藏自治区委员会
普　　琼	男	藏	县水利局	优秀驻村工作队员	2016年	西藏自治区委员会
桑杰尼玛	男	门巴	县交通运输局	优秀驻村工作队员	2016年	西藏自治区委员会
保　　全	男	门巴	德兴乡中心小学	乡村教师从教20年	2016年	西藏自治区人民政府
罗布次仁	男	藏	格当乡中心小学	西藏自治区优秀教师	2016年	西藏自治区人民政府
陈 永 松	男	汉	达木乡人民政府	全区职工党员“两学一做”知识竞赛二等奖	2016年	西藏自治区总工会
詹　　凯	男	汉	县公安局	2016年度全区公安机关非公安院校和公安院校非公安专业毕业人员入警训练班优秀学员	2016年	西藏自治区公安厅政治部
白玛旺前	男	门巴	县森林公安局	2013—2016年度全区森林防火工作先进个人称号	2016年	西藏自治区森林防火指挥部、西藏自治区林业厅
宁 继 平	男	汉	县工商局	全区工商系统年报公示工作先进个人	2016年	西藏自治区工商行政管理局
索朗措姆	女	门巴	达木珞巴民族乡中心小学	先进个人	2016年	西藏自治区教育厅、西藏自治区妇女联合会
蒋　　和	男	汉	县幼儿园	全区中小学德育先进工作者	2016年	西藏自治区教育工作委员会、西藏自治区教育厅
尼玛曲珍	女	门巴	县中学	一师一优课、一课一名师评审活动中荣获自治区级优课	2016年	西藏自治区教育厅
向久旺姆	女	藏	县中学	2016年全区中小学作文比赛优秀指导教师	2016年	西藏自治区教育厅
白玛措姆	女	门巴	德兴乡中心小学	一师一优课、一课一名师评审活动中荣获自治区级优课	2016年	西藏自治区教育厅
普布次仁	男	藏	县教体局	西藏自治区电化教育优秀工作者	2016年	西藏自治区教育厅
尼玛曲珍	女	门巴	县中学	“一师一优课、一课一名师”评审活动中荣获自治区级优课	2016年	西藏自治区教育厅

续表2

姓　名	性别	民族	工作单位	获奖名称	表彰时间	授予单位
刘国涛	男	汉	背崩乡中心小学	第七届西藏自治区中小学电脑制作“三等奖”	2016年	西藏自治区电话教育馆
张　茂	男	汉	县委政法委	2016年林芝市平安创建先进个人	2016年	中共林芝市委员会、林芝市人民政府
尹荣毕	男	汉	县委统战部	2016年度林芝市宗教工作优秀干部	2016年	中共林芝市委员会、林芝市人民政府
徐文峰	男	汉	县公安局	林芝市“两学一做”主题演讲比赛优秀奖	2016年	中共林芝市委员会、林芝市人民政府
阿旺索朗	男	门巴	县公安局	2016年度优秀驻寺干部	2016年	中共林芝市委员会、林芝市人民政府
桑杰旺堆	男	门巴	县司法局	林芝市先进驻村（居）工作队队员	2016年	中共林芝市委员会、林芝市人民政府
雷成良	男	汉	县教育（体育）局	“模范教育(体育)工作者”	2016年	中共林芝市委员会、林芝市人民政府
邓声敏	男	汉	县卫生服务中心	医德医术模范奖	2016年	中共林芝市委员会、林芝市人民政府
次仁德吉	女	藏	县卫生服务中心	医德医术模范奖	2016年	中共林芝市委员会、林芝市人民政府
普布卓玛	女	藏	县卫生服务中心	医德医术先进奖	2016年	中共林芝市委员会、林芝市人民政府
格桑曲珍	女	门巴	县卫生服务中心	医德医术先进奖	2016年	中共林芝市委员会、林芝市人民政府
尼　尼	女	藏	县卫生服务中心	白衣天使模范奖	2016年	中共林芝市委员会、林芝市人民政府
洛　吉	女	藏	县卫生服务中心	白衣天使模范奖	2016年	中共林芝市委员会、林芝市人民政府
贡桑措姆	女	门巴	县卫生服务中心	白衣天使先进奖	2016年	中共林芝市委员会、林芝市人民政府
索朗德吉	女	珞巴	县卫生服务中心	白衣天使先进奖	2016年	中共林芝市委员会、林芝市人民政府
次仁拉姆	女	珞巴	县卫生服务中心	林芝市先进驻村（居）工作队队员	2016年	中共林芝市委员会、林芝市人民政府
索朗玉珍	女	藏	镇人民政府	林芝市创先争优强基础惠民生活动先进驻村（居）工作队员	2016年	中共林芝市委员会、林芝市人民政府
次仁乔	男	藏	背崩乡人民政府	林芝市第五批先进驻村工作队队员	2016年	中共林芝市委员会、林芝市人民政府
旦增多吉	男	门巴	背崩乡人民政府	林芝市创先争优强基础惠民生活动先进驻村（居）工作队队员	2016年	中共林芝市委员会、林芝市人民政府
扎西次仁	男	门巴	背崩乡卫生院	林芝市医疗卫生系统“最美乡村医生”	2016年	中共林芝市委员会、林芝市人民政府

续表2

姓 名	性别	民族	工作单位	获奖名称	表彰时间	授予单位
扎西次仁	男	门巴	背崩乡卫生院	林芝市第一届先进工作者	2017年	中共林芝市委员会、林芝市人民政府
尼玛德吉	女	珞巴	达木乡人民政府	林芝市创先争优强基础惠民生活动先进驻村（居）工作队队员	2016年	中共林芝市委员会、林芝市人民政府
达瓦卓玛	女	藏	达木乡人民政府	林芝市创先争优强基础惠民生活动先进驻村（居）工作队队员	2016年	中共林芝市委员会、林芝市人民政府
扎西巴	男	门巴	县完小	优秀教师	2016年	中共林芝市委员会、林芝市人民政府
阿旺朗杰	男	门巴	县完小	优秀教师	2016年	中共林芝市委员会、林芝市人民政府
德吉措姆	女	门巴	县幼儿园	模范职工	2016年	中共林芝市委员会、林芝市人民政府
边巴多吉	男	藏	德兴乡中心小学	模范班主任	2016年	中共林芝市委员会、林芝市人民政府
尼 玛	男	门巴	德兴乡中心小学	优秀教师	2016年	中共林芝市委员会、林芝市人民政府
央金拉姆	女	藏	背崩乡中心小学	优秀教师	2016年	中共林芝市委员会、林芝市人民政府
达 珍	女	藏	背崩乡中心小学	优秀教师	2016年	中共林芝市委员会、林芝市人民政府
达 珍	女	藏	背崩乡中心小学	模范班主任	2016年	中共林芝市委员会、林芝市人民政府
拉巴卓玛	女	藏	达木珞巴民族乡中心小学	优秀教师	2016年	中共林芝市委员会、林芝市人民政府
丁会议	男	汉	达木珞巴民族乡中心小学	优秀校长	2016年	中共林芝市委员会、林芝市人民政府
索朗旺堆	男	藏	格当乡中心小学	市级优秀乡村教师	2016年	中共林芝市委员会、林芝市人民政府
洛桑克珠	男	藏	帮辛乡中心小学	优秀乡村教师	2016年	中共林芝市委员会、林芝市人民政府
白玛曲珍	女	藏	帮辛乡中心小学	优秀乡村教师	2016年	中共林芝市委员会、林芝市人民政府
格桑德吉	女	藏	加热萨乡中心小学	优秀乡村教师	2016年	中共林芝市委员会、林芝市人民政府
丁增多吉	男	藏	加热萨乡中心小学	优秀乡村教师	2016年	中共林芝市委员会、林芝市人民政府
央金措姆	女	门巴	县完小	先进个人	2016年	中国林芝市委员会、林芝市教育（体育）局、少先队林芝市工作委员会
王菊芳	女	汉	县人民政府	2016年度消防工作先进个人	2017年	林芝市人民政府

续表2

姓　名	性别	民族	工作单位	获奖名称	表彰时间	授予单位
殷国田	男	汉	县森林公安局	2016年度林芝市森林防火先进个人	2017年	林芝市行政公署
丁爱香	女	汉	县安监局	质监工作先进个人	2016年	林芝市人民政府
罗　杰	男	藏	县完小	优秀党务工作者	2016年	林芝市人民政府、林芝市教育局
边巴索朗	男	藏	县委统战部	2016年度林芝市统战理论政策研究课题优秀成果二等奖	2017年	中共林芝市委统战部
尹荣毕	男	汉	县委统战部	2016年林芝市统战系统优秀信息员	2017年	中共林芝市委统战部
白玛旺前	男	门巴	县国税局	林芝市践行社会主义核心价值观最美人物之最美税务人	2016年	中共林芝市委宣传部
白玛央前	女	门巴	县委办公室	2015年度林芝市党委系统信息工作先进个人	2016年	中共林芝市委办公室
强　巴	男	藏	县委统战部	2016年度林芝市党委系统信息工作先进个人	2017年	中共林芝市委办公室
尼玛仓决	女	门巴	县人民政府	2016年度林芝市督查先进个人	2016年	林芝市人民政府办公室
王菊芳	女	汉	县人民政府	2016年度政务信息报送工作先进个人	2017年	林芝市人民政府办公室
尼玛仓决	女	门巴	县人民政府	2016年度林芝市督查先进个人	2016年	林芝市人民政府办公室
王菊芳	女	汉	县人民政府	2016年度政务信息报送工作先进个人	2017年	林芝市人民政府办公室
安许鹏	男	汉	县人民法院	全市法院办案标兵	2017年	林芝市中级人民法院
泽翁罗布	男	藏	县人民法院	全市法院优秀司法警察	2017年	林芝市中级人民法院
罗建红	男	藏	县公安局	个人三等功	2017年	中共林芝市公安局委员会
徐文峰	男	汉	县公安局	个人三等功	2017年	中共林芝市公安局委员会
罗布旺堆	男	藏	县公安局	个人嘉奖	2017年	中共林芝市公安局委员会
邢俊超	男	汉	县公安局	个人嘉奖	2017年	中共林芝市公安局委员会
普布扎西	男	藏	县公安局	个人嘉奖	2017年	中共林芝市公安局委员会
魏海东	男	汉	县公安局	个人嘉奖	2017年	中共林芝市公安局委员会
杨　峰	男	汉	县公安局	个人三等功	2017年	林芝市公安局
徐文峰	男	汉	县公安局	林芝市公安机关“重温党史，讲好警察故事”优秀奖	2016年	林芝市公安局
曲英次成	男	藏	公安边防大队	三等功	2016年	林芝市公安边防支队
斯塔卓玛	女	藏	县中学	优秀评卷员	2016年	林芝市教育局（市体育局）

续表2

姓　　名	性别	民族	工作单位	获奖名称	表彰时间	授予单位
尼玛曲珍	女	门巴	县中学	“一师一优课、一课一名师”评审活动中荣获市级优课	2016年	林芝市教育局（市体育局）
马兴宏	男	汉	县中学	2016年粤藏育才优秀教师	2016年	林芝市教育局（市体育局）
次仁旺堆	男	门巴	县中学	2016年林芝市优秀教师	2016年	林芝市教育局（市体育局）
斯塔卓玛	女	藏	县中学	林芝市2016年内地西藏初中班招生考试评卷工作“优秀评卷员”	2016年	林芝市教育局（市体育局）
次仁旺堆	男	门巴	县中学	2016年林芝市优秀教师	2016年	林芝市教育局（市体育局）
罗　　杰	男	藏	县完小	林芝市优秀党务工作者	2016年	中共林芝市教育局委员会
洛桑平措	男	藏	达木珞巴民族乡中心小学	优秀共产党员	2016年	中共林芝市教育局委员会
央金措姆	女	门巴	县完小	首届少先队工作考核个人先进奖	2016年	林芝市教育局、市共青团
尼玛曲珍	女	藏	县中学	一师一优课、一课一名师评审活动中荣获市级级优课	2016年	林芝市教育局（市体育局）、林芝市教育学会
尼玛措姆	女	门巴	德兴乡中心小学	优秀班主任	2016年	林芝市教育局（市体育局）、“粤藏育才”基金领导小组
阿旺朗杰	男	门巴	县完小	2016年粤藏育才优秀教师	2016年	林芝市教育局、粤藏育才基金
马兴宏	男	汉	县中学	2016年粤藏育才优秀教师	2016年	林芝市教育局、粤藏育才基金
阿旺朗杰	男	门巴	县完小	优秀教师	2016年	林芝市教育（体育）局、粤藏育才基金领导小组
珍　　嘎	女	门巴	县中学	林芝市2016年初中教师政治教学大赛三等奖	2016年	西藏林芝市教育局教研室
孙　　超	男	汉	华能西藏墨脱电力有限公司	2015年度先进个人	2016年	华能西藏雅鲁藏布江水电开发投资有限公司
布　　桑	男	汉	华能西藏墨脱电力有限公司	2015年度先进个人	2016年	华能西藏雅鲁藏布江水电开发投资有限公司
王　　勇	男	汉	华能西藏墨脱电力有限公司	2014—2015年度优秀工会干部	2016年	华能西藏雅鲁藏布江水电开发投资有限公司
刚　　立	男	汉	华能西藏墨脱电力有限公司	2015年度安全生产先进个人	2016年	华能西藏雅鲁藏布江水电开发投资有限公司
何　　明	男	汉	华能西藏墨脱电力有限公司	2016年度西藏公司优秀共青团员	2016年	华能西藏发电有限公司团委
刘德翼	男	汉	华能西藏墨脱电力有限公司	2016年“最美家庭”	2016年	华能西藏发电有限公司工会

续表2

姓　　名	性别	民族	工作单位	获奖名称	表彰时间	授予单位
赵国君	男	汉	华能西藏墨脱电力有限公司	2016年度优秀党支部书记	2016年	中国华能集团公司党组
张文清	男	苗	县人民政府	2016年度综治（维稳）工作先进个人	2017年	中共墨脱县委员会、墨脱县人民政府
张文清	男	苗	县人民政府	2015年“六五”普法工作先进个人	2016年	中共墨脱县委员会、墨脱县人民政府
陈　帅	男	汉	县人民政府	2016年度林业工作先进个人	2016年	中共墨脱县委员会、墨脱县人民政府
陈　帅	男	汉	县人民政府	2016年度林业工作先进个人	2016年	中共墨脱县委员会、墨脱县人民政府
西　洛	男	藏	镇人民政府	2016年县级优秀工作者	2016年	中共墨脱县委员会、墨脱县人民政府
白玛多杰	男	珞巴	县委政法委	2015年度综治工作先进个人	2016年	中共墨脱县委员会、墨脱县人民政府
巴桑次仁	男	藏	县委政法委	2015年度综治工作先进个人	2016年	中共墨脱县委员会、墨脱县人民政府
张　茂	男	汉	县委政法委	2015年度政法工作先进个人	2016年	中共墨脱县委员会、墨脱县人民政府
桑杰罗布	男	门巴	县综治办	2016年度综治工作先进个人	2017年	中共墨脱县委员会、墨脱县人民政府
其　米	女	藏	县委政法委	2016年度综治工作先进个人	2017年	中共墨脱县委员会、墨脱县人民政府
张　茂	男	汉	县委政法委	2016年度政法工作先进个人	2017年	中共墨脱县委员会、墨脱县人民政府
吴　勇	男	汉	县委办公室	墨脱县“六五”普法优秀个人	2016年	中共墨脱县委员会、墨脱县人民政府
达瓦拉姆	女	藏	县委统战部	2016年度综治（维稳）“先进个人”	2017年	中共墨脱县委员会、墨脱县人民政府
尼玛多吉	男	门巴	县委统战部	2016年优秀公务员	2016年	中共墨脱县委员会、墨脱县人民政府
西　绕	男	藏	县发改委	2016年度脱贫攻坚“优秀个人”	2016年	中共墨脱县委员会、墨脱县人民政府
土旦旺姆	女	藏	县发改委	2016年优秀公务员	2016年	中共墨脱县委员会、墨脱县人民政府
白玛次旺	男	藏	县发改委	2016年消防工作先进个人	2016年	中共墨脱县委员会、墨脱县人民政府
龙有云	男	苗	县公安局	政法先进个人	2017年	中共墨脱县委员会、墨脱县人民政府
白玛仁增	男	门巴	县公安局	6·16自然灾害抢险救灾荣获“先进个人”	2016年	中共墨脱县委员会、墨脱县人民政府

续表2

姓　　名	性别	民族	工作单位	获奖名称	表彰时间	授予单位
杨林鑫	男	土家	县公安局	6·16自然灾害抢险救灾荣获“先进个人”	2016年	中共墨脱县委员会、墨脱县人民政府
次旺江措	男	门巴	县公安局	6·16自然灾害抢险救灾荣获“先进个人”	2016年	中共墨脱县委员会、墨脱县人民政府
郑邦典	男	汉	县公安局	2016年度政法工作先进个人	2017年	中共墨脱县委员会、墨脱县人民政府
丁　增	男	门巴	县公安局	2016年度政法工作先进个人	2017年	中共墨脱县委员会、墨脱县人民政府
杨如俊	男	汉	县公安局	2016年度政法工作先进个人	2017年	中共墨脱县委员会、墨脱县人民政府
旺前多吉	男	门巴	县公安局	2016年度政法工作先进个人	2017年	中共墨脱县委员会、墨脱县人民政府
多吉次仁	男	门巴	县公安局	2016年度政法工作先进个人	2017年	中共墨脱县委员会、墨脱县人民政府
扎西玉珍	女	门巴	县公安局	2016年度政法工作先进个人	2017年	中共墨脱县委员会、墨脱县人民政府
王　宁	男	汉	县公安局	2016年综治（维稳）工作先进个人	2017年	中共墨脱县委员会、墨脱县人民政府
拉巴才仁	男	藏	县公安局	2016年综治（维稳）工作先进个人	2017年	中共墨脱县委员会、墨脱县人民政府
白玛仁增	男	门巴	县公安局	2016年综治（维稳）工作先进个人	2017年	中共墨脱县委员会、墨脱县人民政府
索朗罗布	男	门巴	县公安局	2016年综治（维稳）工作先进个人	2017年	中共墨脱县委员会、墨脱县人民政府
徐文峰	男	汉	县公安局	墨脱县“两学一做”演讲比赛二等奖	2016年	中共墨脱县委员会、墨脱县人民政府
次仁平措	男	藏	县公安局	优秀公务员	2016年	中共墨脱县委员会、墨脱县人民政府
贡桑多吉	男	门巴	县公安局	优秀驻村工作队员	2016年	中共墨脱县委员会、墨脱县人民政府
阿旺索朗	男	门巴	县公安局	墨脱县2016年下半年优秀驻寺干部	2016年	中共墨脱县委员会、墨脱县人民政府
丁　增	男	门巴	县公安局	优秀驻村干部	2016年	中共墨脱县委员会、墨脱县人民政府
马英贤	男	汉	墨脱县人民法院	“促两学，做表率”知识竞赛活动中获得个人一等奖	2016年	中共墨脱县委员会、墨脱县人民政府
刘善超	男	汉	县人民法院	民族团结先进个人	2016年	中共墨脱县委员会、墨脱县人民政府
刘善超	男	汉	县人民法院	优秀科办员	2017年	中共墨脱县委员会、墨脱县人民政府

续表2

姓　名	性别	民族	工作单位	获奖名称	表彰时间	授予单位
安许鹏	男	汉	县人民法院	优秀科办员	2017年	中共墨脱县委员会、墨脱县人民政府
白玛玉珍	女	门巴	县人民法院	政法工作先进个人	2016年	中共墨脱县委员会、墨脱县人民政府
格桑扎西	男	藏	县财政局	脱贫攻坚工作优秀个人	2016年	中共墨脱县委员会、墨脱县人民政府
赖明建	男	汉	县农牧（科技）局	墨脱县2016年度脱贫攻坚工作优秀个人	2017年	中共墨脱县委员会、墨脱县人民政府
平措南加	男	藏	县农牧（科技）局	西藏自治区创先争优强基础惠民生活动2015—2016年度先进驻村（居）工作队员荣誉称号	2016年	中共墨脱县委员会、墨脱县人民政府
次仁拉姆	女	藏	县农牧（科技）局	西藏自治区创先争优强基础惠民生活动2015−2016年度先进驻村（居）工作队员荣誉称号	2016年	中共墨脱县委员会、墨脱县人民政府
赵　帅	男	汉	县安监局	“6·16”自然灾害抢险救灾先进个人	2016年	中共墨脱县委员会、墨脱县人民政府
德庆卓玛	女	藏	县安监局	优秀驻村工作队员	2016年	中共墨脱县委员会、墨脱县人民政府
董鹏飞	男	汉	县林业局	墨脱县民族团结进步先进个人	2016年	中共墨脱县委员会、墨脱县人民政府
布锋岭	男	藏	县国税局	行业优秀人才	2016年	中共墨脱县委员会、墨脱县人民政府
扎西次仁	男	藏	县中学	优秀教师	2016年	中共墨脱县委员会、墨脱县人民政府
旦增曲杰	男	汉	县中学	优秀教师	2016年	中共墨脱县委员会、墨脱县人民政府
穆亚圣	男	汉	县中学	优秀教师	2016年	中共墨脱县委员会、墨脱县人民政府
巴桑卓玛	女	门巴	县中学	优秀教师	2016年	中共墨脱县委员会、墨脱县人民政府
珍　嘎	女	门巴	县中学	优秀教师	2016年	中共墨脱县委员会、墨脱县人民政府
嘎玛拉姆	女	门巴	县中学	2016年墨脱县优秀教师	2016年	中共墨脱县委员会、墨脱县人民政府
仁青罗布	男	门巴	县中学	2016年墨脱县优秀教师	2016年	中共墨脱县委员会、墨脱县人民政府
尼玛措姆	女	门巴	县中学	2016年墨脱县优秀教师	2016年	中共墨脱县委员会、墨脱县人民政府
次仁旺堆（大）	男	门巴	县中学	2016年墨脱县优秀教师	2016年	中共墨脱县委员会、墨脱县人民政府

续表2

姓　　名	性别	民族	工作单位	获奖名称	表彰时间	授予单位
尼玛永措	女	门巴	县中学	2016年墨脱县优秀教师	2016年	中共墨脱县委员会、墨脱县人民政府
旺前措姆	女	门巴	县中学	2016年墨脱县优秀教师	2016年	中共墨脱县委员会、墨脱县人民政府
央金措姆	女	门巴	县完小	优秀教师	2016年	中共墨脱县委员会、墨脱县人民政府
桑杰罗布	男	门巴	县完小	优秀教师	2016年	中共墨脱县委员会、墨脱县人民政府
阿旺朗杰	男	门巴	县完小	优秀教师	2016年	中共墨脱县委员会、墨脱县人民政府
龙增拉姆	女	藏	县完小	优秀教师	2016年	中共墨脱县委员会、墨脱县人民政府
洛桑卓玛	女	藏	县完小	优秀教师	2016年	中共墨脱县委员会、墨脱县人民政府
桑杰仁增	男	门巴	背崩乡人民政府	脱贫攻坚优秀个人	2017年	中共墨脱县委员会、墨脱县人民政府
次仁措姆	女	门巴	背崩乡人民政府	自治区创先争优强基础惠民生活动先进驻村（居）工作队队员	2016年	中共墨脱县委员会、墨脱县人民政府
次旺扎西	男	门巴	背崩乡背崩村	维稳工作先进个人	2017年	中共墨脱县委员会、墨脱县人民政府
周大明	男	汉	帮辛乡人民政府	县级驻村工作先进个人	2016年	中共墨脱县委员会、墨脱县人民政府
普布泽仁	男	藏	帮辛乡人民政府	县级综治工作先进个人	2016年	中共墨脱县委员会、墨脱县人民政府
索朗罗布	男	门巴	帮辛乡人民政府	县级优秀公务员	2016年	中共墨脱县委员会、墨脱县人民政府
杜太永	男	土家	帮辛乡人民政府	县级优秀公务员	2016年	中共墨脱县委员会、墨脱县人民政府
索朗曲珍	女	门巴	县人民政府	2016年优秀公务员	2016年	中共墨脱县委员会
旦增卓玛	女	藏	县人民政府	2015—2016年度被评为优秀共产党员	2016年	中共墨脱县委员会
旦增卓玛	女	藏	县人民政府	2016年度优秀党务工作者	2017年	中共墨脱县委员会
旦增卓玛	女	藏	县人民政府	2016年度优秀专技人员	2016年	中共墨脱县委员会
旦增桑珠	男	藏	县人民政府	2016年优秀公务员	2016年	中共墨脱县委员会
白玛玉珍	女	藏	县委统战部	2016年度优秀党务工作者	2016年	中共墨脱县委员会
吴　　勇	男	汉	县委办公室	2015年度墨脱县优秀党建专干	2016年	中共墨脱县委员会
吴　　勇	男	汉	县委办公室	2016年优秀党务工作者	2016年	中共墨脱县委员会

续表2

姓 名	性别	民族	工作单位	获奖名称	表彰时间	授予单位
四郎拥珍	女	藏	县委办公室	嘉奖	2016年	中共墨脱县委员会
邓宏照	男	汉	县发改委	2016年优秀党务工作和	2016年	中共墨脱县委员会
赵德波	男	汉	县司法局	优秀共产党员	2016年	中共墨脱县委员会
坚增次仁	男	藏	县水利局	优秀驻村工作队员	2016年	中共墨脱县委员会
旦增多吉	男	门巴	背崩乡人民政府	优秀党务工作者	2016年	中共墨脱县委员会
高 荣	男	门巴	背崩乡人民政府	优秀党务工作者	2017年	中共墨脱县委员会
次 吉	女	藏	背崩乡人民政府	优秀党务工作者	2017年	中共墨脱县委员会
索朗罗布	男	门巴	帮辛乡人民政府	墨脱县2016年度党务工作者	2016年	中共墨脱县委员会
邹武良	男	汉	县交通运输局	普法工作先进个人	2016年	中共墨脱县委员会
白玛曲珍	女	门巴	县交通运输局	信息工作先进个人	2016年	中共墨脱县委员会
白玛江措	男	门巴	县交通运输局	“6·16”自然灾害抢险救灾先进个人	2016年	中共墨脱县委员会
格桑扎西	男	藏	县财政局	消防工作先进个人	2016年	墨脱县人民政府
边巴次仁	男	藏	县住建局	2016年度安全生产工作先进个人	2017年	墨脱县人民政府
王妍妍	女	汉	县住建局	墨脱县脱贫攻坚先进个人	2017年	墨脱县人民政府
李展健	男	汉	县住建局	2016年度安全生产工作先进个人	2017年	墨脱县人民政府
张鹏飞	男	汉	县林业局	开展“争当生态战士·共建生态家园”主题宣传活动“先进个人”	2016年	墨脱县人民政府
达瓦卓玛	女	藏	县林业局	开展“争当生态战士·共建生态家园”主题宣传活动“先进个人”	2016年	墨脱县人民政府
刘 震	男	汉	县林业局	开展“争当生态战士·共建生态家园”主题宣传活动“先进个人”	2016年	墨脱县人民政府
董鹏飞	男	汉	县林业局	开展“争当生态战士·共建生态家园”主题宣传活动“先进个人”	2016年	墨脱县人民政府
董鹏飞	男	汉	县林业局	2016年度安全生产工作“先进个人	2017年	墨脱县人民政府
仁增多吉	男	藏	县林业局	2016年度墨脱县林业工作“先进个人”	2016年	墨脱县人民政府
索朗旺秋	男	藏	墨脱县交通运输局	安全生产工作先进个人	2016年	墨脱县人民政府

中国共产党墨脱第八届委员会委员名单

表3

职 位	姓 名	职 位	姓 名
县委书记	旺 东	县委常委、宣传部部长	普 果
县委副书记、政府县长	魏长旗	县委常委、常务副县长	多吉扎西
县委常务副书记	谢国高	县委常委、副县长	高功强
县人大常委会主任	遵 珠	县检察院检察长	李 彦
县政协主席	平措多吉	县法院院长	云 登
县委副书记	罗 加	县商务局局长、八一办主任	尹建华
县委副书记、常务副县长	李 斌	墨脱镇党委书记	格桑卓嘎
县委副书记、政法委书记、公安局党委书记、局长、督察长	刘 明	德兴乡党委书记	王桂兰
县委常委、武装部部长	高林林	背崩乡党委书记	王海斌
县委常委、统战部部长	边巴索朗	达木乡党委书记	杨 郓
县委常委、组织部部长	赵 敬	格当乡党委书记	张志强
县委常委、纪委书记	朱宇峰	加热萨乡党委书记	白长云

中国共产党墨脱第八届委员会候补委员名单

表4

职 位	姓 名	职 位	姓 名
县环保局环境监察大队队长	次仁拉珍	甘登乡党委书记	徐利明
县卫生服务中心主任	邓声敏	墨脱镇巴日村党支部书记、村主任	扎西江措
帮辛乡党委书记	达 穷		

墨脱县第十一届人大代表名单

（79名：汉族14人、藏族17人、门巴族40人、珞巴族8人）

表5

序号	姓 名	性别	民族	党派	文化程度	单位及职务	备注
县城机关代表团							
1	魏长旗	男	汉	中共党员	大学	墨脱县县委副书记、县长	
2	遵 珠	男	门巴	中共党员	大专	墨脱县人大常委会党组书记、主任	
3	罗 加	男	藏	中共党员	大学	墨脱县县委副书记	
4	刘 明	男	汉	中共党员	大学	墨脱县县委副书记、政法委书记、公安局局长、督察长	
5	高林林	男	汉	中共党员	研究生	墨脱县县委常委、人民武装部部长	
6	赵 敬	男	汉	中共党员	大学	墨脱县县委常委、组织部部长	
7	普 果	女	藏	中共党员	大专	墨脱县县委常委、宣传部部长	
8	于世高	男	汉	中共党员	大专	墨脱县人大常委会党组副书记、副主任	
9	高向东	男	门巴	中共党员	中专	农行墨脱县支行信贷股股长	
10	欧阳龙梅	女	汉	中共党员	高中	墨脱县华阳园艺有限公司经理	
11	拉 珍	女	藏	中共党员	大专	墨脱县卫生服务中心副主任	
12	巴桑卓玛	女	门巴	中共党员	大学	墨脱县中学教师	
墨脱镇代表团							
13	旺 东	男	门巴	中共党员	大专	墨脱县县委书记	
14	李 斌	男	汉	中共党员	博士研究生	墨脱县县委副书记、常务副县长	
15	朱宇峰	男	汉	中共党员	大学	墨脱县县委常委、纪委书记	
16	白 玛	女	藏	中共党员	大学	墨脱县工青妇综合办主任、工会主席	
17	久 美	男	藏	预备党员	大学	墨脱县农牧局兽防站站长	
18	索朗央金	女	藏	中共党员	大学	墨脱镇党委委员、人大主席	

续表5

19	索朗拉姆	女	门巴	中共党员	小学	墨脱镇米日村妇女主任	
20	小　英	女	门巴	中共党员	小学	墨脱镇玛迪村村民	
21	曲　珍	女	门巴	中共党员	小学	墨脱镇亚东村致富能手	
22	尼玛顿珠	男	门巴	党外人士	小学	墨脱县仁青崩寺管理员	
23	尼玛让日	男	门巴	中共党员	高中	墨脱村党支部副书记、村委会主任	
24	扎西江增	男	藏	中共党员	小学	墨脱镇巴日村支部书记、主任	
25	新向东	男	门巴	中共党员	小学	墨脱镇亚让村党支部书记、村委会主任	
				德兴乡代表团			
26	杨明强	男	汉	中共党员	大专	墨脱县人大常委会党组副书记、副主任	
27	王向军	男	汉	中共党员	大学	县人大办主任	
28	白玛次仁	男	门巴	中共党员	初中	墨脱县机关后勤服务中心工人	
29	扎西平措	男	门巴	中共党员	大专	德兴乡党委委员、人大主席	
30	扎　西	男	门巴	中共党员	小学	德兴乡荷扎村支部书记	
31	扎西多吉	男	门巴	中共党员	小学	德兴乡易贡白村支部书记	
32	次仁旺扎	男	门巴	中共党员	小学	德兴乡德兴村委会主任	
33	次仁普知	女	门巴	中共党员	初中	德兴乡文朗村妇女主任	
34	次仁拉姆	女	门巴	中共党员	初中	德兴乡德果村村医	
35	米拉姆	女	门巴	中共党员	小学	德兴乡那尔东村妇女主任	
36	高卫东	男	门巴	中共党员	小学	德兴乡巴登则村支部书记	
				背崩乡代表团			
37	谢国高	男	汉	中共党员	研究生	墨脱县县委常务副书记	
38	边巴索朗	男	藏	中共党员	大专	墨脱县县委常委、统战部部长	
39	李　伟	男	汉	中共党员	大专	墨脱县人大常委会党组成员、副主任	
40	顾守荣	男	汉	中共党员	大学	华能西藏墨脱电力有限公司副总经理	
41	旦增多吉	男	门巴	中共党员	大学	背崩乡党委委员、人大主席	
42	扎西罗布	男	门巴	中共党员	小学	背崩乡波东村支部书记	

续表5

43	仁青措姆	女	门巴	中共党员	初中	背崩乡格林村村民	
44	全　胜	男	门巴	中共党员	识字	背崩乡背崩村支部书记	
45	次仁旺堆	男	门巴	中共党员	识字	背崩乡江新村支部书记	
46	明珠措姆	女	门巴	中共党员	初中	背崩乡德尔贡村妇女主任	
47	姑姑卓玛	女	门巴	中共党员	识字	背崩乡阿苍村妇女主任	
48	桑杰措姆	女	门巴	中共党员	识字	背崩乡西让村妇女主任	
49	高　荣	男	门巴	中共党员	小学	背崩乡地东村支部书记	
50	新向东	男	门巴	中共党员	识字	背崩乡巴登村村主任	
达木珞巴民族乡代表团							
51	多吉扎西	男	藏	中共党员	大学	墨脱县县委常委、常务副县长	
52	白玛多吉	男	门巴	中共党员	大专	墨脱县人大常委会党组成员、副主任	
53	罗　布	男	藏	中共党员	大专	达木珞巴民族乡党委委员、人大主席	
54	果　罗	女	珞巴	中共党员	识字	达木乡珠村妇女主任	
55	次仁桑珠	男	门巴	中共党员	初中	达木乡贡日村党支部书记	
56	中　东	男	门巴	中共党员	小学	达木乡卡布村党支部书记	
57	德兴旺姆	女	珞巴	中共党员	小学	达木乡达木村妇女主任	
格当乡代表团							
58	云　登	男	藏	中共党员	大学	墨脱县人民法院院长	
59	格桑多吉	男	藏	中共党员	大学	格当乡党委委员、人大主席	
60	索朗次珍	女	藏	中共党员	小学	格当乡占根卡村妇女主任	
61	扎西旺加	男	藏	中共党员	小学	格当乡桑珍卡村党支部书记、治保主任	
62	扎西列珠	男	藏	中共党员	小学	格当乡布龙村党支部书记	
63	扎西次仁	男	藏	中共党员	小学	格当乡格当村党支部书记	
帮辛乡代表团							
64	李　彦	男	汉	中共党员	大学	墨脱县人民检察院党组书记、检察长	
65	普布泽仁	男	藏	中共党员	大学	帮辛乡党委委员、人大主席、政法委员	

续表5

66	全　古	男	门巴	中共党员	小学	帮辛乡西登村支部副书记	
67	索朗拉姆	女	门巴	团员	初中	帮辛乡帮果村村民	
68	晓　东	男	门巴	群众	半文盲	帮辛乡岗玉村村民	
69	布次仁	男	门巴	中共党员	初中	帮辛乡宗荣村支部书记	
70	拉巴次仁	男	门巴	群众	初中	帮辛乡肯肯村双联户户长	
71	拉　姆	女	门巴	团员	高中	帮辛乡帮兴村村民	
加热萨乡、甘登乡代表团							
72	多吉索朗	男	门巴	中共党员	大专	加热萨乡党委委员、人大主席	
73	尼　玛	男	珞巴	中共党员	脱盲	加热萨乡拉贡村村委会委员	
74	扎西次仁	男	珞巴	中共党员	识字	加热萨乡加热萨村村长	
75	多　洛	男	珞巴	中共党员	识字	加热萨乡久当卡村支部书记	
76	达瓦次仁	男	珞巴	中共党员	识字	加热萨乡龙烈村支部书记	
77	次巴拉姆	女	珞巴	中共党员	识字	加热萨乡更帮村村民	
78	卫　东	男	门巴	中共党员	中专	甘登乡党委委员、人大主席	
79	加　路	男	珞巴	中共党员	小学	甘登乡甘登村党支部副书记、村委会主任	

九届政协委员名单

表6 制表：政协墨脱县委员会办公室 时间：2016年7月

序号	姓　　名	性别	民族	年龄	界别	现任职务	政协职务	参工时间	入党时间	学历	备注
1	平措多吉	男	藏族	53	中共界	县政协主席	常委	1988.7	1991.6	大专	
2	边巴索朗	男	藏族	41	中共界	县委常委、统战部部长	常委	1995.6	2000.7	大专	
3	边巴扎西	男	珞巴	43	中共界	县政协副主席	常委	1994.7	2001.1	大专	
4	扎西措姆	女	门巴	46	中共界	县政协副主席	常委	1993.7	2000.1	本科	
5	郑　　明	男	汉族	37	中共界	县政协副主席	常委	1999.12	2009.7	本科	
6	嘎玛欧珠	男	藏族	43	民族界	县政协副主席	常委	1997.8		大专	
7	罗布次旺	男	藏族	43	中共界	县政协办公室主任	常委	1995.7	2004.4	大专	
8	玉　　扎	男	藏族	37	宗教界	曾久寺僧人	常委			小学	
9	平措巴登	男	珞巴	35	农业界	甘登乡甘登村	常委			小学	
10	次　　旺	男	门巴	54	农业界	背崩乡波东村	常委			小学	
11	黄 昌 全	男	汉族	40	工商界	个体工商户	常委		2012.7	高中	
12	白玛扎巴	男	藏族	34	中共界	县林业局局长	委员	2006.8	2007.4	本科	
13	阿　　归	女	藏族	31	中共界	县住建局副局长	委员	2007.8	2006.3	本科	
14	黄 宝 玉	男	汉族	37	中共界	林芝公安边防支队政治处副主任（代管墨脱）	委员	1996.12	1999.6	大专	
15	晋美扎西	男	藏族	52	民族界	县扶贫办主任	委员	1990.6	1997.7	中专	
16	曲　　珠	男	藏族	37	民族界	县交通局局长	委员	2003.7	2009.3	本科	
17	央前拉姆	女	门巴	53	民族界	墨脱镇米日村	委员			脱盲	
18	阿旺索朗	男	门巴	34	民族界	德兴乡易贡白村	委员			小学	
19	格　　桑	女	门巴	40	民族界	背崩乡巴登村	委员			脱盲	
20	卓玛拉吉	女	珞巴	23	民族界	达木乡贡日村	委员			小学	

续表6

序号	姓　　名	性别	民族	年龄	界别	现任职务	政协职务	参工时间	入党时间	学历	备注
21	扎西拉姆	女	珞巴	29	民族界	达木乡达木村	委员			小学	
22	平　措	男	珞巴	29	民族界	加热萨乡拉贡村	委员			小学	
23	白玛多吉	男	珞巴	42	民族界	县综治办主任	委员	1994.7	1995.7	本科	
24	扎西久美	男	藏族	24	民族界	甘登乡甘登村	委员			小学	
25	伟　红	男	藏族	47	民族界	格当乡桑珍卡村	委员			小学	
26	仓决米	男	门巴	60	民族界	帮辛乡帮果村	委员			脱盲	
27	顿　珠	男	门巴	39	农业界	墨脱镇亚让村	委员			脱盲	
28	姑姑拉姆	女	门巴	22	农业界	墨脱镇玛迪村	委员			初中	
29	桑杰贡嘎	男	门巴	33	农业界	墨脱镇亚东村	委员			脱盲	
30	曲　达	男	门巴	24	农业界	德兴乡那儿东村	委员			初中	
31	小平错	男	门巴	36	农业界	德兴乡荷扎村	委员			脱盲	
32	尼玛次仁	男	门巴	37	农业界	墨脱镇墨脱村	委员			初中	
33	次久罗布	男	门巴	22	农业界	德兴乡德兴村	委员			初中	
34	仁青曲珍	女	门巴	27	农业界	德兴乡巴登则村	委员			小学	
35	桑杰卫色	男	门巴	36	农业界	背崩乡背崩村	委员			脱盲	
36	仁青曲扎	男	门巴	43	农业界	背崩乡地东村	委员			脱盲	
37	达瓦杰增	男	门巴	41	农业界	背崩乡德尔贡村	委员			脱盲	
38	次　仁	女	珞巴	52	农业界	达木乡卡布村	委员			脱盲	
39	次仁平措	男	门巴	29	农业界	达木乡珠村	委员			小学	
40	旺扎次旦	男	藏族	32	农业界	格当乡布龙村	委员			脱盲	
41	嘎玛多吉	男	藏族	24	农业界	格当乡格当村	委员			脱盲	
42	多吉次仁	男	门巴	30	农业界	帮辛乡岗玉村	委员			脱盲	
43	永向东	男	门巴	44	农业界	帮辛乡西登村	委员			脱盲	
44	旺　久	男	门巴	19	农业界	帮辛乡宗容村	委员			脱盲	
45	次　珠	男	珞巴	26	农业界	加热萨乡久当卡村	委员			小学	
46	旺　堆	男	珞巴	27	农业界	加热萨乡加热萨村	委员			小学	

续表6

序号	姓　　名	性别	民族	年龄	界别	现任职务	政协职务	参工时间	入党时间	学历	备注
47	达瓦江措	男	门巴	36	宗教界	仁青崩寺僧人	委员			脱盲	
48	次　　成	男	藏族	58	宗教界	仁青崩寺僧人	委员			脱盲	
49	列格罗布	男	门巴	54	宗教界	玛尔蚌寺僧人	委员			脱盲	
50	建阿次仁	男	藏族	43	宗教界	格当寺僧人	委员			脱盲	
51	江　　安	女	藏族	27	妇女界	县电视台副台长	委员	2010.7	2013.7	大专	
52	次旦卓玛	女	珞巴	36	妇女界	加热萨乡达昂村	委员			小学	
53	桑　　姆	女	藏族	26	妇女界	格当乡占根卡村	委员			小学	
54	桑 措 姆	女	门巴	32	妇女界	帮辛乡根登村	委员			脱盲	
55	拉巴次仁	男	藏族	39	文化界	县旅游局局长	委员	1999.7	2001.7	本科	
56	格桑达瓦	男	藏族	42	文化界	县委宣传部副部长	委员	1993.7	2002.6	大专	
57	旦　　增	男	藏族	41	科技界	县国土局主任科员	委员	1996.1	2002.7	大专	
58	袁 瑜 贵	男	汉族	31	科技界	县农牧局主任科员	委员	2008.8	2015.8	本科	
59	白玛措姆	女	门巴	36	教育界	德兴乡中心小学副校长	委员	2003.9	2007.7	本科	
60	扎西江措	男	门巴	49	经济界	农行墨脱县支行副行长	委员	1990.8	2004.7	中专	
61	刘 德 翼	男	汉族	41	经济界	华能西藏墨脱电力有限公司生产营销部主任	委员	1999.7	2015.9	本科	
62	李 海 东	男	门巴	39	卫生界	县疾控中心公卫主管医师	委员	1993.6	2002.4	本科	
63	唐　　斌	男	汉族	53	工商界	个体工商户	委员			中学	
64	大 多 吉	男	门巴	54	工商界	个体工商户	委员		1993.7	小学	

墨脱县第九届政协委员会委员65名，（预留1名），设置界别11个。现有委员64名，党员23名，占35.93%；党外41名，64.06%。其中中共界9名，占14.06%；民族界13名，占20.31%；农业界22名，34.37%占；宗教界5名，7.81占%；妇女界4名，占6.25%；文化界2名，占3.12%；科技界2名，占3.12%；教育界1名，占1.56%；经济界2名，占3.12%；卫生界1名，占1.56%；工商界3名，占4.68%。

八届墨脱县纪律检查委员会委员、常委名单

表7

姓　　名	职务	单位	备注
朱 宇 峰	纪委委员、常委	县纪委	纪委书记
贺　　伟	纪委委员、常委	县纪委	纪委副书记、监察局局长
米玛次仁	纪委委员、常委	县纪委	纪委副书记
胡 新 祥	纪委委员、常委	县纪委	正科级纪检监察员、监察局副局长
李　　杰	纪委委员	县纪委	纪委科员
刘　　焱	纪委委员	县纪委	纪委科员
张 慧 仙	纪委委员	检察院	检察院副检察长、正科级检察员
尹 建 华	纪委委员	商务局	商务局局长、八一办事处主任
欧珠江村	纪委委员	政府办	政府办主任科员
次仁旺杰	纪委委员	人社局	组织部副部长、人社局局长

墨脱县“六五”普法先进集体及优秀个人名单

墨委〔2016〕15号
2016年3月15日

一、先进集体

墨脱镇党委

德兴乡党委

县普法办

县综治办

县教（体）局

县宗教办

二、优秀个人

1. 吴　　勇　县委办公室科员
2. 张　　巍　县人大办公室科员
3. 熊　　杰　县政协办公室科员
4. 刘　　焱　县纪委科员
5. 李　　玲　县人民法院科员
6. 张 国 照　县人民检察院科员
7. 龙 有 云　县公安局科员
8. 郭 国 亮　县文广局科员
9. 张 文 清　县信访局志愿者
10. 牛 明 亮　县农牧科技局志愿者
11. 次仁扎西　县强基办专技人员
12. 陈 永 松　达木珞巴民族乡科员

墨脱县第五批驻村工作表彰名单

墨委〔2016〕171号
（2016年11月24日）

一、优秀组织单位（6个）

区交通厅（驻背崩乡格林村）
县农牧局（驻德兴乡荷扎村）
县人社局（驻帮辛乡肯肯村）
市检察院（驻格当乡桑珍卡村）
县林业局（驻加热萨乡龙列村）
县环保局（驻墨脱镇米日村）

二、驻村工作队（14个）

市住建局驻墨脱镇亚让村工作队
县委统战部驻背崩乡巴登村工作队
县安监局驻帮辛乡岗玉村工作队
县司法局驻帮辛乡宗荣村工作队
县教育局驻达木乡卡布村工作队
县卫生局驻德兴乡德果村工作队
县卫生服务中心驻加热萨乡久当卡村工作队
县法院驻格当乡占根卡村工作队
县水利局驻甘登乡甘登村工作队
县委宣传部驻德兴乡巴登则村工作队
县人大办驻德兴乡易贡白村工作队
县政协办驻背崩乡波东村工作队
县检察院驻背崩乡德尔贡村工作队
县民政局驻达木乡达木村工作队

三、驻村队员（51名）

红　　伟　自治区交通厅驻背崩乡格林村副队长
旦增达瓦　自治区交通厅驻背崩乡格林村工作队队员
才旦巴桑　自治区交通厅驻背崩乡格林村工作队队员
格桑德吉　自治区交通厅驻背崩乡背崩村工作队队员
布　　桑　华能西藏电力公司驻墨脱镇亚东村工作队队长
王 莉 莉　华能西藏电力公司驻墨脱镇墨脱村工作队队员
多吉卓玛　市检察院驻格当乡桑珍卡村工作队队员
桑旦卓玛　市民政局驻格当乡布龙村工作队队员
谢 昊 鹏　市人社局驻德兴乡文朗村工作队副队长
周 舒 洋　市公安局驻达木乡贡日村工作队队员
陈 正 道　县委办驻背崩乡地东村工作队队员
贡觉旺杰　县人大办驻德兴乡易贡白村工作队队员
桑杰顿珠　县人大办驻德兴乡易贡白村工作队副队长
格桑达瓦　县政府办驻墨脱镇玛迪村工作队副队长
尼玛拉姆　县政协办驻背崩乡波东村工作队队长
陈　　帅　县政协办驻背崩乡波东村工作队副队长
普布卓玛　县委宣传部驻德兴乡巴登则村工作队队员

李利剑　县委宣传部驻德兴乡巴登则村工作队队员
李　波　县工商联驻墨脱镇巴日村工作队队长
杨　建　县工商联驻墨脱镇巴日村工作队队员
马晓兵　县工商联驻墨脱镇巴日村工作队队员
赖子龙　县住建局驻德兴乡那尔东村工作队队员
格桑德吉　县卫生局驻德兴乡德果村工作队队长
次仁拉姆　县农牧局驻德兴乡荷扎村工作队副队长
平措南加　县农牧局驻德兴乡荷扎村工作队队员
费小龙　县委政法委驻背崩乡江新村工作队队员
丁　增　县公安局驻背崩乡西让村工作队队长
次仁措姆　县公安局驻背崩乡西让村工作队副队长
贡桑多杰　县公安局驻背崩乡西让村工作队队员
尼玛索朗　县检察院驻背崩乡德尔贡村工作队队员
尼　珍　县委政法委驻背崩乡江新村工作队队员
索朗塔杰　县教体局驻达木乡卡布村工作队队员
索朗次仁　县民政局驻达木乡达木村工作队队员
李红潇　县文广局驻达木乡珠村工作队队长
孙玺桥　县文广局驻达木乡珠村工作队队员
卓　玛　县工青妇驻格当乡格当村工作队队员
次仁央宗　县人民法院驻格当乡占根卡村工作队队长
措　姆　县人民法院驻格当乡占根卡村工作队队员
米　秘　县财政局驻帮辛乡帮辛村工作队副队长
普布泽仁　县司法局驻帮辛乡宗荣村工作队队员
次　仁　县司法局驻帮辛乡宗荣村工作队副队长
尼　珍　县国土局驻帮辛乡西登村工作队队长
次仁顿珠　县人社局驻帮辛乡肯肯村工作队副队长
达　穷　县财政局驻帮辛乡帮辛村工作队队员
德庆卓玛　县安监局驻帮辛乡岗玉村工作队队员
旦巴平措　县安监局驻帮辛乡岗玉村工作队副队长
杨　羽　县司法局驻帮辛乡宗荣村工作队队长
周大明　县国土局驻帮辛乡西登村工作队队员
宋军刚　县国土局驻帮辛乡西登村工作队队员
次仁索郎　县扶贫办驻甘登乡多卡村工作队副队长
坚增次仁　县水利局驻甘登乡甘登村工作队队员

墨脱县2016年度普法先进集体和先进个人名单

墨委〔2016〕171号
（2017年5月3日）

一、先进集体

县委组织部、县纪委、县公安局、县综治办，墨脱镇

二、先进个人

1. 曲桑顿珠 市人民检察院副县级检察员、县人民检察院副检察长
2. 李 玲 县人民法院审判一庭庭长
3. 拉巴琼达 县司法局主任科员
4. 索朗曲珍 县妇联主席
5. 钟 谭 德兴乡党委委员、宣传委员
6. 索朗巴珍 格当乡党委委员、统战委员
7. 郎 色 县国土局科员
8. 罗布扎西 县农牧科技局科员
9. 邹武良 县交通运输局科员
10. 普 布 德兴乡专技人员

2016年墨脱县民族团结进步模范集体名单

墨委〔2016〕164号
（2016年11月14日）

县委政法委
背崩乡人民政府
甘登乡人民政府
县邮政局
县完全小学
县卫生服务中心
格当乡格当寺专职管理特派员机构
边防七团二营

2016年墨脱县民族团结进步模范个人名单

墨委〔2016〕164号
（2016年11月14日）

南 效 鹏　县委组织部副部长
雷 震 县　卫生服务中心副主任
董 鹏 飞　县林业局科员
刘 善 超　县人民法院科员
索朗巴珍　格当乡格当寺专职管理特派员机构负责人
扎西白桑　德兴乡罗邦寺专职管理特派员机构驻寺民警
尼玛卓玛　德兴乡派驻荷扎村驻村队队员
巴　　桑　边防七团二营副营长
李　　旭　边防七团二营中士
次仁多吉　县中学教师
丁增多吉　加热萨乡中心小学教师
罗 建 红　K52公安检查站民警
姑姑拉姆　县电信局大堂经理
黄 昌 国　个体工商户
罗布拉姆　个体工商户

先进集体和先进个人名单

墨委〔2016〕166号
（2016年11月15日）

一、“两考”先进集体

县中学

德兴乡中心小学

二、优秀学校

达木珞巴民族乡中心小学

帮辛乡中心小学

三、优秀教师

付　　乾　县教育（体育）局

李 文 艳　县教育（体育）局

齐 作 泉　县教育（体育）局

旦增曲杰　县中学

嘎玛拉姆　县中学

仁青罗布　县中学

尼玛措姆　县中学

次仁旺堆　县中学

尼玛永措　县中学

穆 亚 圣　县中学

扎西次仁　县中学

旺前措姆　县中学

张 海 宏　县中学

桑杰罗布　县完小

阿旺朗杰　县完小

白玛让日　县完小

央金措姆　县完小

龙增拉姆　县完小

洛桑卓玛　县完小

吉　　莲　县幼儿园

东嘎措姆　县幼儿园

罗布央宗　县幼儿园

白玛措姆　德兴乡中心小学

扎西卓玛　德兴乡中心小学

保　　全　德兴乡中心小学

拉　　杰　德兴乡中心小学

王 现 飞　德兴乡中心小学

索朗旺姆　背崩乡中心小学

扎西次仁　背崩乡中心小学

边巴曲珍　背崩乡中心小学

米玛卓玛　背崩乡中心小学

查　　果　背崩乡中心小学

刘　　欣　达木珞巴民族乡中心小学

白玛曲宗　达木珞巴民族乡中心小学

马 慧 荣　达木珞巴民族乡中心小学

丁增旺姆　达木珞巴民族乡中心小学

德庆央珍　达木珞巴民族乡中心小学

德　　吉　格当乡中心小学

其美拉宗　格当乡中心小学

蒋 义 权　帮辛乡中心小学

边巴曲珍　帮辛乡中心小学

索朗次仁　帮辛乡中心小学

索朗央金　帮辛乡中心小学

丁增多吉　加热萨乡中心小学

格桑德吉　加热萨乡中心小学

钱 建 宏　加热萨乡中心小学

格桑德吉　甘登乡中心小学

赵　　彪　甘登乡中心小学

四、优秀学生

次　　吉　县中学
次旦卓玛　县中学
西绕旺姆　背崩乡中心小学
扎西顿珠　帮辛乡中心小学
卓　　玛　帮辛乡中心小学
扎西多吉　帮辛乡中心小学
卓玛拉姆　达木珞巴民族乡中心小学

五、重教家庭

扎　　巴　墨脱镇马迪村
贡久扎西　墨脱镇巴日村
索朗扎西　德兴乡德兴村
达瓦次仁　德兴乡易贡白村
多　　防　背崩乡德尔贡村
桑杰罗布　背崩乡德尔贡村
白玛措姆　达木珞巴民族乡珠村
扎　　西　达木珞巴民族乡卡布村
白玛卓玛　格当乡桑珍卡村
布 古 鲁　格当乡格当村
索朗措姆　帮辛乡帮果村
次　　仁　帮辛乡宗荣村
红　　叉　加热萨乡拉贡村
其米卓玛　加热萨乡曾久村
扎西尼玛　甘登乡甘登村
次旺扎西　甘登乡多卡村

墨脱县“先进双联户”创建评选工作先进集体“先进双联户”“先进双联户长”（优秀气象员）荣誉称号

墨委〔2016〕151号

（2016年10月25日）

一、墨脱县“先进双联户”创建评选工作先进乡（镇）（2个）

墨脱镇

背崩乡

二、墨脱县“先进双联户”创建评选工作先进村（居）（4个）

墨脱镇亚东村

德兴乡巴登则村

达木珞巴民族乡卡布村

帮辛乡根登村

三、墨脱县“先进双联户”创建评选工作“先进双联户长”（优秀气象员）（3人）

墨脱镇墨脱村第9联户单位 姑姑

墨脱镇墨脱村双拥路警务站第15联户单位 白玛多杰

德兴乡德兴村第6联户单位 向东

四、墨脱县 “先进双联户”创建评选工作“先进双联户”（6个联户单位61户）

1. 墨脱镇墨脱村双拥路警务站第15联户单位（共8户）：白玛多杰（户长）、李伟、陈强、扎西顿珠、魏长旗、桑阿、嘎玛、多吉旺扎；

2. 墨脱镇墨脱村第9联户单位（共8户）：姑姑（户长）、德庆平措、仁青、扎西平措、德吉拉宗、次仁多吉、江增扎西、前进；

3. 墨脱镇墨脱村（东布路）第2联户单位（共12户）：黄昌全（户长）、毛小英、斯朗卓玛、熊八五、于永安、熊建、杨刚、胡小琴、张秀英、王晨光、刘新、张江红；

4. 帮辛乡岗玉村第3联户单位（共11户）：普巴（户长）、嘎玖、白玛曲珠、肖杨、绕登、格桑曲珍、晓东、锋前、肖江、格桑尼玛、益西；

5. 德兴乡德兴村第6联户单位（共11户）：向东（户长）、巴玛、索朗、次仁央宗、索平措、同色饶登、尼玛措姆、红星措姆、建列姆、大罗布、占堆；

6. 达木珞巴民族乡珠村第1联户单位（共11户）：永建（户长）、珠加、顿珠、西绕、扎西扎巴、其美旺杰、布多吉、白玛措姆、布珍、玉巴、索朗次仁。

坚定沿着“123456”县域战略前行
向着率先实现全面建成小康社会目标发起最后冲刺

——在中国共产党墨脱县第八次代表大会上的报告

县委书记 旺 东

（2016年6月）

中国共产党墨脱县第八次代表大会，是在全县进入“十三五”开局之年、扶贫开发攻坚之年和全面建成小康社会最后冲刺阶段召开的一次十分重要的会议。大会的主题是：高举中国特色社会主义伟大旗帜，以邓小平理论、“三个代表”重要思想和科学发展观为指导，深入贯彻落实党的十八大和十八届二中、三中、四中、五中全会精神，认真学习和深刻领会习近平总书记一系列重要讲话精神，总结回顾第七次党代会以来的各项工作，分析研判当前经济社会发展面临的新形势、新任务，安排部署今后五年的工作任务，组织全县广大党员，动员全县各族人民，坚定不移地沿着“123456”县域发展战略前行，向着率先实现全面建成小康社会目标发起最后冲刺，努力把墨脱建设成为社会稳定、城乡优美、人民幸福的著名边境县。

一、回顾总结，“十二五”时期经济社会各项事业实现又好又快发展

五年来，在区党委、政府和市委、市政府的正确领导下，在广东、福建对口援藏省市的无私援助下，县四大班子精诚协作、团结拼搏，带领全县各族干部群众艰苦创业、奋发有为，推动墨脱经济社会各项事业呈现出了百花齐放、繁荣发展的良好景象，创造了经济发展、社会稳定、边防巩固、民族团结、安居乐业、政治清明的大好形势。

（一）着力定位方向，墨脱模式实现大创新。进入“十二五”时期，特别是扎墨公路正式通车这三年来，我们吸取教训、积累经验，在思想解放和思路创新的大道上不断探索适应墨脱实际的发展模式。五年来，我们通过实地调研、集体研究的重要途径，不断推动墨脱县域发展思路从最初的“四县”建设拓展为“六县”战略，并创新到后来的“一个主题、四大产业、六县战略”，最终归纳出了现在的“123456”县域发展思路，推动着墨脱发展模式从原来的混乱无序创新到现在的思路清晰、方向明确。墨脱新的发展模式立足当前资源丰富的发展优势、特殊优惠的重要机遇和偏远贫困的现实情况，着眼墨脱现状，明确了更加全面的“六县”战略；着眼发展实质，明确了新的产业发展思路；着眼全局战略，明确了建设著名边境县的宏伟目标，是全县各族干部群众共同探索的模式，是适合墨脱当前发展现状的模式，更是墨脱实现经济社会各项事业繁荣发展的灵魂所在。

（二）着力夯实基础，经济建设实现大发展。五年来，墨脱经济建设实现大发展，全县生产总值年均增长22.5%，全社会固定资产投资年均增长33.5%，全社会消费品零售总额年均增长17.5%，财政收入年均增长80%，农牧民人均纯收入年均增长15%，农牧民人均现金收入年均增长21%。

五年来，我们将重要项目和资金向完善基础

设施倾斜，完成了亚东电站、亚让电站、扎墨公路改扩建、2条通乡公路和11条通村公路等多个重大项目，新建、续建项目344项，总投资49.17亿元，累计完成基建类固定资产投资39.5亿元，是“十一五”期间的3.6倍。通过这一系列的项目建设，全县交通、水利、市政、通讯等各类基础设施得到极大完善，公路通乡率和通村率分别从2010年的50%、21.7%增长到2015年的75%、46%，2013年扎墨公路正式通车，进出墨脱由2010年的10几个小时缩短至现在的4个小时，基本告别封山季节期；农田灌溉率从2010年的35%增长到2015年的80%，农村安全饮水在2010年保障率仅为42%，到2015年已经实现了全覆盖，彻底解决了全县各族群众的安全饮水问题；市政环城路、水仙花大街、好日子莲花广场、莲花湖主题公园等一批市政项目相继建成，使城区规模比2010年扩大了2倍多。通过一系列的项目建设，曾经制约墨脱加快发展的瓶颈正在逐渐破解，热火朝天的项目建设和逐渐完善的基础设施为墨脱经济建设提供了重要发展支撑和宽阔平台空间。

五年来，墨脱的农牧、旅游、水电、文化、藏医药五大支柱特色产业取得了不同程度发展成果，真正打开了一条适合墨脱的特色产业发展道路。在农牧特色产业方面，茶产业发展实现了规模化种植、规范化管理和市场化营销，建设有机茶园20个，种植面积达4293亩；制定出台《茶叶中长期发展规划》和《墨脱县茶叶基地后续管理规定》，将茶园管理和茶叶种养交由村集体管理、村民具体实施；引进实力雄厚、经验丰富的茶叶生产销售企业，为墨脱茶叶品牌打造、市场销售提供了重要保障。在特色旅游业方面，协调西藏银行、农业银行成功贷款7500万元，推动全县各类旅游配套设施进入实质性建设阶段；设立K52、拉格两个售票点，全面实行门票制，拉开了墨脱旅游发展历史的帷幕，成立墨脱莲花圣地旅游开发有限公司和墨脱旅游景区管理局并正式启动国家AAAA级景区创建工作，特别是2015年10月举办的首届《莲花佛缘·亚热带墨脱文化旅游节》，进一步提升了墨脱旅游在区内外的知名度，向农牧民群众真正吃上旅游饭的梦想更靠近了一步。在水电、文化、藏医药产业发展方面，成功引进了华能、三峡两大电力集团，新建亚让电站成功投产发电，推动农村用电实现全覆盖，使墨脱彻底告别了用电紧张的局面；完成门珞文化历史博物馆、门珞民俗文化古街等一系列文化产业项目建设，为保护门珞历史文化和融合文化旅游搭建了重要平台，成立县民间艺术团及多个基层文艺队，为门珞民俗舞蹈、歌曲的传承和弘扬提供了保障；积极开展了墨脱藏药天然资源普查工作，为墨脱藏医药产业的规划发展起到了重要基础依据作用。

同时，我们扎实开展招商引资和金融经济工作，进一步增强经济发展的支撑能力。招商引资取得突破发展，五年来，共完成招商引资实体项目18个，招商引资企业共计到位资金7.89亿元；落实民间投资新建、续建项目113个，投资达2.16亿元；个体工商户由原来的153户发展到了435户，注册资金增加了近4倍。金融持续良好运行，五年来，累计发放各项贷款5.37亿元，较“十一五”末增长15.65倍，设立41个助农取款服务点，基本实现户户有惠农卡，为开展好农牧民群众安居工程以及拓宽群众经济收入渠道起到了重要作用。

（三）着力共享成果，民生保障实现大改善。我们始终将促进民生改善作为各项事业发展的出发点和落脚点，让墨脱农牧民群众在参与改革发展的同时能够共享改革发展的红利。

实现了三个有保障：1.就业有保障，积极实施“50万元以下的技术要求不高的工程交由当地农牧民群众以投工投劳的方式完成”政策，不断加大农牧民群众富有劳动力转移力度，引导越来越多的农牧民群众走出了家门，投入到了各施工地的建设中，“十二五”末全县汽车、装载机、挖掘机等各类机械拥有量达到890辆，为“十一五”末的2.7倍。2.就学有保障，面向学生的“三包”经费和“营养改善计划”得到全面落实，幸福莲花奖学金、重视家庭教育奖学金等各类学生教育资助项目广泛开展，全面解决了学生，特别是贫困家庭学生上学难的问题，五年来全县中小学入学率和巩固率均保持在99%以上。3.就医有保障，医疗机构由2010年的1家增加到现在的县直医疗机构3家，乡镇卫生院8家，县城民营药房1家、诊所2家，医护人员从原来的5人增加到现在的100余人，各村也配备了2名村医，为实现“小病不出村、中病不出乡、大病不出县”奠定了基础，同时，农牧区新型医疗制度不断巩固完善，有效缓解了农牧民因病返贫、因病致贫的现象。

实现了三个有提升：1.社会保障有提升，公益林补偿金、边民补助、城乡低保金等惠民资金标准逐年提高，确保了农牧民群众基本生活的保障和不断提高；建立门珞敬老院，实现了全县有意愿的五保户100%集中供养。2.村容村貌有提升，涉及每一户农牧民群众家庭的第二轮安居工程从2012年正式启动，实际实施1876户，已完工1306户，并完成了6个小康示范村、411户棚户区改造等建设项目，有效改善了以前破旧的住房和脏乱的环境。3.精神文明有提升，建设县文化服务中心、好日子莲花广场、各乡（镇）文化站、46个行政村农家书屋及7个寺庙书屋，为农牧民群众和寺庙僧尼丰富业余生活、提升精神文明搭建了重要平台；成功创办墨脱电视台，自录新闻227期，成为向墨脱基层农牧民群众宣传党的方针政策和全县经济社会发展情况的重要途径。

（四）社会局势持续大稳定。今年以来，墨脱县严格按照市委、市政府关于维稳工作的一系列决策部署要求，始终把维护社会稳定工作作为硬任务和第一责任，主动作为、超前谋划、持续发力、因情施策，不断强化防控措施，狠抓维稳值班带班。安全隐患排查、思想教育宣传等工作，全力推进维稳工作深入扎实开展，确保了墨脱县社会大局和谐稳定。一是加强领导，全面安排部署。各级各部门始终将维护社会稳定工作作为当前和今后的重点工作来抓，思想上重视，行动上统一，分清轻重缓急、突出工作重点，不断完善维稳各项工作预案，细化管理措施，由第一责任人牵头抓，分管领导具体抓，广大党员干部自觉做到讲纪律、守规矩，坚守岗位、恪尽职守，确保了各项工作有序有效开展。二是强化措施，狠抓工作落实。各级各部门按照区、市两级党委、政府的部署要求，根据社会防控面戒备等级，加大工作力度，强化各项措施，全力做好当前维稳工作。各级党政部门切实加强内部管理，在五一、国庆等敏感时期加强干部职工防火防盗、安全出行等教育，严格实施报告、请销假制度（对离开县城到周边乡镇走亲访友的，必须向单位领导报告；离开墨脱到八一、波密等地的，必须向组织请假，实时掌握干部动态）；严格执行24小时值班和领导带班制度，对外来车辆及人员进行仔细盘查、实名登记，定期或不定期对安全隐患进行排查，全面实行24小时动态管理，认真落实巡查、记录和“日报告”“零报告”制度。各驻村（居）工作队严格按照要求确保在岗率在75%以上，认真落实自治区确定的“5+2”任务要求，深入开展驻村（居）各项工作。各寺管会深入落实各项利寺惠僧政策，不断强化管理，全方位掌握僧尼信息和思想动态，对出行人员严格审批并登记备案，确保了宗教领域绝对安全。各加油站严格执行加油站使命登记制度和“三证齐全”相关规定，严格实施派驻安全监管员和值班民警制度，对散装成品油按相关要求和标准进行审查登记备案。着力维护加油站秩序，加强对加油站范围内各类易燃易爆物品进行检查清理，确保不留安全隐患。各便民警务站不断强化服务管理职能，认真履行执勤备勤、应急处突、信访求助、便民服务等职责，对重点区域、场所进行24小时不间断巡逻，加强矛盾纠纷调解和安全隐患排查工作。

（五）着力援助发展，援藏成果实现大突破。五年来，广东、福建对口援建省市给予墨脱巨大的无私援助，无论是项目援建还是智力援建都取得空前的成绩，成为了墨脱经济社会长足发展和长治久安的重要动力。援藏模式实现创新。援墨工作队推动援藏主体由“单一政府”变为“由政府主导、全社会参与”的新格局，两批援藏工作队额外争取物资6100多万元，特别是第七批广东援墨工作队计划外筹资3800多万元，为更好地援助墨脱民生改善提供了重要资金保障。援藏力量不断增强。两批援墨工作队实施法定1‰援藏项目43个，涉及资金约2.23亿元。特别是第七批广东援墨工作队将重点放在援助墨脱产业发展上，帮助墨脱建设高山有机茶园、引进茶叶新品种、扩大茶叶种植规模，并修建了莲花圣地主题公园等一批文化旅游项目，助推墨脱农牧产业和文化旅游产业走上新征程。援藏渠道极大拓宽。两批援墨工作队共派遣医疗援藏队6批，开展义诊活动近百次，安排墨脱当地干部近300名到广东、福建进行培训学习。特别是第七批广东援墨工作队，实施门珞贫困家庭病患爱心医疗救助活动，使门珞贫困家庭病患者实现了病有所医；设立门珞贫困家庭学生升学奖金，帮助354名贫困家庭子女实现顺利升学；选派墨脱干部、医生、教师和农牧民260多人到广东参加培训，助推墨脱当地干部不断提升素质能力。

（六）着力完善机制，党的建设实现大提升。五年来，我们严格按照市委“233”党建工作思路，着重对党组织的思想、组织、作风、制度和队伍建设下功夫，取得了“高、优、强、净”的显著成果，推动党建水平实现大提升。思想建设水平得到提高，充分借助党委理论中心组学习和各党支部专题学习的平台，广泛组织党员干部开展党的理论知识和方针政策学习研讨，每年县委都带头组织开展理论知识学习，将习近平总书记系列讲话、党章党规党纪、各级重要会议精神等内容纳入到县委理论中心组进行全方位的学习研讨，带动各级党组织形成了常规化的学习制度，各级党组织的理论知识水平在一定程度上有所提升。组织结构建设得到优化，积极开展党组织覆盖推广和晋位升级工程，灵活增设了18个党组织，实现了基层党组织全覆盖，进一步理顺了各级党组织的隶属关系，扎实开展基层党组织评估定级，采取“摸、整、建、带”四步法、动态消除后进党组织，巩固先进党支部，推动一般党支部晋位升级，推动基层党组织战斗力进一步提升。党员干部素质得到增强，严把党员发展关，五年来全县发展党员428名，提升了党员队伍的整体素质；狠抓党员干部队伍管理，制定出台了《不合格党员处置办法》《干部管理暂行办法》等规定和制度，党员干部管理水平得到提升；狠抓党员干部队伍培训，共举办各类培训班183期，培训党员干部群众5600余人次；狠抓领导干部选拔任用，借助村“两委”和乡镇领导班子换届契机，完成了238名村干部和75名乡（镇）领导干部的选拔任用，优化了基层干部队伍；完成了600余名县直机关领导干部的选拔任用，使全县党员干部队伍素质得到极大增强。党员干部形象得到净化，借助党的群众路线教育实践、“三严三实”专题教育主题活动和“两学一做”学习教育等，全面开展党员干部作风建设，各级党员干部开展批评与自我批评活动上百次，自查自纠作风问题上万条，归纳整改近千条，开展作风明察暗访100余次，问责查处干部33名，查处违规使用车辆13辆，通报批评12家单位，督促有关单位建立健全专项资金监管制度20余个，真正使全县各级党员干部的形象得到了一次全面有效的净化。

（七）着力边疆建设，边境防线实现大巩固。五年来，我们着重加强边境一线的基础设施建设和各项惠民政策落实，不断提升管边控边能力，实现了边境居民的安居乐业。1.抓政策落实，边民基本生活得到保障。边民补贴标准实现了逐年递增，边境一线和边境二线村的边民补贴分别从2010年的每人每年1000元、800元增加到2015年的每人每年1700元和1500元，补贴范围逐年扩大，补贴边境村从2010年的25个村增加到2015年的31个村，使广大的边民都享受到了党和国家的优惠政策。2.抓民兵建设，管边控边水平得到提升。积极调整民兵组织，在编基本民兵和普通民兵，基本达到规模适度、结构科学、布局合理的标准；大力开展民兵国防教育和民兵集中训练，累计开展民兵训练300余天，训练人数达800余人次，培养了一批懂边防政策、懂军事技能、懂专业技能的新型民兵优秀人才队伍；加大边境巡逻，每年组织边防官兵和民兵对边境一线进行2次武装巡逻，对边境一线特别是争议地区的情况及印军和印度当局的活动情况掌握了第一手资料。3.抓设施建设，边防作战能力得到增强。五年来，墨脱县边防公路、防御阵地等边防基础设施建设进入黄金期，“十二五”规划战场建设投资达上亿元，建成后将极大增强我方的管边控边和反蚕食能力；同时，在边境线的多个山口加强巡逻、在必经通道设置关卡，有效防止了分裂分子的内潜外逃，确保了防区边防巩固稳定。

回顾五年来的发展历程，成绩显著、硕果累累，全县城乡面貌已经发生了翻天覆地的大变化，令人十分振奋。这些成绩的取得离不开党中央、区党委、市委的正确领导、资金倾斜、政策扶持，离不开广东、福建对口援藏省市的真诚关心、无私援助，离不开驻墨人民解放军、武警部队官兵、公安干警的积极参与、配合支持，离不开各级各部门团结带领全县各族干部群众的努力拼搏、开拓创新，在座的每一位代表都是墨脱经济社会加快发展的见证者、参与者、推动者。在这里，我代表县委，向所有为墨脱发展改革稳定作出贡献的同志们、朋友们，表示衷心的感谢，并致以崇高的敬意！

总结五年来的发展成果，我们深刻体会到：要继续推动墨脱经济社会实现跨越发展、长足发展，1.必须坚持党的领导和习近平总书记治国理政的相关要求，发挥县委总领全局、协调各方的领导核心作用，把协调推进“四个全面”战略布局贯彻到墨脱的经济社会发展全过程，将思想和行动统一到实现“两个一百年”奋斗目标、实现中华民族伟大复兴的中国梦上。2.必须进一步解放思想，借扎墨公路正式通车契机，全县各族干部群众都应积极提升思想认识、拓宽思想视野，积极主动地适应通车后的新形势、新要求；3.必须坚持实事求是和开拓创新的工作方法，既要尊重客观实际和墨脱的发展形势，又要主动创新、开拓发展，把实事求是和开拓创新的工作方法贯彻到落实方针政策、推动工作开展的过程中；4.必须充分发挥上级优惠政策的扶持作用，全面梳理总结党中央、自治区和林芝市针对墨脱的各项优惠政策，积极对接上级部门、主动跟踪落实，确保上级对墨脱的政策扶持、项目扶持、资金扶持都能够落实到位，能够在推动墨脱经济社会发展中发挥重要作用；5.必须积极利用对口援藏省市的优势资源，在墨脱和广东之间建立一种更便捷、更合理的合作交流机制，把广东省的科技服务、广阔市场、先进经验等优势资源合情合理地应用到推动墨脱经济发展和社会进步中；6.必须继续坚持经济建设为中心，牢牢把握发展总基调和发展主题，正确处理经济发展、社会稳定、民生改善、民族团结、生态保护等之间的关系；7.必须牢牢把握稳定压倒一切的思想，继续深入开展反分裂斗争，全力营造和谐稳定的社会局势；8.必须全面深化党组织建设，加强各级党政班子、干部队伍、基层组织的建设，形成上下联动、团结协作、忠诚干净、负责担当的良好组织氛围。

二、深入分析，清醒认识当前墨脱经济社会发展面临的新形势

经过“十二五”时期的加快发展，墨脱县经济社会各项事业都有了一定发展，经济综合能力大幅提升，城乡基础设施明显改善，特色产业取得突破性发展，社会公共服务显著增强，全县呈现出经济基础更牢固、城乡设施更完善、社会局势更稳定、群众生活更幸福、民族关系更紧密、政治生态更清明的大好发展形势，标志着墨脱顺利跨越经济社会转型发展的初步开发阶段、正式跨入经济社会转型发展“夯实基础、全面推进”的推进筹备阶段。在新的转型发展阶段，墨脱依旧面临着总体面貌、主要矛盾、巨大差距不变和五大机遇、五大挑战的特殊县情。

（一）墨脱经济社会转型发展阶段。从2011年以来，特别是2013年扎墨公路正式通车以来，墨脱就正式进入经济社会转型发展阶段。墨脱的经济社会转型发展总体阶段可分为初步开发、推进筹备、关键突破和稳定巩固四个具体阶段，每个具体阶段都有不同的发展特征和形势任务。概括来说，四个具体阶段是由浅入深、由低到高发展的，主要任务分别是“开发启动，全面建设”“夯实基础，全面推进”“重点突破，全面提升”“稳定转型，全面巩固”。截至年底，我们已经顺利完成转型发展的初步开发阶段，成功启动墨脱经济社会各项事业的发展步伐，进入推进筹备阶段，开启夯实发展基础、推进各项进步的重要征程。

（二）墨脱当前面临的基本县情。墨脱当前的基本县情并没有改变，仍然面临着贫困落后的总体面貌，当前经济社会发展水平无法满足群众生产生活需求的主要矛盾和我们的发展水平、发展能力、发展效果同林芝市其它兄弟县之间的巨大差距。一是贫困落后的总体面貌仍然不变，全县的财税收入渠道狭窄、数量较少，群众的增收渠道单一、人均可支配收入很低，全县仍有668户2615人在贫困标准线下艰苦生活，全县基础设施建设滞后，仍有2个乡21个村不通公路、6个乡不通邮、电话信号还未实现县域全覆盖、民房改造还有很多没有完工，城乡发展极不平衡，大部分村庄的村容村貌还是以脏乱差为主。二是当前经济社会发展水平无法满足群众生产生活需求的主要矛盾仍然不变，随着扎墨公路的正式通车，全县各族群众的生产生活需求急速增长，期望发展、渴望致富，但是受历史欠账较多的原因，墨脱的经济社会发展水平较低，各项事业发展才刚刚起步，取得的发展成果也不太明显，特别是医疗、教育、卫生、文化等服务体系尚未健全、基础设施有待完善，难以为全县各族群众的生产生活提供保障。三是我们的经济社会发展同林芝市其它兄弟县间的巨大差距仍然不变，长期以来，墨脱的经济社会发展依赖外部力量支撑，缺乏特色支柱产业的内在动力推动，推动全县各族群众拓宽稳定增收渠道的效果不是很明显，这些都是无法与林芝市其他兄弟县相提并论的。这一总体面貌、主要矛盾和巨大差距将在今后很长一段时期存在，也将成为墨脱县在经济社会转型发展的推进筹备阶段存在的特殊县情。

（三）墨脱发展面临的重要机遇。在大好发展形势下和经济社会转型发展的关键突破阶段，墨脱迎来了更多更实际更有利的发展机遇。一是抢抓上级特殊优惠政策更加凸显的重要机遇，近年来特别是扎墨公路正式通车后，越来越多的上级领导来到墨脱，为墨脱带来了很多实质性的项目、资金扶持和特殊优惠政策，当前上级针对墨脱的特殊优惠政策已经开始进入实质性的落实阶段，已经开始为推动墨脱经济社会发展发挥重要推动作用，我们要抢抓这一重要机遇，更好更充分地利用特殊优惠政策推动墨脱实现新的发展。二是抢抓援藏工作力度进一步加大的重要机遇，在墨脱长期发展过程中，特别是近三年来的发展历程中，援藏力量起到了重要的推动作用，今后将确定广东佛山为墨脱的固定援助省市，这就为墨脱同佛山建立长期交流合作提供了重要平台，也为更全面更深入更细致地援助墨脱建设提供了重要机遇。三是抢抓央企、国企等实力雄厚的企业进驻墨脱的重要机遇，随着墨脱经济社会加快发展和各类基础设施不断完善，进驻墨脱的企业将越来越多，特别是华能、三峡等这样拥有先进技术、雄厚资金、丰富经验的大企业进驻墨脱，为墨脱产业发展、经济建设提供了重要支撑。四是抢抓交通大发展缓解制约瓶颈的重要机遇，当前派墨公路的加快建设、县内交通网的不断健全，标志着全县基础设施建设进入了大建设的关键时刻，在不远的将来，进出墨脱的交通将更加便利、各乡（镇）、村也将变得畅通无阻，制约墨脱和各乡（镇）、村加快发展的交通瓶颈将得到彻底缓解，墨脱正在迎来城乡统筹、全面开发的重要时刻。五是抢抓全面实现小康社会进入冲刺阶段的重要机遇。2018年，我们墨脱要同林芝市其它兄弟县一道率先实现全面建成小康社会的目标，这成为我们全面推动墨脱经济社会发展和墨脱“摘帽”贫困县、实现脱贫致富的重要契机，必将为我们带来更多的发展机会和政策扶持。

（四）墨脱发展面临的严峻挑战。在墨脱跨入经济社会转型发展的关键突破阶段，我们将面临着更加严峻的挑战、更加突出的压力、更加复杂的形势、更加繁重的任务。一是面临支撑自我长足发展难的挑战。墨脱经济发展起步较晚，发展水平依旧很低，经济总量少、基础薄弱，经济增长点空白，自我发展途径较少、自我发展能力较弱，致使当前严重缺乏稳定的支柱财源，形成了全县亟待发展而财政支撑和发展动力不足的矛盾。二是面临城镇化发展阻力大的挑战。墨脱县城镇人口比重仅为21%，与2018年小康社会不低于55%的目标差距较大。县城作为全县经济社会的带动中心，基础设施亟待完善，市政功能亟待健全，常住人口只有3000多人，难以发挥核心区的带动辐射作用；各乡（镇）城镇化发展更是缓慢，基础设施和公共服务极不健全，带动辐射周边乡村发展的作用不明显。三是面临脱贫致富难度大的挑战。墨脱的贫困呈现出贫困面广、贫困程度深和易致贫返贫的特点，原因是经济发展滞后、自我发展能力差导致墨脱群众收入来源单一，加上墨脱灾害频发、医疗教育服务水平低等，造成了当地群众特别是已经脱贫的群众极易因病、因学、因灾害致贫返贫。四是面临资源优势发挥小的挑战。墨脱资源情况的不清晰、不明了，致使我们在规划发展前景方面做得不够细化、不够科学、不够长远，在推动资源优势向发展优势转变的思路方面还亟待探索细化，特别是在如何推动特色农牧业、高端定制旅游业、门珞文化业、水电能源业、藏医药业五大支柱产业方面还缺乏细致全面的规划。五是面临干群思想解放不彻底的挑战。我们的思想观念和人才队伍建设相对于当前飞快发展的经济社会和日益开放的墨脱现状还存在巨大的差距，我们的主动作为还有待增强、我们的人才队伍还亟待扩容、我们的思想观念还需要解放解放再解放。

同志们，这些严峻挑战和困难问题是客观存在的、是不以我们的意志为转移的，但是可以凭借我们坚韧不拔的意志和脚踏实地的努力战胜这些挑战、解决这些困难问题，大家一定要坚持导向、积极应对、多措并举，在不断推动墨脱经济社会发展中解决这些困难问题。

三、科学规划，明确提出今后五年墨脱经济社会发展总体思路

今后五年，将是墨脱经济社会实现成功转型发展的关键时期，是实现建成社会稳定、城乡优美、人民幸福的著名边境县的重要时期，更是实现率先全面建成小康社会目标的冲刺阶段，我们应紧紧把握这一重要大有可为的发展机遇，理清思路、明确方向，坚定信念、统筹兼顾，为推动全县经济社会实现长足发展和长治久安奠定坚实的思想基础。

（一）今后五年的指导思想：始终高举中国特色社会主义伟大旗帜，以邓小平理论、“三个代表”重要思想、科学发展观为指导，深入贯彻党的十八大和十八届二中、三中、四中、五中全会精神及中央第六次西藏工作座谈会精神，贯彻落实习近平总书记系列重要讲话精神、特别是“治国必治边、治边先稳藏”的重要战略思想和“依法治藏、富民兴藏、长期建藏、凝聚人心、夯实基础”的重要原则，紧紧围绕“123456”县域发展战略和率先全面建成小康社会目标，牢牢把握区市扶持力度不断加大和扎墨公路正式粗通的重要机遇，以加快经济建设、维护社会稳定、推进脱贫致富为主题，以特色产业发展、基础设施完善为重要抓手，坚持稳中求进、进中求快的总基调，全面推进经济社会实现转型发展和长足发展，维护社会大局实现持续和谐稳定，促进各族群众生活水平实现持续提高，真正把墨脱县建设成为社会稳定、城乡优美、人民幸福的著名边境县。

（二）今后五年的发展重要原则：坚持近期与远期、县情与战略、全局与专项、开发与保护、稳定与改革、外力与内力六个相结合。

（三）今后五年的发展新理念：全面贯彻落实“加大投资力度，项目带动跨越发展；培育特色产业，实现优势资源开发转化；引导人口适度集中，建设新型小城镇；促进资源合理开发，构建生态安全格局；加快边境一线发展，实现兴边富民；加强区域交流合作，搭建开放发展平台”六大发展新理念。

（四）今后五年的奋斗目标：努力把墨脱建设成为国际生态和民族民俗旅游名城，西藏特色农林产品和茶叶供应基地，重要的“西电东送”接续能源开发和配套服务基地。到2020年，全县生产总值年均增长14%左右；财政收入年均增长13%；农牧民人均纯收入和人均现金收入年均增长15%。

四、统筹兼顾，全面部署今后五年墨脱经济社会发展各项任务

今后五年，我们要坚持党的领导，结合墨脱

特殊县情，紧紧围绕“123456”县域发展战略和率先实现全面建成小康社会的目标，细化工作部署、狠抓措施落实，着力从坚持党的领导、落实特殊政策、加快经济建设、夯实社会基础、创建生态文明、推进党建工作六个方面入手，推动全县经济社会各项事业再上新台阶、再创新辉煌。

（一）抓好方针政策落实，确保特殊扶持政策落到实处。作为全国最贫困的县之一，在全面建设小康社会的冲刺阶段，党中央、自治区和林芝市的特殊扶持政策必将继续加大倾斜力度，也必将成为推动墨脱经济社会继续加快发展，成功实现经济社会转型发展和率先实现全面建成小康社会目标的重要推动力。大家一定引起高度重视，重新认真审视各项上级扶持政策。一方面，要牢牢把握上级特殊扶持政策。做到掌握清、宣传广、贯彻实。要做到掌握清，结合各级各部门的实际，分门别类、全面认真地梳理归纳当前的各项特殊扶持政策，确保底数清、范围明、内容详；要做到宣传广，不仅在党员干部中更要在群众中，利用“双联户”、驻村队、驻寺组等各类载体，广泛开展特殊扶持政策的宣传活动，确保党的方针政策，特别是各项特殊扶持和特殊优惠政策深入民心；要做到贯彻实，处理好贯彻落实和利用创新的关系，要认真分析每一项扶持政策，将那些利村利寺、惠民惠僧的优惠政策不折不扣地贯彻落实到实处，将那些助推发展、打牢基础的扶持政策结合实际充分利用，因地制宜地贯彻落实和利用创新好各项扶持政策。另一方面，要牢牢把握援藏援助政策。今后我们的援藏将由广东佛山一体承担，援助力度必将加大，应做好准备确保援藏力量发挥最大效益。要保持援助建设的连续性，引导第八批援藏工作队了解墨脱发展实际、掌握第七批援助思路，继续保持向产业发展、民生改善方面倾斜，确保援助建设一张蓝图绘到底；要构建全方位的交流机制，建立同支援地的经贸、人才、教育、医疗等多方面的沟通交流长效机制，搭建各部门沟通对接、各领域共享资源的良好机制，将广东先进的管理经验、科学技术、教育服务等引进墨脱，为墨脱经济社会各项事业的加快发展、长足发展注入源源不断的鲜活动力。

（二）坚持党的正确领导，不断提升领导改革发展水平。要想实现经济社会的繁荣发展和率先全面建成小康社会目标就必须坚持党的领导，紧紧围绕县委这个领导核心，同时不断提升政府行政水平，增强各级各部门推动改革发展能力，在墨脱构建上下联动、内外兼修的改革发展大格局。

要始终坚持党的领导核心。在全县经济改革发展中，县委拥有着领导力量，发挥着领导核心作用。广大党员干部必须坚持做“政治上的明白人”，始终在思想上政治上行动上同党中央保持高度一致，切实增强政治意识、大局意识、核心意识、看齐意识。在此基础上，我们要重点做好两件事情，一是切实加强和改善县委的领导，全方位强化学习，完善运行机制，加强执政能力建设及先进性和纯洁性建设，不断增强县委把握方向、谋划全局、制定政策、推进改革的执政能力；二是坚持县委总揽全局、协调各方的领导核心作用，各级各部门要切实增强程序意识、规则意识和落实意识，不折不扣地贯彻落实县委的各项决策部署，不逾规、不越权，严格按程序向县委报告重要工作和重要情况，始终保持县委对全县改革发展的领导核心。

要切实提升政府行政水平。在全县经济改革发展中，政府拥有着主导力量，发挥着重要引导作用。要不断加强和改善政府行政能力，不断提升政府的行政水平，必须坚持一个原则，处理两个关系。1.必须坚持依法行政的原则，一方面要做到依法决策，将行政决策放在规范严格的程序内落实，推动行政决策向着依法、科学、民主的方向转变；另一方面要做到依法办事，各级各部门要清楚了解自身的行政权限，严格落实“法无授权不可为，法定职责必须为”，在法定权限范围内兑现法定职责、落实县委的决策部署。2.必须处理好两个关系，正确处理局部与全局的关系，全县改革发展各个领域的行政部门必须服从政府的直接领导，服从全县的改革发展大局，坚定执行政府的各项决策部署，坚决防止政令不一、各行其是的现象发生；正确处理服务与管理的关系，不断加快政府职能转变，继续深化行政审批改革，提升深化管理水平、增强公共服务能力，推动政府职能向创造良好发展环境、提供优质公共服务、维护社会公平正义转变。

要逐步增强落实措施能力。在全县经济改革发展中，各级各部门拥有着推动力量，发挥着具体实施、贯彻落实的作用。要不断加强各级各部门的建设管理，推动各项经济改革发展措施落到实处、产生效果。各级各部门要主动作为，做好一项工作，增强两个意识，加强三个建设。1.要做好分析研究的工作，分析研究本辖区、本领域的改革发展状况和县委、县政府的决策部署，做到职责明确、底数清晰，同时要肩负起向县委、县政府反馈发展中的实际情况和分析研判的重要职责。2.要增强程序意识和落实意识，只讲结果、不讲程序，只喊口号、不抓落实，这是当前各级各部门存在的两个重要问题。讲程序就是讲原则，就是对县委、县政府和群众负责，更是对自身职责负责，各级各部门要增强程序意识，按程序贯彻落实县委、县政府的决策部署，按程序向县委、县政府报告相关工作，按程序推动各项工作的有序开展；要增强落实意识，真真正正地将县委、县政府的决策部署落在实处，实实在在将自身的工作职责贯彻在推动改革发展中，成为全县经济改革发展的中坚力量。3.要加强班子建设、队伍建设和廉洁建设，构建团结协作的班子、奋发有为的队伍和勤政廉洁的形象，为推动全县经济改革发展奠定坚实的基层组织保障。

*（三）创新发展思想理念，全面推动经济开创崭新局面。*在新的经济社会转型发展阶段，墨脱经济面对的经济基础薄弱、发展支撑软弱的形势依然没有变，但随着墨脱日益开放的大格局，我们经济建设主要任务有所变化，重点应在夯实经济基础、培育发展支撑两个方面狠下功夫。

在夯实经济基础上下功夫。1.要夯实硬件基础，为经济发展营造重要平台。通过项目建设打造硬件设施，紧紧抓住项目建设这个牛鼻子，牢牢把握“准、高、快、好”四字诀，即前期定位准、工程质量高、建设进度快、产生实效好，重点要做好“十三五”规划项目，将每一个项目建成精品项目、民心项目。通过各类项目的建设，不断完善交通、水利、农田、产业、通讯等各类基础设施，基本解决制约墨脱城乡经济发展的基础设施瓶颈。2.要夯实软件基础，为经济发展提供综合保障。首先要解决的就是人才匮乏的问题，要充分利用区市扶持墨脱发展、援藏援助力度加大和墨脱各类条件逐渐转好的大好时机，千方百计引进优秀人才和提升现有人才素质，为墨脱经济各领域长足发展打造一支技术过硬、素质较高的优秀人才队伍。另一方面就是要解决市场经验不足、先进技术缺乏的问题，要更新招商引资理念，转变以往的资本性招商为实效性招商，引进一批经验丰富、技术先进、市场广阔、管理规范的优秀企业，为墨脱经济发展提供更多市场经验、先进技术、管理模式等资源；要刺激县内市场良性竞争，引导县内的企业实体将更多的资金、技术应用到推动墨脱的经济发展中，成为推动墨脱经济发展的重要软实力。

在发展支撑培育上下功夫。1.要坚持发展特色产业、培育经济发展支撑点，坚定一个思想认识，即产业发展是促进资源优势向经济优势转变、培育经济增长点、增强经济发展后劲和拓宽群众增收渠道的重要途径和最有效举措。2.要加强特色产业发展的指导。今后，要充分发挥产业领导小组和产业办的作用，强化产业发展的总体协调和宏观指导，形成宏观指导、分组负责的产业管理大格局。3.要推动产业发展的重心向规范化管理、规模化生产、市场化经营的方向倾斜，争取通过五年的发展，使墨脱的产业实现有亮点、成规模、成系统、效益好的良好局面。4.要统筹五大支柱产业发展，重点发展高山有机茶产业，争取五年内将墨脱打造成西藏第一茶叶县；完善旅游基础设施和旅游规范管理，初步建成墨脱高端定制旅游示范区；配合华能、三峡两大集团的水电能源开发，完善“西电东送”重要能源基地的各项基础准备；充分挖掘门珞民俗文化资源，融文化于经济发展、融文化于旅游体验，打造一批助推经济和旅游发展的文化产品；继续挖掘培育藏医药材各类资源，推动墨脱藏医药业初具规模。

*（四）夯实社会建设基础，推动实现各族群众安居乐业。*我们所有工作的出发点和落脚点是为群众提供优质的公共服务与和谐稳定的社会环境，让全县各族群众共享改革发展的红利。

要大力实施脱贫攻坚工程。我们要坚定信念、迎难而上，坚决将精准扶贫、精准脱贫战略落到实处，坚决打赢脱贫攻坚战、啃下这块硬骨头。1.要在精准上下功夫，深入实地、深入现场调查研究，精准识别扶贫对象，确保将扶贫对象、贫困程度、致贫原因等搞清楚，做到“识真贫”；精准编制扶贫规划，明确扶贫各项措施，确保一村一策、一户一法，做到“扶真贫”；精准建立动态脱贫机制，逐年验收脱贫成效，密切关注脱贫人员发展，坚决防治返贫现象的反复发生。2.要在措施上抓落实，真正解决好“怎么扶”问题，按照政府既定的“625”扶贫开发工作思路，全面实施产业发展脱贫一批、异地搬迁脱贫一批、劳动力转移脱贫一批、社会保障兜底一批，确保推动每项脱贫措施落到实处、产生实效，做到“真扶贫”，争取到2018年稳定实现扶贫对象不愁吃、不愁穿，保障义务教育、基本医疗和住房的目标任务。

要统筹城乡和新农村建设。要大力实施区域协调发展和构建新型城乡形态工程，构建产业联动、以城带乡、城乡协调的新城乡关系。1.加快城镇建设，打造宜居墨脱，重点规划完善县城各类市政设施，全面美化绿化县城，进一步扩大城区建设规模；因地制宜推进城镇化健康发展，加快德兴、背崩城镇化发展，促进德兴乡和背崩乡与县城一体化，争取2020年全县城镇人口比重达到50%以上。2.加快农村建设，打造新型村庄，尽快科学编制新农村发展规划，通过小康示范村、民族文化村、特色小集镇、民族特色村寨等4种建设类型实现农村差异化发展，通过完善水、电、路、气、讯、广播电视、邮政和优美环境“八到农家”工程，争取到五年内全面落实第二批安居工程建设任务，通路乡村的村容村貌实现整洁干净大变样。

要构建和谐稳定的大环境。面对县域内流动人口急剧增长、各类矛盾纠纷凸显和安全隐患日益增加的严峻局面，我们应正确处理好敌我矛盾与人民内部矛盾的关系，在牢固树立维稳这根弦，旗帜鲜明、坚定不移地反对分裂，严格落实各项维稳措施的同时，要进一步加大对人民内部矛盾的调处力度。1.要统筹各类维稳力量，全面统筹公安部门、边防武警部队、双联户、驻村驻寺组织等维稳力量，根据各自不同的工作职责明确其不同分工，确保每个维稳力量都能得到充分发挥，形成上下联动、齐抓共管的大格局；2.要落实各项维稳措施，明确自治区制定的维稳十项措施的具体内容和要求，根据部门职责和实际，不折不扣地将每项措施落在实处、产生实效；3.要加大矛盾纠纷排处力度，真正深入乡村农户、深入施工现场，主动了解掌握群众之间、群众与外来施工方之间、施工方与务工人员之间的矛盾纠纷，积极听取各方意见，变被动上访为主动接访，多措施、多方法地调解处理这些矛盾纠纷，将其坚决消除在萌芽状态，坚决实现“小矛盾不出村、中矛盾不出乡、大矛盾不出县”的目标，为全县经济社会发展和群众安居乐业营造和谐稳定的良好环境。

要落实就医、就业、就学等政策。严格落实各项利村利寺、惠民惠僧的优惠政策，确保各类惠民资金一分不少地如数发放到每一位群众手中，为墨脱各族群众维持基本生活提供最低保障。1.重点落实就医政策，加快乡卫生院扩建和村卫生室的新建，为解决群众就医难问题搭建平台；加强医疗卫生队伍建设，争取五年内完成350人次的培训目标；继续推进农牧区医疗制度，争取2020年实现医疗制度和门诊统筹全覆盖，全县农牧区医疗制度参合率达到99%以上。2.重点落实就业政策，加大农牧民专业技能培训力度，引导农村富余劳动力转移就业，五年内实现农村劳动力转移3万余人次，使劳务收入占农民人均纯收入的40%以上；加强各类保险收缴工作，争取收缴率达90%以上，为农牧民群众提供生活保障。3.重点落实就学政策，完善各类教育配套设施和校园建设，争取逐渐实现校园标准化建设；推进师资队伍建设，继续实施教师教学激励机制，争取到2020年，全县小学、初中教师学历合格率均达到100%；巩固义务教育，特别关注偏远村庄的儿童教育，到2020年，小学适龄儿童和初中适龄人口入学率均达到100%。

（五）开创生态文明建设，推动绿色发展保护青山绿水。随着墨脱发展、改革、开发力度的逐渐加大，墨脱原始生态环境面临的威胁日益凸显，既有人为的、也有客观的。这些威胁破坏还只是处在萌芽状态，可以称作“微破坏”，但我们必须引起高度重视，加强预防措施，如果置之不理，“微破坏”就可能演变成大影响。要增强协调发展意识，清楚认识到开发是保护的深化、保护是开发的保障，两者是紧密相连、不可分割的相互关系，在推动经济社会各个领域发展的同时一定要深切关注生态环境的保护，坚决消除为了开发而开发、不顾生态环境而开发的思想。要加强资源保护，积极建设雅鲁藏布大峡谷国家级自然保护区，不断提高自然保护区管护水平，全面开展森林植被、草地保护与修复工程，加强森林防火及病虫害防治；严格落实退耕还林补助政策，通过封育、造林、补植等措施对2万亩刀耕地进行生态林营，进一步巩固退耕还林成果；重点完成18个生态国防林、23个生态防护林和20个山体自然及半自然生态林的三道绿色生态屏障建设任务；同时要全面落实耕地保护责任制，严厉打击各种违法违规用地行为，确保耕地面积不减少、质量不降低和占补平衡。要提升监管水平，严格落实环境影响评价制度和环境保护“一票否决”制度，严格建设项目准入，严禁高耗能、高排放、高污染的项目进入墨脱；开展广泛的科研监测工程，严厉打击任何形式的捕杀、采集、砍伐动植物资源行为，特别是要强化砂石资源监管，促进砂石资源的科学有序开发；对于那些不顾生态环境盲目决策、肆意开发、造成严重后果的单位和领导干部，要严肃追究其相关责任，确保各项环保政策落到实处。

（六）狠抓党建工作推进，营造风清气正的政治生态。今后五年，我们要将党建工作放在各项工作的突出位置，抓牢抓紧，抓出长效、抓出成效。

要提高思想认识。要分析研究当前墨脱党建工作的特殊形势，当前全县迎来了经济大发展、社会大进步、县域大开放、思想大解放的重要时期，面对这样的发展新形势，我们各级党组织的堡垒明显不够坚固，广大党员干部的素质能力明显难以适应，党建工作服务中心工作的能力明显不足，党委抓、书记抓、各有关部门抓、一级抓一级、层层抓落实的党建工作格局亟待完善，这就是我们当前党建工作的总体特殊形势。要深刻认识到做好党建工作对于推动经济社会更好更快发展的现实意义，党建工作做好了，我们的党组织就会更加团结、更有凝聚力，党员干部的各项素质能力就会极大提升，全县就会形成推动经济社会发展一股劲的大好局面，因此各级各部门都要重视党建工作，要结合自身实际分析研究党建工作，坚持党建工作和中心工作一起谋划、一起部署，将各项党建措施落在实处，真正增强党建服务推动改革发展大局的能力。

要强化两个抓手。要强化教育学习和制度建设这两个重要抓手，推动教育学习实现常态化，推动制度建设达到适应形势、完善完备的程度。不断强化教育学习，丰富党委理论中心组、党支部等多种多样的学习形式，引导党员干部养成每天自学、每周集中学、每月研讨学的良好习惯，将党的理论知识、方针政策纳入日常学习，不断增强党员干部的党性修养和理论知识水平，为推动党建工作顺利开展奠定坚实的思想基础；着力完善制度建设，从全县经济社会发展变化的大局出发，对党员干部管理、组织优化、作风建设等方面的管理办法、规章制度进行全面梳理，不适用的马上清除、不完善的尽快完善，建立一套科学合理、完善完备的制度体系，为推动党建工作顺利开展奠定坚实的制度基础。

要突出三个重点。1.要突出党组织优化建设，不断规范党的基层组织设置，争取到2020年实现哪里有党员哪里就有党的基层组织目标；持续开展软弱涣散基层党组织的整顿工作，坚持对基层党组织进行分类定级，切实解决好“后进”基层党组织存在的突出问题，确保各级党组织不断实现晋位升级；抓好领导班子建设，各级各部门要坚持集体领导和个人分工负责相结合的原则，不断加强班子自身建设，打造“政治素质好、经营业绩好、团结协作好、作风形象好”的四好领导班子。2.要突出党员干部队伍建设，严把党员“入口关”和“程序关”，切实将那些思想觉悟高、带头能力强的优秀人员吸收进党员队伍；加强党员队伍的管理，大力继承弘扬“老西藏精神”“两路精神”，坚持“三有四不怕”精神，用党的理论创新成果，进一步武装党员干部头脑，引导党员干部不断增强政治意识、大局意识、核心意识、看齐意识；丰富各类党组织活动，引导广大党员干部参与各类先锋模范活动，在活动实践中不断塑造优秀的党员队伍；狠抓干部队伍建设，严格落实各项干部管理办法，用制度管理、用监督管理、用奖惩管理，引导各级干部争当“信念坚定，为民服务、勤政务实、敢于担当、清正廉洁”的好干部。3.要突出党风廉政建设，持续开展廉政教育，引导广大党员干部切实增强廉洁自律意识、自觉树立廉洁自律形象；严格落实党风廉政建设责任制的“两个责任”，逐项逐条落实好党委的主体责任和纪委的监督责任，推行各级各部门主要领导定期向县委、县纪委书面述廉制度，确保党风廉政建设各项要求落到实处；始终保持反腐高压态势，严肃查办发生在重点领域、关键环节和群众身边的腐败案件，着力营造“不想腐、不能腐、不敢腐”的良好政治生态。

同志们，新的蓝图已经绘就、新的征程业已开启，全面建成小康社会的目标越来越近，全县各族人民群众的期盼催促着我们更加努力。“九层之台，起于累土；千里之行，始于足下。”让我们团结在县委的正确领导下，紧紧围绕“123456”县域发展战略和全面建成小康社会目标，以更加奋勇创新的精神、更加脚踏实地的作风，全身心投入到推动全县经济社会各项事业繁荣发展、全力完成扶贫开发攻坚任务和率先全面建成小康社会重要事业的奋斗中，努力把墨脱县建设成为社会稳定、城乡优美、人民幸福的著名边境县。

墨脱县政府工作报告

——在墨脱县第十一届人民代表大会第一次会议上的讲话

县委副书记、政府县长人选　魏长旗

各位代表：

我代表墨脱县人民政府向大会作政府工作报告，请予审议，并请各位政协委员和列席人员提出意见。

本届工作回顾

2012年以来，全县人民在县委、政府的正确领导下，深入学习贯彻党的十八大，十八届三中、四中、五中全会和中央第五、第六次西藏工作座谈会精神，深入学习贯彻习近平总书记系列重要讲话精神，特别是"治国必治边、治边先稳藏"重要战略思想和"加强民族团结、建设美丽西藏"重要指示，深入贯彻落实区党委八届六次、七次、八次全委会和市第一次党代会及市委一届二次、三次全委会精神，在广东、福建两省人民无私援助下，紧紧围绕率先全面建成小康社会目标要求，按照县委、政府制定的"123456"发展思路，团结和依靠全县各族人民，坚持稳中求进工作总基调，主动适应经济发展新常态，在应对挑战中砥砺前行，抢抓机遇，乘势而上，经济社会发展取得了令人鼓舞的历史性成就。

近年来，县域经济保持了持续快速发展，综合实力显著增强。全县生产总值从2012年的2.6亿元增长到2015年的4.16亿元，全社会固定资产投资从2012年的5.84亿元增长到2015年的16.31亿元，全社会消费品零售总额从2010年的2053万元增长到2015年的3427.9万元，农牧民人均可支配收入从2012年的4875元增长到2015年的7259元，农牧民人均现金收入从2012年的3621元增长到2015年6144.5元。

过去几年主要工作成绩：

一、"五大特色产业"新突破

近年来，墨脱特色产业实现了由无到有、由小到大，由粗放式经营到科学管理的发展过程，开辟了经济社会发展的新局面。

*（一）农牧特色产业转型成功。*通过引进实力雄厚、经验丰富的企业，为茶叶、黄酒、香蕉等特色产品开发、品牌打造以及销售等提供了重要保障，积极稳妥地推动墨脱特色产品走上了规模化、产业化发展道路。

*（二）特色旅游业显著发展。*按照"一个景区、一部规划、一套办法、分片建设、全面提升"的旅游发展思路，不断加强旅游基础设施建设，充分发挥旅游产业龙头带动作用，全面启动旅游创4A和区级全域旅游示范县工作，推动墨脱旅游业向市场化、规范化的实质性发展阶段迈进。

*（三）水电、文化、藏医药产业发展基础得到巩固。*针对我县水电能源业、门珞文化业和藏医药业起步晚、发展程度低的实际情况，我们在打牢基础、规划发展、培育资源的前期筹备阶段狠下功夫。一是引进了华能、三峡两大电力集团，成功建设亚让电站，使彻底告别用电紧张的历史。二是门珞文化历史博物馆、民间文化艺

术团等成为保护门珞历史文化的重要平台；正在编制的《墨脱县文化产业中长期发展规划》将为我县文化产业发展提供重要依据。三是积极开展藏药天然资源普查工作，为我县藏医药产业的科学发展提供依据，为下一步发展奠定基础。

二、城乡基础设施建设扎实推进，发展环境不断优化

近年来，我们牢牢把握自治区、林芝市扶持墨脱发展力度不断加大的大好机遇，积极争取国家、社会和援藏资金，2012年以来，共计完成总投资46.03亿元的重点项目建设，基础设施建设逐渐改善。

（一）交通、通信基础设施逐步改善。交通瓶颈得到有效缓解，全县公路总里程由2012年263公里增长到2015年的336.23公里，公路通乡率和通村率分别由2012年的62.5%和41.3%增长到2015年的75%和65%。2015年末，邮政通邮率达80%；电信信号覆盖率达100%；移动信号覆盖率达85%；广播覆盖率达87%；电视覆盖率达100%，人民群众对外交流得到极大改善。

（二）水利、市政基础设施日臻完善。2012年农田灌溉水渠总长度、灌溉面积分别由2012年的24.36千米、3625亩，增长到2015年的81.25千米、6682亩；农村安全饮水保障率由66%增长到100%。市政环城路等一批县城市政项目相继建成并投入使用，城区规划面积拓宽到9.2平方公里，城区规模扩大了两倍多。

三、社会各项事业全面进步

近年来，在加快发展的同时，我们始终将改善民生作为各项事业发展的出发点和落脚点，通过落实各项惠民政策、完善社会保障体系等措施，让农牧民群众在参与改革发展的同时共享改革发展红利。

（一）人民生活水平稳步提高。近年来，公益林补偿金、边民补助等惠民资金按时、足额发放，成为农牧民群众维持基本生活保障的重要来源；建设完成县卫生服务中心医技楼、门珞敬老院等基础设施，实现了全县有意愿入住的五保户及所有孤儿全部集中供养，社会保障体系逐步完善；成立农牧民施工队、专业合作社27个，从业人数1093人，经营收入累计实现2224.45万元；新农村建设步伐加快，总投资3.36亿元、1876户的第二轮安居工程从2012年正式启动，已完成1306户。

（二）综治维稳工作创出特色。我县深入实施“六建”、“九有”等一系列利寺惠僧政策，全面加强和创新社会治安综合治理，确保宗教和睦。近年来，公安干警从72人增加到135人，消防大队、边防大队、武警中队也陆续进驻墨脱，增强了维稳力量，提升了维稳专业化水平。2012年以来，我县没有发生过任何影响民族团结和社会稳定的矛盾纠纷，获得了“全国民族团结先进集体”、“全国法治县创建活动先进单位”等荣誉。

（三）教育事业全面进步。县中学和完小塑胶运动场、教师宿舍楼等建成并投入使用，教育基础设施逐渐完善；全县教师从2012年的168人增加到2015年的236人；通过开展“一师一优课、一课一名师”等活动教学水平显著提升；“三包”经费和“营养改善计划”全面落实，幸福莲花奖学金、重视家庭教育奖学金等教育资助项目广泛开展，确保了绝大多数学生顺利完成义务教育。

（四）精准扶贫工作开展情况。经过充分调研，我县共筛选核定建档立卡贫困户668户2615人（其中一般贫困户为353户1635人，低保贫困户242户907人，五保贫困户73户73人）。完成建档立卡贫困户结对帮扶645户2592人，实现了全县46个行政村结对帮扶全覆盖。加热萨乡久当卡村、达木乡珠村地质灾害搬迁已完成安置点的初步设计工作；格当乡回迁安置点建设项目已完成场地平整、安置区道路硬化等工程。制定了《墨脱县“十三五”扶贫规划（2016年—2020年）》、《墨脱县扶贫开发中长期规划（2011年—2020年）》为实现扶贫工作目标奠定了坚实基础。

（五）生态环境保护与建设取得新进展。近年来，为走好环境保护与经济发展双赢之路，我县大力开展退耕还林工作，严惩非法狩猎、林木乱砍乱伐行为，扎实推动林业管护工作；通过种植各类绿化树木和经济林木，新增造林面积699.19亩，国家重点公益林总面积达603.27万亩；县委、政府制定了严格的污染防治措施，2012年以来共完成449个项目的环评工作，米日村、马迪村等7个行政村获得自治区生态村称号，全县各项自然生态指标保持良好。

四、援建工作进一步加强

近年来，广东、福建对口援建省市给予墨脱无私援助，无论是项目援建还是智力援建都取得空前的成绩，成为墨脱经济社会长足发展的重要动力。一是资金扶持大幅增加，实施法定1‰援藏项目43个，涉及资金约2.23亿元，对墨脱经济社会的快速发展形成了强大支撑。二是援助渠道不断拓宽，三年来，广东援藏工作队先后筹集计划外资金和物资3800多万元，用于解决群众生活困难；先后派出4批医疗队，为墨脱各族群众开展手术400多台次、救助病患6000多人次；积极实施“三个百万工程”，筹资100万元实施门珞贫困家庭病患爱心医疗救助活动，使门珞贫困家庭病患得到医治，筹资100万元设立门珞贫困家庭学生升学奖金，已帮助254名贫困家庭子女顺利升学，筹资100万元对墨脱基层干部和农牧民群众进行专门培训，已将200多名干部安排到广东进行挂职锻炼或培训学习，提高了基层干部、专业技术人员的专业技能和素质，为我县发展留下了一支骨干力量。

五、政府自身建设不断加强

（一）民主法制建设扎实推进。坚持定期不定期选派政府县级领导深入各乡（镇）开展调研，听取人大代表、政协委员、离退休老干部以及专家学者的意见和建议，自觉接受宪法监督、民主监督和社会舆论监督，提高决策水平。认真办理各类建议、议案、提案，2012年以来，共办理人大议案666件，政协提案353件，答复率达100%，办理率达87%以上。

（二）勤政廉政建设不断加强。围绕建设廉洁政府目标，加快政府职能转变，强化行政监察、审计监督和工作督查，全面落实廉政建设责任制；从严控制三公经费，大力压缩一般性支出，集中财力办民生实事；进一步健全管理机制和问责机制，政风行风建设得到加强，政府执行力进一步提高。

各位代表，回首过去，我们欣喜地看到，墨脱在历届县委、县政府打下的坚实基础上，发展思路更加清晰，发展步伐更加坚定，经济更加繁荣，环境更加优美，社会更加和谐，开创了扎墨公路开通以来经济社会又好又快发展的新局面。所有成绩的取得，是上级党委、政府和县委正确领导的结果，是县人大及其常委会和政协监督支持的结果，是县政府及其组成部门求真务实、奋力拼搏的结果，更是全县人民同心协力、艰苦奋斗和社会各界关心支持的结果。在此，我代表县人民政府，向全县工人、农民、干部、知识分子、外来务工人员、驻墨部队指战员、公安干警、武警官兵以及各界人士致以崇高的敬意！向关心支持我县建设和发展的广东、福建人民和各界友人表示衷心的感谢！

成绩来之不易，经验尤为宝贵。近几年的发展实践，我们深刻体会到：

必须坚持以科学发展观统揽全局，加快转变经济发展方式，优化经济结构，推动经济又好又快发展;必须坚持以解放思想为先导，理清发展思路，创新发展模式，走以资源换产业的路子;必须坚持以项目建设为中心，扩大投资规模，夯实发展基础;必须坚持把改善和保障民生作为一切工作的出发点和落脚点，关注民生、发展民利、解决民困，让人民群众共享改革发展成果;必须坚持走可持续发展道路，正确处理好经济建设与人口、资源、环境保护的关系，实现经济社会的协调发展，不断提高发展的质量和效益;必须坚持改革开放和科技创新，增强发展的动力和活力;必须发扬求真务实的工作作风，始终保持奋发有为的精神状态。

在看到成绩的同时，更应该清醒地认识到，

我们的工作离上级的要求和人民群众的期望还有很大差距，我县经济社会发展仍然存在很多困难和问题：

经济总量偏小，结构不够合理；财政收支矛盾突出，运转压力大；人才、用地等制约因素仍未得到有效解决，发展环境有待进一步优化；政府公共服务和社会管理需要进一步加强，行政效率有待进一步提高等。对这些问题，我们会高度重视，采取有效措施认真加以解决。

新一届政府的工作目标和主要任务

今后五年政府工作的总体目标：深入贯彻落实科学发展观，全面贯彻中央和自治区、市系列会议精神，以科学发展为主导，以加快转变经济发展方式为主线，着力调整优化经济结构，破解发展难题，确保经济平稳快速增长；着力发展社会各项事业，切实保障和改善民生，确保社会大局和谐稳定。

今后五年，全县经济社会发展的主要目标：到2020年，全县生产总值实现9.07亿元，年均增长14%左右；全社会固定资产投资实现43.72亿元，年均增长21%左右；公共财政预算收入实现1.15亿元，年均增长13%；农村居民人均可支配收入实现1.73万元，年均增长15%；农牧民现金收入实现1.24万元，年均增长15%。城镇登记失业率控制在2.5%以内。国家现行标准以下的贫困人口如期全部脱贫。人民生活水平全面提升，城乡居民人均可支配收入比2010年翻一番、接近全区平均水平，基本公共服务主要指标接近全区平均水平，基础设施全面改善，生态文明建设取得明显成效，自我发展能力显著增强，社会大局持续稳定，2018年同林芝全市一道率先全面建成小康社会。

为了实现这一目标，具体要抓好以下几方面工作：

一、实施产业攻坚，着力增强内生动力

根据市政府“产业攻坚年”各项部署，按照“123456”工作思路，扬长避短，做大做强做精五大产业，不断提高产业对经济增长和财政增收的贡献率。

（一）全力发展农牧特色产业。依靠科技创新和体制创新，积极做好高原有机茶的种植、加工及品牌宣传工作，到2020年，有机茶园种植面积达到1.5万亩，力争把墨脱建设成西藏茶叶第一县；积极发展特色种植业，建设特色农产品基地、热带和亚热带水果生产基地、反季节蔬菜种植基地；适度发展特色养殖业，以巴米牛为核心，发展循环畜牧业，推行规模化养殖。

（二）全力发展旅游产业。优化旅游发展环境，力争“十三五”期间创建成为4A级旅游景区和区级全域旅游示范县；积极开拓旅游市场，加大营销力度，力争到2020年实现国内外旅游人数10万人/年，旅游年总收入实现1.5亿元以上。到2020年，把墨脱建设成为国家生态和民族民俗旅游名城，“雅鲁藏布江下游精品生态旅游小城”，西藏首选的避寒胜地和热门的旅游休闲胜地。

（三）全力发展水电能源产业。立足当前，着眼长远，因地制宜，合理布局，科学编制墨脱县水电能源开发利用规划，加快水能资源优势向经济发展优势的转化；突破思想限制，用“打基础、管长远”的眼光，科学谋划，建立高人力资本含量、高技术含量和高附加值的现代服务体系，合理配置适应水电开发的生产和服务市场。

（四）全力发展特色文化产业。传承门巴、珞巴特色民俗文化，合理挖掘，发展墨脱特色手工业。到2020年，完成1–2项国家级非物质文化遗产申报，完成设立自治区级门珞文化生态保护区申报，确保特色文化产业初具规模，特色品牌建设有所突破，文化对经济的贡献率进一步提高，基本形成较为完善的文化遗产保护体系。

（五）全力发展藏医药产业。加快藏药材人工栽培技术的研究、推广和应用，加大高端藏药产品和藏药保健品的研发力度，发展以特色、天然、现代为理念的藏药保健养生项目，促进藏医药产业全面升级。

二、强化公共设施建设，切实改善民生

（一）聚焦基础设施建设，增强项目带动作用。全面加快基础设施建设速度，固定资产投资保持快速增长。未来五年，计划完成198.64亿元的投资项目及3亿元的援藏投资项目，项目涉及城市建设、社会维稳、党组织能力建设等8个大项，413个子项。争取到2020年，实现农村安全饮水人口比重达100%，乡镇通路率达100%，通油路率达75%，行政村通路率达91%，通油路率达85%，电力人口覆盖率达100%，乡镇通邮率达87.5%，乡镇通光缆率达100%；将县城防洪标准提高到30年一遇，推进村镇堤防建设。

（二）聚焦民生改善，提高农牧民生产生活水平

1.优先发展教育。教育基础设施建设逐渐完善，学校布局更趋合理，办学条件进一步改善；通过人才引进、鼓励教师进修等方式，实施教师培养计划，不断提高教师学历层次，形成“体系完备、布局合理、发展均衡”的现代教育体系。到2020年，城镇儿童学前三年双语教育受教育率达到97%以上，农牧区学前两年双语教育受教育率达到80%以上，全县小学适龄儿童入学率达到100%，初中适龄人口入学率达到100%，全面扫除青壮年文盲，将文盲率控制在1%以内，力争人均受教育年限达到12.5年。

2.完善医疗卫生网络。深化医药卫生体制改革，加强医疗卫生基础设施建设，提高卫生系统人才建设水平，扩大公共服务均等化，努力推动医疗卫生事业又好又快发展。到2020年，孕产妇产前检查覆盖率达到95%以上，住院分娩率达到80%以上，孕产妇死亡率降到万分之18以内，婴儿死亡率降到12‰以内。积极稳妥推进农牧区医疗工作，引导农牧民积极参加农牧区医疗制度。到2020年，农牧民政策知晓率达到100%，制度覆盖率达到100%，个人缴费以户为单位筹资率达到98%以上，全县农牧区医疗制度参合率达到99%以上，实现门诊统筹全覆盖。

（三）凝神聚气，激发实干新状态，完成扶贫攻坚各项任务

1.按计划完成668户2615人的脱贫计划。其中2016年计划脱贫223户891人；2017年计划脱贫210户891人；2018年计划脱贫235户833人。

2.易地搬迁工作。2016年完成久当卡、珠村地质灾害搬迁格当回迁安置点建设项目；2017年完成多卡村、岗玉村、龙列村易地搬迁工作。

（四）聚焦人才队伍建设，强化社会管理

1.强化人才队伍建设。强化科技支撑服务体系建设，开展农牧民专业技能培训，大力培养管理人员、科技人员、农民专业合作组织带头人和农村经纪人。到2020年力争参与培训达到1.5万人次，发展基地式农牧业龙头企业5家，农牧民合作组织经营率达到38%以上，带动农户达到500户以上。充分利用智力援藏的有利条件，定期组织援藏专家开展技能培训，加强党政人才队伍建设，重点培养复合型党政人才、经营管理人才、专业化高技能人才和农村实用人才。

2.创新社会管理。加强边境管控，建立和完善应急指挥体系，严密防范和严厉打击敌对势力、民族分裂势力、恐怖势力和邪教组织等各类暴力、“非暴力”分裂破坏活动，牢牢把握反分裂斗争的主动权。积极预防和妥善处置群体性事件，严防达赖分裂集团进行渗透、策反和利用人民内部矛盾制造事端。规范行政执法行为，建立健全行政权力的制约机制和责任约束机制，完善行政执法责任制和评议考核制度。

（五）聚焦生态文明建设，提升农牧民环保意识。加强自然保护区建设，强化森林防火及病虫害防治工作，建设监测站，开展科研与监测工程；禁止在雅鲁藏布大峡谷国家级自然保护区内滥捕乱猎野生动物、滥采乱挖野生植物的违法行为，停止一切林木采伐；推进城乡环境综合治理，建设城镇绿化体系，提高城镇绿化覆盖率；加强饮用水源地水质有机污染监测工作，确保人民群众饮水安全；在全县范围逐步建立全方位、多层次的生态保护网络体系。

（六）聚焦安全生产，实现社会稳定

1.加强安全生产管理，提升防灾减灾能力。严格执行安全生产许可制度，有效遏制重特大安全事故，健全公共安全预警和处置机制；建立完善的气象、水文、水利、国土、民政等部门信息共享机制，建设覆盖全县的暴雨预警信息发布系统；建立“政府主导、部门联动、社会参与”的农村应急减灾组织体系和气象灾害应急体系，提高农牧区灾害自救能力；实施地质灾害防治工程，勘查治理县城后山泥石流、格当乡桑珍卡村泥石流等自然灾害点，实现全县人民居无险地的目标。

2.高度重视社会治安，维护社会安全稳定。坚持打防结合、预防为主，建立健全社会治安综合治理工作机制。积极预防和妥善处置群体性事件，保护寺庙僧尼享有的社会基本公共服务，逐步解决寺庙通路、通电、通水、通信等问题。到2020年，社会安全指数达到100%。

三、强化基层党建工作，加强党对经济工作的领导

充分发挥党对经济社会发展统筹抓总的领导作用，推动党领导经济工作的观念、体制、方式方法与时俱进，牢牢掌握经济工作主动权。实施以财政投入为主、党费支持为辅、援藏资金为补充的经费保障制度，继续落实好扶持村集体经济发展专项资金，保证每个基层党组织都有基本运转经费和服务群众、服务党员专项经费。落实好村干部养老保险和离任补助制度，逐步提高村干部待遇，调动其干事创业的积极性。严格执行党风廉政建设和反腐败工作责任追究制，以零容忍态度加大正风肃纪和腐败案件查办力度，做到有腐必反、有贪必肃，着力营造政治上的绿水青山。

各位代表，回首过去，我们攻坚克难，奋发图强，打下了良好的基础；今后五年，我们要乘势而上，开拓创新，继续创造新的辉煌。新一轮发展的号角已经吹响，墨脱未来五年的蓝图已经绘就，我们肩负的历史使命光荣而艰巨。让我们在中共墨脱县委的正确领导下，深入贯彻落实科学发展观，团结带领全县人民，以只争朝夕的精神，抢抓机遇，真抓实干，为建设科学发展、幸福安康新墨脱而努力奋斗！

2016年重点工作

各位代表，今年是“十三五”开局之年，也是坚决打赢脱贫攻坚战启动之年，做好今年政府工作使命光荣、责任重大。全县经济社会发展主要预期目标是：全县生产总值完成4.74亿元，同比增长14%；全社会固定资产投资完成18.76亿元，同比增长15%。（其中：国家投资达到13.7亿元；援藏投资达到5000万元；招商引资达到3.57亿元；民间投资达到9949万元）；全社会消费品零售总额达到3770.7万元，同比增长10%；财政收入达到8789.5万元，同比增长15%，其中：公共财政预算收入达到7147万元。农牧民人均纯收入达到8348元，同比增长15%；农牧民现金收入达到7066元，同比增长15%。粮油产量达到5214吨，同比增长3%。

围绕上述目标，我们重点做好以下工作：

一、狠抓基础设施建设，强化项目带动作用

以项目、促发展，全力以赴做好项目工作。2016年，我县将不断规范项目管理，牢牢把握“准、高、快、好”四字诀，确保有的放矢。一是加强积极与上级部门沟通，做好项目争取工作，确保全社会固定资产投资实现18.76亿元的目标。二是加强意向性项目申报力度，以大项目、好项目为着力点，紧追“已通过审批的项目”的资金落实，进一步吃准、吃透上级部门今后五年的投资方向，围绕农牧、旅游、交通、科教文卫、社会和住房保障、战略性新兴产业等重点领域，开发储备一批适销对路的重大项目。三是严格按照项目建设有关规定，做好项目审批、项目管理、重点项目储备、内部项目自查等各项工作。

二、完善行业产业链，增强核心竞争力

2016年，按照市政府产业发展总体思路，以“特色优势五大产业”发展为抓手，以“项目带动”为重点，完善行业产业链，培育经济增长点，增强核心竞争力。

（一）特色农牧业。新建茶叶基地2000亩，启动墨脱有机茶叶认证工作，完成茶叶加工厂、黄酒加工厂建设工作。加强产业基地的后续管理工作，壮大乌木筷子、石锅、竹编等产品生产规模，创新深加工技术，实现产品精加工，加快完成相关商标的注册工作，打击假冒、伪劣产品，保护品牌价值。

（二）旅游业。积极争取国家、援藏项目资金，做好旅游基础设施建设，加大对在建项目尤其是总投资7500万元的贷款项目进度的督导督查力度，完成《墨脱中长期旅游发展规划》编撰工作，筹备好第二届《莲花佛缘·亚热带墨脱文化旅游节》，完成全年接待游客8万人次，门票收入400万元的年度目标任务。

（三）门珞特色文化业。在全县推广德兴藤竹加工厂、帮辛乡石锅合作社的成功经验，加强非遗申报力度，完成《墨脱文化中长期发展规划》的编撰，做好门珞民俗文化博物馆管理。

（四）水电能源业。完成亚让电站的扩容工作，发电量由5000KW扩容到6000KW；开展总投资1.45亿元的哈果桥电站前期工作；启动总投资2亿元的电网升级改造项目。做好地东山洪灾害治理等水利项目前期工作，完成墨脱镇、德兴乡等5个乡镇供排水项目。

（五）藏医药业。做好藏医院综合楼、藏药材展馆项目的申报工作，扩大铁皮石斛、鸡血藤等藏药材种植面积；完善藏医院各项医疗规章制度，加强藏医培训力度，力争全县7乡1镇达到藏医药医疗全覆盖。

三、树立科学发展观，确保“三条底线”不动摇

（一）坚守生态保护底线。继续坚持“生态立县”基本原则，强化城乡环境综合治理，提高环境综合质量；根据我县实际编制《墨脱县林业中长期发展规划》，开展好“争当生态战士·共建生态家园”主题宣传活动；按照科学发展思路，进一步做好环境执法监察工作，推动环境监测基础设施建设；严格执行建设项目环境影响评价制度，做好亚让电站等重大建设项目的环境监管工作。

（二）坚守安全生产底线。加强日常监管，落实重点行业的隐患整改治理，深入推进安全生产“打非治违”执法工作；加强烟花爆竹等危险化学品、重大危险源及特种设备的安全监管工作；大力推进防火安全工作，强化道路交通、建筑施工等安全管理；做好地质灾害预防与应急管理工作，严防重特大安全事故发生。

（三）坚守和谐稳定底线。强化法制宣传、扎实推进维护稳定工作，重点加强进出墨脱各检查站的检查管理和县城流动人口服务管理，加大社会面管控力度，切实做好加强和创新社会管理工作，积极排除社会矛盾纠纷，努力实现“大事不出、中事不出、小事也不出”的维稳目标。

四、求真务实，正视问题，认真谋划助推精准扶贫

严格落实扶贫工作要求，做好2016年我县223户891人的脱贫工作目标。

（一）精准识别、找准扶贫对象。按照“一个都不能少、一个都不掉队”的要求，通过“七看法”即看房、看粮、看劳动能力强不强、看家中有没有读书郎、看家中有没有灾和难、看基础设施完善不完善、看自然环境差不差，严格按照贫困户认定程序，扶贫对象精准识别到村到户到人。

（二）精准分析、找准贫困原因。始终坚持问题导向，找准“贫”根，寻找“困”源，结合自治区提出的因病、因残、因学、因灾等致贫原因，逐条对照，分门别类。

（三）精准施策、找准脱贫路子。严格按照自治区“六个精准”“五个一批”“八个到位”和林芝市“七个结合”的工作要求，逐村逐户制定帮扶规划和脱贫措施，做到对症下药，帮到点上、扶到根上。

（四）做好扶贫（农发）项目申报工作。2016年，我县拟申报60个扶贫开发项目，涉及医疗救助、异地搬迁、生态补偿等领域，总投资约2.61亿元，预计累计受益达到6383户/次25237人/次。

（五）做好异地搬迁安置工作、确保搬得出稳得住。做好加热萨乡久当卡村、达木乡珠村整村搬迁工作；做好格当乡回迁安置点建设工作，确保搬迁工作搬得出稳得住；做好甘登乡多卡村、加热萨乡龙列村、帮辛乡岗玉村整村搬迁前期准备工作，确保异地搬迁扶贫工作取得实效。

五、关注民生，化解矛盾，增强社会凝聚力

（一）加强民主法制建设。依法向人大及其常委会报告工作，自觉接受监督，认真执行和落实有关决议、决定；加强与政协的协商、沟通，积极支持政协履行政治协商、民主监督、参政议政职能；提高议案、建议、提案办理质量，为人大代表、政协委员视察和检查工作创造良好条件；主动听取工商联、无党派人士的意见建议，拓宽社情民意反映渠道，提高政府决策水平。

（二）切实关注民生改善。继续加大民生投入，做好各项农牧民群众关心的热点难点问题，完成江新、西登村等5条公路交付使用工作，做好农村公路保通养护工作；继续抓好中小学入学率、巩固率，抓好义务教育均衡发展，不断提高教育教学水平；以提升农牧民生产生活条件为目标，做好城乡最低生活保障资金、五保户生活保障资金等各项资金发放工作；做好城乡医疗及药品监督监管工作；做好全县通信工作，实现县域电信、移动信号及邮政网点全覆盖。

六、提高效能，树好形象，增强政府执行力

事业成败的关键在人，新的目标任务要靠每一位政府工作人员去拼搏、去奋斗、去落实。要以政府职能转变、建设服务型政府为契机，以增强政府执行力为核心，造就一支思想开拓、勤政务实、廉洁高效的公务员队伍，努力开创各项工作新局面。

（一）增强执行力，必须要有与时俱进的思想观念。与时俱进，解放思想是加快我县发展的先决条件，要实现快发展，思想必须先跨越，理念必须先创新。要坚决克服安于现状、不思进取的思想，牢固树立争先竞强的理念，只要是看准了的、符合我县实际的事情，就要以满腔的热情和澎湃的工作激情去大胆地试，大胆地干，大胆地闯，打破常规，勇争一流。要坚决克服自我封闭、因循守旧思想，牢固树立富有时代性的开放理念，把心思和精力用到维稳定、思发展、谋跨越上来，努力推动我县经济社会的新跨越。

（二）增强执行力，必须弘扬求真务实的工作作风。讲得好不如干得好，说得好不如做得好。要大力弘扬求真务实、埋头苦干、干就干好的作风，做到做事实干不浮夸，做人低调不张扬，力戒形式主义和表面文章。切实精简会议和文件，减少不必要的应酬，深入基层，靠前指挥，面对面倾听群众呼声，实打实办好关系群众切身利益的事情。

（三）增强执行力，必须坚持依法行政的为政理念。把依法行政作为政府运作的基本准则。提高依法行政水平，坚持用法律法规调整社会关系和利益关系，坚持在法制轨道上解决各种矛盾和问题。强化行政执法监督，继续推进行政执法责任制，做到有权必有责，用权受监督，侵权必赔偿，违法要追究。加快政府职能转变，切实把主要精力转移到经济调节、市场监管、社会管理和公共服务上来，努力创造诚信公平的市场环境和健康有序的社会环境，形成有利于加快发展的和谐氛围。

（四）增强执行力，必须树立清正廉洁的公仆形象。政府工作人员要始终牢记“两个务必”，常修为官之德，常思贪欲之害，常怀律己之心，顶得住诱惑，经得起考验。坚持勤俭办事情，珍惜民资民力，狠刹奢侈之风，把有限的财力用到产生效益最大的地方，用到农牧民群众最需要的地方。严格执行廉政建设责任制，健全防腐保廉防范体系，建立结构合理、配置科学、程序严密、制约有效的监督机制。始终保持浩然正气，对歪风邪气敢于斗争，对错误缺点勇于纠正。特别要坚持不懈地狠刹“四股歪风”，以模范行为影响群众、带动群众、取信群众。

各位代表！宏伟目标召唤着我们，人民期待鞭策着我们。让我们更加紧密地团结在以习近平同志为总书记的党中央周围，在自治区党委、政府、市委、市政府和县委的坚强领导下，紧紧围绕“123456”总体发展思路，敢于担当、主动作为，加快建设和谐墨脱，为到2018年和其他兄弟县一起率先全面建成小康社会而努力奋斗。

墨脱县人民代表大会常务委员会工作报告

——在墨脱县第十一届人民代表大会第一次会议上的讲话

墨脱县人大常委会主任人选 遵 珠

（2016年8月27日）

各位代表：

我受墨脱县第十届人民代表大会常务委员会的委托，向大会报告工作，请予以审议，并请政协委员和列席人员提出意见。

十届人大常委会工作回顾

县十届人大常委会自2012年7月选举产生以来，在县委的坚强领导和市人大的正确指导下，在福建、广东援藏工作队的关心帮助下，在县政府及两院的大力配合支持下，始终高举中国特色社会主义伟大旗帜，坚持以邓小平理论、“三个代表”重要思想、科学发展观为指导，深入贯彻落实党的十八大、十八届三中、四中、五中全会和中央第六次西藏工作座谈会精神，深入贯彻落实习近平总书记系列重要讲话精神，特别是“治国必治边、治边先稳藏”重要战略思想和“加强民族团结、建设美丽西藏”重要指示，坚持“四个全面”战略布局，坚持党的治藏方略，坚持依法治藏、富民兴藏、长期建藏、凝聚人心、夯实基础的重要原则。按照区党委、市委统一部署，紧紧围绕县委提出的“123456”县域发展思路，认真履行宪法和法律所赋予的各项职权，为我县经济建设、政治建设、文化建设、法制建设、生态文明建设做出积极贡献。

一、依法开展监督工作，努力提高监督质量和效果

县十届人大常委会坚持把改革发展稳定中的重大问题和关系人民群众切身利益的热点难点问题，作为监督工作的重点，集中力量，抓住关键，务求实效。

一是强化对计划与预算执行情况的审查监督。常委会每年都集中听取和审议县人民政府关于国民经济与社会发展计划执行情况的报告，财政预算执行情况及上一年度财政决算的报告。要求县人民政府及有关部门要认真贯彻落实国家和区市相关财政政策，积极推进财政改革，加强预算管理，优化收支结构，不断健全公共财政体系，保证各项资金的安全使用和运行，确保全县财政预算执行情况稳定在合理区间。

二是突出对关系全县经济社会长远发展重大问题的监督。为推动全县经济社会的全面、协调、可持续发展，县人大常委会着眼于经济社会发展全局，先后开展了环境保护法、义务教育法、食品安全法、劳动法等法律法规执法检查活动，听取相关部门贯彻执行法律法规的情况汇报。根据检查形成了执法检查报告，提出了针对性的意见、建议，及时请常委会审议通过后交付县政府及时整改落实。同时积极配合区、市人大调研组开展各项调研和执法检查30余次，不断推进依法治县进程。

三是注重对社会事业和民生工程开展监督。关注和保障民生，保证更多的发展成果与人民共享是人大常委会开展监督工作的重要任务，县十届人大常委会始终把关注社会事业的发展与民生问题作为常委会工作的根本要求，每年11月至12月常委会领导分赴7乡1镇46个行政村，就全县特色农牧业发展情况、安居工程建设情况、支农惠农政策落实情况等开展视察调研，并形成了视察报告，提交人大常委会审议通过后报县委，并及时提交给政府督促认真办理，同时听取部分涉农部门工作汇报，开展工作评议，为促增长、惠民生、保稳定提供保障。

四是加强对“两院”监督，促进司法机关公正司法。常委会坚持把关注公正司法作为促进社会公平正义，构建和谐社会的重要内容，综合运用多种监督方式，加强对“两院”监督。十届人大常委会每年不定期听取和审议县人民法院和县人民检察院有关工作情况的报告。要求县人民法院从建设和谐社会的高度出发，坚持民事重调解、轻审判的原则，努力化解社会矛盾。要进一步加强执法队伍建设，注重执行工作水平的提高，有效解决广大群众的合理诉求。要求县人民检察院要进一步加大对职务犯罪的打击力度，建立和完善职务主体的监督制度，为全县经济、政治、社会和文化的发展营造健康的环境。

二、依法进行人事任免，加强地方政权组织建设

县十届人大常委会坚持把党的领导，充分发扬民主和严格依法办事有机统一起来，严格按照选举法、地方组织法等法律的规定，认真做好人事任免工作，为国家机关工作的正常运转提供了组织保障。十届常委会共召开主任会议35次，召开常委会议32次，常委会议上依法任免国家机关工作人员 200余人次，在人事任免过程中，常委会坚持党管干部原则，要求提请机关详细介绍拟任人员的工作实绩、工作能力和勤政廉政等情况，坚持拟任人员就职发言等制度，增强了被任命人员的法律意识、人大意识和公仆意识。并及时将任免人员名单在公示栏、LED显示屏、县电视台等媒介上公布，有效提高了任命工作的透明度，保证了人事任免工作依法、规范进行。

三、依法行使重大事项决定权，促进全县经济社会健康快速发展

十届人大常委会始终坚持把行使重大事项决定权与事关经济社会全局性、根本性、长远性的问题紧密结合起来，先后就我县经济和社会发展中的重大问题及时进行讨论、审议，作出了《关于批准墨脱县十三五规划纲要的决议》、《关于批准背崩乡小集镇总体规划的决议》，《关于墨脱县旅游局关于执行<西藏林芝市墨脱县旅游中长期发展规划（2016–2030年）>的批复》，并按照《中华人民共和国监督法》和《西藏自治区各级人民代表大会常务委员会规范性文件备案审查条例》要求，对人代会、人大常委会、县人民政府所发布的命令、决议、实施方案等文件，进行了依法规范统一备案。有效保障和推动了全县经济社会建设重大项目和社会民主法制建设的开展。

四、认真做好代表履职，加强指导乡镇人大工作

一是加强联络，积极为代表履职创造条件。常委会积极联系和组织五级（全国、自治区、市、县、乡）人大代表在我县的开展活动，为他们履行职责提供服务。人民代表大会闭会期间，常委会组织代表参与视察、调研、检查，并邀请他们列席常委会会议，行使参政议政的权力。本届人大常委会共举办人大代表及乡镇人大工作者培训班1次，共组织代表开展执法检查10余次，视察调研5次，组织代表县外交流学习1次。为代表依法履行职责，参与管理国家事务，提供了良好的服务和保障，提高了代表参政议政的意识和能力。

二是狠抓落实，保证代表意见建议办理质量。人大常委会把督办代表意见建议作为联系人大代表、为代表和群众排忧解难的重要工作来抓，以代表满意、人民满意为目的，不断创新工作思路，完善工作机制，努力提高办理的质量和效果。十届人大常委会，共收到代表建议、批评和意见533件，其中2012年 135件、2013年100件、2014年107件、2015年137件、2016年54件。截止目前，除2016年十届人大七次会议代表所提意见建议已提交政府正在办理中，其余建议均已办结并答复代表。

三是加强乡镇人大工作指导，努力提高乡镇人大工作水平。人大常委会注重加强与各乡镇人大的沟通和联系，指导乡镇人大依法开展工作。本届人大常委会共举办1期乡镇人大主席培训班，为乡镇人大主席更好地适应新形势下乡级人大工作奠定了基础。为进一步规范乡镇人代会会议程序，对乡镇人代会会议程序进行了统一规范，并在各乡镇人代会期间，分别安排一名常委会领导进行指导，保证乡镇人代会的依法有序进行。

五、抓好“人大代表之家”建设，为人大工作搭建平台

为了进一步提高代表综合素质、增强代表履职能力、充分发挥代表作用，按照区市两级人大常委会建设代表之家的各项要求。常委会高起点、高标准、高质量推进各乡镇“人大代表之家”规范化建设，保障代表依法行使职权，拓宽和增强“人大代表之家”的承载力和服务功能。截止目前已完成1乡1镇人大代表之家建设，背崩、达木、格当、帮辛4乡人大代表之家计划2016年8月之前建成，加热萨、甘登2乡先完善软件设施，待通路后进一步完善。

六、精心组织指导县乡人大换届选举，加强地方政权建设

我县人大换届选举工作已于今年4月1日正式启动，这次县、乡两级人大换届选举工作，时间紧、任务重、要求高，县委和县人大高度重视，切实把这次换届工作摆在突出位置，作为大事来抓，精心组织，广泛动员，上下协作，扎实推进，在县委的坚强领导下，严格依法办事，三名常委会领导分赴3个乡进行实地督导检查，整个换届选举工作进展顺利，圆满完成了乡镇九届一次会议的各项议程，推进了我县基层民主政治建设。

七、围绕中心服务大局积极做好县委交办的各项工作

一是坚决贯彻落实中央和区党委、市委、县委的决策部署。积极推动团结稳定各项工作，旗帜鲜明地反对分裂，常委会领导坚决服从县维稳指挥部的安排部署，在维稳敏感时期和节点上，坚持到各包乡（镇）维稳蹲点和县维稳指挥中心带班。 二是扎实做好驻村工作。根据区党委关于强基惠民活动要求，常委会党组高度重视，分别于2012年和2014年安排4名常委会领导分别前往甘登乡、帮辛乡、德兴乡、达木乡、背崩乡、墨脱镇担任驻村工作队领队，带领干部群众积极开展驻村各项任务，共争取资金500余万元，同时还选派常委会办公室干部10人次到德兴乡易贡白驻村，2012年以来共争取资金200余万元。圆满的完成了各项驻村任务，得到了所在乡镇干部群众的一致好评同时得到区、市、县的各项奖项。三是积极做好县委交办的其他各项工作。

八、切实加强常委会自身建设，努力提高人大工作质量和水平

一是开展实践活动，提高干部队伍整体素质。根据县委的统一部署，常委会党组认真开展了“深入学习实践科学发展观”、“创先争优”“党的群众路线”“三严三实”“两学一做”等主题教育实践活动。在活动开展过程中，常委会班子领导带头深入基层搞调查研究，向人大代表征求意见和建议，及时向县委、政府反馈基层和群众提出的实际问题。通过开展主题实践活动，使机关党员干部在思想上受到了洗礼，服务群众意识明显增强，工作能力和工作效率进一步提高，有力推动了常委会各项工作的顺利开展。

二是健全工作机制，切实改进机关工作作风。健全和完善了常委会议事规则，对常委会会议的召开、听取和审议专项工作报告的方式方法等事项作出了明确规定，进一步规范了常委会的议事程序，提高了议事效率。同时，进一步加强了与县委的请示与沟通，在制定年初工作要点时，及时向县委报告全年工作安排，积极征求县委对人大工作的意见和建议，从而使人大工作能更好地把握全县经济社会发展的重心，提高了监督的针对性和实效性。在此基础上，将全年工作计划按月分解做到任务明确、责任到人，确保了全年工作任务的完成。

三是实行“一岗双责”，进一步加强人大机关党风廉政建设。常委会班子把党风廉政建设作为机关党建工作的重要抓手，加强领导，落实措施，狠抓管理，坚持把全体党员落实党风廉政建设的情况纳入机关工作人员的个人责任目标，和其它业务工作一起考核，并将考核结果作为年终评优的主要依据，有效提高了常委会班子和机关党员干部强化党风廉政建设的自觉性。

回顾县十届人大常委会的工作，县人大常委会圆满地完成了宪法和法律赋予的各项职责，完成了党和人民交付的责任和使命，同时也为推动我县社会主义民主法制的不断完善和进步奠定了基础、做出了积极贡献。但严格对照宪法和法律的要求，对照新时期人大工作的需要，还存在着一定差距和不足，一是监督工作还需进一步加强。监督方式方法有待创新，特别是对于保证监督实效的体制机制，还有待于进一步的探索和完善。二是代表活动方式还需进一步完善。应进一步丰富代表活动的内容和形式，为代表参政议政搭建更广阔的平台。另外自身建设等方面还需进一步加强和改进。总之，这些问题都需要在今后的工作中不断探索，深入研究，认真加以解决。

各位代表，县十届人大常委会在县委的坚强领导下和市人大正确指导下，在常委会全体组成人员和人大代表的共同努力下，各项工作都取得了显著的成绩。借此机会，我谨代表县十届人大常委会，向为人大工作付出辛勤劳动的县十届人大代表和工作人员，向全县人民和社会各界对人大工作的关心，向各乡镇人大主席团、县直各单位对人大工作的支持和配合表示衷心的感谢！

十一届人大常委会工作计划

今年是墨脱县十一届人大常委会的开局之年，县人大常委会将在县委的领导下，紧紧围绕县委提出的“123456”发展思路，认真履行宪法和法律所赋予的各项职权，为实现新一届人大工作的良好开局，切实从提高监督水平、高度关注民生、深化代表活动、切实加强自身建设等方面入手，谱写人大履职新篇章。

一、突出重点，监督工作要有新作为

一是加强制度建设。十一届县人大常委会将本着务实管用、简洁精练、切合实际、方便操作的原则，制定和完善相关工作制度，建立健全职责明确、规范有序、务实高效的监督工作机制，提高监督工作的规范化和制度化水平。二是把握重点，提高人大监督实效。县人大常委会要紧扣县委提出的“123456”发展思路，认真履行宪法和法律所赋予的各项职权，为建设美丽墨脱做出积极贡献。三是强化对代表意见建议的督办。认真督办好代表意见建议是人大常委会的重要职责，县人大常委会将认真梳理各位代表提出的意见建议，及时向县政府提交，并加大代表建议督办力度，创新督办方式，强化督办实效，推动代表提出的合理化的意见建议得到解决。

二、注重调研，工作实效要有新提升

十一届人大常委会将把调查研究放在人大工作的重要位置，通过主动“找题”，从人大代表意见建议中“择题”等方法选定调研视察课题，使人大工作能够紧贴中心、民心。计划每年11月至12月份组织常委会领导分赴7乡1镇各行政村，就全县农牧业发展情况、安居工程建设情况、支农惠农政策落实情况、群众关心的热点、难点问题等开展视察调研。

三、依法依规，任免工作要有新突破

不断完善和加强依法选举和任免地方国家机关工作人员是宪法和法律赋予地方人大及其常委会的一项重要职权，也是加强民主政治和政权建设，确保人民当家作主的重要保障。人民代表大会及其常委会在贯彻党管干部原则的基础上依法进行选举任免工作，将不断进行探索，大胆实践创新，在创新中认真总结经验，使人大人事任免工作进一步改进、深化和完善，逐步纳入民主化、规范化、法制化的轨道，从今年起人民代表大会及常委会选举和任免的国家机关工作人员实行向宪法宣誓制度，使人事任免权更加规范和更具有权威性。

四、发挥作用，代表工作要有新举措

县人大常委会把密切联系代表、发挥代表作用，重视并进一步加强代表工作，作为本届人大常委会的基础性工作，一是积极为代表履职创造条件。坚持组织代表集中学习、邀请代表列席常委会会议等制度，不断提高代表的履职能力。组组织代表开展视察、执法检查等活动，继续探索闭会期间发挥代表作用的有效途径，切实发挥代表在监督中的重要作用。二是深化指导加强督促，努力夯实乡镇人大工作。督促各乡镇人大主席团做好“八本一册一汇编”工作即：会议记录本、代表小组活动记录本、代表走访联系选民登记本、代表履职情况登记本、代表参加小组活动考勤登记本、代表年度述职测评情况登记本、选民登记本、来文登记本、县乡人大代表花名册、综合资料汇编；组织好闭会期间代表各项活动，充分基层发挥代表的桥梁纽带作用，努力夯实人大工作底部基础。

五、抓好基础，自身建设要有新提高

一是提高常委会组成人员理论素养。针对换届后常委会组成人员大多是新当选的实际情况，常委会将及时向每位组成人员发放人大常用法律法规和人大工作制度等业务资料，要求组成人员认真学习领会，增强做好本职工作的使命感和责任感。二是在巩固“三严三实”等主题教育的基础上，深入开展 “两学一做”学习教育严格落实党风廉政建设责任制。根据县委的安排部署，积极安排和组织常委会组成人员深入学习党章党规、学习系列讲话，做合格党员，自觉按照党员标准规范言行，增强遵规守纪，锤炼党性修养，牢固树立宗旨意识，不断强化党员干部理想信念，切实营造党员干部履职尽责当先锋、立足岗位争优秀的浓厚氛围。认真贯彻落实《党风廉政准则》、《纪律处分条例》，严格执行中央“八项规定”，区党委“约法十章”及“九项要求”，树立人大机关勤政务实，敢于担当的良好形象。

六、围绕中心、服务大局，积极开展县委交办的各项工作

一是在县委统一安排下继续选派骨干力量开展好驻村工作。紧密联系群众，着力解决驻村点群众生产生活中的热点、难点问题，提高新形势下为群众服务的工作能力。二是认真做好维稳工作。人大机关干部要把思想和行动统一到中央、区党委、市委、县委关于维护全县稳定的一系列重大决策部署上来，切实增强维护稳定的责任感、使命感和紧迫感，保持头脑清醒、严防松懈麻痹，按照县维稳指挥部的安排，继续做好敏感时期及节点的维稳蹲点工作和日常的维稳值班带班工作，以实际行动巩固和发展来之不易的社会稳定成果。三是发挥基层人大作用扎实推进精准扶贫。广泛发动人大代表走访贫困户，认真听取意见和要求，实事求是反映情况，做好梳理、汇总工作，积极为扶贫工作建言献策，确保我县扶贫工作精准有效。

各位代表，回顾过去，成绩显著；展望未来，任重道远。让我们紧密团结在以习近平同志为总书记的党中央周围，高举中国特色社会主义伟大旗帜，坚持以“邓小平理论”“三个代表”重要思想、科学发展观为指导，在区党委、市委和县委的坚强领导下，在市人大的正确指导下，凝心聚力、坚定信心，开拓奋进，为墨脱与全市一道率先全面建成小康社会而努力奋斗！

政协墨脱县委员会常务委员会工作报告

——政协第九届墨脱县委员会第一次会议上

政协主席人选　平措多吉

（2016年 8月25日）

第八届委员会工作回顾

本届委员会以来，政协墨脱县委员会常务委员会在县委的正确领导和市政协的具体指导下、在县人大、政府、各批援墨工作队的大力支持和各乡（镇）、县直各部门的积极配合以及全体政协委员的共同努力下，常委会始终高举爱国主义和中国特色社会主义伟大旗帜，牢牢把握团结、民主两大主题，围绕中心、服务大局，履职尽责、发挥作用，在维护墨脱社会局势稳定，推动经济社会全面发展和民生改善等各方面作出了积极贡献。在此，我谨代表政协第八届墨脱县委员会，向关心、支持墨脱政协事业发展的县委、人大、政府、各批援墨工作队及各有关单位表示衷心的感谢！向为推动墨脱政协事业不断发展而付出辛勤劳动的全体政协委员和社会各界人士表示亲切的慰问和衷心的感谢！

一、强化政治理论学习，切实筑牢思想基础

政协墨脱县第八届委员会以来，常委会始终把思想政治建设摆在政协工作的首位，坚持用中国特色社会主义理论体系武装头脑、统一思想、指导实践。组织常委、委员和全体干部职工深入学习党的十八大，十八届一、二、三、四、五中全会和区党委八届五、六、七、八次全会及中央第六次西藏工作座谈会精神，学习贯彻习近平总书记系列重要讲话精神，特别是“治国必治边、治边先稳藏”的战略思想和“加强民族团结、建设美丽西藏”的重要指示，学习贯彻“四个全面”战略布局，学习贯彻党的治藏方略，学习贯彻依法治藏、富民兴藏、长期建藏、凝聚人心、夯实基础的重要原则，学习贯彻俞正声主席对我区政协提出的“一个平台、两个共同、三个更好”指示要求，贯彻落实区党委重大决策部署，统一思想，凝聚共识，紧扣促进和谐稳定发展这个中心大局全力以赴履职尽责发挥作用。在理论学习中，能发扬理论联系实际的学风，推动研究解决一些实际问题，有效的提升了履职能力和水平。

二、深入开展党的群众路线教育实践活动和“三严三实”教育实践活动

政协常委会严格按照县委的统一安排部署，以为民务实清廉为主要内容，以贯彻落实中央“八项规定”和区党委“约法十章”“九项要求”为切入点，以着力解决“四风”“两问题”“一薄弱”为聚焦点，以“照镜子、正衣冠、洗洗澡、治治病”为总要求，紧扣群众路线主题，深入开展党的群众路线教育实践活动。在教育实践活动中，按照党的群众路线教育实践活动的总要求，坚持把加强领导放在首位，迅速成立教育实践活动领导小组，认真制定《实施方案》、集中学习计划表和个人自学计划表，科学统筹、精心组织，做到“规定动作”不走样，“自选动作”有特色；坚持把学习教育贯穿始终，着力解决“总开关”问题，政协党组成员在活动中静下心来读原著、学原文、悟原理、共开展学习交流、大讨论3次。始终坚持开门搞活动，深入农牧民家中面对面征求意见，聚焦“四风”，从严从实，深入查摆，共征集到意见建议45条，整改落实45条。并对照“三严三实”要求，对照群众的意见建议，认真撰写、反复修改对照检查材料，组织召开专题民主生活会，做到会前准备充分周密，剖析检查客观深刻，民主生活会上批评和自我批评坦率真诚，会议开得很成功，达到了红红脸、出出汗的效果，得到了上级督导组的高度评价。

三、政协事业发展及完成上级工作任务情况

（一）完善委员补选机制，优化委员队伍

政协常委会本着提高委员素质、优化委员队伍结构，全面提升政协履行职能的能力，达到更好地发挥政协职能作用的目的。政协委员的素质直接决定着政协机关履行职能的能力和水平，我们在充分了解各界委员在本辖区内发挥作用的情况，尊重乡镇党委、政府和相关部门的意见建议基础上，积极与县委组织部、县委统战部、工商联等进行沟通与协商，对少数履职能力差，发挥不了作用的政协委员按有关规定进行了改选，把一些群众信任、履职能力强、愿意干事、担当责任的各界优秀人士选拔吸纳到政协委员岗位上，八届政协委员总数53名，通过充实和提高政协委员素质来提升政协履行职责的能力，让政协机关真正成为县委政府干事创业的得力助手和获取重要决策依据的有利渠道。

（二）切实改善办公条件，创造良好工作环境，树立政协新形象

随着现代化办公的迅速发展和普及，政协机关原有办公条件已经不能满足日常工作和业务的需要。针对墨脱县政协机关办公室紧缺、办公条件简陋、办公设备陈旧等不适合新形势、新要求的实际情况，政协常委会积极与县委、县政府领导沟通汇报，由政府出资近70万元对人大、政协统办楼进行了全面的装修，使办公楼改造焕然一新；并从广东省第七批援墨工作队争取到资金30万元，对政协民族会议室、常委会议室、各办公室的设备进行了全面的更新。办公条件的改善不仅优化了服务环境，树立了政协机关崭新的形象，而且极大满足和调动了政协机关干部职工的工作热情和工作积极性，大家以饱满的精神面貌投入到具体工作之中，切实提高了工作效率，为全面推动政协事业又好又快发展奠定了良好基础。

四、履行政治责任，发挥优势，切实做好维稳工作

常委会始终把反对分裂、维护稳定、促进和谐作为履行职能的第一政治责任。全面贯彻落实中央的维稳方针政策、区党委维稳决策部署，全面落实市委和县委维稳工作安排，始终做到旗帜鲜明、立场坚定、认识统一、表里如一、态度坚决、步调一致。一是常委会高度重视维护社会稳定工作。在重要敏感时段，全体班子成员深入各自包乡点，严格按照县委政府的决策部署，履行好包乡领导的职责，摸底排查矛盾纠纷，听取基层群众的意见建议，督促乡镇党委政府抓好维稳工作，协助乡镇党委政府开展维稳工作，确保了敏感时段的安全稳定。二是充分发挥政协委员联系广泛的优势，要求各乡（镇）政协委员支持乡（镇）党委、政府做好维护稳定的各项工作，加强寺庙管理监督，做好寺庙僧尼的思想工作，并要求边境乡的政协委员支持乡人武部做好边境管控工作，要求政协委员在反对分裂，维护民族团结这个重大原则问题上确保旗帜鲜明，立场坚定，起到模范带头作用。三是班子成员和办公室人员按照县维稳指挥中心和相关单位要求做好值班带班工作，并按时上报维稳工作信息。四是加强对政协机关干部职工和广大政协委员的思想教育工作，做到与达赖划清界限，能够时刻保持头脑清醒，坚决反对分裂，做好维护稳定工作的忠实践行者。

五、围绕中心，服务大局，切实当好县委、县政府参谋助手

我们紧紧围绕县委、县政府中心工作建真言、献良策，为推进墨脱县经济社会科学发展竭智尽力。五年来，我们将协商议政贯穿于视察、调研等活动中。以政协常委为主体，成立联合调研视察组深入基层，深入农户，深入群众，把关系人民群众切身利益的热点、难点问题作为视

察、调研工作的重点，问情于民，问计于民，不断提高视察质量和调研深度。每年7、8月份，政协主要领导深入七乡一镇，对农牧民安居工程建设、学校“三包”经费政策及“学生营养改善计划”落实、农牧民医疗保险核销政策落实、涉农资金兑现、生态环境保护、优化经济结构、“三农”工作、民生问题、发展特色经济等群众普遍关心和关注的热点难点问题进行视察调研，并看望慰问了驻村工作队、驻寺工作队、贫困户及政协委员，五年来累计发放慰问金60多万元，切实帮助他们解决了在生活中遇到的困难和问题；2015年7月，政协常委会首次组织11名县政协委员前往朗县、米林县、工布江达县进行了学习考察，并将兄弟县先进经验和做法带了回来，形成了完整的报告材料，为县委、县政府提供了决策依据。

六、强基础惠民生，切实为农牧民群众办实事解难事

县政协紧紧围绕“建强基层组织、做好维稳工作、寻找致富门路、进行感恩教育、办实事解难事”的工作任务，安排得力人员进驻村开展相应的工作，驻村工作队也严格按照区党委政府的总体部署和县乡两级强基办的具体指示要求，重点抓好五项任务。自驻村工作开展以来，累计争取项目20多个，资金约为500多万元，切实达到了为农牧民群众办实事、解难事的效果。

在肯定成绩的同时，我们也清醒地看到，政协工作中还存在一些有待加强和改进的问题：一是个别政协委员素质低、责任心差，二是协商议政实效性不够强，提案议案的质量不高等问题，真诚希望县委、人大、政府领导、各乡镇、县直各部门、广大政协委员和社会各界人士对常委会工作提出真诚的批评和建议，以便我们把今后的工作做得更好。

下步工作建议

工作思路：进一步学习贯彻落实党的十八大、十八届三中、四中、五中全会、区党委八届六次、七次、八次全委会及中央第六次西藏工作座谈会精神，深入贯彻落实习近平总书记系列重要讲话精神、特别是“治国必治边、治边先稳藏”的重要战略思想和“加强民族团结，建设美丽西藏”的重要指示，坚持以“四个全面”战略布局为统领，坚持党的治藏方略，坚持依法治藏、富民兴藏、长期建藏、凝聚人心、夯实基础的重要原则，贯彻落实俞正声主席对我区政协提出的“一个平台、两个共同、三个更好”指示要求，牢牢把握团结和民主两大主题，始终围绕中心工作，勇于担当、改革创新、团结奋进，认真履行政治协商、民主监督、参政议政职能，充分发挥人民政协作为协商民主的重要渠道作用，努力开创政协事业新局面，为率先建成小康社会作出新的贡献。

一、认真学习，深刻领会，全面贯彻落实各级各大会议和中央第六次西藏工作座谈会精神

组织动员广大政协委员和政协机关干部职工，把学习宣传贯彻落实党的十八届四中、五中全会、中央第六次西藏工作座谈会、特别是习近平总书记系列重要讲话精神，以及区党委八届七次、八次全委会精神、自治区两会精神和林芝市两会精神，林芝市经济工作会议精神，将会议精神摆上突出位置、贯穿工作始终，深刻理解和把握中央关于治藏稳藏兴藏的新思想新论断新目标新要求，广大政协委员要把学习贯彻党的十八届五中全会、区党委八届八次全委会和中央第六次西藏工作座谈会，区、市两会精神，林芝市经济工作会议精神作为当前和今后一个时期的重大政治任务，巩固拓展“三严三实”教育实践活动成果，开展回头看教育活动，加强作风建设、落实从严治党要求结合起来，通过学习，是广大政协委员争做社会主义法治的模范践行者，自觉学法、遵法、信法、守法、用法、护法、增强法治理念，树立法治信仰，紧密结合实际，善于运用法治理念、法治思维改进工作、推动创新。

二、加强提案工作质量

政协提案是人民政协履行职能最广泛、最直接、最有效的形式，是协助县委、县政府实现决策民主化、科学化的重要渠道、为推进提案工作，提高提案质量，充分发挥提案在推进墨脱经济社会科学发展中的积极作用，牢固树立“五种意识”（责任意识、大局意识、自律意识、学习意识、创新意识），紧紧围绕县委、县政府中心工作和人民群众普遍关心的问题，按照“十三五”的指导思想和奋斗目标，针对当前热点、难点问题选好题目，确保提交的提案对墨脱县工作大局或需要解决的问题提供具有针对性的意见建议；在精心选题的基础上，通过深入调研，科学分析问题存在的原因和解决问题的办法，要时时关心国家大事，熟悉大政方针政策，处处留心身边小事，高度关注民生；反映问题要事实准确，文字精炼，简明扼要、分析问题要条理清楚、符合逻辑、提出建议要具体明确、切实可行，做到前瞻性与现实性相结合，必要性与可行性相统一，使提案工作各方面在墨脱发展、稳定、改革、民生等工作发挥应有的作用。

三、加大调研视察力度，转变创新调研方式

政协机关和政协委员必须把最广大人民群众的根本利益放在第一位，必须把最广大人民群众谋利益作为履行职能的出发点，必须把关注民生、促进和谐贯穿于履行职能的全过程，时刻关注群众利益，真情体察群众疾苦，积极反映群众意愿，竭力为群众办实事做好事，努力争做构建社会主义和谐社会的忠实“践行者”。要充分利用人民政协民主监督的有效形式，推动社会热点、难点问题的解决、民生政策的落实和部门工作的改进，要本着支持、维护和帮助县委政府更好地执政、共同致力于构建社会主义和谐社会的原则，鼓励政协委员“在参与中支持、在支持中服务、在服务中监督”，围绕广大人民群众关心的上学、看病、就业、住房等民生问题广泛开展视察、调研活动；并向县委、县政府征集调研题目，紧紧围绕县委、县政府中心工作建真言、谋善举、献良策，为推进墨脱县经济社会科学发展竭智尽力；常委会预计每年7—8月份征求县委、县政府同意，组织部分政协委员到区内学习考察，了解兄弟区、兄弟县好的经验做法，为县委、县政府提供科学决策的有利依据，切实把最广大人民群众的根本利益发展好、维护好、实现好。

四、全力做好维护稳定工作

维护稳定是西藏压倒一切的首要政治任务。常委会要始终把维护社会稳定作为履行职能的首要政治责任和第一要务。要充分发挥政协优势和作用，全力维护墨脱社会局势的持续稳定、长期稳定、全面稳定。常委会组成人员和全体委员要认真学习贯彻习近平总书记“治国必治边、治边先稳藏”的重要战略思想和俞正声主席“依法治藏、长期建藏”的指示精神，始终做到旗帜鲜明、立场坚定、认识统一、表里如一、态度坚决、步调一致。要牢记宗旨，不辱使命，敢于担当，团结一切可以团结的力量，坚决与十四世达赖集团作斗争。要充分发挥宗教界委员的作用，协助党委和政府做好民族宗教工作，促进民族团结、宗教和睦、佛事和顺、寺庙和谐。切实保障人民群众的知情权、参与权、发言权、监督权，让全县各族群众有序参与政治，维护广大人民群众的根本利益，努力协调关系、化解矛盾、理顺情绪，增进社会各阶层和不同利益群体的和谐，使县委、县政府的决策成为社会各界的思想共识和自觉行动。

五、围绕中心，认真履行职能

发展是硬道理，是解决墨脱县所有问题的关键，这既是县委、县政府的工作重心，也是政协履行职能的首要任务和根本大事。政协机关要继续按照“围绕中心、服务大局、发挥优势、共谋大事”的要求，紧紧围绕县委、县政府的工作部署，进一步强化中心意识、大局意识和责任意识。要大兴调查研究之风，为加快墨脱县经济社会事业的发展贡献智慧和力量。按照墨脱县的工作思路和目标任务，多提建设性的意见和建议，争取对全局工作有更大的支持和帮助。要进一步发挥政协联系广泛的优势，深入调查分析改革发展中的深层次热点、难点问题，提出体现时代性、把握规律性、富有创造性、具有操作性的对策建议，为县委科学决策当好参谋，为县政府组织落实决策当好帮手。同时，要充分调动全体委员的积极性，进一步发挥委员们的主体作用，从不同侧面、不同领域、不同角度建言献策，真正发挥各界别的作用，与县委、县政府合心、合力、合拍，为实现“六县目标”的发展做出新的贡献。

各位委员，过去的成绩，凝聚着广大政协委员的心血和智慧，未来的发展，更呼唤政协委员的责任和担当。让我们更加紧密地团结在以习近平同志为总书记的党中央周围，在县委的坚强领导下，自觉肩负起时代赋予的光荣使命，按照墨脱县提出的“123456”工作思路，高举旗帜、务实创新、艰苦创业、奋发有为、努力把墨脱建设成为社会稳定、城乡优美、人民幸福的著名边境县而努力奋斗。

墨脱县2016年脱贫攻坚工作总结暨2017年脱贫攻坚工作安排

县政府副县长　四郎拥珍

（2017年3月27日）

2016年脱贫攻坚工作开展情况

2016年，在自治区党委、政府和林芝市委、市政府坚强领导下，在县委、县政府大力支持下，在县脱贫攻坚指挥部精心安排部署下，在各乡镇、各部门的共同努力下，我们严格按照中央和自治区、林芝市关于扶贫开发的一系列决策部署，按照“236”总体工作思路和“1693”精准脱贫工作思路，坚持以产业发展为抓手、以基础设施建设为突破口、以低收入农牧民群众脱贫致富为目标，积极构建行业扶贫、专项扶贫、社会扶贫、产业扶贫、援藏扶贫的“五位一体”大扶贫格局，聚焦“扶持谁”“谁来扶”“怎么扶”“如何退”等核心问题，在聚焦精准上出实招、下实劲、见实效。通过一年的努力，2016年全县完成减贫137户676人，贫困发生率同比下降4.9%，圆满完成了年初脱贫任务目标，脱贫攻坚首战告捷。

（一）组织领导坚强有力，攻坚责任全面落实。一是健全组织机构，充实完善墨脱县扶贫开发领导小组，组建县脱贫攻坚指挥部，下设办公室（综合组）、政策保障组等11个专项组；各乡（镇）也相继成立脱贫攻坚工作专班，乡镇扶贫专干相对保持稳定。二是压实脱贫攻坚责任。严格实行党政一把手抓总责，层层签订责任书，立下军令状，构建起了责任清晰、各负其责、合力攻坚的责任体系，形成了齐抓共管的良好局面。三是强化工作落实。县委、县政府先后共召开2次脱贫攻坚工作会议，指挥部召开专题会议，专题研究重点工作，狠抓工作的落实。四是完善政策保障，加强顶层设计。制定出台《墨脱县2016年“精准扶贫”实施方案》《墨脱县脱贫攻坚规划》《墨脱县易地搬迁规划》《中共墨脱县委员会、墨脱县人民政府关于打赢脱贫攻坚战的实施方案》《墨脱县2016年异地搬迁实施方案》等规划，涵盖了产业、搬迁、生态、教育、医疗、金融等多个方面，逐步形成了跨行业、多领域相互合作、共同推动的脱贫攻坚政策体系。

（二）资源统筹多种多样，资金保障及时到位。2016年按照集中资金办大事，突出重点抓关键的工作思路。共争取到上级资金1.74亿元，到位1.14亿元，其中自治区第一批整合资金1091.6万元；第二批整合资金865万元；产业贷款4000万元；异地搬迁资金2694万元；生态岗位就业补助资金633万元；培训资金48.93万元；项目管理费113万元；2014年扶贫考核奖励资金1000万元；2016年农发项目资金1000万元，本级财政安排专项扶贫资金1000万元。针对贫困地区基础设施相对薄弱、公共服务能力不足等发展短板，统筹整合交通、水利等基础设施建设总投资432万元，用于脱贫攻坚。

（三）重点工作精准施策，脱贫攻坚成效显著。按照精准扶贫、精准脱贫方略，着力在精准上下工夫，通过扎实开展建档立卡回头看、数据清洗等多种形式的摸底排查，共核定出2017年建档立卡贫困人口561户2109名。同时，因户因人施策，在符合贫困群众实际情况、结合自身意愿的前提下确定脱贫措施，因地制宜，统筹实施全县“五个一批”工程。进一步奠定了贫困群众脱贫致富的基础，提高了贫困群众脱贫致富奔小康的信心。

1. 产业脱贫一批。制定和出台了2016年产业精准脱贫工作指导意见、“十三五”精准扶贫产业规划等若干政策性文件；一是制定了墨脱县风险补偿基金管理办法及实施方案，并设立风险补偿金2000万元，通过在现有的政府政策及金融政策的支持下，利用金融杠杆来为墨脱县撬动更多的扶贫资金。2016年共实施脱贫攻坚产业项目28个，总投资1.14亿元。截至年底已全部完成设计，争取在4月份全部开工建设。二是大力发展茶产业。2016年先后在米日村、帮辛村、根登村、帮果村、西登村、肯肯村、宗荣村种植茶叶815亩，项目覆盖2乡（镇）7个行政村，为从根源上逐步改善“等、靠、要”的懒惰思想，积极组织村两委班子及驻村工作队人员动员建档立卡贫困户，鼓励他们参与到项目建设，带动281户1407人受益，其中贫困户84户350人。三是大力发展旅游产业，依托墨脱县独特自然气候优势及AAAA景区创建契机，大力发展民俗村、农家乐等特色乡村旅游业。目前开展旅游扶贫贫困村7个，带动贫困户15户48人。

2. 易地搬迁脱贫一批。坚持搬迁与产业，安居与乐业同步，从根本上“拔穷根、挪穷窝”全力破解脱贫攻坚难题。2016年实施了3个易地扶贫搬迁项目，其中格当乡桑珍卡村下那巴搬迁项目属于自发搬迁群众回迁安置，64户295人，均为贫困户；加热萨乡久当卡村和达木乡珠村属于易地扶贫和地质灾害双重搬迁，搬迁新址分别为墨脱镇巴日村朗杰岗和达木乡珠村阿珍拉果，共计搬迁91户385人，其中贫困户35户154人。截至年底，3个安置点均已开工建设，并在2016年精准扶贫产业项目中安排相应的产业项目，确保在搬迁完成后，安置点群众具有一定的后续发展产业，实现了搬得出、稳得住、有活干、能致富的基本目标。

3. 生态补偿脱贫一批。坚持生态保护与脱贫攻坚相结合。实行定岗定员、定员定责、定责定酬，面向建档立卡贫困人口、建档立卡外低保人口和处在贫困边缘中低收入的有劳动能力的群体，落实生态补偿岗位2810个，按照每人每年3000元的薪酬标准，目前已兑现 341.1万元。

4. 教育发展脱贫一批。2016年转移就业组举办各类农牧民促进就业培训24期（其中向市人社局输送7期培训），培训内容包括：藏餐烹调培训、挖机装载机培训、温室大棚蔬菜种植培训、公益性岗位培训等，培训人数为827人，投入资金：100.22万元，推荐就业449人，就业率67%。其中贫困人口培训235人，实现转移就业165人，就业率70%。落实各类奖励激励政策，对考入大学的农牧民子女，城镇低保户子女，困难职工子女进行激励，全年共奖励学生349人次，落实奖励资金129万元。其中建档立卡户学生90人，落实奖励资金23.5万元；积极争取、引导社会力量，吸收社会资金帮助贫困学生实现梦想，共资助学生333人，落实资助资金37.8万元，引导落实实现两后生中等职业教育专项报名入学4人。积极联系西藏融鑫建材有限公司、西藏林源建筑有限公司资助墨脱县贫困大学生10人，资助金额7万元。

5. 社会保障兜底脱贫一批。投入538.47万元设立了建档立卡贫困群众重大疾病救助基金；目前已兑现社会保障资金94.78万元。根据《林芝市精准扶贫大病医疗救助专项行动工作方案》的精神和部署，对墨脱县大病医疗救助患者进行筛查，共筛查206人，筛查出患病贫困户107人，其中需要转院治疗11人，门诊治疗92人，家庭随访4人；经过残疾鉴定，建档立卡贫困人口中残疾人140人。

（四）督导检查常抓不懈，攻坚责任落到实处。2016年，国务院、自治区、林芝市各级扶贫部门到墨脱县多次开展调研工作，调研期间针对墨脱县脱贫攻坚工作开展情况进行详细了解，并提出了建议与意见，对提出的问题，我们及时进行了整改。2016年，墨脱县全面实行党政一把手扶贫责任制，逐级签订目标责任书、立下军令状、一年一考核，确保如期脱贫。建立了年度脱贫攻坚报告和监督制度，健全扶贫开发工作激励约束机制和奖惩机制，做到奖罚分明。县脱贫攻坚指挥部及办公室充分发挥统筹协调作用，认真履行调研、协调和推动落实职责。攻坚指挥部各成员单位做到了各司其职、各负其责、协调联动、齐抓共管，推动全县脱贫攻坚各项任务落到实处。各驻村工作队和村“两委”班子及第一书记切实负起落实责任，确保了各项政策措施到村到户到人。全县上下都把扶贫攻坚的使命放在了心上、职责扛在了肩上、工作抓在了手上。

（五）扶贫宣传氛围浓厚，万众一心合力攻坚。弘扬脱贫主旋律，凝聚攻坚正能量，积极营造人人关心扶贫、人人支持扶贫、人人参与扶贫的浓厚氛围。在“10.17”日全国第三个扶贫日当天，全县募集善款22万余元，用于全县建档立卡贫困户特殊贫困户临时救助。社会扶贫方面，46家区直、中直、县直单位参与定点扶贫，实现全县8个乡镇46个行政村全覆盖，各驻村工作队共计慰问困难群众1660多人次，发放慰问金和慰问品价值106.6万元；墨脱县党政领导干部“4对1”结对帮扶贫困群众，2016年共结对认亲645户2592人，帮扶物品包括粮油、米面等生活必需品，帮扶资金累计53.74万余元。林芝市尼洋河旅游风光有限公司等5家企业共帮扶9户，落实扶贫岗位9个，其中华能西藏墨脱电力有限公司在电网改造、维护实施中大量招用墨脱县农牧民群众，其中建档立卡贫困人口27人，兑现民工工资24920元，人均增加现金收入920元；吸纳2户贫困户就业，月工资3000元。

2016年全县脱贫攻坚工作重视程度之高、政策保障之强、投入规模之大、整合资源之多、动员社会之众、影响范围之广、工作要求之高、脱贫成效之明显都是前所未有的。这些成绩的取得，是区、市两级脱贫攻坚指挥部的亲切关怀的结果；是在县委、县政府坚强领导下，县脱贫攻坚指挥部及成员单位真抓实干的结果；同时也是社会各界协同作战、广大贫困群众艰苦奋斗的结果。在此我代表脱贫攻坚指挥部向为墨脱县扶贫开发做出贡献的同志们、朋友们表示衷心的感谢，并致以崇高的敬意！

对于脱贫攻坚成绩的取得，我们在欣喜、鼓舞之余，还要清楚的认识到 当前仍有诸多问题需要我们大家撸起袖子加油干、甩开膀子奋力干，确保在2018年全面实现脱贫、建成小康社会。

（一）更加深刻的认识到剩余贫困人口贫困程度深、脱贫难度大的实际。目前墨脱县剩余贫困群体80%以上多为缺乏劳动力的伤、残、病人口，生产经营能力较低，科技意识不强，仅依靠粮食收入和政策性补贴维持基本生活，针对这一部分人“怎么扶”的问题非常突出。

（二）更加深刻的认识到剩余贫困人口传统观念、陈规陋习转变难的实际。全县剩余贫困人口普遍存在受教育程度偏低、“等靠要”思想观念盛行等现象，是墨脱县脱贫攻坚战役当中最难啃的“硬骨头”，也是检验我们能否打赢脱贫攻坚战、全面建成小康社会的关键。“扶贫先扶智、脱贫先脱愚”，如何转变群众的陈规陋习，提高群众脱贫主动性，进而激发脱贫内生动力，需要我们进一步的探讨和努力。

（三）更加深刻的认识到脱贫攻坚工作在今后很长一个时期需要常抓不懈。通过一整年的努力攻坚，在取得成绩的同时，问题也暴露在眼前，一是个别县直单位对脱贫攻坚任务重视程度不够高、工作不够踏实、重点项目推进缓慢；二是个别乡（镇）对上级政策领会不够深、把握不够准、宣传不够到位，工作推进中没有条理性；三是指挥部各个专项组之间联系沟通少，工作时常出现脱节，推诿扯皮现象；四是结对帮扶工作缺乏主动性和责任心，存在“接济式”帮扶、“应付式”帮扶现象。

2017年工作安排

2017年是脱贫攻坚承上启下、全面突破的关键之年，各乡（镇）、各部门要坚定脱贫攻坚信心和决心，勇于担当、主动作为，自觉地将攻坚责任扛在肩上、将攻坚任务抓在手上，不忘初心、砥砺前进，坚决把脱贫攻坚战打成胜利仗、漂亮仗、经典仗。

（一）统一思想、提高认识，凝心聚力狠抓落实。全县各级各部门要充分把握新常态所蕴含的新机遇，高度重视脱贫攻坚面临的新挑战，团结一心促改革，齐心协力补短板，聚精会神抓落实。一是增强核心意识。坚决落实党中央，特别是习近平总书记关于扶贫开发的决策部署和指示精神，从践行党的宗旨、落实社会主义本质要求的高度，充分认识扶贫开发的重大意义，不断增强责任感和紧迫感，坚决打赢脱贫攻坚战。二是强化责任落实。严格落实一把手责任制，逐级签订年度减贫责任书，实行层层目标管理考核，真正做到责任到人、任务到肩，形成上下贯通、横向到边、纵向到底的责任体系。三是聚焦问题整改。随着脱贫攻坚不断深入，全县脱贫攻坚的深层次矛盾将逐渐暴露，苗头性问题开始显现。如政策理解不透，执行力不足等，导致脱贫攻坚推进缓慢，成效不显著；还有部分贫困群众“等靠要”思想严重，自力更生、主动脱贫的内生动力不足，针对不同的问题采取不同的措施，使脱贫攻坚始终沿着科学发展的轨道推进。

（二）明确目标、突出重点，关键之年再立新功。今年脱贫攻坚工作的重点任务是：一是要做好产业脱贫。立足自身资源禀赋、产业基础和市场需求，因地制宜发展特色产业。首先，在持续推进茶产业发展基础上，大力发展红米、柠檬、黑木耳、蜜柚等特色种植业，以及七叶一枝花、铁皮石斛等藏药材种植业，计划2017年在帮辛、格当、背崩发展茶叶种植1500亩。其次，加快项目工程的续建进度。尽快实施2016年28个产业项目，使项目全部落地开工建设；最后，紧抓2017年拟建项目准备工作，充分利用项目审核间隙，提前做好拟建工程前期设计等相关工作。二是做好易地搬迁工作。力争今年6月完成格当乡桑珍卡村回迁安置房建工程，6月底64户295人贫困户搬迁入住；达木乡珠村和加热萨乡久当卡搬迁争取在今年7月完成基建工作，9月底完成房建工程，10月中旬入住；多龙搬迁点于5月初开工建设，年底基本完成基础设施建设。同时，做好搬迁点后置产业发展项目，实现“搬得出”“能致富”。三是要做好生态补偿脱贫。严格按照每人每年3000元薪酬标准兑现岗位工资，确保贫困群众劳有所得、稳定增收。四是要做好教育脱贫。加强职业技能培训，以市场需求为导向、以就业增收为目的，做到“培训一人、就业一人、脱贫一户”；加大资助力度，使贫困家庭学生有更多机会接受高质量的教育；加强教育引导，鼓励贫困群众自觉克服“等、靠、要”思想，自力更生、艰苦奋斗，形成我要脱贫、我要致富、我要先富带后富的浓厚社会氛围。五是要做好社会保障及社会帮扶工作。要坚持应保尽保，完善退出机制，对低保、五保人员实行动态管理，做到有进有退，及时落实各类保障性资金发放工作；鼓励各类企业、社会组织和个人积极参与脱贫攻坚，凝聚起全社会互帮互助的正能量。六是做好援藏扶贫。积极引导援藏资金向扶贫项目流入，集中培育一批带动力强的特色优势产业，带动贫困群众就业创业、增收致富。七是做好党建促脱贫。不断深化干部驻村工作，加强乡村两级党组织建设，选好用好致富带头人，使党员干部真正成为带领贫困群众脱贫致富奔小康的主心骨、领路人。

路虽远，行则将至；事虽难，做者必成。我们坚信，在以习近平同志为核心的党中央坚强领导下，在自治区、林芝市脱贫攻坚指挥部的特殊关怀下，在县委政府的大力支持下，大家同心同德、善始善终，撸起袖子加油干，一定能够打赢脱贫攻坚这场关键战役，实现2018年全面建成小康社会的宏伟目标。

2016年墨脱县国民经济统计公报

一、主要经济指标

经济运行稳中有进。经核算，2016年全县实现县域生产总值（GDP）4.59亿元，按可比价格计算，比上年增长9.8%。其中，第一产业增加值0.37亿元，比上年增长5.9%；第二产业增加值2.32亿元，比上年增长10.8%；第三产业增加值1.9亿元，比上年增长10.1%。三次产业的比例为8：51：41。

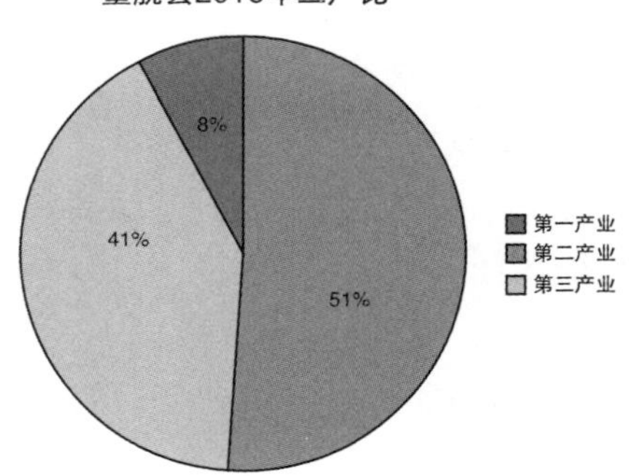

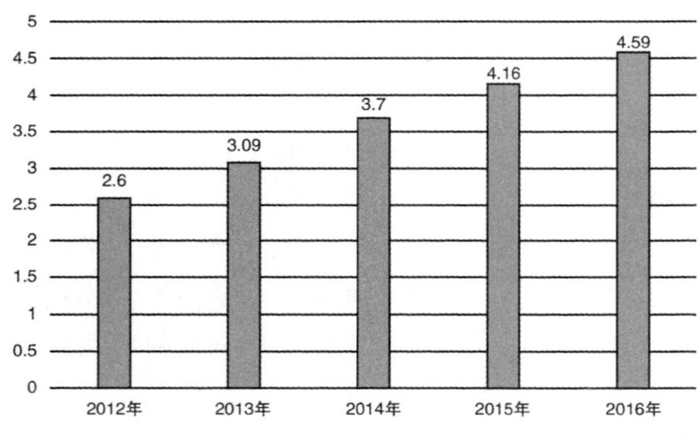

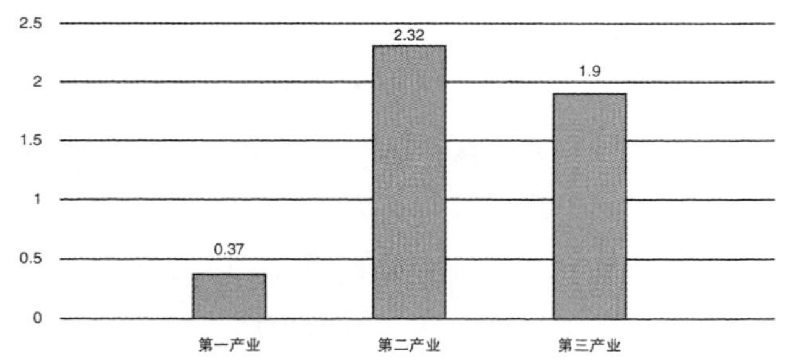

2016年农牧民人均纯收入达7989元，同比增长10.1%；农牧民人均现金收入6790元，同比增长10.5%；城镇居民人人均可支配收入24452元，同比增长9.2%；全县一般公共预算收入4253万元，同比下降31.59%。

二、农林牧渔业

2016年全县农林牧渔业总产值达到4696.61万元，同比增长15.2%，其中农业产值2551.8万元，同比增长13.32%；林业产值271.56万元，同比下降35.81%；牧业产值1783.49万元，同比增长35.11%；渔业产值1.3万元，同比下降29.73%。

全年粮食播种面积1439.42公顷，同比增长1.63%，其中，稻谷播种面积403.33公顷，同比增长3.22%；小麦播种面积33.64公顷，同比增长0.66%；玉米播种面积836.27公顷，同比增长0.56%；荞麦播种面积12.62公顷，同比增长34.4%；豆类播种面积8.2公顷，同比下降12.11%；薯类播种面积0.95公顷，同比下降41.72%；蔬菜播种面积4.24公顷，同比下降54.75%。

三、固定资产投资

2016年全县固定资产投资14.44亿元，同比增长8.5%；其中，国家投资12.9亿元，同比增长

13.56%，占总投资的89.3%；援藏投资0.5亿元，同比下降52.38%，占总投资的3.5%；社会投资1.04亿元，同比增长15.56%，占总投资的7.2%。

四、社会消费品零售总额

2016年社会消费品零售总额达3811万元，同比增长11.2%。按销售地区分，城镇零售额3099万元，同比增长11.2%；乡村零售额712万元，同比增长11.3%；按行业区分，批发业总额375万元，同比增长11.9%；零售业总额2735万元，同比增长10.9%；住宿业总额268万元，同比增长11.7%；餐饮业总额433万元，同比增长11.9%。

固定资产投资（亿元）

0 2 4 6 8 10 12 14
12.9 0.5 1.04
国家投资 援藏投资 社会投资

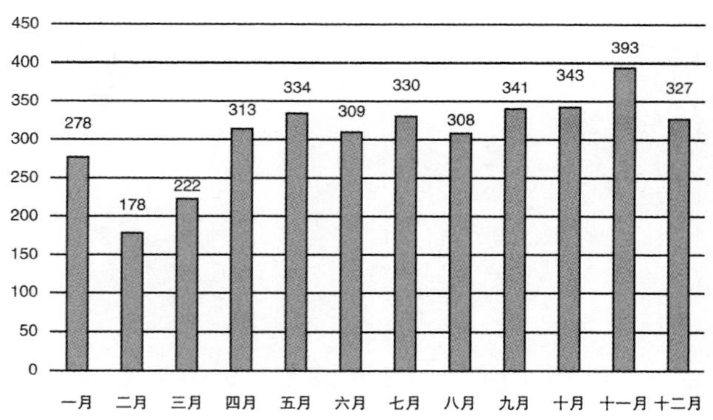

索 引

说 明

一、本索引采用主题分析法编制。索引范围包括篇目、类目、部(门)目、条目等。

二、本索引按主题词首字汉语拼音音序(同音按音调)排列,若首字拼音相同则按第二字音序排列,以此类推。

三、索引款目后的数字表示内容所在的页码,数字后的拉丁字母(a、b)表示栏别(从左至右)。

四、篇目、类目、部(门)目用黑体字。

A

B

C

D

E

F

G

H

L

M

N

T

W

X

Y

Z

中共墨脱县委员会

2016年5月18日，县委书记邓江陵（右一），政府副县长多吉扎西（右二）一行在墨脱镇邦塘茶场调研茶叶种植情况

2016年9月2日，县委书记旺东（前排中）一行调研组在德兴乡检查指导工作并与乡党政干部合影留念

2016年9月25日，县委书记旺东在德兴乡荷扎村看望帮扶对象

2016年9月2日，县委书记旺东在德兴乡卫生院看望慰问基层医护人员

2016年6月6日，县委常务副书记旺东在帮辛乡慰问贫困群众

2016年6月14日，县委常务副书记旺东在背崩乡西让村调研途中

2016年8月12日，县委副书记、政府常务副县长李斌，县委常委、组织部部长赵敬在德兴乡德兴村开展项目考察工作。县住建局局长刘敖、副局长李展健陪同

2016年8月29日，县委副书记罗加（前）在墨脱镇调研指导工作

2016年8月29日，县委副书记罗加在德兴乡德兴村调研工作

2016年9月1日，县委常务副书记、“粤八援”墨脱工作组领队谢国高（前排左三）一行工作组在县人民法院检查指导工作并与县法院在岗干警留影

2016年8月25日，墨脱县干部大会会场

2016年8月27日，中国共产党墨脱县第八届委员会全体委员候补委员合影留念

2016年1月25日，县委办主任四郎拥珍（左三）、县直机关工委书记布穷（右二）一行在县敬老院开展慰问活动

2016年1月22日，林芝市党风廉政考评工作组在墨脱县考评工作并召开考评工作会议。市委常委、常务副市长赵树明出席会议并听取县委落实主体责任和纪委落实监督责任汇报

团结楼外景

2016年7月25日，墨脱县举行基层党建暨“两学一做”学习教育培训

墨脱县人民政府

2016年4月24日，自治区工信厅厅长徐飞（右一）、副厅长江明涛在墨脱县德兴村调研农村综合信息服务站运行情况

2016年5月22日，福建省审计厅党组书记、厅长姜榕兴带队一行8人在德兴乡考察调研工作

2016年1月23日，市委常委、常务副市长赵树明带领检查组一行在县林业局检查指导工作

2016年11月14日，市委常委、副市长达瓦（前排左二）一行在墨脱县扶贫办调研扶贫攻坚工作开展情况

2016年12月21日，林芝市副市长丁勇辉（中）一行工作组在德兴乡调研

2016年6月16日，县委常务副书记旺东（左一），县委副书记、政府县长魏长旗（左二）等领导在“6月综治宣传周”活动现场检查指导工作

2016年5月30日，县委副书记、政府县长魏长旗慰问帮辛乡建档立卡贫困户

2016年6月26日，县委副书记、政府县长魏长旗在墨脱县禁毒委员会开展的国际禁毒日宣传活动展台前指导工作

2016年9月14日，县委副书记、县长魏长旗（右二）率工作组一行在县卫生服务中心检查指导“创二乙医院”工作

2016年12月5日，县委副书记、常务副县长李斌（左一）在墨脱镇亚东村调研蔬菜种植情况

① 2016年11月3日，政府副县长王旭杰（右一）在墨脱镇巴日村查看巴日公路建设项目进展情况

② 2016年7月9日，中国社会科学院委员李林一行调研组在墨脱县德兴乡调研工作

③ 2016年3月12日，墨脱县召开2016年全县经济工作会议

④ 2016年12月19日，国家疾控中心寄生虫所研究员周升一行在德兴乡卫生院检查疟疾防治工作

⑤ 墨脱县人民政府办公楼外景

墨脱县人民代表大会常务委员会

2016年6月14日，自治区人大常委会委员、自治区教科文卫委员会副主任委员嘎旺一行调研组，在县人大常委会会议室听取墨脱县藏医药传承保护发展工作汇报

2016年9月22日，林芝市人大常委会副主任张海波一行检查组在墨脱县墨脱镇检查指导“人大代表之家”开展工作

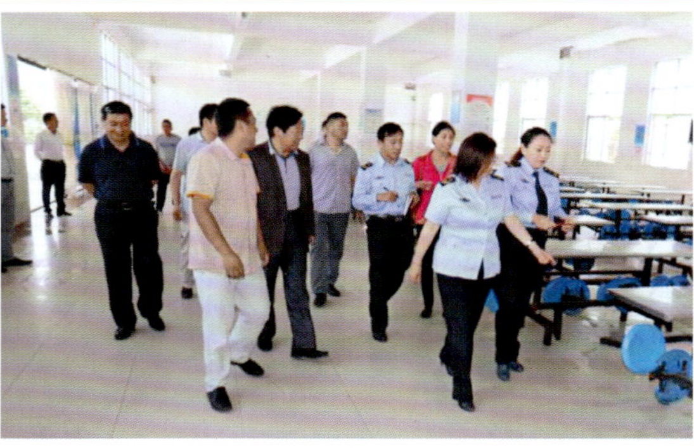

2016年5月20日，林芝市人大常委会副主任旺扎多吉率检查组一行，在县人大常委会主任遵珠、政府副县长李勇以及县食药监局、县卫生局等部门负责人的陪同下，在县中学食堂检查指导工作

2016年1月29日，县人大常委会主任遵珠、副主任杨明强在德兴乡易贡白村慰问村“两委”班子成员

2016年5月19日，县人大常委会副主任于世高一行检查组在扎墨公路沿线进行执法检查

2016年6月6日，墨脱县7乡1镇领导班子人大换届选举大会气氛热烈，会议选举产生了各乡镇新一届政府领导班子成员和人大主席。图为墨脱县德兴乡第九届人民代表大会第一次会议现场

2016年8月5日，墨脱县十届人大常委会第32次会议现场

2016年8月25日，墨脱县十一届人大一次会议主席团第一次会议在县政府人大常委会会议室顺利召开，会议由县人大常委会主任人选遵珠主持

2016年8月27日，墨脱县召开第十一届人民代表大会第一次会议（第二次大会）

2016年11月26日，米林县人大常委会主任康岩带领米林县人大考察组一行，在县人大常委会副主任杨明强陪同下在背崩乡“人大代表之家”进行考察交流

2016年11月8日，墨脱县十一届人大常委会第一次会上新任命的法院干部向宪法宣誓，县人大人大常委会主任遵珠监誓

中国人民政治协商会议

墨脱县委员会

2016年11月24日，县政协主席平措多吉（右一）看望慰问“四对一”帮扶对象（加热萨乡久当卡村贫困户侣扎）

2016年11月24日，县政协主席平措多吉看望慰问驻曾久寺工作队队员

2016年11月21日，县政协副主席郑明（左一）看望慰问“四对一”帮扶对象（帮辛乡宗荣村贫困户红东）

2016年11月23日，县政协副主席扎西措姆（右一）在格当乡调研时听取乡政府工作汇报

2016年8月25日，墨脱县政协九届一次会议开幕

2016年11月26日，县政协副主席边巴扎西（左一）看望慰问驻甘登乡甘登村工作队队员

2017年1月13日，县政协副主席嘎玛欧珠（右一）看望慰问“四对一”帮扶对象（德兴乡文朗村贫困户扎西央宗家庭）

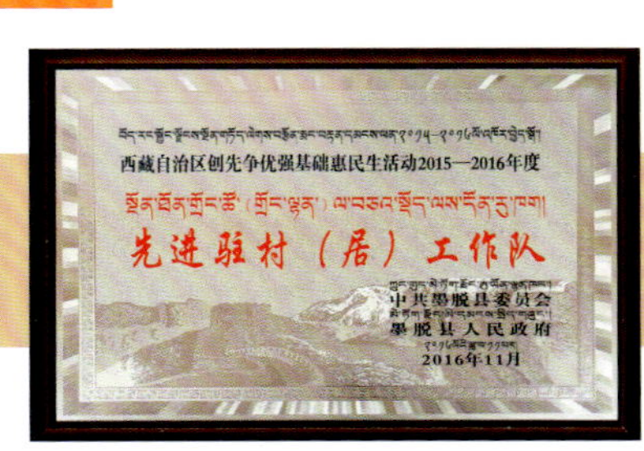

2016年3月9日，墨脱县政协八届五次会议开幕

中共墨脱县纪律检查委员会（监察局）

2016年1月23日，市纪委副书记张华磊（左二）查阅背崩乡落实“两个责任”相关资料

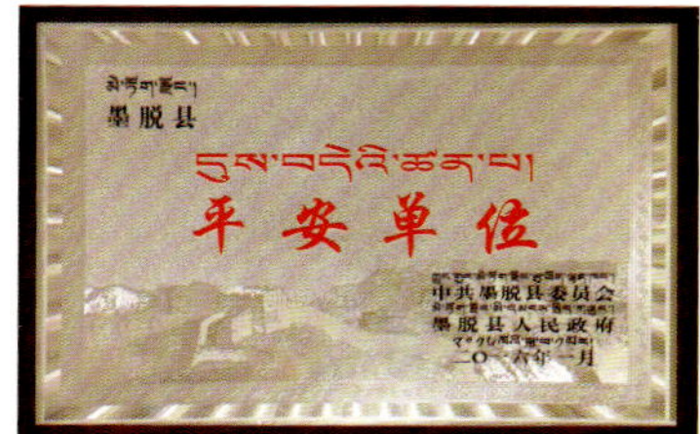

2016年8月19-21日，市监察局副局长唐昊（后排左一）在墨脱县调研纪检机关纪律审查工作开展情况

2016年3月16日，县委常委、纪委书记普布昌菊（中）认真听取各乡（镇）纪检监察工作好的经验和做法

2016年3月16日，墨脱县召开纪检监察干部学习交流会

2016年3月15日，墨脱县召开2016年纪检监察工作推进会

2016年3月10日，县纪委组织乡（镇）纪检干部在墨脱镇开展相互学习交流活动

2016年4月8日，县纪委（监察局）召开第二次学习通报会

2016年8月24日，中国共产党墨脱县第八届纪律检查委员会第一次全体会议胜利召开

中共墨脱县委组织部（编办、老干部局）

2016年9月4日，县委常委、组织部部长赵敬（左一）代表县委、县政府在波密县离退休党支部，看望慰问安置在波密县的6名离退休干部并召开座谈会

2016年3月30-31日，县委常委、组织部部长赵敬（右二）在格当乡走村入户察民情、谋致富、话党建，共同研究探讨基层经济社会发展

2016年8月29日，墨脱县组织全县乡镇党委书记在墨脱镇亚东村观摩学习亚东村"1+2+4+10"管理模式

2016年4月28日，在墨脱县机要局三楼，墨脱县设立市县乡领导班子换届工作动员部署暨培训分会场电视电话会议

2016年4月30日，县委组织部联合县教育局在墨脱镇召集各驻村工作队，举办"村干部文化素质提升工程"师资培训开班仪式

2016年8月29日，组织墨脱县7乡1镇党委书记在德兴乡召开墨脱县2016年党建工作促进会

2016年中国共产党背崩乡第八次党代会表彰现场

2016年11月25日，墨脱县组织召开第五批驻村工作总结表彰暨第六批驻村动员大会

2016年中国共产党加热萨乡第八次党代会现场

2016年6月29日，县委组织部党支部组织全体党员重温入党志愿和入党誓词，纷纷对照入党志愿谈理想、谈信念，对照入党誓词找标准、找差距，以当初入党时的真诚和激情坚定理想信念，增进对党的感情，增强对工作的热情

2016年10月10日，县委组织部抽调各乡（镇）分管党建副书记、党建专干，县直机关工委负责人及公安局党委负责党建工作人员分4个督查组将对全县8个乡（镇）、县直机关党支部、村党支部党建工作进行交叉检查。图为达木乡检查现场

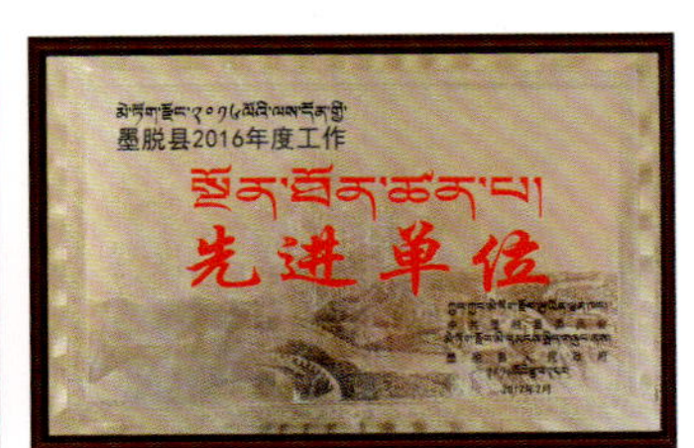

中共墨脱县委宣传部

2016年1月11日，县委常委、宣传部部长杨兴富（左一）与乡镇党委书记交流了解宣传文化工作开展情况

2016年1月11日，县委常委、宣传部部长杨兴富在达木珞巴民族乡查看干部职工之家建设情况

2016年1月11日，县委常委、宣传部部长杨兴富（右一）在墨脱镇检查文化活动设备配置情况

2016年1月11日，县委常委、宣传部部长杨兴富检查德兴乡农家书管理情况

2016年12月16日，墨脱县举办“两学一做”学习教育主题演讲比赛

2016年12月9日，墨脱县召开党的十八届六中全会和自治区第九次党代会精神宣讲会

2016年10月17日，墨脱县举办“全国扶贫日”宣传募捐活动

2016年8月17日，县委常委、宣传部部长普果（中）在巴登则村走访贫困户

2016年8月17日，县委常委、宣传部部长普果在巴登则村慰问驻村工作队

2016年12月19日，县委常委、宣传部部长普果在达木乡看望慰问结对帮扶对象扎西、尼玛，关切地询问了其生活近况与居住情况

2016年8月16日，墨脱县举办“庆党建、促两学、扬清风、做表率”知识竞赛活动。图为县委副书记罗加（右三）和县委宣传部部长普果（右一）看望参赛选手献哈达

2016年12月16日，墨脱县举办传承“老墨脱精神”深化“两学一做”主体演讲比赛

中共墨脱县委

2016年1月9日，县委常委、统战部部长边巴索朗在墨脱县加热萨乡看望慰问帮扶对象

2016年9月5日，县委常委、统战部部长边巴索朗在玛尔蚌寺、罗邦寺进行督导检查

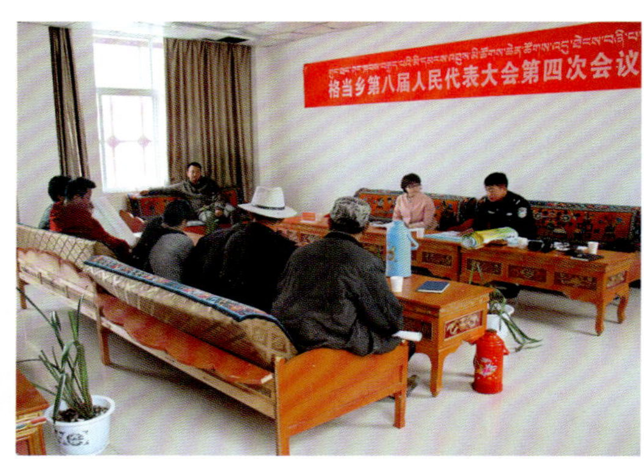

2016年4月1日，县委统战部会同县公安局、司法局在墨脱县格当寺开展法制宣传活动

2016年5月9日，县委统战部（宗教办）组织寺庙僧尼开展免费健康体检活动

2016年6月1日，县委常委、统战部部长边巴索朗（右三）在甘登乡小学开展与师生共庆“六一”活动

2016年9月5日，县委常委、统战部部长边巴索朗（右一）看望慰问墨脱县归国藏胞洛桑

2016年6月12日，县委统战部组织驻寺干部参观警示教育基地

2016年6月16日，县委统战部干部向社会群众宣传党的民族宗教政策和利寺惠僧政策

县委统战部：

被评为2016年度综治（维稳）工作

先进集体

中共墨脱县委员会

墨脱县人民政府

2017年3月

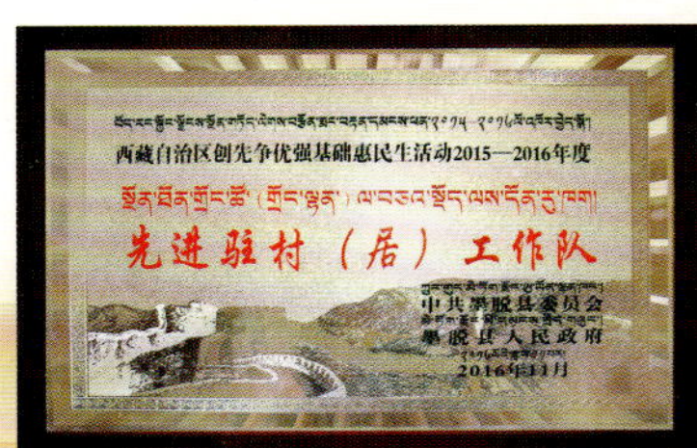

西藏自治区创先争优强基础惠民生活动2015—2016年度

先进驻村（居）工作队

中共墨脱县委员会

墨脱县人民政府

2016年11月

2016年6月13日，墨脱县2016年上半年和谐模范寺庙暨爱国守法先进僧尼表彰大会在县多功能会议厅召开

中共墨脱县委政法委员会（县社会治安综合治理委员会办公室）

2016年3月14–16日，自治区党委常委、区直机关工委书记、自治区驻林芝维稳督导组组长多托一行在墨脱县检查指导维稳工作。图为督导组一行在东布路便民警务站检查指导工作，并慰问一线执勤民警

2016年3月7日，市中级人民法院党组书记、院长、林芝市派驻墨脱县维稳督导组组长向巴次仁一行督导组，与墨脱县党政领导在县维稳指挥中心共同参加全区维稳工作视频会议

2016年10月30日，自治区纪委机关党委专职副书记丁灯华率领自治区2016年度综治工作考评组一行，在墨脱县检查考评年度综治（平安建设）工作。图为考评组一行在县政府2楼会议室查阅考核材料

2016年12月19日，县委副书记、政法委书记、公安局局长、督察长刘明在县城街道带头开展“清洁家园 我们在行动”活动

2016年10月11日，县委副书记、政法委书记、公安局局长、督察长刘明带领县综治办工作人员在县城东布路便民警务站督导检查综治、“双联户”工作

2016年3月15日，县委政法委牵头组织在县多功能会议厅召开2016年度中共墨脱县委政法、综治、普法工作会议

2016年9月16日，县综治办牵头组织综治各成员单位、就近乡村在县莲花广场开展“9·16平安西藏宣传日”活动

墨脱县创先争优强基础惠民生
活动领导小组办公室

2016年11月25日，县委书记旺东在墨脱县驻村工作岗前培训大会上讲话

2016年3月3日，县委常委、组织部部长赵敬（右一）在帮辛乡帮果村开展慰问活动

2016年2月17日，墨脱县背崩乡西让村第五批驻村工作队举办农牧民民间歌舞培训班开班仪式

2016年9月4日，县委常委、组织部部长赵敬（左一）代表县委、政府在波密县离退休党支部看望慰问安置在波密县的离退休干部

2016年9月16日，县强基办工作人员开展“平安西藏宣传日”活动

墨脱县国土资源局

2016年12月16日，林芝市副市长肖鹤（中）、墨脱县委书记旺东（右一）为墨脱县不动产登记中心揭牌

2016年6月6日，县委书记旺东（右排左一）在县国土资源局宣传展台察看“6·16”地质灾害宣传材料

2016年8月5日，县国土局局长李振（左二）主持召开局务会议

2016年12月26日，四川省冶金勘察院专家谢浪（右一）在墨脱县讲解地质灾害防治知识

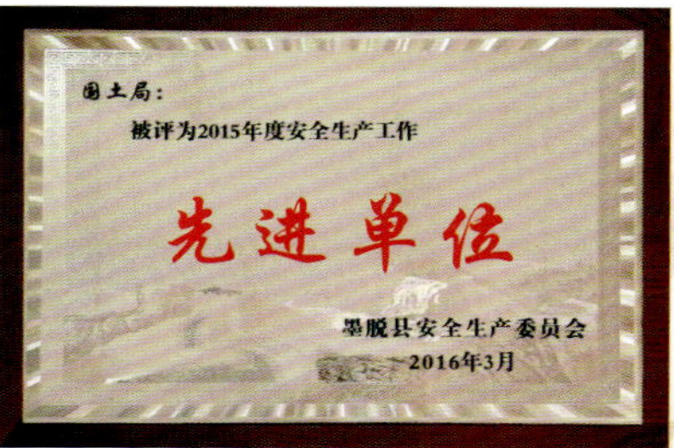

墨脱县环境保护局

2016年11月29日，自治区政府副主席汪海洲（前排中）在墨脱县检查指导环保工作。市委副书记、常务副市长赵树明（前排右一），县委副书记、政府县长魏长旗（前排左一）陪同检查

2016年11月29日，自治区政府副主席王海洲（右二）在墨脱县亚让电站考察环境保护工作

2016年1月9日，自治区环保厅副厅长张天华（中）率考核组一行在墨脱县开展2015年度环境保护考核工作

2016年11月6日，由县委副书记、常务副县长李斌带队，组织开展县城卫生整治

2016年11月24日，县环保局局长格桑曲久（左一）检查公路沿线环境卫生整治情况

2016年9月6日，县环保局副局长范晓倩（右一）检查防疫站医废登记情况

2016年9月6日，县环保局副局长范晓倩（右一）检查县卫生服务中心医废暂存间

墨脱县住房和城乡建设局

2016年11月7日，市住建局党组成员、高级工程师黄炀（左二）在墨脱县德兴乡德兴村村级组织活动场所项目施工现场进行施工安全检查。县住建局局长刘敖（左三）、副局长李展健（左一）陪同

2016年11月7日，市住建局党组成员、总工程师黄炀（右二）带队在墨脱县德兴乡那尔东村开展调研工作。县住建局副局长李展健（左二）陪同

2016年5月4日，政府副县长多吉旺扎（右二）带领县住房和城乡建设局局长刘敖（右三）等人员对格当乡安居工程进行验收

2016年8月23日，县住建局副局长李展健（左二）带领工作人员对墨脱县白玛岗商品混凝土有限公司进行检查

2016年11月6日，县住建局牵头开展“清洁家园 美丽墨脱 我们在行动”主题活动

金珠景苑（2013年公租房、2013年廉租房及2014年公租房）

墨脱县民族宗教事务局

2016年12月29日，县委副书记谢国高（正中），县委常委、统战部部长边巴索朗组织统战、民宗、工商等单位召开“两学一做”学习座谈会

2016年5月18日，县委常委、统战部部长边巴索朗及县民宗局负责人对德兴乡“兴边富民”项目进行验收

2016年5月27日，县委统战部、县民宗局组织僧尼在县人民医院开展免费体检活动

2016年12月21日，县民宗局在政府会议室召开民族团结座谈会

2016年6月13日，墨脱县组织寺庙僧尼参观门珞文化历史博物馆

墨脱县水利局

2016年10月27日，市水利局副局长李娜（右二）在亚让电站进行工程竣工验收。县水利局局长胡志彬（左一）陪同

2016年4月12日，政府副县长普果带领市民宗、水利、县统战等部门验收墨脱县2013–2014年寺庙饮水工程

2016年12月6日，政府副县长王旭杰（右一）初验墨脱县2014年小型农田水利专项县项目

2016年2月20日，县水利局主任科员米玛次仁（左二）在帮辛乡7个行政村就民房改造后饮水工程开展调研

2016年11月5日，县水利服务站站长尼玛次仁（右一）在格当乡进行前期勘测工作

2016年5月7日，林芝水文分局工作人员在墨脱县野外测量

墨脱水电基地迎宾楼外景

墨脱县农牧（科技）局

2016年12月12日，县委书记旺东（前排右一）在德兴乡温室大棚检查指导工作

2016年8月10日，县委常务副书记谢国高（右一）一行在背崩茶园调研

2016年7月7日，县委常委、常务副县长多吉扎西（右四）在县农牧局副局长袁瑜贵、副局长黄丽萍的陪同下在墨脱村召开茶青收购价格协商会

2016年8月8日，广东省农科院副院长易干军（右三）一行在墨脱县墨脱镇玛迪村试种香蕉矮粉1号新品种

2016年8月10日，县农牧局在墨脱村会议室发放墨脱县史上第一批茶青款

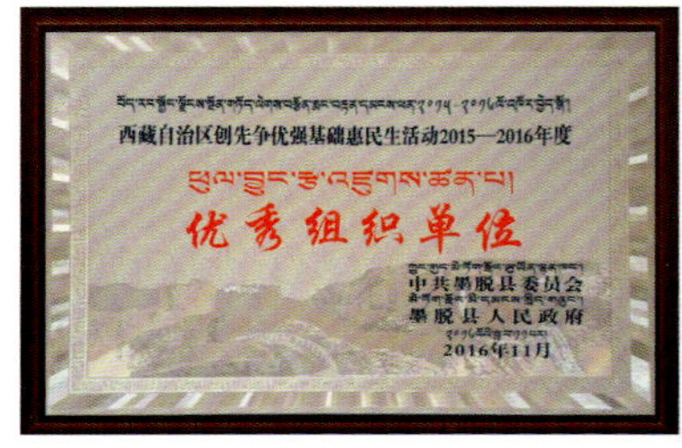

2016年6月30日，墨脱镇机关党支部组织在岗党员干部在邦塘茶场除草

墨脱县文化广播电影电视局

2016年5月10日，市文广局局长李和平和墨脱县各乡镇长交流文化工作

2016年1月20日，市文广局副调研员次仁扎西在墨脱县检查文化工作

2016年3月5日，市文广局副调研员次仁扎西在墨脱县考察工作

2016年10月12日，县文广局召开文化站工作交流会

2016年6月11日，墨脱县开展非遗宣传日活动

2016年6月18日，背崩乡县级非遗黄酒制作

2016年8月8日，背崩乡县级非遗乌木筷制作

2016年8月19日，西登村自治区级非遗项目石锅制作技艺

墨脱县藏医院

2016年6月12日，县藏医院院长杨东山带领各乡卫生院藏医在达木乡石斛基地交流学习

2016年12月5日，市藏医院藏医副主任医师边巴仓决在县藏医院指导医生诊治患者

2016年12月5日，县藏医院藏医医师多吉东智指导村医学习针灸基础进针手法

2016年6月11日，县藏医院开展藏医适宜技术培训

2016年7月18日，县藏医院医务人员在亚让村开展0—3岁儿童和65岁以上老年人藏医免费健康体检和建立健康档案工作

2016年12月3日，县藏医院举办县乡村藏医能力提升综合培训会

墨脱县卫生局

2016年7月，县委书记旺东（右二）一行在达木珞巴民族乡开展卫生工作调研并慰问卫生院医护人员

2016年9月25日，国家卫生计生委规划信息司司长侯岩一行在墨脱县开展卫生计生调研

2016年4月26日，在墨脱县疟疾宣传日当天，县委副书记、政府县长扎西在活动现场检查指导工作

2016年4月19日，墨脱县召开卫生（人口计生）工作会议

2016年4月19日，墨脱县召开消除疟疾工作专题会议

2016年9月1日，墨脱县召开包虫病流行情况调查工作部署会议

2016年8月20日，墨脱县卫生局执法人员开展卫生监督检查

墨脱县卫生服务中心

2016年7月21日，中国人民解放军第115医院与县卫生服务中心建立对口帮扶关系，并签订协议。（右一为115医院院长文朝远，左一为政府副县长李勇）

2016年9月12日，佛山市医学会工程学分会向墨脱县卫生服务中心捐赠价值61.456万元的医疗设备

2016年8月31日，佛山市中医院与县卫生服务中心建立对口帮扶关系，并签订协议。（右一为佛山市中医院副院长徐志强，左一为政府副县长李勇）

2016年10月14日，在县政府办会议室召开墨脱县卫生服务中心（墨脱县人民医院）创建“二级乙等综合医院”终评反馈大会

县卫生服务中心外景

县卫生服务中心门急诊医技楼

墨脱县 工商业联合会

2016年8月16日，市工商联党组副书记、主席、商会会长普布昌菊（左一）在县工商联会员企业华阳园艺有限公司苗圃场调研

2016年12月22日，县工商联主席才旦旺扎（右一）慰问亚东村老党员

2016年10月31日，县工商联、非公有制经济党支部慰问巴日村火灾受灾户

2016年10月25日，县工商联组织农牧民开展机械维修和种植技术培训

2016年8月17日，西藏林源建筑有限公司和西藏鸿宇实业有限责任公司代表将7万元元扶持资助金发放到墨脱县工商联

2016年10月17日，县非公经济人士在墨脱县全国“扶贫日”募捐活动中捐款

2016年6月16日，县工商联工作人员向群众发放综治宣传手册

墨脱县安全生产监督管理局

2016年10月25日，自治区旅发委副主任红卫（左三）在墨脱县开展安全生产巡查工作

2016年3月18日，市总工会党组副书记、主席央珍（左二）在墨脱县督导检查安全生产工作

2016年5月4日，市安监局局长德青（左二）在墨脱县调研指导安全生产工作

2016年9月7日，市国土资源局副局长昝继强（左二）在墨脱县开展安全生产巡查工作

2016年3月17日，县委副书记、政府县长扎西（左四）主持召开墨脱县安全生产专题会议

2016年9月13日，墨脱县安委会组织开展中秋节前安全生产大检查

2016年9月16日，墨脱县安委会组织开展平安宣传活动

墨脱县林业局

2016年8月20日，自治区林业厅党委成员、巡视员达娃次仁（右一）在墨脱县检查指导工作

2016年3月29-30日，自治区林业厅造林处处长董益均、市林业局副局长何国庆一行6人在墨脱县开展造林绿化及重点区域生态公益林建设调研工作

2016年1月23日，市委常委、常务副市长赵树明带领检查组一行在县林业局检查指导林业工作

2016年6月2日，市林业局党委副书记、局长董贵军（左三）在墨脱县调研林业工作

2016年3月10日，县委副书记、政府县长扎西，副县长多吉旺扎在县林业局森防办参加林芝市森林防火电视电话会议

2016年1月4日，县林业分管副县长多吉扎西、县林业局局长白玛扎巴一行4人在德兴乡林业工作一线开展督查工作

2016年3月22日，县林业局副局长张鹏飞一行4人在德兴乡德兴村开展“用身边案警示身边人”森林防火警示教育活动

墨脱县工商行政管理局

2016年12月10日，自治区工商局副局长郭乃雄（左一）在墨脱县调研

2016年3月25日，县食药工商联合党支部举手表决选举支部书记

2016年5月24日，县工商局组织商户开展座谈会

2016年12月1日，县工商局发出墨脱县第一张两证整合营业执照

2016年3月25日，县食药工商联合党支部开展学习活动

2016年5月20日，县工商局组织党员干部参观学习墨脱县廉政教育示范基地

墨脱县商务局

2016年9月13日，“藏博会”期间，市委副书记、常务副市长许典辉（左二），市商务局局长夏世红（左一）在墨脱县非遗展位参观指导

2016年9月26日“林洽会”期间，政府副县长四郎拥珍代表墨脱县政府进行项目推介

2016年9月27日，县委副书记、县长魏长旗（左一）在“林洽会”墨脱县展位前参观指导

2016年9月22日，县商务局组织乡镇工作人员及市场监测样本企业开展市场监测培训

墨脱石锅

墨脱格拉丹东酒店

墨脱县墨脱镇

2016年3月20日，自治区总工会、市总工会工作组在墨脱镇墨脱村开展慰问活动并与墨脱镇劳模和驻村工作队队员合影留念

2016年7月1日，镇党委书记格桑卓嘎，党委副书记、镇长曹启兵慰问老党员

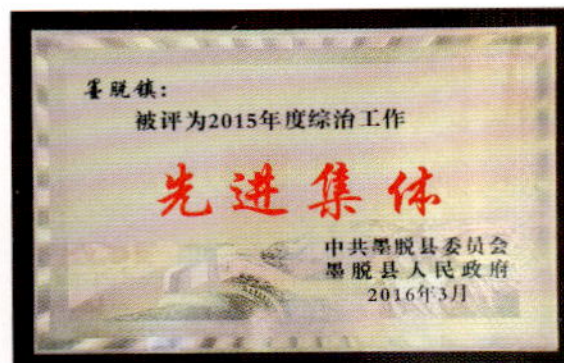

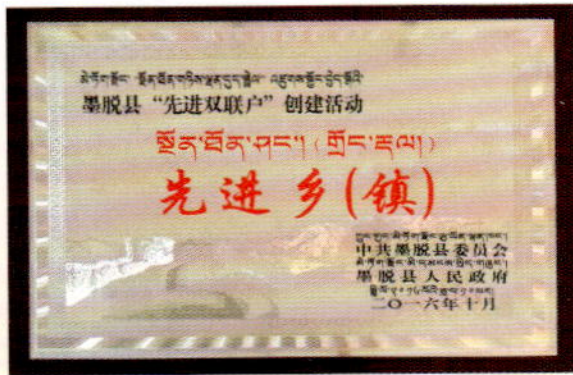

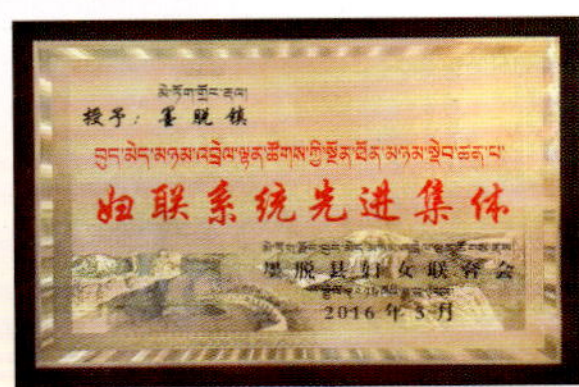

2016年4月8日，镇党委副书记、镇长王海斌（右一）与村主要负责人签订目标责任书

2016年11月20日，镇党委书记格桑卓嘎（右一），党委副书记、镇长曹启兵（右二）在玛迪村开展慰问活动

2016年3月26日，墨脱镇第八届四次人大会议与会代表合影留念

墨脱县德兴乡

2016年6月15日，自治区人大常委会副主任嘎旺一行工作组在德兴乡开展藏医藏药调研工作

2016年3月22日，自治区发改委副主任包全勇带领自治区精准扶贫督导组一行在德兴乡检查指导工作

2016年5月9日，自治区水利厅副厅长扎西平措一行在德兴乡检查指导工作

2016年5月30日，林芝市副市长李桑在德兴乡检查指导工作

2016年5月12日，市政协党组成员、副主席李庆哲一行督导组在德兴乡检查换届工作

2016年9月2日，县委书记旺东（左二）在德兴乡德兴村检查指导工作

2016年10月27日，县委常务副书记谢国高带领援墨工作队一行在德兴乡开展慰问调研活动

墨脱县背崩乡

2016年6月13日，县委常务副书记旺东在背崩乡地东村检查指导工作

2016年6月13日，县委常务副书记旺东在背崩乡地东村调研途中

2016年6月13日，县委常务副书记旺东在背崩乡检查指导工作

2016年6月14日，县委常务副书记旺东在背崩乡慰问基层医务人员

2016年10月23日，县委书记旺东在背崩乡格林村走访慰问困难群众

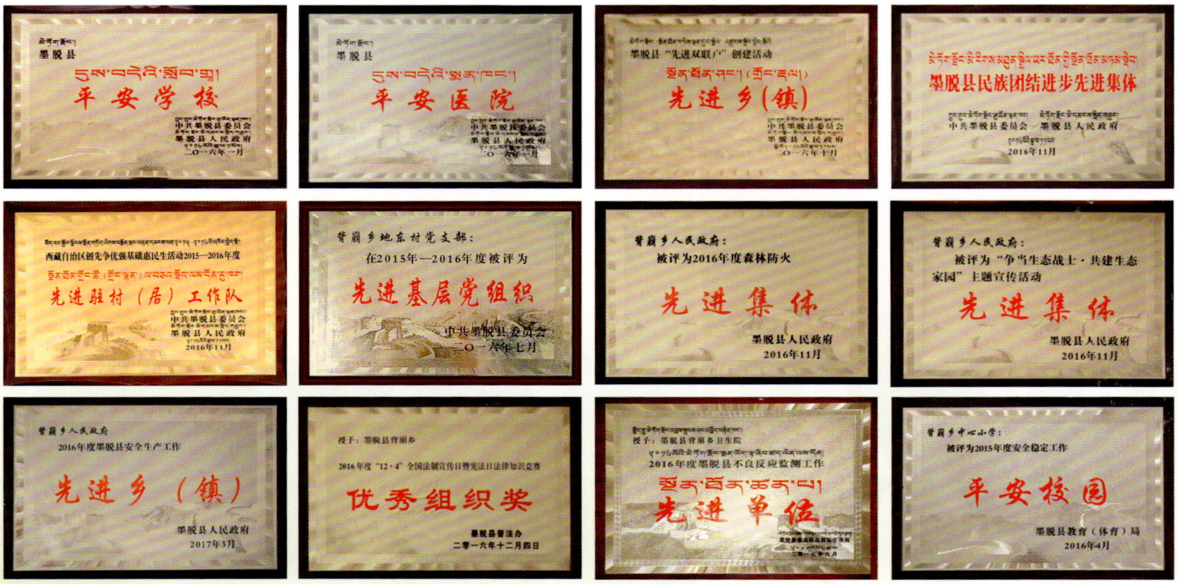

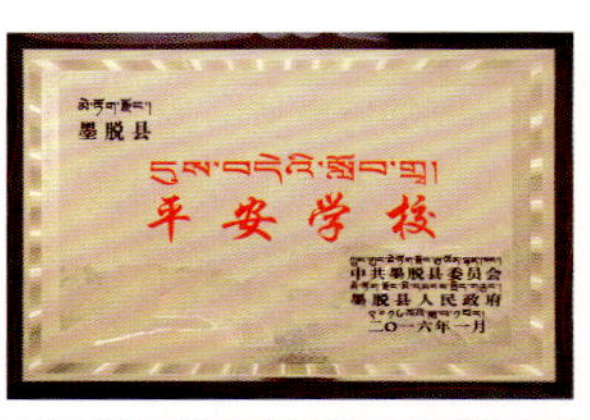

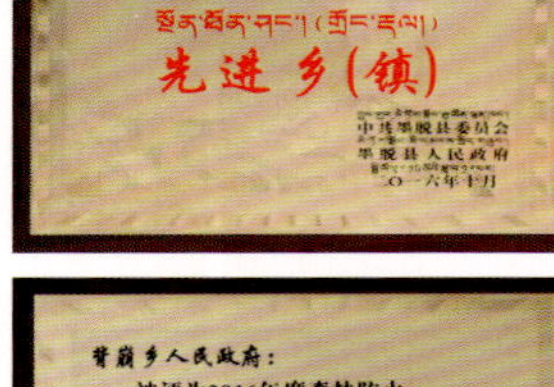

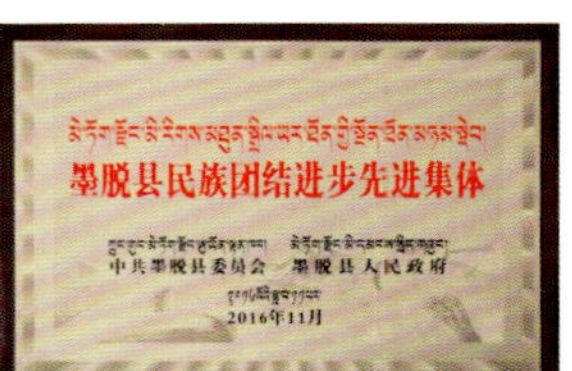

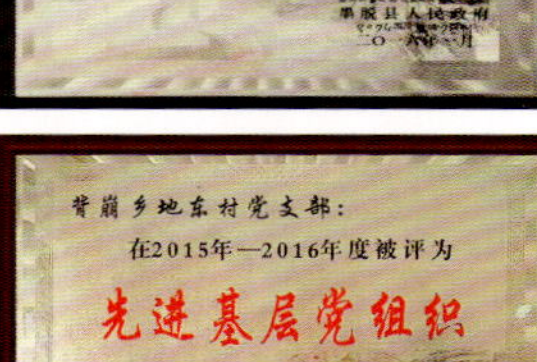

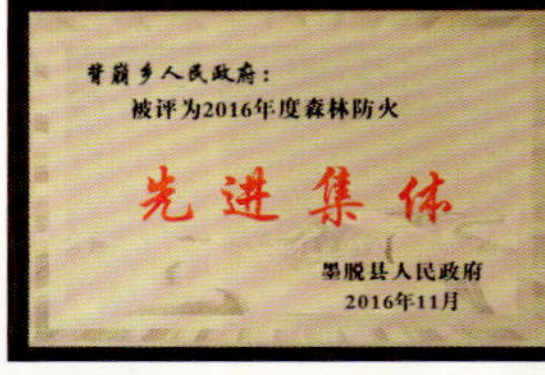

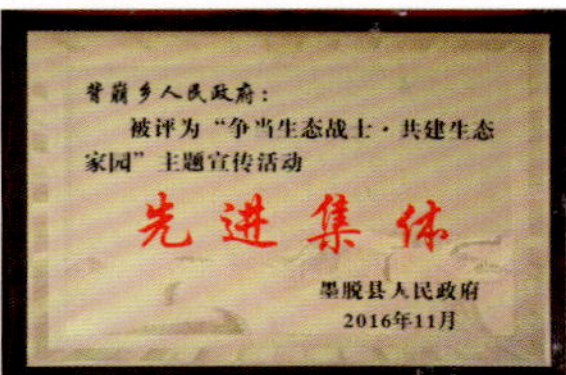

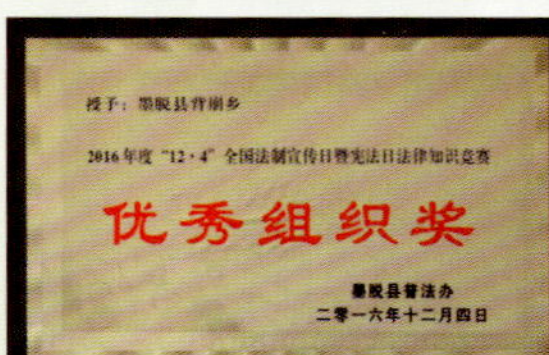

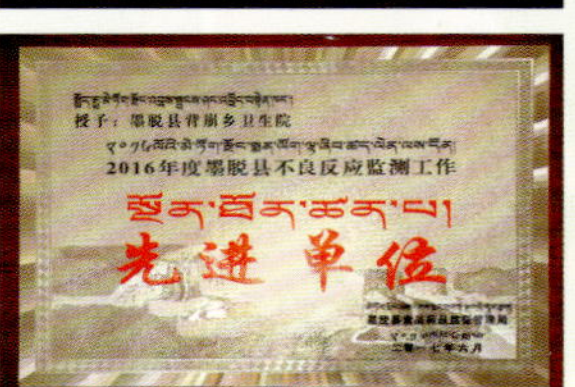

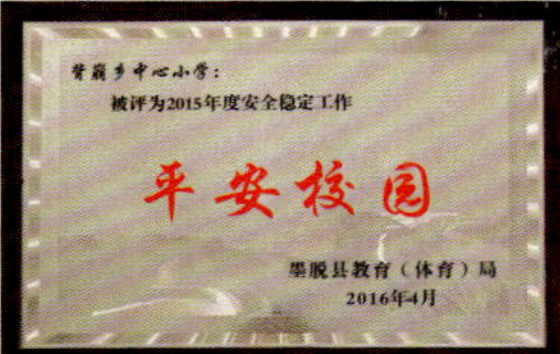

墨脱县 达木珞巴民族乡

2016年9月22日，县委书记旺东（中）在达木珞巴民族乡听取达木小康示范村建设情况

2016年9月22日，县委书记旺东（中）在达木珞巴民族乡达木村慰问驻村工作队队员

2016年8月20日，达木乡人大主席罗布（左二）与群众一起采摘茶叶

2016年9月22日，县委书记旺东在达木珞巴民族乡调研工作并主持召开座谈会

达木村一角

2016年10月7日，达木乡副乡长次仁琼达（左一）验收达木乡完小足球场

墨脱县 格当乡

2016年6月28日，林芝市委副秘书长孟存军在墨脱县检查指导回迁安置工作

2016年12月5日，县委书记旺东在格当乡调研回迁安置工作

2016年1月18日，政府副县长扎西顿珠在格当乡慰问困难群众

2016年11月16日，县人大常委会主任遵珠在格当乡调研

2016年10月27日，乡党委书记张志强下村开展调研活动

2016年6月16日，乡党委副书记、乡长米玛下村调研

墨脱县帮辛乡

2016年1月5日，自治区第四巡回组组长扎西次仁（左二）对帮辛乡各驻村工作队工作开展情况及驻村队员在岗情况进行巡回检查

2016年6月25日，县委书记旺东（左一）在帮辛乡宗荣村慰问驻村工作队及村“两委”班子成员

2016年1月10日，县委副书记罗加（右一）慰问帮辛乡西登村帮扶对象

2016年1月20日，县委常委、政法委书记、公安局局长、督察长刘明（前排右一），政府副县长李勇（前排左一）在帮辛乡检查指导综治（维稳）工作

2016年9月21日，县委常委、常务副县长多吉扎西（左一）带队对帮辛乡宗荣村安居工程项目和根登村村级组织活动场所项目进行竣工验收

2016年11月16日，县人大常委会副主任李伟（前排右二）在帮辛乡调研

2016年12月2日，乡党委副书记、乡长周大明（左一）和副乡长杜太永（右一）考察帮果村枇杷基地

帮辛乡机关和帮辛村全景

墨脱县加热萨乡

2016年6月7日，县委常务副书记旺东在加热萨乡龙列村调研

2017年1月9日，县委常委、组织部部长赵敬参加加热萨乡党委、政府民主生活会

2016年6月9日，在乡党委书记白长云和乡长张岗的带领下，加热萨乡新一届党政班子成员走村入户，开展了为期三天的基层调研工作

2016年5月28日，召开中国共产党加热萨乡第八次代表大会

2016年6月4日，召开加热萨乡第九届一次人民代表大会

2016年3月28日，加热萨乡更帮村农牧民集中观看普法教育片

2016年7月16日，加热萨乡政府带领派出所干警开展安全生产大检查

墨脱县甘登乡

2016年6月8日，县委常务副书记旺东在甘登乡调研指导工作

2016年6月8日，县委常务副书记旺东在甘登乡慰问寺庙僧人

2016年6月13日，县委常务副书记旺东在甘登乡检查指导工作并与乡党政干部合影留念

2016年6月8日，县委常务副书记旺东在去往甘登乡调研的路上

乡政府办公楼

乡卫生院

乡周转房

墨脱县交通运输局

2016年3月12日，自治区交通运输厅党委书记葛裕涛（中）在墨脱县调研

2016年2月2日，政府副县长达乔（右二）慰问养护一线工人

2016年3月2日，县交通运输局局长曲珠（右二）前往帮辛乡检查加热萨项目

2016年3月6日，县交通运输局局长曲珠（右一），县道路运输管理局局长索朗旺秋（左二）在帮辛乡宗荣公路检查工作

2016年2月25日，县交通运输局党支部书记周大明（左二）主持召开学习会议

2016年4月18日，市交通运输局工作人员对达木乡公路进行安保排查

2016年1月28日，林芝军分区政委昂旺率工作组一行在县人武部检查指导工作

2016年11月11日，林芝军分区工程验收领导小组对县人武装部基建营房工程进行初验

2016年1月29日，县人武部组织开展手枪实弹射击

2016年5月19日，县人武部组织开展民兵军事训练活动

2016年5月19日，县人武部组织开展民兵军事训练活动

县人武部综合楼

武警 墨脱县中队

2016年2月1日，武警县中队中队长张有帮扶贫困户孩子辅导学业

2016年2月1日，武警县中队官兵看望慰问敬老院孤寡老人

2016年1月22日，加热萨乡抓捕闹事骨干，图为押解途中武装警戒

2016年1月22日，加热萨乡徒步押解抓捕闹事骨干

2016年2月1日，武警县中队与贫困户亲切交谈并送上慰问金

2016年7月1日，武警县中队开展“建党95周年”党员代表宣读“党员公开承诺书”活动

2016年6月18日，县中队开展救援任务

墨脱公安边防大队

2016年12月29日，西藏公安边防总队副总队长王世红在墨脱边防大队检查指导工作

2016年11月13日，西藏公安边防总队后勤部部长王伟检查格当边防派出所工地建设情况

2016年1月10日，墨脱边防大队官兵开展边境管理条例宣传活动

2016年6月2日，墨脱边防大队官兵深入辖区开展“护游”法律宣讲

2016年7月5日，墨脱边防大队组织开展实弹考核

2016年6月27日，墨脱边防大队组织开展防暴恐演练

2016年7月23日，墨脱边防大队官兵与地方相关机构开展联合防灾救灾演练

墨脱县公安消防大队

2016年6月17日，县消防大队组织官兵召开百日安全防事故大检查动员部署

2016年12月8日，县消防大队在县中学开展消防安全检查和消防知识培训以及火灾疏散演练

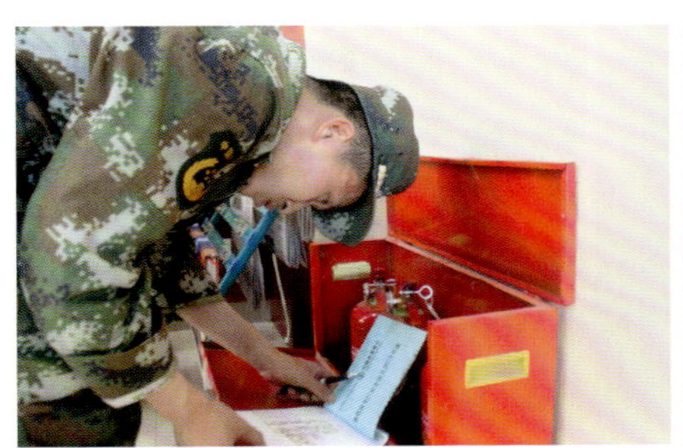

2016年7月10日，县消防大队官兵开展易燃易爆场所消防安全检查

2016年11月4日，县消防大队官兵对辖区一建设工地进行消防安全检查

2016年12月14日，县消防大队官兵对辖区重点单位和道路水源开展“六熟悉”工作

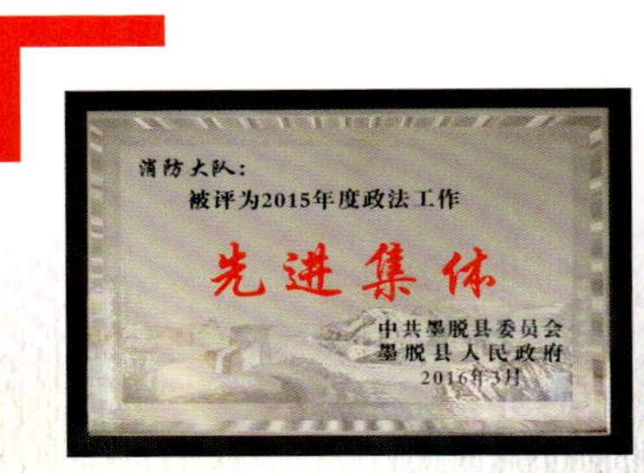

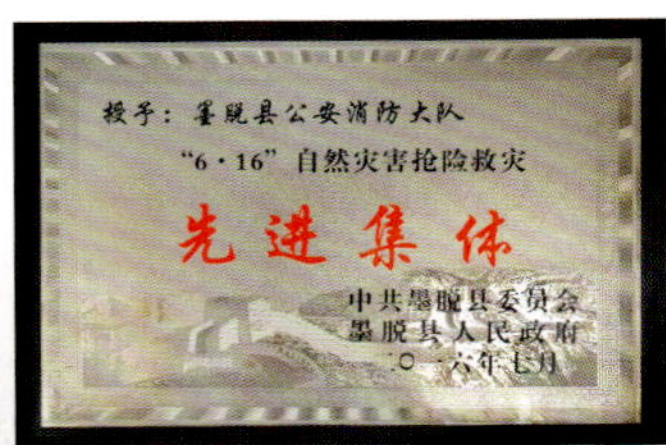

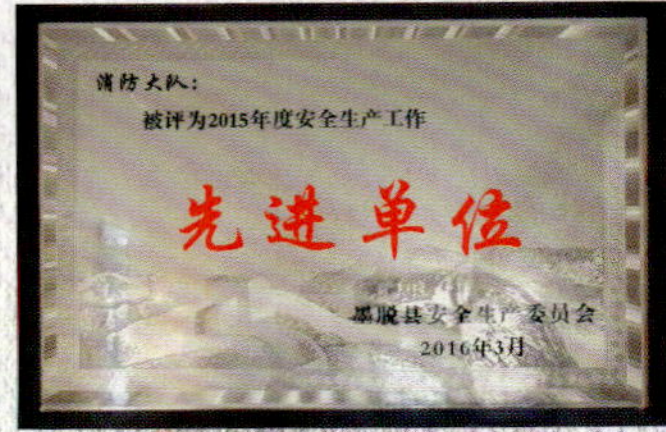

县消防大队办公楼外景

墨脱县中学

2016年10月29日，市委书记马升昌（前排左二）在县委书记旺东，县委副书记、政府县长魏长旗，县教育局局长桑杰顿珠陪同下到县中学检查指导工作

2016年5月31日，林芝市副市长李桑（前排右三）带领市食药局一行工作组在县中学进行食品安全检查

2016年11月27日，市教育局局长雷振鹏（右一）在县教育局桑杰顿珠局长的陪同下在县中学检查指导工作

2016年5月20日，市人大常委会工作组一行在县教育局、县安监局工作人员的陪同下对县中学的进行食品安全检查

2016年1月5日，政府副县长李勇一行在县中学检查震后受灾情况

2016年5月2日，县中学为庆祝“五四”青年节，特举办墨中“五四”校园文艺比赛活动

2016年5月30日，广东省中山市教育局、教师进修学院、华侨中学和第一中学一行工作组在县中学进行指导交流工作并开展捐资助学活动

墨脱县完全小学

2016年3月18日，市教育局书记边巴卓玛（右一）在县完小检查指导工作

2016年3月5日，县完全小学与教师签订教学质量目标责任书

2016年6月16日，县完全小学承办“2016年第五届平安中国防火宣导系列活动”

2016年10月4日，县完全小学开展庆祝少先队建队67周年暨入队仪式

2016年3月25日，县完全小学召开家长会

2016年4月1日，县完全小学开展法制进校园活动

2016年6月1日，县完全小学开展“六一”庆祝活动

华能西藏墨脱电力有限公司

2016年7月30日，自治区党委常委、常务副主席丁业现（前排左二）陪同国家开发银行行长郑之杰（左一）在亚让水电站调研

2016年11月29日，自治区政府副主席汪海洲（前排左一）在墨脱县亚让水电站调研

2016年10月12日，自治区总工会副主席黄云素（左二）在公司调研工会工作

2016年10月12日，自治区总工会党组成员、副主席黄云素一行在华能墨脱公司调研

2016年12月2日，华能集团公司副总经理孙智勇（右二）在墨脱公司检查指导工作

2016年7月14日，公司开展线路检修工作

2016年6月6日，人民日报副总编谢国明（左一）率工作组一行在华能墨脱公司调研

华能西藏墨脱电力有限公司调度中心全景（摄于2016年12月）

中国邮政集团公司林芝市墨脱县分公司

2016年3月5日，墨脱县邮政分公司在墨脱县德兴乡那尔东村宣传“存款有息，积分有礼”活动金融知识宣讲活动，其中发放宣传单37张，对联23幅

2016年11月14日，墨脱县邮政分公司工作人员在墨脱县格当乡格挡村投递配发“农家书屋”报刊杂志

2016年11月21日，墨脱县邮政分公司工作人员在墨脱镇亚东村开展“关爱基层，从邮开始”活动

墨脱县邮政分公后院

墨脱县邮政分公司外景

墨脱县邮政分公司营业厅

中国移动通信集团西藏有限公司林芝分公司墨脱县分公司

代理店

维修线路

冒雨抢修光缆

业务促销

走访客户

抢修线缆

中国农业银行股份有限公司墨脱县支行

政府副县长王旭杰（左）与林芝分行党委委员、副行长朗杰（右）签订战略合作协议

林芝分行党委书记、行长王洪看望慰问墨脱县背崩二级支行员工

墨脱县检察院、农行县支行召开检企共建联席会议

农行县支行在达木珞巴民族乡贡日村举行“精准扶贫贷款证”发放仪式

农行县支行党支部开展“金融知识”进村活动

2016年5月，农行县支行员工参观墨脱县警示教育基地并重温誓词

新员工岗前培训

中国电信集团公司墨脱县电信局

县电信局局长遵珠在背崩村为村民解答电信业务疑问

2016年10月2日，墨脱电信局邦辛乡营业厅为客户办理业务

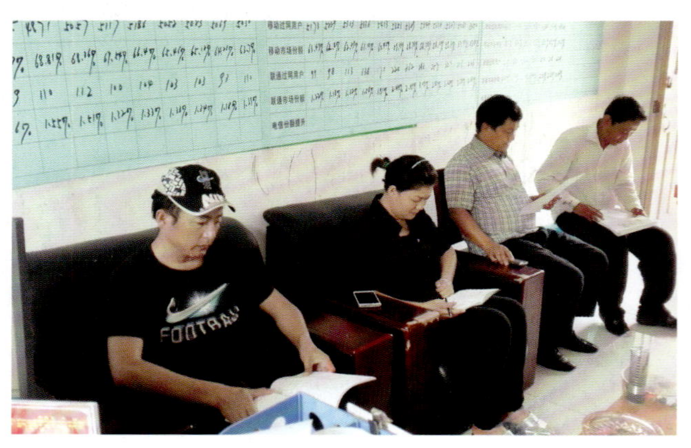
县电信局展开理论学习

2016年10月2日，墨脱电信局邦辛乡营业厅开张营业

县电信局外景

东布路营业厅

2016年墨脱电信局全体员工参与“三大节日”活动